U0906560

北京信息化年鉴 2011

北京市经济和信息化委员会　编

電子工業出版社
Publishing House of Electronics Industry
http://www.phei.com.cn

内 容 简 介

《北京信息化年鉴 2011》由北京市经济和信息化委员会组织编写，委托北京信息化协会承办。自 2010 年开始逐年编纂，连续出版，是记录北京信息化建设的资料性、专业工具书。

图书在版编目（CIP）数据

北京信息化年鉴. 2011 / 北京市经济和信息化委员会编. —北京：电子工业出版社，2012.6
ISBN 978-7-121-17108-6

Ⅰ. ①北… Ⅱ. ①北… Ⅲ. ①信息工作－北京市－2011－年鉴 Ⅳ. ①G203-54

中国版本图书馆 CIP 数据核字（2012）第 102506 号

策划编辑：甘霖来
责任编辑：李新社
印 刷：
装 订：北京画中画印刷有限公司
出版发行：电子工业出版社
北京市海淀区万寿路 173 信箱 邮编：100036
开 本：889×1194 1/16 印张：26 字数：678 千字 彩插：6
印 次：2012 年 6 月第 1 次印刷
定 价：280.00 元

凡所购买电子工业出版社图书有缺损问题，请向购买书店调换。若书店售缺，请与本社发行部联系，联系及邮购电话：（010）88254888。

质量投诉请发邮件至 zlts@phei.com.cn，盗版侵权举报请发邮件到 dbqq@phei.com.cn。

服务热线：（010）88258888。

▲ 2010年1月8日，北京市经济和信息化工作会

2010年2月27日，市经济信息化委召开第一次党代会 ▼

2010年1月8日，北京市经济和信息化工作会 

2010年8月12日，北京市电子商务“新经济、新时代”论坛

▲ 2010年2月12日，北京市经济和信息化委员会领导陪同市地方志办公室领导参观政务网络管理中心

▼ 2010年11月12日，北京市十二五信息化之数字健康座谈会

▲ 2010年1月8日，北京市经济和信息化工作会

2010年8月12日，北京市电子商务“新经济、新时代”论坛 ▼

2010年7月24，北京市公安局出入境管理总队推出便民服务措施，申请人使用签证签注自助受理机

2010年8月31日，北京法院远程视频法庭试运行新闻发布会

2010年2月25日，中关村国家自主创新示范区企业家顾问委员会2010年度第一次全体委员会议

2010年9月28日，京津冀区域高速公路联网不停车收费开通仪式

2010年5月，北京市统计局农业统计人员进行遥感数据分析 ▲

▼ 2010年10月27日，朝阳区移动谷签约

2010年9月16日，门头沟区举行北京市电子商务示范区授牌仪式，石龙电子商务产业园区正式授牌

2010年9月17日，槐柏商圈社区便民服务网上线仪式

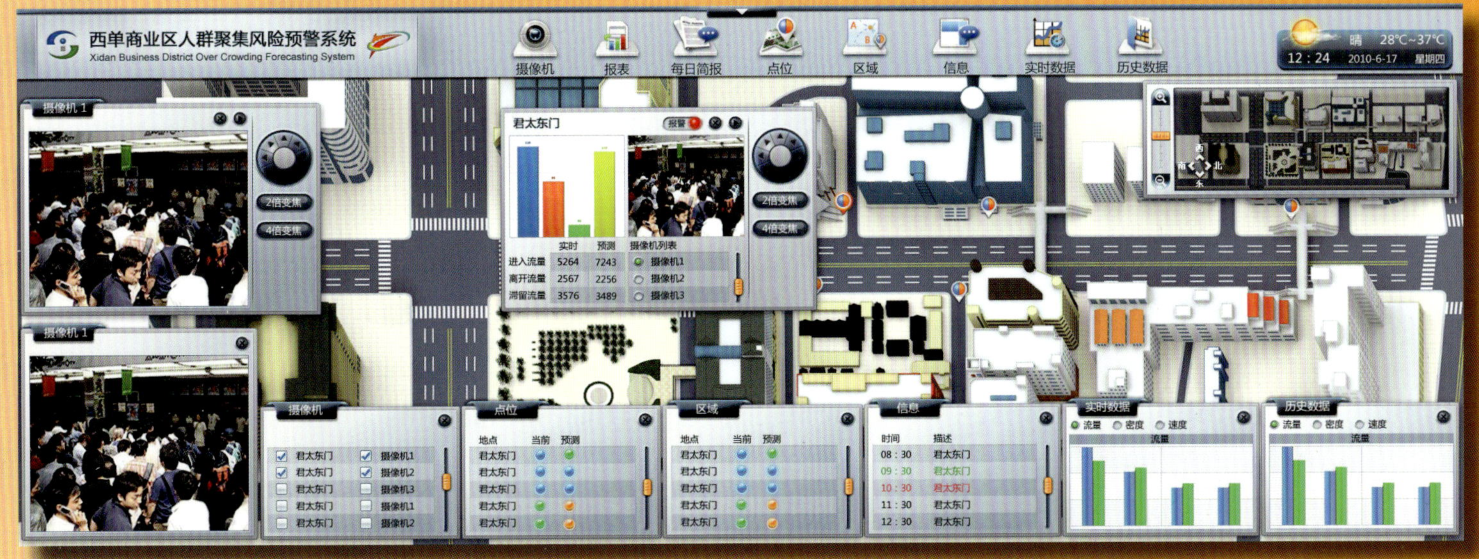

西城区西长安街街道西单预警系统

2010年8月8日，北京百万家庭数字生活技能大赛颁奖

▲ 2010年1月12日，暴风影音在北京中奥马哥孛罗大酒店举办2012产品发布会

▼ 2010年6月10日，2010信息网络创新年会暨北京信息网络产业新业态创新榜发布会

序

2010年是“十一五”时期北京信息化建设的收官之年，北京市信息化战线深入贯彻落实科学发展观，紧紧围绕市委、市政府的中心工作，以提高市民生活质量，保障城市运行管理，促进企业生产经营，强化政府行政效能为目标，圆满地完成“十一五”规划目标，各项工作取得可喜成绩，为全市经济和社会发展做出积极贡献。总的来看，“数字北京”的建设目标已基本实现，城市信息化整体水平继续保持在全国前列。进入“十二五”，北京信息化又朝着建设“智慧城市”的宏伟目标阔步前行。

《北京信息化年鉴2011》对2010年北京信息化建设情况进行了客观记录，是一部具有资料性、专业性的工具书。年鉴编写工作得到国家和北京市信息化专家委员会、北京市地方志编纂委员会等众多单位和专家的支持，北京市政府各部门，以及相关事业单位、行业协会和众多企业为年鉴的编写提供了丰富的资料，在此表示感谢。由于时间和水平所限，采编收录内容难免疏漏，恳请读者批评指正。

编者

《北京信息化年鉴》编纂委员会

《北京信息化年鉴》编辑部

编辑说明

一、《北京信息化年鉴 2011》是记述北京市信息化领域的资料性、专业性工具书，由北京市经济和信息化委员会组织编写，北京信息化协会承办。

二、本年鉴以邓小平理论和“三个代表”重要思想为指导，深入贯彻科学发展观，遵循实事求是的原则，科学、客观地反映实际情况。

三、本年鉴全面系统地记述 2010 年度北京市信息化领域发展变化的基本情况和发生的大事、要事、新事及有影响的新建设、新成就、新进展、新经验。为各级领导决策提供参考依据，为各行各业提供有价值的资料，为各方面人士了解北京信息化建设情况提供信息。

四、本年鉴采用文章和条目两种体裁，以条目体为主，设有特载、专文、大事记、信息基础设施、信息产业、信息安全、政务领域信息化、经济领域信息化、社会领域信息化、信息化环境、区县信息化、北京信息化工作领导体系及附录 13 个一级栏目。

五、选进本年鉴的文章和条目，由相关供稿单位负责撰写部分内容，由编辑部收集整理。

六、本年鉴主要反映 2010 年 1 月 1 日至 2010 年 12 月 31 日期间情况。

七、本年鉴从 2011 年 8 月开始编辑，时间仓促，不周之处请读者及时指正。

目　录

特　载

专　文

2010 年大事记

信息基础设施

信息产业

信息安全

政务领域信息化

经济领域信息化

社会领域信息化

信息化环境

区县信息化

北京市信息化工作领导体系

附　录

特载

在 2011 年北京市经济和信息化工作会议上的讲话提纲

北京市副市长　苟仲文

（2011 年 1 月 7 日）

同志们：

我们今天这次大会，是在新的形势和任务下召开的一次十分重要的会议，主要是贯彻落实中央和本市一系列会议精神，加快转变经济发展方式，以更高的标准推动“三个北京”建设，回顾工作成绩，统筹安排好“十二五”规划开局之年的各项工作。

一年来，全市经济和信息化战线的同志们以昂扬向上的良好精神状态，克服困难、开拓进取，各项工作都取得了优异成绩，为全市经济平稳较快发展做出了积极贡献。借此机会，我代表市政府向全市经济和信息化战线上的同志们表示衷心的感谢！

刚才，大会传达学习了刘淇书记、郭金龙市长所做的重要批示，大家要认真学习领会，抓好贯彻落实。朱炎同志作了经济和信息化工作报告，全面总结了 2010 年工作，回顾“十一五”，展望“十二五”，并对今年的工作进行了部署，任务明确，重点突出，我完全同意。三家企业领导作了发言和经验介绍。工信部朱宏任总工程师介绍了当前的形势和任务，对北京市做好经济和信息化工作提出了殷切希望，我们要更加努力地做好工作，为推进我国工业转型升级作出积极贡献。

下面，我再强调三点意见：

一、着眼推进首都经济平稳较快增长，打好“十二五”开局攻坚战

去年年底召开的全市经济工作会议，确定了全市 2011 年经济增长 8%的目标，对我们而言，工业、软件和信息服务业承担着保增长的重要任务，刚才朱炎同志在报告中也提到，今年规模以上工业增加值增速要达到 8%，软件和信息服务业营业收入要增长 19%，我认为，要实现这个目标并不容易。2011 年的形势仍然复杂，不利因素很多，就北京而言，产业结构调整将进一步深化，一部分落后产能还将继续退出。节能减排力度不断加大，实现内涵式增长则需要有一个过程。首钢搬迁调整和缓解交通拥堵的政策，有利于首都经济持续健康发展，但对今年的工业经济增长有

一定影响。当前，支撑软件和信息服务业高端发展、形成产业链拉动效应的大项目不足，影响产业发展后劲。由此可见，要完成今年的工业、软件和信息服务业的增长目标，还是有难度的，大家不能过于乐观，必须着眼推进首都经济平稳较快增长，完善刺激消费政策，增强消费对产业的拉动作用；继续加大产业资金投入，狠抓重大项目，积极培育战略性新兴产业；加大企业帮扶力度，挖掘企业潜能，发掘新的经济增长点，打好“十二五”开局攻坚战。

今年是“十二五”规划的开局之年，要高水平地做好规划的编制收尾和实施工作。北京市经济和信息化委员会承担了经济和信息化领域若干个重点专项规划的编制任务，均取得了很好的阶段性成果，为全市“十二五”规划的编制工作提供了有力支撑。下一步，要按照全市规定的时间节点要求，高水平、高质量地及时完成各项规划编制，尽快发布，做好宣传，并把规划的实施切实纳入到具体工作中去。

二、着力转变发展方式，推进产业结构深度调整

坚持科学发展，转变发展方式，是党的十七大提出的重大战略部署。中央关于“十二五”规划的建议，再次把转变发展方式提到了一个新的高度，以科学发展为主题、以转变发展方式为主线，是未来五年我们各项工作必须遵循的指导原则。在最近召开的十届八次全会上，刘淇书记强调，推动首都的科学发展，加快转变经济发展方式，是经济领域的一场深刻变革，关系改革开放和社会主义现代化建设的全局，完成好加快转变发展方式的转变，是对我们领导水平、执政能力的一次重大考验，是对全市领导干部思想政治、素质能力的重大考验，也是对各区县、各部门执政能力、创新能力的一次重大考验。我们要把中央和市委关于转变发展方式的精神，落实到具体工作中。北京要实现发展方式转变，我想以下三点非常重要。

一是要坚持创新驱动。创新是增强活力的源泉。胡锦涛总书记对北京在创新引领方面提出了新的要求和期待。经济和信息化领域，创新需求最为迫切、创新任务最为艰巨，从目前全市的情况看，北京市经济发展仍然没有从根本上摆脱传统粗放的发展模式，尤其在工业领域，靠上项目、资源能源投入保持较高增速的思维模式仍然存在，对技术进步、内涵式增长的重要性认识不足，思想没有进一步解放，观念没有进一步转变。十二五期间，我们要在思想观念上要有一个大的变革，要把创新驱动作为今后发展的根本动力。北京拥有全国最为丰富密集的创新资源，但与产业的结合不够紧密，产学研脱节的问题仍然比较突出，其中既有思想认识问题，也有体制机制问题。因此，十二五期间，经信委要把解放思想、转变观念、创新体制机制作为提高自主创新能力的重要任务，要在政策上、在体制机制上、在成效上取得重大突破。比如，我们要研究好如何借鉴台湾工研院模式，进一步建立健全促进产学研用一体化的组织机制，打造科研创新平台，整合利用好国家在京优势科技资源，用好中关村国家支持政策，大力促进科技成果产业化，要组织好国家重大科技专项，落实相关配套政策，要统筹加强资金支持力度，通过产业政策资金引导，扩大企业社会资本、民间资本在研发上的投入。在这里，我特别强调要重视中小企业在科技创新的作用，优化环境，加快立法，创立带动就业，用好中小企业创投引导资金，重点投向科技型中小企业和

战略新兴产业项目上，发挥政府资金支持的带动作用，引导民间投资，引入创投资金。

二是要坚持融合发展。二三产融合是产业发展的基本方向和趋势。以星网工业园为例，诺基亚作为龙头制造业企业，带动了一大批零部件、设计、物流研发等配套企业的发展，在全球形成了对业界影响力巨大的移动通信产业集群，北京成为全球最大的移动通信研发制造基地。这代表了产业融合发展的趋势和方向。推进北京产业的发展，要统筹考虑二三产业融合发展，充分发挥二产对三产的支撑作用，三产对二产的拉动作用，全面提升二三产业发展水平，推动经济转型升级。二三产融合，核心在发展生产性服务业，与企业直接相关的，是设计、研发、信息、物流等产业，推进二三产融合，要把重点放在发展这些产业上。要认真研究产业的发展现状、支持政策，要制定相关规划，认真抓好组织实施。

三是要坚持绿色发展。气候变化是当今国际社会关注的焦点问题之一，国际社会对环境保护日益重视，低碳化、绿色化已经成为全球经济发展的主流方向。中国政府承担着发展经济和保护环境的双重任务，如何妥善处理发展与环境保护的关系，考验着我们的政治智慧和执政水平。作为国家首都，北京绝对不能再走高能耗、高水耗、高物耗，先污染再治理的老路，必须要走资源节约型、环境友好型的新型工业化发展之路。中央经济工作会议确定，明年全国地区生产总值能耗和二氧化碳排放强度均要比今年下降 3.5%，需要强调的是国家将主要污染物由两种增加到四种，增加了节能减排工作的难度和任务艰巨性。特别要看到，随着首钢冶炼、热轧的全部停产，以退促降的空间越来越小，必须依靠科技管理等手段加快向内涵促降的转变。下一步要重点抓好清洁生产、资源再利用、生态工业园、节能环保技术推广等工作的深入推进，要研究建立相应的工作思想和推进措施，加大政策支持力度，以确保工作取得明显成效。

三、扎实推进智慧城市建设，推动“数字北京”向“智慧北京”的转变

经过十余年的努力，我们已经圆满完成了“数字北京”建设任务和目标，信息化总体水平保持全国领先。最近，市委十届八次全会明确提出，“十二五”期间要大力推动智慧城市建设。我们要尽快研究制定建设智慧北京行动纲要，充分发挥北京科技创新、人才培养、高端产业聚集等众多优势，调动各方面资源，在“智慧城市”建设上继续走在全国前列，信息化整体发展达到世界主要城市的一流水平。建设智慧城市，必须结合北京实际，准确把握新一代信息技术发展规律，从绩效着眼，从应用出发，具体来说，要坚持“三个立足于”：

一是立足于从用户角度确定建设目标。从政府用户角度讲，就是围绕城市人口精细管理、交通智能管理与服务、资源和生态环境智能监控、城市安全智能保障等领域提出智能发展目标。从企业用户角度，就是要从帮助企业实现网络化运营和信息化引领创新发展的目标。从市民用户角度讲，就是要从数字公共服务和数字生活等领域提出便捷就医、学习、工作等目标。

二是立足于带动产业同步发展。智慧城市建设应当成为推动首都产业发展的加速器和倍增器，要着力推动自主创新，力争在智慧城市建设上掌握产业和技术的主动权，以应用为龙头，带动新一代信息技术产业、高端电子信息制造业、软件与信息服务业和新兴业态的发展。在智慧城市建

设这个新平台上，加强技术改造，推动两化深度融合。

三是立足于统筹协调和分工落实。智慧城市建设是一项庞大的系统工程，信息化主管部门要在市委市政府的统一领导下，组织重大应用的前期研究和顶层设计，加强跨部门的工作协调，统筹全市信息基础设施和公共应用平台建设，加强试点示范与政策资金支持。各部门和区（县）按照分工年度任务目标，分解落实，逐步推进智能应用。要在交通管理、城市安全、资源环境管理等重点领域先行先试，重点突破。

新春佳节即将到来，我代表市政府，提前向大家拜个早年，祝愿大家在新的一年里身体健康，工作顺利！谢谢大家！

坚持创新驱动　推进融合发展
谱写“十二五”开局新篇章

——2011 年北京市经济和信息化工作报告

北京市经济和信息化委员会主任　朱炎

（2011 年 1 月 7 日）

同志们：

这次会议的主要任务是，全面贯彻党的十七届五中全会、中央经济工作会议、全国工业和信息化工作会议、市委十届八次全会和全市经济工作会议精神，回顾总结 2010 年和“十一五”工作，分析明确“十二五”基本思路，部署 2011 年工作。下面，我代表北京市经济和信息化委员会员会作报告。

一、2010 年工作和“十一五”全市经济和信息化发展情况

过去一年，面对极其复杂的国内外形势，在市委市政府正确领导下，全市经济和信息化系统贯彻落实科学发展观和“三个北京”重大战略部署，全力以赴，勇于进取，扎实工作，大力推进产业结构调整和发展方式转变，各项工作取得新的成绩，较为圆满地完成了“十一五”规划目标，为全市经济和社会发展做出了积极贡献。

（一）工业和软件信息服务业实现平稳较快增长

预计 2010 年规模以上工业企业完成现价工业总产值约 1.3 万亿元，同比增长 22%左右；完成工业增加值约 2,550 亿元，同比增长 15%左右。2010 年工业增长将拉动全市 GDP 增长约 2.8 个百分点，为全市经济社会发展做出了突出的贡献。2010 年工业实现利润将超过 960 亿元，同比增长 40%左右。工业固定资产投资累计完成 515 亿元，同比增长 26.8%。软件和信息服务业实现收入超过 2,700 亿元，同比增长 17%以上，软件和信息服务业对全市经济增长的贡献率约 12%。镇村

企业预计实现总收入4,163.93亿元，同比增长11.3%；实现增加值750.6亿元，同比增长11.86%。

工业六大产业运行良好。电子信息产业实现产值2,300亿元，同比增长9%。装备产业实现产值2,000亿元，同比增长20%。汽车与交通设备产业实现产值2,100亿元，同比增长30%；累计产、销汽车约150万辆，同比分别增长18.3%和20.6%。医药产业实现产值360亿元，同比增长17%。都市产业实现产值1,300亿元，同比增长11%。基础产业实现产值4,850亿元，同比增长30%。

（二）经济发展方式转变取得新进展

产业高端化步伐不断加快。一年来，北京市与中央在京单位、跨国公司增进战略合作。我们积极推进六大产业调整振兴实施方案，围绕重大高端项目，不断加大产业资金统筹力度，大力支持技术改造。建立并完善重大工业项目落地协调推进机制，协调解决了一批土地规划等难点问题。目前累计签约入驻产业项目65个，涉及总投资881亿元，达产后预计新增销售收入3,349亿元，新增就业约6.4万个；新开工项目70个，总投资656亿元，预计新增销售收入1,414亿元，新增就业约4.4万个；累计竣工项目18个，总投资75亿元，预计新增销售收入105亿元，新增就业2,884个。京东方8.5代线、中芯国际扩产、移动硅谷、福田中重卡扩能、密云多功能车工厂、现代三工厂、长安汽车、石化新材料基地、中航发动机、中航火箭、天坛生物、京运通晶硅设备及材料产业园等一系列重大项目先后开工建设。一系列战略举措的实施，优化了首都产业结构，奠定了战略性新兴产业发展壮大的基础。

节能工作取得新的进展。制定了进一步加强淘汰落后产能工作的实施意见和推进工业节能减排工作的意见，继续鼓励引导“高耗能、高耗水、高污染”的工业企业退出，共计43家“三高”企业实现了关停，其中，工信部下达北京市的11家202万吨水泥淘汰退出企业全部实施关停，四家企业主要生产设备按期完成拆除。按照全市万元GDP能耗下降4%目标的总体部署，全市工业企业实施了节能调控措施，按照分解的任务指标狠抓落实。金隅集团、首钢公司、燕化北京分公司等重点企业，房山、顺义、丰台、海淀等区县经信委，在推进节能攻坚、完成工业节能任务中发挥了重要的作用。积极推进工业企业开展清洁生产审核，今年有百事可乐等18家企业进行了清洁生产审核验收，已经产生经济效益5,300余万元。分别对百家用能和用水重点企业调研，科学判断工业用能用水状况，掌握工业企业节能节水潜力，为确定工业发展空间奠定了基础。1–3季度万元工业增加值能耗同比下降5.7%，预计全年将继续保持下降。

创新对经济增长的驱动力增强。制定发布了推动科技成果在京转化的指导意见，推进国家重大科技成果在京转化和产业化。建立了科技成果转化和产业化项目库，中关村科学城26个建设项目已经启动。完成政府采购信息化自主创新产品实施细则，推动基础电信运营商加大采购中关村自主创新产品的力度。工业技术支撑与产业促进平台有效整合区域科技资源优势，一批企业参与01-04国家科技重大专项，累计申报项目近130个。召开全市工业产品质量大会，制定了加强工业产品质量工作的指导意见，对食品、纺织、汽车等重点产业加强质量管理，推进20项标准制定修订工作。以企业为主体的自主创新体系建设成效显著，中芯国际 65 纳米集成电路成套工艺技术达到国际领先水平；北京第一机床厂生产的世界最大重型数控龙门铣床交付使用；金隅集团自主研发建设的我国首条处置城市污泥示范线成功运营，年处置能力占到全市生活污泥总量的 1/4；电动轿车、电动出租车等下线并交付使用，标志北京电动车研发、产业化和示范运行走在全国前列；铜牛泰鹰无缝纫线迹服装成为全球顶级户外品牌供应商；恩布拉科雪花冰箱压缩机技术继续保持行业领先地位。

首钢搬迁调整迈出实质性步伐。按照国家和本市有关要求，首钢石景山厂区冶炼、热轧生产能力已于 12 月 20 日全部停产。首钢总公司及市政府相关部门积极细化落实工作方案，确保实现“安全停产、经济停产、稳定停产”工作目标。稳妥推进富余职工安置，制定了职工分流安置方案、工作预案和稳定措施。积极推进中国动漫游戏城项目建设，初步完成首钢北京地区产业替代方案，将逐步形成产业多元化发展新格局，推动京西地区产业转型升级。

（三）中小企业政策体系和服务体系建设取得新突破

全面贯彻落实《国务院关于进一步促进中小企业发展的若干意见》（简称 36 号文）精神，建立了 29 个委办局组成的促进中小企业发展领导协调机制，起草制定 36 号文实施意见。扎实推进中小企业地方立法，深入调研，广泛听取意见，高质量完成地方性法规立项论证。积极开展金融产品创新，有效缓解中小企业融资难题，实行“北京中小·成长之星”集合信托计划，共发行集合债券 1 期、集合票据 5 期、集合信托 18 期，总计集合企业 89 家，集合融资发行总额 16.8 亿元。不断规范并深化创业投资引导基金的使用，新建 4 支专业化子基金，目前子基金已达 13 支，面向北京 30 家中小企业进行股权投资，投资额 3.2 亿元。

（四）城市信息化水平不断提升

信息化基础设施建设加快推进。本市初步建成国内最好的 3G 网络、20 兆宽带覆盖最广的信息网络，以及用户最多的高清交互式数字电视网络。启动无线物联数据专网建设，为各类物联网应用提供统一、安全的信息传输通道。地铁手机信号覆盖进展显著，基本实现信号覆盖。积极推动用于移动视频传输的无线宽带专网建设，无线城市建设初具规模。

城市信息化应用不断深入。出台“感知北京”物联网示范工程建设指导意见，完成全市应急和城市运行安全物联网应用总体方案，建成物联网工程中心，推进有毒有害气体预警防控、数字市政、节能减排、校园安全综合防控等试点示范应用。圆满完成网上世博会北京馆建设工作，网民访问量近 4,000 万，位列国内省市馆首位。首次开通北京“两会”代表、委员在线交流，进一步拉近“两会”与市民的距离。“首都之窗”推出网上行政服务大厅，提供移动信息服务。“首都之窗”已连续四年在中国政府网站绩效评估中位列省级第一名。北京市在全国率先建成并开通移动政务管理服务平台，出台电子政务运维支撑系统地方标准。政务地理空间信息资源共享服务体系建设与应用成果显著，专家鉴定达到国际领先水平。缓解拥堵限购小客车系统建设完成，人口基础数据库一期投入使用，城市网格化管理、应急指挥、智能交通等一大批重要系统进一步发挥作用。新东城、新西城的信息化工作融合稳妥推进。工业和信息化部在北京市召开现场会向全国推荐北京市电子政务经验。完善缴费服务平台，实施“信息化三下乡”，市政交通一卡通、银行卡、缴费通使市民生活更加便捷。积极推进首都社会信用体系国家示范区建设，开展中关村、大栅栏、马连道等区域信用体系建设试点和“信用北京行”诚信宣传活动，在食品安全、工程建设等行业和领域推进诚信体系建设。

积极推进两化融合。研究制定《推进两化融合促进首都经济发展的若干意见》，支持二商集团等企业开展两化融合试点，燕山石化、三一电气、红星酿酒等企业积极推进数字化生产。中国315电子商务投诉平台、新发地农产品电子商务交易平台等一批重点项目启动实施。电子商务示范区及产业园、电子商务服务联盟及交易诚信联盟建设均取得积极进展。目前全市企业上网率达58.3%，尝试开展电子商务的企业数量超过30%。预计2010年全市电子商务总交易额达到3,700亿元，同比增长22%以上。

高度重视信息网络安全工作。开展大兴、东城政府部门互联网安全接入试点，加紧信息安全监控系统、容灾中心和信息安全应急指挥平台建设，强化无线电频率和台站管理，加大信息安全监测和应急处置，截止目前，共协调处置网页篡改、数据丢失等政务网络与信息安全事件120起，有效控制了事态发展，减少了经济损失，降低了不良影响。

（五）经济和信息化发展环境不断优化

全面启动“十二五”时期工业、中小企业、信息化等13个重点专项规划的编制工作，对重大问题深入研究，形成了未来五年的整体发展思路。科学规划首都产业空间布局，提出“中关村-知春路-学院路”等中长期区域规划，为全市“十二五”整体规划思路形成做出积极贡献。大兴等区县推进工业用地集约利用，有效盘活大量闲置土地资源。积极做好企业运行监测和服务，初步建成经济运行监测平台。推进企业帮扶工作长效化、机制化，注重对央企的主动服务，着力减轻企业负担，对2009年度帮扶工作中19个先进集体和151名优秀个人进行表彰，对288家企业实施奖励。积极引进海外高端人才，举办推动高端产业发展专题研讨班，筹办第十四届北京工业和信息化职业技能竞赛。加快军民融合、寓军于民，编制《加快推进军民结合产业发展指导意见》，积极支持军工集团在京发展，鼓励吸纳民口优势资源参与武器装备科研生产，确保高新二期工程和重点武器装备型号任务在京顺利实施。认真开展军工产品、民用爆炸物安全生产监督检查，切实提高企业安全生产意识。对口支援什邡产业发展工作顺利完成，京什产业园道路、标准厂房等基础设施建设基本收尾，促成北京30家企业形成投资意向，投资额53亿元。对新疆和田地区“一市三县”产业援助工作全面启动，与西藏、青海、内蒙、河北的合作步伐不断加快，初步形成了团结互助、合作共赢的区域产业发展局面，推动了中西部地区的经济发展和社会稳定。

同志们，2010年是“十一五”的收官之年，各项工作的顺利完成，为“十一五”画上了圆满句号。“十一五”时期是北京经济和信息化发展历史上极不平凡的五年，面对“保奥运、保国庆”的艰巨任务和国际金融危机带来的巨大冲击，我们坚持结构调整和谋划发展并举，迎难而上，开拓创新，推动经济和信息化实现了新飞跃。主要体现在如下方面：

（一）工业经济实现平稳较快增长。2005 年工业总产值为 6,946 亿元，2008 年突破万亿元大关，提前两年完成规划目标，2009 年达到 1.1 万亿元，2010 年成绩更加喜人，企业效益明确增强。

（二）产业结构调整不断深化。一大批重大高端项目建成投产，形成了以高新技术产业和现代制造业成为主导的产业格局。电子、汽车、装备、医药等产业不断发展壮大，成为战略性新兴产业发展的重要基础，“时装之都”建设初见成效。

（三）自主创新能力不断增强。全市拥有市级以上企业技术中心 266 家，其中国家级 47 家，位居全国直辖市第一。北京市企业主导或参与制定的闪联、移动多媒体广播、第三代移动通讯等一系列国际和国家标准，在国内外产生了较大影响。

（四）绿色发展全国领先。2009 年北京万元工业增加值能耗降至 1.04 吨标煤、水耗降至 22.7 立方米，分别比 2005 年下降 31.8%和 43%，均提前完成“十一五”目标。

（五）产业布局集聚化发展。初步形成 19 个市级以上开发区，工业逐步向城市发展新区集中，京津冀合作步伐进一步加快。

（六）中小企业不断发展壮大。全市中小企业已经超过 25 万户，吸纳就业人员超过 500 万人，在确保首都经济稳定发展、推动技术创新、保障改善民生等方面发挥了重要作用。

（七）“数字北京”基本实现。首都信息化水平已达到世界发达国家主要城市的中上等水平。全市累计建设 3G 基站约 1.8 万个，具备 20M 宽带接入能力的用户超过 176 万，高清交互数字电视用户已达 130 万户。与 2005 年相比，目前北京地区网民规模约 1218 万人，增长 1.8 倍；互联网普及率达到 69.4%，增长 1.4 倍；软件信息服务业营业收入增长两倍；电子商务总交易额增长 4.5 倍。

同时也要看到，我们工作中也存在一些不足和差距，一些突出问题需要加以解决：一是产业政策支持、空间布局、资金投入等方面存在“碎片化”现象，产业发展对“城业耦合”、城乡一体化发展的支撑力度需要进一步提升；二是工业发展方式仍较粗放，投资仍是驱动工业发展的最大动力，技术要素和高素质劳动力对工业发展的贡献不足；三是土地、水、能源等产业发展的要素资源约束增强，开发区单位土地产出水平相比世界先进水平仍然较低；四是龙头大企业的创新体系建设、中小企业发展环境与区域创新活力等有待改善；五是认识把握信息化发展规律、加强信息化管理有待深入，信息安全风险防范能力有待加强。

回顾“十一五”的发展历程，我们主要有以下几点体会：

第一，发展一定比重的工业是北京建设中国特色世界城市的必然要求。从纽约、伦敦、东京等世界城市看，工业仍然是构成各个世界城市经济的重要组成部分，即使进入后工业化阶段，其工业仍保持一定比重。现阶段，工业在繁荣首都经济、推进自主创新、加快城乡统筹中扮演着极为重要的角色，工业对首都 GDP、税收、就业的贡献不可忽视，对服务业的繁荣发展具有重要的支撑和拉动作用。对北京城市发展新区而言，工业发展正处于加速时期，发展工业仍是推进这些新区城市化的重要力量。

第二，推进结构调整是加快转变工业经济发展方式的主攻方向。经济结构调整是解决工业深层次矛盾和问题，提高经济整体素质和核心竞争力的根本举措。推进经济结构深度调整，必须狠抓重大项目，加快发展高端，坚决淘汰落后；必须狠抓自主创新，逐步扭转过多依赖物质生产要素投入促进经济增长的传统模式；必须狠抓节能减排，珍惜宝贵的资源环境，提高经济增长的质量和效益。

第三，信息化是全面提升城市运行管理效率、经济发展质量和市民生活水平的重要手段。北京作为特大型城市，城市管理越来越复杂，越来越依赖信息化的支撑。信息化建设取得成功，必须与城市精细化管理相结合，与提升产业竞争力相结合，与满足人民群众的普遍需求相结合，与体制创新相结合。软件和信息服务业已经成为首都经济的重要支柱，必须要大力发展，巩固扩大在全国的领先优势，支撑首都信息化水平不断攀升。

第四，加强队伍建设是完成职责任务的重要保障。两年来，市区经济和信息化主管部门积极转变职能，贯彻大部制机构改革精神，统筹协调资源，狠抓基础工作，深入调查研究，重视人才选任，大力营造和谐机关工作氛围，讲团结、讲学习、讲创新、讲奉献，快速实现内部融合，锻造了一支政治强、业务精、富有战斗力的队伍，为完成北京市经济和信息化各项艰巨任务奠定了坚实基础。

同志们，一年来的成绩来之不易，这是市委、市政府正确领导的结果，是工信部等国家部委大力支持和指导的结果，是贯彻落实科学发展观、弘扬奥运拼搏精神的结果，是全市经济和信息化战线同志们共同努力的结果，是全市人民理解关心、帮助支持的结果。在此，我代表北京市经济和信息化委员会员会，向辛勤工作在经济和信息化战线上的同志们、向所有关心支持首都经济和信息化建设的各界朋友们表示崇高的敬意和衷心的感谢！

二、“十二五”时期全市经济和信息化工作思路

未来五年，首都经济和信息化建设仍处于可以大有作为的重要战略机遇期。推动工业化、信息化、城镇化、市场化、国际化深入发展，率先形成创新驱动的发展格局、率先实现城乡一体化发展的战略目标，为经济和信息化工作注入了新动力；打造“北京服务”、“北京创造”品牌对深化产业融合发展、提高产业竞争力提供了新路径；大力培育发展战略性新兴产业，为我们深度调整产业结构、转变发展方式提供了新方向；建设“智慧城市”为全面提升信息化水平、推进两化深度融合、提高城市精细化管理能力描绘了新蓝图。我们必须要增强机遇意识、忧患意识、责任意识、进取意识，进一步增强责任感、紧迫感和使命感，始终保持清醒的头脑，紧紧抓住难得的发展机遇，以更加奋发有为的精神，下大力气破解难题，在更高的水平上推动首都经济和信息化的科学发展。

根据中央和北京市“十二五”规划建议，在市委市政府的统一部署下，北京市经济和信息化委员会组织社会力量，坚持开门办规划，凝聚多方智慧，形成了“十二五”时期的总体思路。

主要目标是：争取到2015年，工业现价总产值力争比2010年翻一番，战略性新兴产业占GDP比重全国第一，生产性服务业GDP占全市GDP一半以上，万元工业增加值能耗和水耗继续保持全国领先水平。把北京建成世界级软件城市，软件和信息服务业收入达到6,800亿元左右，年均增长19%以上。中小企业增加值年均增长率17%左右，社会就业占全市从业人员比重在50%以上。信息化全面渗透、引领城市经济社会发展，初步建成宽带、泛在、融合、智能、安全的信息基础设施，电子商务交易额过万亿，智慧城市各项指标努力达到世界城市中的领先水平。

主要工作思路是：

（一）坚持创新驱动，加大创新成果产业化力度。要积极推进中关村国家自主创新示范区建设，努力发挥首都工业在技术创新和成果转化方面的引领作用，不断推出体现“北京创造”的新品牌、新产品。大力支持企业自主创新，鼓励企业参与国家各类科技专项和计划，支持建立国家级和市级企业技术中心。依托“中关村科学城”、“未来科技城”和各类科技资源，探索科技成果转化的新机制、新模式，加快产学研对接。探索建立中小企业发展基金，充分发挥中小企业创投引导基金在企业自主创新方面的带动作用，下大力气破解中小企业融资困局。建立健全中小企业社会化服务体系，努力培育一批“专、特、精、新”的小巨人企业。

（二）坚持以战略性新兴产业为引领，推动工业转型升级。充分发挥首都科技和产业资源优势，把发展战略性新兴产业作为推动现代制造业发展的重中之重，通过大项目带动，实现大发展，做强高端现代制造业，抓住产业高端和高附加值环节，打造具有核心竞争力的产业链和现代产业体系，努力使战略新兴产业成为首都经济的先导产业和支柱产业。主要思路如下：

一是以新一代信息技术为引领，推动电子信息制造业和软件信息服务业融合发展，使之成为首都新一轮经济增长和创新的龙头。电子信息制造业要形成以移动通信、数字电视两个“千亿级”产业为支柱，计算机、集成电路、LED产业、汽车电子多极发展的产业新格局。软件和信息服务业要抓住“两化融合”、“三网融合”、物联网、云计算的发展机遇，推动北京成为以新兴软件、高端软件、高端咨询为特色的全球软件和信息服务业创新中心。

二是以新能源汽车特别是纯电动汽车和自主品牌为引领，做强汽车与交通设备产业。发展壮大自主品牌，打造纯电动汽车产业链，强化合资合作，提升产业竞争力，全面融入世界汽车产业发展主流，把北京汽车工业发展成为首都现代制造业的第一支柱产业，把北京建设成为国际一流的汽车研发制造城市。推进中低速磁悬浮列车的产业化，建设国内一流的高端轨道交通研发和产业化基地。

三是以高端装备制造产业为引领，深化自主创新，做强现代装备制造业。培育发展卫星导航、空间运载、航空航天重大装备、高速列车等轨道交通设备。重点推进智能仪器仪表和自控系统、高档数控机床、智能电网设备、智能专用和成套装备产业。大力发展太阳能、风能、核能等装备产业。积极培育高效节能、环境保护和资源再利用产业。

四是以生物产业为引领，壮大生物与医药产业。培育生物农业、生物制造、生物能源和生物环保等新兴产业。继续巩固化学制药领先地位，加速现代中药规模化发展，推动生物制药做大做强，以数字化为方向实现医疗器械新突破，让“用北京药放心”的理念深入民心。

五是以新材料产业为引领，加大基础产业调整升级力度。推进石化产业链向下游延伸，支持建材龙头企业在京建设总部基地，大力发展纳米材料、化工新材料、金属磁性材料、非晶材料、高温超导材料等特色新材料产业。

六是以创新、高端、品牌、文化和融合为重点，构建与世界城市相适应的，具有高端引领作用的现代都市产业体系。重点做强以绿色食品产业链为代表的健康型都市产业体系，做优以特色工艺美术和数字化绿色印刷包装为代表的创意型都市产业体系，做精以建设时装之都为代表的时尚型都市产业体系，做专以资源回收再利用产业为代表的资源型都市产业体系。以文化力创造新型消费经济，把都市型产业打造成战略性产业。

（三）坚持优化空间布局，强化产业对城市功能的支撑。遵循“集聚化、集约化、专业化、差异化”的发展思路，在城市功能核心区大力发展文化创意产业和总部经济；在北部地区打造研发服务和高新技术产业集聚区；在南部地区打造高技术制造业和战略性新兴产业集聚区；在东部地区打造生产性服务业、现代制造业和战略性新兴产业集聚区；在西部地区加快推进永定河绿色生态发展带建设，打造京西首钢高端产业综合服务区。在生态涵养发展区打造绿色产业发展带。在环京周边加快推进京津冀产业协作区建设，拓展北京产业发展腹地。积极培育和发展多个千亿级、百亿级特色工业基地。推广顺义经验，实施“以业兴产、以业控人”，加强产业向重点小城镇的布局，促进就近就业。清理整顿低端产业，推动部分制造业和从业人员向外转移。

（四）坚持节能环保原则，积极发展资源节约型、环境友好型产业。要深刻认识“十二五”时期落实全市节能减排目标任务的艰巨性，特别要看到“以退促降”空间越来越小，必须坚持依靠科技、管理、经济等综合手段，加快向“内涵促降”转变。面对资源环境约束加剧的压力，必须坚持进一步推进产业结构调整和优化升级，加快工业发展方式的转变，要把节能、环保、降耗、减排作为产业管理的重点工作抓紧抓好。要以降低资源消耗、减少废物排放和提高资源产出效率为目标，加快节能技术改造。

（五）坚持应用导向，大力推进“智慧城市”建设。围绕城市智能运转、企业智能运营、生活智能便捷、政府智能服务等若干方面，全面启动“智慧城市”建设工程。加强人口基础数据库的建设和应用，提高人口服务和管理的信息化水平。加快电子政务和公共服务平台建设，推广网上办公，逐步实现“零距离”办事和“零跑路”服务；建设和完善新一代城市智能交通系统，着力缓解城市交通拥堵。构建网格化管理服务和社会治安防控体系，推进社会管理和服务的信息化建设。推动信息化和工业化深度融合，加强信息通信高速网络和枢纽建设，加快推进“三网融合”，完善信息安全保障体系，推动物联网应用实践，实现城市管理精细化、智能化。

三、2011 年全市经济和信息化重点工作安排

今年是“十二五”时期北京经济和信息化建设的第一年，也是加快转变经济发展方式、以更高的标准推动“人文北京、科技北京、绿色北京”建设的重要一年，做好这一年的工作具有重要的意义，必须要开好局、起好步。全系统要把思想统一到中央和市委市政府对形势的分析判断和

决策部署上来，抓好相关会议精神的贯彻落实。

做好 2011 年工作，特别要关注当前面临的突出矛盾和问题，既要有应对困难的充分准备，也要有抢抓机遇的发展意识。当前，国内外经济形势非常复杂，不确定性因素很多。从有利方面看，世界经济总体回暖，有望继续恢复增长，国际市场需求有望进一步好转，对北京市的电子信息、服装、家具等外向型产业进一步扩大出口有利。我国正处于经济发展的重大战略机遇期，经济发展长期向好的趋势没有改变。中央经济工作会议已经明确今年实施积极的财政政策和稳健的货币政策，增强了调控政策的针对性、灵活性和有效性，一系列刺激内需的政策还将陆续出台，国内消费和投资的需求有望进一步扩张，国家大力支持战略性新兴产业的发展，将使企业面临前所未有的市场机遇。市委市政府坚持把促进首都经济又好又快发展作为今年工作的主基调，继续落实“优化一产、做强二产、做大三产”的战略部署，以推动中关村国家自主创新示范区为突破口，打造创新驱动的产业发展新格局，围绕重大项目建设统筹产业投资，有利于发挥首都科技、资金对产业的倍增拉动作用。一系列重大龙头项目的投产竣工，有利于二产的持续增长和三产发展壮大。全面启动“智慧城市”建设，深度推进两化融合，有利于释放信息化发展的新空间。

从不利方面看，金融危机影响深远，世界经济格局正在发生变化，欧洲主权债务危机不断蔓延，表明全球经济不确定、不稳定的因素仍然很多。特别是美国定量宽松货币政策重启，国际大宗商品市场价格上升，人民币面临巨大升值压力，国际贸易摩擦加剧，企业经营面临输入性通胀和汇率波动风险，部分产品出口难度可能加大。我国经济增长的内生动力尚未根本形成，国内通胀压力较大，劳动力要素价格上涨，货币政策趋势从紧，企业经营性成本提高，中小企业融资难度加大，市场竞争将更加激烈。房地产调控政策对整个经济的发展长期有利，但对建材、家电等产业的短期影响不容低估。北京进入经济结构调整和发展方式转变的攻坚阶段，资源环境约束增强，节能减排任务更加艰巨。总的来看，我们面临形势是挑战和机遇并存，机遇大于挑战。

今年经济和信息化工作的指导思想是：认真贯彻中央对北京市工作的一系列重要指示精神，以科学发展为主题，以转变发展方式为主线，紧紧围绕推进“人文北京、科技北京、绿色北京”和建设世界城市的中心任务，牢牢把握“优化一产、做强二产、做大三产”的发展方向，大力推进产业发展方式转变和结构战略性调整，努力实现“北京制造”与“北京服务”、“北京创造”对接，着眼缓解首都人口、交通压力，实现高端产业创新引领，全力促进工业、软件和信息服务业持续平稳快速发展，全力为中小企业发展创造更加良好的发展环境，全力推进“数字北京”向“智慧北京”的迈进，进一步开创首都经济和信息化建设工作新局面。

综合考虑各方面因素，2011 年全市经济和信息化工作主要预期目标是：

——力争规模以上工业增加值增速达到 8%左右；

——软件和信息服务业营业收入增长 19%左右；

——万元工业增加值能耗、水耗在“十一五”基础上进一步下降，为全市节能减排工作继续做出积极贡献；

——产业结构不断优化，产业集中度、工业增加值率、土地产出率、劳动生产率等进一步提高，经济效益进一步增强；

——信息化总水平继续保持全国领先，“智慧北京”建设稳步推进。

重点做好以下六方面工作：

（一）促进工业、软件和信息服务业平稳较快发展

增强消费对工业增长的拉动作用。落实重点产业调整振兴规划各项措施，继续实施家电、建材、节能产品惠民政策。支持汽车企业调整产品结构、拓展海外市场。组织开展北京质量月活动，扶持北京品牌做优做强，以安全、质优、创意新品促进引导消费，大力拓展电子商务、信息服务等新型消费形态。

调整优化工业投资结构。完善产业结构调整指导目录，加强工业固定资产投资项目的核准和备案工作，做好重大工业项目落地协调工作。加大重点工业项目的资金统筹支持，创新工业发展资金的使用方式，发挥技术改造对工业投资结构的优化作用，大力推进企业兼并重组，淘汰落后产能。扎实开展对口支援与区域合作，加快对口支援产业项目的推进速度。

加强经济运行监测协调。完善经济运行监测平台，继续做好企业帮扶工作，减轻企业负担，扩大跨境贸易人民币结算试点范围，切实抓好工业领域运行要素保障协调。做好武器装备科研生产运行的协调保障工作，加强军工安全生产和民爆行业监管工作。

（二）深入推进产业结构调整

提高产业创新引领能力。全力组织实施国家重大科技专项，重点对01-04专项成果在京产业化项目，按照产业发展规划和政策进行筛选、支持服务和监管，在工业和软件服务业领域推动一批重大科技成果的产业化。依托高校组建产业技术研究院，建设完善科技成果产业化服务支撑体系，组织引导第三方专业服务机构，为重大科技成果产业化提供专业服务。创新企业技术中心认定方式，完善评价指标体系。鼓励企业加大研发投入，积极服务科技创新型企业发展。支持龙头企业、优势企业以产业链为基础，组建产业技术联盟。

狠抓重大高端项目建设。继续落实好市政府与央企合作框架协议，服务央企和跨国公司总部在京发展。继续推进六大产业调整振兴实施方案，按照招商一批、启动一批、投产一批、储备一批的统筹安排，以重大项目建设带动产业结构优化升级，重点抓好数字电视、移动硅谷、金风风电、新能源汽车等产业园建设，加快推进中芯国际扩产、现代三工厂、长安汽车、北汽高端自主品牌乘用车基地、中国北车北京基地、三一制造中心、中航产业园、同仁堂医药园、天坛生物疫苗产业基地、燕山石化炼油及润滑油系统技改等一批大项目开工、达产。继续推进燕房合作，加紧中核北京科技园等基地建设。积极推进军民结合，大力支持军民结合产业基地建设。进一步调整优化产业布局，积极发展新兴工业示范区。完善产业用地管理机制，指导开发区盘活闲置土地资源，完善开发区基础设施建设。

扎实培育战略性新兴产业。加快制定发展战略性新兴产业的政策措施，大力开展应用示范工

程。着力推动中芯国际 45 纳米、40 纳米集成电路芯片量产、大唐第三代移动通讯等关键技术或产品开发及应用。大力支持 LED、汽车电子等产业做大规模。加快发展软件和信息服务业，推动物联网、云计算产业发展，重点培育新一代网络运营和高端软件两个新增长点。扩大电动汽车在公安、出租、邮政、环卫、物流等领域的示范运行规模，带动电动汽车研发产业化和产业链培育。促进中低速磁悬浮列车及其关键部件在京产业化。大力支持新能源装备产业发展，培育风电、太阳能、核能等产业发展。在制剂技术、中药现代化、医疗器械数字化、新型疫苗和诊断试剂、单克隆抗体、酶工程制剂等生物医药重点领域实现突破。大力发展新材料产业，推进石化新材料、中关村永丰产业基地建设。培育发展节能环保产业，鼓励资源再生利用项目发展。积极培育航空航天产业，推进军民两用技术相互转化，重点发展卫星应用、北斗导航及通用航空等产业领域。稳步推进生产性服务业，引导工业企业向研发、设计、营销等价值链高附加值环节延伸发展。支持设计产业专业化发展，探索建立工业设计产业园。

（三）以“内涵促降”推进节能工作

积极转变工业节能工作思路和方法，加强现有在线监测平台的升级改造，力争对年综合能耗 5,000 吨以上标准煤的企业实现全能源在线监测。积极推进合同能源管理，按照《北京市合同能源管理项目财政奖励资金管理暂行办法》和《合同能源管理中央财政奖励资金分配方案》的要求，加快节能改造项目的对接，以全新的节能方式向前推进。加强行业准入指标的指导作用，对新上项目的能耗、水耗指标严格把关，加强能评管理，鼓励发展“低能耗、低水耗、低污染”的“三低”项目。继续推进清洁生产，推进企业加快转变生产方式。完善“三高”企业退出奖励政策，进一步调整优化水泥、电镀、化工等产业结构。针对产能过剩、资源能源浪费、安全隐患突出、布局不合理的小企业，继续鼓励关停退出。坚持推广节能环保新产品、新技术，抓住一批重点项目，发挥行业协会的中介作用，加快推广应用。

（四）进一步优化中小企业发展环境

抓好本市贯彻国家促进中小企业发展实施意见的具体落实，加快推进《北京市中小企业促进条例》立法工作，争取尽快颁布实施。发挥市政府联席会议作用，积极做好政府部门之间服务中小企业的统筹协调。建立健全市和区县中小企业服务中心，构建市区两级协同、区域和行业全覆盖的中小企业公共服务体系。实施分类指导，坚持创业带动就业。拓宽中小企业直接融资渠道，鼓励有条件的区县设立创业投资引导基金。采用多种方式组建多层次的中小企业融资担保机构，提高融资性担保公司对中小企业的服务能力。建立“方式多样、覆盖广泛、专业高效”的投融资服务体系。积极推进中小企业集合债券、集合票据、集合信托等融资方式。加强创业投资引导基金监管，提高使用效率。搭建中小企业与大企业、国有企业市场合作平台。支持中小企业技术创新，挖掘中小企业承载战略性新兴产业的能力。切实抓好重点小城镇的产业布局，积极发展农产品加工业，提升镇村产业基地的水平，积极推动镇村产业结构升级，深化镇村企业素质培训，增强重点小城镇的产业活力。

（五）扎实推进信息化和工业化深度融合

贯彻落实《推进两化融合促进首都经济发展的若干意见》，实施“338”战略，即深入推进信息化与制造业、服务业和农业三大产业的深度融合，提升自主创新、转型发展、资源配置三大能力，开展制造业“强化”工程、服务业“提升”工程、农业“优化”工程、大型企业“跨越”工程等八大工程，推动形成企业、行业、区域等全方位融合发展的新格局。促进电子商务与战略新兴产业发展的有机融合，狠抓电子商务示范工程，在支付、物流、投诉处理、网络信任体系建设等方面形成北京优势。

推进“智慧北京”建设，研究制定智慧北京建设行动纲要。加快无线物联数据专网和无线宽带专网等物联网基础设施建设。推进感知北京示范工程项目，建设物联网特色产业园区，积极推进物联网在公共服务、交通管理、卫生医疗、农业生产等领域的应用试点。加强全市电子政务工作的统筹与管理，大力推进绿色交通出行信息服务，加强网格化在各领域的推广应用。加快移动政务试点，延伸政府公共服务。继续推进首都之窗云服务平台建设，推广行政办公云服务试点，促进物联网在各部门的应用。深入推进政务信息资源开发利用，推动信息资源资产化管理和社会化开发，推动委办局和区县加强数据采集管理，支持指导建设数据中心。以基于智能电网的智能家庭及社区综合信息服务等物联网重点项目推进为重点，开展社区信息化应用试点示范，加快推进农村信息化。在九家医院启动电子病历试点，方便市民就医。支持个人信用信息系统建设及信息共享，加快推进食品等行业和区域诚信体系建设，继续开展“信用北京行”活动，积极建设首都社会信用体系国家示范区。

加快建设一流的信息化基础设施。大力推进光纤入户为主的宽带网络和城乡一体化建设。推动无线城市建设，完善和优化 3G 网络，实现重点地区无线网络覆盖。全面完成高清交互式数字电视改造工程，积极推动三网融合试点。结合老旧小区改造实施电力光纤到户试点。制定信息化基础设施用电规范、物联网基础设施接入标准、数据中心节能环保建设规范。

全面提升信息网络安全保障水平。推进信息安全等级保护和分级保护工作，规范计算机终端的安全配置，加强信息网络、信息系统建设和运维的安全管理。统一建设政务互联网集中接入平台，在全市开展国家机关互联网集中接入和工作人员实名制上网办公。强化无线电监测和管理，加大信息安全测评、监控和技术检查的力度。加强全市信息安全应急保障体系与容灾备份体系的建设。

（六）切实做好“十二五”规划的编制和实施

要依据国家和本市“十二五”相关规划，进一步明确发展方向和任务目标，按照全市规划编制节点要求，保质保量地编制好工业、信息化、中小企业及相关重点专项规划，使之成为一个凝聚各方智慧、科学规划未来、统一思想认识、提升鼓舞士气，指导未来五年行动的纲领性文件。各区县要结合实际，做好本区域工业和信息化领域相关规划的编制工作，在规划编制过程中，注重规划之间衔接，注重突出区域特色，注重重大项目安排，注重吸纳各方智慧，确保实现全市经济和信息化发展一盘棋。在规划编制发布之后，要充分利用各种宣传手段，加强规划的宣贯工作，让经济和信息化“十二五”发展思路真正到达基层，深入企业、深入人心。最后，还要将规划的贯彻落实与实际工作结合起来，在年度工作部署、重大项目安排、资金使用等方面，强调严格按照规划要求实施。

四、保障措施和相关要求

狠抓各项基础工作。把握职能定位，全面履行经济和信息化大部门职责；创新工作方式，切实提高政府服务水平和办事效率；增进合作交流，强化市区两级主管部门的工作合力；服务产业链发展，推进完善产业统计方法和指标体系；深入调查研究，完善支撑体系，要对经济和信息化领域重大问题和前瞻性课题取得研究突破。加强经济和信息化队伍建设，树立敢于负责、敢于碰硬、敢于创新的工作作风，努力提高领导科学发展的能力。积极推进反腐倡廉，加强机关党建，打造学习型机关。

积极推进依法行政。贯彻实施国家相关产业发展政策，加强本市中小企业、信息安全、无线电管理、个人信息保护、信息化等政策法规的研究、起草和制（修）定，完善法律制度环境，推进监控化学品、农药、民爆、信息安全、无线电等领域行政执法。

加强人才队伍建设。出台加强工业和信息化人力资源建设指导意见，以高层次人才的培养、使用和引进为重点，创新人才体制机制，重点打造企业经营管理人才、科技研发创新人才和高技能人才等三支高素质队伍。开展好“首届中日（北京-东京）数控技能友谊赛”。协调落实相关政策，积极凝聚海内外高端人才资源，服务首都经济和信息化建设。

狠抓企业安全生产。稳定是首都压倒一切的任务，安全生产无小事。要认真落实工信部和本市关于加强安全生产的有关工作部署，经济和信息化主管部门要进一步梳理管理职责，加强工作检查和指导，狠抓重大工业项目的安全生产。各企业要切实提高安全生产意识，加强安全管理，制定和完善安全生产方案预案，完善落实操作规程，责任明确到具体部门和人。春节前要从安全薄弱环节入手，组织安全生产自查，排除隐患，全力防范重大安全事故发生。

同志们，回顾“十一五”，我们取得了一定成绩；展望“十二五”，美好蓝图催人奋进。让我们在市委市政府的坚强领导下，以高昂的精神状态，扎实的工作作风，在新的起点上高标准做好开局之年的各项工作，为建设“三个北京”和世界城市做出新的贡献，以优异的成绩向建党 90 周年献礼。

在贯彻落实国务院批复加快推进中关村国家自主创新示范区建设大会上的讲话

北京市委书记　刘　淇

2010 年 4 月 22 日

今天，在国务院批复建设中关村国家自主创新示范区一周年之际，我们召开这个大会，进一步动员全市力量，加快中关村国家自主创新示范区建设。在这里，我代表北京市委、市政府，向获得表彰的重大科技成果产业化项目研发和实施单位，以及列入“十百千工程”的企业表示衷心的祝贺！向中关村科技园区的建设者致以崇高的敬意！

下面，我讲几点意见。

一、充分肯定中关村国家自主创新示范区一年来的成绩

自去年 3 月国务院批复建设中关村国家自主创新示范区以来，在党中央、国务院的坚强领导下，在科技部牵头的部际协调小组和国务院各部门的大力支持下，中关村国家自主创新示范区建设发展取得显著成就，实现了开好局、起好步的目标。

一是体制机制创新迈出新步伐。组成了中关村示范区领导小组和落实有关先行先试政策的 10 个专项工作组。加强中关村和海淀区领导力量配备，整合海淀区和未来科技城等昌平南部地区，建设北部研发服务和高技术产业聚集区；整合大兴和北京经济技术开发区资源，建设南部高技术制造业和战略性新兴产业聚集区。科技部、国家知识产权局和北京市联合在中关村设立了中国技术交易所。财政部、科技部制定了中关村示范区企业股权激励的实施办法。财政部、国税总局制定了支持中关村创新创业的税收政策。国家发改委牵头编制了中关村示范区发展规划纲要。北京市人大、市政府启动了中关村示范区的地方立法工作。成立了中关村发展集团公司，建立了以股权为纽带统筹推进各园区建设发展的机制。

二是先行先试改革试点工作取得新突破。按照国务院批复的要求，加快推进股权激励、科技金融、科技经费使用、税收政策、政府采购、工商和社会组织管理以及新型产业组织参与国家重大科技专项等先行先试改革，出台了 30 多项支持中关村示范区建设的政策文件，极大地改善了中

关村的创新创业环境。

三是自主创新取得新成绩。着力推动重大科技成果研发和产业化，重点推进了龙芯芯片、纳米绿色打印、抗肿瘤药物等一批重大科技成果在北京落户和产业化，中关村专利授权量同比增长47.8%。大力扶持创新型企业做大做强，继续推进中关村百家创新型企业试点工作，试点企业的创新能力持续增强，市场竞争力大幅提升，有三分之一企业的收入同比增长超过50%。示范区科技创新辐射能力进一步增强，中关村的技术交易额达到全国的四分之一以上，其中80%以上输出到北京以外地区。

中关村示范区一年来建设和发展所取得的成果，离不开党中央、国务院的坚强领导，离不开国务院各部门的大力支持，离不开社会各界的积极参与。在此，我代表北京市委、市政府，对关心和推动中关村示范区建设的领导和同志们，表示衷心的感谢！

二、切实增强加快中关村国家自主创新示范区建设的责任感和紧迫感

建设中关村国家自主创新示范区，是党中央国务院在新世纪、新阶段，针对新形势、新任务作出的重大战略决策。中央领导十分关注，胡锦涛总书记、温家宝总理多次专程到中关村调研，并对中关村发展多次作出重要批示。中央领导的关心体现了对中关村科技创新的殷切希望。在新的形势下，进一步加快推进中关村国家自主创新示范区建设至关重要。

第一，要把推进中关村国家自主创新示范区建设，作为深入贯彻落实科学发展观、加快经济发展方式转变的重要抓手。加快经济发展方式转变，根本出路在自主创新。只有紧紧跟上世界经济技术发展潮流、在自主创新方面持续占有优势，才能在激烈的国际竞争中把握先机、赢得主动。中关村是世界上罕见的科技智力资源的聚集区，蕴藏着巨大的知识智力优势，有基础、有条件，更有责任在加快经济发展方式转变方面发挥更大的作用。必须以加快中关村国家自主创新示范区建设为抓手，提高自主创新能力，为加快经济发展方式转变提供强有力的科技支撑。

第二，要把加快推进中关村国家自主创新示范区建设，作为把握后国际金融危机时期竞争主动权的重要举措。北京作为特大型城市，人口资源环境矛盾十分突出，但同时北京拥有全国最密集的科技智力资源。在后国际金融危机时期，依托首都资源禀赋提升首都经济核心竞争力，实现与其他省市错位发展，关键和出路都在科技创新。必须加快推进中关村国家自主创新示范区建设，以自主创新支撑战略性新兴产业发展，使中关村示范区成为我国战略性新兴产业的策源地，抢占后国际金融危机时期国际竞争的战略制高点。

第三，要把加快中关村国家自主创新示范区建设，作为北京建设世界城市、推动“人文北京、科技北京、绿色北京”战略任务的重要着力点。在新的发展阶段，建设世界城市，以更高的水平推动首都的发展，关键在于科技创新的能力。我们必须紧紧抓住新一轮世界科技革命带来的战略机遇，把中关村率先建设成为具有全球影响力的科技创新中心，发挥中关村地区的特殊优势，通过科技创新，推动首都的科学发展。

总之，我们务必要从全局和战略的高度，切实增强建设中关村国家自主创新示范区紧迫感和

使命感，始终保持奋发有为的精神状态，努力把中关村打造成为具有全球影响力的科技创新中心，为国家的发展作出我们应有的贡献。

三、创造性地推动中关村国家自主创新示范区的建设

加快推进中关村国家自主创新示范区建设，要做的工作很多，必须坚持统筹兼顾，有的放矢。核心是体制机制创新，重点是创新型企业做大做强，基础工作是创新成果转化和创新人才引进。

一是要在体制机制创新上狠下工夫。体制机制创新就是改革的深化，是深入贯彻落实科学发展观、加快经济发展方式转变不可绕过的一个关口。要在继续深化股权激励、科技经费使用、高端人才、政府采购、工商管理等先行先试的改革试点的同时，积极争取国家部门的指导和支持，争取开展一批新的先行先试改革试点。要从建设科技强国的大目标出发，营造有利于科技成果转化和自主创新的环境。要从国情出发，形成有社会主义制度独特优势的科技创新机制。从政府行政职能、资源配置方面，从立法机构出台法律法规方面，从加强产学研用各个环节联系方面，从增强企业、院校、科研院所、归国人才创新活力的政策设计方面，从把政府宏观调控重大项目带动和市场机制灵活性结合方面，创造出比国外科技园区更有活力的体制机制。做到了这一点，中关村示范作用才真正发挥出来。要充分发挥中关村优质科技企业资源丰富的优势，扩大和完善中关村代办股份转让试点，积极争取全国场外交易市场落户北京。要加快推进银行专营机构在中关村聚集，为创新创业企业提供符合企业特点和需求的金融产品和系统的金融服务。要加快制订实施细则，确保国务院批准的支持中关村创新创业的税收政策尽快落实到位，积极争取国家部门支持，动员企业、社会力量，在物联网、云计算、移动互联网、智能电网、新能源汽车、生物医药等重点领域，将中关村示范区打造成为发展战略性新兴产业的国家基地。

二是要在促进创新型企业做大做强上狠下工夫。建设具有全球影响力的科技创新中心，就要有一批世界一流的创新型企业。要加紧落实“十百千工程”，进一步统筹各方资源，营造更加完善的创新创业环境，在中关村培育和成长出一批十亿元、百亿元、千亿元级的创新型企业。要深入推进“一企一策”的扶持措施，针对不同技术领域、不同发展阶段、不同细分市场的特点，加强对企业的服务，及时了解企业发展的情况和具体问题，制订实施个性化的支持措施，为企业做大做强提供“量身定做”服务政策。要积极支持企业加大研发投入，加快推进以需求为导向的自主创新，推动中关村企业根据市场需求组织科技创新，特别是要围绕着替代进口开展自主创新。

三是在推动重大科技成果在京落地和产业化上狠下工夫。要抓紧建立促进科技成果在本地转化和产业化的保障机制，改革科技经费和产业化资金的使用模式，今后5年要统筹重大科技专项及产业化资金300亿元，在研发的起初阶段就适当介入，通过股权投资的方式支持一批成长性好的企业和项目。要建立重大项目落地服务和审批的绿色通道，依托中关村发展集团公司以及首钢、北控等大型企业，加快搭建重大项目引进落地、投融资的服务平台。要加强规划引导，提高审批效率，支持重大项目的承担单位入驻产业聚集区。要提高信息的收集能力和灵敏度，完善重大科技成果的信息筛选和评价机制，加快形成一个由企业家、金融家、科学家、政府官员紧密联系、

相互协调的机制，让信息更灵敏、反应更果断、服务更到位，做到一旦有项目，就尽快落地。

四是在引进高端人才上狠下工夫。要加快推进高端领军人才聚集工程，重点吸引一批具有国内外先进水平的战略科学家、科技领军人才、科技企业家和高科技创业团队到中关村创业，力争通过引进一个高端领军人才团队，带回一批高科技专利，造就一批拥有自主知识产权的高端项目，带动一个战略性新兴产业的发展。要结合中关村先行先试改革试点工作，建立健全鼓励创新创业的分配制度和激励机制，通过加大政府奖励，实行股权、期权、年薪制等多种方式，进一步激发创新型人才的创新创业热情。引进人才的政策要有快速落实的机制，户口等问题要专项授权解决。

建设中关村国家自主创新示范区的任务光荣而艰巨。我们一定要紧紧抓住机遇，承担起历史使命，举全市之力，在部际协调小组和国家各部门及社会各界的大力支持下，把中关村示范区建设好、发展好，为加快转变经济发展方式、建设创新型国家发挥表率和示范作用，为建设“人文北京、科技北京、绿色北京”，建设世界城市作出新的更大的贡献。

努力发挥创新资源优势
加快建设中关村国家自主创新示范区

北京市委常委　赵凤桐

十七届五中全会指出，当前和今后一个时期，我国发展仍处于可以大有作为的重要战略机遇期。特别强调，要把坚持科技进步和创新作为加快转变经济发展方式的重要支撑，充分发挥科技第一生产力和人才第一资源作用，推动发展向主要依靠科技进步、劳动者素质提高、管理创新转变，加快建设创新型国家。

中关村科技园区成立20多年来，取得了大量创新成果，促进了高新技术产业的蓬勃发展和高端创新要素的有效聚集，其创新发展对北京乃至对全国都具有重要示范引领和辐射带动作用。从发展优势看，中关村聚集了最为丰富的创新资源，率先形成了以创新为特征的区域经济发展模式。从发展阶段看，中关村凭借高素质的科教人力资源，正在加速承接国际技术转移和突破自有关键技术，自主创新有望在战略性新兴产业领域取得突破。从发展环境看，我国面临在高新技术领域的激烈竞争，特别需要增强自主创新能力，提高产业核心竞争力。

面临新的发展形势和发展要求，中关村作为国家自主创新示范区，承担着服务国家战略需求的重大使命，迫切需要探索解决制约自主创新的深层次体制机制问题，进一步发挥创新资源优势，努力培育具有国际竞争力的战略性新兴产业和创新型企业集群，加快建设具有全球影响力的科技创新中心。

一、大力聚集高端人才资源，加快建设中关村人才特区

人才特别是高端人才，是推动中关村创新发展、支撑创新成果大量涌现的根本基础和不竭动力，是中关村实现自主创新的第一资源。多年来，中关村始终坚持促进科技与经济相结合，支持人才创新创业，带动了高新技术产业的快速发展，在海内外形成了一定影响力。高端创新创业人才数量位居全国首位，共有两院院士523名，北京市共有中央“千人计划”人才236人，其中85%以上在中关村地区。海归人才近万名，累计创办企业超过5,000家，是国内留学归国人员创办企业数量最多的地区，被中央人才工作协调小组授予第一批“海外高层次人才创新创业基地”。成长

出一批国内外有影响的新老企业家，探索建立了国内首家新型科研机构——北京生命科学研究所，吸引 25 位海外高级科学家全职回国工作，在《科学》、《自然》、《细胞》等国际一流学术期刊上发表了 80 余篇高水平文章。

为进一步发挥中关村的人才优势，构筑我国人才发展战略高地，今年，中央领导同志对加快建设中关村人才特区作出重要批示，要求进一步加大工作力度、集聚政策，创建人才特区，形成以人才为主导的特区，在全国起到示范作用。目前，《关于中关村国家自主创新示范区建设人才特区的若干意见》已经由中央人才工作协调小组原则通过，明确了建设人才特区的总体目标、主要任务和支持政策。建设好人才特区的关键是推动人才体制机制创新，提高人才资源开发利用水平，重点抓好三个方面的工作。

一是要大力聚集拔尖领军人才与科技创新要素。结合中央“千人计划”和“北京海外人才聚集工程”的实施，加快引进和培养一批站在国际科技与产业发展前沿的高端领军人才，同时，发挥高端人才对创新要素的影响力，吸引拥有尖端技术的项目、企业进入中关村，促进国际技术转移。力争通过引进一批优秀人才，带回一批高科技专利，造就一批拥有自主知识产权的高端项目，带动相关产业的跨越发展。

二是要搭建高层次人才的自主创新平台和创业支持体系。在创新方面，推广北京生命科学研究所的建设经验，建设国际一流的科研平台，建立以自主创新绩效为导向的学术发展与资源配置机制，扩大科研机构在科技经费、人事制度等方面的自主权。在创业方面，创新大学科技园、孵化器的运营管理模式，以北京科技大学建设的中关村高端人才大厦为代表，建立高端人才创业基础设施和项目孵化全过程服务体系，健全创业金融服务体系，大力引进和聚集天使投资、股权投资及管理公司等各类投资机构在中关村发展。

三是要创建具有国际水平的创业环境和服务体系。结合中关村地区的规划建设，激活高校院所的创新资源和活力，加速科技成果研发和转化。促进新兴产业高速发展，形成一批具有自主创新能力、国内外有影响力的产业集群。全面增强产业发展对高层次人才的吸附效应，促进高层次人才集群式发展。创新人才发展体制机制，进一步形成有利于人才创新创业的分配制度和激励机制。优化海归人才的发展环境，在组织、资金、项目、奖励等方面为海外高层次人才创新创业提供良好条件，解决在工作和生活中的困难和问题。

二、充分激发创新资源活力，加快建设中关村科学城

高水平创新活动是创新资源密集分布的产物，国际一流科技园区都依托一流的科技创新资源和产业环境。以中关村大街、知春路和学院路为轴线周边辐射区域形成的中关村科学城，是我国科技资源最为密集、研发成果最为丰富、创新活动最为活跃的区域，是中关村示范区核心区的核心。区域内共有高等院校 32 所，国家及市级科研院所 206 所，国家级重点实验室 67 个，国家工程（技术）研究中心 55 个，学科和行业门类齐全，科研水平领先，共有世界 500 强企业分支机构 187 家，高新技术企业 6,000 余家，代表了我国科技创新和产业化的最高水平，是中关村建设具

有全球影响力科技创新中心的强大基础。

为发挥创新资源的聚集效应，进一步释放区域内的高等院校、科研院所和高科技企业的创新活力，今年以来，市委、市政府提出加快建设中关村科学城，建设高端研发创新基地和产业聚集区。目前，大学和科研机构积极性都很高，已批准挂牌了两批25个重点项目，将在区域内通过空间资源整合实现创新研发环境的升级。

中关村科学城的建设要通过体制机制创新和重大项目带动，聚集国内外高端创新要素，进一步激活存量资源活力，探索符合我国发展阶段需要的科技创新体系和路径，为人才、技术、产业、金融等要素紧密结合提供空间载体，建成战略性新兴产业策源地、体制机制创新的前沿阵地、科技成果转化的辐射源和区域创新的先行示范区。重点建设内容包括三个层次。

一是推动体制机制创新激活科技资源。围绕关键共性技术协同创新，探索新型产业组织模式，搭建高校院所与市场需求联动的共性技术研发平台，建设北航先进技术研究院、北理工国防技术研究院等一批产业技术研究院。依托中央企业雄厚的产业组织能力和市场资源，建立市场、人才、技术、金融、产业服务为一体的创新型企业孵化基地，建设中国航天科技集团航天科技创新园、中国航空工业集团航空科技园等一批高端产业园，聚集一批上市公司和高科技企业的总部和研发中心，形成高端产业集群。

二是依靠需求拉动创新促进重大科技成果产业化。以新一代信息技术、生物、航空航天、新材料、新能源、新能源汽车、节能环保等战略性新兴产业为切入点，筛选和支持一批重大科技成果落地转化和产业化项目。实施自主创新产品的政府采购和关键技术示范工程，推动自主技术市场应用。

三是盘活存量空间资源提升创新创业承载能力。统筹区域空间资源高效利用，在不新增城市建设用地、合理调配空间资源的前提下，通过存量资源挖潜置换和规划调整，完善区域内产业布局，促进空间资源的集中开放和改造升级，为形成高端产业集群创造空间条件。

三、突破政策瓶颈，促进高校院所科技成果转化

长期以来，我国科技自主创新和成果转化与发达国家相比有很大差距，特别是在高校院所科技创新和成果转化方面还存在诸多体制机制障碍。中关村始终坚持解放思想，开展体制机制创新和先行先试，不断营造有利于创新创业的发展环境。示范区批复以来，先行先试改革试点取得重要进展，股权激励、科技项目间接经费、政府采购等促进科技创新和成果转化的改革试点已进入关键阶段。目前，已有349家单位参加股权激励试点，252个重大项目开展科技项目间接经费试点工作，财政部、国家税务总局、科技部研究制定支持创新创业的税收政策并出台4个政策文件，北京市分9批采购中关村自主创新产品76.7亿元。

近期，中央领导同志对中关村示范区发展，特别是加强与中央部门对接、推动体制机制先行先试作出一系列重要指示。中关村示范区结合自身实际情况和有关科研机构、高等院校的要求和希望，借鉴国内外现行做法，围绕科研投入和成果转化环节，正在开展一系列先行先试政策试点，

进一步推动体制改革向深入发展。

一是从提升高校院所积极性方面着手，推动科研成果处置权和收益权改革试点。

科研机构、高等院校等国有事业单位作为项目承担单位，按照目前的规定，不能自主处置科研成果形成的知识产权并获得转化收益，既影响了科技成果转化的时效性，也影响了科研机构、高等院校转化科技成果的积极性。财政部文件规定，中央级事业单位处置国有资产时，价值在 800 万元以下由财政部授权主管部门进行审批并报财政部备案，价值在 800 万元以上经主管部门审核后报财政部审批，同时，中央级事业单位国有资产处置收入应当上缴中央财政，实行“收支两条线”管理。

为促进科研成果的转化和产业化，提升高校院所开展成果转化的积极性，下一步，在中央有关部委的支持下，北京市将在中关村示范区内开展科技成果处置权和收益权改革试点。下放科研成果处置权和收益权，项目承担单位在科研项目中形成的研究成果及知识产权，价值 800 万元以下的拥有自主处置权，不再由财政部授权主管部门审批。同时，科研机构、高等院校取得项目成果转化收益，在扣除奖励资金后，由转让单位主要用于教学、科研和事业发展。

二是从加强对科技人员的激励方面着手，开展股权激励促进政策的试点。

对关键技术人员实行股权激励是市场经济环境下促进科研成果转化的有效手段，是国务院批复在中关村示范区开展体制机制创新重要的试点政策。目前，中央单位股权激励试点方案审批难度较大，程序复杂，周期过长。为推动中央单位股权激励试点取得突破，中央有关部委将与北京市共同研究制订中关村示范区内中央单位股权激励试点方案审批实施细则，由中央和北京市开展联合审批。

同时，为积极推动非国有企业事业研究机构和高新技术企业实施股权激励，降低科技人员取得股权或出资比例时的纳税压力，将试点允许中关村示范区各类科研机构和高新技术企业，在转化职务科技成果时以股份或出资比例等股权形式给予技术人员奖励的，技术人员在取得股份、出资比例时可以延缓 5 年分期缴纳个人所得税。

三是建立面向市场需求的科研投入导向，推动科研经费分配管理体制改革试点。

目前，我国以企业为主体、市场为导向、产学研相结合的技术创新体系尚不完善，企业牵头联合科研机构、高等院校承担科技计划项目的数量不多，科研经费向企业倾斜不足，不利于企业自主创新能力的提升、科技成果转化和产业化；国家科技计划与科技创新领军人才和创新团队结合不够紧密，科研经费支出直接用于激励科研人员的支出不足；重大需求和应用对自主创新的直接拉动作用不够，制约了科技成果产业化。

为解决上述问题，建立以科技成果转化和产业化以及对经济社会发展贡献为主要标准的科研经费评价体系，围绕高端人才、创新型企业、成果转化和示范应用等要素和环节优化配置科研经费，北京市将率先在中关村示范区进行科研经费分配管理体制改革试点。对战略性新兴产业领域和解决国家、首都重大战略需求的关键共性技术研发与重大科技成果产业化项目，支持以企业为主实施，由入选中央“千人计划”、北京市“海聚工程”的创新领军人才或团队实施，以及面向企业联合高校院所组成的科研团队实行公开招标，给予资金支持，由有关单位自行投入实施的给予奖励。对财政资金支持的项目按阶段性目标和产业化进展程度考核合格后拨付，创新领军人才可以自主决定财政支持的科研经费使用。

为做好上述重点工作，整合中央和地方资源，促进科研机构、高等院校、中央企业、民营企业和政府六位一体协同创新，下好中关村创新发展这盘棋，在中央领导同志以及中央有关部委的关心和支持下，北京市政府会同示范区部际协调小组相关部门，积极推动共同组建首都创新资源整合平台。创新平台下设重大科技成果产业化项目审批联席会议办公室、科技金融工作组、人才工作组、新技术新产品政府采购和应用推广工作组、政策先行先试工作组、规划建设工作组，将涉及示范区发展各方面要素资源的管理协调职能集中设置，统筹服务。创新平台将在北京市政府和中央相关部门共同领导下，负责落实示范区建设的各项重大决策，整合资源，提高效率，对跨层级审批和跨部门审批加强协调和督办，促进重大科技成果产业化，构建有利于政策先行先试的工作机制，形成高效运转、充满活力的科技创新和产业化服务体系。

未来，中关村国家自主创新示范区将不断完善创新发展模式，努力发挥创新资源优势，加快建设具有全球影响力的科技创新中心，为首都中国特色世界城市和创新型国家建设作出更大贡献。

解放思想　抢抓机遇
加快建设中关村国家自主创新示范区

——在贯彻落实国务院批复加快推进中关村国家自主创新示范区建设大会上的讲话

北京市副市长　苟仲文

在国务院作出建设中关村国家自主创新示范区的重大战略决策一周年之际，我们召开贯彻落实国务院批复加快推进中关村示范区建设大会，主要任务是学习落实科学发展观，贯彻党的十七大、中央经济工作会议、全国科技工作会议和北京市委十届七次全会精神，总结一年来中关村示范区建设的工作，研究部署 2010 年的主要任务。

现在，我向大会报告中关村示范区建设的情况。

一、中关村示范区建设取得了阶段性成果

党中央、国务院和北京市委、市政府始终高度重视中关村在提升自主创新能力、建设创新型国家中的示范引领和辐射带动作用。刘淇同志、刘延东同志、万钢副主席多次到中关村调研并作出重要指示。万钢副主席主持召开了中关村示范区部际协调小组第一次会议。

科技部、国家发改委、财政部等部际协调小组成员单位结合自身职责，与北京市组成了部市联合工作组，采取多种措施，积极建设中关村示范区。北京市举全市之力建设中关村示范区，召开了全市动员大会，组成了郭金龙市长为组长的中关村示范区领导小组，市委常委赵凤桐同志兼任海淀区委书记和中关村管委会党组书记，还成立了落实有关先行先试政策的 10 个专项工作组。国务院有关部门和北京市已经出台了支持中关村示范区建设的政策文件 30 多项。

中关村的企业、高等院校、科研院所、社会组织和全市各部门、各区县认真贯彻国务院批复精神，落实建设“人文北京、科技北京、绿色北京”和世界城市的战略部署，积极应对国际金融危机，加快转变经济发展方式，推动中关村示范区建设取得了阶段性成果，中关村的自主创新能力不断提升，发展势头良好。

2009 年，中关村企业实现总收入超过 1.3 万亿元，同比增长 27.2%；实现增加值 2,182 亿元，

占全市地区生产总值的 18.4%，比上年提高了 1 个百分点；专利授权 6,362 件，同比增长 47.8%；企业从业人员超过 100 万人。中关村的技术交易额达到全国的四分之一以上，其中 80%以上输出到北京以外地区。

（一）深化体制机制创新，各项先行先试的改革取得显著进展

一是启动了股权激励试点，极大地调动了科技人员创新和成果转化的积极性。财政部、科技部制定了《中关村国家自主创新示范区企业股权和分红权激励实施办法》。目前已有 263 家单位参加试点，其中中央属单位 113 家，市属单位 150 家。

二是深化科技金融创新试点，中关村初步形成了“一个基础、六项机制、十条渠道”的投融资体系。“一个基础”是以企业信用体系建设为基础；“六项机制”包括信用激励、风险补偿、以股权投资为核心的投保贷联动、分阶段连续支持、银政企多方合作、市场选择聚焦重点等机制；“十条渠道”包括天使投资、创业投资、代办股份转让、境内外上市、并购重组、集合发债、担保贷款、信用贷款、小额贷款、信用保险和贸易融资。国务院批准了新的中关村股份报价转让试点制度，证监会、科技部和北京市积极组织实施，在代办系统挂牌的中关村企业达到 66 家；支持中关村企业到境内外资本市场上市，2009 年新增上市公司 23 家，融资额超过 240 亿元，创历史新高，上市公司总数达到 145 家，其中境内创业板上市公司 19 家，占全国五分之一左右；北京银行、中国银行、交通银行等设立了 12 家专营机构，为科技企业提供信用贷款、股权质押贷款、认股权贷款、知识产权质押贷款以及信用保险和贸易融资等创新产品，累计提供的融资额超过 300 亿元；设立了 100 亿元的北京股权投资发展基金，国家发改委支持中关村的股权投资机构进行备案，中关村的投资案例和投资金额占全国的三分之一左右，活跃的创业投资机构超过 100 家。

三是开展重大科技专项经费列支间接费用的试点，改进了科技经费的管理方式，促进了高校院所和企业吸引高素质人才、提高科研水平。财政部、科技部、发改委出台了《民口科技重大专项资金管理暂行办法》,北京市制订了中关村示范区重大科技专项资金管理和间接费用列支管理办法，选择了两批 71 家试点单位及其承担的 101 个国家及北京市科技重大项目开展试点工作。

四是支持中关村的新型产业组织和民营科技企业参与、承担国家重大科技项目，建立了产学研用结合的协同创新机制，着力培育和发展战略性新兴产业。中关村的产业技术联盟达到 42 家，长风软件、TD-SCDMA 等 9 家联盟纳入科技部产业技术创新战略联盟试点。2009 年，中关村企业承担的国家科技重大专项有 129 项。

五是研究制订支持创新创业的税收政策。财政部、国家税务总局和北京市组成了部市联合工作组，研究提出了支持中关村的创新创业的税收政策，目前已经国务院批准。

六是组织编制发展规划纲要。国家发改委牵头，组成了由 14 个部门、北京市、专业研究机构参加的发展规划纲要编制领导机构和工作机构，开展了 9 个重大课题的战略研究，起草了《中关村示范区发展规划纲要（2010—2020 年）》，近期将报送国务院审批。

七是实施了工商管理改革政策试点，创造良好的市场秩序。工商总局在企业登记、商标战略、

信用体系建设、市场管理等方面出台了 43 条试点政策，工商总局商标局专门设立了驻中关村办事处，这是全国第一个派驻的商标办事机构。北京市专门设立了中关村示范区工商分局。

八是深化政府采购自主创新产品的试点，拓展自主创新产品的应用空间。北京市制订了首台（套）重大技术装备试验和示范、首购、订购、资金审计监督等一批政策文件；51 项中关村的自主创新产品入选首批国家自主创新产品目录，居全国之首；北京市组织认定了 6 批《北京市自主创新产品目录》和 5 批《北京市自主创新产品政府首购目录》，组织了 5 批政府采购中关村自主创新产品的签约大会，采购中关村自主创新产品 47 亿元。

九是在中关村聚集高端领军人才，建设世界一流水平的新型研究机构。有 29 名中关村人才入选中央“千人计划”，其中创业类人才 27 名，占全国总数的 17.6%，位居全国第一。43 名中关村人才被认定为北京首批海外高层次人才，占北京市总数的 86%。中央组织部等单位组织 14 家中央企业在中关村集中建设“未来科技城”，其中神华集团的北京低碳清洁能源研究所已开工建设。北京市实施了中关村高端领军人才聚集工程，大力吸引高端领军创新创业人才和创业投资家，有 57 名个人或团队被认定为 2009 年中关村高端领军人才。

十是启动了中关村示范区的地方立法工作，进一步优化中关村创新创业的法治环境。完成了《中关村国家自主创新示范区条例》的起草工作，努力在企业设立、社会组织发展、产学研用协同创新、科技成果转化、投融资、政府行为规范等方面作出创新性的规定。

（二）加快促进科技成果转化，扶持企业做强做大，中关村的自主创新能力和整体发展水平持续提升

一是积极帮扶企业应对国际金融危机。落实市政府关于帮扶企业应对国际金融危机的 66 条措施，针对中关村企业的特点，组建帮扶的工作机构和机制，在资金支持、高新技术企业认定、支持承接重大建设工程、开拓市场等 17 个方面制订专门的帮扶措施和工作任务，对重点企业采取“一对一”的帮扶方案。圆满完成了年度高新技术产业增加值增长 18% 的目标。

二是大力扶持创新型企业做强做大。继续推进由科技部、中科院和北京市共同领导的中关村百家创新型企业试点工作。试点企业总数达到 305 家，有 56 家企业完成了试点任务，被命名为首批创新型企业。试点企业的创新能力持续增强，市场竞争力大幅提升，有三分之一企业的收入同比增长超过 50%。

三是着力推动重大科技成果研发和产业化。经国务院批准，北京市与科技部、国家知识产权局联合在中关村成立了中国技术交易所，成为首家国家级技术交易机构。国家标准委批准开展中关村标准创新试点工作。以中关村的企业为主体，研发了全球第一个甲型 H1N1 流感疫苗、国内单机功率最大海上风电机组、大容量锰酸锂动力电池等一批新的自主创新成果，LED 显示屏、智能终端设备、信息安保系统等中关村的技术和产品在国庆 60 周年庆典中应用。重点推进了中科院龙芯芯片、中科院纳米绿色打印、纯电动车电池隔膜、清华大学抗肿瘤药物等一批重大科技成果在北京落户和产业化。

四是继续推进各类创新服务平台建设。民政部支持在中关村开展社会组织管理的改革试点。以高校院所的重点实验室为基础，中关村开放实验室挂牌的总数达到59家，通过检测、咨询、联合研发等方式为企业服务。中关村的国家级企业技术中心达到18家。企业信用体系建设不断深入，信用促进会会员已达3,000家，累计使用信用报告近1万份。留学人员创业园达到29家，新型协会组织达到43家，创业服务体系向社会化、网络化和专业化发展的趋势明显

五是专业园和产业基地建设取得新进展。按照产业功能区和行政区协调发展、集约利用资源、发展高端产业的原则，完善中关村“一区多园”的产业空间布局。充分调动和优化市区两级资源，成立了中关村发展集团，统筹重大科技成果转化和落户。核心区进一步聚集创新要素，加快业态调整和综合环境整治，率先开展了行政审批制度改革。以核心区为依托，启动建设北部研发服务和高新技术产业聚集区。统筹大兴区和北京经济技术开发区的行政资源，启动建设南部高技术制造业和战略性新兴产业聚集区。加快建设一批国家级产业基地、生态型园区和低碳经济示范区。

六是开展多层次交流，加大宣传力度。进一步深化与法国索菲亚、台湾新竹等世界知名科技园区的交流。举办了2009年中关村论坛，以“创新创业能力与企业家精神”为主题，引起了广泛关注。硅谷银行集团等国际知名投资机构积极在中关村拓展业务。围绕中关村新的战略定位和发展目标，大力宣传中关村的自主创新成果、创新型企业、机制体制创新试点等，累计播发各类报道近5,000篇次。

中关村示范区一年来建设和发展所取得的成果，是党中央、国务院高度重视和亲切关怀的结果，是国务院各部门、市委市政府直接领导和大力支持的结果，是中关村示范区企业、高等院校、科研院所、中介组织以及各级政府部门、单位共同参与、埋头苦干的结果。借此机会，我代表市委、市政府，向参与和支持中关村示范区建设的各界人士表示衷心的感谢!

当前，建设中关村示范区的工作仍然面临着一些困难和问题。一是解放思想还不够，面对建设具有全球影响力的科技创新中心和世界城市的新目标和新形势，我们要进一步拓宽思路，勇于创新，在机制体制创新方面需要不断取得新突破；二是中关村的创新资源优势还需要进一步挖掘并转化为产业竞争优势，中关村的辐射带动作用还需要进一步强化；三是需要加快推进重大科技成果产业化和企业做强做大，特别是要进一步发挥政府的引导和推动作用。

二、2010年建设中关村示范区的主要任务

2010年是集中精力推动科学发展、加快转变经济发展方式的重要之年，是全面推动“人文北京、科技北京、绿色北京”和世界城市建设的重要之年，是全面完成“十一五”规划任务并谋划“十二五”时期发展的关键之年，也是中关村示范区建设的深入推进之年。当前的发展环境和形势，既有良好的机遇，也有重大的考验。我们要深刻分析后国际金融危机时期面临的国内外环境和中关村的内在条件，加深对加快转变经济发展方式的理解和认识，加强对“人文北京、科技北京、绿色北京”和世界城市发展战略的贯彻实施，提高培育自主创新能力、推动战略性新兴产业发展的能力。

面对新形势和新要求，2010 年中关村示范区建设的总体要求是：以科学发展观为统领，全面落实国务院关于建设中关村国家自主创新示范区的重大战略决策，进一步解放思想、抢抓机遇，以提高自主创新能力为中心，以加快转变经济发展方式为主线，加强统筹协调，加快建设步伐，深入开展体制机制改革创新，坚持高起点谋划和高标准建设，在战略性新兴产业领域，继续培养和聚集一批优秀创新人才特别是产业领军人才，研发和转化一批国际领先的科技成果，做强做大一批具有全球影响力的创新型企业，培育一批国际知名品牌，保持在自主创新和产业化方面的领头和先行地位。争取全年企业总收入在 2009 年基础上再增长 15%以上。

要重点抓好以下任务：

（一）立足国家战略高度，制订、实施 4 项重大政策和文件

一是抓紧组织实施国务院批准的支持中关村示范区创新创业的税收政策。

二是在国务院批准中关村示范区发展规划纲要后，研究制订创新能力、产业发展、科技金融、人才资源、创业服务等方面的专项规划和年度实施方案。争取将中关村示范区的建设纳入国家“十二五”发展规划纲要。

三是制定《中关村国家自主创新示范区条例》，研究起草有关的配套实施文件，完善示范区的法规体系。

四是编制“十二五”时期中关村示范区发展规划纲要，作为北京市的“十二五”重点专项规划。

（二）大力实施《中关村示范区行动计划》的六大工程

为加快转化重大科技成果、扶持企业做强做大和发展战略性新兴产业，从 2010 年到 2012 年，要制订《中关村示范区行动计划》，重点实施六大工程。

一是“十百千工程”。实行“一企一策”的支持方式，集成市场开拓、技术创新、人才激励、上市并购、知识产权等多方面的措施，探索形成支持企业快速做强做大的支持模式，培育一批具有全球影响力的千亿元规模企业、产业带动力大的百亿元规模企业和高成长的十亿元规模企业。

二是重大科技成果产业化工程。建立重大项目的发现和筛选、政府股权投资和股权激励、后续服务等机制，转化或引进一批具有国际领先水平、产业引领作用和规模化前景的成果，促进重大科技成果在中关村落地和产业化。加快中国技术交易所的建设和发展，力争年内带动北京技术市场合同成交额达到 1400 亿元。

三是关键技术示范工程，围绕城市应急、轨道交通、污水处理、社区医疗等首都城市管理和低碳经济发展中的关键问题，以应用为导向，以产学研用结合为手段，发挥政府的统筹、协调和示范作用，组织开展一批具有标志性和影响力的关键技术的应用和示范项目。

四是高端领军人才聚集工程。围绕重点发展的战略性新兴产业领域，制订有吸引力的政策措

施，引进世界水平的科学家和研究团队到中关村开展重大创新研究，建设具有国际一流水平的新型研究机构；引进掌握前沿技术、有成功创业经历的高端人才到中关村创业；引进国际知名的天使投资家和创业投资家，到中关村设立创业投资机构和开展投资业务。通过吸引和认定中关村高端领军人才，为中央“千人计划”和北京市“海聚工程”推荐人选，为建设具有全球影响力的科技创新中心提供人才支撑。力争通过引进一个高端领军人才团队，带回一批高科技专利，造就一批拥有自主知识产权的高端项目，带动一个战略性新兴产业的发展。

五是高端产业聚集工程。按照建设世界城市的总体要求，进一步完善中关村示范区“一区多园”的空间布局。统筹产业发展和空间布局，加强配套设施建设和生态环境保护，建立严格的项目准入标准和程序，按照布局集中、用地集约、产业集聚的原则，重点建设南北两个高技术产业聚集区，未来产业规模超过 1 万亿元。立足于北京市各区县的资源特色，引导高技术产业链和价值链细分环节的合理布局和辐射，建设若干定位明确、分工合理的专业化产业基地，形成一批百亿级的产业集群。

六是科技金融创新工程。扩大和完善中关村代办股份试点，并在此基础上争取在北京建设全国场外交易市场，聚集一大批天使投资人、股权投资机构和股权投资管理公司，进一步扩大科技企业担保规模和贷款规模，大力推动为科技企业服务的银行信贷专营机构和小额贷款机构发展，建立科技保险保障机制，制订针对“十百千工程”企业、高端领军人才创办企业、承接国家重大建设工程企业的综合融资支持方案，努力形成政府资金与社会资金、股权融资与债权融资、直接融资与间接融资有机结合的科技金融体系。争取上市公司总数达到 160 家左右，在境内创业板形成“中关村板块”。

（三）重点推进 8 项体制机制改革试点，不断完善创新创业环境

一是继续深入开展股权激励工作。加快推进中关村示范区高等院校、科研院所、企业的股权和分红权激励试点，探索科技成果类国有资产管理的新模式。

二是启动社会组织改革创新试点。在中关村示范区设立协会、自然科学类的研究会和民办非企业单位、公益性非公募基金会等社会组织，可以直接向市民政部门申请登记，不再需要业务主管部门，并可以吸收外地会员开展活动。

三是落实工商管理改革试点政策。研究制订债权出资、股权激励试点企业工商登记等实施办法，加快落实国家工商总局关于促进示范区建设的有关工商管理改革政策。同时，通过地方立法，推动开展企业筹建、简化验资手续等改革试点工作。

四是深化科技重大专项项目经费列支间接费用的试点。总结试点工作经验并扩大试点范围，加大试点力度，研究列支人员费用的试点办法，进一步提高财政投资科技项目的资金使用效率。

五是加大政府采购自主创新产品的力度。在政府投资类项目、国防建设等方面扩大对自主创新产品的采购和应用，今年市区政府采购中关村自主创新产品的金额争取超过 40 亿元，充分发挥政府采购对自主创新的促进作用。

六是支持新型产业组织参与国家重大科技项目。聚焦战略性新兴产业领域，明确产业联盟的法律地位，研究制订实施细则，建立对接和对话机制，探索新型产业组织参与国家重大科技项目的有效途径和机制。

七是深化知识产权促进工作。加快中关村国家知识产权制度示范园区建设。开展标准创新试点，支持企业、产业技术联盟等创制国家和国际技术标准。大力实施名牌战略，支持企业开展品牌培育和自律活动。

八是完善行政管理。总结核心区行政审批制度改革的做法和经验，向其他区县推广。设立专门的示范区统计机构，完善统计调查、统计分析工作体系，编制和发布反映中关村自主创新的指标体系。建立北京市与国家部门的联动机制，健全市政府有关部门之间的协同机制。按照全市“作风建设年”的部署，加强示范区政府部门的作风建设，提高政府服务的水平和效率。

建设中关村国家自主创新示范区是提升自主创新能力、建设创新型国家的重要部署，是我国调整产业结构、转变发展方式的重要举措，是发展创新文化、创新体制机制的一项重大改革。中关村示范区建设才刚刚起步，把中关村建成具有全球影响力的科技创新中心的任务，既光荣又艰巨。为此，我们要在新的一年里，进一步深入贯彻落实科学发展观，继续解放思想，坚定信心，抢抓机遇，狠抓作风建设，提高管理效率和效能，努力推动中关村示范区发展取得新成绩。

发挥资源优势　加快创新发展
打造具有全球影响力的科技创新中心

中关村科技园区管理委员会主任　郭　洪

中关村起源于20世纪80年代初的“中关村电子一条街”，其发展建设始终得到党中央、国务院的高度重视，国务院先后4次作出重要决定。1988年5月，国务院批准成立北京市新技术产业开发试验区，这是中关村科技园区的前身。1999年6月，国务院批复要求加快建设中关村科技园区。2005年8月，国务院作出了关于支持做强中关村科技园区的8条决定。2009年3月，国务院批复建设中关村国家自主创新示范区，要求把中关村建设成为具有全球影响力的科技创新中心，中关村的创新发展进入了一个崭新的阶段。

在党中央、国务院的高度重视和亲切关怀下，在北京市委、市政府的正确领导下，中关村充分发挥创新资源和政策优势，大力聚集高端创新要素，推动自主创新成果不断涌现，成为我国经济规模最大的高技术产业基地，为中关村建设国家自主创新示范区奠定了坚实的基础。2009年，中关村示范区高新技术企业实现总收入超过1.3万亿元，同比增长27.2%；实现增加值2,263.7亿元，同比增长18.6%。2010年1至10月，中关村示范区规模以上企业实现总收入超过1.2万亿元，预计全年将突破1.5万亿元，全年实现增加值预计突破2,600亿元。目前，中关村的技术交易额已占全国的40%，其中80%以上输出到北京以外地区。在科技部火炬中心进行的最近一次全国55个高新区评价中，中关村示范区的综合排名和知识创造与孕育创新能力、产业化与规模经济能力、国际化与参与全球竞争能力、可持续发展能力等全部4个单项排名均为第一。

一、发挥人才资源优势，加快建设中关村人才特区

人才特别是高端人才，是推动中关村创新发展、支撑创新成果大量涌现的根本基础和不竭动力，是中关村实现自主创新的第一资源。多年来，中关村始终坚持促进科技与经济相结合，支持人才创新创业，带动了高新技术产业的快速发展，在海内外形成了一定影响力。中关村的高等教育机构和国家及省（市）级科研院所高度密集，拥有以清华、北大为代表的近40所高等院校和200多家国家及省（市）级科研院所，学科和行业门类齐全，科研水平领先。中关村的两院院士

和高端创新创业人才数量位居全国首位，共有两院院士 523 人，高素质从业人员超过百万，其中博士、硕士约 11 万人；海归人才近万名，累计创办企业超过 5,000 家，是国内留学归国人员创办企业数量最多的地区。北京市共有中央“千人计划”人才 236 人，85%以上在中关村地区。其中创业类“千人计划”人才有 39 人在中关村，占全国总数的七分之一。

为进一步发挥中关村的人才优势，构筑我国人才发展战略高地，2010 年，中央领导同志对加快建设中关村人才特区作出重要批示，要求进一步加大工作力度、集聚政策，创建以人才为主导的特区，在全国起到示范作用。目前，由北京市委组织部牵头制定的《关于中关村国家自主创新示范区建设人才特区的若干意见》已经中央人才工作协调小组会议原则通过，明确了建设人才特区的总体目标、主要任务和支持政策。建设好人才特区的关键是推动人才体制机制创新，提高人才资源开发利用水平，重点抓好 3 项工作。

一是要大力聚集拔尖领军人才与科技创新要素。结合中央“千人计划”和“北京海外人才聚集工程”的实施，加快引进和培养一批站在国际科技与产业发展前沿的高端领军人才。同时，发挥高端人才对创新要素的影响力，吸引拥有尖端技术的项目、企业进入中关村，促进国际技术转移。力争通过引进一批优秀人才，带回一批高科技专利，造就一批拥有自主知识产权的高端项目，带动相关产业的跨越发展。

二是要搭建高层次人才的自主创新平台和创业支持体系。在创新方面，推广北京生命科学研究所的建设经验，建设国际一流的科研平台，建立以自主创新绩效为导向的学术发展与资源配置机制，扩大科研机构在科技经费、人事制度等方面的自主权。在创业方面，创新大学科技园、孵化器的运营管理模式，以北京科技大学建设的中关村高端人才大厦为代表，建立高端人才创业基础设施和项目孵化全过程服务体系，健全创业金融服务体系，大力引进和聚集天使投资、股权投资及管理公司等各类投资机构在中关村发展。

三是要创建具有国际水平的创业环境和服务体系。结合中关村地区的规划建设，激活高校院所的创新资源和活力，加速科技成果研发和转化。促进新兴产业高速发展，形成一批具有自主创新能力、国内外有影响力的产业集群。全面增强产业发展对高层次人才的吸附效应，促进高层次人才集群式发展。创新人才发展体制机制，进一步形成有利于人才创新创业的分配制度和激励机制。优化海归人才的发展环境，在组织、资金、项目、奖励等方面为海外高层次人才创新创业提供良好条件，解决在工作和生活中的困难和问题。

二、发挥政策资源优势，大力开展先行先试改革

长期以来，我国科技自主创新和成果转化与发达国家相比有很大差距，特别是在高校院所科技创新和成果转化方面还存在诸多体制机制障碍。中关村始终坚持解放思想，在体制机制创新方面先行先试，特别是国务院批复以来，中关村先行先试了股权激励、科技项目间接经费、科技金融、政府采购等政策“组合拳”并取得了显著成效，为企业自主创新搭建起了综合服务平台。

目前，已有 350 家中央和北京市属单位参加股权激励试点。中关村上市公司总数达到 170 家，

总市值超过 1 万亿元，IPO 融资总额超过 1,500 亿元，境内创业板上市企业中有 28 家中关村企业，初步形成了创业板中的“中关村板块”。分 4 批选择了 161 家单位的 252 个重大项目先行开展重大科技专项经费列支间接费用试点。明确了在完善高新技术企业认定、科技人员股权激励、研发费用加计扣除和职工教育经费税前扣除等 4 方面先行先试税收政策。分 10 批采购了中关村自主创新产品 84 亿元。中关村示范区正式获批成为国家商标战略实施示范区，出台了公司债权转股权、企业股权激励和组织形式转换 3 个工商登记试行管理办法。15 家中关村社会组织申请成立无业务主管单位协会或民办非企业单位。

为进一步加快中关村示范区创新发展，北京市结合示范区发展建设实际情况和有关科研机构、高等院校、科技企业的要求和希望，借鉴国内外现行做法，在科技成果处置权和收益权改革、股权激励个人所得税改革、股权激励试点方案审批、科研经费分配管理体制改革、建立代办股份报价转让全国性场外交易市场、高新技术企业认定等方面，正在积极争取开展一系列先行先试政策试点，进一步推动体制改革向深入发展。

三、发挥产业基础优势，积极发展战略性新兴产业

《国务院关于加快培育和发展战略性新兴产业的决定》提出，要加快培育和发展节能环保、新一代信息技术、生物、高端装备制造、新能源、新材料及新能源汽车等 7 个战略性新兴产业，并选择最有基础和条件的领域作为突破口重点推进。

近年来，中关村结合自身创新资源和政策优势，全力支持重大科技成果转化和产业化项目建设，支持具有一定规模、创新性强、处于行业龙头地位的重点企业创新发展。目前，中关村战略性新兴产业增长态势明显，新取得了 20 多项国际领先技术。2010 年前三季度，中关村新能源产业同比增长 28.6%，新材料产业同比增长 46.95%。云计算、物联网、移动互联网、三网融合等正在带动 IT 行业全面升级，生物医药产业规模不断扩大，节能环保、新能源产业对全国辐射作用进一步增强。中关村已经成为我国战略性新兴产业的策源地、制高点和重要依托，近期正在开展 3 个方面的工作，加快实现战略性新兴产业跨越式发展。

一是加快推动重大科技成果转化和产业化。2010 年 4 月，中关村示范区重组设立中关村发展集团公司，重点促进重大科技成果转化和产业化项目落地，目前集团已与多家高校院所、高成长企业和银行达成战略合作和投资意向，并意向签约了 68 个重大项目。同时，中关村示范区以政府股权投资方式重点推进了 50 多个重大科技成果转化和产业化项目，普罗吉公司的国家一类抗癌新药项目、国能风力发电公司的兆瓦级垂直轴风力发电机项目、国智恒公司的北斗电力全网时间同步管理系统项目等 16 个重大项目获得北京市重大科技成果转化和产业项目联席会议批准。2010 年，中关村示范区在加快推动重大科技成果转化和产业化方面，共投入支持资金约 1.84 亿元。

二是大力支持创新型企业做强做大。中关村示范区积极推动实施“十百千工程”、“关键技术示范工程”和“瞪羚计划”，确定了首批 123 家“十百千”重点培育企业，建立了“一企一策”的支持机制和联合工作推进机制，并组织企业参与“首都城市应急管理物联网示范工程”等一批具

有标志性和影响力的关键技术应用和示范工作。同时，遴选出 300 家承接重大工程的重点企业，在融资服务、市场拓展等方面提供有针对性的服务。中关村还大力支持企业参与制订国际和国家标准，目前中关村企业主导创制的国际标准达 66 项，国家标准达 590 余项。

三是大力促进高端产业集群发展。按照《中关村国家自主创新示范区发展规划纲要（2011—2020 年）》的要求，中关村示范区正在研究编制空间范围和布局规划，在中关村已经形成的“一区多园”各具特色发展格局的前提下，重点加强示范区核心区、北部研发服务和高技术产业聚集区、南部高技术制造业和战略性新兴产业聚集区的发展建设，并加强各园区联动发展。同时研究起草《中关村国家自主创新示范区重大产业化项目布局调控指导意见》和《中关村国家自主创新示范区重大项目落地工作机制》等政策文件，进一步统筹示范区科技成果转化和产业化、招商引资和项目落地，推动产业准入和退出的规范管理，保证重大产业化项目在示范区落地实施。

四、发挥产学研用协同创新优势，加快建设中关村科学城

高水平创新活动是创新资源密集分布的产物，国际一流科技园区的成长壮大都依托于一流的科技创新资源和产业环境。以中关村大街、知春路和学院路为轴线周边辐射区域形成的中关村科学城，是我国科技资源最为密集、研发成果最为丰富、创新活动最为活跃的区域，是中关村示范区核心区的核心，是中关村建设具有全球影响力科技创新中心的强大基础。为充分发挥创新资源的聚集效应，进一步释放区域内的高等院校、科研院所和高科技企业的创新活力，2010 年，北京市委、市政府作出加快建设中关村科学城的决策部署。目前，大学和科研机构积极性都很高，已批准挂牌了两批 25 个重点项目，将在区域内通过空间资源整合实现创新研发环境的升级。

中关村科学城的建设要通过体制机制创新和重大项目带动，聚集国内外高端创新要素，进一步激活存量资源活力，探索符合我国发展阶段需要的科技创新体系和路径，为人才、技术、产业、金融等要素紧密结合提供空间载体，建成战略性新兴产业策源地、体制机制创新的前沿阵地、科技成果转化的辐射源和区域创新的先行示范区。重点建设内容包括 3 个层次。

一是推动体制机制创新激活科技资源。围绕关键共性技术协同创新，探索新型产业组织模式，搭建高校院所与市场需求联动的共性技术研发平台，建设北航先进技术研究院、北理工国防技术研究院等一批产业技术研究院。依托中央企业雄厚的产业组织能力和市场资源，建立市场、人才、技术、金融、产业服务为一体的创新型企业孵化基地，建设中国航天科技集团航天科技创新园、中国航空工业集团航空科技园等一批高端产业园，聚集一批上市公司和高科技企业的总部和研发中心，形成高端产业集群。

二是依靠需求拉动创新促进重大科技成果产业化。以新一代信息技术、生物、航空航天、新材料、新能源、新能源汽车、节能环保等战略性新兴产业为切入点，筛选和支持一批重大科技成果落地转化和产业化项目。实施自主创新产品的政府采购和关键技术示范工程，推动自主技术市场应用。

三是盘活存量空间资源提升创新创业承载能力。统筹区域空间资源高效利用，在不新增城市

建设用地、合理调配空间资源的前提下，通过存量资源挖潜置换和规划调整，完善区域内产业布局，促进空间资源的集中开放和改造升级，为形成高端产业集群创造空间条件。

未来，中关村示范区仍将努力发挥创新资源优势，不断完善创新发展模式，加快建设具有全球影响力的科技创新中心，为首都中国特色世界城市和创新型国家建设作出更大贡献。

专文

北京“祥云工程”行动计划

（2010—2015 年）

（京经信委发〔2010〕171 号）
2010 年 9 月 8 日

一、前言

云计算是基于互联网、通过虚拟化方式共享资源的计算模式，使计算、存储、网络、软件等资源，按照用户的动态需要，以服务的方式提供。云计算是继个人电脑、互联网之后，信息技术的重大革新，为北京市打造世界城市、落实《科技北京行动计划》、加快建设中关村国家自主创新示范区，促进软件和信息服务业的新发展，提供了重大的发展机遇。

为了加快推进北京云计算相关产业的发展，力争在新一轮信息技术的国际竞争中抢占先机，占领高端，形成新优势，市发展改革委、北京市经济和信息化委员会和中关村科技园区管委会，组织北京云计算领域的骨干企业，制定本行动计划。

二、指导思想和总体目标

（一）指导思想

以科学发展观为指导，以培育新业态、发展新商业模式、构造新产业链为核心，形成应用带动，创新驱动、面向全球的发展模式，建立政府引导、企业主体、产学研联合的发展机制，积极参与国际间竞争合作，有效整合高端人才、风险投资、产业基地、创新性企业等产业发展要素，推动北京市云计算产业早起步、快发展、上规模，成为北京战略性新兴产业的突破口。

（二）实施原则

服务引领。面向建设世界城市的信息化要求，以全面提升城市信息化基础设施能力为契机，在政务信息化、社会信息化和经济信息化领域，加快建设一批云应用示范工程，培育云服务市场，引导下游产业发展。

产业链联动。围绕芯片、硬件、网络、运营商、终端及各种云应用，构造完整的云计算产业链条，带动北京市信息技术产业的整体提升。

国际同步。积极利用好国际开源社区资源，充分发挥海外华人云计算人才和企业家作用，加大引入和并购国外云计算企业力度，以国际化水准，高起点规划和实施祥云工程。

走自主道路。以技术创新和商业模式创新为动力，掌握关键核心技术，鼓励发展新型业态，支持研制自主的标准和规范，支持探索符合中国客户要求和习惯的服务模式和业务模式。

（三）总体目标

形成技术、产品和服务一体化发展的产业格局，发展一批高效能、高安全、低成本的云服务，聚集一批世界领先、全国领军的云计算企业，形成一批创新性的新技术、新产品、新标准。到 2015 年云计算的三类典型服务（IaaS、PaaS、SaaS）形成 500 亿元产业规模，带动产业链形成 2,000 亿元产值，云应用水平居世界各主要城市前列，成为世界级的云计算产业基地。

三、主要任务

（一）重点发展领域

1. 云计算适用芯片和软件平台

加快低功耗芯片、新型嵌入式软件系统、云计算软件平台的开发和产业化，为云计算的发展提供产业基础支撑，形成十余家掌握云计算的核心技术的骨干企业群体。

2. 云服务产品

以云计算的基础设施服务（IaaS）、平台服务（PaaS）、软件服务（SaaS）等 3 个服务线为核心，整合北京市信息服务业资源，促进现有的电信运营商、软件提供商、信息服务提供商、内容提供商等的转型。形成十余家规模级 IaaS 企业，发展百家有独特技术价值、良好商业模式的 PaaS 和 SaaS 企业。

3. 云计算解决方案

充分利用本市系统集成企业在传统软件领域行业解决方案优势，根据云计算技术、产品和服务特点，研发适合各行业的云计算解决方案，继续保持北京在云计算服务时代企业后台软件系统主力供应商的地位。

4. 云计算网络产品

以新架构服务器、新一代网络存储系统、下一代网络设备、新型计算单元为重点，积极扩大同国际企业的合作，特别利用好华人企业家的资源，构建北京市云计算网络产品体系，创建十余个新的优势品牌。

5．云计算终端产品

积极发展下一代移动通信终端、移动互联网智能设备、平板电脑、电子书、感知终端等多种云计算终端产品，支持形成以新型终端为龙头的、集硬件、软件、服务、内容与一体的云计算产业生态圈，培育百亿元级别的产业链。

（二）重点发展技术方向

1．集中力量攻关云计算核心技术。配合国家科技重大专项的实施，在虚拟化技术、高性能存储技术、新一代搜索引擎、云计算安全技术、网络操作系统、云计算服务测试验证技术上争取有所突破。

2．积极发展云计算同其它新兴技术的融合。支持把云计算技术同物联网应用、下一代互联网应用、三网融合应用相结合，配合新兴技术的发展规划，发展支持智能电网、节能减排、移动互联、位置与导航服务、电子商务服务、大规模视频采集和播发等新兴业务所需要的云计算能力和软件云处理能力。

3．大力发展绿色 IT 技术。采用新一代低功耗技术，加大与服务器、存储设备及交换机等高耗能设备相关的绿色技术开发和运用；充分利用云计算的集中计算机制，大幅降低信息化应用和软件信息服务业的能耗，达到在云-端两方面的节能减排目的。

（三）重点工程

1．云应用重大示范工程

以“祥云工程”的实施为抓手和推进平台，在电子政务、重点行业应用、互联网服务、电子商务等主要应用方向上实施一批不同层次和功能的云计算重大工程。推动电子政务全面向云时代转型，统一规划和抓紧建设“政务云”，带动全市云应用的起步。支持社会机构和企业，利用云计算创新的服务模式，建设和运营面向经济和社会发展的公有云，包括行业云和区域云，迅速形成面向市场的社会化应用。

2．云计算产业基地建设工程

在中关村核心区规划建设北京云计算产业基地，加强政府战略引导，聚集一批云计算科研机构和产业链各环节的核心企业；依托产业基地，建设云计算公共测试和验证平台，云计算产品和服务演示体验中心等重大公共服务平台，引导基地建设成为云服务产品创新中心、技术交流中心、应用示范中心和服务运营中心，成为全球有影响力的云计算产业基地。

3．云服务标准规范创制工程

积极参与国际云计算标准工作，组织参与“祥云工程”的骨干企业研究利用好国际上已有的成熟标准和规范，开放性地做好云计算标准体系的构建工作。积极开展自主标准和规范的创制工作。力争在云安全、服务能力与质量、开放接口、体系架构评估认证等环节形成具有自主知识产权的标准。

4．面向云计算的技术改造工程

充分利用存量资源，支持传统的IT企业围绕云计算技术开展新产品开发、新服务体系构建、新技术架构升级等技术改造工作。引导软件和信息系统集成企业通过技术改造，大力发展云平台的咨询设计能力、集成建设能力和云服务能力；运营商、互联网信息服务和内容服务企业，要通过技术创新和模式创新，加快向云服务方向转型。

四、保障措施

（一）成立“祥云工程”联合工作组，加强统筹协调

北京市经济和信息化委员会、市发展改革委、中关村管委会联合牵头，组织云计算产业链中的代表性企业成立联合工作组，制定北京云计算产业发展路线图，在政策制定、标准研究、产业联合、科研攻关等方面加强统筹推进力度。

组建“祥云工程”专家委员会，为“祥云工程”的实施提供决策支持。

举办北京云计算产业发展国际高层论坛，打造政府与国内外企业家互动的高端平台，成为引进国外智力和项目的重要渠道。

（二）建立“祥云工程”重点项目库，加大资金投入力度

对“祥云工程”的重点项目实行政府全程跟踪服务，定期进行调度协调，择优给予重点支持。将支持祥云工程的资金列入政府统筹重大科技资金和产业资金的支持范围，采取资本金注入、贷款贴息、投资补助等方式，支持云计算的技术改造项目、成果产业化项目、产业基地建设项目等。积极争取祥云工程的重点项目得到国家各种专项资金的支持。充分发挥政府投入对社会投资的引导带动作用，引导风险投资支持北京云计算相关产业。

（三）完善政策体系，创造良好云计算产业发展环境

将云计算作为北京市新时期电子政务的重要模式加以推广，在市区县各级政府部门积极开展云计算应用。

将云服务模式纳入政府采购。在政府部门和公用事业的信息化应用中采购云服务，以政府采购引导云计算的发展。

政府支持建设一批服务中小企业两化融合、产业结构调整的云平台。对于提供北京工业企业、中小企业和高新技术急需的云计算应用服务，如小型企业的信息化平台、工程计算平台、信息情

报平台、音视频开发制作平台等，可以根据北京企业使用云服务数量和品质，给以相应的支持。

（四）对接国家资源，积极争取相关项目在北京率先试点应用

积极争取国家发展改革委、科技部、工信部等国家部委的支持，组织协调本市企业承接云计算相关的国家重大科技攻关和产业化工程，推动国家重大专项在北京落地，对承接国家项目的企事业单位优先给予地方政府的配套支持。整合资源，创造条件争取国家重大工程在北京率先应用试点。

（五）加强高端人才培养和引进力度

协助企业引进云计算领域国际优秀人才，充分利用好中央“千人计划”和本市“海聚工程”的平台，引进一批掌握前沿技术的创新创业人才，2010 年到 2015 年通过“千人计划”和“海聚工程”引进 30 名云计算领军人才。

加强对国内云计算人才的引进和奖励政策，将云计算领域纳入人才引进目录，并将重点云计算企业纳入高级人才奖励范围。

（六）发挥中介组织作用，鼓励发展机制创新

支持云计算企业发起组建云计算产业联盟等中介组织。鼓励中介组织制定行业公约规范，加强行业自律。引导产业链内部各种形式的资源整合和横向联合，创新产业发展机制，形成集团化、组织化的推进模式，培育产业高端创新集群。

五、结语

云计算是新一代信息技术变革的核心，是战略性新兴产业的发展引擎。云计算的发展将改变CPU、存储、服务器、终端、操作系统及应用软件的整条信息产业链，并深远地影响从生产到生活的信息化应用。“祥云工程”作为北京市发展战略性新兴产业的重要工程，将以云计算技术的兴起为新契机，抢占新的战略制高点，全面优化和提升北京信息技术产业，使北京成为中国乃至全球的云计算中心。

推进两化融合促进经济发展的实施意见

（京经信委发〔2010〕51号）

2010年5月8日

为贯彻落实党的十七大精神，加快首都经济发展方式转变，服务“人文北京、科技北京、绿色北京”建设，现就推进信息化和工业化融合（以下简称两化融合），促进北京市经济发展提出如下实施意见。

一、加快推进两化融合的重要意义

发展现代产业体系，大力推进信息化与工业化融合，促进工业由大变强是党和国家在我国经济社会发展新的起点上做出的重大战略部署。在首都已进入全面建设现代化国际大都市的新阶段，大力推进两化融合，有利于加快推动产业高端化、低碳化、国际化、集聚化发展，有利于引领工业社会的经济形态向信息社会经济形态转型发展，对于北京市实现经济发展方式转变、提升自主创新能力具有重要意义，是首都建设现代产业体系、建设世界城市和率先进入信息社会的客观要求和必然选择。

当前，北京服务经济和总部经济特征明显，制造业与服务业融合发展加速，但与世界城市的产业体系要求还有一定差距，两化融合的带动和渗透作用还未充分显现，扶持政策与发展环境相对滞后。以两化融合作为北京市经济发展和信息化建设的重要措施，统筹协调、加快推进的要求日益紧迫。

二、发展思路、原则及发展目标

1．发展思路

深入贯彻落实科学发展观，聚焦国家战略和北京市重点产业，以两化融合促进经济发展方式转变、产业结构优化升级为主线，以提升企业竞争力为突破口，充分发挥政府引导和促进作用，激发企业内在需求，优化两化融合发展环境，着力推进信息化与现代制造业、现代服务业、新兴产业的融合发展，切实增强产业自主创新能力，促进首都经济持续快速发展。

2．推进原则

协同推进、营造环境：加强全市两化融合工作统筹，统一制订规划和实施计划，对接人文北京、科技北京、绿色北京行动计划，对接中关村国家自主创新（核心区）发展规划，进一步完善信息化基础设施、建设公共信息服务平台和支撑体系。

企业主体、分类引导：坚持以企业为主体，充分发挥政府、行业协会、科研院所等社会各界的力量，激发企业内在需求，利用两化融合促进一批应用基础好的企业、引导一批需求迫切的企业、带动一批基础薄弱的企业实现快速发展。

重点突破、行业带动：聚焦重点产业，围绕产品研发设计、生产过程控制、企业管理、市场营销、人力资源开发、新型业态培育、企业技术改造等环节重点突破，总结典型经验，行业推广。

3．发展目标

总体目标：推动建立世界城市和信息社会下的现代产业体系。实现信息化与城市重点产业全面融合，推动经济进入创新驱动、内生增长的发展轨道，现代制造业高端化不断强化，服务业水平稳步提升，新兴产业快速发展，综合竞争力明显提升，北京成为全国两化融合程度最好、带动最强的城市之一。

到 2012 年，建立政府引导、社会参与的推进机制，形成企业积极主动开展两化融合的工作格局。重点行业两化融合程度和带动效益明显提高，在现代制造、金融、物流、商贸、文化创意、商务服务、旅游等领域涌现出一批利用两化融合实现快速发展、竞争力明显提升的企业及一批建立现代管理体制、实现转型发展的龙头企业，中小企业两化融合意识和应用水平显著提升，电子商务交易日益活跃。

三、主要任务

1．推动工业“调结构、上水平”

加大企业技术改造中信息技术的深度应用。结合国家和北京市重点产业调整和振兴计划，组织实施系列重大技术改造项目，促进电子信息、装备制造、汽车、都市工业、生物医药、基础产业、航空航天等行业骨干企业，结合技术改造提升设计研发数字化、生产加工智能化、市场营销网络化、企业管理信息化水平，推动向敏捷制造、网络化制造、精细化管理发展。

提升企业发展质量和效益。以质量、品牌、标准、服务为重点，支持企业利用信息技术提高产品技术含量，提升产品附加值，支持企业增强质量安全控制能力，提升生产检测、控制数字化水平，实现产品全生命周期管理。加快重点行业、重点领域质量和安全控制建设进程。

大力支持低碳化发展。鼓励企业利用信息技术提高资源利用效率、推广节能减排技术、高效使用清洁能源技术。鼓励企业在资源综合循环利用、工业废物处理、垃圾再利用、能源服务等领域的信息化建设。促进重点企业建立能源管理监测平台。

促进总部企业跨越发展。支持总部企业结合自身发展，对标典型，充分发挥信息资源集中管控优势，建立现代管理体制，开展以支撑业务重组、机制创新为主线的企业综合管理信息系统建设，提升调配市场资源、总部集中控制和产业链协作水平。

促进企业高端化、服务化转型发展。促进企业深度利用信息技术强化与生产性服务业的整合，促进生产型制造向服务型延伸，引导企业全面提升企业经营管理模式，促进服务业与现代制造业有机融合。

2．推动首都现代服务业快速发展

打造面向全国、辐射全球的生产性服务业基地。全面推动信息化与金融、物流、科技、商务等领域的深度融合。支持金融机构以信息技术完善后台服务支持体系，拓展网上业务和各类金融创新服务。推进物流公共信息服务平台建设，普及数字终端设备，提升物流业的管理水平和服务领域，提高咨询、法律等商务服务业和科技服务业的网络化服务水平。

带动传统服务行业优化升级。加大信息技术推广应用力度，提高房地产企业互联网营销能力，提升商贸行业信息化应用和管理水平。推动旅游、餐饮、文化娱乐等行业营销方式的转变，促进在线预订、在线支付等新型服务模式的应用。进一步加强信息技术在农产品供销、乡村旅游等方面应用，促进农业产业链向服务业延伸。

壮大软件和信息服务业。围绕重点行业两化融合需求，支持软件和信息服务企业优化基于电信网、计算机网和有线电视网三网融合的服务网络，加大投入开发国产应用系统和解决方案。不断创新服务模式，打造多媒体家庭应用平台，鼓励发展各类新型增值服务。

推动文化创意产业发展。结合文化创意产业发展的重点领域和项目，推进三维仿真、宽带网络、设计协同等信息技术的深度应用，支持行业创新发展。

3．大力推动新兴产业发展

充分发挥信息化支撑和渗透作用，推动信息技术在新能源、新材料、节能环保、生物医药、信息网络和高端制造产业等新兴产业的深度应用，聚焦新能源汽车、数字医学诊疗设备、新能源产业基地、“移动硅谷”、数字电视产业园、航空航天产业园、石化新材料产业基地等重大项目，推进建设具有世界先进水平的智能绿色制造体系。

协调推进物联网和云计算产业发展。推进物联网研发和产业基地建设，加强关键技术研发和重点应用示范。建设云计算服务平台，支持超级云计算中心及三网融合重点项目落地。

打造电子商务服务之都。进一步优化电子商务发展环境，聚集一批面向全球市场的第三方电子商务服务平台，引导和支持企业电子商务应用和模式创新，形成实体经济和网络经济有效融合的产业发展格局。

4．提升产业自主创新能力

大力推动两化融合技术创新。推进以企业为主体、市场为导向、产学研联合的技术创新体系，以信息化促进和提升研发中心、技术转移中心的能力。在基础技术、数字化设计、数字化制造等领域实现重点突破，集中力量攻克一批制约行业发展的共性技术。争取更多国家科技重大专项在北京落地和产业化。

促进自主创新技术在企业两化融合中的先行先试。鼓励企业加大对自主创新技术和自主品牌产品的采购力度，并注重引进技术的消化吸收再创新。协调建立行业知识产权信息共享和预警机制，开展知识产权信息服务。

建设公共信息服务平台和创新创业基地。支持开发区、产业园、行业龙头企业、第三方骨干服务企业建立一批面向制造业、物流、旅游、商贸等领域的区域型、行业型、综合型信息服务平台，提升服务品质。打造一批信息化支撑环境最优的小企业创业基地。

建设产业共性技术研究开发平台。结合中关村国家自主创新示范区建设和科技北京行动计划，充分发挥首都创新资源密集优势，促进科技条件资源的开放共享。支持企业建设各类工程中心和工程实验室，充分发挥技术转移中心作用，进一步拓宽技术向产业转化的途径。

四、推进计划

1．企业核心竞争力提升计划

建立企业核心竞争力两化融合评估指标和等级体系，组织第三方对电子信息、装备制造、汽车、都市工业、基础产业、生物医药、物流、商贸、旅游等一批行业重点企业开展两化融合促进竞争力提升的评测，针对企业在生产管理、市场营销等方面存在的问题提供咨询和信息化解决方案，引导企业对标典型、理清需求、明确路径和对接服务者，引导企业利用信息技术增强核心竞争力，逐年提升。

2．骨干企业“双百双十”促进计划

聚焦电子信息、装备制造、汽车、都市工业、基础产业、生物医药、物流、商贸、旅游等重点行业，支持百家骨干企业围绕产品创新、节能减排、产品质量管理及追溯等方面开展网络化、数字化、智能化和集成化的升级改造；支持百家骨干企业围绕与经营管理、工业设计、金融服务、供应链协同、电子商务等生产性服务整合所开展的信息化项目，提高企业发展质量和转型发展效益。

推动十家控股集团公司开展支撑业务重组、资源整合、精细化管理的信息化重点项目，促进产业链整合与转型发展；推动十家总部型企业开展网络制造、供应链管理、业务协同等方面的信息化建设，提升在全国及时配置资源和总体管控能力。

3．公共平台和中小企业推广应用计划

重点支持 8-10 家中小企业行业型及区域型的综合性公共服务平台及服务体系建设，推动制造、金融、物流、商贸、旅游等行业中小企业及镇村企业开展网站宣传、电子商务及供应链管理等各种应用，促进中小企业拓展市场，降低成本，实现快速健康发展。

4．企业两化融合培训计划

鼓励和引导骨干企业建立首席信息官（CIO）制度。建立两化融合人才培训体系，支持企业与高校、科研院所合作建立一批两化融合人才实训基地，以解决企业发展瓶颈问题和行业典型案例为主要培训内容，开展骨干企业管理人员两化融合培训，实施企业两化融合人才培养工程。

5．工业软件提升促进计划

支持软件企业形成一批面向制造业及生产性服务业等领域大型信息系统的世界一流综合解决

方案，结合行业共性需求，引导企业研发一批具有自主知识产权的嵌入式软件、设计软件、控制软件、过程管理软件等应用产品。推进国产化软件应用替代示范工程。

6．新兴产业快速发展促进计划

重点支持一批在新能源汽车、信息网络、生物医药、新材料、文化创意等领域的信息化建设项目。推进“感知北京”工程，以应急指挥、安全生产、物流管理、食品安全、城市交通等应用为先导开展物联网重点项目示范。推进“祥云工程”，建设云计算产业园和新型云服务平台。推进电子商务快速成长计划。

五、保障措施

1．加强统筹规划，完善工作机制。将两化融合纳入北京国民经济和社会发展“十二五”规划。成立北京市两化融合工作协调小组，负责重大事项协调，制订及监督落实两化融合年度计划。

2．加大政府扶持力度。加强全市资金统筹，工业发展资金和中小企业专项资金向两化融合倾斜。各部门和区县应加大支持力度，将推进两化融合与科、工、贸等政府专项资金对接，探索资金补贴、贷款贴息、购买服务等支持方式。

3．发挥政策合力，研究落实两化融合促进政策。集成技术改造、高技术产业化、软件等现有政策向两化融合倾斜。研究出台基于企业两化融合绩效的奖励办法，对成效突出的企业和个人给予表彰和奖励。出台鼓励中小企业应用第三方公共服务平台的支持政策。鼓励重点企业将内设的软件和信息服务机构剥离组建专业化软件企业，符合条件的可享受软件企业政策。

4．加强服务体系建设。支持建立两化融合咨询、建设、运维、标准等专业服务体系，推动建立两化融合技术创新和服务联盟，形成政府、行业协会、中介组织共同推进的新格局。发布《企业两化融合典型应用方案与服务推荐目录》，促进服务与需求对接。

5．推进支撑环境建设。落实基础设施提升计划，推动宽带网络、呼叫中心、IDC 数据中心等基础设施建设，建立面向企业的数据备份、信息安全保障体系。加快电子政务建设，为企业提供“一站式”服务。

6．加大两化融合宣传力度。充分发挥行业协会、联盟组织作用，总结和推广重点产业两化融合的成果和成功经验，开展行业、区域两化融合交流活动，形成全社会普遍认同和积极参与两化融合的良好氛围。

北京市促进软件和信息服务业发展的指导意见

（京政发〔2010〕4号）
2010年3月10日

软件和信息服务业是国家重点发展的战略性新兴产业，也是本市在全国处于领先地位并具有全球化发展潜力的重要产业。做大做强软件和信息服务业，对于进一步提升本市信息产业的国际竞争力、转变经济发展方式、实现信息化与工业化的有效融合具有重大意义。为抓住建设创新型城市和中关村国家自主创新示范区的发展机遇，把软件和信息服务业打造成本市重大战略性支柱产业，提出如下指导意见。

一、指导思想

以科学发展观为指导，把全面提升软件和信息服务业发展能力作为迎接新机遇和新挑战的战略任务，重点提升自主创新能力、高端发展能力和对国际资源的调动能力，努力创造发展环境更优、企业规模更大、创新水平更高、新兴产业成长更快的局面，推动软件和信息服务业又好又快发展并实现新的突破。

二、总体目标

到2012年，全市软件和信息服务业实现总收入超过4,000亿元，增加值在全市地区生产总值中的比重超过12%，从业人员达到50万人，并培育出年营业收入超过100亿元的企业。2012年后，要在新起点上继续发展，保持本市软件和信息服务业全国第一的地位，强化首都支柱产业地位，使北京成为在全球有重要影响力的软件和信息服务业中心城市之一；把中关村国家自主创新示范区核心区建成全国最大的软件技术创新基地、新兴产业孵化基地、居世界前列的软件和信息服务产业集聚区。

三、重点任务

（一）以基础软件和工业软件为核心，打造中国核心软件产品主要生产基地，软件产业收入达到 1,000 亿元

结合实施国家科技重大专项，大力促进操作系统、数据库、3S（遥感技术、地理信息系统和全球定位系统）软件、信息安全软件等软件产品的发展，加快工业软件的产业化步伐，培育以移动平台软件为代表的高端嵌入式软件产业，支持软件产品的服务化转型，显著提升软件业的自主化、产业化水平。

（二）围绕十大应用领域，鼓励研发行业解决方案，信息技术服务业收入超过 1,000 亿元

以交通（重点是高速铁路、轨道交通等）、能源（重点是新能源、智能电网等）、制造业、物流、政务、金融、电信、传媒、医疗、医保社保等行业和领域的大型信息系统工程为核心，增强高端咨询能力、设计规划能力，形成一批大型综合解决方案，成为国家信息化工程的主要建设者和高端集成服务商。

（三）引领新一代互联网技术应用，强化中国互联网中心地位，互联网内容产业收入达到 1,000 亿元

保持本市在门户网站、搜索引擎、网络游戏等方面的领先优势，大力发展电子商务、社区网络、网络视频、数据库服务、数字出版等新兴内容产业，打造全国网络电视基地，不断提高创意能力、增值能力、聚合能力和传播能力。

（四）加快推进三网融合发展，提升信息传输服务业的水平，成为 1,000 亿元级的全球信息传输新枢纽

面向 3G 移动通信网络、20 兆入户宽带网络和交互式有线电视网络等新网络平台，发展位置服务、智能导航、视频监控、网络电视等新型运营业务，不断提高网络增值服务水平。发展数据中心、呼叫中心、容灾备份中心等信息化基础设施服务产业，积极支持各大集团总部在京建立专业化的指挥调度中心和商务信息中心，拥有一批辐射全球的商务信息总部。

（五）巩固本市在全国IT服务外包产业和软件出口领域的领军城市地位，提升外包层级，成为出口超过100亿美元的服务外包中心

积极扩大外包企业规模，提升承接离岸服务外包的能力和水平，发展外包交付和再发包中心，强化本市在国内服务外包产业的领先地位。支持国际知名企业在京扩大研发中心和地区总部，使本市成为跨国公司首选的全球软件和信息服务业总部基地之一。

（六）大力发展软件和信息服务业新型业态，成为中国新兴产业发展最活跃、成长最迅速的城市

紧紧抓住云计算和物联网等新技术带来的产业创新机会,引导和推动新一轮创业浪潮的兴起，通过产学研联盟等方式，培育新的产业增长点，积极打造世界级创新型软件和信息服务业企业。

四、保障措施

（一）加强统筹协调，建立推进机制和服务体系

建立指导软件和信息服务业发展的统筹协调机制，明确部门分工，加快协调推进。将软件和信息服务业纳入全市国民经济和社会发展计划、中关村国家自主创新示范区发展规划，促进其快速发展。

加强专业化促进机构和行业协会建设，支持建立数据调查、资质评估、项目监理、质量测试、咨询设计、国际市场服务等方面的中介服务体系。

（二）突出扶持重点，建设引领产业发展的核心企业群体

实施“打造一批大集团、聚集一批大总部、做强一批高端企业、培育一批高成长企业”的“四个一批”工程。集中资源扶持大企业、新型企业和快速成长的企业，重点支持10家左右领军企业和300家左右骨干企业。

加强银企合作，促进企业兼并重组。加强市、区县联动，积极推进有重大发展潜力的项目。鼓励和支持区县引进国内外知名IT企业总部落户北京。

（三）集成使用政策，完善政策体系

以降低企业运行成本作为改善发展环境和完善产业政策体系的核心，进一步加大在人才、科技、技术改造、高技术产业化、 知识产权保护等方面的政策扶持力度，同时通过整合利用各项政

策措施，共同推进软件和信息服务业的发展。

（四）加大政府投入，改善投融资环境

在政府设立的产业引导资金中，保证有一定比例的资金用于软件和信息服务业，为重大研发和产业化项目以及促进企业兼并重组、建立投融资体系、培育新型业态、扩大市场应用、建设公共服务平台等提供资金支持。

发挥中小企业投融资平台的作用，建立与担保公司、政策性银行和商业银行的合作渠道，切实解决软件和信息服务业企业融资难问题，为企业兼并重组等项目提供金融支持。

支持在京设立软件和信息服务业投资基金，吸引风险投资和产业投资等各类投资机构在京集中，使本市成为软件和信息服务业的资本中心。

（五）加强自主创新，突破关键技术

鼓励企业承接和参与国家科技重大专项。对承担国家科技重大专项和本市重大科技项目的本市软件和信息服务业企业，落实地方配套资金。

鼓励体制、机制创新，支持开展以企业为主体的自主创新活动，在云计算、物联网、基础软件、移动计算、可信计算等重点和新兴产业领域，加大研发投入力度，实施技术标准战略，支持技术联盟发展。

（六）加强人才引进和培养，强化人才优势

在全球范围内引进产业发展急需的高端人才，尤其是新兴产业领军人才和世界级技术专家。充分利用好中央“千人计划”和本市“海聚工程”的平台，凝聚大批掌握前沿技术的创新创业人才。

完善对高级管理人才和技术人才的引进和奖励政策，加大奖励力度，将重点信息服务业企业纳入人才奖励范围。

做好软件和信息服务业引进人才和接收急需专业毕业生的有关工作，保障重点企业的人才需求。

（七）合理规划布局，建立一批新的产业发展基地

继续建好中关村软件园。在中关村国家自主创新示范区核心区内，高起点规划建设新的世界级软件园区。

按照城市功能定位的要求，对云计算产业园、物联网产业园、导航产业园、数字高清产业基

地等新的信息服务业基地进行科学、合理的规划布局。

充分利用传统工业调整的厂房资源和其他存量房产地产，支持建设公共服务平台、小型产业集聚区和专业楼宇，降低创业型小企业的成本。

（八）优化市场环境，完善市场体系

加强软件和信息服务业企业的产权、技术、产品和服务等要素市场体系建设。建立面向国际的软件和信息服务交易市场，扩大本市作为全国市场中心的影响力。

引导信息服务市场的有效扩大。3 年内实现市、区县两级政府信息化建设投资的 100%和运行维护投资的 80%外包给软件和信息服务业企业。鼓励在京中央单位、大型企事业单位将 IT 相关业务分立成专业化公司或者对外发包。

进一步完善市场秩序，健全行业资质等级制度。研究建立云计算、云服务等新型服务业态的市场准入和监管制度。

加大软件和信息服务业的知识产权保护力度，严厉打击各种侵权盗版行为，使本市成为全国软件知识产权保护最好的城市。

北京市医保网络运行维护管理办法（试行）

（京经信委发〔2010〕162 号）

第一章　总则

第一条　为加强和规范北京市医保网络（以下简称“医保网”）的建设及运维管理，明确各方职责，确保安全，结合北京市实际情况，制定本办法。

第二条　医保网是北京市电子政务网络的重要组成部分，是用于支撑北京市医疗、卫生、防疫等相关公共服务业务的基础网络，现阶段主要承载医疗保险、社会保障相关业务系统。

第三条　医保网建设和管理遵循统筹规划、统一标准、共用共享的原则。

第四条　本办法适用于医保网管理单位、业务系统主管单位、网络运行维护单位、网络接入单位及其各级行政主管单位。

第二章　职责分工

第五条　北京市经济和信息化委员会（以下简称“北京市经济和信息化委员会”）作为北京市电子政务网络的规划管理单位，负责以下工作：

（一）负责医保网络的整体规划。

（二）负责医保网相关制度、标准的审核。

第六条　北京市政务网络管理中心（以下简称“市政务网管中心”）作为北京市电子政务网络的运维管理单位，在北京市经济和信息化委员会的领导下，负责以下工作：

（一）负责医保网建设及运维的管理工作，负责组织确定医保网网络接入服务商资质。

（二）负责制定医保网络管理制度和相应考评体系，实施医保网运维服务评价和考核；负责医保网网络地址和域名的统筹规划和管理工作。

（三）负责医保网接入单位的分级管理；负责对医保网接入单位的网络接入和维护工作进行技术指导和人员培训。

第七条　北京市人力资源和社会保障局作为北京市医保系统总体统筹及医保网业务系统的主管单位，负责以下工作：

（一）负责医保网接入单位的需求审核，由下属北京市人力资源社会保障信息中心负责向市政务网管中心提出接入申请。

（二）负责完成主管业务系统的备案工作。

第八条　医保网接入单位及其行政主管单位作为医保网重要应用单位，负责以下工作：

（一）提供医保网接入环境，协调相关部门，满足医保网接入要求。相关标准参照《北京市接入政务外网的局域网建设实施指南》。

（二）负责本单位局域网及接入医保网设备的运维管理。

（三）接入单位的行政主管单位负责接入单位网络接入和运维相关工作的监督管理。

第九条　医保网运行维护单位作为网络服务保障机构，负责以下工作：

（一）做好网络建设和运维的具体工作，为各接入单位提供可靠网络接入服务；

（二）进行网络资源的监测，及时排除网络故障，提供网络应急保障，定期提供网络运行状况报告。

（三）做好网络升级改造和优化的相关工作。

第三章　接入管理

第十条　医保网接入单位包括各级医疗、卫生、防疫单位，以及与其相关的政府职能单位和相应的行政、业务主管单位。

第十一条　医保网的网络接入需满足以下条件：

（一）接入单位与医保网相连的局域网须通过与医保网安全等级保护级别相符的认证。

（二）网络接入服务商须具备医保网网络接入资质。

第十二条　接入需求单位在新增网络接入或接入已有业务系统时，须明确要访问的医保网业务系统，由该业务系统的主管单位统一向市政务网管中心提出网络接入申请，经审核通过后方可实施接入。

第十三条　已接入单位进行网络迁移、改造和拆除时，由原接入申请单位向市政务网管中心提出申请，经审核通过后方可实施。

第十四条　医保网业务系统的新增、更改和撤销，应根据以下要求进行：

（一）由业务系统主管单位向市政务网管中心提出相关申请，经审核通过后方可实施。

（二）涉及网络接入工作的，应遵循“第十二条”、“第十三条”相关规定。

（三）以下情况不允许接入医保网：

1．影响已有医保网业务系统正常运行的业务系统。

2．与安全保护等级不匹配的专用网络。

3．其它情况不能接入医保网的。

第十五条　凡因接入单位原因导致医保网无法完成接入的，当次接入申请作废。待接入条件具备后，由原申请单位重新提出接入申请。

第四章　网络地址和域名管理

第十六条　医保网的网络地址范围包括医保网相关服务器地址、网络设备地址、远程拨号地址等。

第十七条　医保网接入单位需要进行医保网网络地址的撤销、变更和追加时，应由业务系统主管单位提前十五个工作日向市政务网管中心提交申请，由此涉及的业务系统上线运行和网络接入等工作应遵循“第三章 接入管理”的相关规定。

第十八条　医保网接入单位如需申请医保网网络域名，应由业务系统主管单位提前十五个工作日向市政务网管中心提交申请，由此涉及的业务系统上线运行和网络接入等工作应遵循“第三章 接入管理”的相关规定。

第五章　网络运维管理

第十九条　市政务网管中心负责财政支付单位的医保网网络运维管理工作，管理范围为接入单位局域网以上的各级接入链路、网络设备及安全认证设备。其它接入单位的网络运维工作应参照本办法由各自主管单位负责或自行承担。各接入单位的局域网由各单位自行负责。

第二十条　医保网各相关单位应明确联系人及有效联系方式，并结合自身情况制定相关管理规定，做好培训等各项工作落实。

第二十一条　医保网接入单位运维管理采用分级管理原则，按照业务量和重要性分为重要接入单位和普通接入单位。重要接入单位应确保双链路接入、专用机房环境和双路供电。

第二十二条　各接入单位不得私自更改医保网相关链路及设备的物理位置和设备配置。接入单位对医保网相关环境进行调整时，应提前 48 小时书面报告市政务网管中心。

第二十三条　医保网运行维护单位应按照以下要求做好相关工作：

（一）设置 24 小时值班电话并安排专人值守，做好电话记录。

（二）网络故障信息实时报送，故障处理完毕后形成故障处理报告并报送市政务网管中心。

（三）定期提交运维报告总结。

（四）计划对医保网相关链路及设备进行调整时，应提前 5 个工作日向市政务网管中心提出书面申请，经批准后方可实施。

第二十四条　接入单位发生医保网网络故障时，故障处理流程如下：

（一）接入单位向医保网运行维护单位报告故障情况。

（二）医保网运行维护单位按《医保网络问题严重等级报告表》（见附表）的相关要求报送网络故障及处理信息，判断故障类型并进行维修，同时负责将故障信息通知相关单位。

（三）故障处理完毕后，医保网运行维护单位应向接入单位核实网络恢复情况。

第六章　应急保障

第二十五条　市政务网管中心、医保网运行维护单位及接入单位应建立本级的应急保障预案，并根据本单位实际工作情况及时修订。

第二十六条　医保网运行维护单位应将应急保障预案报市政务网管中心备案并定期组织演练。

第二十七条　医保网相关业务系统主管单位、各接入单位及其行政主管单位应积极做好医保网网络应急保障工作。

第七章　费用管理

第二十八条　财政支付单位的医保网运维管理费用由北京市经济和信息化委员会统一向市级财政申报，其他单位由各自主管单位负责或自行解决。

第二十九条　由市级财政划拨款项的接入单位医保网运维管理费用是指局域网以上的各级接入链路、网络设备及安全认证设备的相关费用。

第三十条　医保网业务系统主管单位，各接入单位及其行政主管单位应考虑医保网网络应急保障费用。

第八章　奖惩

第三十一条　北京市经济和信息化委员会每年对在医保网运维管理工作中表现突出的单位及个人联合其行政主管单位给予表扬。

第三十二条　出现以下情况的，北京市经济和信息化委员会应当联合其行政主管单位进行通报批评，情节严重或造成严重后果的，由有关部门依法追究相关单位和责任人的法律责任：

（一）因接入单位原因造成网络故障并产生严重后果的。

（二）未经允许，擅自更改医保网的连接线路、网络接入设备配置或网络地址的。

（三）未经允许，擅自将医保网与其他网络连接的。

（四）未经允许，擅自在医保网上开通业务系统的。

第九章　附则

第三十三条　本办法由北京市经济和信息化委员会及北京市人力资源和社会保障局共同负责解释。

第三十四条　本办法自二○一○年九月一日起施行。

大事记

2010年1月

1月7日 由中关村管委会、市科委、北京市经济和信息化委员会、市交通委、市重大项目建设指挥部办公室、中国铁道科学研究院、丰台区政府共同主办的2010年北京轨道交通产业发展峰会在丰台科技园举行。会议以“推进轨道交通产业发展,助力首都世界城市建设”为主题。

1月7日 联想集团在美国拉斯维加斯发布移动互联网战略，并推出其第一代移动互联网终端产品——智能Skylight、智能手机乐Phone和双模笔记本电脑ideapad U1。

1月7日 按照工信部2010年“核高基”基础软件产品课题申报通知要求，北京市经济和信息化委员会软件与信息服务业处召开了课题工作对接会，加强北京市企业间的协同和合作，以确保北京市企业“核高基”课题申报有序、有效开展，力争北京市企业课题申报成功。

1月8日 中关村创新技术发布会在美国拉斯维加斯国际消费电子产品展（CES）举行。这是中关村企业首次集体在海外举行创新技术发布会。

1月8日 北京市召开2010年全市经济和信息化工作会议。市政府副秘书长鲁勇主持会议，并宣读了书记刘淇、市长郭金龙对全市经济和信息化工作的批示。北京市经济和信息化委员会主任朱炎对2009年全市经济和信息化工作进行了全面总结，对2010年重点工作做了具体部署和安排。最后，副市长苟仲文做了重要讲话，对北京市下一步的工作提出了明确要求。

1月8日 “信息社会——国际城市信息化比较研究专家研讨会”召开，由北京市经济和信息化委员会副主任俞慈声、副巡视员姜毅群出席会议。中国互联网协会常务副会长高新民、国家统计局统计科研所主任杨京英、北京大学信息管理系教授李广建、赛迪集团信息化研究中心副主任黄林立、中国互联网络中心发展研究部主任刘冰、北京信息化协会秘书长马蕾等专家就相关问题进行讨论。

1月12日 北京市市长郭金龙就物联网产业发展到中关村调研。他强调，要整合首都信息化基础资源，发展与现有信息系统兼容的物联网技术，提高信息化应用水平，推动国家创新战略的实施和首都经济可持续发展。市委常委赵凤桐、副市长黄卫一同调研

1月12日 北京市教育信息化工作表彰大会在中国人民大学明德堂召开。会上授予216个集体“北京市教育信息化工作先进单位”称号，授予380人“北京市教育信息化工作先进个人”称号。中国人民大学党委副书记兼副校长王利明、北京市朝阳区教育技术现代信息网络中心主任何剑雄、北京四中校长刘长铭、北京教育考试院副院长李鸿江、北京大学黄达武、密云县北庄中心小学郭生龙等分别代表获奖集体和个人从不同角度介绍了教育信息化建设工作经验。教育部科技司副司长陈盈晖、中国人民大学党委副书记兼副校长王利明、北京市教委副主任郭广生等出席会议。北京市经济和信息化委员会副巡视员姜毅群出席会议并讲话。

1月12日 北京市经济和信息化委员会软件与信息服务业处就“核高基”国家科技重大专项“基础软件产品” 2010年课题申报工

作与工信部软件服务业司软件产业处召开沟通协调会，就课题 4、5、6 的相关申报标准、申报材料准备以及申报流程等工作进行了交流。

1 月 14 日 北京市纠正行业不正之风办公室、北京市经济和信息化委员会组织召开了“2009 年度北京市政务网站考核评价工作总结会”，共有 81 个单位的 160 余名政务网站建设工作者参会。北京市政协委员、民进市委委员、国家监察部特约监察员、北京市政务网站专家考评组组长徐定茂，代表专家考评组向大会做 2009 年度北京市政务网站考评工作报告，总结了 2009 年度北京市政务网站考核评价的工作情况，介绍了网站的精品服务，分析了网站存在的问题，提出了五点工作建议。北京市纪委监察局副主任、北京市纠正行业不正之风办公室副主任宋兰刚向大会通报了 2009 年度北京市政务网站考核评价结果，宣读了 2009 年度优秀政务网站、2009 年度优秀网上服务项目、2009 年度最受公众关注的政务网站名单。北京市经济和信息化委员会副主任俞慈声参加会议并讲话。

1 月 14 日 北京市经济和信息化委员会计算机信息系统集成资质认证工作办公室（以下简称：市系统集成资质办）与工信部计算机信息系统集成资质认证工作办公室进行了工作交流。会议由北京市经济和信息化委员会副主任阎冠和主持，工信部软件服务业司副司长郭建兵出席会议。市系统集成资质办主任姜广智就北京市计算机信息系统集成资质（以下简称：集成资质）工作的开展情况进行了汇报。

1 月 15 日 北京市经济和信息化委员会在优龙会议中心组织召开电子政务发展方向务虚研讨会，电子政务处全体同志及资源中心、首都之窗的领导出席会议，北京市经济和信息化委员会副主任俞慈声、副巡视员姜毅群到会并讲话。

1 月 16 日 北京市经济和信息化委员会及市人大联合组织了“两会”咨询系统使用的演练，为模拟“两会”期间的实际情况，询问、咨询会场设在北京会议中心，答复会场设在相关委办局，共有 40 余个政府部门参加了此次演练，市人大常委会办公厅副主任刘凤仪、北京市经济和信息化委员会副主任俞慈声、副巡视员姜毅群等领导同志亲临现场督察演练。

1 月 18 日 英飞凌科技股份有限公司与北京经济技术开发区战略合作备忘录签字仪式在市政府举行。仪式前，副市长苟仲文、市经济信息委主任朱炎、副主任梁胜等领导会见了英飞凌全球首席执行官彼得·鲍尔先生一行。根据战略合作备忘录的框架，英飞凌将在市经济技术开发区设立新能源汽车、大功率工业电子器件、移动通信、智能卡等先进技术研发及销售中心。

1 月 18 日 北京市经济和信息化委员会主任朱炎和副主任阎冠和到北京市计算中心调研，中心领导介绍了公共云计算平台发展现状、“北京云”20 万亿次公共计算平台运营情况和发展规划。朱炎强调，在规划“北京云”未来发展上，计算中心要深入了解工业领域市场需求，将探索符合云计算新业态特点的新型商业模式摆在重要位置，着力打造在几个重点行业开展云计算服务。

1 月 18 日 北京市经济和信息化委员会主任朱炎赴市农科院考察了两个国家工程技术中心——国家农业智能装备工程技术研究中心和国家农业信息化工程技术研究中心在农业智能装备技术和农业信息技术方面的研究成果。朱炎肯定了北京市农林科学院农业高新技术和的发展方向，希望市农科院创新机制，加强资源整合和技术推广力度，加快实现规模化和产业化。市农科院书记秦树福、院长李云伏、国家农业智能装备工程技术研究中心主任陈立平、国家农业信息化工程技术研究中心主任赵春江一并参加。

1 月 19 日　北京市经济和信息化委员会主任朱炎与华胜天成、用友软件、汉王科技等 8 家软件企业负责人就如何做大企业进行了座谈。参会企业负责人分别介绍了企业发展思路、战略以及目前遇到的问题等情况，并提出了建议。朱炎表示，北京市的发展环境是全国最好的，企业家们要坚定在北京发展的信心；政府对软件企业实行了一系列优惠政策，希望企业发挥优势，进一步做大做强。

1 月 20 日　“北京市政务信息开发利用行动计划（2010–2012 年）”会议召开，编制项目组就“行动计划”的编制工作情况、计划具体内容等方面进行了汇报，北京市经济和信息化委员会副巡视员姜毅群和时任电子政务处处长童腾飞对“行动计划”编制工作进展给予了肯定，提出了进一步完善的意见，要求在明确市信息资源开发利用的总体框架前提下，准确定位行动计划，明确和提炼行动计划的具体目标。

1 月 21 日　北京市经济和信息化委员会召开了“2009 年北京市提高全民信息能力总结会”。人力社保局、市教委、市科委、财政局、民政局等二十委办局及十八区县经信委、信息办的同志参会。北京市经济和信息化委员会经信处介绍了《北京市提高全民信息能力行动纲要》联席会 2009 年工作总结及 2010 年工作计划，市农委信息中心介绍了郊区信息能力提升经验，宣武区信息办介绍了组织中小企业电子商务培训的经验，人力社保局介绍了 2009 年公务员网上培训工作。总结会后专家为参会同志做了“我国工业与信息化融合情况”的主题讲座。

1 月 22 日　北京市经济和信息化委员会副主任俞慈声到北京中关村企业信用促进会进行调研。听取了中关村企业信用促进会关于中关村企业信用体系建设工作介绍，并就大力推进北京市中小企业信用体系建设工作进行了座谈。

1 月 24 日　北京市“两会”网上代表询问与委员咨询活动启动。此次网上人大代表询问与政协委员咨询活动在全国尚属首次。

1 月 25 日　北京市经济和信息化委员会副巡视员姜毅群带队前往位于上地软件园的 IBM 电子政务创新中心调研，姜毅群参观了政府与公共事业案例和解决方案展示中心，听取了 IBM 电子政务创新中心的发展情况汇报，以及 IBM 公司对智慧地球、智慧城市、物联网等理念的认识，并与 IBM 公司相关负责人就相关问题进行了交流与研讨，姜毅群希望 IBM 公司能够更加充分地利用其在政府与公共事业方面的技术和成功经验，帮助推进北京市更快地向世界城市迈进。

1 月 26 日　工信部软件服务业司就北京云计算进行专题调研。软件服务业司司长赵小凡等先后到中搜在线、联想、百度和世纪互联四家公司进行了实地调研，详细了解北京市企业云计算发展情况。

1 月 28 日　北京市经济和信息化委员会信用管理处组织召开北京信用协会第一次筹备会议，大公信用信息服务有限公司、北京市中小企业信用促进会、中国人民大学信用管理研究中心、中国市场学会信用工作委员会等 16 家发起单位负责人参加了会议，副主任俞慈声参加会议并讲话。

2010 年 2 月

2 月 2 日 “2010 中国电子商务北京高峰论坛”在通州月亮河酒店举行，会议由通州区投资促进局局长李霞主持，北京市政府副秘书长刘志、市投资促进局、市商务委、通州区领导等出席活动，京东商城、当当网、凡客诚品、乐友等 13 家知名电子商务企业参会。北京市经济和信息化委员会副主任王学军出席论坛并讲话。会上中国电子商务协会授予了北京通州区“中国国际电子商务示范基地”的称号，双方正式签署了战略合作协议，通州区示范中国国际电子商务基地规划工作也正式展开。

2 月 3 日 工信部软件司司长赵小凡、北京市经济和信息化委员会副主任阎冠和等调研了北京计算中心、软通动力、博彦科技和文思创新公司，了解北京云计算及服务外包产业发展情况。赵小凡肯定了北京计算中心通过云计算模式提供工业软件服务的做法，并表示软件司正在制定相关政策、规划和标准，鼓励外包产业发展。

2 月 5 日 北京市经济和信息化委员会副主任俞慈声、市安监局副局长陈清主持召开物联网技术应用座谈会，研究落实市领导关于应用物联网、网格化管理等信息化手段，提高安全生产领域监管水平的有关指示。北京市经济和信息化委员会电子政务处、信息资源管理中心、安监局信息中心和赛迪时代公司参加了研讨。

2 月 5 日 北京市经济和信息化委员会电子政务与信息资源处组织召开了“人口基础信息共享试点工作总结暨经验交流会”，副主任俞慈声、副巡视员姜毅群出席会议并讲话，市公安局信通处、18 个区县经信委（信息办）的有关同志参加了会议，崇文、石景山、房山、平谷四个试点区县对 2009 年人口基础信息共享应用试点工作进行了总结，朝阳、宣武介绍了人口基础信息共享应用经验，市公安局信通处介绍了市人口库建设及服务开展情况。姜毅群对 2010 年全市人口基础信息共享应用工作进行了部署。

2 月 21 日 市政府副秘书长戴卫主持召开“首都城市应急管理物联网示范应用项目”建设座谈会，市发改委、市科委、北京市经济和信息化委员会等 18 个部门参加了会议，座谈会上中星微董事局主席邓中翰院士介绍了“关于建设‘首都城市应急管理物联网示范工程’的设想”，参会部门代表发表了意见。

2 月 21 日 工信部在京召开干部大会。会上，工信部党组书记、部长李毅中传达了中央领导在“省部级主要领导干部深入贯彻落实科学发展观、加快经济发展方式转变专题研讨班”上的讲话精神，并就贯彻落实中央领导的重要讲话精神，结合工信部实际作了主题为《当前经济形势的几个热点问题》的经济形势报告。

2 月 北京软件协会为新的《政府采购法》组织企业研讨，征求企业意见并形成反馈意见报送法制办。同时启明星辰公司总裁严望佳形成政协提案提交。

2010 年 3 月

3 月 1 日 北京市经济和信息化委员会和市市政市容委召开会议，研究议定地下管线信息系统网络建设方案，北京市经济和信息化委员会副主任俞慈声、副巡视员姜毅群，市政市容委副主任柴文忠、委员武利亚参加了会议。

3月4日 北京市召开2010年社会信用体系建设联席会议，市工商局、市金融局、人民银行营业管理部等联席会议成员单位主管领导参加了会议，会议由北京市经济和信息化委员会主任朱炎主持，副市长苟仲文出席并讲话。会议听取了北京市经济和信息化委员会副主任俞慈声关于 2009 年北京市社会信用体系建设进展情况和 2010 年重点任务的汇报，听取了人民银行营业管理部副主任蒋万进关于首都社会信用体系国家示范区建设方案的汇报，研究讨论了 2010 年北京市社会信用体系建设重点任务和首都社会信用体系建设示范区建设方案。

3月4日 2010 年第一次软件和信息服务业发展协调会在北京市政府召开。会议由北京市经济和信息化委员会主任朱炎主持，北京市经济和信息化委员会副主任阎冠和报告了当前北京市软件和信息服务业发展情况和 2010 年重点工作任务。财政局、发改委、中关村管委会、市委组织部、海淀区政府等 24 个成员单位参加会议。副市长苟仲文做重要讲话。本次协调会议的召开标志着北京市加快软件和信息服务业发展的统筹协调机制正式建立。

3月5日 北京市经济和信息化委员会主任朱炎到中国科学院网络信息中心调研超级云计算中心建设情况，听取北京超级云计算中心方案和联想等公司参与情况的工作汇报。朱炎指出，超级云计算建设要处理好长远需求与眼前需求的关系，抓住云计算产业的机遇，注重专业化的经营团队建设和商业模式创新，服务若干产业发展，走有特色可持续的发展之路。

3月8日 北京市经济和信息化委员会副主任俞慈声参加了由副市长程红主持召开的北京参博运行团队第三次主任办公会，会议听取了北京市经济和信息化委员会网上世博方案，市广电局北京周策划方案和市财政局参博运行团队经费管理办法的汇报。

3月9日 北京市经济和信息化委员会副主任俞慈声主持召开专家咨询会，就编写完成的《北京市国家机关涉及个人隐私电子数据管理办法》（建议稿）征求信息资源管理领域、法学领域专家意见。相关领域专家王安耕、刘德良、孔繁荣、张楚、张晔、朱东轩参加会议并发表意见。

3月10日 北京市质量技术监督局主持召开了《电子政务运维服务支撑系统规范》地方标准审查会。北京市信标委、东城区信息办、中国电子技术标准化研究所、市高级法院、宣武区信息办、市卫生局信息中心等单位的专家参加了会议。与会专家听取了《电子政务运维服务支撑系统规范》的编制情况汇报，并对标准送审稿进行了审查，一致同意该《规范》通过审查。标准编制组将根据专家意见进行修改完善后报批。

3月11日 北京市经济和信息化委员会副巡视员姜毅群陪同工信部信息化推进司司长徐愈到市高法调研电子政务运维外包。

3月11日 工信部软件服务业司司长陈伟率队调研北京市软件和信息服务业发展情况。陈伟一行实地调研了用友软件、神舟软件两家重点公司。北京市经济和信息化委员会副主任阎冠和代表北京市汇报了软件和信息服务业发展情况、发展思路和 2010 年重点工作安排。

3月11日 工信部副部长杨学山、信息安全协调司副司长欧阳武及有关部门负责同志到北京数字证书认证中心考察调研并指导工作。北京市经济和信息化委员会副主任白新等同志陪同考察。

3月11日　北京市经济和信息化委员会副主任王学军出席延庆县2010年经济和信息化工作会并讲话，延庆县孙文锴县长等有关领导及委办局等参加。工作会上，延庆县副县长刘兵同志首先对延庆县2009年经济和信息化工作进行全面总结，并对2010年工作任务安排部署。王学军在讲话中肯定了延庆县经信委在2009年工作中取得的成绩。延庆县县长孙文锴作总结发言。

3月11日　工信部软件服务业司司长陈伟率队调研北京市软件和信息服务业发展情况，北京市经济和信息化委员会副主任阎冠和汇报了北京市软件和信息服务业发展情况、发展思路和2010年重点工作安排。

3月16日　北京七星华创电子股份有限公司在深交所成功上市。

3月18日　2010年北京市电子政务与信息安全工作会暨“2009信息北京十大应用成果”颁奖仪式在北京会议中心召开，北京市各委、办、局以及18个区县的信息化单位参加了会议。北京市经济和信息化委员会主任朱炎主持会议，会上宣布了“2009信息北京十大应用成果”获奖名单、入围名单，及2009年全市电子政务绩效考核表扬名单并颁奖。副主任俞慈声作北京市电子政务发展经验总结并部署2010年度电子政务相关工作，副主任白新部署2010年度信息安全相关工作。工信部信息化推进司司长徐愈、信息安全司司长赵泽良分别讲话。副市长苟仲文出席会议并作重要指示。

3月18日　北京市公安信息化经验交流会召开，交流了首都公安信息化建设经验，对全市学习公安信息化进行了部署。副市长苟仲文出席了会议，肯定了首都公安信息化取得的成绩，要求全市各级部门要推动北京市电子政务再上新台阶。市级及各区县信息化工作主管部门、市公安局各局属单位主管领导和电子政务工作部门负责人近400人参会。

3月19日　北京市服装行业电子商务推介会召开。北京市经济和信息化委员会参加了此次活动。市商务委副主任李薇薇到会。艾瑞咨询公司做了电子商务发展趋势的介绍，淘宝公司介绍了淘宝商城的业务模式和营销战略。白领、爱慕、铜牛等北京市服装及纺织企业近百人参会。

3月19日　工信部政策法规司副司长郭福华、北京市经济和信息化委员会副主任白新到石景山区调研经济信息化工作，考察金银建科技公司物联网示范项目“车辆监控报警调度系统”，参观北京数字内容制作公共服务平台，对石景山区物联网实际应用以及中小企业服务体系建设等工作给予肯定。

3月26日　市公安局组织召开了北京市人口基础信息数据库（一期）项目竣工验收工作会，由来自航天科工集团、北京航空航天大学、中科院软件研究所、市经济信息中心、市人保局信息中心的五名专家组成专家验收组，北京市经济和信息化委员会、市发改委、市公安局、市流管办及市人保局的相关领导出席了项目竣工验收会。验收专家组在听取项目总体建设情况及用户使用情况的报告、现场观看了系统功能演示后，一致同意人口库（一期）项目通过竣工验收。

3月　北京市人民政府印发了《北京市促进软件和信息服务业发展的指导意见》（京政发〔2010〕4号），这是北京市近十年来出台的支持软件和信息服务业力度最大、覆盖面最全的政策文件，首次明确提出软件和信息服务业是北京重大战略性支柱产业，并提出北京打造为“全球有重要影响力的软件和信息服务业中心城市之一”的目标。

2010 年 4 月

4 月 2 日 由北京市基础设施投资有限公司等 50 余家企事业单位发起的"北京轨道交通产业技术创新战略联盟"在丰台科技园区正式成立。

4 月 2 日 中国版权协会理事长、原国家版权局副局长沈仁干，中国版权协会副理事长、中国版权保护中心党委书记张秀平，中国版权协会项目管理中心主任郑钰等一行到访优酷进行调研。优酷 CEO 古永锵汇报了优酷的发展历程、业务模式、版权建设、技术创新等。

4 月 3 日 北京鸿蒙网科技有限公司正式推出国内首个多系统多用户的云计算应用网站平台。

4 月 8–9 日 市财政局信息中心组织区县监控现场需求调研会议，完成了全市 20 个区县财政局的需求调研工作，形成了《2010 年全市区县财政局系统运行环境项目监控需求调研报告》。

4 月 19 日 政府采购中关村自主创新产品信息平台（http：//zfcg.zgc.gov.cn）正式开通上线。

4 月 23 日 中科院龙芯工作组和曙光公司联手推出以龙芯 3 号为内核的两路刀片服务器。这款拥有完全自主知识产权的服务器的诞生，标志着国产服务器行业实现全线自主。

4 月 24 日 中国首套分布式 GPU（图形处理器）超级计算系统在中科院建成并正式启用。

4 月 25 日 北京市信息化专家咨询委员会 2010 年第一次座谈会召开，北京市经济和信息化委员会副主任姜贵平参加会议并致词。北京市经济和信息化委员会办公室相关负责同志参加了会议。专家委秘书处向与会专家汇报了 2010 年专家委工作思路。

4 月 29 日 北京市经济和信息化委员会副主任姜贵平主持召开一季度全市工业、软件与信息服务业经济运行分析会。各区县工业、软件与信息服务业主管领导参加了会议。会上，通报了全市一季度工业、软件与信息服务业经济运行情况，各区县对一季度工业、软件与信息服务业的运行情况、重点企业、项目运行情况及影响经济运行的主要因素进行了分析探讨。

4 月 石景山区获批建设北京市软件和信息服务业新潜力企业创新园。中国瑞达大厦成为北京市首批三家软件和信息服务业新潜力企业创新园之一。

4 月 北京市科协组织 2010 年北京百万家庭数字生活技能大赛活动以"绿色网络 低碳生活"为主题，分单项赛、家庭赛和基层活动三项内容。全市共有 146,633 人参加此项竞赛。

2010 年 5 月

5 月 6 日 朝鲜劳动党总书记金正日在中共中央总书记胡锦涛陪同下参观中关村企业博奥生物有限公司暨生物芯片北京国家工程研究中心。市委书记刘淇、中央书记处书记令计划、科技部部长万钢等陪同参观。

5 月 10 日 北京市经济和信息化委员会主任朱炎组织中国三大电信运营商北京分公司召开 3G 应用推进座谈会。会上各运营商介绍了 3G 移动通信网络在北京的建设情况及下一步发展思路，围绕将北京建成国内最好的 3G 城市进行座谈。

5 月 12 日 “北京云计算国际高层论坛”在北京饭店举行。中共北京市委书记刘淇、市长郭金龙等市领导接见了出席论坛的著名企业家代表。论坛主席之一、宽带资本董事长田溯宁先生，代表华人企业领袖介绍了“云计算北京共识”的内容。

5 月 19 日 京芯半导体科技有限公司(京芯)和 InterDigital 通信公司就 3G 技术转让和授权达成协议。

5 月 21 日 由北京市经济和信息化委员会和中国人民银行营业管理部指导，中信银行总行营业部与信诚人寿保险北京分公司共同主办的 2010 年“信用北京行——打造信用名片，做守信北京人”活动启动仪式暨新闻发布会在梅兰芳大剧院举行。北京市经济和信息化委员会副巡视员姜毅群出席并致辞。

5 月 26 日 北京市经济和信息化委员会副主任白新主持召开“信息化基础设施示范区规划座谈会”。会议邀请国家信息化专家咨询委员会和北京市政府专家委员会高新民、周宏仁、曲成义、张英海等 9 位国内著名专家和新加坡资讯通信发展管理局(IDA)、IBM 公司、CISCO 公司、EMC 公司、工信部电信研究院等 8 家国内外知名信息化战略咨询机构参加座谈。西城、丰台、石景山、通州、顺义五个区县的信息化主管部门参会并介绍了示范区的定位和需求。会议围绕“建设世界城市的背景下，信息化基础设施示范区如何率先建成世界一流”的主题进行了讨论。

2010 年 6 月

6 月 1 日 曙光公司在国家会议中心发布，由曙光信息产业北京有限公司、中科院计算技术研究所以及国家超级计算深圳中心共同研制的一款拥有自主知识产权的超千万亿次超级计算机——“星云”，每秒钟可进行 1270 万亿次浮点运算。

6 月 1 日 清华同方公司研制推出中国首台装有“CNTV 集成播控平台”的 LED 互联网电视。

6 月 2–4 日 北京软件行业协会承担第十四届中国国际软件博览会北京地区参展工作，与北工大软件园联合在北京展览馆 11 号馆设立展位，展示北京软件。用友、中软等 40 多家软件企业在软博会上亮相。北京市经济和信息化委员会主任朱炎、副主任阎冠和等领导到展位参观并指导。

6 月 2 日 北京市经济和信息化委员会副主任俞慈声、副巡视员姜毅群、时任电子政务处处长童腾飞及社会信息化处、首都之窗、资源中心等相关处室和机构的同志，听取了由海淀区副区长付首清主持的海淀区政务信息资源共享及数据服务应用工作情况汇报。俞慈声就信息资源共享工作中区县共享交换平台安全、区县共享交换平台创新服务、建设“杀手级”应用等方面提出了工作要求。

6 月 3 日 中关村资本市场投资者互动平

台正式开通。

6 月 3 日 工信部公布了 2010 年（第 24 届）电子信息百强企业名单。其中，华为以年主营业务收入 1492.5 亿元位居榜首，海尔、联想分列第 2 名和第 3 名，该位次与去年相同。

6 月 10 日 北京银行在京仪大酒店举办"'聚焦科技，融信未来'——北京银行中关村百家主动授信行动计划"启动仪式。市委常委赵凤桐出席。

6 月 12 日 由北京市经济和信息化委员会信用管理处和人民银行营业管理部征信管理处指导，中信银行总行营业部与信诚人寿保险北京分公司共同主办的 2010 年"信用北京行——打造信用名片，做守信北京人"走进中环办公楼，开展诚信宣传活动。为中环办公楼机关人员免费查询个人信用报告、开展征信知识宣传和咨询活动。

6 月 29–30 日 市财政局信息中心聘请国家计算机网络与信息安全管理中心的专家和卡巴斯基防病毒软件公司的工程师授课，举办"北京市财政系统信息安全培训会议"。

2010 年 7 月

7 月 3 日 北京旋极信息技术股份有限公司通过中华人民共和国国家军用标准新版本 GJB 9001B-2009 版质量管理体系认证审核，成为全国首家通过国军标新版本现场审核的单位。

7 月 8 日 市委书记刘淇到北京世纪互联宽带数据中心有限公司、北京华胜天成科技股份有限公司，对云计算核心技术的研发应用情况进行调研。市长郭金龙、市委常委赵凤桐、副市长苟仲文一同调研。

7 月 9 日 北京物联网关键应用技术工程研究中心及中关村云计算产业联盟在京仪大酒店成立。市委常委赵凤桐、副市长苟仲文出席。

7 月 13 日 丹麦投资促进局到访北京软件协会。

7 月 19 日 北京大学数字视频编解码技术国家工程实验室宣布，研发成功 AVS 的立体电视编解码系统，并在北京大学有线电视网率先播出立体电视节目。

7 月 25 日 由亚太地区城市信息化合作办公室与中国计算机用户协会主办的"2010 中国城市信息化峰会暨 AMD 杯第二届中国城市信息化 50 强发布会"在沈阳召开。会议宣布，经评委会认真评选，北京市荣获"2010 中国城市信息化 50 强"、"2010 中国城市信息化十佳城市"及"2010 中国城市信息化示范城市"称号，北京市经济和信息化委员会主任朱炎当选"推动中国城市信息化之领军人物"。

7 月 27 日 北京市经济和信息化委员会副主任阎冠和带队参加九三学社北京市委员会关于"北京市软件与信息服务业发展状况及问题"的专题座谈会。阎冠和对九三学社关心北京市软件和信息服务业发展表达了感谢，希望九三学社一如既往地支持北京市软件和信息服务业的发展。

2010 年 8 月

8 月 3 日　市应急管理物联网应用建设领导小组办公室（以下简称领导小组办公室）在北京会议中心组织召开会议，对全市应急系统进行物联网知识培训，就物联网应用建设工作进行再部署、再强调。

8 月 6 日　北京市经济和信息化委员会在市公安局海淀分局组织召开了“北京市推广市公安局‘核查即录入’经验现场会”，全市 16 个区县及市委、市政府等 70 多个部门的 150 余人参加了会议，副市长苟仲文出席会议并作重要讲话。会议由副主任俞慈声主持，市公安局副局长于春全介绍了“核查即录入”信息采集与更新管理的主要经验，进行了系统演示。北京市经济和信息化委员会时任电子政务处处长童腾飞就学习推广市公安局经验进行了工作动员和部署。

8 月 9 日–13 日　全国地方电子政务干部培训班在京举办，全国 11 个省（市）所辖地市（区）电子政务工作负责干部共 150 余人报名参加培训。

8 月 10 日　北京市经济和信息化委员会委员樊健主持召开了石化产业对接汽车、电子产业工作研讨会。

8 月 16 日　和利时集团北京总部迁址到北京经济技术开发区亦庄园区。

8 月 16 日　印度 NASSCOM 协会代表团到访北京软件行业协会。协会与北京服务外包协会主办“中印软件产业圆桌会议”。

8 月 18 日　市财政局信息中心邀请北京市经济和信息化委员会相关领导及专家召开座谈会，就市财政局信息化建设中迫切需要解决的问题进行交流、沟通，由北京市经济和信息化委员会协助市财政局开展容灾备份中心建设、技术文档资料审核、机房环境建设三项工作。

8 月 20 日　中关村国家自主创新示范区“瞪羚计划”首批重点培育企业名单公布，此次“瞪羚计划”首批重点培育的企业主要聚焦于电子信息、生物工程与新医药、能源环保、新材料、航空航天、高技术服务等战略性新兴产业领域。

8 月 23 日　北京市经济和信息化委员会副主任王学军参加“中国 315 电子商务诚信平台”启动仪式暨“中国电子商务交易保障联盟”倡议活动。国家工商总局市场司、中国消费者协会、中国消费者报社、市商务委、北京市工商局等单位领导出席活动。

2010 年 9 月

9 月 8 日　北京市经济和信息化委员会、市农委、市科委、市商务局、市文化局联合印发了《关于印发《北京市农村信息化行动计划（2010—2012 年）》的通知》。

9 月 14 日　新岸线公司和英国安模公司联合发布全球首款 40 纳米 A9 双核 2.0G 高性能计算机系统芯片——NuSmart 2816。

9 月 15 日　北京市中小企业金融服务平台正式启动，中关村管委会、中国人民银行营业管理部、市文化促进中心、北京银监会、北京市经济和信息化委员会、市金融局共同签署《北京市中小企业金融服务平台信息共享合作协议》。

9 月 25 日 北斗星通十年成果汇报暨北斗产业发展研讨会在北京稻香湖景酒店举行。国内首款具有完全自主知识产权的多系统多频高性能 SoC 芯片和系列 OEM 板卡同时发布。

2010 年 10 月

10 月 北京暴风网际科技有限公司获评“2010 德勤高科技、高成长中国 50 强企业”及“清科——2010 年中国最具投资价值企业 50 强”两个奖项。

2010 年 11 月

11 月 2 日 中国“移动谷”揭牌仪式暨研发实验服务基地签约仪式在望京科技园举行。

11 月 10 日 北京市经济和信息化委员会主任朱炎、副主任王学军、巡视员张兰青赴北京二商集团进行企业信息化工作考察，二商集团有关领导陪同。朱炎一行听取了二商集团关于集团信息化建设情况的汇报。

11 月 17 日 数字动漫游戏创意产业交易会在石景山园举行。

11 月 22 北京—赫尔辛基新一代信息技术转移合作论坛在中关村软件园举行。

11 月 24 日 中关村管委会与法国巴黎大区系统竞争力集群在北京签署交流合作备忘录。

11 月 25 日 由清华大学、北京航空航天大学、同方集团、京东方集团等 12 家单位合作共建的“北京数字电视国家工程实验室”在中关村数字电视产业园成立。

11 月 23 日–26 日 北京通信信息协会、北京信息化协会和北京软件协会共同组织华胜天成、易路联动、文思创新、北京计算中心等 10 家单位共 15 名代表赴港参加北京市经济和信息化委员会、香港贸发局联合主办的第十四届京港洽谈会之“京港智能城市建设对接交流会”，华胜天成、文思创新、超图软件在项目签约大会举行项目签约仪式。

11 月 17 日 北京市副市长苟仲文到石景山区调研物联网基础设施建设工作。北京市经济和信息化委员会主任朱炎，副主任白新，市应急办副主任卞杰成，石景山区区委书记荣华、副书记吴克瑞、时任区长周茂非、时任副区长王春杰，北京市经济和信息化委员会、市应急办、石景山区属有关部门、相关企业领导陪同调研。

11 月 26 日 北京市经济和信息化委员会组织召开落实《北京市打击侵犯知识产权和制售假冒伪劣商品专项行动实施方案》精神工作部署会。北京市经济和信息化委员会副主任万新恒出席会议并讲话，会议宣布了《北京市经济和信息化委员会员会打击侵犯知识产权和制售假冒伪劣商品专项行动工作方案》。

11 月 30 日 北京银行和北京软件行业协会签署战略合作协议，向北京软件和信息服务业综合授信 100 亿元人民币。北京市经济和信息化委员会副主任万新恒、北京银行行长严晓燕等出席大会。

2010 年 12 月

12 月 1 日　北京市经济和信息化委员会中小企业处和信用管理处会同西城区信息办举办了北京市中小企业信用知识培训班。副巡视员姜毅群出席开班仪式并讲话。

12 月 8 日　优酷挂牌纽交所成全球首家在美独立上市视频网站。

12月8日　国家重大科技基础设施——航空遥感系统遥感综合楼工程在海淀区西北旺中国科学院新技术园区奠基。

12 月 10 日　中关村发展集团举办的物联网产业链“集群投资”签约仪式在京仪大酒店举行。市委常委赵凤桐出席签约仪式。

12 月 16 日　中关村科技园区管理委员会在北京京仪大酒店举办了“信用中关村系列活动——中关村企业信用培育双百工程启动仪式”。北京市经济和信息化委员会副巡视员姜毅群出席仪式并致辞。

12 月 16 日　“信用中关村”系列活动暨中关村企业信用培育“双百工程”启动，《中关村国家自主创新示范区企业信用星级管理办法》发布。

12 月 18 日　北京市经济和信息化委员会、市妇联、市科协在海淀区妇女儿童活动中心举办了北京市“和谐家庭 瞬间精彩”女性微博评选活动颁奖仪式。北京市经济和信息化委员会副巡视员姜毅群、市科协副主席赵继林、市妇联副主席刘颖等领导向获奖单位和个人颁发了奖品和证书。

12 月 22 日　北京旋极信息技术股份有限公司荣膺 2009—2010 年度信用促进会优秀会员——中关村首批信用培育双百工程“最具影响力企业”。

12 月 22 日　北京市经济和信息化委员会在华风宾馆举行北京信息化基础设施提升计划支持项目签约暨宽带小区信息化村授牌仪式。北京市副市长苟仲文出席签约仪式并讲话，北京市经济和信息化委员会主任朱炎主持仪式，北京市经济和信息化委员会介绍提升计划支持项目工作情况，市财政局副局长王婴发表讲话。

12 月 23 日　北京市经济和信息化委员会、北京市残疾人联合会、中国科学院计算技术研究所共同在北京市残疾人就业中心举行了“面向盲人无障碍阅读网站”的开通仪式，由中国科学院计算技术研究所开发的面向盲人的互联网无障碍阅读系统在北京市残疾人福利基金会网站（www.bfdp.org.cn）正式上线运行。市经济与信息化委员会副巡视员姜毅群、北京市残疾人联合会党组成员、理事梁田和中国科学院计算技术研究所副总工程师陈熙霖到会祝贺并发表了讲话。

12 月 27 日　北京市经济和信息化委员会员会组织召开北京市软件和信息服务业 2010 年工作会议，工信部软件司司长陈伟、北京市经济和信息化委员会主任朱炎、副主任阎冠和出席会议。阎冠和全面回顾和总结了 2010 年北京市软件和信息服务业的工作成绩。朱炎作重要讲话。

12 月 29 日　团中央、工业和信息化部、广电总局、国家新闻出版总署、国家人口计生委、国家工商总局、国家知识产权局、银监会、证监会、保监会、中国工商银行等部委领导到优酷网考察参观。

12 月　恒泰实达 V3C 系统获得“2010 年度中国金软件技术之星奖”。

信息基础设施

【综述】 2010 年内，北京信息化基础设施提升计划进展顺利，北京信息基础设施建设成果显著，尤其是在《北京信息化基础设施提升计划（2009—2012 年）》发布后，网络能力提升，信息化终端应用全面普及。互联网家庭入户带宽，达到 2 兆（Mbps）；网民数达 1218 万人；互联网普及率为 69.4%，位居全国第一；移动电话用户数增长 1.5 倍，达 2129.8 万户；网站数达 37.2 万个，位居全国第二。北京市已建成全球最大 800 兆无线政务专网，无线网络覆盖率达到 70%；第三代移动通信（3G）用户从无到有，已达到 254 万户；有线电视注册用户达到 435 万户，其中高清用户超过 50%；建成各类大型数据中心、计算中心、呼叫中心、灾备中心等近百个，高性能计算机占全国百强的 40%。"数字北京"建设水平不断提升，宽带普及率进一步提高，3G+WLAN 模式的无线城市建设初具规模，"三网融合"稳步推进，无线物联数据专网建设开始启动，城市公共基础设施向智能化迈进，可视城市建设取得显著成果。

重大规划与工程

【概述】 随着信息技术的快速发展和广泛应用，信息化基础设施已经成为经济社会发展的重要基础和标志。2010 年 5 月 24 日，北京信息化基础设施提升计划协调小组发布了北京信息化基础设施提升计划年度任务分工。从大力推进信息化基础设施建设、实施信息化基础设施示范工程，在北京市重点功能区率先建成世界一流的信息化基础设施、抓住三网融合机遇，推动产业较快增长、实施"服务北京"示范工程，推动信息化在服务民生、服务经济等方面的应用、实施"感知北京"示范工程，提高城市运行和应急管理水平等五大方面制定了任务内容、完成时间、责任单位，促进《北京信息化基础设置提升计划（2009—2012 年）》的加快实施。

信息基础设施规划

【重大工业项目落地协调推进小组第一次会议召开】 2010 年 3 月 4 日，北京市重大工业项目落地协调推进小组召开第一次会议，会议由市委副书记、协调推进小组组长王安顺主持，副市长、协调推进小组副组长苟仲文出席会议。会上，北京市经济和信息化委员会主任朱炎宣读了协调推进小组人员组成、工作职责和工作机制，并介绍了 2010 年需要协调的重大项目情况。会议审议并原则通过了《北京市重大工业项目落地协调推进小组成员名单及其工作职责》和《北京市重大工业项目落地协调推进小组工作机制》，初步确定了 2010 年需要重点协调推进的 81 个工业项目，涉及投资 1500 多亿元，涵盖电子、汽车、装备、生物医药、都市产业、基础新材料、航空航天、软件与信息服务等 9 个领域。协调推进小组办公室设在北京市经济和信息化委员会。

（规划处）

【信息化基础设施示范区规划座谈会召开】 2010年5月26日，北京市经济和信息化委员会副主任白新主持召开“信息化基础设施示范区规划座谈会”,围绕“在建设世界城市背景下，信息化基础设施示范区如何率先建成世界一流”主题进行了讨论，并达成共识。示范区信息化基础设施规划要与全市信息化基础设施大规划融合、衔接，突出示范区功能定位；体现绿色低碳理念，把信息化基础设施建设规划和应用运营规划结合起来，并考虑公共服务和市民服务；规划目标要适度超前，指标要高，要融入最先进的理念和技术，引领全市信息化基础设施建设；要结合示范区总体规划和建设进度，同步进行基站和管网规划建设，并根据示范区需求，综合考虑接入和管理模式，避免“走老路”；既要借鉴国际上新的思想理念，更要切实考虑北京的实际需求。高新民、周宏仁、曲成义、张英海等9位国内著名专家和新加坡资讯通信发展管理局（IDA）、IBM公司、CISCO公司、EMC公司、工信部电信研究院等8家国内外知名信息化战略咨询机构参加座谈。西城、丰台、石景山、通州、顺义五个区县的信息化主管部门参会并介绍了示范区的定位和需求。

（信息化基础设施提升办公室）

【《民用建筑通信及有线广播电视基础设施设计规范》初稿完成】 2010年8月11日，提升计划推进办公室将制定的《民用建筑通信及有线广播电视基础设施设计规范》在质监局网站上向社会公开征集意见。市质监局组织召开了专家审查会，后期正常走标准发布流程即可；《民用建筑通信及有线广播电视基础设施验收规范》纳入市住建委的《建筑弱电工程施工验收规范》，已完成初稿，征求相关委办局意见。

（信息化基础设施提升办公室）

【《信息化村和宽带小区的建设标准和验收流程》征求意见稿完成】 2010年年内，《信息化村和宽带小区的建设标准和验收流程》已完成征求意见稿，拟在征求各区县意见后印发，并征求市住建委、市农委同意，后期以北京市经济和信息化委员会、市住建委名义为宽带小区（光纤入户小区）挂牌，以北京市经济和信息化委员会、市农委名义为信息化村挂牌。

（信息化基础设施提升办公室）

【《通信及有线电视基础设施用电规范》编制工作启动】 2010年年内，《通信及有线电视基础设施用电规范》由北京市经济和信息化委员会、北京电力公司牵头，已启动编制工作。

（信息化基础设施提升办公室）

【提升计划专项资金落实】 2010年年内，提升计划推进办公室积极协调市财政安排专项资金6000万元用于提升计划的落实，包括“三网融合”规划建设和应用试点、城乡一体化信息化基础设施建设试点；农村地区“信息化村”试点、以城南地区为主的“宽带小区”试点。支持宽带小区试点项目300个。支持信息化村试点项目276个。提升计划支持项目46个。

（信息化基础设施提升办公室）

【提升计划及折子工作任务全面部署】 2010年年内，根据市委市政府提升计划专题会议精神，提升计划推进工作办公室牵头起草了《关于北京信息化基础设施提升计划 2010年任务分工的通知》。《通知》共部署任务26项，已以市政府办公厅的名义印发了《北京市人民政府办公厅转发北京信息化基础设施提升计划协调小组关于北京信息化基础设施提升计划 2010年任务分工的通知》（京政办发〔2010〕17号）。认真筹划并落实市政府折子、科技北京行动折子、新农村折子等5项工作任务（主办4项，协办1项）。

（信息化基础设施提升办公室）

【市委市政府折子加快推动】 2010 年年内，提升计划推进工作办公室承担了市政府折子、科技北京行动折子、新农村折子等 5 项（主办 4 项，协办 1 项），目前各项工作进展顺利。市政府折子 3 项：加快信息基础设施建设，提升互联网宽带接入标准，大力发展 3G 网络；配合科技标准处推进“感知北京”示范建设，积极发展物联网产业；配合电子信息产业处加强互联网、手机等新媒体服务管理的制度建设，实施高清交互数字电视应用工程，支持电信、邮政事业创新发展。“科技北京”行动计划 2010 年度折子 1 项：信息基础设施工程。社会主义新农村建设折子工程 1 项：加快农村信息化基础设施建设。加大协调力度，推动第 3 代移动通信技术（3G）网络建设，扩大信号覆盖范围；组织制定信息化村和宽带小区建设标准及验收流程，开展 300 个信息化村试点；探索电信网、计算机网、有线电视网等 3 大网络统筹规划和共建共享机制，减少重复建设，降低农村综合服务费用。

（信息化基础设施提升办公室）

信息基础重大工程

【中关村物联网产业调研】 2010 年 1 月 12 日，市长郭金龙就物联网产业发展到中关村调研。郭金龙等到中星微电子公司了解了物联网技术研发及应用发展规划情况。公司拥有标准、芯片、智能、算法、平台等五大物联网核心技术，致力于建设跨区域、跨部门，可互联共享的物联网应用平台。郭金龙详细询问了物联网的技术原理、应用领域及产业发展前景。之后，来到同方股份有限公司，了解了物联网技术的应用情况。同方公司是中关村物联网产业联盟理事长单位，在物联网方面涉及电子标签、建筑节能、消防安防和物联网中间件四大领域，相关技术具有自主知识产权，并具备完整产业链。郭金龙强调，要整合首都信息化基础资源，发展与现有信息系统兼容的物联网技术，提高信息化应用水平，推动国家创新战略的实施和首都经济可持续发展。市委常委赵凤桐、副市长黄卫一同调研。[1]

（张漫）

【“感知北京”示范工程正式启动】 2010 年 2 月 5 日，中关村管委会和北京市经济和信息化委员会在同方科技广场联合举行“感知北京”示范工程首批项目发布会。会议发布了在城市公共安全监管与应急指挥、智能城市运行管理、生态环境智能监管、智能医疗卫生、智能交通、智能社区和智能家庭、智能建筑及节能减排、精准农业、基础设施智能监控管理、智能物流与食品溯源等 10 大领域的首批“感知北京”示范工程 22 个项目，包括了朝阳区一氧化碳气体中毒及火灾事故技防系统、东城区电梯运行安全监控系统、原宣武区烟花爆竹销售点视频监控系统等。此外，会议还介绍了本市政务领域将重点围绕城市应急、城市管理、城市运行等 8 大领域加强物联网应用，着力建设物联网应用数据中心等 7 个方面的支撑。[2]

（王锦）

【4 个专业基地正式获牌】 2010 年 4 月 22 日，北京市促进软件和信息服务业发展大会上，4 个专业基地正式获牌。位于北京密云的北京数字信息产业基地主要瞄准数据中心和相关后台

1《中关村国家自主创新示范区年鉴》。

2《中关村国家自主创新示范区年鉴》。

产业；位于北京市海淀区永丰的北京工业软件示范基地依托神舟软件公司建设，是北京发展工业软件的重要步骤；北京云计算产业示范基地和北京导航产业示范基地是两个正在组建的新基地。

（北京市经济和信息化委员会）

【中关村国家自主创新示范区行动计划印发】 2010年6月11日，中共北京市委办公厅印发《建设中关村国家自主创新示范区行动计划（2010—2012年）》。该行动计划包括指导思想和目标、实施六大工程、保障措施等三部分内容。该行动计划提出，到2012年，中关村示范区要初步形成有利于自主创新的体制机制框架和文化氛围，自主创新能力显著增强，战略性新兴产业的国际竞争力不断提升，中关村成为加快首都经济发展方式转变的强大引擎等4项目标。实施“十百千工程”，支持200家以上创新型企业做强做大；实施重大科技成果产业化工程，加快推动20项以上重大科技成果在中关村转化和产业化；实施关键技术示范工程，重点组织20项以上中关村自主创新产品的示范应用项目；实施中关村高端领军人才聚集工程，大力吸引和聚集150名以上产业领军人才和创业投资家在中关村创新创业；实施高端产业聚集工程，加快建设南北两个高端产业聚集区；实施科技金融创新工程，进一步完善技术与资本高效对接的机制等六项工程。该行动计划由中关村示范区领导小组统筹领导计划的实施。中关村示范区领导小组办公室负责计划实施的日常组织工作。[1]

（王锦）

【“天地图”公司落户注册成立】 2010年10月21日，国家测绘局牵头建设的国家地理信息公共服务平台——“天地图”公司注册1亿元，正式落户顺义区。园区总投资150亿元，包括国家地理信息的公共服务平台、国际地理信息产业园、国家地理信息软件园、创业孵化园等组成部分。在产业基地的带动下，东方道迩、四维图新、北斗星通、超图软件、高德软件等一批企业领先全国，在数据生产、数据库建设、软件研发、系统集成、应用系统开发等领域已经形成较为完整的产业链。

（潘登）

【WIFI网络补充3G覆盖】 2010年年内，北京市把WiFi网络作为3G网络的补充，覆盖区域包含五环以外1到5公里，包括天通苑、回龙观大型居民社区及郊区县城，覆盖率达到95%以上。党政军机关、高档宾馆写字楼、机场、地铁、交通干线、重要旅游景点等场所室内深度覆盖。

（提升计划推进办公室）

【无线物联网专网建设】 2010年年内，北京市开展1.8G专用频率无线物联网专网建设，目前建设基站约800个，信号覆盖全市平原地区。McWiLL无线宽带技术专用网络已建设基站100套，形成三环以内、四环大部分信号覆盖。

（提升计划推进办公室）

【无线物联数据专网建设启动】 2010年年内，北京市启动无线物联数据专网建设，为各类物联网应用提供信息传输通道。在全国率先开展物联网基础设施建设工作，物联网基础设施建设试点示范项目和石景山区物联骨干网和安全基础设施示范项目取得初步进展。通过建设无线物联数据专网，为城市服务管理和应急物联网应用提供一个统一、安全、泛在、标准的传感信息传输通道，为各政府部门开展物联网应用提供了网络基础，避免重复建设，降低建设成本，确保传感信息安全。

（北京市经济和信息化委员会）

1《中关村国家自主创新示范区年鉴》。

【北京农商银行完成数据中心迁移】 2010 年年内，北京农商银行对空港数据中心机房进行迁移。3 月，专门成立数据迁移领导小组、工作小组和实施小组，相继完成数据中心租赁场地调研、商务谈判和合同签署，完成网络、存储、服务器和配套软件系统的招标采购，制定和评审了网络、系统和应用等系列技术方案和流程，研究形成数据中心迁移整体策略和实施计划。10 月 17 日，完成核心业务系统迁移工作，进行了 8 个批次迁移前业务测试和 10 个批迁移后业务验证，测试及业务验证全行参与 2000 人，工作量累计达 4600 人天。经过多个批次的迁移实施，共完成 29 个系统平台、53 个应用环境的迁移，实现了全部计划迁移应用系统切换投产。

（郑英春）

【全市信息化基础设施示范区试点项目确定】 2010 年年内，提升计划推进办公室牵头组织各相关区县，探索建设世界城市背景下信息化基础设施示范区建设新思路，加快实施信息化基础设施示范工程建设。目前已确定的中关村国家自主创新示范区，通州新城、丰台区丽泽金融商务区、石景山新城、昌平区未来科技城等新建功能区，朝阳区 CBD 及东扩区域、北京经济技术开发区、崇文区前门商圈、宣武区广安产业园、密云县呼叫中心产业基地等已建功能区，开展信息化基础设施示范区试点工作，目前各项工作进展顺利。

（提升计划推进办公室）

【“信息化村”和“宽带小区”试点工作开展】 2010 年年内，提升计划推进办公室在远郊区县开展 300 个“信息化村”的试点工作，对其无线通信网络、宽带信息网络和有线电视网络进行扩容和覆盖建设，在城南地区开展 300 光个纤入户“宽带小区”的试点工作，建成一批达标的“宽带小区”。目前对以上试点区域进行了试点。

（提升计划推进办公室）

【电力光纤入户试点启动】 2010 年年内，结合国家建设“坚强智能电网”的发展战略，提升计划推进办公室与北京市电力公司共同启动北京市电力光纤到户试点工作。在朝阳区“中弘·北京像素”小区和丰台区“建邦枫景”小区开展电力光纤到户建设试点。试点采用光纤复合低压电缆和无源光网络技术，在小区电力网络建设中同步部署光纤网络，实现电力网络到表、光纤网络到户。为智能电网、宽带互联网接入、融合业务、行业应用以及其他综合信息服务提供通信信道。通过试点，将探索住宅小区、商用楼宇光纤接入建设的新技术和新的运营模式，降低建设和运营成本，降低协调难度，促进节能减排等目标，为加快推进北京市高速信息网络建设特别是已建小区光纤入户建设，实现到 2012 年底全市光纤到楼入户的目标探索新路子。

（提升计划推进办公室）

信息网络基础设施

【概述】 2010 年年内，信息化基础设施进一步提升。移动通信网络，新建 3G 基站 8500 个，六环内覆盖率达 95%，已建地铁线路实现信号覆盖；手机用户 2130 万户，其中 3G 用户超过 254 万户。宽带信息网络，20 兆宽带覆盖用户 335 万户，光纤到户实现 200 万户；网民达 1218 万人，互联网普及率 69.4%，居全国第一。高清交互数字电视网络，新增高清交互数字电视用户 100 万户，累计达 130 万户，居全国第一。在国内率先开展物联网基础设施建设。政务物联数据专网完成石景山区和朝阳区试点，启动规模建设；用于移动视频传输的无线宽带专网已在交管和武警等部门使用。促进上下游产业发展。完成信息化基础设施投资 110 亿元。三大运营商北京公司采购北京市自主创新产品 9.7 亿元，歌华有线公司采购北京市自主创新产品达 12 亿元。北京市成为国家三网融合首批试点城市，为三网融合产业发展提供了机遇。信息化发展环境不断优化。落实“双进入”机制，协调解决基站选址、小区光纤进入等难点问题 383 个。北京市信息化资金首次支持社会项目，支持资金 4450 万元，引导社会投资 5.3 亿元，发挥了财政资金的导向作用。

固定通信网络

【首个国家级地理信息产业园区落户大兴】 3 月 28 日，国家测绘局与大兴区政府主办的“国家地理信息产业园建设战略合作协议签字仪式”在中国测绘创新基地举行。国家测绘局、大兴区政府以及相关部门的负责人出席。仪式上，国家测绘局与大兴区就推进国家地理信息产业园建设签署战略合作协议，这标志着全国首个地理信息产业国家级园区正式落户国家新媒体产业基地。该产业园由国家测绘局发起，是旨在吸引地理信息产业链条上的相关企业入园集聚发展的专业产业园区。[1]

（张靖）

【矿大科技园获软环境建设项目专项资金支持】 2010 年 11 月 30 日，矿大科技园获得中关村科技园区软环境建设项目发展专项资金 60 万元，用于培训与交流服务平台和煤炭科技成果转化公共服务信息平台（一期）的建设。培训与交流服务平台建设包括：举办企业沙龙、联谊等交流活动，为企业提供各类专业培训；举办或承办各类能源安全领域专业技术知识培训班，围绕能源安全领域的产品、技术研发开展交流活动；组织入园企业到能源安全领域大型企业调研交流；组织园区员工到其他园区和合作机构调研学习；举办能源安全领域产品和技术服务大型展销会，组织入园企业参加相关行业和技术展销会，推广园区和入园企业品牌。煤炭科技成果转化公共服务信息平台（一期）建设将其内容确定为成果转化 3 个主要环节的支撑服务体系上，推进形成以共享为核心的制度体系，主要包括：建立 5 个服务平台（政策咨询和成果评价服务平台、中介服务平台、交流推广服务平台、资本与市场对接平台、孵化服务平台），采用科技中介机构服务体系、联盟会员体系、技术转移服务体系 3 个体系运行支撑，以确保平台资源共享、高效运行。[2]

（姜笑笑）

【网络宽带化进程加快】 2010 年年内，北京市固定电话用户数达到 885.6 万户，普及率达

1《中关村国家自主创新示范区年鉴》。

2《中关村国家自主创新示范区年鉴》。

到 50.5 部/百人；移动电话用户数达到 2129.8 万人，普及率达到 121.4 部/百人。全市网民 1218 万人，占常住人口的 69.4%，互联网宽带接入用户数达到 498.4 万人。经过市区两级政府、各有关部门和相关企业的共同努力，北京市已基本建成 20 兆宽带覆盖广阔的信息网络，具备 20Mbps 宽带接入能力的用户已超过 176 万户。城乡一体化建设进一步推进，开展了信息化村、宽带小区试点，惠及城乡居民约 46 万多户，其中农民 10 万多户，城市居民 36 万多户，推进了城区光纤入户和光纤网络建设工作。

（北京市经济和信息化委员会）

【电子政务网络升级改造工作完成】 2010 年年内，北京市政务网络管理中心根据市领导对《关于北京市电子政务网络进行升级改造和延续运维模式有关问题的请示》（京信息办文[2009]4 号）的批复，结合北京市信息化基础设施提升计划，在财政支付年度运维费用维持不变的情况下，成立专项领导小组，实施了电子政务网络的升级改造工程。改造工程从 2009 年 4 月启动到 2010 年 4 月底完成，在市公安局、延庆县等政府部门的配合下，先后调研网络接入单位 53 家，组织专家评审 5 次；工程增补光缆 5562 芯公里，更换设备 172 台套，迁移政务网络用户单位 649 家，割接应用系统 334 套，共投入工程技术人员 58 名，总计用工 3613 个工时。政务网络升级改造的完成，使得网络性能在可靠性、健壮性方面得到加强，在高清视频会议及图像监控的传输能力方面得到提升。

（北京市经济和信息化委员会）

【内网交换平台（可信网）建设】 2010 年年内，根据《关于推进北京市电子政务网络建设的意见》（京信发〔2007〕1 号文件精神，需建设一套独立于当前政务内网和政务外网的内部业务资源专用网络平台，满足政府部门内部共享交换业务需求。与互联网物理隔离，并能提供有效的安全隔离和访问控制手段保障网络安全。具备资源共享和多业务支持能力，能对各委办局等政府部门内部共享交换业务提供综合网络支撑服务。北京市政务网络管理中心在调研汇总了市国土局、市规委等单位相关需求后，审报了此项目，并已立项。已完成技术方案、预算和工作方案的编写，编制招标技术需求，并进行招标工作。

（网络安全处）

【社区网络整合工作推进】 2010 年年内，北京市政务网络管理按照市领导对《关于社区信息服务系统下一步运维管理有关事项的请示》的批示，与市民政局社区服务中心、经信委公共信息管理处沟通，推进社区网络整合工作。撰写社区网大事记，整理社区网建网以来的相关文件；负责北京市社区服务信息系统网络整合的前期准备、沟通协调工作；完成原宣武区所属区、街社区服务中心的社区网、政务网接入情况统计调研；与市社区服务中心就网络整合、2009 年追加预算合同进行沟通协调。

移动通讯网络

【电信类诈骗防范暨春节安全公众咨询宣传周】 2010 年 2 月 9 日，为增强社会公众的防范意识，主动避免电信类诈骗犯罪的侵害，使大家安度春节，北京联通与北京市西城区公安分局共同举办的“电信类诈骗防范暨春节安全公众咨询宣传周”活动。

（崔艳艳）

【“北京联通手机一卡通”产品试用】 2010 年

5 月 17 日，“北京联通手机一卡通”产品公开试用。该产品由中国联合网络通信有限公司北京市分公司与北京市政交通一卡通公司联合推出，是一款集移动通信与移动支付功能为一体的移动支付产品，表明北京联通公司开始进入支付业务领域。

（崔艳艳）

【北京联通“动态带宽”产品试运营】 2010 年 5 月 17 日，由北京联通宽带业务中心主持研发的“动态带宽”产品，在“沃 · 在北京—北京联通 5.17 信息社会日全业务促销活动”中首次面市，开始试运营。作为宽带业务的亮点，“动态带宽”是一款促进用户升速的宽带增值产品。继而完成即时升速、极速专区、合作联盟等三种创新运营模式，于 9 月正式上线，实现了 2Mbps 接入 480P-720P 的高清标准。

（崔艳艳）

【中国“移动谷”揭牌仪式暨研发实验服务基地签约仪式举行】 2010 年 10 月 27 日，中国“移动谷”揭牌仪式暨研发实验服务基地签约仪式在望京创业园举行。中国移动北京公司、北京市经济和信息化委员会、朝阳区、电子城管委会、TD 产业联盟等领导和望京创业园企业代表近 50 人出席了签约仪式。会上，北京望京新兴产业区综合开发公司、中国移动通信集团北京有限公司以及朝阳区信息办签署了三方合作共建“移动谷”研发实验服务基地的协议，北京市经济和信息化委员会副主任阎冠和、朝阳区副区长阎军、中国移动北京公司副总经理范云军共同为中国“移动谷”揭牌。[1]

（朱文利）

【无线城市建设初具规模】 2010 年年内，北京市已初步建成 3G 网络，为居民无线上网提供了便利条件。3G+WLAN 模式的无线城市建设初具规模。年底，北京市已累计建设 3G 基站 1.8 万多个和 WiFi 接入点 5400 多个，3G 用户达到 254 万户。北京市推动用于移动视频传输的无线宽带专网建设，为用户在无线上网的同时进行上传、下载和浏览视频提供条件。地铁手机信号覆盖取得进展，已建线路如地铁 1 号线、2 号线、4 号线、5 号线、10 号线与奥运支线基本实现 2G 和 3G 信号覆盖，在建线路和未来将建的线路在地铁建设的同时进行无线网络同步建设。

（北京市经济和信息化委员会）

【移动公共信息服务平台初具管理功能】 2010 年年内，随着北京市移动公共服务管理平台建设项目（一期）完成，北京市实现了全面为公众提供公益性政府公共服务的建设目标，建设的 30 项试点服务已全部完成，移动公共服务平台初步具备管理功能。

（北京市经济和信息化委员会）

【移动公共服务管理平台（一期）搭建完成】 2010 年年内，北京市移动公共服务管理平台（一期）主要建设了 WAP 站平台、短信中心和彩信中心平台。WAP 站采用多站点多用户管理、所见即所得及组件化开发模式，能够实现 WAP 站点的快速搭建、内容的编辑、管理与维护。短信中心平台可实现申请及管理相应业务、并对短信内容进行编辑、审核，彩信中心同样可实现申请彩信业务建设及管理相应业务的功能，同时支持手机报主刊与特刊的编辑与审核。管理平台通过租用客户端服务器等进行客户端服务的建设与发布。

（北京市经济和信息化委员会）

【移动门户公众服务提供】 2010 年年内，北京市移动公共服务管理平台建设项目（一期）完成，规划中的 30 项试点服务已全部建设完成，平台初步具备管理功能。各级政府部门建

1《中关村国家自主创新示范区年鉴》。

设北京市公共服务移动门户，结合手机特点提供一批便民利民的服务项目。

（北京市经济和信息化委员会）

【各级政府部门公共服务移动门户推出】 2010年年内，市卫生局在北京卫生信息网的改版建设中，完成了移动门户的开发。患者可以通过手机登录移动门户网站，查询医疗卫生相关信息。顺义区建立并开通了顺义网城 WAP 手机版，扩大服务覆盖面；WAP 手机版顺义网城设有动态信息、信息公开、市民生活、魅力顺义和投资新城五大栏目及顺义概貌、新城规划、经济形势、重点产业、投资向导等多个子栏目，提供政务动态、经济动态、生活提示、招商引资等信息，宣传区域形象，扩大了政府公共服务范围。朝阳区电子政务移动门户于 7 月底正式上线运行。昌平区开通了政府门户网站的 WAP 网版，提供昌平介绍、工作动态、公示公告、投资旅游等方面的信息查询服务，使不同类型的使用者均能方便使用政府网站。

（北京市经济和信息化委员会）

有线电视网

【有线电视双向网络改造】 2010 年年内，北京市大力加强新建、改造双向网络和其他基础设施建设的力度与进度。新开工双向网络 75 万户，累计开工 285 万户，累计开通 220 万户。

（王晓芳）

【数字电视产业园项目开工】 2010 年 4 月 10 日，北京数码视讯科技股份有限公司“数字电视产业园”项目在顺义中关村临空国际高新技术产业基地举行开工仪式。该项目计划总投资 15 亿元，总占地 200 亩。“数字电视产业园”项目主要从事数字电视前端软硬件产品和增值业务等产品的研发及产业化。市委常委赵凤桐、副市长苟仲文及国家和北京市相关部门、顺义区等有关领导出席了开工仪式。[1]

（康秋红　尹玲利）

【数字电视国家工程实验室启动】 2010 年 11 月 25 日，由清华大学牵头、清华科技园园区企业北京数码视讯等 8 家企事业单位共同参股成立的数字电视国家工程实验室在中关村数字电视产业园举行开业庆典暨成果汇报会。来自国家发展改革委、工信部、科技部、国家标准委、中国工程院、市发展改革委、市科委、北京市经济和信息化委员会、市国资委、中关村管委会、海淀区政府、北京电子控股等单位的 50 多位嘉宾出席了庆典活动。实验室将根据数字电视产业发展的战略需要，研究开发数字电视的共性技术及后续演进核心技术；组织推动地面数字电视国家标准在海外的推广应用；开展数字电视的知识产权管理、新技术评估和发展战略规划咨询；建立数字电视前端与发射、芯片与接收、传输与网络、测试与显示等 4 个研发、测试和工程化验证平台，为产业持续发展提供支撑；承担国家下达及企业委托的数字电视技术开发与工程化研究等任务；培养高层次工程技术与管理人才，加强国际合作与交流，为相关企业提供技术咨询服务，促进行业技术进步。该实验室经国家发展改革委批准筹建，由清华大学杨知行出任实验室主任。[2]

（康秋红　尹玲利）

1《中关村国家自主创新示范区年鉴》。

2《中关村国家自主创新示范区年鉴》。

无线电管理

【概述】 2010年年内，无线电管理工作在市委、市政府和工信部无线电管理局的领导下，执行相关文件精神的要求，立足首都无线电管理实际，执行无线电管理法规，管理无线电频率台站，做好无线电监测检测工作，加快技术基础设施建设步伐，推进依法行政工作，加大无线电法规宣传力度，促进了各项工作正常开展和任务的完成。

（李书亮）

无线电频率台站

【无线电频率台站管理】 2010年年内，在巩固2008年北京奥运会和2009年建国60周年庆祝活动无线电安全保障工作的基础上，进一步做好无线电频率和台站的管理工作。做好无线电频率管理工作。多次与用频单位进行沟通和协调，积极解决工作中存在的问题，提高无线电频率的使用效益；做好无线电台站的管理工作。与相关单位建立无线电管理的长效机制。为加强对业余电台的管理，提出了《关于业余无线电电台呼号和执照审批的有关意见》，制定了相关审批工作流程；起草了《关于申请办理业余无线电台（站）呼号和电台执照有关事宜的通告》、备案报告、起草说明和制定依据等文件。经与北京无线电运动协会协商，确定了北京市业余电台审批纳入日常审批的工作流程和办法，并开始逐步实施。做好进口无线电发射设备的管理工作。

（李书亮）

【台站监督检查工作加强】 2010年年内，市无线电管理局维护空中电波秩序，切实做好违法设台、用频的查处工作。加强了台站监督检查工作，共巡检22次，检查设台单位23家，查处17家322部发射设备，登记保存235部对讲机、5部中继台，督促14个单位办理了设台登记手续。

（李书亮）

电磁环境和设备

【部分频率使用状况摸底】 2010年年内，根据工信部无线电管理局《关于150MHz400MHz频段专用对讲机频率规划和使用管理有关事宜的通知》，工信部无线电管理局将原管辖的150MHz、400MHz频段部分频率和全部在京国家所属单位台站转交北京市无线电管理局管理。为掌握该两频段部分频率使用状况，市无线电管理局加强对该两频段频率实施有效管理，第二季度利用全市监测网对该两频段内的23个子频段，共计1037个频点进行了不间断监测，对监测数据进行了各频点的频率时间占用度和最大电平统计，摸清了基本情况。完成了无线电频谱监测月报统计工作。逐步试行了对电磁环境进行评估，为无线电管理决策提供依据；完成了电磁环境测试、台站验收和无线电设备检测工作。

（李书亮）

无线电管理技术设施建设

【技术设施建设推进】 2010 年年内，市无线电管理局在无线电监测网建设方面共完成无线电监测 7 个项目的专家验收工作；进行了车载小型监测系统的政府采购工作；完成了顺义监测站选址并开工建设；完成了无线电监测网系统升级（二期）、可搬移无线电监测测向系统购置、无线电警示与压制系统购置、无线电信号监测系统升级购置等项目的验收工作。无线电检测实验室建设方面，完成了 2010 年检测建设申报项目的技术审核和立项申报工作；基本完成了常规检测系统项目升级与技术培训、无线接入系统项目建设。基站检测系统的 5 个购置项目已通过财政评审。信息化建设方面，完善了北京市无线电安全保障指挥中心建设；按照《北京市无线电管理信息系统建设方案》的规划要求，进行了无线电管理信息系统一期建设，实现信息化对无线电管理工作的有力支撑。

（李书亮）

无线电安全保障专项

【外国政要访华期间无线电安全保障工作完成】 2010 年年内，完成了外国政要访华在京期间临时使用频率的无线电安全保障工作。根据工信部无线电管理局要求，对多个频率（段）进行了监测，并出具了监测报告。完成了欧盟委员会主席、法国总统、蒙古国总统访华在京期间申请使用频率的监测任务；完成了全国“两会”期间和“防灾减灾宣传周”期间的无线电安全保障工作，加强与相关单位部门的沟通和协调，及时处置频谱异常情况及干扰申诉，保障了活动期间的无线电安全。

（李书亮）

【支援广州亚运会亚残运会的无线电安全保障任务完成】 2010 年年内，市无线电管理局根据工信部无线电管理局的要求，受领赴广州支援广州亚运会的工作任务。抽调人员和设备组建了支授亚运会亚残运会无线电安全保障团队。在广州亚运会联办场馆组亚运城场馆群团队领导下，局保障工作团队按照《第 16 届亚运会无线电安全保障工作纲要》等相关文件的要求，认真负责电磁环境测试、频率保护性监测和干扰查找工作，参与了火炬接力和开闭幕式期间的无线电安全保障工作。为广州亚运会、亚残运会顺利召开提供优质频率资源和良好电磁环境做出了贡献，受到相关部门的好评。

（李书亮）

【利用无线电设备防范和打击考试作弊】 2010 年年内，市无线电管理局协助考试主管部门，完成了市 2010 年度全国研究生统一入学考试、全国高考、全国司法考试、北京招录公务员考试、中央部委招录公务员考试、全国成人高等学校招生统一入学考试、高等学校自学考试、在职攻读硕士学位英语考试的无线电监测保障工作，取得了防范利用无线电手段作弊的宝贵经验。特别是在全国司法考试和会计师资格考试中，共抓获了 9 起无线电作弊行为，没收作弊设备 20 余件，维护了广大考生的利益和社会的稳定。

（李书亮）

无线电发展环境

【依法行政工作力度加大】 2010 年年内，市无线电管理局推动无线电管理法规建设，不断提高执法工作水平和执法保障工作能力，促进无线电管理工作开展。根据当前无线电管理工作形势，为健全完善无线电管理法规制度，适应无线电飞速发展所带来的新挑战，参照国家即将出台的《中华人民共和国无线电管理条例》，起草了《北京市无线电管理条例》初稿。按照市政府推进依法行政工作实施纲要的意见，制定了行政处罚自由裁量权规范，制定了设台第三人备案制度，发布了规范性文件，并按规定向市政府法制办进行了备案。拟制了《北京市无线电管理局行政许可内部监督检查实施方案（试行）》。进行行政处罚工作培训，参加上级组织的行政处罚资格考试，全体人员通过资格认证，取得了执法资格证。参与并通过市政府法制办的案卷评查员考试，参加案卷评查小组，通过法制办案卷评查组的评审工作。

（李书亮）

【无线电管理工作向区县开展】 2010 年年内，市无线电管理局在借鉴奥运和国庆“管理下沉、关口前移”的成功管理经验的基础上，共完成了对 16 区县的走访调研工作，进一步确认了各区县负责无线电管理工作的职能部门，建立了市、区无线电工作联系制度，并督促各区县成立或改选无线电管理管理委员会（无线电领导小组）。组织区县无线电管理部门的部分领导和工作人员进行了一次集中培训，下发了《关于进一步做好区县无线电管理工作的指导意见》，为区县开展工作理清了思路。通过开展以上工作，也使市、区（县）两级无线电管理工作机制得到了巩固和提高，区县无线电管理逐步深入。

（李书亮）

【无线电宣传效果提高】 2010 年年内，市无线电管理局根据工信部下发的《全国无线电管理宣传纲要（试行）》和《全国无线电管理宣传工作实施方案(2010)》两个重要的指导性文件，立足首都工作实际，以“遵守无线电管理法规是首都公民的义务”为主题，征集了全市无线电管理法规宣传口号，结合首都无线电管理的实际情况，争取领导支持、积极创新宣传形式、全力拓展宣传范围，开展了全方位、多角度的宣传活动，开展了“无线电管理法规普及和宣传进校园”活动，取得了较好的宣传效果。

（李书亮）

信息产业

【综述】 2010 年 3 月，北京市人民政府印发了《北京市促进软件和信息服务业发展的指导意见》（京政发〔2010〕4 号），首次明确提出软件和信息服务业是北京重大战略性支柱产业，并提出北京打造为“全球有重要影响力的软件和信息服务业中心城市之一”的目标，促进了北京软件和信息服务业的创新提升。年内，从全年经济运行总体特点看，产业规模稳步回升，重点产品产量大幅提升。全年电子信息制造业总体运行呈平稳增长态势，延续了 2009 年末的增长态势。年内，北京电子信息制造业主营业务收入达到 2570.6 亿元，同比增加 11.9%；利润 75.96 亿元，同比增加 11.8%；完成固定资产投资 116.3 亿元，同比增长 4.3 倍，占全市的 22.3%；实际利用外资 1.5 亿美元，同比增长 3.2 倍。北京软件和信息服务业实现营业收入 2930 亿元，同比增长 22%；实现增加值 1242.2 亿元，同比增长 16.5%。占全市 GDP 的比重为 9.0%，固定资产投资 143.3 亿元，同比增长 2.4%。在全市经济中的支柱地位进一步加强。

电子信息制造业

【概述】 2010 年年内，北京电子信息制造业规模以上企业工业增加值同比增长 18.7%；累计实现产值 2240.3 亿元，同比增长 9.3%；主营业务收入达到 2570.6 亿元,同比增加 11.9%；利润 75.96 亿元，同比增加 11.8%；完成固定资产投资 116.3 亿元，同比增长 4.3 倍，占全市的 22.3%；实际利用外资 1.5 亿美元，同比增长 3.2 倍。北京电子信息行业重大项目的建设得到进一步推进，全市电子信息行业在建和筹建的重点项目共 50 项，总投资 1300 亿元，达产可实现新增销售收入 2000 亿元。其中，数字电视产业园共 19 项，已开工建设 11 项，8 项筹备启动。移动硅谷 4 个项目均在筹备开工建设。集成电路产业 7 个项目，其中在建项目 5 项，筹备项目 2 项。LED 产业项目 11 项，其中续建项目 3 项，新开工项目 4 项，筹建项目 4 项。自主创新项目 5 项，均已启动开工手续办理。年内，北京电子信息制造业产业结构的阶段性特征表现为：产业规模稳步回升，重点产品产量大幅提升；企业效益受行业地位影响明显，高端产业效益大幅增长；重大项目相继开工建设，招商引资成果显著；电子信息制造业重点项目稳步推进；企业效益受行业地位影响明显，高端产业效益大幅增长。

【握奇 SIMpass 获 2009 中国通信业成功解决方案奖】 2010 年 1 月 5 日，在人民邮电出版社主办的“2009 中国通信业成功解决方案评选颁奖典礼”上，北京握奇数据系统有限公司“SIMpass——可商用的移动支付解决方案”获奖。该方案技术较为成熟，在国内外已得到广泛商用，且易于推广部署，可帮助运营商快速占领市场，其基于 SIM 卡的实现方式也有利于提升电信运营商对移动支付产业链的控制力。方案基于国际上通用的 13.56MHz 频率，主要包括两种产品形态：一种是带天线的双界面 SIM 卡的形态，俗称“拖辫子”，这种形态是独立于手机的移动支付解决方案；另一种是天线集成在手机中，双界面 SIM 卡保留标准卡的外观，这种产品形态仅需要手机做少量的改动。[1]

（张红）

【新一代城市监控报警联网软件平台研制成功】 2010 年 1 月 14 日，公安部第一研究所等承担的“十一五”国家科技支撑计划项目“社会治安动态预警、综合防控技术体系研究与示范”子课题“社会治安动态监测、预警防范、综合处置系统集成平台应用技术研究与示范”通过了公安部科技信息化局验收。课题规划时间 2006 年 10 月至 2008 年 12 月，经费 350 万元至 500 万元。研究开发了中国第一个采用基于面向下一代媒体互联国际标准 SIP 协议、适应城市监控报警联网的软件平台。该平台融合了异构互联的监控报警网络体系架构和集设备/用户认证、域间身份标识和鉴别、访问控制、信令安全、视频可信和加密为一体的完整安全保障结构等多项先进技术，集成了视频调度、电子巡逻、接处警、现场指挥、布控追逃、综合研判等警用业务，并与公安部“金盾工程”二期全国警用地理信息基础平台融合应用，对深入开展公安信息化建设、维护社会治安、处置突发事件等发挥重要作用。课题组共申请国家发明专利 3 项，计算机软件著作权 3 项，编制行业技术标准 7 项，发布“城市监控报警联网系统管理平台 V1.0”大型联网系统软件 1 套，提交调研报告 2 项，发表科技论文 13 篇，协助出版教材 2 部。[2]

（王锦）

【用友 U8 All-in-One 发布】 2010 年 1 月 16 日，“用友中小企业全面信息化策略暨 U8Allin-One 发布会”在京举行。会上，用友公司发布了面向中小企业全面信息化的解决方案——U8All-in- One。U8All-in-One 是国内第一款能够为用户实现从局部应用到整体应用的“全面信息化”解决方案。该方案以用友 U8 为核心，全面融合了用友公司 CRM（客户关系管理软件）、PLM（产品生命周期管理软件），致远协同办公，用友 U8-HR、用友 BI、用友分销零售等多套软件系统，含有八大解决方案，分别为：从设计到制造与销售服务的经营管理一体化、以客户为中心的经营管理一体化、以办公协同为核心的经营管理一体化、以分销渠道管控为核心的经营管理一体化、以精细成本与绩效为核心的经营管理一体化、以人力资源为核心的经营管理一体化、以电子商务为核心的经营管理一体化、以产品创新为核心的全生命周期管理。这八大方案覆盖了中小企业经营管理与信息化应用。[3]

（龙琦）

【软件架构新技术国家重点实验室设立】 2010 年 1 月 26 日，东软集团股份有限公司获得科技部批复，在国内率先建设在软件架构方面的企业国家重点实验室，并将实验室命名为“软件架构新技术国家重点实验室”（简称“实验室”）。这是科技部通过的第一个在软件架构方面建设的国家重点实验室。

（张蕾）

【中星微电子获准承建数字多媒体芯片技术国家重点实验室】 2010 年 1 月 26 日，科技部办公厅印发《关于组织制定第二批企业国家重点实验室建设计划的通知》（国科办基〔2010〕2 号），公布了第二批 56 家企业国家重点实验室名单。中星微电子有限公司获准承建“数字多媒体芯片技术国家重点实验室”。[4]

（张漫）

1《中关村国家自主创新示范区年鉴》。

2《中关村国家自主创新示范区年鉴》。

3《中关村国家自主创新示范区年鉴》。

4《中关村国家自主创新示范区年鉴》。

【人口地理空间信息平台与相关数据产品研发通过验收】 2010年1月28日，人大文化科技园在人民大学科研楼召开市教委科技成果转化与产业化项目“人口地理空间信息平台与相关数据产品研发”项目验收评审会。该项目由中国人民大学环境学院和北京人大文化科技园建设发展有限公司共同完成。项目以北京市海淀区为例，依据研究制定的数据产品标准，研发了人口地理空间信息平台和相关人口空间信息系列数据产品，并获得计算机软件著作权登记证书1项。会上，人大环境学院副教授王汶对项目一年来的研究成果作了汇报并进行了相关软件产品演示。专家组听取汇报、观看演示、审阅验收资料后，认为相关成果对未来人口普查数据的信息产品开发具有重要的示范意义和应用价值，一致同意通过该项目的验收。[1]

（白瑞凤）

【“感知北京”示范工程首批项目发布】 2010年2月5日，由北京市经济和信息化委员会和中关村管委会联合举办的“感知北京”示范工程首批项目发布会在同方科技广场召开，“感知北京”示范工程正式启动。北京市经济和信息化委员会、中关村管委会有关领导，全市18区县经济和信息化部门、市政府部分委办局信息化部门负责人及中关村物联网企业代表120余人出席。会议发布了在城市公共安全监管与应急指挥、智能城市运行管理、生态环境智能监管、智能医疗卫生、智能交通、智能社区和智能家庭、智能建筑及节能减排、精准农业、基础设施智能监控管理、智能物流与食品溯源等10个重点领域的首批“感知北京”示范工程22个项目，包括朝阳区一氧化碳气体中毒及火灾事故技防系统、东城区电梯运行安全监控系统、宣武区烟花爆竹销售点视频监控系统等。此外，会议还介绍了本市政务领域将重点围绕城市应急、城市管理、城市运行等8大领域加强物联网应用，着力建设物联网应用数据中心等7个方面的支撑项目。（“感知北京”示范工程是北京物联网建设的形象说法，旨在以示范项目建设为着力点推进北京物联网建设。）[2]

（刘磊）

【长城金点公司一氧化碳监控系统保障供暖安全】 2010年3月1日，副市长苟仲文一行来到朝阳区崔各庄乡黑桥村调研北京市物联网示范项目——长城金点定位测控（北京）有限公司承建的一氧化碳无线预警防控系统。该系统通过在房屋内安装监控探测器和无线传输模块，可对空气中的一氧化碳浓度进行24小时实时监控。一旦一氧化碳浓度超标，系统就会自动报警，并通过无线专网将报警信息传送到村级管理中心、地区综合管理指挥中心、系统建设方监控救助中心，从报警信号发出到最终传送到监控平台，总共不超过6分钟，使监控人员能在第一时间通知相关部门上门处理超标事故。长城金点公司实施的“朝阳区出租房屋一氧化碳监控”项目已在朝阳区崔各庄乡、十八里店乡的3万户出租房安装了一氧化碳探测器。苟仲文肯定了“五级报警、四级管理”的运行模式，指出应尽快在朝阳区全面推广部署该系统，并将该项技术向其他区县逐步推广，充分利用物联网技术提升一氧化碳中毒事故预警防控水平。[3]

（刘磊）

【“云阅读”中文图书搜索引擎发布】 2010年3月23日，番薯网组织的“自由自在‘云阅读’

1《中关村国家自主创新示范区年鉴》。

2《中关村国家自主创新示范区年鉴》。

3《中关村国家自主创新示范区年鉴》。

全球首款中文图书搜索引擎发布仪式”在北大博雅会议中心举行。新闻出版署科技与数字出版司、国务院新闻办网络局、互联网协会等单位有关领导出席。仪式上，番薯网发布了以全球首款中文图书搜索引擎为核心组成的“云阅读”平台，并与中版集团数字传媒有限公司、万榕书业等多家国内知名出版机构签署战略协议，与翰林电子书、易博士电子书、易狄欧等多家移动阅读终端厂商达成战略或意向合作。该搜索引擎采用了北京中搜在线软件有限公司开发的第三代中文搜索引擎，是国内首款具有自主知识产权的中文图书搜索引擎。其主要优势是：可支持全文正版中文图书点对点搜索；全面覆盖已有的图书搜索服务，并具有不完整拼音输入、中英文智能推荐等针对中文特色的搜索功能；直接挂接电子商务功能；可扩展性强。[1]

（罗灵）

【神州数码网络下一代安全网关推出】 2010年4月7日，由中国电子信息产业发展研究院（赛迪集团）主办的“2010 政府及公共事业单位信息安全风险管理论坛”在北京世纪金源大酒店召开。会上，神州数码网络有限公司发布了“DCFW-1800 系列多核安全网关”。该产品构建在多核+Crossbar 交换架构平台之上——64 位多核 MIPS 处理器和 480G Crossbar 高速交换总线技术，集成了安全防护、防病毒、IPS、抗攻击、VPN、QoS 及应用层行为管控等功能，具有容易部署、容易维护、性价比高等特点。[2]

（刘磊）

【中关村软件园留创园两大系统上线】 2010年4月15日，中关村软件园孵化器开发的“中关村软件园留学人员创业园软件外包中心信息管理系统”与“中关村软件园留学人员创业园软件外包中心人才库信息管理系统（www spicoopera- tion com）上线试运行。其中，“软件外包中心信息管理系统”展示和介绍了北京中关村软件园留学人员创业园软件外包中心的服务资源，包括中心的基本情况、服务项目、运营模式、技术标准、中心动态等，为推动国内中小型软件外包企业的快速发展构建一个公信、开放、互惠的平台；介绍了该中心经过近3年的建设和运营，形成了1200平方米的公共研发区、人力资源服务、软件开发与测试服务、软件架构设计与咨询服务等软硬件资源为一体的服务平台。“人才库信息管理系统”重点介绍中心人力资源服务业务，从服务内容、合作模式、人才动态等方面介绍中心人才库的情况和人力资源最新动态。两个系统上线后，在中心和企业之间搭建了一条新的沟通渠道，促进中心的资源更好地为企业提供服务。[3]

（欧萍）

【超图软件入选数字城市地理信息软件测评优秀软件】 2010年4月20日，中国地理信息系统协会、国家遥感中心举办的“数字城市地理信息公共平台国产软件测评结果发布会”在中国测绘创新基地召开。会议公布了评选出的8个优秀软件及6个合格软件的名单。其中，北京超图软件股份有限公司研发的“超图面向服务的地理信息共享平台 V6 0”（SuperMap SGS V6 0）被评为“2010 数字城市地理信息软件测评优秀软件”。[4]

（张红）

【北京信息网络产业新业态创新榜发布会召开】 2010年6月10日，北京市经济和信息化委员会和北京信息化协会共同组织的“2010 信息网

1《中关村国家自主创新示范区年鉴》。

2《中关村国家自主创新示范区年鉴》。

3《中关村国家自主创新示范区年鉴》。

4《中关村国家自主创新示范区年鉴》。

络创新年会暨北京信息网络产业新业态创新榜发布会”在北京举行。北京市经济和信息化委员会主任朱炎发布了“北京信息网络产业新业态创新榜”企业名单，奇虎科技、东土科技、优视科技等 30 个最具创新力和增长潜力的信息网络企业榜上有名，这些企业覆盖了云计算、物联网、移动互联网、高端软件、3D 应用等热点领域。市委常委赵凤桐出席会议并做重要讲话，他希望企业敢于参与国际新一轮竞争，将北京的信息网络产业做大做强，为绿色发展、智能发展、可持续发展做出更大贡献。市经信委副主任阎冠和主持会议，副主任梁胜出席了会议。

（软件与信息服务业处）

【汉邦高科 2010 年新品发布】 2010 年 7 月 1 日，北京汉邦高科数字技术有限公司与三星电子共同主办的“安全科技，用心演绎——汉邦高科&三星硬盘 2010 年新品发布暨合作伙伴交流会”在北京文津国际酒店举行。中国安全防范行业协会等有关领导及汉邦高科合作伙伴和业内人士 300 多人参加。会上，汉邦高科展示了系列嵌入式数字硬盘录像机、系列模拟摄像机、系列网络高清摄像机、系列摄像头等数十款视频监控新品，并现场演示和讲解产品的领先技术及性能，同时也介绍了汉邦高科市场规划和发展规划。汉邦高科系列硬盘录像机产品采用 H 264 压缩算法、嵌入式实时多任务操作系统和嵌入式处理器一体化的设计，在单板上集成了视音频采集、压缩、存储、网络传送、多路云台控制、报警检测等功能，实现了 16 路主机单板结构，保证了系统的高集成度和高可靠性。汉邦高科全系列模拟摄像机产品采用了最新的数字视频处理技术，图像分辨率高、色彩还原真实。[1]

（龙琦）

【商务部中关村电子信息产品指数发布】 2010 年 7 月 3 日，商务部在北京举行“中国·中关村电子信息产品指数”（以下简称“中关村指数”）发布仪式。中关村指数以中关村海龙、鼎好、E 世界、科贸四大电子卖场的 450 家经销商的实际成交价为基础，采用销售量加权的合成指数方法编制而成，包括价格指数和景气指数两个部分。发布内容包括各大类、中类、品牌等单项价格指数，总景气指数、各子类产品及品牌景气指数，各中类、品牌等单项价格涨跌幅度前 10 名，各子类产品、品牌景气涨跌幅度前 10 名，以及指数点评、市场行情分析等。中关村指数将通过商务部“商务预报”网、中关村价格指数网、电视台、报纸等媒体媒介定期发布，其中价格指数每周发布一次，景气指数每月发布一次。商务部、工信部、国务院发展研究中心、中央国家机关政府采购中心、北京市商委、北京市海淀区政府等部门和单位的负责人，方正、纽曼、爱国者等电子信息技术厂商代表约 200 人参加了中关村指数发布仪式。[2]

（郭　旭　陈宝德）

【360 云安全浏览器发布】 2010 年 7 月 7 日，360 安全中心正式推出 360 安全浏览器 3.2 版。该浏览器通过内置云安全技术实现对用户访问网址的实时云查询，从而使 360 安全浏览器成为全球首款真正的云安全浏览器，全面保护用户远离挂马、钓鱼和欺诈等恶意网站。除了云安全技术外，该浏览器还具备“隔离模式”、“无痕浏览”等多项反木马和保护上网隐私的安全功能。[3]

（罗灵）

【北京大学立体电视系统播出】 2010 年 7 月

1《中关村国家自主创新示范区年鉴》。

2《中关村国家自主创新示范区年鉴》。

3《中关村国家自主创新示范区年鉴》。

21 日，数字音视频编解码技术标准工作组（简称 AVS）宣布，北京大学有线电视网已率先播出立体电视节目。该套立体电视系统按照最新修订的 AVS 国家标准实现，北京大学数字视频编解码技术国家工程实验室提供技术支持，其立体编码器和解码器均系自主开发完成，从标准制定到系统实现拥有完整知识产权。北京大学有线电视网的数字立体电视节目可以覆盖整个北大校园。立体视频的典型应用模式是利用 2 路有视差的普通平面视频形成立体视频，立体电视机等显示产品将上述 2 路视频分别送入观众的左眼和右眼，人脑根据 2 个视频之间的视差产生立体感。组合 2 路平面视频有多种方法，常见的有双拼高清、全高清同播、全高清增强三种方案，在北京大学播出的立体电视系统采用第一种工作模式。[1]

（王锦）

【龙芯 CPU 第一款国产化产品封装成功】 2010 年 7 月，龙芯 CPU 第一款国产化封装产品在中国科学院微电子所系统封装技术研究室取得成功。该产品封装成功标志着国产高端 CPU 芯片开始走入封装完全国产化时代。该 CPU 封装体为 500I/O 的 WB-BGA 结构，芯片时钟频率为 800MHz，有超过 800 条线焊，焊盘间距仅 60 微米（50/10），功耗大于 20 瓦，采用下空腔阶梯线焊结构，具有优良的热管理特性，是国际上高端芯片采用的主要封装形式。该产品封装难度高，在国内封装产品中首次使用该项技术。[2]

（张冉）

【数码视讯产品通过新标准 A 级入网测试】 2010 年 8 月 3 日，北京数码视讯软件技术发展有限公司的 Stream Guard CAS 数字电视条件接收系统 V5.1 获广电总局颁发的 A 级数字电视条件接收系统（CAS）入网证书（证书号：C061）。[3]

（尹玲利）

【汉王电纸书 D21 状元版推出】 2010 年 8 月 13 日，汉王科技股份有限公司主办的“D21 状元版——电纸书新品发布会”在上海图书馆举行。会上，推出了全球首款全科学习电纸书——汉王电纸书 D21 状元版。该电纸书融合了电子油墨显示技术、手写识别技术、电磁板技术、智能电源管理技术等，兼容了电子词典的功能，兼具了学习机的交互性和内容资源，解决了便携性和兼容性，能在课堂与家庭学习之间进行很好地转换。其中还内置了《英汉词典》、《新华词典》、《大英百科》等学生常用词典，预装了上千册国内外经典名著、现代畅销作品和趣味漫画的电子图书。其全科教学系统主要有“学、测、练、评、信”五大栏目，同时还增加了学习互动功能。[4]

（龙琦）

【南风科创助力亚运安保】 2010 年 8 月，北京南风科创应用技术有限公司（简称“南风科创”）与广州市公安局签订合作协议，南风科创将为广州亚运会安保技术系统的“超高分辨率多波束声呐三维测量成像系统项目”提供系统及技术保障支持。广州亚运安保技术系统是全面覆盖海、陆、空区域的立体交织高技术监测系统，三维测量成像系统是该安保技术系统的一个子系统，将对亚运会所涉区域内的水域实施全面勘察，形成高精度水下三维地形图像，准确识别定位水下目标如沉船、异物等的特征、大小、位置等信息，有效帮助安保人员排查水下异物，为实现“平安亚运”的目标提供

1《中关村国家自主创新示范区年鉴》。
2《中关村国家自主创新示范区年鉴》。
3《中关村国家自主创新示范区年鉴》。
4《中关村国家自主创新示范区年鉴》。

技术保障。[1]

（蔡静）

【耶宝智慧新型搜索引擎展示】 2010 年 10 月 15 日，耶宝智慧（北京）技术发展有限公司向公众展示了该公司最新研发的搜索引擎。这种智能型搜索引擎能够直接提供给用户所需的答案，使用户可以快速、准确地查找到所需信息；也能够提供个性化的搜索结果，而且能够对搜索结果和相关信息进行分类整理，使得到的搜索结果和浏览结合起来。新型搜索引擎的知识引擎还可以提供各种行业和领域的服务，如文学、健康、娱乐、体育、旅游、购物等。它可以进一步地提供更深入、精准的知识，可以通过抽取、集成和产生的方式直接把搜索的答案和搜索提问链接起来。[2]

（徐建）

【威讯紫晶 2 款传感器网络芯片发布】 2010 年 10 月 22 日，“全国传感器网络标准化论坛暨传感器网络标准工作组第六次全体会议”在成都市召开。会上，北京威讯紫晶科技有限公司、中科院上海微系统与信息技术研究所、无锡物联网产业研究院等传感器网络标准工作组成员单位联合发布了 2 款具有自主知识产权的传感器网络 SoC 芯片——VW628 和 WSNS1_SCBR。VW628 是国内首款符合中国 GB/T 15629 15—2010 标准和 IEEE802 15 4c 的传感网 SoC 芯片，由威讯紫晶公司与香港应用科技研究院、无锡物联网产业研究院共同开发，集成了射频收发、基带处理和 MAC 加速功能，是物联网的核心器件之一。WSNS1_SCBR 是国内首款支持 IEEE 802 15 4g（SUN：Smart Ut-ility Networks）标准的全集成传感网节点 SoC 芯片。WSNS1_SCBR 单芯片集成传感器模块、无线通信模块、主控处理器及其外围模块等诸多模块，仅需简单的外围配置即可实现传感网节点主要功能，是传感网节点的核心器件之一。[3]

（龙琦　刘磊）

【企业孵化器国际合作平台建设项目通过验收】 2010 年 10 月 25 日，由北京 IBI 承担完成的“企业孵化器国际合作平台建设”项目通过科技部火炬中心验收，获国家火炬计划环境建设项目证书，并得到 35 万元经费支持。该项目主要分为国际培训平台、国际项目展示平台和国际市场拓展平台三部分。北京 IBI 利用已有的创新服务资源，完善“科技创新”和“国际合作”科技服务平台，通过举办国际培训班加深与国外孵化器的交流与合作，帮助企业走出国门参与国际竞争，推动科技型中小企业技术进步和国际科技合作。[4]

（文勇进　尚革力）

【绿盟科技 DNS 域名安全防护产品发布】 2010 年 10 月 26 日，绿盟科技（NSFOCUS）主办的“绿盟科技 DNS（Domain Name System，域名系统）安全防护产品新闻发布会”在北京举行。会上，绿盟科技发布 DNS 域名防护专项产品。该产品主要面向运营商和拥有自己域名系统的大型企业，可用于僵尸网络的防护和监管、电信运营商的增值服务等场景，并随时可以通过可视化的窗口，掌控 DNS 运行信息。[5]

（龙琦）

【赛灵通公司助力北京东城教育网】 2010 年 11 月 1 日，北京市东城区教育办公网群系统正式启用。该系统由北京赛灵通软件有限公司承

1《中关村国家自主创新示范区年鉴》。
2《中关村国家自主创新示范区年鉴》。
3《中关村国家自主创新示范区年鉴》。
4《中关村国家自主创新示范区年鉴》。
5《中关村国家自主创新示范区年鉴》。

建，采用 JE22 及 web2.0 技术研发而成，基于 SAO 技术架构，负载能力强，每月产生数据近 6GB，改变了原来的费时费力靠发传真、打电话的传统公文传递方式。该系统分成协同办公、网站集群两大功能模块。协同办公包含公文收发、内部邮件、日程安排、即时消息、手机短信、WapAO 等功能模块；网站集群为东城教育门户网站建设提供站群管理、内容管理、新闻论坛、网站模板管理等功能，实现了全区将近 300 个教育单位、组织机构的网上协同办公。[1]

（杨彩云）

【360QVM 人工智能引擎推出】 2010 年 11 月 12 日，北京奇虎科技有限公司（奇虎 360）正式推出第三代杀毒引擎——360QVM 人工智能引擎。该引擎是自主研发的一项重大技术创新，采用人工智能算法，具有“自学习、自进化”能力，无须频繁升级特征库就能免疫 90% 以上的加壳和变种病毒，不但查杀能力领先，而且攻克了前两代杀毒引擎“不升级病毒库就杀不了新病毒”的技术难题。[2]

（刘昆）

【北京地铁 15 号线一期工程信号系统竣工验收】 2010 年 11 月 25 日，由北京交大微联科技有限公司负责完成的北京地铁 15 号线一期工程（望京西站—后沙峪站）信号系统通过专家验收组的竣工验收。该项目由北京交大微联科技有限公司与日本信号株式会社组成联合体承担，交大微联为项目牵头方负责提供连锁和 ATS 子系统，日本信号担任项目技术总负责并负责提供 ATP/ATO 子系统。信号系统采用基于无线通信的移动闭塞控制方式，为具备点式 ATP/ATO 及连锁级后备运用模式的列车自动控制系统。在 CBTC 模式下，可实现高精度的列车位置检测，运行间隔不超过 90s，实现高密度的列车运行控制，具有高度安全性能。在北京市交通委运输管理局监督下，北京东直门机场快速轨道有限公司组织北京市轨道交通指挥中心、运营单位、设计单位、监理单位、施工单位及相关专家组成验收组，在预验收合格基础上，对该项信号系统工程按照《北京市城市轨道交通新建线路运营设备和设施验收办法》进行了竣工验收检查。验收组认为，信号系统工程观感良好、功能完善、资料齐全，竣工验收合格，可以进行（载客）试运营。[3]

（丁蕾）

【掌上电子产品围棋伴侣研制】 2010 年 11 月，首师大科技园北京国学时代文化传播股份有限公司等研制开发出集围棋与古籍为一体的掌上电子产品——围棋伴侣。围棋伴侣系列产品基于电子墨水技术和手写识别技术。该产品设有 1GB 存储卡，可存储 5 亿字，内含千余种国学典籍；具有独特的智能电源管理系统，可连续翻页 7000 次以上，保证读者一次充电便可长时间阅读；整机重量仅 165 克，可放置于上衣口袋中，实现了随时随地方便阅读。[4]

（王红旗）

【电子信息产业产业规模回升】 2010 年年内，北京市电子信息制造业总体运行呈平稳增长态势，延续了上年末的增长态势。受上年同期相对值过低的影响，2010 年上半年工业增加值增幅相对较高。下半年随着产业同期相对值的增长，增幅虽然逐月下降，但是直到年底依旧保持了两位数增长态势，全行业整体规模回升到

1《中关村国家自主创新示范区年鉴》。
2《中关村国家自主创新示范区年鉴》。
3《中关村国家自主创新示范区年鉴》。
4《中关村国家自主创新示范区年鉴》。

2007 年产业高峰期的水平。

（电子信息产业处）

【高端产业效益增长】 2010 年年内，从北京电子信息制造业重点 20 家企业数据来看，电子信息制造业行业收入和利润均能保持高速增长的企业有两类：一类是在本行业具有领导地位的企业，如全球手机第一大厂商诺基亚，国内计算机第一大厂商联想和国内 IT 行业领先企业清华同方；另一类是占据产业制造环节高端的集成电路企业，如中芯国际、瑞萨、首钢日电、七星华电等。而处于产业链下游的加工制造企业均出现亏损。

（电子信息产业处）

【高校工会信息化综合办公管理系统建成】 2010 年年内，北工大留创园企业中科育科技（北京）有限公司为北京建筑工程学院工会建成高校工会信息化综合办公管理系统。该系统是针对工会组织个性化定制开发的一套专业服务平台。在技术上，开发了实现融合对外门户网、信息互动发布平台、工会职能业务处理平台，实现教职工互动交流功能；在技术架构上，采用业内领先的 SSO 统一认证单点登录架构，实现工会同一用户在不同功能子系统间的数据传递处理。系统的建成有效促进工会在民主管理、素质提升、身心健康管理、自身能力建设以及送温暖等方面的工作开展，更好地服务于学校教职员工。[1]

（陈坤）

【电动汽车充电网络管理应用系统建成】 2010 年年内，北京西塔网络科技股份有限公司建成基于物联网的电动汽车充电网络管理应用系统。该系统利用互联网技术，在充电站及充电桩内置入传感器，即可将充电的实时信息通过物联网传至集中监控中心；集中监控中心根据不同策略（包括用户设定的以及智能电网调度最优计算的策略等）负责所有充电进程的控制；通过智能手机应用系统、互联网以及电动车本身嵌入的应用系统，可以将实时信息提供给客户。该系统可以使消费者第一时间在需要的时候了解最近充电站以及实时充电情况；可以利用已有的充电网络，提高充电网络的效率和经济效益；可以更为有效地管理所有充电进程，自动进行充电调节，动态调整用电的波峰波谷，和智能电网配合提高充电效率、节省电能；可以降低国内地方、企业条块分割的现状，最大限度地整合、利用现有的充电网络资源，提供给消费者方便、便捷的服务。[2]

（陈坤）

【电子信息制造业重点项目推进】 2010 年年内，为加快产业结构优化升级，提升企业自主创新能力，北京市电子信息行业重大项目的建设得到进一步推进，全市电子信息行业在建和筹建的重点项目共 50 项，总投资 1300 亿元，达产可实现新增销售收入 2000 亿元。其中，数字电视产业园共 19 项，已开工建设 11 项，8 项筹备启动。移动硅谷 4 个项目均在筹备开工建设。集成电路产业 7 个项目，其中在建项目 5 项，筹备项目 2 项。LED 产业项目 11 项，其中续建项目 3 项，新开工项目 4 项，筹建项目 4 项。自主创新项目 5 项，均已启动开工手续办理。

（电子信息产业处）

【技术创新成果落地项目落地】 2010 年年内，一系列自主创新成果在北京产业化实施。德信千万级手机生产基地项目，天宇朗通手机生产基地项目，汉王新一代手持移动终端生产基地

1《中关村国家自主创新示范区年鉴》。

2《中关村国家自主创新示范区年鉴》。

项目，利亚德 LED 电视产业化基地项目，合众思壮卫星导航产业园项目 5 个自主创新成果项目落地。5 个项目总投资达 100 亿元。

（电子信息产业处）

【国家资金项目组织申报实施】 2010 年年内，国家科技重大项目 01、02、03 专项项目申报和实施工作进展顺利。各专项 2009 年度课题已开始实施；2010 年度课题已完成立项，正在进行预算评审。年内，各专项中央资金已到位 5.3 亿元，企业配套资金已按要求逐步到位。企业申报国家发改委电子信息产业振兴和技术改造项目共收集项目 15 项，列入计划项目 5 项，共获得中央资金支持 2.3 亿元。工信部电子发展基金项目全年共受理企业申报 246 项，通过初审正式上报信息产业部项目 234 项。

（电子信息产业处）

计算机产业

【40 纳米 A9 双核 2.0G 高性能计算机系统芯片发布】 2010 年 9 月 14 日，新岸线公司和英国安模公司联合发布全球首款 40 纳米 A9 双核 2.0G 高性能计算机系统芯片——NuSmart 2816。该芯片采用 40nm 芯片制造工艺，主频达到 2.0G，在整体性能上可与目前主流计算机芯片相媲美，而功耗不到 2W，仅是同类传统芯片的五分之一。同时，NuSmart 2816 在一块芯片上集成了内存、显卡、解码、网卡等控制功能，可以把产品做得更小、更轻、更薄、更便宜。芯片适用于新型上网本、平板电脑、智能电视等产品。[1]

（王锦）

【天元网络等方案入选工信部计算机信息系统集成典型解决方案】 2010 年 10 月 14 日，由工信部软件服务业司、计算机信息系统集成资质认证工作办公室主办的“计算机信息系统集成企业资质管理十周年工作会议暨首届中国信息技术服务高峰论坛”在北京国际会议中心召开。会议主题是“贯通产业脉络、倍增服务价值”。会上，发布了 2010“计算机信息系统集成典型解决方案”，全国共有 100 套方案入选。其中，中关村示范区内单位北京市天元网络技术股份有限公司的“无线网络优化支撑整体解决方案”和“IT 服务管理整体解决方案”、北京久其软件股份有限公司的“行政事业资产管理信息化解决方案”、北京直真视通科技有限公司的“应急指挥控制中心”等 26 家企业的 32 套方案入选。[2]

（杨彩云）

【一体电脑整体走势平稳】 2010 年年底，一体电脑市场整体走势平稳，产品关注比例格局均保持稳定。最受用户关注的十款产品变动较小，联想 B305 畅速型蝉联人气冠军。主流价位产品人气有所上升，不同类型产品关注比例保持稳定。2GB 内存产品继续升温，23 英寸产品人气出现上涨。最受用户关注的十大品牌（联想、苹果、惠普、戴尔、索尼、神舟、方正、清华同方、海尔、宏基）一体电脑品牌排名未发生变动。联想依然占据着优势。苹果和惠普的人气较 11 月则均有微升，分别排在第二、第三位。戴尔关注比例有所上涨。其余品牌获得的比例则较为接近。

（中国经济信息网）

1《中关村国家自主创新示范区年鉴》。

2《中关村国家自主创新示范区年鉴》。

【台式电脑市场联想领先】 2010年年内，联想依然领跑台式电脑市场。惠普和戴尔的人气均有所上升，二者之间的差距进一步缩小。此外，宏基排名上升，国产品牌表现较为突出。联想、惠普和戴尔保持人气品牌前三位置，宏基排名上升一位。

（中国经济信息网）

【笔记本市场品牌格局稳定】 2010年年内，笔记本电脑市场品牌格局保持稳定，联想稳居榜首位置。国际品牌依然占据绝对优势，但国内品牌纷纷涉足这一领域外，部分老牌厂商如东芝、索尼等纷纷加大对中低端产品的投入以期获得更多利润。联想、华硕、惠普包揽前三，累计关注比例近六成。戴尔和宏基则排在第四、第五位。消费类笔记本电脑市场中，品牌关注集中度较整体市场略低。笔记本电脑市场竞争激烈，国产品牌发展势头良好。宏基的成长最为迅速。笔记本市场中，联想稳坐头把交椅，关注比例走势稳定。联想、华硕和惠普累计吸引了近六成消费者的关注，品牌关注集中度较高。而清华同方、方正和海尔等国产品牌发展势头良好。目前市场中的笔记本电脑大致划分为消费和商务两类，而消费类笔记本电脑则在市场中占据主导地位。商务本方面，用户的目光则较多集中在联想 ThinkPad 产品上。高清电影和 3D 游戏的普及，使笔记本电脑市场独立显卡产品发展加快。运行更加流畅的独立显卡产品逐渐成为主流。国产品牌方面，神舟、清华同方、方正和海尔表现则相对较为突出。

（中国经济信息网）

【平板电脑苹果获七成关注比例】 2010年年内，3G网络的普及，在一定程度上带动平板电脑市场发展。苹果 iPad 的上市，开启了平板电脑的时代。平板电脑市场中，苹果获得了近七成关注比例。其在产品数量和单产品关注率方面，均占有一定优势。其余品牌变动较为频繁。汉王和爱国者分别位居亚军和季军位置，但与苹果差距较大。平板电脑市场定位较模糊，大概可以分为苹果 iPad 为代表的娱乐型产品，和以汉王为代表的商务型机型。但随着这一市场逐渐走向成熟，越来越多的厂商开始涉足这一领域。由于苹果 iPad 产品价位普遍偏高，其在市场中的高人气，一定程度上提升了高端价位产品的整体人气。

（中国经济信息网）

【服务器市场增长加速】 2010年年内，经历了金融危机和重新洗牌的服务器市场在第三季度呈现出了10年以来的最快增长。服务器市场加速增长，各品牌竞争激烈。X86 服务器市场需求依然旺盛。IBM 服务器市场夺魁。整体市场成长指数偏低。近七成消费者关注中低端服务器产品，机架式服务器是主流。服务器市场的出货量连续三个季度增长，整体市场呈现强劲的增长势头。品牌竞争呈现寡头趋势。IBM、戴尔和惠普三个品牌在中国服务器市场的关注度之和超过了75%，其他品牌的关注度相对较小。品牌关注榜上，IBM、惠普和戴尔领先。

（中国经济信息网）

【联想和华硕领衔上网本市场】 2010年年内，联想和华硕依然以较大优势领衔中国上网本市场，并且联想于前段时间发布了 IdeaPad S 系列全新上网本。最受用户关注的十款人气上网本变动较小，两款产品新上榜单。不同价位阶段人气保持稳定，Intel Atom N450 处理器产品继续升温。三星和宏基在 12 月的排名保持稳定，并且关注比例较 11 月均有上升，宏基的涨幅较为明显为 1.2%。此外惠普的关注比例超过神舟和索尼，其余品牌的关注比例则保持相对稳定。12 月最受用户关注的十款上网本产品中，联想 IdeaPad 产品占据了四席，华硕 EeePC

有两款产品上榜，三星、宏基、惠普和索尼各有一款产品登上榜单。

（中国经济信息网）

液晶显示产业

【市领导视察京东方 8 代线施工现场】 2010 年 3 月 24 日，市委书记刘淇、市长郭金龙、市人大主任杜德印等市领导到京东方 8 代线施工现场进行视察，详细了解了京东方 8 代线及北京数字电视产业园建设进展情况。市领导赵凤桐、李士祥、吉林及北京市经济和信息化委员会主任朱炎、副主任梁胜陪同考察。

（电子信息产业处）

【“数字电视产业园”项目开工】 2010 年 4 月 10 日，北京数码视讯科技股份有限公司“数字电视产业园”在顺义中关村临空国际高新技术产业基地开工建设。该项目计划总投资 15 亿元。市委常委赵凤桐、副市长苟仲文、市政府副秘书长戴卫和北京市经济和信息化委员会书记李平及有关委办局领导出席了开工仪式。

（电子信息产业处）

【京东方和天宇朗通公司调研】 2010 年 6 月 9 日，北京市经济和信息化委员会主任朱炎、副主任姜贵平到京东方八代线施工现场和天宇朗通公司调研，在京东方八代线施工现场详细查看了工地各施工区建设情况，询问了建设进度安排。朱炎强调，施工单位要加强工程组织管理和安全生产管理，尤其是在雨季来临之际，做好防汛各项准备工作。朱炎要求施工单位在保障安全和施工质量的前提下，加快工程建设进度，力争按计划早日竣工投产。随后，朱炎主任一行到通州光机电基地的天宇朗通公司进行调研，在听取了公司副总裁倪刚关于企业近年来在京发展情况介绍后，表示将大力支持天宇朗通公司在京发展。

（电子信息产业处）

【工信部率队到京东方考察】 2010 年 7 月 16 日，工信部总工程师朱宏任率工信部经济运行局一行三十余人参观京东方 5 代线生产车间和正在建设中的 8 代线工地，并与企业负责人进行座谈。北京市经济和信息化委员会副主任姜贵平陪同考察，介绍了北京市工业和信息服务业上半年运行情况、存在问题和下半年预计走势，并表示今后要加强与工信部沟通，更好地开展经济运行相关工作。

（电子信息产业处、经济运行处）

【住友 TFT-LCD 用偏光板生产线动工兴建】 2010 年 7 月 21 日，日本住友化学公司北京 TFT-LCD 用偏光板生产线奠基仪式在北京经济技术开发区数字电视产业园隆重举行。副市长苟仲文、北京市经济和信息化委员会主任朱炎、副主任梁胜出席仪式。该项目占地面积 65 亩，总建筑面积约 4 万平米，项目投资为 6300 万美元，主要为京东方 8.5 代 TFT-LCD 生产线提供产品本地配套。

（电子信息产业处）

【首条 TFT-LCD8.5 代生产线封顶】 2010 年 7 月 31 日，中国首条 TFT-LCD8.5 代生产线封顶。京东方 8.5 代线设计产能每月 9 万片玻璃基板，基板尺寸 2200mm×2500mm。京东方 8.5 代线项目建筑面积约 71 万平米，包括阵列工厂、成盒工厂及彩膜工厂、模块工厂以及综合动力站等配套设施。

（北京市经济和信息化委员会）

【京东方 8 代线及数字电视产业园项目建设展开】 2010 年年内，按照建设世界一流的专业数字电视产业园区的要求，京东方从全球范围内优选产业链各环节领军企业共谋发展，引进冠捷、康宁、住友、林德气体、粤海物流、天安数码等为代表的业内领军企业入驻园区。已入区企业共计 24 家，其中上游配套企业为 16 家，下游配套企业为 3 家，装备配套企业 3 家，园区配套 2 家。已有 10 个配套项目开工建设，8 个项目正在进行开工前准备工作。

（北京市经济和信息化委员会）

集成电路产业

【瑞萨半导体(北京)有限公司新厂竣工】 2010 年 1 月 19 日，瑞萨半导体（北京）有限公司新厂竣工仪式在上地科技园区举行。瑞萨半导体（北京）有限公司是日本瑞萨科技株式会社在京成立的日资企业，是北京市最大的集成电路后工序生产厂商，主要从事微处理单元（MCU）的封装测试。

（电子信息产业处）

【京芯半导体与 ARM 公司结成战略合作伙伴】 2010 年 4 月 16 日，京芯世纪（北京）半导体科技有限公司（CapiSemi）与安谋咨询（上海）有限公司（ARM）正式宣布双方结成战略合作伙伴关系。双方战略合作是北京市政府关于打造北京手机产业链和移动硅谷产业化基地的战略构成的一个部分。

（电子信息产业处）

【市政府领导关注微电子产业发展】 2010 年 4 月 26 日，市委常委、常务副市长吉林会见了华润集团董事长宋林一行，双方就华润集团在京发展微电子产业进行了商谈。宋林董事长介绍了华润集团未来几年在京发展微电子产业的规划。吉林表示，北京市政府将大力支持华润集团在京建设与发展。北京市经济和信息化委员会主任朱炎及有关委办局领导参加了会见。

（电子信息产业处）

【EV-Globe 三维空间平台助力“嫦娥二号”成功探月】 2010 年 10 月 1 日，嫦娥二号卫星成功发射。在卫星的整个发射过程中，从火箭的点火启动阶段到卫星的太阳帆板展开，均应用了北京国遥新天地信息技术有限公司的基于 EV-Globe 大型三维空间信息平台的三维可视化测控指挥系统。EV-Globe 具备对包括天空、太空、地表、地下、水下在内的全空间三维可视化能力，以数字地球方式对地球空间系统内的自然生物、人工设施、天气现象、人类活动进行一体化显示，是国内首个具备海、陆、空、天信息一体化的大型三维空间信息平台。该系统实现了在多目标、多任务的情况下，对航天器和运载工具运行状态、运行环境进行虚拟现实表现，通过动态信息的传输转化，实时监控和模拟“嫦娥二号”卫星在太空中的飞行姿态，为“嫦娥二号”卫星的指挥监控提供了精确的依据。[1]

（张红）

【联想扬天 S 系列一体台式机推出】 2010 年 10 月 12 日，联想扬天主办的“‘以简驭繁，轻装智赢’——2010 年联想扬天新品发布会”在南昌举行。会上，推出了联想扬天 S 系列一体台式机——S750 系列和 S700 系列。该产品将超薄 LED 液晶屏幕、多点触摸、人性化设计融入产品中，并能在远端实现对终端 IT 系统灵活、高效的管理和维护；在应用上整合了扬天

1《中关村国家自主创新示范区年鉴》。

"云豆"云服务平台。扬天"云豆"云服务平台是扬天整合业界优质的服务供应商，为中小企业用户提供的线上服务平台，其服务内容包括在线顾问、在线服务、在线培训、我的助理等。[1]

（杜菲）

【金山毒霸 2011SP3 发布】 2010 年 10 月 14 日，北京金山软件有限公司发布其第三个重大改进版本金山毒霸 2011SP3。该引擎第一次在杀毒软件中加入了系统修复引擎，能够帮助用户恢复被病毒木马破坏的系统文件和部分应用程序。金山毒霸 2011SP3 版同时启用了可信云查杀引擎与本地蓝芯 II 引擎，成为全球首款三引擎的杀毒软件。其中，蓝芯 II 引擎负责本地高效查杀，可信云查杀引擎负责与云端对接识别未知文件，系统修复引擎负责修复中毒后造成的系统破坏。[2]

（王锦）

【移动硅谷产业园项目开工建设】 2010 年 12 月 27 日，京芯产业园和中电华通宽带物联网产业园举行奠基仪式，移动硅谷产业园项目开始开工建设。园区招商工作有序进行，先后赴深圳、上海、福建等地考察企业，开展主动招商。园区内京芯产业园、中电华通物联网产业园和天宇朗通手机生产线三个项目均已正式签约，落实项目用地，完成规划对接，具备了建设开工条件。

（电子信息产业处）

【中芯国际北京扩产】 2010 年年内，中芯国际北京扩产项目分步实施。在原厂房内的增资扩产项目，总投资 17.5 亿美元，将产能提升至 4.5 万片/月。已完成 16 亿元人民币的投资，产能提升至 2.3 万片/月；投资 70 亿美元建立新工厂，实现新增 12 英寸晶圆产能 7 万片/月，技术水平达到 32/28 纳米。

（电子信息产业处）

移动通信产业

【星网工业园调研】 2010 年 3 月 3 日，北京市经济和信息化委员会主任朱炎、副主任姜贵平等委领导到北京市星网工业园开展工作调研，听取星网工业园负责人关于园区龙头企业诺基亚通信公司及北京生产经营状况慰问汇报，并就移动通信产业新业务、诺基亚下一步在京发展计划进行了沟通。

（电子信息产业处）

【3G 应用推进座谈会召开】 2010 年 5 月 10 日，北京市经济和信息化委员会主任朱炎组织召开中国三大电信运营商北京分公司 3G 应用推进座谈会。会上，各运营商分别介绍了 3G 移动通信网络在北京市的建设情况及发展思路，并围绕将北京建成国内最好的 3G 城市进行了座谈。朱炎指出，加大 3G 建设和应用极其重要，是国家的战略部署；将北京建设成为国内最好的信息化城市和 3G 应用最好的城市是北京信息化基础设施提升计划的重要目标，需要运营企业的齐心协力。他要求，政府要加大协调力度，推进 3G 网络建设，要特别加快地铁、重点建筑物及 CBD、金融街等重点地区的网络覆盖；加大 3G 应用的推进力度。政府要制定专门的 3G 应用专项计划，重点支持一批支撑城市运行管理、关系人民生活的重点应用，要搭建 3G 应用推进平台，举办 3G 应用论坛，

1《中关村国家自主创新示范区年鉴》。

2《中关村国家自主创新示范区年鉴》。

促进 3G 广泛应用，带动 3G 产业发展。北京市经济和信息化委员会副主任白新出席了会议。

（信息化基础设施提升办公室）

【“北京云计算国际高层论坛”举办】 2010 年 5 月 12 日，宽带资本主办的“北京云计算国际高层论坛”在北京饭店举行。杨致远、田溯宁、林百里等著名华人 IT 领军人才和近百名来自世界各地的华人知名企业家出席。论坛主题为“北京——世界性云计算中心”。论坛就云计算技术走势、产业演进和北京市的战略谋划等问题进行了交流。会上，与会企业家发布了“云计算北京共识”，称云计算是新一代信息技术变革的核心，云计算将改变 CPU、存储、服务器、终端、操作系统及应用软件的整条信息产业链，并创造一个数万亿美元的新型产业；这场革命性变革，使全球技术公司又重新站在一个新的起跑线上。北京是中国 IT 创新活力最强的城市，云计算产业链条上的各个环节都有良好的发展基础。只要北京抓住机遇，发挥独特的通信网络设施与人才的优势，具备成为中国乃至全球云计算中心的条件；北京应发挥优势，高瞻远瞩地构建完整云计算产业链。市委书记刘淇、市长郭金龙等市领导接见了出席论坛的企业家代表。[1]

（谢薇）

【百度推出盲人手机平台】 2010 年 10 月 14 日，在国际盲人日来临之际，百度公司通过其开放平台发布国内首款盲人手机平台——保益悦听掌上盲道，用户通过搜索“盲人输入法”、“掌上盲道”等相关关键词体验一站式服务，并可以“听”新闻。保益悦听掌上盲道由保益互动董事长、盲人 CEO 曹军研发，是国内首款无障碍手机平台产品。当该产品成功安装到手机上后，手机将自动转换为一款适合盲人使用的手机，所有的屏幕都具备语音朗读的功能。通过内嵌其中的百度输入法、百度盲道手机版，保益悦听产品可以帮助盲人及低视力者便捷地利用手机拨打电话、发送短信，通过手机上网。保益悦听掌上盲道在按键设置、文字输入、提示音、语速等细节方面充分照顾了盲人的使用习惯。[2]

（王锦）

软件和信息服务业

【概述】 2010 年年内，北京市软件和信息服务业发展能力获得较大提升，总量规模快速扩大，新兴化、高端化、国际化转型有重大突破。以云计算、物联网等代表的新兴业态收入增速超过 50%，正在形成新的产业增长点；出现了一批从业人员愈万、营业收入超 50 亿元的高端龙头企业，上市公司市值达到 8000 亿元人民币；IT 离岸外包业务收入增长超过 30%，欧美成为北京市软件外包出口的主要市场。软件和信息服务业对全市经济增长贡献率超过 12%，支柱产业地位进一步强化。

2010 年年内，北京市软件和信息服务业继续保持快速发展的趋势，实现营业收入约 2930

1《中关村国家自主创新示范区年鉴》。
2《中关村国家自主创新示范区年鉴》。

亿元，同比增长约 22%，实现增加值 1242.2 亿元，同比增长 16.5%。占全市 GDP 的比重为 9.0%，固定资产投资 143.3 亿元，同比增长 2.4%。其中软件产业实现营业收入 2425 亿元，同比增长 25%，在全市经济中的支柱地位进一步加强。年内，北京软件和信息服务业增加值达到 1242.2 亿元，比 2009 年增长了 16.5%，占地区 GDP 的比重达到 9.02%，在全市经济中的支柱地位进一步加强。

2010 年年内，北京市的软件和信息服务企业中，3 家外包企业入围全球外包百强，5 家企业人员规模过万，24 家企业登陆资本市场，30 家入选中国软件企业前百家收入排名，55 家入选 2010 年度国家规划布局内重点软件企业，新认定软件企业 803 家。

全市软件和信息服务业的集中度进一步提高，一批重点企业在全国、全球的市场地位明显增强。年内，年收入 10 亿元以上的软件和信息服务企业超过 40 家，占全行业业务总收入超过 40%，年收入 1 亿元以上的软件和信息服务企业超过 440 家，占全行业业务总收入为 74%，所占比例比 2009 年提高 1.1 个百分点。北京市软件和信息服务业已形成了涵盖信息传输、基础软件、应用软件、IT 服务、信息服务、嵌入式软件、IC 设计等完整的产业链。

全市新登记的软件产品数量持续增加。年内，北京市新认定企业数量和经登记的软件产品数量不断增多。新认定软件企业 803 家，同比增长 8.1%，新登记软件产品 2536 件，同比增长 5.7%。北京软件登记量为 24905 件，同比增长 12.9%，占登记总量的 30.4%，连续 5 年位居全国第一，其中游戏软件增长较为明显，以 896 件的登记量排名第一。北京市获得各级系统集成资质的企业达到 690 家，占全国总数的 18%，获得高级项目经理资质的人数达到 2139 人，占全国总数的 24%。55 家企业获得 2010 年国家规划布局内重点软件企业。北京市软件和信息服务业从业人员达到 41.6 万人，同比增长 10.1%，比上年末吸纳就业新增 3.8 万人。

产业集聚效应明显，世界一流园区建设初见成效。中关村国家自主创新示范区的软件和信息服务收入占全市的 80%，呈现出在中关村科技园区高度聚集的布局态势，并形成了一批有特色的专业基地。中关村软件园及上地信息产业基地聚集了企业 200 余家，聚集一批行业领军企业，上市企业市值超过 2000 亿元，聚集 8 个国家的 35 家国际知名软件研发、交付中心，是全市重要的研发中心、孵化中心，培育了一批国内领先、国际知名的企业。跨国公司在北京设立的研发中心超过 100 家，加上中国本土一流的软件科研机构，北京市已经成为世界上水平较高的软件研发基地。

2010 年年内，全市软件和信息服务业上市企业数量达到 24 家，同比增长 200%；融资金额达到 32.86 亿美元，同比增长 319%。企业并购活动持续活跃，全市软件和信息服务企业并购金额超过 30 亿元。亚信和南京联创合并为亚信联创，成为中国最大、全球收入和市值均第二大的电信 BSS/OSS 提供商，用友软件以 4.9 亿元人民币收购了国内汽车行业解决方案商英孚思为公司，创国内管理软件行业并购金额记录。

【2010 年北京市第一次软件和信息服务业发展协调会召开】 2010 年 3 月 4 日，北京市经济和信息化委员会主任朱炎主持召开 2010 年第一次软件和信息服务业发展协调会，副市长苟仲文出席并做重要讲话。副主任阎冠和介绍了北京市市软件和信息服务业发展情况和 2010 年重点工作任务。通过此次会议，北京市加快软件和信息服务业发展的统筹协调机制正式建

立，今后北京市软件产业发展的重大问题、重大项目和重要政策都将通过该机制进行协调和决策。会议明确了各成员单位在促进软件和信息服务业发展方面的任务分工，确定了全年产业发展目标和10项重点工作。副市长苟仲文在讲话中指出，软件和信息服务业是北京建设世界城市的标志性产业，产业发展要提升到世界先进水平；各相关单位要提高认识，相互支持，统筹资源，全面完成市委、市政府确定的任务和战略目标，不断提高软件和信息服务业在首都经济和社会发展中的地位和作用。

（软件与信息服务业处）

【工信部软件司对北京软件和信息服务业调研】 2010年3月11日，工信部软件服务业司司长陈伟率队调研北京市软件和信息服务业发展情况，北京市经济和信息化委员会副主任阎冠和汇报了北京市软件和信息服务业发展情况、发展思路和2010年重点工作安排。陈伟司长指出，北京是我国软件的重镇和重要基地，对全国软件服务业有标志性作用,思想意识要先行，眼光要放长远。他希望北京市认真做好“十二五”规划的研究和编制，在“软件名城”试点中体现出优势和特色，加快推进软件企业技术改造，加大力度推进企业间大并购和重组，在云计算等新兴产业的发展上率先布局。

（软件与信息服务业处）

软件业

【软件企业座谈会召开】 2010年1月19日，北京市经济和信息化委员会主任朱炎与华胜天成、用友软件、汉王科技等8家软件企业负责人就如何做大企业进行了座谈。参会企业负责人分别介绍了企业发展思路、战略以及目前遇到的问题等情况，并提出了建议。朱炎表示，北京市的发展环境全国最好，企业家们要坚定在北京发展的信心；政府对软件企业实行了一系列优惠政策，希望企业发挥优势，进一步做大做强。

（软件与信息服务业处）

【《北京市促进软件和信息服务业发展的指导意见》印发】 2010年3月10日，北京市人民政府了（京政发〔2010〕4号），提出下一阶段的中心任务是全面提升软件和信息服务业发展能力，这是北京市近十年来出台的支持软件和信息服务业力度最大、覆盖面最全的政策文件，首次明确提出软件和信息服务业是北京市重大战略性支柱产业，提出北京市打造为“全球有重要影响力的软件和信息服务业中心城市之一”目标。下一阶段的中心任务是全面提升软件和信息服务业发展能力，标志着北京市软件和信息服务业进入了提升能力、高端发展的新阶段。

（潘登）

【军用电子开发与验证支撑平台技术暨军用软件工程化研讨会举行】 2010年3月25日，“军用电子开发验证支撑平台技术暨军用软件工程化研讨会”举行，从事系统开发、半实物仿真与测试、产品质量控制的工程师、项目负责人以及项目总师等近百人前来出席会议。本次会议旨在交流先进的技术理念，促进国内软件工程、系统研制及质量保证技术的发展，为国防军工领域提供领先的技术、产品和服务。由旋极自主研发的IceBlade故障注入系统与FireBlade仿真测试系统受到与会人员的关注。IceBlade故障注入系统与FireBlade仿真测试系统，均为针对军用安全关键系统进行目标设计和仿真验证的技术平台。

（杨彩云）

【第七届中国国防电子展旋极产品亮相】 2010年5月12日至14日，以“推进两化融合，走新型工业化道路”为主题的第七届中国国际国防电子展览会在北京召开。旋极公司携故障注入系统等10余款产品参展,参展产品涉及软件测试、总线测试、系统仿真、定制开发及军用通讯等国防技术多个领域。10余款参展产品共可分为五类。旋极专为军用综合电子测试自主研发的故障注入系统最受关注，这是一套对通讯链路进行故障注入并对目标系统进行检测的系统级综合测试设备，可独立运行于目标系统之外。此技术填补了国内空白。

（杨彩云）

【大兴区软件产业发展情况调研】 2010年6月12日,北京市经济和信息化委员会副主任阎冠和到大兴区调研软件产业发展情况，考察了华美迅达科技（北京）有限公司。华美迅达科技（北京）有限公司是大兴区最大的软件企业,主要以互联网和数字信息产业为主。阎冠和强调，市区两级政府将大力支持企业发展，希望企业加大创新力度，做大做强企业。

（软件与信息服务业处）

【用友软件进军汽车软件领域】 2010年6月18日，用友软件及其全资子公司江西用友共以4.91亿人民币收购了国内汽车行业解决方案商上海英孚思为信息科技股份有限公司全部股权。用友软件进军汽车软件领域，创国内管理软件行业并购金额记录。用友软件公司发版了面向大中型汽车维修企业的维修车间透明管理软件V1.0，面向汽车经销商集团的金字塔分销管理软件V5.0、金字塔业务组建平台软件V5.5等产品，为进一步开拓汽车全行业管理软件市场打下了基础。

（潘登）

【“2010 NEC创新解决方案展”举办】 2010年7月9日，NEC集团在北京国家会议中心举办了“2010 NEC创新解决方案展”。目前为止已经成功举办两届。今年展会的主题是“传承‘C&C’底蕴，引领‘云计算’新时代”。在此次展会中，NEC展出了支持云计算的服务与平台、环保节能、信息化提升竞争力、以及面向公共领域的安心安全解决方案等部分。北京市经济和信息化委员会副主任阎冠和代表北京市经济和信息化委员会出席了本次展会并致词。

（潘登）

【亚信联创控股有限公司成立】 2010年7月，亚信科技完成与联创的合并，成立亚信联创控股有限公司,并购交易总金额约为7.33亿美元。合并后的亚信联创员工超过8000人,其中专注于电信软件研发、系统实施、现场服务的技术人员超过7100人。通过合并，亚信联创公司将集两家公司解决方案和服务于一身,能为电信运营商提供从咨询规划、系统建设及运营一体的端到端、更全面的服务，不仅成为国内颇具实力的电信业服务企业,更成为具有全球竞争力的通信软件和服务龙头企业，进入国际竞争市场。

（潘登）

【旋极鹰眼技术助推亚运击剑赛事】 2010年年内，北京旋极信息技术股份有限公司作为国内首家成功研发击剑鹰眼设备的企业，以“击剑鹰眼裁判系统”支持了国内举行的众多大型击剑赛事。本届亚运会击剑赛场，同样使用了旋极“击剑鹰眼裁判系统”。鹰眼系统从数据采集到结果演示，所耗时间不超过10秒钟，解决了实时性的问题。旋极成为国内首家成功研发击剑鹰眼设备的企业。鹰眼系统为推行国际剑联新规定提供了技术保障，促进了击剑事业的发展，也为中国自主研发的产品赢得了国际声誉。

（旋极公司）

【北京市与印度软件产业签订合作备忘录】

2010年年内，北京市软件服务外包协会与印度软件协会签订了加深合作的备忘录。副市长苟仲文、北京市经济和信息化委员会主任朱炎和市投资促进局书记郭松参加了备忘录签订仪式。根据双方签订的备忘录，北京市有关方面将与印度 NASSCOM 每年举办中印软件企业高峰论坛，双方定期交换各自产业发展的资讯，进一步加强协会和企业间的相互了解和交流。

（软件与信息服务业处）

【用友审计软件发版】 2010年年内，北京用友审计软件有限公司推进项目研发和产品发版，加强实施体系建设，提升项目交付能力，落实客户经营，加强市场推广和商机挖掘，在企业内审、质检、公安、卫生等多个行业树立了应用标杆。发版用友审计作业系统（行政事业版）-A5.7、用友审计作业系统（企业版）-A5.7、用友审计作业系统（事务所版）-A5.7等产品。用友审计作业系统入选《中央国家机关 2010年信息类产品政府集中采购协议供货项目》。

（北京用友）

【用友BQ商业智能产品发布】 2010年年内，北京用友华表软件技术有限公司发布了用友BQ商业智能产品，全面进军BI领域。公司发版了用友BQ商业智能平台、用友BQ商业智能企业驾驶舱 Demo 版、用友BQ商业报表平台等产品，多角度支持企业决策，实现“触”手可及，最大化地实现人机交互应用。

（北京用友）

互联网信息服务业

【暴风影音2012在线高清版发布】 2010年1月12日，北京暴风网际科技有限公司发布“暴风影音2012在线高清版”。“暴风影音2012”是互联网上首个真高清在线视频点播服务平台。“暴风影音2012”运用了全球领先的SHD视频专利技术，实现了高清视频的网络传输码率与视频最佳画质的平衡，可以支持在最低1Mbps 网络带宽下流畅播放 720P 高清电影。“暴风影音2012”分别在4月16日、6月30日和9月30日完成三次升级，标志着以影视库及媒资运营为绝对核心的新战略开始全面推开。

（孙笑然）

【中国版权协会互联网版权工作委员会成立】 2010年1月20日，中国版权协会互联网版权工作委员会成立，优酷成为首批加入的企业代表之一，并与百余家企业共同签署《中国互联网行业版权自律宣言》，以此规范网络使用传播作品的良好秩序，倡导互联网企业自律经营。

（优酷）

【视频行业首次倡导广告投放数据透明化】 2010年3月17日，中国第一视频网站——优酷，国际权威调研机构尼尔森的中国合资公司——CR- Nielsen，联合对外宣布，针对优酷视频贴片广告全面推行第三方监测。这是视频行业首次倡导广告投放数据透明化的一大举措。

（优酷）

【“地球一小时”视频主题活动】 2010年3月27日，由公益组织 WWF 发起的“地球一小时”活动将在全球开展，作为此次活动的合作伙伴，优酷与 WWF 联手号召千万网民行动起来，加入环保者的行列。为配合此次“地球一小时”公益行动，优酷生活频道推出“地球一小时”视频主题活动（http：//life.youku.com/wwf），通过优酷播放页面熄灯的方式，响应此次活动，通过视频呼吁更多网友响应“紧急行动，应对气候变化”的倡议。

（优酷）

【“第二届网络影视发展 CEO 联席会”召开】 2010 年 3 月 29 日，优酷参加了中国互联网协会网络版权工作委员会与中国广播电视协会电视制片委员会联合召开的“第二届网络影视发展 CEO 联席会”，携手推动《互联网影视版权合作及保护规则》的制定和出台。

（优酷）

【互联网违法和不良信息举报中心成立】 2010 年 3 月，“北京市互联网违法和不良信息举报中心”正式成立，主要职责是负责收集、处置、反馈网民举报的各类违法与不良信息，接受公众举报，维护公众利益，净化网络环境。举报中心的成立，丰富了广大公众参与维护互联网秩序的途径，成为了北京市互联网管理体系的重要组成部分，也成为北京市网络文化建设的重要力量。

（北京市经济和信息化委员会）

【2010 年全球 IPv6 下一代互联网高峰会议召开】 2010 年 4 月 7—8 日，由全球 IPv6 论坛和北京天地互连信息技术有限公司主办、中国互联网协会和中关村下一代互联网产业联盟协办的“2010 年全球 IPv6 下一代互联网高峰会议”在北京亮马河饭店召开。本届会议主题是“2010：IPv6 中国商用元年”。国家发展改革委、工信部、中国工程院、中关村管委会等有关领导，全球 IPv6 论坛主席 Latif Ladid 等互联网领域的专家、运营商、重要人士和业界企业代表负责人 600 余人出席。会议围绕以 IPv6 为核心的下一代互联网技术发展、部署、投资和应用等展开讨论，探讨了运营模式、技术路线、发展计划、下一步产品路标、采购需求、其他业务需求以及投资界的支持等问题，探索了向下一代互联网演进的最佳商用模式。会上，举办“物联网与 IPv6”等主题研讨会；中关村物联网产业联盟发布了中关村物联网产业发展白皮书，系统介绍了国内外物联网产业的政策环境、产业发展等情况。其间，还举行了“2010 年 IPv6 先锋奖”颁奖仪式，神州数码网络有限公司等 5 家企业获奖。[1]

（刘磊）

【联想移动互联网战略启动】 2010 年 4 月 19 日，联想集团举办的“乐自由我——联想移动互联战略暨新品发布会”在北京国家会议中心举行。国家发展改革委、工信部、科技部等部门有关领导及联想集团董事局主席柳传志、联想集团 CEO 杨元庆等出席，新浪、搜狐、百度等百余家国内提供商、应用开发商的高层代表参加。会上，联想集团宣布在中国正式启动移动互联战略，并推出智能本 Skylight、智能手机乐 Phone 和双模笔记本电脑 Ideapad U160 等移动互联网终端产品。这些产品体现了“以人为中心”的核心理念，并具有便捷时尚、时时在线和本地化的、端到端的互联网应用三大特点。其中，乐 Phone 不仅是一部智能手机，更是为用户带来移动互联网体验的新一代个人计算设备；Skylight 是全球首款基于 ARM 架构的智能本，曾荣获 2 项 CES 大奖。[2]

（杜菲）

【全市促进软件和信息服务业发展大会召开】 2010 年 4 月 22 日，全市促进软件和信息服务业发展大会召开，北京市副市长苟仲文、工信部软件服务业司司长陈伟出席会议。近 200 家软件和信息服务企业的负责人参加会议。会上，“四个一批”工程正式启动，该工程以“打造一

1《中关村国家自主创新示范区年鉴》。

2《中关村国家自主创新示范区年鉴》。

批大集团、聚集一批大总部、做强一批高端企业、培育一批高成长企业”为核心，首批有 178 家企业参加。

（潘登）

【《互联网影视版权合作及保护规则》出台】 2010 年 4 月 26 日，第十个世界知识产权日，中国互联网协会网络版权工作委员会与中国电影著作权协会、中国广播电视协会电视制片委员会联合签订了《互联网影视版权合作及保护规则》，优酷、新浪、腾讯等 18 家互联网企业与 21 家电视制片方及华谊兄弟、天津电影制片厂等多家影视制作单位在《规则》上签字，18 家网站加入 CCTV12 绿书签行动承诺拒绝盗版。

（优酷）

【高考考生网上志愿填报工作】 2010 年 5 月 18 日—8 月 10 日，北京联通完成了 BBN 网站与北京教育考试院合作的 2010 年高考考生网上志愿填报工作，这是北京联通第四次完成此项工作，共支撑了 10 次志愿填报活动，为北京市 3 万余名考生提供了报考志愿征集应用服务，网站总浏览量为 1000 多万次。

（崔艳艳）

【工艺美术大师官方网站开通】 2010 年 6 月 10 日，由北京工艺美术行业协会和北京工美集团共同组织的北京工艺美术大师官方网站正式开通。该网站是北京地区最具权威性的工艺美术大师数据库专业网站，汇集了近年来北京工艺美术行业国家级、北京市级近 200 名工艺美术大师和民间工艺大师以及他们创作的千余件精品。

（都市产业处）

【优酷视频主题季活动推出】 2010 年 7 月 27 日，优酷推出视频领域第一个主题季活动——优酷恋爱季，“网台互动”合作战略首次亮相，受到业内高度关注。此次平台推介会上，网台互动作为优酷 2010 年最为核心的合作战略。

（优酷）

【“国研网搜”的开发使用加强】 2010 年 8 月，由国研网公司开发团队结合搜索系统发展趋势和用户需求，自主研发的综合性文章检索平台“国研网搜”（http：//search.drcnet.com.cn/）正式投入使用。该系统采用基于正向分词算法的多元分词中文分词系统，能够对用户的输入进行语意分析，实现多元分词、新增新词、设置词频、中文姓名识别、未登录词识别等功能，分词的准确率达 96%以上；提供单库检索和跨库检索、以及一般检索和高级检索功能；添加了特殊词库，能够适应不同行业领域里用户的需要；具有用户检索词自动提示、拼音检索词自动提示、关键词检索结果、邮件订阅等功能；还能够根据系统运行中积累的数据，自动优化检索结果，具有扩展性、数据通用性。

（国研信息科技公司）

【“国研网行业季度分析报告”系统平台完善】 2010 年 8 月，“国研网行业季度分析报告”系统平台进一步完善，推出了涵盖房地产、汽车、石油、通信、钢铁、电力、交通运输、通信设备制造、医药、食品在内的诸多国民经济发展的热点、重点行业季度报告。各行业季度报告主要从产业发展环境分析、行业运行状况分析、行业发展趋势预测三个角度监测和解读行业发展走势，对行业未来中短期发展趋势和政策趋势进行分析预测。

（国研信息科技公司）

新技术应用

【概述】 北京市经济和信息化委员会、市发改委、中关村管委会联合发布了《北京“祥云工程”行动计划》，在全国率先提出了云计算产业的发展战略和政策。全球首个云计算产业基地落成，中关村云计算产业联盟成立，初步形成围绕产业链集聚发展的态势，北京市获批成为全国云计算创新服务示范城市之一。百度云平台、神州数码金融云、世纪互联云快线、北京工业云等十多项云计算重点项目陆续启动。“北京云计算国际高层论坛”、“京台云计算高峰论坛”成功举办，搭建了北京云计算产业对接国际平台，受到了全球 IT 业界的广泛关注。

2010 年年内，在“祥云工程”的组织下，北京市约有 70 多家企业投身到云计算产业中，北京市云计算产业营业收入约 81.2 亿元，同比增长 70.2%。在云计算—SAAS 领域，以华胜天成和用友软件为代表，北京市软件企业已经开展了大量的技术准备和产品服务架构的建设，SAAS 收入约为 70 亿元。全市市物联网产业中软件和信息服务企业实现营业收入约 93.8 亿元，同比增长 7.3%。北京市软件和信息服务企业及市政府各有关部门高度重视云计算、物联网等新兴技术带来的产业发展机遇，及早布局，整合资源，快速推进，积极抢占产业发展新的制高点。

以“感知北京”物联网示范工程为依托，物联网骨干企业群体快速成长。时代凌宇的视频监控解决方案、长城金点的有毒气体监控解决方案、东土科技的工业以太网等一批物联网应用实现了产业化，有力支撑了北京市应急管理物联网平台、北京市物联数据专网等重大工程的建设。政府各部门积极推进中关村物联网工程技术中心、物联网技术转移中心等产学研联合创新平台的建设。

【3 个项目获首届信息技术应用大奖】 2010 年 11 月 24 日，中国计算机用户协会主办的“首届‘信息技术应用大奖’表彰会”在北京万寿路宾馆召开。来自中国计算机用户协会、中国工程院、工信部、各部委信息中心及其他公司的领导、院士及业界同人 150 余人出席。会上，由铁道部信息技术中心完成的“铁路货运大客户管理信息系统”、由中国民航信息网络股份有限公司完成的“中国民航电子客票系统”、由北京理工大学软件学院完成的“数字表演仿真技术研究与应用”3 个项目获信息技术应用大奖。（“信息技术应用大奖”由中国计算机用户协会设立，旨在鼓励和支持在电子信息技术应用中获得重大社会效益和经济效益的项目及开发单位。）[1]

（龙琦）

物联网

【“首都城市应急管理物联网示范应用项目”建设座谈会召开】 2010 年 2 月 21 日，市政府副秘书长戴卫主持召开“首都城市应急管理物联网示范应用项目”建设座谈会，中科院院士

1《中关村国家自主创新示范区年鉴》。

邓中翰介绍了“关于建设‘首都城市应急管理物联网示范工程’的设想”。市政府副秘书长戴卫强调，北京发展物联网是北京建设世界城市的重要组成部分，应该走在全国前列；要建立工作机构和协调机制，成立总体组、专项工作组，并加快落实；市委、市府督察室要履行好职责，每个节点都要有报告。市发改委、市科委等 18 个部门参加了会议。

（电子政务与信息资源处）

【首届中国物联网产业化暨技术应用高峰论坛召开】 2010 年 5 月 26 日，由国脉物联网技术研究中心主办的首届（2010）中国物联网产业化暨技术应用高峰论坛在北京梅地亚中心召开。工信部、无锡市信息化与无线电管理局、国家林业局有关领导及中关村物联网产业联盟、物联网厂商代表 100 余人出席。本次论坛以“加快物联网产业化，把握经济发展制高点”为主题。会议探讨了物联网产业经济与政策，对物联网的发展现状和问题进行了分析，对物联网未来的发展进行了思考。会上，宣布“中国物联网”（www.wlw.gov.cn）正式开通。[1]

（刘磊）

【市物联网产业发展情况调研】 2010 年 6 月 13 日，市政协主席阳安江率 20 余名科技委员调研市物联网产业发展情况。阳安江视察了长城金点、时代凌宇两家中关村物联网产业企业单位，听取了北京市经济和信息化委员会主任朱炎关于北京市物联网发展情况的汇报。阳安江指出，物联网产业是典型的战略性新型产业，北京市要走在全国的前列；要重点加强在应急、减灾防灾、安全生产、城市交通等领域的应用；要统一认识，加强整体设计与策划，突出重点，稳步推进。

（科技标准处）

【2010 中国物联网大会召开】 2010 年 6 月 29 日，由中国电子学会主办的“2010 中国物联网大会”在北京京都信苑宾馆召开。工信部、中国电子学会、中国工程院等单位有关领导、国内物联网领域专家及行业企业物联网负责人 1200 余人参加。会议的主要内容是研究物联网的实质内涵及发展趋势，探讨物联网对产业、教育和社会发展的影响，交流国内外物联网的最新研究成果，分享物联网的应用实践经验。会议分析国内物联网各相关技术领域的技术前景与现状，探讨国内物联网的商业模式与前景，探讨国内高校物联网课程建设与人才培养模式。[2]

（刘磊）

【“北京传感器及传感网络产业技术路线图”研究开展】 2010 年 6 月，北京市科学技术委员会支持开展了“北京传感器及传感网络产业技术路线图”研究。该研究面向北京市物联网应用，围绕传感器及传感网产业发展的未来市场需求、重点产品、技术路线和资源支撑提出了产业及技术发展的路线图，为北京市物联网产业发展提供了决策参考。

（刘丹）

【北京物联网关键应用技术工程研究中心成立】 2010 年 7 月 9 日，北京物联网关键应用技术工程研究中心成立大会在京仪大酒店举行。市委常委赵凤桐、副市长苟仲文出席，并为北京物联网关键应用技术工程研究中心揭牌。北京物联网关键应用技术工程研究中心是在中关村物联网产业联盟的基础上，由京仪集团牵头，包括大唐电信、同方股份等多家实力企业以及北京邮电大学、中科院微电子所等科研机构，联合北京移动、北京联通、北京电信等运营商共 13 家单位共同组建。苟仲文发表讲话。他希望

1《中关村国家自主创新示范区年鉴》。

2《中关村国家自主创新示范区年鉴》。

工程中心能够发挥中关村物联网产业资源优势，探索产业链上下游协同创新的模式；积极参与国家科技重大项目，提升重大应用解决方案、关键技术研发和产业化能力；发挥北京高端市场应用的优势，做大做强北京物联网产业，打造中国物联网产业中心。[1]

（刘磊）

【中国首届物联网技术与安防应用发展论坛举行】 2010 年 11 月 3 日，中国安全防范产品协会、《中国安防》杂志社主办的“CSST——中国首届物联网技术与安防应用发展论坛”在北京亮马河大酒店举行。公安部相关领导、物联网及安防领域资深专家、优秀企业带头人出席。论坛由中关村物联网产业联盟秘书长张健宁主持。与会代表就我国物联网产业发展前景及其对安防行业的影响和物联网技术在安防产品中的应用进行了探讨。[2]

（刘磊）

【中关村物联网产业集群共同协作制作标准】 2010 年 12 月 2 日，北京市经济和信息化委员会、市质监局正式批复同意在市信标委下设物联网标准化工作组。中关村物联网产业联盟成员单位同方、京仪集团、中星微、时代凌宇、太极、首信科技股份等 6 家单位为物联网标准化工作组成员。

（刘丹）

【物联网新成果推出】 2010 年 12 月 28 日，北京中和威软件有限公司在北京日航新世纪酒店召开“中和威十年庆暨创新成果发布会”。会上，中和威公司推出 2 项物联网创新成果：基于云计算技术的智能家居解决方案——“智讯家”，基于车联网技术的 Telematics 解决方案——“车辆信息服务平台”。“智讯家”由云服务端和家庭消费端组成，云服务端通过 SIP 协议网关与电信的 3G 和未来的 4G-LTE 网络相连接，其核心是中和威研发的遵循 SAO 规范的可管理各种服务资源的云服务中间件平台；家庭消费端是基于闪联 IGRS 规范的数字家庭智能交互平台，可以连接电脑、电视等高速家庭设备，也可以连接烟感、温感、红外探测、空调、热水器、三表等低速家居设备。该产品还包含社区管理系统和楼宇管理中心，将门禁、电梯监控、社区监控和社区服务融合其中。“车辆信息服务平台”包含后端服务平台和前端车载设备系统两个部分，二者通过移动通信网络实现互联，后端的服务平台其核心是中和威研发的云服务中间件平台；前端车载设备系统是一个嵌入式信息系统，包括车载网关和车载电脑等车载设备。其主要功能是为驾驶人员提供信息支持服务，改善驾驶人员的驾驶环境，及时解决驾驶人员遇到的各种问题，主要包括应急响应、远程支持、导航服务、被盗跟踪、信息服务、通信服务、娱乐服务等功能。[3]

（杨彩云　杜菲）

【“感知北京”物联网示范工程建设】 2010 年年内，北京市出台了“感知北京”物联网示范工程建设指导意见，完成了全市应急和城市运行安全物联网应用总体方案，建成了物联网工程中心，推进有毒有害气体预警防控、数字市政、节能减排、校园安全综合防控等试点示范应用。

（北京市经济和信息化委员会）

【各委办局安全监管领域的物联网应用】 2010 年年内，北京市各委办局加强在安全监管领域的物联网应用。市环保局利用物联网技术已建成的环境质量自动监测系统、污染源自动监控

1《中关村国家自主创新示范区年鉴》。

2《中关村国家自主创新示范区年鉴》。

3《中关村国家自主创新示范区年鉴》。

系统和移动办公与环境应急系统，有效支撑环境监测、污染源监控和环境事件应急管理等环保中心业务工作。市公安局勤务指挥部建立的新型首都公安扁平化勤务指挥科技系统平台，运用先进的军用C4ISR指挥控制系统建设理念对数据进行时空统计分析，创新数字化警社情监控机制。市统计局联合国家统计局北京调查总队共同搭建的北京能源统计监测信息平台采用 J2EE 技术的架构，融合了数据仓库的理念和构建方法,采用统一的数据共享与交换服务，借助先进的 BI 工具 COGNOS 来开发和制作相应能源分析主题下的多维分析与信息展现，运用了地理信息系统（GIS）技术，使能源数据结合地理信息展现；并在市科委协助下，引进了第三方作为咨询监控单位的项目管理模式，加强了对项目建设过程中各环节的控制。

（北京市经济和信息化委员会）

【各运营商在物联网的应用加大】 2010 年年内，北京移动在安全、市政、能源环保、交通、农业、医疗、教育、旅游、手机、家庭 10 大物联领域大力推动信息化解决方案。北京电信以政务及执法监管、医疗卫生、交通物流等行业物联网应用为核心，已在九大类行业提供了 20 多项物联网融合行业应用，大力推动“服务民生”工程。支持协调中电华通公司加快无线物联网产业园建设。

（提升计划推进办公室）

【区县开展物联网应用】 2010 年年内，各区县加快物联网在“感知北京”工程、“服务北京”工程相关项目进展。东城区开展了“电梯卫士”物联网试点项目，并制订了《东城区电梯运行安全管理系统试点工作方案》,已完成全部电梯的施工任务，系统投入试运行阶段。通州区推进安全生产信息化视频监控系统建设。顺义区开发建设了照明信息系统和 RFID 电子井盖标识管理系统。顺义区安全生产监督管理局建立的安全生产综合监管动态管理系统建立了一套区政府统筹决策、安全生产委员会协调、安全生产监督管理局执行、行业部门和属地监管、企业广泛参与的新型安全综合监管模式，制定了生产经营单位事故隐患自查标准。丰台区利用物联网新技术启动能耗监控平台的建设，建设环境卫生监控管理指挥调度系统，在方庄地区选择 7 家餐饮企业开展煤气泄露安全防控物联网试点。大兴区建成能源监控系统、烟气污染源在线监测系统和城市照明管理系统等多套基于物联网技术的应用系统。按照“实用、规范、创新”的发展理念和“感智大兴，促进发展”的总体思路，构建“一个基地、两个体系、三个园区”的物联网发展框架，打造集体验、应用、服务、产业、展示五位一体的市级物联网综合先行先试示范区。怀柔区应用物联网技术监管绿色采风网产品整合与物流配送的各个环节。朝阳区推进有毒有害气体预警防控、数字市政、校园安全综合防控等多个典型物联网应用项目。石景山区开展北京市残疾人远程康复指导服务平台建设。顺义区物联网项目地井及管网运行管理协同工作信息系统建设。

（北京市经济和信息化委员会）

【农业领域物联网及 3G 等新技术应用】 2010 年年内，物联网、3G 技术等在北京市农业生产中得到推广应用：远程无线察看监管现场，自动化识别动物产品的各种属性和其他情况，实现进京动物及其产品的监管；实现对宠物定位及自动化识别其属性、检疫等信息的有效监管；实时监测环境数据或动物健康信息等，实现农业生态环境远程监测和畜禽圈舍环境和动物健康监测；实现农资物流及质量监管；对温度、湿度、二氧化碳量、温度等的信息实时采集，用无线网络传输，从业生产的用户实时接收到这些信息，解决设施农业自动化控制和农业生产的集中化管理、规模化运营成为现实；利用高清摄像机进行现场监控以改善视频监控效果。

（北京市经济和信息化委员会）

【政务物联网应用支撑平台方案提出】 2010年年内，北京市信息资源中心提出政务物联网应用支撑平台方案，开展物联网应用支撑工作。支撑北京市经济和信息化委员会开展物联网相关产业和应用研究工作，提出相关意见，支撑北京市经济和信息化委员会配合市应急办开展城市安全运行和应急物联网应用方案编制工作，提出1+1+N工作方案和技术架构，结合应用需求提出了北京市政务物联网应用支撑平台的技术架构和服务模式，并开展平台原型研究和搭建工作。

（北京市信息资源中心）

【物联网等新技术的应用推动】 2010年年内，北京市经济和信息化委员会完成了“关于推进“感知北京”示范工程加快物联网应用的意见”征求意见稿，研究确定了物联网推进年度目标；联合应急办制定北京市应急领域物联网应用思路框架；继续推进应用试点工作，组织申报提升基金；组织物联网视频试点座谈会和工作对接会，推进SVAC视频标准应用，梳理试点应用需求和审查技术方案；组织工业领域物联网应用座谈会，制定工业经济运行监测方案；加强政务领域物联网支撑体系研究，研究制定北京市物联网支撑平台技术框架，推进支撑体系建设。

（电子政务与信息资源处）

【物联网应用建设技术支撑团队组成】 2010年年内，北京中星微电子有限公司、清华同方股份公司、京仪集团、时代凌宇科技有限公司等多家单位共同组成北京市物联网应用建设技术支撑团队，积极推进城市安全运行和应急管理领域物联网技术应用，先期围绕城市运行体征监测、风险源管理、地铁安全运营监控等方面开展物联网重点示范工程建设（简称：1+1+8工程），逐步将物联网技术推广到城市安全运行和应急管理的各个方面；提高城市的动态监控、智能研判，以及突发事件现场感知和快速反应能力，逐步实现城市日常管理和应急管理的有机结合。

（刘丹）

云计算

【北京市计算中心调研】 2010年1月18日，北京市经济和信息化委员会主任朱炎和副主任阎冠和到北京市计算中心调研，中心领导介绍了公共云计算平台发展现状、“北京云”20万亿次公共计算平台运营情况和发展规划。朱炎强调，在规划“北京云”未来发展上，计算中心要深入了解工业领域市场需求，将探索符合云计算新业态特点的新型商业模式摆在重要位置，着力打造在几个重点行业开展云计算服务。

（软件与信息服务业处）

【EMC公司调研】 2010年2月22日，北京市经济和信息化委员会主任朱炎到EMC公司进行调研云计算情况，听取了EMC公司关于云计算概念、实践和案例等情况介绍。朱炎指出，面向个人、中小企业的云服务需求是广泛的，要推进和引导量大面广的应用；要高度关注安全，应用域与安全域要保持一致；要引导需求，培育市场，加强监管，利用协会作用规范市场；要认真研究云计算产业的政府监管和行业自律模式，创新管理思路，促进云计算产业加快发展。同时，朱炎要求在电子政务领域加强云计算的应用工作，研究建立虚拟数据中心。

（电子政务与信息资源处）

【中科院网络中心调研】 2010年3月5日，北京市经济和信息化委员会主任朱炎到中科院网络中心调研，听取了北京超级云计算中心方案和联想等公司参与情况汇报。朱炎指出，超级云计算建设要处理好长远需求与眼前需求的关系，抓住云计算产业的机遇，注重专业化的经营团队建设和商业模式创新，服务若干产业发展，走有特色可持续的发展之路。

（科技标准处）

【首个云计算应用网站平台推出】 2010年4月3日，北京鸿蒙网科技有限公司与河北省涿州市委宣传部联合主办的"鸿蒙国际网络产品新闻发布会"在北京钓鱼台大酒店举行。会上，正式推出国内首个多系统、多用户的云计算应用网站平台——鸿蒙国际网（http：//www worldhm com）。该网采用虚拟化技术，按照全国行政区划分和行业分类方式创建，可独立运行，又由相互关联的结构化的几百万个社区性服务网站共同构成网站集群，形成复杂的"云中云（Cloud of Cloud）"体系，为其网站用户提供云计算服务。这个项目已取得"无限分层遗传技术"、"海量信息数据库管理技术"和"搜索引擎目标核心优化技术"三项创新。网站设有"区域门户网站""行业门户网站"、以及"生意通"平台、反应地方信息的"黄页工程"、"分类信息多维结构"的搜索引擎原理、"无限分层信息遗传技术"等内容，其数据是相互关联的，解决了信息"孤岛"难题。鸿蒙公司推出的网站平台是可以在横向和纵向任意扩充的"多系统多用户"云计算应用网站，可为城市的每个社区和农村的每个乡镇、村落提供一个独立的网站，每个网站的运营商可以独立整理有价值的数据进行商务活动，以改变以往创新技术和产品得不到很好推广宣传的问题。[1]

（龙琦）

【北京云计算国际高层论坛企业家代表座谈】 2010年5月13日，北京市市委书记刘淇，市委副书记、市长郭金龙，市委副书记王安顺与出席北京云计算国际高层论坛的企业家代表进行了座谈。市领导李士祥、赵凤桐，市政府秘书长孙康林出席。副市长苟仲文主持。北京市经济和信息化委员会员会负责人汇报了"北京云计算国际高层论坛"有关情况，企业家代表、宽带资本董事长田溯宁汇报了企业界对云计算产业发展的基本共识。刘淇、郭金龙在会上就发展北京云计算产业做了重要讲话。

（潘登）

【曙光"星云"超级计算机发布】 2010年6月1日，由科技部、中科院和深圳市政府联合召开的"极速超越，中国力量——曙光'星云'高性能系统发布会"在北京国家会议中心举行。会上，发布了中国首台实测双精度浮点计算超千万亿次的超级计算机——星云（Nebula）超级计算机。该计算机是由国家"863"计划重大专项支持，曙光信息产业（北京）有限公司、中国科学院计算技术研究所、国家超级计算深圳中心共同研制的，采用了自主设计的HPP体系结构，由4640个计算单元组成，还采用了高效异构协同计算技术。"星云"计算机速度快、成本低、功耗低。曙光"星云"系统具有完全的自主知识产权，是中国自主可控的高性能计算机系统。"星云"系统还应用了曙光自主研发的大规模系统管理和调度系统（Gridview）、高性能计算机安全系统（NiKey）等多项技术，使其具有高性能、高效能、高可靠、高密度的

1《中关村国家自主创新示范区年鉴》。

特点。该系统还是中国第一台面向未来“云计算”环境设计的超级计算机系统，在第 35 届全球超级计算机 500 强（TOP500）排行榜中名列第二。[1]

（龙琦）

【MP6 云播放器亮相】 2010 年 8 月 21 日，北京华旗资讯数码科技有限公司在中关村鼎好专卖店举行了全球首款云播放器 MP6——爱国者 E810 首发认购活动。该产品将云计算、云共享、云服务的技术平台与网络穿透技术相结合，不仅继承了 MP5 播放器的功能，而且还增加了网络功能，通过爱国者的云服务平台，MP6 的音视频内容丰富。

（罗灵　龙琦）

【《北京“祥云工程”行动计划（2010–2015 年）》发布】 2010 年 9 月 8 日，北京市经济和信息化委员会、北京市发展和改革委员会、中关村科技园区管理委员会联合发布《北京“祥云工程”行动计划（2010–2015 年）》。在全国率先提出了云计算产业的发展战略和政策。

（潘登）

【联想虚拟云终端系统发布】 2010 年 11 月，联想集团正式发布其自主研发的云计算解决方案——联想虚拟云终端系统。该系统是面向教育、酒店、证券、政府等行业 IT 基础架构端到端的云计算解决方案，由管理服务器、联想虚拟云终端系统管理中心、云服务器集群、微软展示虚拟化 RDS 服务、联想云终端等组成，通过对桌面/应用/用户数据进行统一管理、统一存储、统一计算，并向云终端交付 Windows 虚拟桌面/应用的云计算服务，从而实现高效安全的终端管理方法，并降低 IT 系统的 TCO 和能耗。联想虚拟云终端系统凭借更低的成本、更方便的管理和更高的性能，将逐步替代典型行业使用的低端 PC、无盘站和瘦客户机，引领行业用户共同步入云计算时代。[2]

（张冉　罗灵）

【中国首台云服务器下线】 2010 年 12 月 23 日，由天云科技推出的中国首台云计算服务器在北京亦庄云基地下线。北京市副市长苟仲文，北京市经济和信息化委员会员会副主任梁胜，大兴区委书记、开发区工委书记林克庆，美国超微公司代表徐睿钧，国网信通书记曹汝滨，以及中国工程院院士倪光南等领导与嘉宾在宽带资本董事长田溯宁陪同下共同出席了本次揭幕仪式，并为中国首台云计算服务器下线揭幕。

（潘登）

1《中关村国家自主创新示范区年鉴》。

2《中关村国家自主创新示范区年鉴》。

北京信息化年鉴

信息安全

【综述】 2010年年内，北京市高度重视信息网络安全工作，网络与信息安全保障工作取得显著进展，开展了大兴、东城政府部门互联网安全接入试点，加紧信息安全监控系统、容灾中心和信息安全应急指挥平台建设，强化了无线电频率和台站管理，加大了信息安全监测和应急处置。全年共协调处置网页篡改、数据丢失等政务网络与信息安全事件120起，有效控制了事态发展，减少了经济损失，降低了不良影响。

信息安全管理

【概述】 2010年年内，市政府办公厅印发了《北京市政府信息系统安全检查实施办法》，北京市政府信息系统安全检查工作长效机制得以建立。工信部为提高政府部门信息安全管理水平，增强政府信息系统安全防护能力，组织北京、上海、重庆、陕西等地区开展政府部门互联网安全接入试点工作，北京市大兴区与东城区成为试点。全市信息系统防护能力普遍增强。

加强安全管理规范

【就涉及个人隐私信息相关管理办法征求专家意见】 2010年3月9日，北京市经济和信息化委员会副主任俞慈声召开专家咨询会，就《北京市国家机关涉及个人隐私电子数据管理办法》（建议稿）征求信息资源管理领域、法学领域专家意见。相关领域专家王安耕、刘德良、孔繁荣、张楚、张晔、朱东轩等参加会议并发表意见。

（电子政务与信息资源处）

【各委办局信息安全管理调研】 2010年3月15至17日，北京市经济和信息化委员会副主任白新带队先后到市财政局、市人力社保局和北京住房公积金管理中心等单位就政府重要信息系统外包服务管理工作和信息安全政策落实情况进行了调研，了解和掌握了目前北京市重要信息系统外包服务管理工作的现状、存在问题和困难，并对信息安全政策落实情况进行了检查。

（网络安全处）

【政府部门互联网安全接入和实名接入工作调研】 2010年4月7日，工信部信息安全协调司司长赵泽良到东城区就政府部门互联网集中接入和实名接入工作进行调研，并与北京市东城区副区长徐熙进行了座谈。北京市经济和信息化委员会副主任白新参加了调研。东城区汇报了全区政务外网272家单位和4700个用户实名接入情况，朝阳门街道汇报了党政机关计算机软件配置管理试点工作情况。白新针对北京市信息安全的新形势，提出了加强互联网安全接入制度建设、终端管理、信息化资产管理、服务外包管理和信息安全人员管理等要求。赵泽良充分肯定了东城区互联网安全接入和实名接入的做法、成果和经验，希望进一步对经验进行总结，在加强终端安全管理方面进行积极探索和研究。

（网络安全处）

【2010信息安全高级论坛举办】 2010年5月

12日，由中关村管委会、中国计算机协会计算机安全专业委员会共同主办，绿盟科技公司承办的“2010信息安全高级论坛”在世纪金源大酒店举办。此次会议以“中国信息安全企业的国际化”为主题，吸引了来自公安部、工信部、中国科学院、中关村管委会、国内信息安全企业等单位的150多位代表参加。工信部软件与服务业司司长陈伟、中关村管委会副主任周云帆、绿盟科技总裁沈继业出席大会并致辞，中科院信息安全国家重点实验室教授赵战生、翟起滨，绿盟科技副总裁吴云坤以及其他安全企业的代表在会上做了专题演讲。论坛由计算机安全专委会常务副主任严明主持。与会代表围绕“中国信息安全产业的国际化道路”这一主题，共同研讨国际信息安全产业发展趋势和技术热点，探索中国信息安全产业的发展新途径，国民族信息安全企业国际化的挑战与机遇，并就共同关心的问题进行了讨论。[1]

（陶昕昕）

【政府信息系统安全检查长效机制建立】 2010年年内，为贯彻落实《国务院办公厅关于<政府信息系统安全检查办法>的通知》精神，规范和加强北京市政府信息系统安全检查工作，北京市经济和信息化委员会组织市网络与信息安全协调小组主要成员单位市国家保密局、市密码管理局、市公安局、市国家安全局、市通信管理局等起草了《北京市政府信息系统安全检查实施办法》，并经市政府同意，市政府办公厅向各区县、各部门印发，实施办法明确了安全检查责任、内容、方式、频次及保障措施等，北京市政府信息系统安全检查工作建立了长效机制，实现了常态化。

（齐宁）

1《中关村国家自主创新示范区年鉴》。

【政府信息系统安全管理建议】 2010年年内，北京市经济和信息化委员会在对6家重点单位开展电子政务运维外包管理、信息安全规则落实情况检查和调研的基础上，起草了《关于本市政府信息系统建设和运维安全管理工作的报告》，北京市经济和信息化委员会副主任白新在9月8日市政府专题会上做了汇报，市政府专题会原则通过了报告，并要求修改完善后组织实施，认真做好政府信息系统建设和运维安全管理工作。

（齐宁）

【全市信息系统防护能力普遍增强】 2010年年内，北京市已经完成大兴、东城政府部门互联网安全接入试点工作，为提升全市信息系统安全防护能力做出表率。工信部为提高政府部门信息安全管理水平，增强政府信息系统安全防护能力，组织北京、上海、重庆、陕西等地区开展政府部门互联网安全接入试点工作，其中北京市大兴区与东城区成为试点。东城区按照工信部、北京市经济和信息化委员会提出的工作要求，按照“电子政务外网统一建设、互联网统一接入、公共服务统一开展、安全管理统一实施”的原则，统筹规划和整合全区各单位互联网接入口，建立了统一的安全防护策略和措施，实施了集中统一的安全监控，达到了统一互联网接入口、优化带宽使用、减少信息安全风险、降低互联网接入费用的目的。通过试点，东城区实现了区属党政机关、事业单位和社区居委会互联网的安全接入和身份认证，设置了互联网接入链路的负载均衡和链路冗余，实现了安全区域的合理划分，强化了网络边界防护，部署了安全监控和行为审计，提高了用户访问互联网的安全性，促进了政务数据资源的共享，顺利完成了试点工作。目前，全区共110家单位约3200名用户统一安全接入互联网。

（北京市经济和信息化委员会）

等级保护

【等级保护制度全面落实】 2010 年 10 月，北京市召开信息安全等级保护安全建设整改工作部署会，在全市范围内部署开展信息安全等级保护安全建设整改工作，并下发了《关于开展信息安全等级保护安全建设整改工作的实施方案》。按照“突出重点，分步实施”工作原则，将第二级以上信息系统全部纳入安全建设整改范围，并按时间将等级保护安全建设整改工作分为三个阶段:第一阶段至 2010 年年底已经结束，40%信息系统已经完成安全建设整改工作。第二阶段从 2011 年初至 2011 年年底，完成第三级以上信息系统的等级测评工作。选择符合国家和本市有关政策、标准要求的测评机构，对第三级以上信息系统开展等级测评。测评过程中，与测评机构签订工作协议和保密协议，落实测评监管措施；测评完成后，按照公安部制订的测评报告格式编制等级测评报告，及时报受理备案的职能部门备案。建立并落实监督检查机制，定期对等级保护制度各项要求的落实情况进行自查，及时发现、堵塞信息系统的安全漏洞和隐患，保障信息系统安全。第二阶段完成 80%信息系统的安全建设整改工作。第三阶段从 2012 年初至党的十八大之前,完成所有二级及以上信息系统的安全建设整改工作，通过建立完善信息安全等级保护制度，切实提升信息系统的整体防范水平。

（北京市经济和信息化委员会）

【等级保护工作继续推进】 2010 年年内，北京市经济和信息化委员会积极开展政务信息系统等级保护工作，完成 8 家单位，13 个信息系统（10 个二级、3 个三级）的等级测评工作。市公安局积极推进北京市电信、广电、银行、证券、电力、公共服务、交通、卫生、教育和重要网站的等级保护工作，已累计完成 2000 多个信息系统的定级备案工作。

（齐宁）

信息安全灾难恢复中心

【信息安全容灾备份中心建成】 北京市信息安全容灾备份中心位于密云县工业开发区四区，用地面积22705平方米,建筑面积9200平方米,于年底完成建设工程竣工验收，面向全市重要政务信息系统集中提供机房场地及配套设备设施、系统托管等灾难恢复建设资源和服务。

（齐宁）

政务网络信任与安全监控预警

【工信部到北京数字证书认证中心调研】 2010 年 3 月 11 日，工信部杨学山副部长、信息安全协调司副司长欧阳武到北京数字证书认证中心调研，听取了该中心基本情况、新型电子认证服务体系、网络信任服务和信息安全服务等工作情况介绍，观看了可信数据电文服务和基于手机的网络信任服务等新技术、新服务的演示。杨学山副部长指出，目前中国信息化建设对网络信任体系的需求日益迫切，政府要加大引导力度，积极引进竞争机制，加强行业的规范建设，创建有利于大企业成长的环境。要让有能力把握需求、有能力提供高品质技术和服务的企业尽快在行业中占据主导地位，在面对国际竞争、面对网络全球化的环境中，担负起构建中国网络信任体系的任务。北京市经济和信息化委员会副主任白新陪同调研。

（信息化基础设施提升计划推进办公室）

【政务信息系统安全监控加强】 2010年年内，北京市经济和信息化委员会在首都之窗网站和有线政务网络部分汇聚节点部署安全监控设备，建立安全监控系统。利用技术手段实时监控，监控范围涉及73个区县委办局和9个重要信息系统，实现对监控网站首页的完整性检测、实现对首都之窗主站域内WEB服务器的实时监控、报警能力。全年，共监控到120起信息安全事件，其中外围监控6起，涉及网页篡改、拒绝服务、网页挂马、僵尸网络、网络攻击、蠕虫病毒、SQL注入等类型。全年节日及“两会”、上海世博会、广州亚运会等重要时期，监控各类攻击报警事件累计2033万次，其中，高风险攻击事件累计10类502次。通过对频繁攻击事件的分析，预警了信息安全事件的发生，提前做好防护准备，大大降低了安全事件的危害和影响。

（齐宁）

【政务网络信任体系建设继续推进】 2010年年内，北京市经济和信息化委员会通过政务数字证书在线服务平台为党政机关提供证书的申请、更新、注销、解锁等服务。年底前组织开展数字证书管理员培训。积极探索基于用户自助服务和管理员授权相结合的服务新模式，简化证书服务过程，提高工作效率，探索新业务模式下的管理体制和系统需求，为北京市信任体系推进工作的顺利开展提供有力支撑。

（齐宁）

【信息安全两大系统实施】 2010年年内，北京市政务信息安全监控预警系统、市通信保障和信息安全应急指挥平台建设顺利实施，年底前均已完成主体工程，2011年投入使用。

（齐宁）

信息安全服务

【概述】 2010年年内，北京市网络与信息安全协调小组办公室印发《关于开展网络与信息安全检查工作的通知》（京信安协办〔2010〕2号），组织开展了2010年度全市网络与信息安全检查工作。督促各单位开展等级保护、安全测评和整改，落实风险控制措施，政务信息安全监控预警系统、市通信保障和信息安全应急指挥平台建设顺利实施，年底前均已完成主体工程。北京市市级党政机关单位互联网集中接入工作启动。

网络与信息安全保障

【市网络与信息安全协调小组会召开】 2010年2月4日，北京市召开市网络与信息安全协调小组第九次会议暨市通信保障和信息安全应急指挥部第四次会议。副市长苟仲文主持会议，市委常委、市委秘书长李士祥同志出席会议并讲话。北京市经济和信息化委员会主任朱炎同志代表协调小组办公室和指挥部办公室对上年北京市网络与信息安全工作进行了总结，对年内工作进行了部署。

（齐宁）

【网络与信息系统风险管理能力提高】 2010年年内，按照市长郭金龙关于“认真布置各部门自查”的指示精神，市网络与信息安全协调小组办公室印发《关于开展网络与信息安全检查工作的通知》（京信安协办〔2010〕2 号），组织开展了 2010 年度全市网络与信息安全检查工作。全市重要网络和信息系统运行使用管理单位按照通知要求普遍开展了信息安全自查，各单位对自查工作进行了总结，对发现的问题进行了整改。在此基础上，组织召开北京市网络与信息安全协调小组办公室会议，研究部署政府信息系统安全抽查工作，分别由北京市经济和信息化委员会和市密码管理局、市国家保密局、市公安局牵头，分 4 个组对 20 家重要信息系统管理部门进行技术检测和安全检查，通知检查，督促各单位开展等级保护、安全测评和整改，落实风险控制措施，有效降低了风险。

（齐宁）

【坚持值守应急和信息报送】 2010 年年内，市通信保障和信息安全应急指挥部值班室实施 24 小时值班制度，每日双岗值班，一名北京市经济和信息化委员会领导带班；市公安局、市广播电影电视局、市通信管理局、市无线电管理局、市政务网管中心等单位实施“每日零报告”制度，每日 17：00 向城市运行指挥平台、指挥部办公室领导、相关成员单位等报送。

（齐宁）

【突发网络与信息安全事件处置】 2010 年年内，根据事发单位请求或是监控平台发现，北京北京市经济和信息化委员会积极协调北京市通信保障和网络与信息安全事件应对工作，按照事件等级及时协调或是报告相关领导指挥调动相关队伍进行处置。共处置政务网络与信息安全事件 120 起，其中包括现场处置网页篡改、邮件系统高危安全漏洞、数据丢失、端病毒事件等 9 起事件。

（齐宁）

【市通信保障和信息安全应急指挥部调整工作完成】 2010 年年内，北京市修改完善了指挥部及办公室的职责，调整了指挥部成员，成员单位由 35 个增加到 48 个，强化了行业单位对本行业、本系统、本领域网络与信息安全事件的预防、应急工作的监督管理职责，有利于北京市网络与信息安全应急管理工作的实施。

（齐宁）

【市级党政机关单位互联网集中接入工作启动】 2010 年年内，在北京市互联网集中接入试点工作的基础上，北京市经济和信息化委员会组织起草了《北京市行政事业单位互联网集中接入总体方案》和《北京市行政事业单位互联网集中接入实施方案》。按照方案，2010 年 10 月组织完成了互联网集中接入的主用、备用带宽出口的招标工作，完成了互联网集中接入监控管理平台的招标工作。

（齐宁）

【年度电子政务互联网接入政府采购目录招标工作完成】 2010 年年内，北京市经济和信息化委员会完成北京市 2011-2012 年度电子政务互联网接入服务定点服务商政府采购目录招标工作。北京北大方正宽带网络科技有限公司、北京光环新网科技股份有限公司、中国联合网络通信有限公司、中国电信股份有限公司、北京歌华有线电视网络股份有限公司与北京国研网络数据科技有限公司组成的联合体、北京京宽网络科技有限公司、北京首信网创网络信息服务有限责任公司共 7 家有实力的互联网服务提供商中标，中标互联网带宽费用较市场价有大幅降低。

（齐宁）

计算机病毒防范

【北京地区互联网病毒情况】 2010 年年内，北京地区共发现被病毒感染的计算机 486,000 余台，较上年同比下降了约 5%。共发现各种类型病毒 39,000 余种，较上年同比下降了约 26%。

（齐宁）

安全风险评估与容灾备份

【政务网络风险评估组织开展】 2010 年年内，根据市应急委统一部署，市经济信息委网络安全处建立了网络与信息安全风险评估长效机制。组织开展了政务网络风险评估与控制工作，针对存在的风险进行了整改，短时间不能采用技术措施进行整改的，制定了应急预案，做好应急准备工作。

（齐宁）

【市信息安全容灾备份中心提供容灾备份服务】 2010 年年内，北京市信息安全容灾备份中心编制起草了《北京市信息安全灾难恢复中心管理办法》并发至北京市各相关单位征求了意见；完成“集中式数据备份系统”方案设计、首批设备安装调试、技术验证安全方案专家论证等工作，基本完成灾备中心运行维护管理体系建立工作，物业、安保、机房运维等已经开始运行，中心已具备向北京市委办局提供容灾备份服务的能力和条件。

（齐宁）

整治、打击网络犯罪

【社会领域信息安全监管开展】 2010 年年内，市公安局从加强监测手段建设、监测信息梳理研判、畅通信息通报渠道等三方面入手，初步建立了信息安全监测通报体系，逐步打开了通报工作局面。加强监测渠道建设。与在北京市的安全机构和企业初步建立了监测工作机制，共监测北京市被篡改网站 4600 余个。梳理分析北京地区被挂马网站 1200 余个，被挂马网页 98,000 余个，现对重点挂马网站信息已全部处置。深入分析研判，及时通报预警，指导信息系统运营使用单位有效防范安全事件发生。编制《网络与信息安全态势》下发给列管单位，共发态势通报 9 期，预警通报 6 期，为各级领导全面掌握北京市信息安全态势、辅助决策及各单位开展安全隐患整改提供了信息支持。

（齐宁）

信息安全技术与产品

【概述】 2010年年内，北京市信息安全产业实现业务收入47.36亿元，同比增长6.3%，产业平均利润率为16.8%，比上年提高0.5个百分点。以完全免费的产品（免费产品且免费升级病毒库）为代表的商业模式不断出现，奇虎360、金山、瑞星等企业相继推出免费的安全软件产品，信息安全产业处于转型之中。目前，奇虎360、瑞星、金山、江民科技、启明星辰、北信源软件、中联绿盟等企业都推出了云安全解决方案，基于云计算模式的云安全技术已经成为安全领域的重要发展趋势。

【我国信息安全产品检测数量总体保持稳定】 2010年年内，公安部审批发放的信息安全产品销售许可证数量为724件，较上年增加了5.7%，检测机构出具检测报告811份，较上年增长15.9%。产品检测合格率约为89.3%，送检产品的信息安全企业有428家，送检企业数量保持稳定。

（齐宁）

【可视化展现平台软件定制】 2010年年内，北京恒泰实达科技发展有限公司（以下简称“恒泰实达”）为国家电网公司26个网省公司调控中心定制了信息可视化展现平台软件，也是国内第一个专注于信息可视化领域的综合展现平台系统。恒泰实达自主知识产权的可视化软件，是基于具有优秀展现效果的WPF、Silverlight框架、可无视展示环境的矢量元素进行设计，通过大量事物数据的图形化，将抽象的数据整理成直观易懂的信息。信息可视化展现平台提高了电网公司的运行管控能力，确保了信息运行安全，全方位展示了电网公司信息化建设和坚强智能电网的建设成果。

（恒泰实达）

【恒泰实达为中国移动网络监控中心的建设出谋划策】 2010年年内，恒泰实达参与了中国移动集团公司网络监控中心项目的建设。恒泰实达为中国移动网络监控中心提供了V3C可视化导播系统、可视化展现平台等系统，项目正在建设当中。中国移动集团公司网络监控中心项目的建设对相关智能化控制室的建设起到了模范示范作用，同时也标志着北京恒泰实达科技发展有限公司成功开辟了电力行业之外的高端智能控制室解决方案业务领域。

（恒泰实达）

政务领域信息化

【综述】 2010 年年内，北京市电子政务建设进入全面快速发展阶段，电子政务的战略地位明显提升，政府网站、网络平台、重点业务应用系统、基础信息资源库和各项基础性工作稳步推进，效益更加明显。北京市政府高度重视电子政务建设，各项工作取得了显著成效，整体发展水平居全国前列，政务透明度进一步增强，在增强政府经济调节、市场监管、社会管理和公共服务能力方面发挥越来越重要的作用。

信息资源开发利用

【概述】 2010 年年内，北京市各级政府部门加快四个基础信息库的建设步伐。北京市政府非常重视信息资源的开发利用，为加强政府信息资源的开发利用，全市各级政府将人口、法人单位、自然资源与空间地理、宏观经济等四个国家基础数据库列入电子政务建设的重点任务。各级政府编制了一系列标准规范文件，全市委办局加大信息资源库的建设力度，全市各区县稳步推进以基础数据库为主的政务信息资源建设。年内，全市各公开机构通过市政府信息公开专栏主动公开政府信息 46 万余条，公众点击总量达 2.3 亿人次。政府信息公开为充分发挥政府信息服务职能，保障群众知情权提供了服务平台，逐步成为政务信用信息公开的重要渠道。

政务信息资源公开共享

【市公安信息化经验交流会召开】 2010 年 3 月 18 日，北京市召开市公安信息化经验交流会。会议介绍了首都公安信息化建设经验，对全市学习公安信息化经验活动进行了部署。副市长苟仲文在讲话中指出，全市各级部门要充分领会市委书记刘淇在北京市公安局信息化报告上的批示精神，围绕重大应用，加强全市统筹，建立联合工作机制，把信息化工作做大、做强、做好，推动北京市电子政务再上新台阶。

（电子政务与信息资源处）

【“2009 信息北京十大应用成果”揭晓】 2010 年 3 月 18 日，北京市召开 2010 年北京市电子政务与信息安全工作会暨“2009 信息北京十大应用成果”颁奖大会，北京市经济和信息化委员会主任朱炎主持会议，副市长苟仲文出席会议并颁奖。北京市经济和信息化委员会副主任俞慈声对北京市 2009 年电子政务工作进行总结，对 2010 年电子政务工作进行部署；副主任白新对 2010 年信息安全工作进行了部署。会议公布“2009 信息北京十大应用成果”获奖名单，“国庆 60 周年庆祝活动北京市筹委会调度中心调度运行平台”和“北京市免疫规划信息管理系统”等 10 个参评成果榜上有名。同时还对北京市电子政务先进单位进行表扬，并为获奖成果和表扬单位颁奖。工信部信息化推进司徐愈司长、信息安全司赵泽良司长出席会议并分别讲话。

（办公室综合）

【市人口基础数据库(一期)项目通过竣工验收】

2010年3月26日，市人口基础信息数据库（一期）项目通过竣工验收。市人口基础信息数据库是北京市四个重要基础数据库之一，该项目依托市政务信息资源共享交换平台，整合市公安局、民政局、人保局等九个部门的人口信息，数据库覆盖北京市常住人口和流动人口，初步实现全市实有人口的数据管理。

（电子政务与信息资源处）

【海淀区政务信息资源共享及数据服务应用工作调研】 2010年6月2日，北京市经济和信息化委员会副主任俞慈声和副巡视员姜毅群到海淀区调研，听取海淀区副区长付首清关于海淀区政务信息资源共享及数据服务应用工作情况汇报，并就社会信息化建设、网上服务大厅与实体服务大厅建设、政务信息资源共享绩效、政务信息资源共享支撑电子政务应用等进行深入交流，并提出相应的意见和建议。

（电子政务与信息资源处）

【政务地理空间信息资源共享应用调研分析】 2010年6月3日，全国政协常委、教科文卫体委员会主任徐冠华到信息资源管理中心调研政务地理空间信息资源共享应用情况，在听取资源中心关于北京市政务地理空间信息资源共享服务、政务应用和公众服务成果等介绍后提出如下建议：对北京市地理空间资源共享应用情况进行深入总结，并向全国进行推广；将“智慧城市”相关领域研究内容列入国家“十二五”科技支撑计划指南；对相关成果的技术、模式和体制等方面的创新点进行全面梳理，申请国家科技进步奖。北京市经济和信息化委员会副主任俞慈声陪同调研。

（电子政务与信息资源处）

【市区两级政务信息资源共享交换体系建成】 2010年年内，北京市经济和信息化委员会开展市区信息资源共享平台对接试点、区县主题库建设试点。11月，通州区、延庆县通过前置机方式接入式共享交换平台，并开展规划用地许可等11类信息的共享交换，实现所有区县接入市共享交换平台，标志着北京市市区两级政务信息资源共享交换体系初步建成，进一步扩大了共享协同的范围。

（电子政务与信息资源处）

【各市级政府委办局间信息共享加大】 2010年年内，北京市教委分别与市交通管理局、市卫生局、市公安局实现了信息资源共享，该委“北京市教育委员会教育信息共享平台”与市里的《北京市信息共享平台》自联通后，实现委办局间的信息资源共享，截至10月初共享交换近134条信息。市社工办信息中心与市质监局所属市组织机构代码管理中心达成信息资源共享初步意向，从市组织机构代码库中共享了与社会建设工作相关的9728条共68096项数据，并就信息资源共享交换工作拟建立长效机制。市卫生局与市公安局、市质监局、市统计局、市政管委实现信息共享。市国土局与市财政局、市规化委、市测绘院、市人民法院等单位利用信息技术进行数据共享。市人口计生委编制完成《跨部门信息资源共享需求目录》，参与市民政局、市社会保障局和市公安局数据比对工作，完成“北京市人口计生委与北京市政务信息资源共享交换平台对接项目”工作。市人保局对内建立数据交换平台，对外建立交换库系统，用以与外单位开展数据交换。截至11月15日，市民政局共享交换平台平均每日交换量为682条，月交换量为8190条，年交换量为180182条；向市住建委提供近47000余条婚姻登记信息；在对低保家庭收入核查工作中与市公安局、市住建委、市工商局等部门以刻盘的方式实现信息共享。市城管执法局完成96310城管热线、基础台账系统、电子法律文书系统与市行政监察现代化一期工程对接工作，及信访系统与市信访系统对接工作。积极配合市公安局治安总队开展黑车台账数据共享和系统建设工作，开展 96310 城管热线系统对接 12345 非紧急救助系统的应用工作。市药监局审批系统中的基础数据可通过前置机发送到市政务共享交换平台，并对市各委办局开放和共享数据。市地税与市建委共享房屋交易信息，方便群众购房，加强税源监管。市建委通过市共享交换平台按月向市地税局提供预售登记、网上联机备案、转移登记数据、商品房销售情况统计等信息，数据每月 3 日更新，截至年底累计数据交换量超过 4000 万条。

（北京市经济和信息化委员会）

【各区县政务信息资源共享交换平台建设完成】 2010 年年内，北京市顺义区政务信息资源共享交换平台已建设完成，实现了跨层级和跨部门的资源共享，依托领导决策信息系统整合各部门的重要信息资源，累计共享信息 1000 余条。大兴区通过区内共享交换平台上对资源实体的上传与下载功能实现可共享信息资源的直接交换。房山区整合该区 80 万条常驻人口数据，法人数据 20337 条，交换获得市级 34 个委办局的 785 个政务信息图层。昌平区建立该区空间地理信息共享基础数据库，编制完善《昌平区空间信息资源共享目录》，构建昌平区地理信息共享服务平台，搭建地震、民防、安监、统计、水务、林业等多个分平台，经过前四期项目建设，昌平区已经具备数据共享的整体思路和框架。怀柔区基础数据库中法人数据交换 14772 条，人口数据交换 100458 条。西城区共享交换平台接入 56 个单位，基本涵盖全区所有重点部门，并实现与市级共享交换平台对接；年内共享交换数据近 1240 项，数据库记录数 1176075 条，数据量达 480MB；实现重点系统数据推送共享，完成 17300 多条数据共享推送；获取市区质监法人、民政人口、园林古木等近 900 项、30000 余条数据的共享应用。昌平区建设空间信息资源数据库，建设信息资源共享交换服务平台，共享交换的内容有基础框架数据、遥感影像数据、专题数据。共享数据集数据量为 229 个。东城区信息资源共享交换平台同北京市平台实现对接并持续提供数据交互，配合北京市基础信息资源库协同建设应用试点，启动“基于地理空间的四库资源协同共享服务”项目。平谷区完成了卫生医疗共享信息系统的建设，建成平谷区农村社区卫生数据中心，实现该区人口基础信息数据资源共享。怀柔区完成区级数据交换平台建设，并通过北京市信息办资源中心市区两级平台的对接测试，当前已应用于环保局、卫生局的审批数据交换，以及基础数据库的数据交换。门头沟区初步构建了门头沟区政务信息资源共享交换体系，建设完成数据交换平台、资源目录系统、人口库、法人库、内容信息库、机关用户库、公共组件系统、宏观经济库和资源共享绩效评价系统，已完成 13 个委办局的资源共享接入。丰台区通过区政务信息资源共享平台，定期从统计局、地税局、国税局、质监局、住建委、仲裁科、社保中心交换共享信息，实现了多方资源共享。实现与市政务信息资源共享交换平台对接，同时主体基本信息实现向该县 40 余个委办局的数据资源共享和信息资源的互联互通。

（北京市经济和信息化委员会）

【区县信息共享标准规范出台】 2010 年年内，北京市顺义区制定各种信息资源共享配套规范 17 个。丰台区起草了《丰台区政务信息资源共享系统管理办法》、《丰台区政务信息资源共享系统考核办法》。石景山区编制《石景山区政务信息资源共享意见》，并出台《石景山区政务信息资源共享使用申请流程》、《石景山区政务信息资源共享使用保密协议》等一系列促进政务信息资源共享的管理制度和技术规范，在此基础上针对三大基础库分别制定具体的管理办法和保密协议，重新修订《石景山区党政机关信息化考核管理办法》。怀柔区编制《怀柔区政务信息资源共享交换体系管理办法》、《怀柔区政务信息资源共享交换体系对接指南》、《怀柔区政务部门信息资源目录编制指南》、《怀柔区政务信息资源目录系统技术实施规范》、《怀柔区政务信息资源共享交换平台管理办法》、《怀柔区政务信息资源共享交换体系接口技术规范》。西城区制定《西城区政务信息资源共享管理办法》。平谷区先后制定《平谷区电子文档管理办法》、《平谷区政务信息共享协议》、《平谷区数据资源安全与保密制度》、《平谷区数据管理人员安全保密协议》等办法制度，保障平谷区数据资源共享工作的健康发展。

（北京市经济和信息化委员会）

【各区县政务信息资源建设完成】 2010年年内，北京市顺义区基础库中有法人数据17765条、人口数据488628条、办理健康证人员数据176181条、流动人口数据214714条；空间地理库包含遥感影像数据和全市图层824个，其中顺义区图层60个，涉及医疗机构、学校、金融机构等。西城区人口库已具有人口数据共25类392项94万居民的相关信息，法人库已具有7类215项6万法人单位的法人数据，地理信息系统涉及了近20多个委办局，宏观经济与社会发展数据库系统已经基本实现了以指标为基础的数据管理、数据分析体系，完成对2004年至2009年综合社会及经济数据的加载工作。海淀区已经入库社区居民信息46万条、居民低保人口信息11115条、居民婚姻状况信息183016对。石景山区人口基础信息库拥有68.5万人的数据信息。昌平区信息资源平台数据库已存储数据量达到15GB左右，总计405个图层，记录条数为3764345条。为了支撑卫生健康档案工作和应用人口基础信息数据库中的6项人口基础信息，平谷区完善人口健康信息，形成20万农民人口健康档案数据库。门头沟区人口、法人基础信息库建设取得阶段性成果，采集86701条农村人口基本信息和7695条法人数据。大兴区自然资源与空间地理数据库已经完成项目建设和基础数据的普查入库工作，宏观经济数据库已经完成了系统的设计开发，正在进行数据初始化，人口基础数据库和法人单位基础数据库正在调研和前期准备；其中对地理空间信息资源目录进行了修改和完善，进一步梳理《大兴区信息中心系统资源目录》、地下管线主题应用相关业务和信息资源。门头沟区梳理形成了法人单位、自然人口、内部公文、档案资源、电子图书、舆情监测、政情汇编等十三类，数据容量达1.5GB的政务信息资源。东城区整合政务信息资源共计511类，264.2万条数据。丰台区政务数据库数据总量达到1千万余条。延庆县对各部门核心业务事项、信息资源进行了全面梳理和目录编制，截至年底20家单位完成业务事项、信息资源的梳理和编目工作。海淀区通过门户和SAO技术实现政务信息资源整合开发利用和系统间的互联互通，提高政府工作人员的办公效率，截至年底整理18个重点系统的200余个资源。石景山区已经梳理出22个部门380条信息资源目录，涉及6大类政务信息资源。

（北京市经济和信息化委员会）

【航空摄影和政务信息图层等空间信息工作完成】 2010年年内，北京市信息资源管理中心完成2009年航空成果的扫描、保密、DOM数据制作，2010年航空摄影工作，全市394个政务信息图层的制作与更新工作及政务电子地图和地址数据更新运维工作。上述数据已通过接口、拷贝等方式向全市几十家部门提供共享服务。

（北京市信息资源管理中心）

【政务地理空间信息资源共享服务平台完善与运维工作完成】 2010年年内，北京市信息资源管理中心申请获得国家互联网地图服务甲级测绘资质，完成地理信息公众服务平台一期建设工作，该服务平台已在首都之窗上向公众提供服务。基于该平台，支撑市园林绿化局等10个部门的地图公众服务网站建设。

（北京市信息资源管理中心）

【执法信息共享运维工作完成】 2010年年内，北京市信息资源中心通过完成执法信息共享运维工作，支撑市城管执法局获取市规划委等7部门执法依据信息10万余条，市建委施工许可证审批信息1.6万余条，支撑城管业务，改变城管业务流程。

（北京市信息资源中心）

【行政监察现代工程建设支撑工作开展】 2010年年内，北京市信息资源中心通过支撑开展行政监察现代工程建设工作，支撑工商局等4个部门和海淀区完成接入，并累计开展30余万条行政监察信息交换。开展绿色出行信息服务工程，组织交通委、交管局确定总体目标，提出交通及位置信息整合共享等8项工作任务，该方案计划以北京市经济和信息化委员会委、市交通委、市交管局三方名义报市政府决策。

（北京市信息资源中心）

【人口基础信息全流程管理实施】 2010年年内，北京市经济和信息化委员会协调建立人口基础信息数据库数据更新机制；完成人口基础信息共享应用管理办法及实施细则的征求意见稿；研究建立统一的、共享的人口决策应用管理服务系统；配合市公安局完成了人口库一期验收工作；为区县提供人口数据比对核实服务。

（电子政务与信息资源处）

政务信息资源开发利用

【国研楼宇经济管理信息系统上线】 2010年5月8日，国研信息科技有限公司自主研发的国研楼宇经济管理信息系统上线并使用，系统以全面反映CBD核心区3.99平方公里楼宇税收的总量、分布、构成情为目标，建立相应的数据维护体制，对相关政府部门关系到税源的信息资源进行收集、整合，为朝阳区财政局、CBD管委会相关领导提供数据分析支持。

（国研信息科技有限公司）

【国研网统计数据库平台系统升级上线】 2010年12月，国研信息科技有限公司开发的国研网统计数据库平台系统全面升级并上线。国研网统计数据库是国研网公司在全面整合我国各级统计职能部门所提供的各种有关中国经济运行数据的基础上，推出的大型数据库集群，是对国民经济的运行态势和发展的展示。升级后，国研网统计数据库形成了以宏观经济统计数据库、区域经济统计数据库、行业经济统计数据库和世界经济统计数据库为主，以统计资讯数据库为辅的产品系列，覆盖了1949年以来，全国、省、市、县等区域，包含人口、资源环境、经济、社会等方面近2万个指标、近10亿数据量，具有数据查询、数据输出、统计图表和统计地图等基础功能以及统计分析、统计预测和数据挖掘等功能。为包括党政机关、图情机构、金融机构、企事业单位在内的国研网会员单位提供经济及相关统计数据。

（国研信息科技有限公司）

【各级政府部门政务信息公开实现】 2010年年内，市民政局建立民政信息网、《北京社区报》、96156社区服务热线等“网、报、线”三位一体的公开渠道，及时公开改善民生等方面信息。市人力社保局举办5场网民交流活动。市市政市容委通过12319便民服务热线，向市民公开冬季供暖、冰雪清扫等信息。市卫生局通过12320公共卫生热线，向市民公开流感疫苗接种等卫生防疫信息。通州区行政服务中心通过咨询台、触摸屏、大屏幕、服务窗口、网站、语音查询等方式为市民和企业提供政务信息获取和查询服务。

（北京市经济和信息化委员会）

【信息资源开发利用深化】 2010年年内，为加强政府信息资源的开发利用，北京市各级政府部门加快四个基础信息库的建设步伐。全市各级政府将人口、法人单位、自然资源与空间地理、宏观经济等四个国家基础数据库列入电子政务建设重点任务。

（北京市经济和信息化委员会）

【信息采集管理办法出台】 2010年年内，北京市经济和信息化委员会开展个人信息保护研究工作，提出《北京市国家机关个人信息保护暂行规定》（送审稿），开展政务信息采集管理研究工作，提出《北京市基层（社区）信息采集管理办法》（草案），并与社工委共同提出《社区综合服务与信息采集平台工程方案》（讨论稿）；开展政务信息资源资产化管理研究，提出《政务信息资源资产化管理实施策略研究报告》（初稿）；支撑北京市经济和信息化委员会开展电子政务项目审查标准编制工作，完成信息资源部分。开展政府文件加工处理、政务信息资源分级分类存储等方面研究工作。

（北京市信息资源中心）

【国土资源综合监管平台上线运行】 2010年年内，苍穹软件公司自主研发的国土资源综合监管平台在市国土资源局上线运行，运行期间平台先后多次受到北京市国土资源局各领导表彰。苍穹软件国土资源综合监管平台是在国土资源“一张图”综合数据库的基础上，结合第二次土地调查，基于GIS平台，采用SAO体系架构，以实现各项业务的互联互通和数据的全面共享为目标，建立集地政、矿政、事务管理于一体，涵盖土地管理生命周期“批、供、用、补、查”，以及矿产“勘、采、用、储、查”等管理业务行为全过程，实现“天上看、地上查、网上管”的全方位立体执法体系。综合信息监管平台集电子政务、信息采集与动态监测、综合监管数据库、综合分析与预警等于一体，可实现对土地资源、矿产资源的开发与利用全过程监管，协助相关部门提高资源利用率。利用遥感、地理信息技术、云计算技术、物联网技术等，研究出先进的数据统合、数据演算模型，实现了网络互联互通、数据资源关联共享、信息动态监测、综合信息分析等功能。

（苍穹软件）

【朝阳区财政支出管理信息系统项目验收】 2010年年内，北京市朝阳区财政支出管理信息系统项目成功验收。该系统由国研信息科技有限公司开发，通过对财政部门基础数据的梳理，利用地图和遥感影像图技术实现对财政支出过程规范化管理。系统建立了以资源地图为核心，查询统计、事权管理为实现的财政支出管理系统的雏形，并对多类主要的资源信息进行普查、核算，使政府财政支出资金发挥出最大的经济效益和社会效益，也为地区的建设发展起到促进作用。国研财政支出管理信息系统运用电子地图和遥感影像图管理财政支出对象，用户可直观地对地图进行各种资源分布的查看，可根据选定区域查询地区道路、绿化、水系等资源的统计数据。对区域道路、绿化、水系、公厕和垃圾楼等多种事权主体进行动态维护，按照实际情况及时修改维护事权主体的相关记录。用户可通过系统的财权测算，定期对区域财政支出的费用进行测算，按照实际情况调整财政支出预算，而为财政支出提供可靠的依据。

（国研信息科技有限公司）

【市经济社会管理信息系统项目通过验收】 2010 年年内，由国研信息科技有限公司开发的北京市经济社会管理信息系统项目通过验收。国研宏观经济管理信息系统是实现经济社会管理部门之间信息的互联互通、信息资源共享，促进管理部门间协同工作，为发改委等综合管理部门决策提供服务的信息化综合平台；系统为各级经济社会管理部门掌控经济社会运行态势提供信息服务和分析支持。它以形势分析方法论为指导，采用先进的智能分析和数据挖掘工具，对经济社会主要指标的运行趋势进行监测，并以曲线图、柱状图的方式直观地进行展现，在原始数据的基础上，还可以实现比率计算、季节调整、线性回归等多种分析功能，满足宏观经济预测决策的需要，为把握经济社会主要指标的运行情况提供辅助手段。

（国研信息科技有限公司）

【国研税源管理系统推出】 2010 年年内，国研信息科技有限公司推出税源管理平台。该系统能够统筹区内工商管理部门、两区国地税税务管理部门、国土管理部门及财政部门等各方面的经济税源信息，反映该地区纳税户的各类注册信息、税务信息、土地信息等，勾勒出该地区税源信息的全貌及税源动态，为区域经济决策提供信息服务。正确反映该地区内税源信息，切实堵塞征管漏洞。

（国研信息科技有限公司）

【国研公安涉黑涉恶管理系统推出】 2010 年年内，国研信息科技有限公司推出公安涉黑涉恶管理系统，这一系统是按照当前流行的 B/S 模式设计，数据库集中建立在上一级公安局，下一级公安局用户采用浏览器通过公安专网直接在服务器上登录操作方式访问系统。下一级公安局、公安分局分配分管局长、分管大队长和专管员 3 个用户，上一级公安局分配 5 个用户，共 50 个并发用户。涉黑涉恶信息属于涉密信息，在安全性方面除分级权限管理外，必须对信息传输和存储进行加密处理。系统分数据库加密和传输通道加密，身份认证又分硬件认证（加密 KEY）和用户身份认证方式。另外通过本系统与打防控系统等单向导入和关联，既避免非法用户侵入，又减少合法用户重复录入信息和多次登录查询。

（国研信息科技有限公司）

政府门户网站与信息公开

【概述】 2010 年年内，北京市各级政府均将门户网站作为电子政务建设重点，围绕便民服务不断探索和实现网站新功能，深入推进政府在线服务。北京市电子政务建设进入全面快速发展阶段，电子政务的战略地位明显提升，政府网站、网络平台、重点业务应用系统、基础信息资源库和各项基础性工作稳步推进，效益更加明显。北京市政府高度重视电子政务建设，各项工作取得了显著成效，整体发展水平居全国前列，政务透明度进一步增强，在增强政府经济调节、市场监管、社会管理和公共服务能力方面发挥越来越重要的作用。

政府门户网站

【中国 2010 年上海世博会网上北京馆开放】 2010 年 5 月 1 日，中国 2010 年上海世博会网上北京馆向公众全面开放。北京网上体验型展馆建设项目，是将实体世博会的展示内容及虚拟拓展空间的虚拟展项以虚拟和现实相结合的方式呈现在互联网上。北京馆建设成果包主要采用 FLASH 技术和 WEB3D 技术相结合方式，网上世博会全面开放首日（5 月 1 日）网上入园人次就达到 285 万人，与实体园区入园人次相比高出十几倍，当日 PV（Page View）浏览量为 1830 万人次（高出平日 10 倍）。截至 10 月 31 日，网上入园人次累计超过 8234 万人，PV 浏览累计访问量超过 8.73 亿人次，其中，国内来访占总入园人次 84.4%，港澳台及海外来访占总园人次 15.6%。北京市积极投入网上世博会网上体验型展馆的开发建设工作，于 5 月 1 日前按时提交成果文件包，先后更新了 5 次文件包。网上展馆运行稳定，未发生重大内容差错，网上展馆达到《网上世博会开发建设指南》所列的相关技术标准。网上世博北京馆赢得了广大公众支持，并得到上海世博局的好评，在网上世博会全面开放期间，网上北京馆 PV 访问量为 39，378，735，列国内省区市网上展馆首位。12 月，首都之窗受到中共北京市委、北京市人民政府表彰，荣获“北京市参与中国 2010 年上海世博会先进集体”荣誉称号。

（首都之窗运行管理中心）

【2010 年度政务网站考评工作开展】 2010 年 6 月 17 日，北京市纠风办和北京市经济和信息化委员会联合组织召开 2010 年度政务网站考评工作动员大会，对 2010 年度北京市政务网站考核评价工作进行动员部署。会上，北京市经济和信息化委员会副主任俞慈声和市纠风办副主任徐纪铭对 2010 年度北京市政务网站考核评价工作提出具体要求。

（电子政务与信息资源处）

【首都之窗门户网站“办事服务”频道完成改版】 2010 年 10 月 30 日，首都之窗运行管理中心正式完成首都之窗门户网站“办事服务”频道（eservice.beijing.gov.cn）的改版工作。新版“办事服务”频道进一步整合了网上办事服务资源、完善了服务功能、优化了服务组织形式、提升了服务应用效果，为办事人提供便利。本次改版重点优化了服务检索、用户管理、网上申报、状态查询等服务功能，拓展了实时咨询范围，新增了服务推荐、服务收藏等辅助功能。

（首都之窗运行管理中心）

【《2010 中国政府网站绩效评估结果暨第五届特色政府网站评选结果》发布】 2010 年 12 月 8 日，中国社会科学院信息化研究中心与国脉互联政府网站评测研究中心联合发布《2010 中国政府网站绩效评估结果暨第五届特色政府网站评选结果》。北京市政务门户网站以总分 84.5 分排名第一，北京市东城区网站获得了“服务创新奖”，北京市朝阳区网站获得了“特色提名奖”。

（首都之窗运行管理中心）

【《2010 年中国政府网站绩效评估结果》发布】 2010 年 12 月 16 日，中国软件评测中心发布《2010 年中国政府网站绩效评估结果》。在该项评估中，北京市政务门户网站首都之窗以总分

74.47 获得了省级政府网站绩效排名第一名，大兴区、东城区、西城区网站分别获得全国区县政府网站得分第一名、第四名和第六名的好成绩。

（首都之窗运行管理中心）

【各级政府部门户网站政民互动】 2010 年年内，北京市各级政府部门户网站开辟了多种形式的政民互动栏目。市信访办于对门户网站进行改版，重新调整栏目划分，增加“便民咨询”、“在线交流”、“民意调查”、“公众参与”等栏目，切实方便群众进行查阅、了解信访信息。市环保局网站设置了“局长信箱”、“网上调查”、“在线访谈”等栏目，同时在 12369 门户网站上设立“典型回复”、“热点问答”等栏目。顺义区通过区长信箱、政风行风热线、便民信箱等栏目为广大民众提供了在互联网上反映问题和监督投诉的渠道，在线服务频道新增了“咨询问答”栏目，办事指南的可用性进一步增强。“北京·密云”网站增加了政民互动网络渠道，重点突出政风行风、网上信访、县长信箱栏目，在政府与百姓之间增加了便捷的沟通渠道，促进了政府工作作风改善。北京大兴信息网新增了“亦庄新闻”、“便民提示”、“地铁大兴线”等专题栏目。石景山区对政府网站的结构和内容进行了改版，改版后的网站设有“政务公开”、“在线服务”、“政民互动”、“投资经济”、“百姓生活”、“首都文化娱乐休闲区”六大板块。朝阳区在区政务网站上形成了“教育培训、劳动就业、医疗卫生”等 8 大分类，囊括了各类服务机构企业基本信息介绍，机构服务站点分布查询，指定机构、个人相关信息查询，购物旅游信息查询等。

（北京市经济和信息化委员会）

【“首都之窗”门户网站综合水平提升】 2010 年年内，在中国政府网站绩效评估的综合评测中，北京政府门户网站“首都之窗”在省级政府门户网站绩效评估中以 84.5 的得分排名第一，实现连续四年在中国政府网站绩效评估中位列省级第一名，并且圆满完成了网上世博会北京馆建设工作，网民访问量近四千万，位列国内省市馆首位。从全年日均访问者数来看，工作日平均访问者 IP 数增加至 6 万左右，门户网站总点击数和访问者数相比上年有小幅增加，页面浏览量增加 37.90%。

（首都之窗运行管理中心）

【北京市移动公共服务管理平台（一期）建设完成】 2010 年年内，北京市移动公共服务管理平台建设项目（一期）顺利完成，规划中的 30 项试点服务已全部建设完成，平台初步具备管理功能。管理平台（一期）主要建设了 WAP 站平台、短信中心和彩信中心平台。WAP 站采用多站点多用户管理、所见即所得及组件化开发模式，能够实现 WAP 站点的快速搭建、内容的编辑、管理与维护。短信中心平台可实现申请并管理相应业务、并对短信内容进行编辑、审核，彩信中心同样可实现申请彩信业务建设、并管理相应业务的功能，同时支持手机报主刊与特刊的编辑与审核。管理平台通过租用客户端服务器等进行客户端服务的建设与发布。33 项试点服务（其中 26 项 WAP 服务、7 项客户端服务），涉及交通、文化、社保、医疗、旅游等几大领域。公众可通过首都之窗网站群获取移动公共服务目录，通过登录 WAP 站即可查询政府机构的基本信息、车辆违法信息、驾驶员积分信息、人才市场中介服务机构、定点医疗机构、药店信息、文化设施场所信息，实现与政府部门的咨询、投诉，也可通过登录手机客户端实现婚姻预约登记服务、查询商品房交易信息等等。北京市移动公共服务管理平台（一期）和试点服务的建设拓宽了政府向公众提供服务的通道，使市民可以方便、快捷、随时随地使用政府公共服务。

（北京市经济和信息化委员会）

【各级政府部门户网站规范化管理加强】 2010年年内，北京市各级政府部门门户网站加强规范化管理。市环保局制定《北京市环境保护局政务网站管理办法》，东城区信息办下发《关于完善“数字东城”网站网上行政办事事项的通知》，海淀区印制政府网站应急操作手册，密云县初步建立门户网站新闻类栏目的信息更新机制。

（北京市经济和信息化委员会）

【各级政府部门网站功能增强】 2010年年内，北京市各级政府部门网站功能增强。市教委网站进行第八次改版，进一步整合优质资源，突出教育服务功能，设计办事大厅和教育服务频道，截至年底共有6个频道，52个一级栏目和百余个二级栏目。市规划委升级了网上服务大厅专栏，对公共服务专栏进行了人性化、场景化设计，整合网上服务事项，细化分类服务类型，实现网站在统一平台、统一场景下提供各类在线服务。市人口计生委门户网站经过两次全面的改版，网站功能提高，能够开展网上信访，各类信息上传的数量和更新频率有了明显的提高，带动了部分街道建立了人口和计划生育网站，“避孕·生育·健康”网站顺利上线运行。市国土局对门户网站内容进行梳理、重新规划和流程优化，增加网上办事大厅和场景式服务，通过办事大厅栏目提供行政办事服务事项90项，可按业务类别、服务人群、行政类别、办理单位进行多维度组合条件查询和分类引导。

（北京市经济和信息化委员会）

【各区县政府部门网站改版】 2010年年内，北京市各区县政府部门对网站进行改版。大兴区在对北京大兴信息网改版中，增加了“企业开办”、“中小企业办事”等场景式服务。昌平区新版政府门户网站正式上线，启动了网上办事大厅建设，设置了场景化服务，对机构改革后各部门办事事项进行了全面准确细致的梳理，共梳理38个部门611项行政办事事项，实现了办事指南、表格下载、办理结果查询等办事服务，提升了门户网站网上办事服务水平。开发区网站是北京首家开展信息无障碍浏览建设的门户网站，通过网站语音播报、背景反色、字体放大等功能，为盲人及弱视、视力障碍的群体访问开发区网站提供了便利条件。海淀区政府网站着重规划便民服务板块内容，将服务内容划分为旅游住宿、餐饮消费、文体娱乐、公共安全等类别，提供35家委办局1578件业务的办事指南公示。东城区实现了新的数字东城网站上线，完成原两区网站的优势特色栏目整合，进入第三阶段业务系统和政务网站的整合工作当中。丰台区建设了丰台门户网站和65家分站组成的网站群。新东城门户网站充分整合在线服务资源，提升公共服务质量；扩宽网上公共服务范畴，提升公众办事便力度；整合旅游信息资源，提高绿色旅游信息服务能力。顺义区对顺义网城进行了全面改版，网站频道页面的布局由原来突出办事系统向突出服务事项进行了转变，服务导航进一步细化和人性化。

（北京市经济和信息化委员会）

政府信息公开

【政府信息公开成效显著】 2010年12月31日，自《中华人民共和国政府信息公开条例》（以下简称《条例》）施行以来，北京政府信息公开专栏主动公开政府信息48.13万条（自《条列》施行至 2009 年 12 月 31 日，政府信息公开专栏主动公开政府信息 38.17 万条），年内，主动公开政府信息为近 10 万条。

（北京市经济和信息化委员会）

【工程建设领域信息公开成效】 2010 年年内，首都之窗运行管理中心拟定工程建设领域信息公开的工作方案，分两阶段组织相关部门和区县开展工程建设领域项目信息公开属性审查工作，起草了《关于进一步做好工程建设领域项目审批信息公开工作的指导意见（征求意见稿）》。在分析各单位实际公开现状并利用前一阶段专项治理项目排查和项目信息公开属性审查的成果基础上，与 10 月初完成北京市工程建设领域专项治理工作专栏的建设，配合门户网站改版上线运行。围绕专项治理工作的各项内容，专栏设置了组织机构、专项治理任务、工作动态、通知公告、政策文件、法律法规等栏目，重点整合了市发展改革委、市国土局、市环保局、市规划委、市住房城乡建设委、市园林绿化局的项目审批信息，利用市治理办工作信息填报系统数据和前一阶段项目公开属性审查结果，分别设置了项目建设管理信息和工程建设领域诚信信息的栏目。共发布工作动态、通知公告、政策文件、法律法规等工作信息共 96 条，立项审批、规划管理、土地出让、环境保护、建设施工、园林绿化等项目审批信息共 449 条，工程建设项目建设管理信息 404 条，工程建设领域诚信信息 61 条。专栏整体已基本达到政府网站专项工作专栏建设考核指标的要求，取得一定成效。

（北京市经济和信息化委员会）

【信息公开规范文件研究制定】 2010 年年内，北京市政府办公厅印发《关于建设政府信息公开效能检查制度并开展 2010 年效能监察工作的通知》（京政办发[2010]37 号）。《北京市行政机关依申请提供政府公开信息收费办法（试行）》（京发改[2010]294 号）也于 4 月 1 日正式实施。市级层面的主动公开、依申请公开、渠道场所、考核监督等 18 项制度规范实施情况良好。大兴区编制了《大兴区工程建设领域突出问题专项治理推进信息公开和诚信体系建设工作方案》，对工程建设领域项目信息的发布建立保密审查机制，该主动公开的信息已在相关网站上公开，依申请公开的信息均已编制了目录。通州区编制了《通州区政府信息公开目录编制规范》、《通州区政府信息公开指南（规范性文本）》等文件，制定历史及现有政府信息清理办法。

（北京市经济和信息化委员会）

【首都之窗政府信息主动公开进展顺利】 2010 年年内，“首都之窗”政府信息公开专栏公开信息 9.65 万条，专栏点击量 1.09 亿人次，全文电子化率为 98.03%，同比提高近 4 个百分点。其中，机构职能类信息 1393 条，占总数的 1.4%；法规文件类信息 8796 条，占总数的 8.83%；规划计划类信息 1209 条，占总数的 1.21%；行政职责类信息 4056 条，占总数的 4.07%；业务动态类信息 84106 条，占总数 84.49%。

（北京市经济和信息化委员会）

【各区县信息公开工作展开】 2010 年年内，北京市各区县开展信息公开工作机制。通州区建立一套考核工作机制，推进政府信息公开工作。通州区行政服务中心通过咨询台、触摸屏、大屏幕、服务窗口、网站、语音查询等方式为市民和企业提供政务信息获取和查询服务。顺义区政府信息公开专栏整合了全区的政府信息资源，增强了信息全网检索功能，截至年底信息公开频道累计发布各类相关信息 14000 余条，政府信息公开专栏累计发布信息 22345 条，受理依申请公开 119 件。通州区把相关的预算信息放到信息公开工作系统里，方便群众监督，提高政府管理效能，截至10月底通州区各政府信息公开工作机构（不包含垂管部门）通过市、区两级政府信息公开工作管理系统主动公开信息19294条。房山区实现每个部门通过政府信息公开专栏对本部门的领导机构、机构设置、业务动态、政策文件及规划计划进行主动公开。通过《房山信息网》发布主动公开信息2680条，依申请公开20条。平谷区政府网站发布社会公众关心的教育信息200条、医疗卫生300条、劳动保障300条、交通出行200条和公用事业100条。密云县成立了专门的机构——信息公开办（与县政府办合署办公），推进“北京·密云”政府网站在信息公开内容、信息公开栏目以及信息公开专栏等方面的规范性建设。密云县实现41家委办局的职能和办公电话全部公开，县委、人大、政府、政协主要领导基本信息均在“政务之窗”的“县级领导”栏目公开，并在领导调整时做到及时更新，所有属于主动公开的政府信息全部都按照《条例》及时准确地给予公开，截至年底，密云县网上主动公开的信息数量为629条，网上尚未接到依申请公开的请求。网站群提供办事结果查询、土地交易信息查询、地质资料管理与服务、手机网站、国土资源信息订阅等9项便民服务。昌平区政府门户网站进行优化升级，新版网站正式上线；新网站针对公众关注度设置栏目和规划内容，并开通WAP网站，提供昌平介绍、工作动态、公示公告、投资旅游等方面的信息查询服务，使不同类型的使用者都能方便地使用政府网站。顺义区增设公共安全、环境保护、市场秩序等栏目。开发区建设开发区社区公共服务信息网，开通95156社区服务热线，发布各种便民服务信息，整合家政、修理、服务预订、网上购物、生活物品配送等服务资源，设立网上公众交流平台，截至11月底，开发区社区公共服务信息网共发布便民信息633条，社区服务热线接听居民电话近500次。

（北京市经济和信息化委员会）

【市各委办局政府信息公开取得实效】 2010年年内，北京市各委办局政府信息公开工作取得实效。市教委主动公开政府信息389条，其中行政规范性文件5件，并已全文电子化上网公开。市环保局优化主动公开信息目录，及时主动公开“北京市2010年在直接关系群众生活方面拟办的重要实事”中与该局有关工作；环保局网站上主动公开该局财政预决算情况；截至10月31日，环保局网站主动公开信息2063条。市国土局网站群主动公开信息2781条，受理信息公开申请1576件。国土局网站群便民服务的访问量286104人次，服务的查询量54786人次。市药监局网站群注重与政府信息公开管理系统的对接工作，实现了质量公告、公示信息、公报通告、通知、药监新闻、药品监测信息、法律、法规、规章、规范性文件等栏目的即时公开。市城管执法局主动公开政府信息552条，发布依申请公开信息74条。市民政局建立民政信息网、《北京社区报》、96156社区服务热线等“网、报、线”三位一体的公开渠道，及时公开改善民生等方面信息。市人力社保局以“倾听民意、倾注民意”为主题，举办5场网民交流活动。市市政市容委通过12319便民服务热线，向市民公开冬季供暖、冰雪清扫等信息。市卫生局通过12320公共卫生热线，向市民公开流感疫苗接种等卫生防疫信息。

（北京市经济和信息化委员会）

【新闻发布制度完善】 2010年年内，北京市共组织召开新闻发布会、媒体通气会、记者座谈会1000余次，其中市政府组织召开39次，及时公开北京市交通改善措施、“科技北京”行动计划实施情况、第六次全国人口普查等重大政策、重要活动等方面的政府信息。

（北京市经济和信息化委员会）

电子政务运维

【概述】 2010年年内，北京市电子政务建设进入全面快速发展阶段，电子政务的战略地位明显提升，政府网站、网络平台、重点业务应用系统、基础信息资源库和各项基础性工作稳步推进，效益更加明显。北京市政府高度重视电子政务建设，各项工作取得了显著成效，整体发展水平居全国前列，政务透明度进一步增强，在增强政府经济调节、市场监管、社会管理和公共服务能力方面发挥越来越重要的作用。

电子政务工作推进

【电子政务运维工作座谈会召开】 2010年1月26日，北京市经济和信息化委员会召开电子政务运维工作座谈会，副主任俞慈声就上年本市政务部门开展运维现状、运维规划编制、运维培训、试点、运维相关标准研究同13家运维企业进行座谈，希望运维企业进一步提升产品和服务质量，并协助政务部门提高运维水平。

（电子政务与信息资源处）

【《电子政务运维服务支撑系统规范》地方标准通过审查】 2010年3月10日，市质量技术监督局组织专家组召开地方标准审查会，听取《电子政务运维服务支撑系统规范》编制情况汇报，并对标准送审稿进行审查。会议认为，该《规范》内容全面、科学合理，具有较强的系统性和先进性，填补北京市电子政务运维服务支撑系统建设标准的空白，处于国内领先水平。专家组一致同意该《规范》通过审查。

（电子政务与信息资源处）

【工信部调研北京市电子政务运维外包】 2010年3月11日，工信部信息化推进司司长徐愈到市高法调研电子政务运维外包工作。徐愈在视察和听取汇报后指出，北京要认真总结市高法在运维服务外包方面的经验，为国家“十二五”信息化规划提供经验。

（电子政务与信息资源处）

【宣武区信息化工作调研】 2010年4月19日，北京市经济和信息化委员会副主任俞慈声到宣武区调研信息化工作，在听取区信息办有关工作汇报后指出，宣武区要结合全市2010年电子政务工作要点，进一步总结信息化统筹管理的经验，注意发掘亮点，突出“信息惠民、信息强政、信息兴业”主线，做好区2010年信息化各项工作。宣武区副区长马继业参加调研。

（电子政务与信息资源处）

【新加坡资讯通信发展管理局来访】 2010年5月14日，北京市经济和信息化委员会副主任俞慈声会见新加坡资讯通信发展管理局（IDA）局长戴荣利一行。俞慈声介绍北京市经济和信息化委员会副主任职责和北京市信息化发展有关情况，并就深入推进电子政务建设等有关问题进行交谈。新方客表示，愿意加强各种形式的双边合作。宾主双方还就云计算推广、智能卡应用等问题交换意见。

（研究室）

【电子政务发展情况调查工作培训会召开】 2010年5月21日，工信部召开“电子政务发展情况调查工作培训会”，对全国电子政务发展情况调查工作进行培训和部署。此次电子政务发展情况调查主要是为了解中央及地方电子政务发展情况，调查范围包括中央约50个部委、所有省、市及部分地级市和县，为“十二五”电子政务发展规划做准备。会议要求各部委和地方政府部门按要求填写和上报“电子政务发展情况调查报告”。

（电子政务与信息资源处）

【全国电子政务建设和发展经验交流会召开】 2010年6月24日，工信部召开全国电子政务建设和发展经验交流会，工信部副部长杨学山和北京副市长苟仲文出席会议。北京市经济和信息化委员会副主任朱炎在会上介绍北京市电子政务建设的经验，市高级人民法院介绍电子政务外包管理做法和成效。

（电子政务与信息资源处）

【昌平区公众服务呼叫中心成立】 2010年8月6日，北京市昌平区公众服务呼叫中心正式成立对外营业。建立公众服务呼叫中心是2010年昌平区政府折子工程之一，是政府“便民助企、创新创业”的举措。公共服务呼叫中心系统是一个传统通信媒介和计算机技术相结合的综合信息服务平台，主要由“5890”呼叫信息系统、查询系统、后台保障系统、通话保障等软件系统组成，支持GIS查询功能。系统服务由涵盖26大类350个子项家庭服务事项的1,300余家企业信息数据库、涉及全区33个委办局的846个“一问一答式”创新创业政策数据库支撑。同时开通“5890”公众服务网站，北京市市民和企业登陆网站即可实现信息查询、建言献策或申请加盟等相关服务。截至2010年11月30日累计受理业务3,674项，呼出总量12,087通，累计办结业务3,499项，市民满意率达99.7%。

（北京市经济和信息化委员会）

【电子政务绩效考核工作开展】 2010年11月，北京开展了2010年北京市电子政务绩效考核，重点考核了100家单位电子政务发展水平、2010年电子政务实现的绩效和电子政务管理情况。促进全市电子政务在创建“人文北京、科技北京、绿色北京”、自主创新和社会经济发展方面发挥更大作用，推动全市信息资源整合共享发展，提升各单位信息化水平和电子政务应用绩效。

（电子政务与信息资源处）

【移动电子政务服务开展】 2010年年内，北京市支撑开展移动电子政务服务工作。支撑北京市经济和信息化委员会在2010年8月底开通移动电子政务管理平台，拟定将公务员门户、手机地图等作为移动管理平台试点工作内容，北京市政府业务和移动3G技术融合迈出坚实的一步。

（北京市信息资源中心）

【自主创新产品加强项目审查】 2010年年内，北京市经济和信息化委员会加强自主创新产品应用审查，要求各单位在项目方案中优先使用国产品牌的软硬件产品。审查通过项目中，安全软件与证书的国产化比例达到100%。目前完成项目审查复函659个，其中升级改造项目约646个，市级新建固定资产投资项目约13个。

（电子政务与信息资源处）

【房山区政风行风热线开通】 2010年年内，北京市房山区在《房山信息网》首页面设置了政风行风热线，为公众向政府反应问题和建议问题提供快速的通道；2010 年前三季度政风行风热线共收到信件 6,822 封，每封信件基本上能在规定答复的时限内向百姓进行认真答复，信件的按时办结率为 99.8%，期间接受群众评议 5376 次，群众满意率为 89%，较往年同期有较大幅度的上升（去年同期 63.6%）。

（北京市经济和信息化委员会）

【市级政府部门间业务协同深化】 2010 年年内，北京市规划委依托市电子政务专网骨干和区县政务专网平台，建成市规划委与 19 个区县分局的高速信息通道，实现跨层级的“一网”办公；结合自身业务，加强与市级其他部门间的跨部门协同审批平台建设，以规划委与国土局的数据共享与业务协同为重点，推进全市空间数据库基本框架建设和跨部门审批系统建设。北京市人口计生委实现委内《市人口计生委 AO 系统》、《北京市人口计生委会议管理系统》、《电子档案管理系统》、《数字图书馆系统》、《北京市人口计生委决策信息服务子网站》的协同办公。北京市国土资源局与市财政局、市规划委、北京市人民法院等单位利用信息技术实现了业务协同。北京市人保局实现优惠政策业务互动、城乡居民养老保险业务互动、工伤管理系统与工伤保险系统（四险系统）业务互动以及医保系统与北京市卫生局社区卫生服务信息系统进行接口认证。

（北京市经济和信息化委员会）

【各区县业务协同加大】 2010 年年内，北京市各区县加大业务协同的力度。平谷区通过电子政务办公平台，开展了该区各单位间公文流转、信息报送和采集、政务督察等 40 多项应用，促进各单位的协同办公；截至 2010 年年底平谷区通过电子政务办公平台上报、整理各类政务信息 12,000 余条，形成电子刊物 526 期，传输各类文本 13,517 件，内部邮件 10,257 件。延庆县业务协同工作正在起步阶段，正在建设的 GIS 系统属于业务协同范围。西城区建立区政务信息资源共享交换的管理方、申请方和需求方的审批流程式，与市共享交换平台实现对接，实现部门间以及市、区两级业务协同。昌平区政府 AO 系统升级为协同办公平台，完成了该区所有行政机关（含人大政协）和 17 个镇（街）的内部业务办公系统建设，提高行政办公效能。海淀区实现 256 个协同业务的网上协同办公，并通过数据共享交换平台，实现了与 9 家区内委办局和 5 家市级委办局的业务应用系统间的接口整合。通州区推进党政机关信息网建设，该网是通州区政府内部的办公网，兼有政府内部信息发布和各部门协同办公的功能，用户涉及通州区区大部分委办局、事业单位、医院和学校，为各政府职能部门公文流转、协同办公提供基础保障。大兴区政府办公自动化系统运行效果良好，在大兴区与经济技术开发区整合之初，政府办公自动化系统也已互联互通，实现两区各单位的公文、刊物网上发布、流转、归档以及各单位间的协同办公。

（北京市经济和信息化委员会）

【区县政府绩效管理信息化建设工作开展】 2010 年年内，北京市各区县开展政府绩效管理信息化建设工作。东城区为推进政府绩效管理信息化，南片建设行政执行力督察考核系统，使用单位覆盖 16 家考核单位和 61 家被考核单位，北片搭建覆盖全面的综合型网上监察平台，构建重点行政业务事项的电子监察系统。西城区完成处级班子及处级干部测评系统，将部门信息化绩效水平纳入考核范围，基本建成西城区网上行政监察系统三期建设项目，初步实现行政监察全覆盖，初步建立政府绩效考核信息化框架。通州区初步建立政府绩效考核信息化框架。

（北京市经济和信息化委员会）

【市各委办局行政监察信息化推进】 2010年年内，北京市各委办局稳步推进行政监察信息化的发展。市城管执法局积极配合市监察局开展行政监察现代化工程建设，年底实现96310城管热线系统、基础台账系统、电子法律文书系统与行政监察现代化一期工程的对接。市人保局建立了社会保险基金监督系统，共实现六大功能模块的应用，涉及展现页面150余个。市民政局进一步建设和完善民政行政监察体系，对行政管理过程实行网上监察，10月份完成民政局行政监察现代化工程建设方案的编制工作。北京市卫生局对卫生业务领域相关信息系统建设进行了分析，确定了卫生监督等领域的信息系统与监察信息系统对接，并形成了对接技术方案。北京市工商局建立的市场主体网格监管系统充分结合了GIS地理信息系统平台，加强了对北京市场主体监管的直观显示，提供了更为便捷的监管方式，提高了工商部门对主体的巡查监管效率。

（北京市经济和信息化委员会）

【区县行政监察信息化工作开展】 北京市顺义区建立了廉政风险防范管理信息系统，利用信息化手段促进廉政建设，从源头上防治腐败。大兴区综合行政服务中心拟开发建设大兴区区、镇二级综合行政服务网络管理系统和监控系统。延庆县完善全程办事代理系统功能，增强系统行政监察功能。平谷区在区电子政务办公平台中应用督查考核系统，将区政府实事工程、折子工程、市政府折子工程、市政府实事工程和平谷区重点工程全部落实到电子政务办公平台，同时电子政务平台接通区人大、区政协，对人大、政协的提案、议案也落实到电子政务办公平台，由区人大、政协和政府督查室对提案议案落实情况进行网上督查考核。怀柔区并联审批与监督管理系统实现进驻综合行政服务中心各部门和镇乡政府审批工作的网上流转，审批事项涵盖怀柔区近40个委办局、14个镇乡、2个街道的522项，800余小项和46个联办事项，截至年底共办结事项近27万件，承诺办理时限平均压缩42%，群众满意率为100%。通州区初步建成全程代办网上服务监察系统、行政投诉系统、阳光工程监督系统，基本实现行政监察全覆盖。丰台区人力资源和社会保障局建立丰台区人力资源和社会保障局劳动保障监察两网化综合管理平台，实现网格化的精细管理，监察方式向更加注重服务，更加注重预防转变，形成“今触网明采集”的数据维护机制，实现对用人单位的分类监管。

（北京市经济和信息化委员会）

【统一移动电子政务管理平台启动】 2010年年内，为落实信息化基础设施提升计划，鼓励3G技术在政府中的应用，北京市经济和信息化委员会组织三家电信运营商和信息通信协会，围绕政务应用需求，按照集约化原则，统筹规划，建设全市统一的移动电子政务管理平台。主要目标是，完成北京市移动电子政务管理平台的建设，完成移动政务平台的相关子标准的编写，制定移动政务平台管理办法，制定移动电子政务管理平台的规范，培训系统集成企业及相关人员；率先在城管执法局和朝阳区应用试点，逐步在全市推广。

（电子政务与信息资源处）

【各级政府部门门户网站规范化管理加强】 2010年年内，北京市各级政府部门门户网站加强规范化管理。市环保局制定《北京市环境保护局政务网站管理办法》，东城区信息办下发《关于完善“数字东城”网站网上行政办事事项的通知》，海淀区印制政府网站应急操作手册，密云县初步建立门户网站新闻类栏目的信息更新机制。

（北京市经济和信息化委员会）

【各委办局视频会议应用范围扩大】 2010年年内，北京市各委办局视频会议应用范围进一步扩大。市城管执法局完成北京市范围内桌面视频会议系统的安装工作，同时进行市区两级指挥中心12次调试工作。北京市农委建立视频会议室，用于召开全市农业系统相关工作视频会议，在年初北京召开两会期间，北京市农委利用该视频会议室完成了“北京市两会网上视频咨询”的工作。北京市人口计生委实施全市人口计生系统视频会议系统、全国人口计生卫星视频会议系统合并建设项目。北京市卫生局截至2010年10月底，利用北京市应急指挥平台视频会议系统召开视频会议146场。北京市民防局完成北京市民防视频会议系统建设、应用，实现了市民防局与市应急指挥中心视频会议互联互通。北京市教委年内共召开视频会议13场，共使用视频会议系统560小时。北京市环保局充分利用视频会议系统的作用，共召开视频会议16场。市国土局截止到2010年10月31日共使用视频会议系统召开会议30次，与会单位涉及部、省（市）、区（县）三级。北京市农业局年内全年召开视频会议67场，参加视频会议人数630余人次。西城区完成对南、北办公区IP视频会议系统整合，共建有48个视频会议点，该区IP视频会议系统在首届武搏会和国庆安全保障中，发挥了应急指挥、应急会商的重要作用。

（北京市经济和信息化委员会）

【各区县视频会议应用范围扩大】 北京市丰台区视频会议系统以该区应急指挥中心为主会场，视频会议系统整合了市政府电视电话会议、北京市应急IP视频会议、区IP视频会议系统，联接15个委办局和21个街乡镇，共37个会场，2010年年内共召开各类视频会议55场。密云县对视频会议系统设备进行了更新，覆盖17个镇3个街道以及13个专项应急指挥部。海淀区积极推进视频会议应用，截至2010年12月海淀区电视电话会议系统共计召开会议100余场。东城区实现区视频会议系统与全市应急指挥视频会议系统、电视电话会议系统的整合，截至目前共有50个视频会议分会场，完成市区两级视频会议系统对接互联共16个，开展视频会议8次，应急视频会议50余场。通州区到2010年10月底，共参加全市应急系统视频会议62次，电视电话会议40次。顺义区2010年视频会议系统共转播和召开流动人口管理员培训会、安全生产工作会等视频会议20余场。2010年年内，延庆县在视频会议系统上召开会议70余场，其中应急会议10余场。平谷区共召开IP视频会议80余场、电视电话会议5场。房山区政府IP视频会议系统共接入36家乡镇、委办局，到2010年11月为止，利用视频会议系统召开区县性会议50余场。

（北京市经济和信息化委员会）

【数字博物馆建设】 2010年年内，北京市西城区建成数字空竹博物馆，运用3D技术等现代信息技术手段在互联网上实现对空竹历史沿革、空竹制作、空竹技艺、空竹传人、空竹藏品等文字、图片、视频、三维动态的全面展现。已经有5,000人次在互联网上到博物馆来参观。另外，西城区还完成宣南非物质文化遗产数字博物馆方案设计，正在建设中。

（北京市经济和信息化委员会）

【《电子政务运维服务支撑系统规范》正式发布】 2010年年内，《电子政务运维服务支撑系统规范》正式发布，共分《第1部分：基本要求》和《第2部分：符合性测试》两部分。该标准提出北京市电子政务运维服务支撑系统的技术要求，对各级政务部门电子政务运维服务支撑系统的规划和建设提供统一的规范和技术要求。

（北京市经济和信息化委员会）

【共享交换平台运维服务工作完成】 2010年年内，北京市共享交换平台连接所有区县和57个政务部门，实现互连互通；累计完成700余项信息的交换工作，累计交换数据3.3亿多条，有效支撑应急指挥、城市运行等重大应用。

（北京市经济和信息化委员会）

【公务员门户和领导决策系统运维服务工作开展】 2010年年内，北京市经济和信息化委员会电子政务与信息资源处建成市财政局等4个门户专版和“关注世博”等多个专题、专栏。有效服务全市2.9万余政务工作人员，门户日均访问量达4万次。领导决策系统为市政府副秘书长以上领导，委办局、区县及决策辅助部门共889位领导提供服务，累计更新相关决策信息8,000余条。

（北京市经济和信息化委员会）

【基于目录管理工作开展】 2010年年内，北京市经济和信息化委员会电子政务与信息资源处完成个人信用、绿色出行等4个主题信息共享目录编制工作，完成已编制的主题目录运维工作。已在共享交换平台登记各类信息资源目录近6,000条，支撑信息资源管理工作。

（北京市经济和信息化委员会）

【人口和法人基础信息服务推进】 2010年年内，北京市经济和信息化委员会累计为4个区县及7个委办局提供法人基础信息服务，并为市安监局提供5批次的比对服务；支撑北京市经济和信息化委员会完成人口基础信息数据库（一期）工程的验收工作，并积极推动人口基础信息共享服务。

（北京市经济和信息化委员会）

【网上世博会北京馆建设工作完成】 2010年年内，北京市经济和信息化委员会电子政务处组织首都之窗管理中心完成网上世博会北京馆建设工作，在内容组织、技术创新、机制保证、工程化管理和运维保障五个方面显现独有的特色。北京体验型展馆建设围绕世博会以及北京参博要求，从科技、人文、绿色三个角度，展现北京悠久的历史和国际化大都市新形象。在整体创意、设计风格方面遵照北京市参与2010年上海世博会整体视觉设计要求。为保证用户的良好体验，北京体验馆技术采用NCITY专利技术，这也是此次网上世博会大平台的核心技术，其特点是在虚拟拓展空间中，能获得快速的显示速度和流畅的操作模式。并率先实现不下载任何插件就可以浏览虚拟空间。为提高浏览速度，底层优化也是北京馆的技术亮点。在网上世博会全面开放期间，网上北京馆PV访问量为39,378,735，列国内省区市网上展馆首位。

（电子政务与信息资源处）

政府部门信息化建设

北京市财政局

【概述】 2010年年内，北京市财政局按照“科学统筹、深化改革、夯实基础”和打造效益财政的总体要求，深入学习科学发展观，将争优创先活动同实际工作紧密结合，按照财政科学化精细化管理理念，扎实推进信息化建设进程。通过开展存量数据整合、制定应用支撑平台实施方案、加强信息安全管理，梳理业务流程和规章制度，强化集中运维、组织技术培训、开展课题调研考察、夯实基础服务等一系列工作，不断提升财政信息化管理水平和服务水平，以信息化手段强力支撑财政业务改革，科学打造效益财政。

（邢璐）

【信息化历史存量数据整合开展】 2010 年年内，为有效盘活信息化历史存量数据，整合优化软硬件系统资源，提高系统性能、加强信息资源共享与利用，北京市财政局开展信息化历史存量数据整合工作。制定存量数据整合工作方案，对全局的 101 个业务系统进行全面的梳理和科学合理的分类，提出“关交迁整”建议，并将存量数据整合工作和财政部应用支撑平台实施推广工作紧密结合。

（邢璐）

【财政管理信息系统打造实施】 2010 年年内，借力财政部金财工程应用支撑平台，北京市财政局实现财政内部、财政与同级预算单位、上下级财政互联互通的一体化财政管理信息系统。市财政局信息系统整合改造的重点是规范业务流程、统一技术标准、实现数据综合利用等。借助应用支撑平台实现“以平台促业务，以业务推平台”系统整合改造目标，实现流程通畅、业务衔接和数据共享，为实现专项转移支付资金监控、预算自动汇编、收支及时汇总、决算即时生成和决策分析支持等业务目标创造条件。

（邢璐）

【集中运维管理强化】 2010 年年内，北京市财政局借助集中运维，通过加强测试管理，完善了系统变更和发布管理，开通 IT 服务热线，截至 2010 年 11 月底，服务台共接到局内、外用户服务请求 6,168 次，应用系统故障一线解决率为 68%。开展系统监控及巡检，实施 7×24 小时信息系统监控及定时巡检工作；编制运维周报、运维月报，通过采取以上措施及手段，确保 AO、FIRS 等财政核心业务系统的稳定运行，大大降低安全隐患及风险，有效支持财政日常业务顺利进行，为财政改革提供了有力的保障和支撑。

（邢璐）

【信息安全管理工作提升】 2010 年年内，根据经信委下发的京信安协办【2010】 2 号文件精神，北京市财政局于 2010 年 7 月初至 10 月中旬，组织相关人员针对局内网络与重要信息系统开展全面的安全检查评估工作，核对运维监控、资产管理、等级保护和应急演练等信息安全工作产生的过程记录文档。经过近 3 个月自查和加固工作，发现的信息安全风险及问题均得到妥善解决，顺利通过北京市经济和信息化委员会、市安全局等单位的实地检查。组织 3 次区县监控现场需求调研会议，完成全市 20 个区县财政局的需求调研工作，形成《2010 年全市区县财政局系统运行环境项目监控需求调研报告》。

（邢璐）

【财政网站建设加强】 2010 年年内，为进一步推进政务公开工作，北京市财政局对北京财政网站进行了升级改版，依托北京财政网站这一平台，逐年加大政府信息公开、行政许可、审批及各种服务事项的网上办理力度，取得了突出成效。2010 年年内，共有 13.6 万人通过会计网上报名系统进行了网上报名，9 万人通过系统进行了成绩查询，1,378 人通过系统进行了网上年检。得到众多会计从业人员的一致认可；通过北京市政府采购平台，在互联网上可完成政府采购全流程操作和实时监督，实现政府采购业务的申报、审批、执行、查询和监管；通过北京市政府采购平台系统，共发布采购公告

11,543 篇，为 1,402 个供应商和 50 个政府采购代理机构提供便捷服务；通过网民留言系统、首都之窗政风行风热线、局长热线、投诉热线等多种方式来听取公众的意见、建议，共受理网民留言问题 2,674 条，回复率 100%。

（邢璐）

北京市档案局

【概述】 “十五”和“十一五”时期，北京市档案局加强全市档案信息化规划、标准和规范性文件调研起草工作，履行全市档案信息化监督和指导职能，监督和指导全市重点档案信息化建设项目，协调市有关部门和区县档案局（馆）档案信息化建设。全市档案信息化工作已初具规模。2010 年年内，60%以上的市属单位档案室对电子文件进行有效管理，40%以上的市属单位制定电子文件管理制度。开展以档案网站建设为主要内容的档案信息服务，市和区（县）档案局（馆）都建立自己的网站并且提供形式多样的网络服务。通过“北京市档案信息网”和“政务网档案信息资源服务系统”，使全市档案资源在国际互联网和北京市政务网上得到有效利用。市和区（县）档案馆通过档案信息网，将全部开放档案目录和部分开放档案原文向社会和政府部门提供服务。正式启动《北京市“十二五”时期档案信息化发展规划》的编制工作，并对全市原 18 个区（县）档案数字化工作进行全面的评估总结。印发《北京市数码照片档案归档与管理办法》，并完成地方标准《档案数字化规范》一至四部分的《总则》、《纸质档案数字化加工》、《缩微胶片档案数字化加工》和《照片档案数字化加工》起草和申报工作。

（田雷）

【数码照片档案归档与管理办法制发】 2010 年 7 月 1 日，北京市档案局制发《北京市数码照片档案归档与管理办法》，明确市属单位档案部门对数码照片档案的管理职责，确定数码照片档案在归档与管理过程中应遵守的工作要求，规定数码照片档案从移交到保管和利用等各环节的技术标准。

（田雷）

【《档案数字化规范》部分正式发布】 2010 年 12 月 28 日，北京市档案局起草的《档案数字化规范第 1 部分：总则》（DB11/T 765.1—2010）、《档案数字化规范 第 2 部分：纸质档案数字化加工》（DB11/T 765.2—2010）、《档案数字化规范 第 3 部分：微缩胶片档案数字化加工》（DB11/T 765.3—2010）和《档案数字化规范 第 4 部分：照片档案数字化加工》（DB11/T 765.4—2010），由市质量技术监督局正式发布，并于 2011 年 4 月 1 日起实施。《档案数字化规范》是针对北京市档案数字化实际开展情况而制定的，适用于北京市各级部门的档案数字化工作。系列标准计划共包括 8 个部分，涵盖各种传统载体档案的数字化加工，覆盖档案数字化工作的全过程，本次发布为该规范的前四个部分。

（田雷）

【区县档案数字化工作现状评估】 2010 年年内，北京市档案局第一次开展专门针对档案数字化工作进度、档案数字化成品质量、档案数字化开展模式、数字档案资源利用情况、数字档案资源安全保管环境以及人力、资金、设施设备配套等方面的综合评估考察，评估对象为原 18 个区（县）档案局（馆）。本次评估工作，综合考察原 18 个区（县）档案数字化工作的开展情况，估量全市档案数字化工作的整体进度和发展速度，为进一步确定“十二五”时期档案数字化工作目标起到依据性作用。评估工作采取现场评估和区（县）档案局（馆）上报自评报告相结合的方式，各单位均按要求上报自评报告，北京市档案局从中抽取部分区县进行现场考评。

（田雷）

【奥运档案数据存备管理系统建设】 2010年年内，北京市档案局（馆）实施“奥运档案数据存备管理系统建设”项目。该项目的建设提高奥运档案数字化工作质量和工作效率，确保奥运档案的安全保存。项目建设内容包括：采购音视频工作站、高清录像机等数字化设备，建立音视频档案管理系统、纸质档案数字化加工处理系统。

（崔伟）

【市档案馆数据集中整理系统建设】 2010年年内，北京市档案局（馆）实施“北京市档案馆数据集中整理系统建设”项目。该项目将纳入集中整理范围的数据安全、可靠、完整、准确、高效地集中到档案资源库中，实现统一管理，为后续整理、利用、异质、异地备份奠定基础。项目建设内容包括：建立数据集中整理系统以及集中整理约60TB数据。

（崔伟）

北京市地方税务局

【概述】 2010年年内，北京市地方税务局制订《北京市地方税务局2009～2013年信息化建设战略规划》，建立信息化标准化体系框架，梳理业务流程，完善工作规范，开展数据资源清查，完成信息资源清查，个人独资和合伙企业个人所得税年度申报改造项目成功部署上线，在北京市经济和信息化委员会2010年年初召开的2010年全市电子政务和信息安全工作会上被评为电子政务优秀单位。

（崔犇）

【个人独资和合伙企业个人所得税年度申报改造项目上线】 2010年3月31日，在信息中心和安保中心的配合下，北京市地税局科技处组织完成核定征收个人独资企业和合伙企业投资者个人所得税年度（季度）申报改造项目和改版完税证明打印样式的系统部署工作。目前新的应用系统运行正常。

（崔犇）

【信息化战略规划制定】 2010年年内，按照《北京市“十一五”国民经济和社会信息化发展规划》、《北京信息化基础设施提升计划（2009—2012年）》的总体部署，以《北京市信息化促进条例》、《2006—2010年北京地税发展规划纲要》为依据，遵照国家税务总局已发布的技术标准和规范，在征询国家信息化专家咨询委员会专家意见的基础上，组织制订《北京市地方税务局2009～2013年信息化建设战略规划》。2010年年初印发全系统，稳步做好与“金税三期”的衔接工作，为信息管税提供技术支撑。

（崔犇）

【局信息化标准化体系框架建立】 2010年年内，北京市地税局积极联系北京市质监局、国家税务总局等有关部门，共收集到国标、地标、行标等各类标准514个和147个，形成标准体系表，经科技信息处、信息中心、信息系统安全保障中心共同甄别、判断，结合信息化建设工作实际，在国标、行标、地标及是地税局自编标准规范基础上，建立北京市地税局信息化标准化框架体系，涉及总体标准、基础设施标准、数据标准、应用标准、安全标准和管理标准6大类、30小类，共514个标准。编写《北京市地方税务局信息化标准化工作指南》，规范信息化标准的编制和修订的工作程序，对标准的执行提出明确的工作要求。

（崔犇）

【信息化工作全流程管理】 2010年年内，根据三定方案和市地质局确定的科技信息处9项具体职责，从基本概念、工作要求、工作成果、完成标准和完成时限5个方面入手，完善科技信息处48项具体工作流程，涉及33项工作制度（其中完善涉及信息化项目需求提出、项目管理、项目验收和档案管理方面的工作制度5个），79张表证单书，为信息化工作全流程管理和各项具体工作环节均有章可循提供基础。

（崔犇）

【数据资源清查工作开展】 2010年年内，北京市地税局全面整理核心征管系统、发票系统和个税系统(含12万申报)三个系统中存储的、用于支撑前台纳税服务和内部税收管理而采集的原始数据，以及来自其他政府部门和组织的共享信息数据。共清查核心征管系统、发票系统和个税系统中记录的14,040个数据字段，涉及1,221个数据库表，涉及核心征管系统1,102个具体功能菜单，发票系统340个功能菜单，个税系统94个功能菜单，涉及14个方面的数据来源，涉及11个业务管理部门，按照数据库字段名去重清理后，共有数据项4,032个。通过清查掌握数据资源的基本情况，为实现信息管税和风险管理提供基础条件。编制《信息系统税收业务数据字典管理办法》，规范信息系统交易数据的形成和维护工作。

（崔犇）

【信息资源清查完成】 2010年年内，北京市地税局科技信息处会同信息中心、信息系统安全保障中心，对局13个机房（包括5个计算机机房、4个配线间和4个UPS及监控机房），16个信息系统，硬件设备478台的硬件资源、软件资源、网络资源等各类信息资源要素进行清查，清查信息资源要素1万5千多项，整理形成信息化资源要素库，基本做到底数清、情况明，并制定发布《北京地税信息化资源要素库登记管理办法》，为北京地税信息化建设科学持续发展奠定基础。

（崔犇）

【被评为电子政务优秀单位】 2010年年内，在北京市经济和信息化委员会年初召开的2010年全市电子政务和信息安全工作会上，北京市地税局被评为2009年度电子政务优秀单位并获得奖牌。这是市信息化工作领导小组依据《北京市信息化促进条例》和《北京市电子政务绩效考核管理办法（试行）》，对市级政府部门、市级其他国家机关和群团部门、区（县）人民政府开展电子政务绩效考核的结果，北京市地税局是市政府部门16个电子政务优秀单位之一，这也是自2005年市信息化工作领导小组开展电子政务绩效水平考核以来，北京市地税局连续第五年获得优秀单位称号。

（崔犇）

北京市地勘局

【概述】 北京市地质矿产勘查开发局组建于1958年，是北京市专业从事区域地质、矿产地质和水文、工程、环境地质勘查工作的事业单位，包括8个基层单位。2010年年内，市地勘局在市政府的领导下，在北京市经济和信息化委员会的技术支持与指导下，以利用项目支撑信息化建设，信息化为业务服务为宗旨，完善网络基础设施建设、建设完成“地勘局办公业务综合管理系统”、申报“北京城市地质安全保障服务系统”、整理10个专业43个不同的图层，并将其放入北京市政务地理空间信息共享平台。

（李小龙）

【政务地理空间信息共享平台完成】 2010 年年内，北京市地勘局经过多年的基础地质工作，生产不同专业的地质资料信息，有元数据及数据两类，服务于政务地理空间信息资源共享。根据北京市政务资源管理中心提供的资料需求目录，共包含 10 个专业 43 个不同的图层。市地勘局按北京市地质资料信息产品政务产品加工标准对 43 个不同图层进行加工处理，并放入北京市政务地理空间信息共享平台，为政务决策部门提供服务。

（李小龙）

【办公业务综合管理系统完成】 2010 年年内，北京市地勘局建设完成“北京地勘局办公业务综合管理系统”，系统包括办公业务和视频会议两部分。地勘局办公系统下设个人办公系统、公文管理系统、档案资料管理系统、图书期刊管理、通知通告管理、资源管理系统、会议管理系统、日程管理系统、人力资源管理系统、地勘项目管理系统、地面沉降信息管理系统等模块。视频会议系统建设是在地勘局机关建设两个主会场，在 8 个下属单位分别建设一个分会场。通过项目的建设，提高市地勘局各处室和 8 个下属单位间的协同工作效率，降低消耗成本，实现网络无纸化办公，建立统一的音视频和数据交换平台，减轻工作人员工作负担，达到信息化建设标准。

（李小龙）

北京市高级人民法院

【概述】 2010 年年内，北京市高级人民法院技术处围绕“公正、廉洁、为民”的工作主题，探索利用科技手段来解决“案多人少”的矛盾，应用信息化实现审判方式和管理机制的改革与创新，在提高审判工作质量、效率和方便诉讼当事人参与诉讼等方面取得一定的成绩和经验。总结十年来信息化建设的成果，北京市法院形成以高级法院为中心覆盖全市三级 21 个法院、60 个派出人民法庭的综合信息共享与交换系统，部署审判流程管理、司法为民信息服务等 200 余项业务应用。全市各级法院实现全业务、全流程信息共享和业务协同的工作模式。在运维服务方面，进行“治理型”电子政务运维外包的实践和探索。以法院核心业务与信息系统“深度融合”为目标，以运维“精细管理”为手段，把运维工作细化为每一项基础操作，探索出规范化、精细化、主动式的电子政务运维外包管理模式，在运维外包工作中逐步总结和规范组织机构、运维流程、运维规范、评估标准和任务目标，形成以“一个运维外包管理体系、两个核心流程和规范、三项基础工作、四项约束和激励机制”为特色的“一二三四”运维外包作业法。市高院的运维模式成为工信部运维示范项目之一。

（张晓梅）

【信息化工作调研】 2010 年 3 月 11 日，市工信部推进司司长徐愈、北京市经济和信息化委员会副主任姜毅群等一行到市高级法院进行工作调研。徐愈高度赞扬市高级法院信息化工作“深度融合、精细管理”，并要求进一步总结市高级法院信息化运维服务外包方面的经验，将在制定国家“十二五”电子政务发展规划时，把这一工作作为重要内容补充进去；工信部要在全国推广高级法院信息化运维管理的典型经验，并作为国家电子政务示范项目。

（张晓梅）

【全市法院规范信息化运维作业工作视频会召开】 2010年4月1日，北京市高级法院技术处召开全市法院规范信息化运维作业工作视频会议，落实“科技强院”方针。会议总结全市法院信息化运维工作，对年内信息化运维规范和管理工作进行部署，并就具体工作向全市法院网络工程师进行业务培训。市高院技术处及全体运维服务工程师90余人在主会场参加会议，全市法院主管信息化工作主任、网络工程师、运维服务工程师约150余人在高院分会场听取会议。

（张晓梅）

【全国电子政务建设和发展经验交流会召开】 2010年6月24日至25日，由工信部主办，北京市经济和信息化委员会承办的全国电子政务建设和发展经验交流会在市高级人民法院召开。会议主题为：深入贯彻国家信息化发展战略，深化电子政务应用，不断推进电子政务健康发展，总结交流国务院部门和地方电子政务建设和发展的成功做法和典型经验，研究提出当前和今后一段时期全国电子政务建设和发展的主要工作和要求。各省、自治区、直辖市、新疆生产建设兵团及计划单列市、副省级城市工业和信息化主管部门以及国务院各部门电子政务工作单位等约150人参会。工信部副部长杨学山、北京市副市长苟仲文等领导出席会议并致辞。市高级法院介绍电子政务建设和运维经验。

（张晓梅）

【全国地方电子政务干部培训班到市高级法院现场参观教学】 2010年8月11日，工信部信息化推进司组织全国地方电子政务干部培训班学员到市高级法院现场教学，北京市高级法院技术处领导介绍市高级法院电子政务建设工作的经验。来自河北等11个省（市）所辖地市（区）电子政务工作负责干部约160人参加学习培训。

（张晓梅）

【远程视频法庭试运行新闻发布会召开】 2010年8月31日，市高级法院召开“北京法院远程视频法庭试运行工作新闻发布会”，市高级法院副院长贺荣出席会议并作讲话。发布会现场直播市第二中级法院举行的远程视频观摩庭，中央电视台、北京电视台等几十家媒体在发布会现场观摩庭审，并首次通过远程视频方式采访该院法官。

（张晓梅）

【全国法院信息化培训班技术交流活动开展】 2010年9月26日，全国信息网络技术培训班学员到市高级法院参观交流，学习北京高院信息化建设、应用和管理的先进经验。北京市高级法院有关同志为学员们作精彩的观摩讲解和经验介绍。

（张晓梅）

【全国法院案件信息管理系统演示会召开】 2010年12月29日，最高法院组织召开全国法院案件信息管理系统演示会。最高法院副院长张军、苏泽林出席会议并作讲话，北京市高级法院副院长翟晶敏等演示单位的主管领导参加会议，会上北京、上海、江苏、重庆和四川高级法院等五家单位，在会上分别演示各自的案件信息管理系统。

（张晓梅）

北京市工商行政管理局

【概述】 2010年年内，北京市工商行政管理局对网站进行安全升级，确保“北京工商”网站的各项业务应用系统的安全稳定运行。对“北京工商”网站进行改版，开通“企业注册自然人身份信息联网核查系统”，完成12315投诉举报系统的升级改造，优化网上登记，推进企业注册全流程网上办理。将食品安全管理延伸到网上商品交易及服务领域，在此基础上构建网格化的电子商务监管体系。建设北京市商品交易市场监督管理系统，在全市十大批发市场的主办单位部署商品交易市场管理系统及其运行环境，建立重点商品的全面追溯，健全完善数据质量管理长效机制。

（柳锴）

【“北京工商”网站改版】 2010 年 3 月，为解决“北京工商”网站访问量激增、在高峰时段出现阻塞的问题，北京市工商行政管理局对网站进行安全升级，由百兆防火墙更换为性能更好的千兆防火墙。通过升级，防火墙 CPU 使用率由 90%降至 50%左右，消除防火墙的性能瓶颈，确保“北京工商”网站的各项业务应用系统的安全稳定运行。在网站内容方面，为进一步提升政民互动性，提高公共服务水平，启动“北京工商”网站改版工作，对网站栏目及页面设计进行优化完善，并按照“首都之窗”建设场景式办事服务大厅的要求，结合北京市工商行政管理局实际情况建设“北京市工商局网上办事服务大厅”，将各项行政许可办事服务和公共服务项目进行梳理整合，以互动形式引导企业和社会公众便捷获得办事指南、表格下载和在线办事等各项服务。

（柳锴）

【身份联网核查实施】 2010 年 4 月，北京市工商局开通“企业注册自然人身份信息联网核查系统”，为北京市各级工商部门辨别企业投资人及高管人员身份，从源头上遏制利用虚假身份骗取企业登记的不法行为提供有效技术手段。“企业注册自然人身份信息联网核查系统”与公安部全国身份证号码查询服务中心实时联网。市工商各级部门在办理企业登记业务过程中，可利用该系统将办理业务所涉及到的个人投资人、自然人股东、企业申请人、法定代表人及企业其他高管人员出示的身份证信息及时进行比对，从而判断其身份的真实性。联网核查系统为工商部门识别自然人身份增添“火眼金睛”，为营造首都良好投资环境筑牢“防火墙”。这一举措有利于建设安全和谐的市场准入环境，促进“诚信北京”的建设。联网核查系统为工商部门辨别身份信息真伪提供权威、有效的手段，客观上将对不法分子使用假身份骗取登记产生巨大的威慑和预防作用。有利于维护正常的市场秩序，提高首都城市竞争力。联网核查从源头上制止虚假身份注册行为，遏制因此造成的交易欺诈行为，减少经济纠纷，降低交易风险，切实维护企业和社会公众的利益。有利于工商部门加强登记注册管理，健全登管衔接，降低监管成本。该系统正式启用以来，全市各级登记机关共核查自然人身份信息 14.25 万人次，核查结果为异常的 1.9 万余人次，反馈问题信息 51 件，涉投资金额 4,500 余万元。

（柳锴）

【网格监管深化】 2010 年 9 月，北京市工商局深入研究电子商务监督执法规律，科学配置和整合执法资源，探索符合首都电子商务发展和互联网环境特征的监管措施，做到科学管网、依法管网、以网管网，并以建设食品追溯系统二期为契机，将食品安全管理延伸到网上商品交易及服务领域，并在此基础上构建网格化的电子商务监管体系。系统包括网络经营主体监控子系统、客体监控子系统、违法行为监控子系统、宏观决策支持子系统，构成市、区两级监控平台，覆盖国家禁止或限制经营的商品、服务和工商法律法规涉及的网络违法案件线索 500 余项、共计 2 万余个网络关键词组合，形成工商部门开展网络搜索的标准化词库。一级平台以网络风险的发现、追踪功能为重点，强化分析、预警、指挥、决策能力建设；二级平台以网络风险的控制功能为重点，强化监管执行和操作能力建设。在系统首次运行测试过程中，共搜索到涉及国家禁止或限制的客体经营线索 8.6 万条，违反各类工商行政管理法规的案件线索 130 万条。依托该系统，市工商局积极推行“遇案上网、遇诉上网、遇检上网”措施。通过应用该系统监管电子商务企业 85,023 家，从事电子商务行为的社团法人 1,305 家，开办独立网站 58,533 个，网店 43,062 个，黄页 139,447 个，各类网络经营主体共计 243,062 个。此外，根据国家工商总局《网络商品及有关服务行为管理暂行办法》，另有 50 万家在北京市电子商务平台开办的网店纳入我局统一监管。2010 年年内，市工商局利用该系统共立案涉网案件 1,196 件，办结 808 件，罚没款 1,068 万元，大幅提升对涉网违法行为的监督执法力度。

（柳锴）

【12315 举报投诉系统全面升级】 2010 年 10 月，为提高 12315 平台服务效率，及时、准确地获取社会信息，提高工商系统动态监管市场秩序的能力，北京市工商局完成 12315 投诉举报系统的升级改造。设立集中式呼叫平台，保障 12315 热线电话的畅通率。实施集中式部署之后，较之前分布式部署有非常明显的优势，有利于市局集中管理、监控、维护，及时发现问题。电话统一接入市局平台后，能够充分、合理利用全市电话资源，实现动态、智能的分配，电话坐席资源充分共享，不会出现过度繁忙和过度空闲两极情况，为消费者提供更为优质的热线服务。建设绿色通道，提高企业自律意识，维护消费者权益。绿色通道网上服务平台是 12315 投诉举报系统的一项重要功能，旨在健全消费者权益保护体系，进一步规范绿色通道企业解决消费纠纷，增强 12315 中心企业交流沟通、信息交换的工作。该平台拥有绿色通道企业 1,260 余家，有效加快纠纷解决的速度和效率，并为消费者和企业之间提供良好的交流平台。建立结构化知识库，使服务内容规范统一。12315 中心将多年积累的受理经验、工作规范、消费常识、常见问题分析、典型案例等进行专业梳理，归集 13 万余字的知识库文档，制成知识库软件嵌入系统中。开放式的知识库软件为 12315 工作人员乃至全市工商干部提供一个知识学习、分享与传播的平台，提高工作人员的应答速度与效率、保证业务处理的准确度和统一性。2010 年以来，北京工商 12315 中心受理消费者投诉 15.2 万件，举报 15.7 万件，办结率为 99.21%，为消费者挽回经济损失 1.19 亿元。

（柳锴）

【商品交易市场监督管理系统应用】 2010 年 11 月，北京市工商局建设北京市商品交易市场监督管理系统，在全市十大批发市场的主办单位部署商品交易市场管理系统及其运行环境，建立重点商品的全面追溯。在其余 11 个批发市场部署单机版系统，建立基本的商品可追溯机制。市工商局录入日常巡查 160 次、检测数据 140 例、下发行政指导 84 件、督导督办 78 件；10 个重点批发市场采集商户数 73,451 户、商品数 156,902 个、索证索票数 4,208 张、商户建立台账数 5,969 个、进行日常检查 410 次、抽样检测 182 例；11 个批发市场采集商户数 8,451 户、商品数 113,681 个、索证索票数 1,664 张、商户建立台账数 5,832 个、进行日常检查 280 次、抽样检测 66 例。通过构建北京市商品交易市场监督管理系统，提升商品交易市场专业化监管效能，提高监管的效率。提升市场主办方的自律意识，加强其对上市商品质量和食品安全的控制力，完善商品追溯体系。

（柳锴）

【企业注册全流程网上办理推进】 2010 年年内,“网上登记注册服务系统”以“企业申请人”为中心进行设计和开发，突破过去电子政务系统多以政府部门或政府工作人员为中心的做法。自系统开通以来，办妥一项登记手续往返工商部门的平均次数从原来的 4 至 5 次缩短到 2 次。该系统月度访问量保持在 700 万次以上，在“首都之窗”最受公众欢迎的政府服务中，始终位于前三名。为进一步改善投资环境，市工商局对“网上登记系统”进行优化，在朝阳和丰台分局试点全流程网上办理，申请企业无需到登记大厅即可完成全部手续，纸质申请材料及营业执照通过邮政速递送至申请人手中，注册费用委托银行代收，真正做到足不出户即可办理登记。这一方式下，申请人和审批者不再直接见面，促进廉洁行政。丰台区有近 40%的投资人选择这一方便快捷的方式申办营业执照。

（柳锴）

【数据资源质量管理和应用加强】 2010 年年内，加强数据质量管理。以国家工商总局数据质量大检查为契机，健全完善数据质量管理长效机制。加强组织领导。北京市工商行政管理局和各分局成立数据质量管理领导小组，下设工作组,由各业务部门和信息化部门共同组成。市局及各区县分局信息中心均设置专门的数据管理机构和岗位，在市、区两级业务部门及工商所设立数据管理员。完善制度建设。梳理整合分散于各类制度中有关数据管理的专项规定，制定《北京市工商行政管理局数据管理办法》。各业务处室都将业务数据质量纳入年度业务考核内容。信息化管理部门会同相关业务部门，建立数据质量管理的沟通协商机制。强化技术支持。建设“北京工商数据质量管理系统”，配置数据检查规则 700 余条，实现对数据中心七大主题数据库数据质量的全面监控。系统定期对处理结果进行跟踪评估，并以此驱动业务部门完善数据采集、录入质量控制措施。此外，主要业务软件中，设置大量的数据逻辑判断和自动校验规则，使数据质量在源头即得到有效控制，减少人工录入错误。仅登记系统即设置近 300 个校验规则。在登记注册、执法办案等系统中优化流程控制功能，下一流程对上一流程的采集和产生的数据负有审核责任。组织领导、制度建设和技术支持三措并举，使数据质量管理工作逐渐实现从注重事后管理到注重事前、事中与事后管理有机结合的转变。数据共享交换。北京工商数据中心成为全市工商行政管理数据的存储中心、交换中心、服务中心和管理中心。依托数据中心开发接口，实现与外部机构之间的数据交换服务；利用数据中心的综合查询、个性化下载、灵活统计等功能，满足全市各委办局及区县相关部门对工商数据的批量要求。2010 年前 10 个月，通过接口向相关部门和系统提供数据 1,200 余万条；通过批量下载为市区两级政府部门提供批量数据 455 次，数据总量 378 万余条。数据挖掘利用。按照建立“服务型政府”的要求，基于数据中心的多维分析功能，实现对工商数据的综合分析解读和深度加工处理，为政府部门科学决策、市场主体参与经济活动、人民群众安全消费提供依据和支持，提高工商信息资源的整体效益和效能。已累计发布 81 期，其中发布 46 期。通过与专业机构合作，对工商数据进行深度的挖掘和分析，已完成《北京市企业存活路径分析》、《北京市企业活跃度分析》多篇专题分析，提出市场主体存活率、市场主体活跃度、资本活跃度等新的工商数据评测指标。各区县分局也加强对本地数据的分析应用，通过对各类业务数据的分析研究辅助领导决策，推动业务发展。

（柳锴）

北京市广播电影电视局

【概述】 2010年年内，北京市广播电影电视局在市委市政府的正确领导和国家广电总局、市委宣传部的支持指导下，始终坚持以邓小平理论和三个代表重要思想为指导，深入学习贯彻十七届五中全会精神，学习科学发展观，围绕首都建设世界城市的总体目标，在全力保障信息化安全运行的基础上，较好完成如下各项任务：根据《2006—2020年国家信息化发展战略》和北京市《2006—2020年首都信息社会发展战略》等文件精神，编制2011年至2015年电子政务发展规划，为市广电局电子政务发展提供决策支持。突出重点项目建设，严格把关，完成“综合业务平台”和“机房改造”项目的建设工作，为推动市广电局电子政务和信息化发展提供技术支撑和硬件保障。建立健全行政审批工作运转机制，协调业务部门与技术支撑部门的职责关系，完善工作环节，解决行政审批环节中的超时等问题。突出技术保障，提高服务品质，完成市“两会”咨询技术保障和正版化软件检查工作，完善信息化管理相关制度，排查数据机房设备情况，排除安全隐患，做到激励与制约并举，运行与安全并重，多方保障信息系统和业务正常运转。

（田杰鹏）

【“十二五”发展规划研究编制】 2010年年内，根据《2006—2020年国家信息化发展战略》和北京市《2006—2020年首都信息社会发展战略》等文件精神，市广电局围绕北京广播电影电视发展的总体目标，着手制定2011年至2015年局电子政务发展规划，发挥规划先行作用，促进政务信息化建设水平。2010年7月，电子政务规划编制小组根据编制计划，梳理市广电局电子政务工作情况，摸清现有信息系统的运行现状和模式，为编制规划做好前期准备。2010年9月，市广电局先后组织多次调研工作，深入机关各处室和局属各事业单位，研讨，收集、梳理和总结本单位电子政务发展现状和未来应用需求，探讨全局电子政务发展方向。2010年10月，根据业务调研结果，借鉴全市部分单位的先进工作经验，电子政务规划正式进入编制阶段。2010年11月，市广电局对电子政务规划稿件进行反复研究，再次向机关各处室和局属各事业单位征询意见，数易其稿，确保规划质量和可行性，几经修改后，《北京市广播电影电视局电子政务“十二五”规划》编制完成。

（田杰鹏）

【综合业务平台和机房改造完成】 2010年年内，北京市广电局综合业务平台和机房改造按期完成。年初，市广电局结合本单位电子政务发展建设的需要，邀请有关专家对项目开发利用进行专题研讨，并对机关相关处室进行认真调研，制定科学的实施方案。2010年7月，在局领导的高度重视下，局监察处全程指导下，综合业务平台项目（一期）和机房改造项目完成招投标工作。2010年8月，市广电局开展需求调研工作，在各有关业务处室的大力配合下，共组织调研10余次，参与需求讨论人员计50多人次，相关业务处室为项目开展提供意见和建议。2010年10月，基本完成市广电局18项行政审批事项和17项非行政审批事项的流程描述和需求定义。2010年8月中旬，机房改造项目进入实施阶段，完成改造部分的招投标工作，对设备进行政府采购。2010年9月，完成机房设备拆卸等具体工作，按照需求完成新增机柜和服务器的安装、网络交换机安装连接。2010年11月，完成柜式空调的安装，机房改造项目整体完工，并按照项目实施计划对机房进行整体保洁并提交项目验收报告。

（田杰鹏）

【行政审批系统运转工作机制建立】 2010年年内，北京市广电局为使各业务处室正确操作使用行政审批系统，注重加强沟通协调，及时解决相关问题。2010年9月初，市广电局到市发改委信息中心调研行政审批系统相关情况，解决审批事项超时问题。2010年9月底，市广电局优化政务大厅行政审批系统操作流程程序，建立行政审批系统运转工作机制。2010年10月初，市广电局与市纪检监察局及时沟通，协调解决行政审批系统流程运转工作存在的超时、越权等问题。

（田杰鹏）

【全年信息网络安全无事故保障】 2010年年内，北京市广电局注重培养中心人员政治敏感意识和业务素质，每周组织一次业务交流，每月进行一次技术培训，力争在局重要工作中充分发挥作用。2010年3月，完成"两会"咨询活动的信息安全保障工作，协调各业务处室视频会议终端的配置，共配置8台终端，另外购置10余套其他会议设备，进行2次实地演练，"两会"网上咨询活动的保障工作得到局领导肯定。2010年5月，进行办公软件正版化检查工作，利用两周工作时间，对全局100多台电脑进行检查，并对非正版办公软件进行及时更换，经过检查，市广电局软件正版化率达到99%以上。2010年7月，为全面掌握信息化设备状况，对数据机房进行清查和整理，登记现有网络设备，排查安全隐患，掌握各系统各设备的运行情况。2010年9月，继续完善《北京市广播电影电视局网络与信息安全事件应急预案》，根据工作情况适当补充，以适应新时期的工作范围和工作内容。

（田杰鹏）

北京市国土资源局

【概述】 2010年年内，按照局党组"举全局之力大力发展信息化"的要求，北京市国土资源局进一步理顺信息化管理体制、机制，加强信息化建设和资源整合，抓服务、推应用、促发展，不断深化国土资源综合监管平台和"一张图"建设与应用，促进国土资源管理方式转变和流程优化，不断提升国土资源管理和服务水平。顶层设计国土资源综合监管平台总体架构，推进矿政管理"一张图"和综合监管平台信息系统建设，完成第二次土地调查成果的整理入库，促进与市发改委、市规划委和市测绘院等委办局数据共享和业务协同，进一步提高了"行政审批带图作业"、"以图管地"的信息化水平。完成纵向VPN网络系统和高清视频会议系统升级改造，实现贯穿市、区（县）两级的网络互联互通，形成可控、可管的网络系统，完善网站群功能，丰富网站内容，增强政务信息公开和公共服务能力。荣获国土资源部"2010年度省级国土资源政务信息网上公开示范单位"和北京市"电子政务专项应用突出奖"荣誉称号。

（谢俊奇　李建林）

【国土资源综合监管平台建设及推广应用】 2010年年内，北京市国土资源局按照"统一组织领导、统一规划设计、统一开发平台、统一数据管理、统一网络环境"的指导思想，坚持数据标准化、技术现代化、管理科学化、应用综合化的原则，建成基于Web Service技术，SAO架构，集CA认证、电子加密于一体，图文一体化的业务协作 B/S 体系综合监管平台。根据北京市国土资源综合监管平台总体架构设计，目前该平台主要包括行政审批、一张图、专题系统、事务管理、统计决策、综合发布、系统帮助、信息服务、系统配置 9 个模块。

（谢骞）

【市国土资源局视频会议系统建设及应用】 2010 年年内，随着视频会议系统的深入应用，旧有的标清视频会议系统在图像、声音效果和会议功能上已不能满足应用，市国土资源局领导牵头成立了视频会议系统改造工作领导小组，多次召开会议研究制订视频会议系统升级改造一期项目建设内容。改造后的系统支持高清 720P 图像的会议，可以同时传送高清晰的动态双流图像（高清晰的影像、图片等），初步满足业务会商需求；建设会议录制点播系统，可以实现对会议进行录制、直播和点播；进行视频会议调度中心初步建设改造，实现各类视频信号输出至视频会议调度中心等离子电视上，预览会场情况，将各类视频信号集中展现，方便管理人员对会议的整体调度。该系统为多点会议组网结构，采用单 MCU（多点处理单元）方式，由单个 MCU 连接多点视频会议系统的会议控制模式，基于 H.323 标准，MCU 支持网守功能，可为 H.323 节点提供呼叫控制服务，借助它可以组建多种会议，扩展会议模式。系统投入使用以来，取得了显著的使用效果。

（龚力）

北京市公安局

【概述】 2010 年年内，北京市公安局在市委市政府、公安部的坚强领导下，按照“建设世界城市、创建一流警务”的工作目标，面向科技工作再上新台阶的工作要求，深入贯彻科技强警战略，大力推进以信息化为核心的市公安局科技体系建设。积极组织和落实科技创安各项工作，进一步加强了社会治安管控；深入落实市公安局党委关于进一步加强科委工作的决定，加强了全局科技信息化工作的统筹协调和规范管理；统筹全局制定了市公安局科技发展“十二五”规划，为实现“国际领先、全国一流”的科技强警目标明确了发展方向；大力推动了以公安物联网等一系列重大工程项目建设，为建立适应信息化发展要求的社会治安防控技术体系起到了重要的引领作用；大力加强公安信息化标准的制（修）定、宣贯和推广工作，有效提升了公安信息化建设、应用和管理的规范化水平。对在信息化条件下，为市公安局各项中心工作的开展起到支撑作用，为维护社会治安稳定和服务人民群众提供坚实技术保障。

（刘蕊）

【第四届科技大会召开】 2010 年年内，北京市公安局召开了第四届科技大会，会上全面总结了“十一五”期间科技信息化工作成果，部署了“十二五”期间全局科技信息化重点工作和重点任务。市委、市政府，公安部等有关领导出席了会议，局属各单位主要领导和科技系统全体人员参加了会议。

（刘蕊）

【信息化顶层设计工作开展】 2010 年年内，面向市公安局信息化在新时期下实现可持续发展的工作需要，为进一步加强信息化战略规划能力，北京市公安局组织开展了信息化顶层设计工作，成立了信息化顶层设计领导小组，组织全局各单位对信息化的发展现状和发展需求进行了全面梳理，以公安业务工作发展要求为核心，运用信息化顶层设计的理论和方法，初步完成了业务、信息、应用和技术架构的概要设计，明确了市公安局信息系统整合、集成的整体规划，为进一步深化信息化建设提供了标准规范和整体建设方针。

（刘蕊）

【公安科技成果工作推进】 2010年年内，按照公安部科技成果管理要求，北京市公安局对局属有关单位申请登记的公安机关执法监督工作研究、刑事侦察防范理论研究等13项科技成果完成了材料审查和报批工作，2项科技成果列入公安部技术交流培训计划，2项科技成果取得公安部科技成果登记证书并发布，2项科技成果列入公安部科技成果推广引导计划，5项科技成果获2010年公安院校学生科技应用创新成果三等奖。市公安局自主研发的“新型首都公安扁平化勤务指挥科技系统平台”荣膺“信息北京十大应用成果”殊荣。为进一步推进科技成果转化、扩大应用范围、提高成果效益奠定了基础。

（刘蕊）

【标准化建设加强】 2010年年内，北京市公安局组织完成了“机动车违法自动记录系统通用技术条件”等10项地方标准的初审；按照市质量监督局要求，组织申报修订地方标准制项目20项，并由市质监局发布实施；按照公安部的要求，组织申报修订地方标准项目20项，公安部审定行业标准立项9项，规范了业务工作，有效提升了公安信息化建设、应用和管理的规范化水平。

（刘蕊）

【科研项目管理工作加强】 2010年年内，北京市公安局组织申报公安部各类科研项目，经公安部批准立项11项，其中公安部重点研究计划项目1项，公安部应用创新计划项目6项，公安理论及软科学研究计划项目4项；组织完成2项市科技计划课题申报工作；组织申报国家科技支持计划项目1项。组织完成9项公安部科研项目、8项北京市科技计划课题、3项局级科研项目的验收工作。通过开展多项国家级、市部级、局级信息化研究，推动公安信息化建设的可持续性发展。

（刘蕊）

【中小学幼儿园周边图像监控联网建设推进】 2010年年内，按照市科技创安的总体工作要求，北京市公安局全力推进全市中小学校及幼儿园图像监控整合、建设、管理和监督工作，将中小学校周边建设的摄像头连入市公安局图像监控网，形成市公安局、分局、派出所三位一体的快速联动反应平台，对确保全市中小学校及幼儿园的周边治安稳定发挥显著成效。

（刘蕊）

【应用一体化消防业务信息系统推广】 2010年年内，北京市公安局按照公安部消防局全国消防部队“十一五”信息化建设总体规划要求，全面部署应用一体化消防业务信息系统。该系统全面整合防火、灭火和战勤保障各项业务，实现所有信息一点采集，全警应用。系统的运行推广丰富了首都消防部队灭火救援、消防监督和部队正规化的管理手段，有效促进和提高首都消防工作的规范化水平和服务社会的能力。

（刘蕊）

【环首都区域警务信息通信合作深入开展】 2010年年内，为落实公安部加强区域警务协作的工作要求，北京市公安局组织环首都六省区市各相关部门签署《环首都七省区市区域警务信息通信合作框架协议》。2010年年底，组织六省区市兄弟单位制定《环首都区域警务信息通信合作指挥调度通信平台、七省区市视频监控资源整合以及警务指挥联勤联动可视会商系统的工作意见》；开通“环首都七省区市警务信息通信合作平台”，为区域警务信息通信合作工作的深入开展奠定基础，为加强环首都警务合作，确保首都治安稳定提供重要的技术保障。

（刘蕊）

【出入境便民服务措施推出】 2010年年内，为深入推动落实社会管理创新工作，北京市公安局推出多项出入境便民服务措施。通过在东城区、西城区、朝阳区、顺义区等8个分局10个出入境接待大厅，推出港澳个人游再次签注加急办理业务，大大缩短市民去港澳的申请时间；通过在全市接待大厅设置身份证信息读取仪、自助填表机、满意度评价器和叫号系统及在口岸设置台胞签注和外国人签证自助受理机，极大提高为群众办理出入境业务的工作。

（刘蕊）

【公安信息化应用技能训练工作开展】 2010年年内，按照公安部加强公安信息化应用技能训练工作的指导意见要求，北京市公安局在全局范围内开展了公安信息化应用技能训练工作，成立公安信息化应用技能训练工作领导小组，组织局属55个单位的所有副处职以上领导干部进行了信息化应用技能水平达标测试，全面加强市公安局的信息化应用技能训练工作，切实提高全警信息化素质和应用技能。

（刘蕊）

【奥运安保遗产推广应用】 2010年年内，为充分利用奥运安保遗产，推广奥运安保信息化应用经验，北京市公安局中超亚冠联赛北京国安队与澳大利亚墨尔本胜利队进行的小组赛首个主场比赛中运行应用奥运安保遗产项目电子门票查验系统，进一步发挥奥运安保遗产的经济效益和社会效益。

（刘蕊）

北京市环境保护局

【概述】 2010年年内，北京市环境信息化工作继续坚持以全市环保业务数据集中管理为目标，以实现环境信息资源共享为主要任务，抓紧应用系统开发、综合办公平台升级后的修改完善工作，网络系统正规化运维工作运转有序，保障环境信息安全，中心自身建设得到加强。

（陈维敏　刘子建）

【统一认证平台项目上线】 2010年年内，市环保局信息中心承办局折子工程共二项，局统一认证平台项目。随着市环保局信息应用系统数量的增加，身份认证、用户管理、访问控制、系统维护等问题成为影响信息应用系统安全运行的关键环节。在国家网络信任体系建设统一部署和北京市政务信息化建设规划的指导下，按照“物理分布、逻辑集中、应用透明”的模式，统一身份认证、授权管理和责任认定，建设市环保局统一认证管理系统。系统招标文件的评审、方案设计工作已完成，软件开发工作2010年10月完成，2010年12月底前上线试用。

（陈华　潘飞）

【地理信息综合平台升级改造项目启动】 2010年年内，市环保局启动地理信息综合平台升级改造项目。此项目为市环保局折子工程项目之一。该项目的前期调研、需求论证、方案设计工作已于2010年8月完成，软件开发年底前完成。

（陈华　潘飞）

【"十二五"环境信息化建设规划编制】 2010年年内，市环保局开展"十二五"环境信息化建设规划编制工作。按照工作安排，年初信息中心成立规划编制工作小组，在充分调研论证的基础上，形成《北京市环保局十二五期间环境信息化建设规划总体框架》，先后8次召开规划编制小组全体工作人员会议，对《北京市环保局十二五期间环境信息化建设规划总体框架》进行讨论并提出修改意见，2010年6月形成《北京市环保局十二五期间环境信息化建设规划》初稿，通过专家评审和局领导审批，已正式颁发执行。

（陈维敏　蒋昕　潘飞）

【综合办公平台升级改造】 2010年年内，市环保局以综合办公平台升级改造为契机，推进信息化建设。2010年1月份，新版综合办公平台上线运行。新的办公平台主要通过公文收发管理、邮件系统、工资查询、网络传真等16个功能模块，实现办公平台的"行政办公、信息发布、综合服务、信息共享"四大功能定位。新版综合办公平台上线运行后，重新调整综合办公平台的功能结构，按照搭建三级平台（基础平台、共享平台、发布平台）的要求，重新搭建部门主页，加强部门主页的功能。全局31个机关处室、直属单位部门主页的重新搭建和功能升级开发工作完成。新版综合办公平台升级改造，使信息化支撑全局中心工作的能力明显提高。全年综合办公平台共上传文章3,857篇，阅读67,490次，流转处理公文5,154件，方便业务处室与区县局的工作交流、数据传输和信息传递，发挥办公平台应有的作用。

（陈维敏　蒋昕　潘飞）

【辐射安全许可证管理系统升级改造项目完成】 2010年年内，北京市辐射安全许可证管理系统升级改造项目。此项目为上年延续项目。2010年年内开始进入项目实施阶段，签署项目监理合同。2010年5月，市环保局审批部分基本完成开发，并上线试运行；2010年6月区县环保局审批试点部分开始上线试运行；2010年7月系统进入软件测试和安全测试阶段。经过测试，系统基本满足招标文件要求，各项功能基本实现。

（陈华　蒋昕　蒲铮）

【企业环保信息系统通过验收】 2010年年内，启动北京市企业环保信息系统建设。为促进环保部门与金融部门建立信息共享制度，使金融部门及时掌握企业及企业法定代表人在环境保护方面的社会信用情况，信息中心与法制处、环评处共同开发企业环保信息系统。该系统主要功能是将企业环境违法信息、企业建设项目环评信息、企业建设项目环境保护设施竣工验收信息、实施强制性清洁生产审核的企业信息和环境信息删除记录等信息采集、汇总，并进行统计与查询工作，根据要求定期生成报送表格。年初完成需求调研和方案论证，2010年4月份完成系统开发工作，2010年5月系统培训工作完成并正式上线试运行，从2010年6月份正式接收各有关单位报送的信息和数据，截至2010年10月25日，系统共接受信息9,438条，其中企业环境违法信息271条、建设项目环评审批信息7,250条、建设项目环保设施竣工验收信息1,917条。经过3个月的试运行，系统运行稳定，于2010年10月20日通过终验。该系统采用数据接口与数据填报相结合的信息采集模式，充分发挥现有业务应用系统的优势，大大提高办公效率。

（陈华　蒋昕　蒲铮）

【IT资源管理系统上线】 2010年年内，开始启动IT资源管理系统建设。2010年上半年完成需求调研和论证工作，于2010年4月份初步完成信息中心IT资产数据的导入工作，按照使用需求，完成软件开发，2010年年底已上线试运行。

（陈华　蒋昕　蒲铮）

【国家环境部《环境信息数据字典规范》编制】 2010年年内，市环保局承担环境保护部“国家环境信息与统计能力建设项目”中《环境信息数据字典规范》的编制工作。信息中心成立了编制小组，通过前期调研，2010年3月规范编制开题工作一次性通过专家评审，规范编制进入编写征求意见稿阶段，经过4个月的编制，2010年7月底《环境信息数据字典规范》（征求意见稿）正式上报环境保护部，并在全国范围内征求意见。

（陈华　蒲铮）

【信息化系统运维工作开展】 2010年年内，市环保局加强信息化系统运维工作。在继续加强规范化、精细化运维，引入运维服务级别协议（SLA）机制，加强对异地直属单位和区县环保局的网络巡检工作，为保障信息系统安全稳定运行奠定基础。深化系统运维管理。在上年狠抓运维工作规范化管理的基础上，为网络、应用系统等信息化基础设施的安全、稳定地运行，规范运维服务商的服务质量，制定运维服务级别协议（SLA），从故障响应时间、巡检完成率、故障报告提交及时率等多个方面，对运维服务商的服务内容和能力进行量化，并将服务水平考核结果与合同款的支付挂钩，为考评运维服务商服务水平奠定基础；编制网络运维规划，为下一步组织网络系统精细化运维打下良好基础。加强网络巡检。为保障减排专网的安全稳定运行，两次派人对区县环保局和异地办公的市局直属单位（共25个单位）网络设备和综合办公平台用户网络进行巡检，对于巡检中发现的问题，现场提出整改建议，并在2010年年底网管员培训班上，向各单位进行通报，有效地保证异地办公的市局直属单位和区县环保局网络正常运行。

（黄广平　蒋昕　潘飞　刘晋波）

【环保政务网站建设】 2010年年内，环保政务网从加强信息公开，深化在线服务，扩大政民互动，加强网站管理与信息安全等四个方面入手，全面加强网站建设。提高网站信息的更新频率和数量。在局机关各处室的大力配合下，网站信息的更新频率和数量有明显提高，特别是“为民办实事任务及执行进展情况”、“年度工作计划”、“采购与招投标信息”、“环境科技信息”、“违法事件曝光情况”等栏目内容得到充实。信息公开力度明显增强。按照北京市有关部门的要求，公布“北京市2010年在直接关系群众生活方面拟办的重要实事”中与市环保局有关工作；为方便群众了解环保工作预算资金的使用情况，在网站上公开发布北京市环保局财政预决算情况。在线服务能力明显增强。在政务网站上公布39项各类办理事项，为了向公众提供方便快捷的环保服务，2010年对各项办理事项进行重新梳理，重新建立网站办事指南，提高在线服务能力；购买并部署了一套新的搜索引擎，提供网站信息的全文检索功能，为公众查询网站信息提供了更加快捷的渠道；为方便公众查询认定的“北京市社会化环境监测机构”相关信息，网站新开发“北京市社会化环境监测机构查询”模块，内容包括监测机构名称、能力认定编号等七项查询内容，通过模糊查询的方式检索相关内容。建设环保知识普及平台。市环保局网站对“环保知识”栏目中的内容进行类别划分，并建立相应的子栏目，使群众更迅速地浏览相关信息。加强网站安全与管理。为进一步提高北京市环保局政务网站的防篡改能力，网站完成“尾气超标车辆查询”、“在京环评单位查询”和“北京市社会化环境监测机构查询”等应用的数据库分离工作，实现数据库动态查询、信息发布页面静态访问的功能，提高网站的信息安全系数；为进一步完善网站各项管理制度，提高网站管理能力，重新修订网站管理规定，同时颁布网站技术管理规定和网站应急管理规定。

（陈维敏　蒲铮）

【信息安全工作开展】 2010年年内，市环保局开展信息安全工作。安全服务外包工作。继续与专业化信息安全服务公司签订安全服务外包合同。涉及范围日常巡检、漏洞扫描、安全加固、渗透测试、应急响应等内容。通过安全服务外包项目，加强了信息安全的日常管理，及时发现问题，并进行整改和系统应急响应。安全巡检和漏洞扫描。针对局网络网站可能存在信息安全漏洞和隐患，信息中心协调相关公司进行了安全巡检和漏洞扫描，并安全巡检和漏洞扫描中发现的问题及时进行整改。完善安全事件应急响应机制。为确保信息系统的安全稳定运行，组织人员对现行《网站管理规定》、《网站应急预案》、《网站安全保障方案》等制度规定进行修订完善，提高了信息系统防攻击、防篡改、防病毒的能力。加强机房安全检查。坚持工作日机房巡检，节假日值班，落实责任。针对机房供电UPS设备存在的问题，对机房供电设备进行了调整，保证了机房供电安全。

（黄广平　蒋昕　蒲铮　潘飞）

北京市经济技术开发区

【概述】 2010年年内，北京经济技术开发区信息化项目管理规范化、科学化。为加强开发区电子政务项目全流程管理，推进电子政务项目管理的科学化、规范化，进一步实现电子政务专项资金管理和使用的合理、合规，2010年1月25日，《北京经济技术开发区信息化项目管理办法》发布。2010年5月，在此基础上，发布《开发区电子政务项目管理办法实施细则》，对开发区电子政务专项资金项目的预算申报、立项审批、确定服务商、建设实施、项目变更和项目验收等项目全流程环节要求进行规定。2010年10月，根据此实施细则建设的开发区信息化项目管理系统正式上线运行，将信息化手段应用于信息化管理之中，促进开发区信息化项目管理水平的提高。

（陈晨）

【开发区劳动用工管理信息系统项目启动】 2010年3月，开发区启动劳动用工管理信息系统项目，该系统直接面向开发区企业持续采集劳动用工信息，构建薪酬指数体系和数据库，形成开发区科学完整、准确反映劳动市场现状和预测劳动力市场发展趋势的管理信息体系，为开发区政府、企业和求职者提供信息服务。

（陈晨）

【网络管理办法发布】 2010年4月26日，为提高开发区管委会网络系统的安全防护水平，保证网络系统安全、高效的运行和使用，《开发区管委会网络系统口令管理办法》和《开发区管委会网络系统日志管理办法》发布。《开发区管委会网络系统口令管理办法》共6章20条，对开发区口令管理的职责划分、口令的设置、口令的管理等进行规定。《开发区管委会网络系统日志管理办法》共6章13条，对开发区日志管理的职责划分、日志的策略、日志的管理等进行规定。

（陈晨）

【门户网站版面内容改版】 2010年4月，为提高开发区的门户网站形象，为企业、公众提供更快捷、方便的网上信息服务，依据《政府信息公开条例》及北京市《政府网站建设与管理规范》，开发区门户网站进行栏目改版重新设计。

（陈晨）

【中小学及幼儿园监控图像接入工程实施】 实

施开发区内中小学和幼儿园监控图像接入工程。2010 年 4 月，为做好开发区内中小学和幼儿园周边巡逻防控工作，将开发区 4 所幼儿园和 2 所小学的 44 路图像信号接入开发区城市综合管理平台图像监控系统中，开发区公安分局通过该平台可实现对区内幼儿园和中小学的重点部位图像进行实时监控。与此同时，将监控信号传送至市公安局，市公安局可调取图像信息。

（陈晨）

【《北京经济技术开发区管委会局域网接入及办公计算机使用管理规定》发布】 2010 年 5 月 4 日，《开发区管委会局域网接入及办公计算机使用管理规定》发布。规定共 7 章 31 条，对计算机安全保密管理、连网管理、终端及软件管理等方面进行规定。为建立健全北京经济技术开发区管委会对内部计算机信息系统的管理机制，加强对管委会计算机网络信息系统的安全保护，维护公共办公秩序和网络环境稳定。

（陈晨）

【《北京经济技术开发区门户网站管理考核办法（试行）》发布】 2010 年 5 月 7 日，《开发区门户网站管理考核办法（试行）》发布。办法共 7 条 16 项，对考核原则、考核主体、考核对象、考核方式、考核内容、考核时间、考核结果发布、优秀网站管理人员评选等进行规定。开发区根据该办法对开发区政务网站整体进行考核评比。为推进开发区门户网站和子网站发展，加强对网站内容建设的监督和管理，提高开发区网站应用效能，更好的贯彻执行北京市《政府网站建设与管理规范》。

（陈晨）

【开发区移动基站建设专项规划启动】 2010 年 5 月，为落实北京市基础设施提升计划，启动开发区移动基站建设规划。规划将根据开发区内无线网络现状，考虑近期和远期人口发展目标，协调无线网络在质量、覆盖和容量三个方面的关系，结合通信运营商的发展战略、基站需求及各种资源状况，对开发区 46+12 平方公里面积内利用公共用地建设的塔站和利用公共建筑建设的楼站建设进行统一规划，无线基站布局以及机房与配套工程规划方案满足不同技术体制要求，尽量做到基础设施资源共享，避免重复建设。

（陈晨）

【《开发区生物医药园智慧物联网试点方案》编制完成】 2010 年 6 月，为打造开发区生物医药园的高端品牌，开创园区服务新模式，建设安全、低碳、节能、环保的智慧园区，编制完成《开发区生物医药园智慧物联网试点方案》。方案总体架构由三层组成，分别是智能建筑、智能实验室和智能服务，三层共同构筑一个智能化园区。其智能建筑是基础，智能实验室是特色，智能服务是亮点。依托物联网新技术，生物医药园将提供实验动物全生命周期监管、实验室危险品及重要物品监管、实验室温湿度控制、无人值守稳定性实验平台、实验垃圾处理、生物医药研发数据服务等增值服务。

（陈晨）

【“开发区网站信息无障碍”服务开通】 2010 年 7 月 13 日，“开发区网站信息无障碍”服务正式上线，盲人及弱视、视力障碍的群体在访问开发区网站时，可利用无障碍浏览工具提供的网站语音播报、背景反色、字体放大等功能，无障碍地浏览开发区网站信息。用户进入开发区网站后，点击网站右上角“无障碍访问”按钮后，即可查看“安装指南”和“使用指南”，点击“无障碍访问”可安装无障碍浏览工具，安装后即可实现无障碍地访问开发区网站。

（陈晨）

【开发区中小型信息化项目集中式监理模式启

动】 2010年7月29日，开发区中小型信息化项目集中式监理试点工作启动会召开，标志着集中式监理试点工作正式启动。为配合了开发区信息化项目全流程管理，提高信息化项目建设的规范性、科学性，采取中小型信息化项目集中式监理模式，对200万以下的中小型项目进行集中式监理。

（陈晨）

【"无限亦庄"热点覆盖标志牌安装完成】 2010年8月,"无限亦庄"热点覆盖标志牌安装完成。此标志牌安装在开发区内所有能够通过"无限亦庄"网络免费上网的场所，包括政府服务大厅、企业园区的公共大厅以及公共商务场所等，有效提示公众该区域为"无限亦庄"覆盖区域。该标志牌沿用"北京·亦庄"品牌标志上具有科技感的亦庄蓝和具有活力的亦庄绿，并在此基础上增添城市、无线网络等元素。

（陈晨）

【开发区企业文化园无线监控项目建设实施】 2010年8月，依托"无限亦庄"网络建设的开发区企业文化园39个监控点建设项目开始实施。该39个监控点的视频图像信号传输全部通过"无限亦庄"网络进行，采用无线接入设备与数字化摄像头连接。无线宽带网支持H.264视频编解码技术，能够方便地在有限网络资源上实现高清晰的图像传输。启动开发区监控点位扩建工作。为建立更加完备的城市管理监控体系，在城市综合管理平台一期及奥运时期已建设的近100个监控点位的基础上，开发区启动年内监控建设项目，此次共建设27个监控点，监控范围由开发区核心区扩至路东区、河西区。

（陈晨）

【开发区公文智能交换系统上线运行】 2010年9月，开发区公文智能交换系统正式上线运行，该系统采用条码自动识别、IC卡身份识别以及智能交换箱等技术，实现实体文件交换及流转过程中的信息自动采集、交接过程的自动签收，清单自助打印，并与开发区AO集成，实现对公文流转过程状态信息的动态、准确、全面的掌握与共享查询。

（陈晨）

【《北京经济技术开发区网络与信息安全事件应急预案（试行）》发布】 2010年11月，为完善开发区信息安全应急响应机制，根据北京市信息安全保障工作精神，《北京经济技术开发区网络与信息安全事件应急预案（试行）》编制完成并发布。预案共10项35条，对编制依据、事件分类分级、组织机构职责、监测预警、应急响应、信息管理、后期处置、保障措施等方面进行规定。

（陈晨）

【开发区政务云试点应用启动】 2010年年内，开发区借助中国移动云计算平台开展开发区政务云服务试点，将4台服务器纳入云平台，其中，管理平台系统服务器1台，应用系统云服务器3台。

（陈晨）

北京市教育委员会

【概述】 2010年年内，北京市教育委员会开展了一系列工作，"北京市中小学社会大课堂"平台上线，中小学数字校园实验工作深入推进，推动教育资源网发展及中小学校舍信息系统建设开展"北京市中小学网管教师基本功培训与展示等活动，并在第十一届中小学师生电脑作品评选及中国教育电视优秀节目评比活动中获奖。

【市教育信息化工作表彰大会召开】 2010年1月12日，北京市教育信息化工作表彰大会召开，对北京市第一幼儿园、北京市第五中学、北京市密云县第二小学等149所区县教委所属教育教学单位，北京卫生学校等19所职业与成人学校，北京大学等40所普通高等学校，北京教育科学院等8个市教委直管直属单位，共216个单位授予"北京市教育信息化工作先进单位"称号；对丁萍等380名同志授予"北京市教育信息化工作先进个人"称号。大会既是为更好总结、宣传和交流各区县、各校和各单位在教育信息化工作上的经验，深入推进教育信息化工作，利用现代教育技术提高各级各类学校的教育质量和管理水平，也是为进一步提升教育信息化队伍建设，形成良性竞争机制，引进更多人才参与到教育信息化工作中。

（李正宇）

【"北京市中小学社会大课堂平台"正式上线运行】 2010年4月，"北京市中小学社会大课堂平台"正式上线运行。该平台在市委、市政府领导下，由教育行政部门联合市各有关部门，整合利用丰富的人文、自然资源，本着"合力建设、成果共享、服务学生"原则，通过提供免费或优惠的场所条件，安全的活动环境、相适应的教育教学内容，为学校集体组织和学生个人开展丰富多彩的课外、校外活动，为开展研究性学习、社区服务、社会实践以及组织学科教学活动等创造条件。社会大课堂主要由社会资源为主的活动场所，适合学生特点、与学校课程结合的活动内容、学校集体和学生自主选择相结合的组织形式及现代化信息手段支撑的门户网站等四个部分组成。

（李正宇）

【参加第十一届中小学师生电脑作品评选活动获奖】 2010年4月，市教委按照中央电教馆的要求组织上报60件作品参加第十一届中小学师生电脑作品评选活动。有10件作品获得一等奖，8件作品获得二等奖，13件作品获得三等奖。获奖率为51.66%，同时获得全国最佳组织奖。

（李正宇）

【"北京校园电视联盟成立大会"召开】 2010年6月22日，在北京四中召开"北京校园电视联盟成立大会"。此举促进了校与校之间的合作，推动校园电视的发展，使音视频在学校的教育、教学活动中发挥更大作用，传播校园文化。

（李正宇）

【"北京市中小学网管教师基本功培训与展示"活动开展】 2010年6月，市教委在全市开展首届"北京市中小学网管教师基本功培训与展示"活动。经过1轮基础知识竞赛和2轮试验操作竞赛，最终选择出9名全市有代表性的网管教师参加展示活动。通过此次活动，激发网管教师对自身工作的热情，有效提高网管教师专业技术水平，加强北京市中小学网管教师专业化队伍建设。

（李正宇）

【中小学数字校园实验工作深入推进】 2010年9月，全市召开中小学数字校园实验校专家评审指导会，通过15名专家的联合评审，确定第一批29所中小学数字校园实验校，并下发《北京市教育委员会关于公布第一批中小学数字校园实验校名单的通知》。2010年11月组织29所实验校开展了系列培训活动，并对实验校提出工作要求。2010年12月各实验校在培训的基础上，依据专家意见，重新修订完善学校建设方案并上报北京市教委。

（李正宇）

【信息技术学科教学片获奖】 2010年11月，

由北京教育网络和信息中心组织西城区教育技术中心拍摄的信息技术学科教学片《神奇的机器人》,在由中国教育电视协会组织的“朱鹮杯”第 15 届中国教育电视优秀节目评比活动中荣获教学类一等奖。

（李正宇）

【北京教育资源网发展】 2010 年年内，市教委创新资源建设机制，构建每一名教师均可在网上自主选择资源的开放平台，极大丰富资源内容，提高资源品质，满足教师个性化需求，有效避免资源的低水平重复建设，最大限度发挥资源的使用效益。截至到年底，平台已拥有条目类资源：642,929 条，服务频道 18 个，资源总数近 360 万条。资源网月均下载资源 1.5T。图书期刊类资源不断丰富，年度图书期刊类资源累计访问 182.6 万人次。

（李正宇）

【CMIS 系统和学生卡为教学行政管理提高保障】 2010 年年内，小升初、普通高中入学依靠 CMIS 系统和学生卡实现学生入学资格认定、电子学籍档案建立、电子学籍注册、电子学籍信息转移等内容，在入学注册数据的基础上，利用现代化手段分析汇总非正常入学和流动学生情况，为教育行政管理和政策的实施提供强有力保障。

（李正宇）

【CMIS 系统助力健康服务】 2010 年年内，利用 CMIS 中学学籍数据及学生卡作为身份证明和数据载体，确保“第四届北京市中小学生国家体质健康标准测试赛”公平公正。完成“北京市全国学生体质健康服务网”建设和数据采集汇总及 CMIS 与学生体质健康数据对接工作。全面实施《国家学生体质健康标准》，把健康素质作为评价学生全面健康发展的重要指标，加快建立符合素质教育要求的考试评价制度，发挥其对增强青少年体质的积极导向作用。

（李正宇）

【中小学校舍信息系统建设】 2010 年年内，为了有效管理全市中小学校舍资源，为校舍安全工程提供数据支撑，根据全国中小学校舍安全工程领导小组办公室全国校安办《关于做好全国中小学校舍信息管理系统（网络版）数据录入及审核相关工作的通知》（全国校安办函〔2010〕26 号）要求，市教委投入 550 万元财政性资金，购置相关硬件、系统，建设北京市中小学校舍信息管理系统一期工程。自该系统运行以来，共录入全市各区县中小学 1,693 所学校 18,567 栋建筑基础信息（含校舍用地面积、建筑面积、建筑平面图校园平面图、建筑视频及照片、GPS 信息、安全排查信息、学校布局规划信息），为市区两级教育部门进行校舍管理提供信息，为各级管理部门决策提供信息支持。

（马骏）

北京市交通委员会

【概述】 2010 年年内，北京市交通委围绕“人文北京、科技北京、绿色北京”的发展战略任务，加强组织领导，进一步健全工作机制、创新工作思路，围绕交通电子政务重大应用、行业重大项目、信息安全体系建设、保障与运维管理、信息资源管理等，推动交通信息化不断向前发展。以若干重点项目建成为标志，信息化工作迈上新阶段。“交通行业数据中心”项目接入和整合了交通行业 22 个重要交通业务系统和数据库；公路路网管理与应急处置系统在全国范围内率先实现了对市域范围内主要国市道及重要旅游公路的动态信息监测和公路养护、路政的全流程闭环管理；运输综合管理信息系统实现了行业数据的整合共享；交通执法处罚管理信息系统（二期）全面支撑和规范了全市交通执法业务，规范了业务流程；部省道路运输信息联网系统实现了与交通运输部的信息共享，尤其是东直门综合运输枢纽信息服务平台、网站的公众信息服务功能升级、新一代个性化出行服务终端的研制、高速公路电子不停车收费系统（ETC）的推广，为引导提高绿色出行、缓解交通拥堵提供了技术支撑。以制度建设为抓手，技术保障和运维管理工作进一步规范化。完成了电子政务运维规划，加强了网络和机房监控，强化了宣传和人员培训，做到了“四清”，即“职责清、流程清、台账清、记录清”，进一步细化运维岗位职责，固化运维流程；制定运维外包服务管理办法，明确了外包服务的内容。信息安全体系建设取得明显进展，初步形成了常态化信息安全管理体系，做到“信息化建设与安全并重、技术与管理并重、维护与优化并重”。

【交通行业科技项目管理信息系统完成】 2010年5月，依据《交通委科技项目管理办法》开发的北京市交通行业科技项目管理信息系统投入运行。进一步规范信息化项目管理工作，使交通科技信息化项目管理工作实现了信息报送网络化、数据处理智能化、项目进展动态可视化、计划编制和评估科学化。利用科技项目管理系统，目前已完成2009～2010年科技工程研究项目的招标工作和项目研究大纲评审工作及2010～2011年项目的申报、初审。

（王刚　靳超涛　李倩）

【交通委协同办公平台建成】 2010年7月1日，交通委办公自动化系统升级改造项目上线运行。北京交通网围绕交通重点工作进行了多项改进，强化了政民互动，专题浏览量超过5万次，征集公众意见和建言462篇；重新梳理和发布了交通运输行业全部25大类行政许可事项的办事指南和资料下载，升级改造了出租车驾驶员资格考试成绩查询等便民服务应用，升级了在线服务，优化网上办事流程，提高公众服务效率。同时，交通执法处罚管理信息系统、路政巡查和养护管理进一步完善，建设完成运输行业综合管理信息系统，基本覆盖交通管理的核心业务。

（靳超涛）

【京津冀区域高速公路联网不停车收费实现】 2010年9月28日，“京津冀区域高速公路联网不停车收费示范工程”顺利开通。此前，市交通委多次组织召开京津冀区域高速公路电子收费联席会议，协调解决相关的技术、运营、体制等问题。协调组建京津冀区域联网电子收费管理委员会，组织推动京津冀区域联网电子收费管理中心建设。ETC京津冀区域联网工作实现，突破多年不能解决的体制和技术障碍，服务环渤海经济圈的发展，成为我国高速公路服务水平提高的一个里程碑。开通后，两市一省间的日均跨区域交易达到5,000辆次/天以上，其中北京客户交易约占95.57%。

（王刚　周园）

【轨道交通信号系统核心技术研发及工程示范开展】 2010年年内，交通委自主创新CBTC系统产品通过国际第三方（英国劳氏公司）安全认证，获得SIL4级（最高安全等级）的独立第三方安全认证证书。该系统是国内第一个也是目前唯一一个获得国际第三方颁发的轨道交通列车运行控制系统；结合亦庄线示范工程，集成一套具有完全自主产权的安全、可靠、先进的城市轨道交通列车自动控制系统（信号系统）。亦庄线示范工程已完成系统全部功能的系统调试，昌平线工程已完成点式系统列车自动驾驶功能。两条线均已进入运行图试运行阶段，于 2010 年 12 月 30 日正式开通运营。

（邹迎　李倩）

【东直门综合运输枢纽信息服务平台试点工程建成】 2010 年年内，东直门综合运输枢纽集地面公交、轨道交通、长途客运等多种交通方式为一体，为支持综合交通体系发展，通过信息化手段更好地服务于各类乘客出行，该项目被交通运输部列为重点示范工程。围绕提升枢纽内多种运输方式的协调联动能力、旅客信息服务能力、安全应急处置能力的目标，建设五个应用系统、两个配套工程，形成统一的枢纽服务与运营管理平台，特别是信息服务系统建设，为旅客便捷获取有关交通信息创造条件，减少旅客等待时间，提高了枢纽换乘效率，并增强了枢纽应急处置和安全疏散能力。目前已安装 111 块静态标志标识，6 块 LED 屏，6 块 LCD 屏，5 台触摸屏，242 台安防视频监控摄像机（其中 20 台具有事件检测功能），11 套高精度客流检测设备，187 套新型应急疏散设备，信息服务、安全监控、应急疏散等子系统已投入运行。系统投入运行后发挥了良好作用，旅客滞留时间明显减少，站内秩序和安全状况大幅改善，特别是为公安部门提供的 2010 年 10 月 21 日东直门枢纽附近报刊亭爆炸案犯罪嫌疑人进入枢纽的全过程视频图像，为快速侦破此案件提供了重要线索。

（王刚　靳超涛）

【停车换乘（P+R）及道路信息发布系统试点】 2010 年年内，在天通苑北交通枢纽实施了停车换乘（P+R）及道路信息发布系统试点，该系统作为智能交通系统（ITS）的重要组成部分，向公众提供停车场车位信息、周边道路交通信息以及公交汽车发车、班次等信息，通过共享交通信息资源，方便天通苑北地区百姓出行。

（靳超涛）

【交通电子政务技术体系和工程基础确立】 2010 年年内，北京交通运行协调指挥中心（TOCC）被列入年内市政府折子工程。TOCC 的大楼通信网络、机房、指挥大厅座席系统等已经建成，日常监测与运行协调指挥、交通安全应急指挥、决策支持与信息服务三大业务平台的原型系统开发工作基本完成，初步实现对交通运行情况的实时监测、趋势分析和展示，对异常情况进行预警和通报。刘淇书记等领导视察时给予充分肯定。

（王刚　靳超涛　李倩）

【交通行业数据中心建成】 2010 年年内，交通行业数据中心建成。该项目整合交通行业 22 个重要交通业务系统和数据库，并建立信息资源共享机制，开发资源管理与共享交换平台，实现委内两局一队之间、交通委与交通运输部、市公安、北京市经济和信息化委员会等部门以及轨道、公交等重要交通企业的数据共享交换。

（王刚　靳超涛）

【小客车指标管理系统开发】 2010 年年内，交通委开发小客车指标管理系统，业务涉及 6 个委办局的 10 类业务，在各方面的支持下按时上线运行，为北京治理交通拥堵做出贡献。

（王刚　靳超涛　李倩）

【中心城区交通指数发布】 2010 年年内，依托北京市交通运行智能化分析平台（一期），实现了交通指数持续、稳定面向政府主管部门和社会发布。共刊发了 49 期《城市交通运行周报》，跟踪评价了全年城市交通运行状况，并重点针对错峰上下班和停车费调整等措施实施前后、五一假期、端午节、中小学开学、2010 年 9 月 17 日下雨等典型日期的交通运行状况开展了分析评价，以客观数据反映并记录了交通拥堵演变规律。此外，还实现了通过内部局域网、互联网、电子邮件等多种渠道发布向各相关部门和人员发布交通指数，通过交通指数全面反映北京市中心城区以及各行政区的道路网运行状况。该成果有力支持了年度疏堵工程方案研究，并对年底出台的缓解交通拥堵综合措施提供了依据。

（邹迎　李倩）

【信息安全管理完善】　2010年年内，完成了电子政务运维规划，开展运维支撑平台前期工作，基本形成较为完善的电子政务保障与运维管理制度体系。交通委常态化的信息安全管理进一步完善，通过加强网络和机房监控，信息安全宣传和人员培训等措施，全年交通委未发生网页被篡改、信息泄露、病毒爆发等重大安全事件，实现了信息安全零事件。

（靳超涛）

【交通行业科研力量整合】　2010年年内，依托北京市公路交通数据采集与服务系统前期研究项目的成果，编制完成《北京市道路智能化交通管理设施设置要求》地标送审稿。开展北京市轨道交通换乘信息监测系统前期研究项目，在西单、大望路、国贸三个换乘站换乘通道安装客流检测设备，完成实时换乘站客流数据采集、传输和监测分析的试点工作，对检测设备进行对比测试，编制客流检测设备对比测试报告和《轨道交通客流检测技术规程》。此外，交通运行协调指挥中心（TOCC）（一期）（包括10个子课题）、郊区县交通应急综合指挥示范系统工程可行性研究、北京市轨道交通基础数据库、交通地理信息系统升级改造等十余个项目均确定比较理想的研究成果。《北京市沥青路面典型结构及可靠性研究》课题研究申报交通运输部科技奖（中国公路学会科技进步一等奖）。

（王刚　邹迎　靳超涛）

【交通行业新技术广泛应用】　2010年年内，围绕当前交通工作的难点、热点，选择轨道交通、交通应急等领域，开展公路交通数据采集与服务系统、北京市轨道交通换乘信息监测系统、交通移动宽带智能网、轨道交通安全防范与应急管理物联网示范工程的前期工程可行性研究工作，为物联网、云计算与3G/4G通讯技术等新技术在交通行业的广泛应用，做好充分的技术准备。同时，研制新一代个性化出行服务终端，推动交通信息服务领域技术创新。引入Telematics概念，实现交通路径导航服务“由广播式向交互式转变、由目的地规划向出行任务规划转变”。已完成原型系统演示、终端设计和推广方案等，并研究基于IPv6的移动网络试验方案。同时，基于原有浮动车处理模型及填补算法，开发应用系统，完成北京郊区长途车GPS运营数据分析，并将开发针对长途公交车的浮动车处理系统，将使动态交通信息覆盖范围扩展到六环路以外。在LBS服务工作进展方面，确定LBS服务模式，开发LBS服务器端原型系统；开展LBS服务数据采集工作，完成基于WinCE车载终端与服务器交互的初步协议，实现车载终端服务的初步概念展示。在终端开发方面，主要完成多类LBS的界面和服务接受功能。目前系统的主要服务类型有：新闻服务、天气服务、天气灾害预警服务、交通管制服务、影讯服务、餐饮搜索服务和动态交通信息导航。

（王刚　邹迎　靳超涛）

北京市科学技术协会

【概述】 2010年年内，在北京市科学技术协会党组的领导下，在分管副主席的具体指导下，在各部门的大力支持下，结合北京建设世界城市的新形势、新任务，围绕市科协中心工作和重点任务，找准信息化工作切入点，提升电子政务支撑科协工作水平，推进蝌蚪五线谱建设，搭建市科协枢纽性社会组织服务管理平台，逐步完善科协人才库系统，不断增强科协系统大团体网络联络平台功能，探索网站采编机制，不断充实网站内容，精心组织信息化科普活动，完成市科协政务信息化十年总结工作，为市科协在建设“人文北京、科技北京、绿色北京”的大局中发挥重要作用，履行枢纽型组织职能，参与首都社会建设，提供信息化服务和保障。

（白鹤）

【北京青少年信息学奥林匹克竞赛北京队成绩优异】 2010年8月，北京代表队赴烟台参加第27届全国青少年信息学奥林匹克竞赛（NOI2010），北京选手在各项竞赛中，整体发挥出色，优异成绩，获奖人数及成绩较往年有显著提升。北京代表队本届共收获奖牌11枚，其中金牌1枚，银牌1枚，铜牌及夏令营铜牌9枚，其中有40名选手荣获全国提高组一等奖。全国青少年信息学奥林匹克活动是一项面向全国地区青少年的信息学竞赛和普及活动，同时也是五大学科竞赛之一。该活动由中国科协主管，中国计算机学会主办，每年一届，是全国青少年信息学最高赛事。

（白鹤）

【蝌蚪五线谱网站筹建】 2010年12月17日，北京市市委书记刘淇、教工委书记赵凤桐等人视察北京市科协工作时，听取蝌蚪五线谱网站建设情况汇报，对筹建工作的阶段成果给予充分肯定。筹建蝌蚪五线谱网站是北京市科协的一项重点工作，为此，年初市科协成立蝌蚪五线谱项目领导小组及办公室，组建专家团队，对网站建设过程中的科学性、政策性、技术先进性进行审核和指导。在专家团队及专业咨询机构协助下，项目办公室通过对网民行为、网民年龄及同类网站进行的调研，吸取经验并结合自身特点，制定具有自身特色的网站整体规划方案，包含：凸显北京特色的五问北京三维地理信息系统、突出原创特色的李约瑟讲故事系列动画、具有高度互动特色的社交网络社区等，并详细设计网站应用系统支撑架构及网络环境拓扑结构，明确各栏目内容、特色及承载功能，规划未来的市场运营推广计划，形成可操作的具体实施方案，并依据此方案开展自有内容资源梳理、内容征集合作洽谈、特色精品内容建设、网站整体视觉识别系统设计、网站技术总集招标筹备等工作。

（白鹤）

【北京百万家庭数字生活技能大赛活动举办】 2010年年内，北京百万家庭数字生活技能大赛活动以“绿色网络 低碳生活”为主题，由市科协、北京市经济和信息化委员会、市妇联联合举办。活动分单项赛、家庭赛和基层活动三项内容，开展时间为2010年4月至2010年8月。单项赛包括网上知识竞赛、数码摄影竞赛和DV大赛。2010年年全市有146,633人参加网上知识竞赛；数码摄影竞赛以“绿色北京低碳生活”为主题，收到作品4,486幅；DV大赛以“低碳‘你、我、他’”为主题，收到作品167件。全市有10,878支家庭队报名参加初赛，各区县依据综合成绩各报送一支家庭队，通过特训营活动得分前六名的家庭队入围家庭赛决赛。东城区家庭队获得一等奖，密云县和原崇文区家庭队获得二等奖，石景山区、海淀区、昌平区家庭队获得三等奖。活动期间举办丰富多彩的社区培训。培训分四类：数码摄影讲堂、技趣 DV 影像讲堂、家庭理财沙龙、科普英语沙龙，累计举办 13 期，参培人数达 5,000 人次。活动聘请形象代言家庭，并以他们的形象设计制作大赛宣传海报，在 18 个区县的重点社区招贴，体现大赛贴近百姓生活，打造平民英雄、信息惠民的宗旨和理念。在各落地活动中发放宣传折页 6,000 份，投放大赛活动公交站台灯箱广告 50 块，50 多家新闻媒体对活动进行宣传和报道。各区县结合自身特点开展相应特色活动，经评比，朝阳区、密云县、通州区、石景山区、门头沟区、原崇文区、顺义区、延庆县、丰台区获得区县优秀组织工作一等奖，海淀区、原宣武区、原东城区、房山区、昌平区、原西城区、怀柔区、平谷区、大兴区获得区县优秀组织工作二等奖。

（白鹤）

北京市粮食局

【概述】 2010 年年内，市粮食局加快推进信息安全建设，提升本单位的信息安全主动防御能力，建立北京粮食安全实时监测管理信息系统。办公自动化系统正式上线运行，工作效率和有效性得以提高。

（徐建军）

【中心网络安全建设加强】 2010 年年内，根据北京市网络与信息安全协调小组关于《北京市网络与信息安全保障工作要点》的通知要求，按照国家关于加强新时期网络与信息安全工作的意见，推进信息安全一流可信城市建设，提升信息安全主动防御能力。立足世界城市，以“建设信息安全水平一流的可信城市”为目标，依据北京市网络与信息安全工作指导意见，研究制定中心具体实施意见和实施方案。

（徐建军）

【粮食安全实时监测管理信息系统新建】 2010 年年内，北京粮食安全实时监测管理信息系统（一期工程）项目经市发改委（京发改[2010]1299）和（京发改[2010]1556 号）文件批复立项和初步设计概算，项目于 2010 年 12 月开工建设。办公自动化系统正式上线运行；储备粮实时监测管理信息系统处于功能开发及测试阶段，其中质量管理、统计分析的部分功能正进行功能开发，仓储管理、库存管理、统计分析、综合查询、统计分析 5 部分进行了功能测试；粮油市场信息监测系统软件开发完成，正处于功能测试阶段；昌平区回龙观城北批发市场 LED 大屏幕建设工程已完成。

（徐建军）

北京市民防局

【概述】 2010 年年内，市民防局信息化工作以提高信息化条件下人民防空指挥通信保障能力为核心，紧密结合北京市信息化建设要求，大力加强民防短波通信系统、卫星通信系统、机动指挥通信系统、电子政务信息系统安全保密防护体系、电子政务运维支撑系统等信息化建设与应用，圆满完成城市应急处置相关通信与信息化保障任务，进一步推进民防信息化建设全面协调可持续发展。

（言芳）

【民防警报系统建设完善】 2010 年年内，按照民防警报建设规划，完成重点地区、重点目标新建 44 套电声警报器、1 套电动警报器的安装、调试、验收、建档工作，着重解决重点地区、重要目标存在警报音响盲区或音响值偏低的问题。对全市现有警报器进行加电检测和维修保养。

（言芳）

【短波通信保障能力提升】 2010 年年内，完成城八区短波背负式抗干扰电台、自优化短波单边带电台建设，为全市固定 TCR-154A 型 125W 军用短波数字化电台装备数据传输系统，完成全市短波通信的网络优化，初步建成固定、机动、单兵相结合的民防短波通信网，通信组网更加规范有序、灵活高效，短波数据传输通信能力显著提高。完成全市短波固定单边带电台天、地线改造任务，改善装备工作环境，提升信号强度，达到理想通信效果，民防伴随短波通信保障水平跨越式发展，短波通信保障能力全面提升。

（言芳）

【民防卫星通信保障能力加强】 2010 年年内，按照国家人防卫星通信系统建设的相关标准规范要求，在前期建设基础上，继续开展区县指挥所通信系统配套卫星地面站建设,完成朝阳、通州、顺义指挥所通信系统配套卫星地面站建设。按照国家人防办公室“两防一体化”的建设思路，实现上述区县应急指挥通信车信息直接传送到本级人防指挥所和本区县应急指挥中心。北京市、区县两级民防卫星地面站建设工作基本完成。为增强民防机动通信保障能力，完成市民防卫星可搬移小站升级改造任务。民防卫星通信保障能力进一步增强。

（言芳）

【涉密信息系统技术防护体系完善】 2010 年年内，按照国家关于涉及国家秘密的信息系统分级保护管理的相关标准规范的要求，完成市民防局涉密系统系统安全保密整改。

（言芳）

【电子政务运维服务支撑系统建设】 2010 年年内，完成电子政务运维服务支撑系统升级改造项目一期建设，实现市民防电子政务运维的资产管理、监控管理的信息化支撑。

（言芳）

【机动指挥通信系统强化】 2010 年年内，完成城 4 区应急指挥通信车总体验收工作及亦庄经济技术开发区应急指挥通信车的建设工作。全市应急（人防）指挥通信车建设工作完成，为战时人防指挥和平时城市应急处置的机动通信和信息化保障提供坚实的保障。

（言芳）

【市级平台实现信息资源共享接入】 2010 年年内，在理清民防政务信息资源，整合归口、明确信息资源的产生、管理、使用权限基础上，完成接入市级共享交换平台的建设工作。同时，依托局办公信息系统，通过设置规划计划、规章制度、重点工作、信息动态、办公通知等公共模块，实现全局信息资源共享。

（言芳）

【重大通信保障任务完成】 2010 年年内，民防应急指挥通信车完成新中国人民防空创立 60 周年展览的参展任务；落实应急指挥车训练工作，成效显著。民防应急指挥通信车圆满完成市、区（县）政府赋予的重点时段、重要地点的应急值守任务，以及城市突发应急时间的现场通信保障任务。在国防部部长梁光烈对北京市视察工作当天，及时高效地完成燕房华兴仓库着火现场的通信保障任务。

（言芳）

【标准规范化制度健全】 2010年年内，按照规范、制度化管理的指导思想，在完成民防信息系统运行和维护管理制度建设基础上，进一步加强以应急指挥通信车训练和维护为重点的规章制度建设，完成《机动指挥通信系统运行维护管理规定》、《机动指挥通信系统训练大纲》、《应急指挥通信车训练条例》、《应急指挥通信车训练成绩评定细则》的制定和实施。

（言芳）

【民防技术保障队伍建设推进】 2010年年内，组织开展全市短波通信培训和训练和警报维护管理培训。组织16区县和相关事业单位开展应急指挥通信车驻训，参训应急指挥通信车 22台，参训人员120人，完成指挥通信车操作使用理论学习、业务训练和考核，民防通信保障整体水平进一步提高。

（言芳）

北京市农业局

【概述】 2010年年内，北京市农业局根据全市电子政务工作任务要求，从建设“世界城市”的高端要求出发切实做好农业信息化各项工作，大力推广应用“221信息平台”，着力发挥电子政务工作在提高政府履职效率、提升公共服务水平方面的支撑作用，不断提高全局信息化管理水平，继续开展全局信息化标准建设及应用，注重加强新技术在信息化建设中的应用，努力加大信息系统对核心业务的支撑深度，最终实现信息服务水平的持续提升，完成全年电子政务各项重点任务和自定目标。在2010年北京市电子政务绩效考核中被评为电子政务专项应用突出单位。

（肖金科）

【“221信息平台” 推广应用】 2010年年内，北京市农业局按照市农委、北京市经济和信息化委员会《关于大力推广应用“221行动计划”信息平台意见的函》要求，在全市率先大力推广应用“221信息平台”。制订印发《北京市农业局关于推广应用“221信息平台”的意见》（京农发〔2010〕100号）和《北京市农业局“221信息平台”运维管理暂行办法》（京农发〔2010〕169号）两份文件，建立推广应用“221信息平台” 的考核机制、反馈机制和运维工作机制。开展“221信息平台”应用培训4次，培训180人次。在市农业局主要业务，设施农业管理、培肥地力、动物卫生监管、农产品市场监测中应用平台的先进功能和丰富资源，开展信息惠农服务，促进城乡融合，推动北京都市型现代农业发展。

（肖金科）

【“12316农业服务热线”提供农业信息服务】 2010年年内，“12316农业服务热线”依托农业专家和信息资源为京郊农民提供农业信息咨询服务37,500余次，平均每月服务3,120余次。信息服务内容包括农作物种植技术、农作物病虫害防治、市场信息、畜牧养殖技术、动物疫病、市场价格、质量追溯等方面。农业专家现场值班224人次，现场解答咨询2,322次。专家参与“进乡村、进合作社、进企业、进大户”活动6次，“进社区”活动1次，先后出动专家38人次，进入设施大棚、牛羊圈舍等生产一线现场指导 10 余次，现场解决各类农业问题近 700 个。12316 综合服务网站点击量达千万次之多。12316 继续实施联通用户拨打 12316 热线月资费“三元封顶”的优惠方案，降低农民获取农业信息的资费。

（肖金科）

【行政许可网上审批工作推进】 2010 年年内，为加快网上审批系统的应用，提高电子政务服务能力，市农业局积极调整网上办事流程，并通过加强宣传引导、行政手段推动、电话积极引导、现场指导填报等手段，推进网上办理。通过网络提交的申请量分别占当月申请总量从 1 月份的 3.45%上升到 10 月份的 39.7%，总体呈递升态势。尤其是兽药进口通关单事项，1 月份网上申报率为 26.9%，2 月份增加到 63.6%，3 至 5 月份保持在 90%以上，6 月份实现 100%网上申报。兽药广告审查的网上申报率也从一季度的零申请增加到二季度的 53.3%，并稳定提升。市农业局网上审批系统的应用为申请人提供方便，使行政审批更加便捷，申请人可通过网上公示查询企业办理进程。在线申报从申请、受理、审批、办结、查询等环节全部实现网上办理，并对所有审批事项的法律依据、办理程序、收费标准、办理进度进行公示，增加行政许可事项办理的透明度，形成网上审批的“绿色通道”，农业行政办事效率得到切实提高。

（肖金科）

【农业信息化技术应用】 2010 年年内，市农业局应用信息化技术践行低碳信息化理念。在项目建设过程中应用虚拟化技术。在“北京市农业综合支撑运行平台项目”实施过程中，市农业局紧密把握全市信息化发展集约、共享的新趋势，探索低碳信息化建设新模式，引入虚拟化技术，构建“虚拟机房”，以技术提升代替硬件增加。该项目的实施，在市农业局形成信息化建设的硬件支撑和软件支撑，实现信息资源的集约化管理。应用远程视频诊断系统提供农业信息服务。12316 热线中心在开展农业信息服务过程中，利用完全基于互联网的远程视频诊断系统，实现多位专家同时在线，对多位农民进行辅导答疑、技术咨询、病虫害诊断等服务功能，为农民实时提供专业技术服务。大力应用视频会议系统，不断提高行政办公效率。参加农业部、北京市应急委员会等各类会议超过 60 次，参会人数超过 600 人。

（肖金科）

【农业信息服务体系建设推进】 2010 年年内，市农业局围绕都市型现代农业发展需要，夯实全市 10 个远郊区县的软硬件基础，开展市级“三电合一”服务平台建设，加强“三电合一”体系与北京 12316 农业服务热线的整合，拓宽短信平台、双向视频诊断等信息服务渠道，探索出一条具有北京特色的农业信息服务体系建设模式。落实《北京市“三电合一”农业信息服务体系运行维护工作办法》，“三电合一”运行机制逐步完善。电视发布效果显著。全年共录制 200 多期优秀农业节目，播放时长超过 500 小时。“三电合一”网站运转良好。各区县紧密结合当地农业生产特点，建立“三电合一”网站，并在网站的运行维护方面实践一些好的做法，使“三电合一”网站的综合信息服务作用不断加强。试点示范工作全面启动。根据《农业部办公厅关于报送农业信息服务“三电合一”工程基本建设项目方案的通知》（农办市[2009]19 号）精神，选择昌平区作为试点单位，着手开展“县级平台—乡镇信息服务站—村级信息服务点”上下联动的信息服务体系建设。在“三电合一”农业信息服务的基础上，探索出具有昌平特色的“四电合一”的做法，启动集电视、电话、电脑、移动通讯四种信息为载体的“四电合一”信息化建设工程。市级“三电合一”农业信息服务平台初步完成。为推进各区县“三电合一”信息资源采集的标准统一、实现信息服务内容的共建共享，开发建设北京市“三电合一”信息综合服务平台，实现“五个统一”：统一的农业信息资源，统一的12316短信服务平台，统一的视频互动咨询服务平台，统一的视频在线点播服务平台，统一的平台数据接口。

（肖金科）

【业务报表系统“一表化”信息采集推广】 2010年年内，市农业局在农业生产各行业信息采集工作中推进“一表化”，开发市农业局业务报表系统。该系统能够实现业务数据采集、审核和查询、分析功能，涉及5个行业、59张报表，已成为北京市农口管理者常用、必备的业务数据资源管理工具之一。各行业2009年数据已全部采集完毕，数据审核已经完成，确保所有数据信息的准确性。各处室个性化需求已经全部开发完成，各区县客户端运行正常，保证数据的及时上传。着力加强业务报表系统的应用，有利于提高农业行业数据的分析应用水平。

（肖金科）

【信息资源目录体系建立更新】 2010年年内，市农业局信息资源目录建设工作结合全市信息化业务协同、资源共享的新要求，着手开展站所信息资源目录系统建设，旨在建立“市级—局级—站所”互联互通的信息资源目录体系。在前期目录建设的基础上，对全局重要业务进行梳理和完善，基本完成全部业务的梳理；并且对因机构调整而发生变化的业务进行更新，对农产品质量安全处（2009年新成立）的业务重新做梳理。探索推进信息资源目录在信息化项目审核、信息系统架构设计中的支撑作用。在市信息资源管理中心的指导下，对畜牧环境监测业务和资源进行深入梳理，为畜牧环境监测管理系统的开发提供有力指导。通过实施站所信息资源目录系统建设项目，使业务站所由原来单纯的信息资源维护方转变为信息资源管理的主体，站所在应用中更新，同时自动完成在局级平台和市级平台的更新。市农业局信息资源目录体系建设理念处于全市领先，被市信息资源管理中心列为信息资源目录建设于应用试点单位，并在全市信息资源共享交流会和政府信息化架构设计交流会上作为典型案例进行介绍。

（肖金科）

【信息资源共享交换开展】 2010年年内，市农业局与多家市级单位开展信息资源共享交换。与市统计局、市科委签订信息共享协议，通过市级共享交换平台提供蔬菜、畜牧、水产、农机行业生产数据及农产品市场行情数据，并共享统计局全市经济总量、消费价格指数等数据。目前交换的频率和数据量都在逐渐增加。通过前置机为市发改委共享生活必需品平台的相关信息，包括北京市成鱼销售量报表数据、水面利用情况报表数据。每月为市发改委提供一次，共8张报表约500条数据。作为“221信息平台”共建共享单位，共享种植业、畜牧业、水产业、农机业等7大类业务数据，包含土壤养分调查数据、设施农业数据、都市型现代农业走廊数据、进京动物和动物产品数量等25个小类的27万多条数据，总量达2.74GB。

（肖金科）

【“虚拟机房”建设展开】 2010年年内，市农业局在全市农业行业内首次引入虚拟化技术构建新一代机房，其整体构架包括服务器虚拟化、存储虚拟化、网络虚拟化。服务器虚拟化使多个操作系统和应用程序同时运行在不同的虚拟机上，而这些虚拟机建立在同一个物理服务器上，通过虚拟化层可以隔离同一台机器上、不同操作系统中运行的程序，避免资源的冲突；可以动态移动没有充分利用的硬件资源到最需要应用的程序中，从而提高底层硬件资源的利用率。存储虚拟化是为主机创建物理存储资源的过程，实现多个存储介质模块（如硬盘、RAID）通过一定的手段集中管理起来，所有的存储模块在一个存储池中得到统一管理。虚拟化技术的应用，能够降低 70%中心机柜占用空间，节省机房建设投资数百万元；避免服务器等硬件设备的数量膨胀，将现有 60 多台服务器上的应用整合到 20 台，服务器利用率从此前的 10%上升到 75%；使中心服务器能耗降低 75%；同时降低信息化建设运维和软件购买成本约 30%；提高管理水平和系统安全水平。

（肖金科）

【平台项目应用目标实现】 2010 年年内，应用“北京市农业局软件开发规范化控制与开发式技术基础平台项目”建立的市农业局信息系统的开发标准和规范，实现两大目标。全局信息化建设项目的标准化建设，实现系统开发统一技术架构、统一技术规范，从根本上解决业务系统集约化程度不高、数据难以融合等问题，保障业务系统稳定运行和持续维护，降低信息化建设成本；实现信息化建设项目的精细化管理，解决项目立项、建设、验收等环节的有效管理和控制，保证信息化建设的质量。该项目开创农业局系统开发建设的新模式。软件开发平台经过在实践中的应用，已初见成效。利用软件开发平台成功开发建设动物卫生监督所实验室检测数据综合应用系统以及农业局畜禽环监站 AO 系统，已开始试运行；基于制定的开发标准和规范，指导农业局下属单位进行网站建设等，促进北京市农业局网站建设向整体化、协同化发展。市有关部门认为“北京市农业局软件开发规范化控制与开发式技术基础平台项目”建设在全市具有创新性。

（肖金科）

【农产品市场信息体系建设推进】 2010 年年内，市农业局着眼“农产品市场分析预警”中心建设，农产品市场信息体系不断强化。结合农产品市场行情分析需要，开展农产品产地信息监测系统、农资市场信息监测系统建设和采集工作部署，初步形成“产地—批发市场—零售市场”及农资市场全链条的农产品市场信息监测工作格局；开展农产品生产及市场信息的综合应用。市农业局立足市场行情系统丰富的市场信息资源以及业务报表系统多年积累的行业生产信息资源，结合都市型现代农业的发展需要，开展农产品生产和市场监测分析，全面把握全市农产品供应形势，深入挖掘农产品从生产到零售消费各环节的价格变动规律，建设形成农产品信息综合服务平台，为领导决策提供全面、有深度的信息参考。加强农产品市场信息的分析研究。利用国家科技支撑课题“果蔬产品价格短期预测系统研究与示范”实施契机，开展果蔬产品产销地价格传到关系研究、果蔬产品价格影响因素及价格预测的定量研究，提高分析研究水平。完成农产品应急保障任务。利用农产品市场信息体系应对农产品价格波动，加强市场监测分析，形成《食用油市场行情分析报告》、《土豆市场行情分析报告》等 20 余份应急分析报告，为领导提供及时客观的数据资料和规律性的趋势分析。

（肖金科）

北京市农村工作委员会

【概述】 2010年年内，北京市农村工作委员会建设的以农为主、为农服务、联系城乡的“221信息平台”互联网站——尚·农网正式开通，并在首届全国农业信息化与现代农业博览会获得六个奖项。《农村基础信息数据元》正式颁布实施，指导北京市各级政府部门涉农政务信息资源的规划、采集、存储、交换、共享和开发利用工作。

【尚·农网上线运行】 2010年5月26日，北京市城乡经济信息中心与中国移动北京公司、北京农信通科技有限责任公司三方签署《共同推进“221信息平台”建设应用协议》。建设目标是打造首都农业信息航母，建设特点是“双资”合作：政府出资源，企业出资金；“双向”服务：面向百万农民，面向千万农民的信息服务。建设内容是建设一个以农为主、为农服务、联系城乡的“221信息平台”互联网站——尚·农网。1月20日，尚·农网开通仪式在农展宾馆举行，市委常委牛有成、副市长夏占义出席仪式。尚·农网正式上线运行，成为首都涉农综合服务的门户网站。

（马俊强）

【首届全国农业信息化与现代农业博览会召开】 2010年11月20日至22日，首届全国农业信息化与现代农业博览会在农业展览馆举办。北京市以“221信息平台”推广应用阶段性成果作为参展内容，汇集“221信息平台”推广应用的阶段性成果，展示并宣传通过“221信息平台”促进北京都市型现代农业的总体情况和最新进展。北京展团共获得六项博览会大奖，居各参展团之首，分别为：“221行动计划”信息平台获得推广应用二等奖；北农科技的新型生态立体温室、北京任我在线科技发展有限公司的北京农产品全程电子商务系统分别获得优秀案例二等奖和三等奖；北京任我在线科技发展有限公司获得突出贡献奖；北京市农村工作委员会、北京市农业局分别获得优秀组织奖。

（马俊强）

【《农村基础信息数据元》颁布实施】 2010年年内，依据《北京市信息化促进条例》中关于北京市信息化“统筹规划、资源共享”、“规范市和区、县两级行政机关采集政务信息的活动”等要求，为更好地规范涉农信息的采集、共享和开发利用工作，市农委与北京市经济和信息化委员会共同立项，由北京市城乡经济信息中心、北京市农村合作经济经营管理站和北京市信息资源管理中心起草编制了《农村基础信息数据元 第1部分到第6部分》（标准号DB11/T 699.1—6 2010）。作为北京市地方性推荐标准，该标准以当前农村信息化工作为基础，吸收相关标准化研究成果，用以指导北京市各级政府部门涉农政务信息资源的规划、采集、存储、交换、共享和开发利用工作，以及涉农信息系统的规划建设、运行维护和服务等工作。该系列标准包括“总体框架”、“个人基础信息”、“组织基础信息”、“社会基础信息”、“经济基础信息”和“自然资源基础信息”6个部分，于2010年3月9日通过北京市质量技术监督局批准，并于2010年7月1日正式颁布实施。

（马俊强）

【两本信息刊物创刊】 2010年年内，为开展面向决策的信息资源整合和业务数据资源整合，加强分析预测工作，由市农研中心主办，创办《北京城乡经济信息》、《城乡经济通讯》

两个信息刊物。刊载《北京郊区发展亟需加大引入社会资本的力度》、《2010 年上半年京郊农村经济发展分析》、《关于北京农民收入增长问题的分析报告》、《进一步完善转移性收入的制度安排是缩小城乡居民收入差距的重要途径》、《关于“十二五”时期农民收入增长的分析预测》等分析预测报告，获得市委、市政府主管领导表扬，一些意见和观点被市委“十二五”规划建议、“十二五”城乡一体化发展规划采纳。

（马俊强）

北京市气象局

【概述】 2010 年年内，北京市气象局新业务楼网络与视频会议系统建设验收工作完成。“气象数据查询下载系统”和“气候资料统计查询服务系统”投入业务试运行。昌平区“气象信息员管理平台”建设的软件编写工作完成。昌平区“决策气象服务平台”建设的软件编写工作加紧进行，为农服务试验点大棚内监控设施安装完毕。

（戚群业）

【“气象信息员管理平台”建设启动】 2010 年 5 月，昌平区“气象信息员管理平台”软件正式启动，本项目是“气象为农服务试点工作建设”项目中的重要组成部分。项目最终目的是建立一个网站形式的气象信息员管理平台，终端气象信息员可以将当地的各类气象信息和灾情实时报上来，通过此平台广大的信息员可以接收各类气象预警信息和气象服务产品。该项目软件平台的大部分内容已完成。

（戚群业）

【两大气象资料服务系统投入业务试运行】 2010 年 7 月，推出两个气象资料服务系统：“气象数据查询下载系统”和“气候资料统计查询服务系统”。前者为科研人员、业务人员提供原始气象观测资料，后者为用户提供常规气象统计产品。“气象数据查询下载系统”将收集到的 10 大类，76 子类资料，以“天”为单位压缩打包，按照“资料类型/资料子类型/年/月”的存储目录结构管理各类资料。用户在网页注册、审核通过后，获取一定权限，即可下载资料。该系统各种数据基本可追溯至近 3 年，部分常用数据，如自动站数据等，则可追溯至 2000 年。系统自运行以来，一直正常运转。“气候资料统计查询服务系统”为用户提供北京 20 个国家级站点自动站常规观测要素（气温、风速、风向、降水量等）的月、年统计值（均值、极值等）、统计图。该系统还能进行高级查询，如历史同期某气象要素值的比较等。为公共气象服务、气候分析等提供一个实时便捷的参考与查询平台。

（戚群业）

【子新业务楼网络与视频会议系统建设验收工作完成】 2010 年 12 月 21 日，信息中心技术人员、城市所以及施工单位人员，对上甸子新业务楼的网络和电话综合布线、视频会议系统、监控安全报警等系统进行验收工作。从网络布线、机柜设备的安装、光缆接续、视频会议系统以及安防监控等系统的实现、测试、连通等功能情况检查，均达到建设方案的要求，完成项目规定建设的内容，为上甸子站气象业务运行提供较完备基础条件。

（戚群业）

【“决策气象服务平台”建设软件编写工作开展】 2010 年年内，加紧昌平区“决策气象服务平台”建设的软件编写工作。该软件为“气象为农服务试点工作建设”项目的一部分内容。目前已完成的工作有网站服务器的搭建和页面的设计；网站数据结构调整；大部分源代码编写工作。

（戚群业）

【试验点大棚内监控设施安装完毕】 2010年年内，为提高为农服务水平，昌平区气象局前期开展农业气象服务的调研，决定在本区建立现代农业示范基地气象服务示范点，为农民提供针对百合、草莓等特色主导产业的产前、产中、产后气象信息专题服务，充分发挥气象为农民专业合作示范社的气象信息服务作用。8月6日昌平局相关领导及信息中心人员实地考察昌平区南流村百合基地和小汤山农业科技园草莓示范基地，对实时监控摄像头及其他设备的安装细节进行落实；由于项目时间紧，经过各方努力，于8月18日和8月20日两天进行设备安装及调试，实现通过互联网对大棚作物实时视频监控。系统刚刚投入运行，由于系统是通过512Kbps ADSL实现视频的监控，对于视频编码参数还要根据使用情况(访问清晰度、同时访问人数）进行调整优化。

（戚群业）

北京市人口和计划生育委员会

【概述】 2010年年内，全市人口和计划生育信息化工作平稳较快发展,应用水平不断提高，业务系统、办公系统、网站系统及网络和信息安全管理上都取得较大的成绩。特别是在主干业务系统——《北京市全员人口信息管理系统》的建设上，取得突破性进展。该系统在《北京市育龄妇女信息管理系统》的基础上进行升级改造,项目得到北京市经济和信息化委员会、市财政局等相关部门的批准和支持，并完成软件需求调研、项目报批、招标采购、概要设计、数据整合、程序编制等实施工作。在委领导和各单位的高度重视下，在全市人口计生部门的共同努力下，北京市人口和计划生育信息化工作进入新的上升通道，初步形成良好的工作局面，为完成“十二五”人口和计划生育信息化工作的起好步、开好头打下良好基础。

（任向群）

【全员人口信息管理系统建设工作加快】 2010年1月，根据国家人口计生委的统一部署，市人口计生委加快《全员人口信息管理系统》的建设工作。建立相应工作机制、开展广泛层级调研、完成主要业务梳理、形成实施方案，并报国家人口计生委和北京市经济和信息化委员会、市财政局。2010年11月，进行全国范围的招标并完成招标工作，系统开发开始启动，软件系统构架已经搭建完成，离线录入软件已经编制完毕，统计决策模型正在建立，各区县的数据补录信息采集、数据迁移工作2010年年底前完成。

（任向群）

【人口和计划生育基础信息核查工作开展】 2010年3月，市人口计生委信息中心配合规划统计处、流动人口管理处参加北京市人口和计划生育基础信息核查工作，开展面向区县的核查软件的培训辅导工作，协助完成市级核查数据汇总上报国家人口计生委的工作。

（任向群）

【视频会议系统网络线路联通】 2010年3月，市人口计生委信息中心配合办公室，研究制定视频会议系统网络改造及运行维护服务方案，联通北京市经济和信息化委员会视频会议系统的网络线路，完成全市16个区县视频会议室的联通和测试工作。并协助办公室按照市“两会”要求，完成两会期间的网站监控工作、网络视频政务资讯、询问活动。

（任向群）

【网站新版的软件开发完成】 2010年6月，市人口计生委启动市人口计生委网站升级项目，完成“首都之窗”市人口计生委网站新版的软件开发和上线准备，在服务器采购到位后进行测试、上线运行。

（任向群）

【与国家人口计生委专网联通】 2010年6月，按照《国家人口计生委办公厅关于做好系统专网使用国家电子政务网络中央传输骨干网实施工作的通知》（人口厅传[2009]79号）精神，市人口计生委积极协调中环管理办、市政务网络管理中心、中国人口网工作站，组织相关网络公司，完成网络联通工作，确保委机关与国家专网的信息畅通，也为北京市经济和信息化委员会视频会议系统的综合测试实现网络保障。

（任向群）

【身份统一认证平台（CA认证）运维工作完成】 2010年6月，市人口计生委根据近期人员调动和变化，进行相应电子身份证书（KEY）的变更，并及时将电子身份证书发放到人，确保工作信息在网络传递过程中的保密性和完整性。

（任向群）

【信息服务子网站建设开展】 2010年6月，市人口计生委信息中心对新增系统项目内容与规统处进行专题调研，完成北京市人口计生委决策信息服务子网站的建设和维护，并进行信息变更工作。网站依托北京市政务外网建设，由中心门户和子网站组成，子网站建设由市人口计生委完成，按照统一规范自行建设和维护，并接入门户进行展现。

（任向群）

【国家人口计生委领导信息化工作调研】 2010年8月，国家人口计生委副主任江帆等领导到北京市调研信息化工作情况，江帆指出，北京市要按照“高定标准、前瞻设计、突出应用、强化特色、又好又快、跨越发展”的24字标准，建设高质量的首都全员人口信息系统。江帆对北京市加快人口计生信息化建设提出四点建议，加强统筹规划，推进管理创新，要提高数据质量，要深化信息应用。

（任向群）

【北京市经济和信息化委员会员会调研】 2010年11月，北京市经济和信息化委员会到人口计生委检查指导工作，检查信息安全风险评估、应急预案完善及应急演练等工作情况，信息中心与检查组领导和专家就信息系统保护、全员人口数据容灾备份等工作进行研讨。

（任向群）

北京市人民政府法制办公室

【概述】 2010年年内，北京市政府法制办按照北京市地方标准《政务网站建设和规范管理》（DB11/T 221-2008）和国务院法制办公室《关于评估省级政府法制信息网站的通知》（国法秘信函〔2010〕96号）要求，在政府法制信息宣传和政务网站建设管理方面开展了一系列工作，对“北京市政府法制工作系统”（以下简称工作系统）进行阶段性升级改造，将全市各区县、各部门政府法制机构纳入到系统服务对象中。12月，北京市政府法制办公室被评为年内优秀省级政府法制信息网站先进单位。

（刘莎）

【获国务院法制办公室表彰】 2010年12月29日，国务院法制办公室印发《关于通报表扬2010年优秀省级政府法制信息网站、网站建设先进个人和信息报送先进单位的通知》（国法秘信函〔2010〕594号），市政府法制办被评为2010年优秀省级政府法制信息网站先进单位。主要开展了以下工作：信息组织。组织召开全市政府法制信息宣传工作会议，总结过去一年全市政府法制信息宣传工作成效、特点和不足，对信息宣传工作中表现突出的单位进行了考核表彰，并特邀《北京日报》资深编辑作政府法制信息写作辅导讲座。全年共向中国政府法制信息网报送并被使用信息418条，获得国务院法制办表彰二等奖；制度建设。以京政法制内〔2010〕9号文件印发《北京市人民政府法制办公室网站信息宣传和运行管理若干规定（试行）》，对政务网站建设中部门职责分工、信息收集渠道、稿件报审程序等内容进行了规范。政民互动。全年通过市政府法制办网站公布法规规章草案15项，其中地方性法规草案5项，地方政府规章草案10项，通过网络收集意见412条，在公众参与政府立法工作方面发挥积极作用。

（刘莎）

【法制工作系统完成阶段性升级改造】 2010年年内，根据国家和北京市关于加强政府法制信息化建设的相关要求，为进一步提高北京市政府法制系统的信息化水平，市政府法制办于对早期开发的“北京市政府法制工作系统”（以下简称工作系统）进行阶段性升级改造。此次系统升级改造，除页面有较大改观外，重点改变以往单一数据统计报送的作用，提升了系统功能，丰富业务内容，为领导决策提供更加及时、准确的信息服务，为各级政府法制机构、人员之间的联系和日常工作提供了诸多便利和服务。升级改造后的工作系统在实现对“行政处罚数据”、“行政复议和应诉数据”和“政府法制机构及人员”管理的基础上，提升原有业务数据统计报送分析查询功能，并增加全市政府法制机构协同办公模块，将全市各区县、各部门政府法制机构纳入到系统服务对象中，实现各级政府法制机构通过该网络平台开展信息报送、文件传输、会议通知及反馈、邮件收发等的协同办公功能；增加“规范性文件备案审查”工作模块，方便快捷地实现网上备案；将已经运行的“行政复议和应诉案件管理”系统实现对接，使之作为子系统纳入改造后的系统，进一步完善案件办理工作流程；与北京市公务员门户网站对接，间接具备了海量查询和办公服务功能。此次升级改造工作标志着北京市政府法制系统信息化应用迈上一个新台阶。

（刘莎）

北京市司法局

【概述】 北京市司法局作为负责北京市司法行政工作的市政府组成部门，担负着全市律师业务、公证业务、法制宣传业务、法律援助工作指导、基层司法工作指导等各项司法行政业务。市司法局信息化建设工作按照司法部和全市的总体要求，坚持围绕中心和大局，结合首都司法行政工作特点，以职能需求为导向，以推进应用为重点，以先进的信息技术为依托，加强领导、精心组织、狠抓落实，全市司法行政系统信息化建设工作初见成效。基本完成全系统基层单位网络互联互通，在全系统范围内推广使用个人身份数字证书，对网站管理责任重新进行了确认，协助相关处室完成业务系统培训和上线运行，做好信息化日常维护工作，为全局各部门提供信息化保障。

（赵新生）

【全系统基层单位网络互联互通】 2010 年 9 月，起草《北京市司法局关于新增政务外网接入单位的函》。11 月份，市局与北京市经济和信息化委员会联合发文《关于依托市区两级政务外网进行司法行政系统网络建设工作的通知》（京司发[2010]654 号文件）。敦促区县司法局与属地信息化主管部门沟通，在内网办公平台设计网络连通工作擂台，实时反映各区县局网络连通工作进度和全系统排名情况。2010 年年内，全系统 379 家基层单位（不含区县局机关），通过市区两级政务外网，已有 307 家司法所、12 家公证处、17 家法援中心、15 家矫正中心实现与市局内网办公平台互联互通，构建具有自身独特性质的市局、区县司法局、基层司法所三级司法行政系统网络。总体联通比率 99%，司法所 100%、公证处 91%、法援中心 100%、社区矫正中心 100%。已有 15 个区县局全部基层单位、16 个区县局的所有司法所、16 个区县局的法援中心、15 个区县局的公证处实现了与市局网络互联互通。

（赵新生）

【数字认证系统上线运行】 2010 年 10 月，在内网办公平台建立并完善了数字证书认证系统，并在全系统范围内推广使用个人数字证书。截至 12 月 15 日，已完成 1958 张个人证书、16 张区县单位管理员证书和 4 张单位证书制作任务。起草并印发《北京市司法局个人数字证书管理办法》，分两批对区县局和市局用户进行了培训。12 月 2 日，组织全系统数字证书正式启用仪式。通过对用户 IP 地址识别和系统应用准入授权，全面记载每一位用户信息使用情况，实现对网络层和应用层的全面安全控制。

（赵新生）

【信息化保障提供】 2010 年年内，市司法局局内网办公平台首页共发布动态信息 1,256 条，会议信息 140 余条，天气预报 235 次。为全系统视频会议提供 41 次技术支持。3 月份，在内网办公平台上安装“即时通”应用软件，方便用户进行在线交流。市局各处室、各区县司法局近 1,500 人都已相继开通此项服务。全年共为内网办公平台、律管系统、领导决策系统咨询支持及日常综合事务性工作总计 2,254 件次。上门处理计算机终端故障 462 次，处理网络服务申请 1,015 次，处理网络故障 186 次。对 42 台中毒电脑逐一进行查杀，共升级内外网病毒库、发布病毒预警信息 60 余次，处理内网病毒小规模爆发 40 余台次。完成 UPS 月度巡检工作，进行 UPS 断电切换等相关测试及清洁工作，部署内外网监控平台 35 次，保证每日查看内外网 IDS 和机房运行状态，处理安全应急事件 20 余次。完成安防系统、门禁系统和电视系统的运行、维护工作。

（赵新生）

【二期业务系统上线投入试运行】 2010 年年内，积极推进以矫正帮教、基层司法、公证、司法鉴定管理为主的二期业务系统试运行。组织第三方测试机构对即将上线的业务系统进行技术测试，制定公证处局域网建设技术建议标准，协助相关业务处室制定系统上线运行推广计划和管理办法，组织了 10 余次涉及数百名用户的业务系统培训，对相关业务处室提供的区县局 400 多名用户权限和系统角色在系统后台进行调整，开通技术支持专线，受理技术支持电话 2000 余人次，现场解决系统故障几十余次。综合数据库提取的相关数据统计，截至 2010 年 12 月 31 日，二期业务系统已录入各类信息 4 万多条。

（赵新生）

北京市水务局

【概述】 2010 年年内，北京水务信息化紧紧围绕水务中心工作，确定“促进应用、整合资源、强化服务支撑”的工作思路，以提升信息化应用绩效为最终目标，围绕北京市电子政务重大应用、业务应用系统建设与推广、信息资源利用与共享、安全运维与管理等重点任务开展一系列工作，全面完成市政府、北京市经济和信息化委员会的工作部署，信息化对水务核心业务的支撑广度达 100%，支撑深度进一步深化，数据资源的利用程度逐步加大，促进行政办公的高效化，提升公共服务的透明化，全力支撑水务管理的精细化。水务局在信息化领域获得表彰和奖项共 6 项，在信息化建设思路和管理机制上取得重大突破，探索一种集约化建设模式，创新资源利用的途径，实现政务与业务的融合，狠抓信息化应用绩效，摸索出评估、考核、公示等多种提高绩效的抓手，促进信息化成果的深度应用。

（丁晓嵘）

【“十二五”水务科技及信息化发展规划研讨】 2010 年 2 月 3 日，市水务局总工程师陈铁主持召开北京市“十二五”水务科技及信息化发展规划研讨会。局有关处室、局属单位、区县水务局及市自来水集团、排水集团有关负责人参加会议。陈铁指出，各单位高度重视，认真总结“十一五”期间的问题，把工作计划安排好、开展好；突出重点，解决实际问题。要有统一的标准和要求，在应用上下功夫，以完善硬件能力；规划的编制要围绕水务中心工作。各单位要结合自身实际情况，创造性的开展工作，提出合理的科技及信息化建设需求。会议要求，各单位在编制科技信息化规划中，要提早介入，尽快落实主管领导，责成专人负责，落到实处。报告内容要体现过去的成绩与经验，并认识到面临的新形势，突出重点任务。在编制过程中要有高度、广度和深度。2010 年 4 月 21 日，水务局信息管理中心邀请吴文桂、朱晨东等 6 位专家对首都水务“十二五”信息化规划编制工作献言献策，重点针对信息采集类型的分类、水务局业务应用系统类别的划分、数据资源的来源等问题进行详细指导，并就信息化发展存在的问题及规划工作的重点等提出宝贵的意见和建议。2010 年 7 月 27 日，陈铁召集局属有关单位，对“十二五”水务科技及信息化发展规划进行审查。

（王昉）

【物联网应用考察】 2010 年 3 月 16 日，市水务局副局长潘安君率队到北京中星微电子有限公司就“首都城市应急管理物联网示范工程”进行考察和交流。水务局科教处、计划处、排水处市、防汛办、信息中心等有关负责人参加考察。考察中，中星微公司负责人介绍物联网的概念、项目背景、项目实施的必要性与意义、项目建设的基本思路、项目的主要内容以及项目的进展情况。潘安君率队参观中星微公司物联网应用的产品和案例，对项目实施的意义和建设内容给予充分的肯定。他向中星微公司的相关人员介绍北京水务在感知相关水务信息，实现科学决策和应急指挥等方面的发展情况。潘安君指出，市水务局是首都城市安全运行的重要基础保障之一，物联网是提高水务应急管理水平的有效技术手段。他希望信息中心和中星微公司相互积极配合，求实求快地做好防汛应急管理物联网应用示范工作，争取在汛期进行试用。

（李晓梅）

【水务信息化项目前置审查工作启动】 2010年3月31日，市水务信息管理中心组织召开“北京市节约用水信息管理系统改造项目”前置审查会，这标志水务局信息化项目前置审查工作正式启动。10月14日，“规模养殖业用水分析与节水措施数据库建设项目”通过前置审查。11月30日，“水利水电学校校园网硬件改造项目”通过前置审查；12月13日，“北京市水土保持核心业务管理系统（二期）”项目通过前置审查。信息化项目前置审查是北京市水务局严控信息化项目立项的一个重要手段，所有信息化项目必须经过水务局信息化主管部门的前置审查后方可报送北京市经济和信息化委员会。通过设立项目前置审查环节，邀请局外和局内专家共同对项目方案进行审查、把关，主要包括业务合理性、信息资源体系合理性、技术方案合理性、信息安全保障体系合理性等八个方面，避免重复投资和分散建设，最大程度地提高财政资金使用效率。

（张小娟）

【接待四川水务信息化工作调研】 2010年4月13日，四川省什邡市水务局一行13人来到市水务信息管理中心调研北京水务信息化工作。市水务局机关技术负责人及北京市水利自动化研究所主要负责人参加会议。会议上，信息中心汇报北京水务信息化建设情况，并现场演示水务局建设的重点应用系统。什邡水务局领导介绍本地区水务信息化现状及近期建设项目。在座谈中双方深入交流信息化前期规划、业务需求确定、项目建设等方面的关键问题。

（张小娟）

【城市重要水源及影响区域污染预警系统工程通过初验】 2010年4月28日，在稻香湖会议中心召开北京城市重要水源及影响区域污染预警系统工程初验会，市水务局专家组与市水务信息管理中心、北京市水文总站等11家运行管理单位50余人参加会议。北京城市重要水源及影响区域污染预警系统工程于2008年12月19日正式批复开工，于2010年1月15日完成11个分部58个单元工程的全部建设内容。会前专家组和各参验单位首先到温泉管理所对施工完成情况、施工工艺、施工质量进行检查；会上专家组听取施工方、监理方、设计方、业主方的工作汇报，并认真听取运行管理单位的意见。各参验单位对工程质量、使用效果等方面均给出的较高的评价，经过讨论各参验单位一致认为工程已按照招标文件、施工合同的要求完成工程建设，符合设计要求，工程质量合格，工程档案资料整理符合有关规定，专家组同意工程通过验收。目前北京城市重要水源及影响区域污染预警系统工程已经进入试运行阶段，工程的运行能够及时发现北京市重要水源突发水污染事故，并进行快速检测、准确分析、早期预警和及时处置，为领导决策、现场管理提供实时的、全方位的辅助信息支撑，减少水污染事件的进一步扩大和影响。

（刘建国）

【水务卫星遥感专题数据建设工作启动】 2010年5月6日，“北京一号”小卫星水务遥感专题数据建设工作在市水务局正式启动。市水务局科技教育处、北京市水文总站、北京市水土保持工作总站、北京市水利水电技术、市水务信息管理中心的相关负责人参加启动会，市水务局副局长潘安君出席会议并讲话。信息中心汇报本项目的背景和项目实施总体方案，与会单位对项目实施在促进和改善北京水务宏观业务建设管理和决策等方面所能发挥的重大作用进行深入讨论。潘安军在总结发言中指出，卫星遥感数据水务业务应用应该每年坚持开展，持之以恒深入进行业务应用研究，并通过借助卫星遥感影像等技术手段，提高水务局在北京水务管理方面的话语权。同时要求各参会单位深入思考卫星遥感数据在本单位业务工作中的应用目标、应用范围、数据频率、应用成果形式等具体需求，为卫星遥感技术在水务领域的应用研究提供基础，推动卫星遥感水务专题数据建设工作的顺利开展。

（南永天）

【房山区山洪灾害防治试点建设雨水情监测系统完成验收】 2010 年 6 月 29 日，房山区山洪灾害防治试点建设雨水情监测系统工程验收顺利完成。市水务信息管理中心、北京市市防汛办公室、房山区防汛办公室、安徽省阜阳市聚星水利工程建设监理中心等相关人员参加验收。该工程是房山区的试点建设工程，关系着北部山区几千户居民的生命财产安全。工程由市水务信息管理中心全面负责安装调试与系统集成等工作。验收中，验收人员首先听取建设方和监理方的汇报，核查相关验收资料，了解工程完成情况，现场检查和确认工程实体。验收人员从工程的完成情况、使用效果等方面进行认真的讨论，并就项目后期运行方面等提出整改意见。经过专家验收小组讨论，一致认为工程资料齐全，施工质量合格，同意单位工程验收。

（邢丕虎）

【“基于物联网的内城河湖管网水位流量监测系统”设计方案通过评审】 2010 年 7 月 1 日，市水务局组织召开“基于物联网的内城河湖管网水位流量监测系统”设计方案专家评审会。水务局有关处室及北京市防汛办公室、北京市城市河湖管理处、北京市东水西调管理处、北京市凉水河管理处、北京城市排水集团等单位的人员参加会议。会上专家组和各运行管理单位认真听取市水务信息管理中心的方案汇报，一致认为，随着物联网技术的逐步成熟和应用，开发基于物联网的内城河湖管网水位流量监测系统是十分必要的，符合北京市信息化发展的新要求，对提升北京水务精细化管理水平、推广物联网应用具有重要意义。该系统总体方案合理、技术路线可行，符合水务局信息化实际和城区防汛业务需求，同意该方案通过评审。会上相关运行管理单位就系统建成后的运行维护提出意见和建议。

（李楠）

【水务局综合信息平台及外网门户升级改造项目设计方案通过评审】 2010 年 7 月 12 日，市水务局召开关于水务局综合信息平台及外网门户升级改造项目设计方案的专家评审会议。市水务局总工程师陈铁、北京市经济和信息化委员会专家、水务局相关处室负责人、市水务信息管理中心相关人员参加此次会议。信息中心通过全局信息化研讨会和信息化大会，认真梳理，总结水务信息化的主要问题是资源共享和应用推广两个瓶颈，并形成今后几年工作的思路。信息中心组织多次的内部讨论和对相关单位的考察和调研，形成“让外网动起来，让信息活起来，让系统用起来”的总体工作思路，争取在局外网、内网门户、数据资源展示和 AO 系统四个应用方面取得突破。项目初步设计方案完成。会上，与会专家听取“设计方案”编制单位的汇报，并进行认真的讨论，形成评审意见。专家表示，设计方案目标清晰，建设任务明确，符合全市电子政务及北京水务信息化发展规划总体要求。专家组一致同意该“设计方案”通过评审。

（冯晶）

【水资源配置管理系统二期平谷分中心项目启动会召开】 2010 年 7 月 15 日，北京市水资源配置管理系统（二期）平谷分中心项目启动会在平谷区水务局召开。市水务局水资源管理处、科技教育处、水务信息管理中心、平谷区水务局等相关领导出席会议。平谷区水务局有关负责人对项目前期进展和下一步工作计划进行汇报，承建单位汇报项目建设内容和软件原型，大家就项目的建设进行讨论。市水务局相关领导按照项目建设的整体标准，针对平谷分中心的建设提出几点要求：要重点关注数据，加强核心数据的处理与开发，业务与应用要充分结合起来，提升水资源的精细化管理；系统的开发要保证一致性，界面风格要统一，做好与市水资源管理系统的接口工作，提供数据支持；系统的建设要保证信息网络的安全性；要加强系统后期的运行维护保障工作，有绩效还要有考核；项目的建设管理工作要严格按照相关信息化项目建设管理办法执行，又好又快地完成建设。平谷区水务局领导表示，要按照市局的要求，密切与市局联系，保质保量的完成水资源配置管理系统区县分中心试点的建设工作。水资源二期项目主要分为三块建设内容，其中局中心部分（以软件为主）已经完成软件原型设计，平谷和朝阳两个分中心也分别完成招标进入实质建设过程。本次会议的召开，将北京市水资源配置管理系统（二期）的建设向前推进一大步，为年内实现项目验收奠定基础。

（雷健）

【水务局物联网应用座谈会召开】 2010 年 7 月 21 日，市水务局总工程师陈铁主持召开“北京市水务局物联网应用”调研座谈会。市应急办公室、北京市经济和信息化委员会、市发改委及水务局科技教育处、市水务信息管理中心、市防汛办公室相关负责人参加会议。陈铁介绍北京水务在感知水务信息、实现科学决策和应急指挥等方面的情况。信息中心向调研组汇报局物联网应用工作开展情况和示范工程建设情况。市应急办、北京市经济和信息化委员会、市发改委的相关负责人充分肯定市水务局物联网应用建设，指出市水务局是首都城市安全运行的重要基础保障之一，物联网应用对北京水安全和城市运行具有十分重要的意义。市应急办主要负责人邀请市水务局在 2010 年 7 月底召开的全市应急管理物联网应用建设工作培训会上做典型发言，双方就培训相关事宜进行深入交流。

（杜静）

【水务信息资源管理专家咨询会召开】 2010 年 7 月 28 日，市水务局总工程师陈铁出席水务信息资源管理专家咨询会，市水务局科技教育处、信息中心、市水文总站、市水利科学研究所、信息中心负责人及多名信息资源管理专家参加会议。会上，陈铁就水务信息资源建设管理的背景和目标进行说明，希望通过本次专家咨询会的召开，为信息资源建设管理及业务应用的深入开展建言献策。市水务信息管理中心汇报水务信息资源建设管理现状及存在的主要问题，专家们就信息资源建设总体架构、管理模式、信息资源梳理、信息化与业务关联关系、国内外成功经验等进行充分讨论，并对信息中心技术人员的提问进行解答。本次会议为水务信息资源建设管理与应用共享深入推进指明方向。

（南永天）

【水务信息化规划和制度研讨会召开】 2010

年10月11日，市水务信息管理中心组织召开北京市水务信息化规划体系、制度体系框架研究专家咨询会。市水利规划设计院、北京工业大学等单位的专家和信息中心技术人员参加会议。会上，信息中心就市水务信息化规划体系和制度体系框架的研究内容及相关研究成果进行汇报，并就规划体系各层次内容的作用与地位、如何促进规划与实际建设的有效衔接、制度体系框架的合理性和制度如何落实等问题，征求专家意见并进行讨论；专家们针对以上问题给出建议，并结合自身的专业特长和相关工作经验，对水务信息化规划体系和制度体系框架的研究提出许多宝贵建议。通过此次专家咨询会，信息中心得到来自专家和各相关部门的意见和建议，开拓思路，明晰问题解决方案，促进水务信息化规划体系和制度体系的进一步编制和完善。

（张小娟）

【内外网升级改造】 2010年10月20日，内外网升级改造项目建设情况汇报后召开后表示。局总工程师陈铁及办公室、科教处、宣传处、信息中心相关负责人出席会议。会上，信息中心负责人介绍局外网、内网门户、数据资源展示和AO系统四个部分的建设情况，并演示项目建设成果。市水务局局长程静听取汇报与会人员就项目建设及运行维护管理等方面进行讨论，并针对本项目在信息化资源共享与绩效考核工作中的应用、首都之窗与水利部对政府网站考核指标的针对性与可操作性、内网处室栏目建设与信息的快速更新等多个关键问题提出宝贵意见。经过交流与研讨，程静指出，下一步的重点工作要从信息化资源共享与绩效考核工作出发，围绕“全局办网站”的工作思路，落实每个处室的职责和分工，各处室、局属单位要加强内容管理机制，做好本部门、单位资源信息发布与公开工作。他着重指出，内网信息的完善是外网信息保障的必经之路，全局要设立专门的信息总监，对各处室、局属单位信息的更新发布进行监督、催办和统计。各单位的应用系统更要接入内网中，以资源共享为原则，达到局内信息资源的更大的应用。

（丁晓嵘）

【信息化工作考核】 2010年11月12日，北京市经济和信息化委员会副主任俞慈声带领电子政务绩效考核专家组检查水务局信息化工作。市水务局局长程静出席会议并讲话，总工程师陈铁主持会议，科技教育处、水务信息管理中心等单位负责人参加会议。会上，陈铁介绍市水务局的基本情况，信息中心负责人按照绩效考核要求从年度重点工作、业务应用系统的效果、管理与保障三个方面详细汇报全局信息化工作进展与成效，并且展望十二五时期水务信息化发展思路及2011年工作目标。随后，根据专家组提问，双方就跨局业务协同情况、领导决策支撑情况、规范与制度的落实情况等进行交流讨论。俞慈声对市水务局信息化工作给予充分肯定。她表示，市水务局信息化工作出色，特别是在物联网技术应用、SVAC视频编码标准应用示范方面走在全市的前列。市绩效考核专家组一致认为，北京水务信息化工作有亮点、有创新、信息化应用绩效体现充分。在资源应用方面重视数据产品加工与展示，为各级领导提供有力决策支持；在基础工作中率先开展绩效管理，紧跟北京市经济和信息化委员会管理思路，狠抓应用绩效，为信息化管理工作提供抓手。程静在讲话中表示，局党组高度重视水务信息化工作，积极参与北京市经济和信息化委员会开展的各类试点工程，坚持以应用为导向促进信息化工作。他要求，按照北京市经济和信息化委员会要求进一步梳理优化，把需要补充完善和提高的内容作为下一步工作重点，充分利用有限的信息化资金，促进北京水务信息化工作再上一个新台阶。

（张小娟）

【水资源配置管理系统（二期）局中心系统初步验收】 2010 年 11 月 18 日，市水务局召开市水资源配置管理系统（二期）局中心部分初步验收会，市水务局水资源管理处、科技教育处、水利规划设计研究院、水务信息管理中心、监理单位以及两个标段承建单位相关人员参加会议。会上，由相关领导组成的验收小组听取承建单位的项目完成情况汇报、监理单位的工作报告以及设计单位的验收意见，观看系统演示，经过文档审查、质询和讨论，认为项目基本完成合同约定的各项任务，达到项目预期的要求，同意项目通过初步验收。该项目的其中一个标段即总体架构、指标分析、与水资源（一期）信息整合由市水务信息管理中心自主开发，项目的初验标志着自主开发有实质性的成果，并得到相关单位和领导的认可。

（章艳锋）

【水资源配置管理系统（一期）验收】 2010 年 12 月 14 日，“市水资源配置管理系统（一期工程）”竣工验收会顺利召开。市水务局总工程师陈铁出席会议，市水务局科技教育处、建设管理处、水资源管理处、审计处等 10 个机关处室和市水务信息管理中心等 12 个局属单位相关人员参加会议。会上，验收组听取项目建设方、设计方、监理方和施工方的管理工作报告，检查系统功能建设，审阅相关文档及工程结算报告。经过质询与讨论，验收组认为，该项目实现预期建设目标，系统质量合格，社会效益良好，资金管理规范，同意通过竣工验收。市水资源配置管理系统（一期）是以市水务局为中心平台，局属单位、公共服务单位以及区县水务局为分中心平台，建立水资源水量二级管理体系，实现对全市水资源信息的获取，进而实现水资源日清月结，在此基础上进行水资源平衡分析计算，为领导提供决策支持。同时建立涉水事件应急指挥平台，加强事件处理过程的监督和管理，建立信息安全保障体系，基于数字证书，规范信息系统用户认证管理、权限管理。

（刘琦）

【水务信息化绩效考核体系研究通过评审】 2010 年 12 月 15 日，市水务信息管理中心在裕龙国际酒店组织召开“市水务局信息化绩效考核体系研究”项目专家评审会。来自市水务局、水利部信息中心、北京市经济和信息化委员会、国家信息化专家咨询委员会、中国水科院、市高法信息中心、市卫生局信息中心的 7 名专家组成专家组，对项目研究成果进行详细评审。专家组听取项目组的研究成果汇报，审查相关文档。经过质询和讨论，专家组认为，该项目研究方法科学、理念先进，形成的信息化绩效考核指标体系与管理办法架构合理、内容全面，具有较强的可操作性，符合市水务局信息化的发展要求，同意项目研究成果通过评审。水务信息化绩效考核体系研究项目根据水务信息化发展特点和水务中心工作的要求，从年度工作完成情况、信息化应用绩效、运维与信息安全管理、管理与保障四方面制定一套相对公平、统一、合理、简便可行的考核指标体系，共涵盖 4 大类 17 小类 39 项考核指标。在此基础上，编制完成《北京市水务局信息化绩效考核管理办法》。全市水务系统信息化绩效考核的研究与实施，全面提升水务信息化应用绩效，规范水务信息化建设管理，促进水务信息化统筹发展。

（张小娟）

【北京市水务信息化培训工作完成】 2010 年 12 月 24 至 25 日，市水务信息化培训工作顺利举行。此次培训旨在进一步满足业务工作的需求，规范信息化管理，扩大信息化新知识新技术领域，拓展水务信息化工作人员的视野。市水务局局属各单位、区县各水务局、市自来水集团、北京城市排水集团、市京燕公司等单位技术负责人参加会议。本次培训邀请多位专家就全球信息化发展趋势、“智能北京”发展规划、物联网新技术、信息化项目建设与运行管理办法等进行详细培训。信息中心技术负责人介绍信息化项目建设和运行管理办法。与会人员还就信息化绩效考核体系提出意见和建议。

（盛芳　刘琦）

北京市审计局

【概述】 2010年年内，北京市审计局以党的十七大精神和科学发展观为指导，以适应信息化发展的新形势和审计工作发展的需要为重点，巩固信息化建设成果，探索创新信息化环境下的审计方式，加大审计信息技术手段应用力度，培养建设信息化人才队伍，全面提升审计信息化整体水平，促进审计工作的发展。

（田博庚）

【AO系统投入使用】 2010年1月1日，市审计局局内网站、综合管理系统正式投入使用。其中，50个审计项目全面应用审计业务系统实施审计，在系统中完成审计计划、立项、准备、实施等阶段的工作。系统运行总体状态良好，进展顺利。市审计局预算管理系统、固定资产动态管理系统于4月1日前完成部署安装、基础数据录入等基础性工作，并正式投入试运行，运行情况良好。

（田博庚）

【审计会商系统全面投入使用】 2010年5月，北京审计会商系统全面投入使用。北京审计会商系统于年初建设完成，经过3个月的试运行后，于2010年5月底召开专家评审会，通过专家验收。全年市局共召开视频会议16次，其中由审计署主持召开的共有13次（4次向区县进行转播），由市局主持召开的有5次。该系统投入使用后，系统的音视频效果良好，既提高工作效率，又节约会议成本，得到各级领导及各区县审计局的一致肯定。

（田博庚）

【AO应用成果暨京OA区县部署推广工作经验交流会召开】 2010年9月，市审计局组织召开全市审计机关AO应用成果暨京OA区县部署推广工作经验交流会。会上，有10位同志介绍AO软件实施计算机辅助审计及形成AO应用实例的技术方法，有3位同志介绍京AO的应用经验，有8位同志介绍本单位开展计算机审计工作和京AO在区县审计局推广应用的先进做法。会议还对上半年全市审计信息化建设工作情况进行总结，部署下一步工作任务，通报表彰获得北京市审计机关2009年计算机辅助审计优秀单位，并颁发奖牌。

（田博庚）

【京OA系统（区县版）在全部区县审计局完成部署应用】 2010年年内，京OA系统（区县版）在全部区县审计局进行部署应用。20个区县审计局（含燕山审计局、亦庄开发区审计局）共安排42个项目运用系统进行审计。京OA系统（区县版）的推广应用，促进全市审计机关的审计项目管理、审计项目全过程质量控制及审计信息化水平的整体提升。

（田博庚）

【计算机辅助审计组织开展】 2010年年内，

全市审计机关共组织开展 496 个审计项目，其中有 369 项实施计算机辅助审计（268 个项目应用属 AO 软件，68 个项目应用广联达软件，33 应用审易、数据库等软件），计算机辅助审计的应用率达到 74.40%。全市审计机关共上报 32 篇计算机审计方法，27 篇 AO 应用实例，经市局评选，推荐 30 篇计算机审计方法、22 篇 OA 应用实例报送给审计署参加评选。

（田博庚）

北京市市委市政府

【概述】 2010 年年内，北京市市委市政府机关信息化建设以“创新提升”为主。主要任务是完善安全与应用支撑平台的基础服务功能，形成完整的市委市政府机关信息化应用体系，重点抓好市委机关周转办公网络建设和市委市政府高清电视会议系统建设等工程，着力推进市政府绩效管理及督查办公平台建设和市政府办公厅公文管理系统升级改版等工程。

（刘钰祺）

【市委机关周转办公网络建设】 2010 年年内，按照市委办公厅统一部署，市委市政府信息中心会同市委办公厅保密档案处和房管处，对新址的办公区机房、楼层设备间以及相关管井进行了勘察，制定市委机关周转办公网络建设方案。配合土建装修工程，完成了机房建设和综合布线等弱电工程，协调北京市经济和信息化委员会、移动、电信、联通及歌华有线等相关单位，实现 20 多套专网顺利接入和有线、无线通信的全面覆盖，完成市委机关周转办公网络建设的各项工作。

（刘钰祺）

【高清电视会议系统建设】 2010 年年内，根据市政府办公厅工作安排，为了全面提升市委市政府电视电话会议系统的通讯质量，进一步提高系统运行的安全性和稳定性，对该系统进行全面改造。改造后的系统具备动态高清图像显示、视频图像和多媒体演示双流传送、多点会议控制、方便互动交流等功能。

（刘钰祺）

【绩效管理及督查办公平台建设】 2010 年年内，以北京市政务外网为依托，充分利用北京市电子政务建设的已有资源，结合实际的业务需求，建设具有“日常监控，量化考评，多元展示，智能辅助”等主要功能的绩效管理及督查办公平台，利用信息化手段提升绩效管理工作水平。

（刘钰祺）

【行政审批综合服务大厅投入使用】 2010 年年内，市委市政府机关会同北京市经济和信息化委员会，实现除公安专网以外各委办局办公系统联接至中环窗口，使之可以远程访问各自单位的办公系统，为各单位网上审批业务提供便捷；又会同市外联办完成中环综合审批大厅办公自动化设备的采购、安装和调试等工作，保证综合服务大厅 2010 年 4 月如期投入使用。

（刘钰祺）

北京市商务委员会

【概述】 2010 年年内，北京市商务委员会业务数据整合与共享平台项目正式开工建设，对市商务委各处室业务数据资源和市政府相关部门业务数据的整合与共享，形成内外贸融合的业务数据整合与共享平台，实现商务领域的数据分析与查询，依据不同层级实施分级管理，提高工作效率。

（杨立更）

【数据整合与共享平台项目初验】 2010年3月，市商务委员会业务数据整合与共享平台项目项目正式开工，12月完成项目初验。本项目的建设内容包括：一套商务指标体系、一个整合共享支撑平台、两类业务资源数据库、三类主要业务数据共享应用系统。本项目通过对市商务委各处室业务数据资源和市政府相关部门业务数据的整合与共享，形成内外贸融合的业务数据整合与共享平台，提高资源共享水平、优化商务工作，为领导决策分析和商务综合数据分析提供服务。整合全委 13 个业务处室的129张数据表，建设10大类719个业务数据指标；现已导入300余万条历史业务数据，业务资源数据库新增业务数据438,186条；建立业务数据指标目录管理系统，初步建成领导门户和部门级门户；完成全委和下属单位近200人次的培训工作。完成与市宏观经济与社会发展基础数据库定期传输数据功能，可实现24个指标、31个分组和10张报表的实时同步传输北京市经济和信息化委员会业务数据整合与共享平台。实现平台数据向宏观经济系统报送数据的功能。通过定时或人工方式向宏观经济系统报送指定数据。现阶段所完成的工作内容包括：成功报送19张报表、98个指标数据项、10,000多条记录数据。根据宏观经济系统的需要可以提供更多的数据支持。业务数据整合与平台通过多种方法实现数据采集，增加网上抓取数据功能，通过定时设置自动抓取指定网站数据，增加对市统计局等网站公布数据的抓取功能，同时导入商务部、北京海关和国家外汇管理局北京外汇管理部等相关部门的数据。现阶段成功抓取24张报表、120个指标数据项、12,000多条记录数据。

（杨立更）

【数据整合与共享平台项目管理】 2010年年内，为保证业务数据整合与共享平台的建设和应用效果，北京市经济和信息化委员会对项目进行规范化管理，项目建设之初就成立项目建设管理组，由两名委领导负责，相关业务处室和委信息中心组成业务组、技术组和督察组，并由委领导召开全体大会，进行业务数据共享签约仪式。在建立统一管理机构的基础上，项目建设管理组还制定《业务数据整合与共享办法》、《业务数据整合与共享平台运维方案》和《业务数据整合与共享平台运维办法》等内部规定。同时根据规定的要求对处室工作人员、报送数据人员、数据审核人员、处领导进行近200人次的统一培训，并将培训学时、考试成绩和数据报送的情况纳入年底绩效考核。为方便委领导熟悉平台的功能，还单独制作《领导培训手册》，并建立领导门户，为委领导提供更全面的决策支撑服务。市商务委业务数据整合与共享平台初步实现本部门和跨部门的信息资源交换、整合与共享，实现市商务委各部门数据统计、分析需求的整合与共享交换，减少大量的手工操作，实现商务领域的数据分析与查询，依据不同层级实施分级管理，提高工作效率。通过商务决策分析系统提高决策服务质量，为动态掌握全市商务运行情况发挥重要作用。市商务委业务数据整合与共享平台促进政府内部与外部的信息互通，有效增强政府之间的协同办公能力，在降低行政成本的同时提高政府机构的公共服务水平和监管能力。

（杨立更）

北京市统计局

【概述】 2010 年年内，北京市统计局、国家统计局北京调查总队在局队党组领导下，以科学发展观为统领，以实现“提高统计能力，提高统计数据质量，提高政府统计公信力”为目标，坚持以人为本，强化统计数据质量管理，着手北京建设世界城市监测评价体系研究，紧密结合首都统计信息化发展规划，以信息技术应用和信息安全保障为重点，立足于首都统计业务自身特点的实际，拓展思路，优化资源配置，扎实推进统计业务信息化建设，实现信息化对核心业务的支撑水平和对社会服务水平的全面提升。扎实推进电子政务重大应用系统建设工作。作为市电子政务工作任务之一的北京市宏观经济和社会发展数据库一期建设按照项目计划稳步推进，已初见成效；作为市政府折子任务之一的北京市第六次全国人口普查数据处理工作业已开始实施，保证人口普查全面工作的顺利进行。稳步提升统计信息系统公共服务能力。市局、总队管辖的所有行政办事及统计业务处理事项已全部整合到“网上办事服务平台”，本年度网上办理行政及统计业务处理事项 80,087 件，服务填报单位约 16 万家，统计报表网上填报 238.4 万张，公开信息 9,650 条，数据分析文章发布 621 篇，统计数据表发布 496 张，网站登陆访问 559.4 万人次，网上信息查询 108.43 万人次。逐步完善信息化保障和管理机制。明确信息化系统管理和运行维护责任制，完善各类规章制度，修订《北京市统计网络与信息系统突发事件应急预案》，加强信息化系统设备安全巡检，全方位保障信息系统和业务正常运转。创新电子政务应用系统建设。卫星遥感技术促进统计更加全面和精准，手持终端数据采集实现统计时效和数据质量的同步提高。加强信息化宣传与培训，本年度局队共组织 365 人参加 NIT 培训，124 人参加公务员电子政务培训，54 人参加信息安全知识培训，近 330 人次取得全国计算机应用技术证书，统计人员的信息技术能力得到全面提升。

（王晓路　马达）

【统计遥感业务系统业务化运作】 2010 年年内，卫星遥感技术主要是向业务化运作模式迈进。统计遥感应用是利用“北京一号”小卫星，将统计业务和空间技术有机结合起来，采用自上而下的统计方式，及时、准确的获取北京市统计生态资源信息，对北京的主要农作物（冬小麦、玉米等）种植面积、产量进行测量，对设施农业（塑料大棚、玻璃温室）的分布状况进行分析，对在北京行政区域内所有破土动工的房地产开发投资项目进行统计，数字不再由人为决定，而由客观的卫星遥感测量来定。遥感在统计中的应用使得统计调查方式产生革命性、质的飞跃，减轻各方带给基层统计人员的压力，提升统计业务工作效率和科技水平，提高统计生产力和政府公信力。北京市原来每年对冬小麦、玉米的播种面积一般在播种期、收获期各测量一次。随着卫星遥感技术的统计应用，本年度的冬小麦面积测量有 3 期，分别在播种期、返青期和灌浆期；玉米面积测量有 2 期，包括春玉米和夏玉米。同时，本年度还完成 4 期设施农业遥感测量工作。通过遥感测量，监测到各个时期冬小麦实际生长情况，玉米面积测量精度达到 95%的统计上报要求；摸清全市设施农业的分布情况和整体规模，将过去基层统计容易遗漏的社会团体设施补充上来；辅助固定资产投资查找到1,385个地表动土工程，其中属于填报范围但未上报的180个。通过遥感外业调查，将部分用于餐饮和养殖的设施扣除。结合区县上报的“实际利用占地面积”指标，更加客观地反映北京设施的使用状况和发展规模。为统计数据更加翔实和准确提供有力的技术支撑。“北京市统计遥感业务运行系统研建”项目荣获年度北京市“十大应用成果奖”第三名。

（王晓路　马达）

【CPI 手持终端数据采集系统投入运行】 2010年年内，统计局设计开发 PDA 消费价格数据采集系统。PDA 消费价格数据采集系统由前台、后台两部分组成：前台包括数据录入、价格借用、自动审核、预设说明等功能，在提高价格采集效率的同时降低数据采集、录入错误的可能；后台在上报数据的同时收集采价时的地理信息、时间信息和采价员信息，实现价格数据与采集时间、地点、人员等信息的动态绑定，确保价格数据的真实可靠。数据一旦上报，各级用户都可共享数据，各取所需，将原来的线性工作模式改变为发散性工作模式，不再出现一个环节卡壳，下级环节等待的情况，并且对数据进行修改后都会留有记录，从而督促各级调查单位重视采价和数据审核工作，在提升工作效率的同时确保数据质量。年内，北京市消费价格开始使用 PDA 手持设备进行数据采集，涉及所有区县102名调查员，采集月报和旬报数据达77,000多笔，其采集方式得到区县采价员认可，促进消费价格统计工作。

（王晓路　马达）

北京市文物局

【概述】 2010年年内，文物局完成信息化基础建设和维护工作。同时在信息化发展方面亦稳步前进，在全年的工作中全局信息化系统安全稳定运行。根据业务需要新建了公文传输系统；根据公众需求开设多项网上服务栏目。

（姚宇江）

【公务员信息安全基础教育培训开展】 2010年10月，由文物局信息中心和北京太极计算机公司联合举办“文物局行政办公人员信息安全基础知识教育培训”。培训班由专业的信息安全讲师针对公务人员的办公特点介绍信息安全的重要性，丢失信息的危害，日常存在的隐患，防范的基本技能等知识。技术人员还在现场模拟木马种植、远程攻击、盗取数据等操作。接受培训的公务员通过这次培训对信息安全有深刻认识。

（姚宇江）

【网站“博物馆里过大年”专题栏目获评“优秀网上服务项目”】 2010年年内，由市文物局博物馆处和信息中心共同设计制作的网上服务栏目“博物馆里过大年”被首都之窗评选为优秀网上服务项目。此栏目集传统文化传播与博物馆活动宣传于一体。不仅向公众预告春节期间由国家文物局、市委宣传部、市文物局及20余家博物馆主办的30项活动，还收集各种有关生肖的传说故事。以其活泼生动的形式受到广大网友的好评。市文物局网站一直致力于对传统文化的传播和为公众的服务，先后开设多个活动专栏，有的已经成为品牌栏目。

（姚宇江）

【电子公文传输系统和电子签章系统开发】 2010年年内，实现电子公文传输系统和网络版电子签章系统建设项目两个系统的搭建，协调采购方、开发方、维护方保证调试系统的运维。成功组织老舍馆、孔庙、文研所和智化寺四家下属单位配合进行系统测试。筹备全局系统电子公文传输系统和网络版电子签章系统的培训工作。

（姚宇江）

北京市卫生局

【概述】 2010 年年内，北京卫生系统各单位、各部门围绕继续扩大卫生信息化覆盖的范围和领域，提高卫生信息化应用，保障系统安全，持续努力工作，取得显著成绩。启动市公共卫生综合服务平台的建设，对现有的北京卫生信息网进行全面改版并已正式上线。9 月，首批市公共卫生信息中心与首都医科大学卫生管理与教育学院合作的统招 7 名研究生入学。继续做好卫生信息化项目的前置审核评审等项目管理工作，通过统一评审和归口管理，做到统筹管理，减少资源浪费。推进重点应用系统建设，新社区卫生信息系统在全市全面推广应用，建立电子健康档案 485 余万份。启动卫生人力资源信息系统建设和北京市实名就诊卡完善（医联码系统）项目。依托首发基金课题，探索远程影像和远程病历会诊有关技术标准规范，并试点开展远程会诊工作。以固化奥运和国庆信息安全保障工作成果为卫生行业信息安全重点工作，开展卫生行业信息安全检查，出台《医疗卫生信息安全等级保护实施指南》，并开展信息安全员信息安全保障知识培训。“北京市新社区卫生服务综合管理信息系统”项目获得中国信息化建设项目成就奖，“北京市卫生局免疫规划信息系统”获“2009 年信息北京十大应用成果奖”。

（周丹）

【新社区卫生服务综合管理信息系统启动实施】 2010 年 6 月 24 日，召开社区卫生服务管理信息系统推广实施启动会，年内，完成新社区卫生服务综合管理信息系统试点项目验收。该系统在朝阳、顺义、西城、原崇文、原宣武、海淀、石景山等 8 个区县、26 个社区卫生服务中心、101 个社区卫生服务站稳定运行；整合社区已有健康档案信息，建立全市统一的电子健康档案中心，为 200 多万居民建立电子健康档案，在社区实际诊疗流程中采集和应用健康档案，提高活档率，实现健康档案的跨机构共享机制。为慢病病人提供规范化的评估与慢病管理流程；实现业务数据的汇总上传和基于业务明细数据的统计分析，实现对社区卫生服务机构的绩效考核功能；实现财务系统与业务系统的无缝对接。实现对社区卫生人、财、物的统一管理，提高监管能力和水平；实现社区到医院的预约转诊，方便患者由社区转到大医院看病，缓解到大医院看病难问题，促进合理有序就医。新社区卫生服务信息系统中的全科医生、公共卫生医生、医技等岗位绩效考核为推行绩效工资奠定基础。该项目是全国范围内第一个省级统一的社区卫生服务管理信息系统，世界卫生组织专家于 2010 年 8 月 24 日，考察北京社区卫生信息化工作后，表示“北京市在较短的时间内，有创造性地建立很好的社区卫生信息系统，工作很有特色，非常成功。

（顾晓晖）

【新社区卫生服务综合管理信息系统推广完善】 2010 年 7 月，北京市新社区卫生服务综合管理信息系统完善推广项目正式启动。2010 年 7 月 14 日，新社区卫生实施推广项目召开第一批实施推广工作部署研讨会。截至年底，已在原崇文区、原西城区、原宣武区、朝阳区、海淀区、顺义区共实施46个中心、172个站。

（顾晓晖）

【卫生信息安全值守加强】 2010年8月，市卫生局召开全市区县卫生局信息安全工作会，要求各区县认真做好卫生行业信息安全工作，全力保障60周年国庆期间信息安全。同时，市卫生局提出国庆信息安全保障应急值守的要求：2010年9月1日～10月8日，信息中心除安排24小时值班外，又增加1名网络管理部技术人员值班；2010年9月25日～10月8日，重要系统承建商驻场值守，专家和信息安全服务商成立应急响应小组作为二线技术支持队伍；开发网上零报告系统。自2010年9月25日起，全市卫生行业实行信息安全事件零报告制度，二级以下医疗机构（含二级）报区县卫生局，各区县卫生局、三级以上医疗机构、市卫生局直属单位共94家，每日22时前报市公共卫生信息中心；每日0：30前，将前一日卫生行业信息安全情况报市网络与信息安全协调小组值班室。完成国庆的信息安全保障任务。

（郑攀）

【首都医科大学卫生与医学信息管理学系首届研究生入学】 2010年9月6日，首都医科大学卫生与医学信息管理学系2010级研究生迎新会召开。会上，市卫生局副局长邓小虹作为导师介绍院系成立情况、招生情况、副导师情况以及主要研究方向，并对研究生寄予厚望，希望他们在今后的学习和科研中充分利用学院资源和学科优势，做到学有所成。市公共卫生信息中心副主任王晖、谢学勤，北京急救中心副主任范达，北京市妇幼保健院副院长赵娟，北京市卫生监督所一科主任马朝晖任副导师。与会的导师、副导师根据不同的研究方向，分别对研究生今后的学习进行指导。今年入学的7名卫生信息专业方向研究生是建系以来招收的首批硕士研究生，标志着市卫生信息化高级人才培养走上良性、持续发展轨道。

（董伊晖）

【《北京地区医院门急诊信息系统基本功能规范及数据采集规范》试行稿形成】 2010年9月19日，在全市门急诊信息采集工作会上以市卫生局文件正式下发全市四十九家三级医院及十一家远郊区县医院《北京地区医院门急诊信息系统基本功能规范及数据采集规范》作为医院门急诊信息系统改造以及数据采集的规范依据正式试行。年初，《北京地区医院门急诊信息系统基本功能规范及数据采集规范》形成征求意见稿并面向全市所有三级医院征求意见。之后，针对该规范多次组织区县卫生局、医院等召开征求意见会，并多次组织专家论证，最终形成试行稿。该规范为北京市卫生行政部门评审医院门急诊信息系统提供一个基本依据，作为各级医院进行门急诊信息系统建设的指导性文件，用于评价各级医院门急诊信息化建设程度的基本标准，该规范也是现阶段北京地区医院门急诊信息系统必须达到的基本要求。

（张世红）

【北京地区电子病历试点工作启动】 2010年年内，《卫生部关于开展电子病历试点工作的通知》（卫医政发〔2010〕85号）文件下发，北京市有九家医院参加电子病历试点工作。为贯彻落实卫生部文件及市政府的要求，北京市卫生局于2010年11月份组织九家试点医院沟通会，启动电子病历建设工作。会议对北京地区电子病历试点工作的总体规划、工作思路及工作机制进行初步沟通，为统一北京地区电子病历试点标准，规范电子病历建设奠定良好的基础。

（单既桢）

【社区药品采购平台推广】 2010年年内，社区药品采购平台覆盖全市所有的社区卫生服务机构，支持零差率药品、常用药品、医用耗材等的集中采购、统一配送与管理。针对挂靠在医院的社区卫生服务机构可以实现社区药品与医院的信息共享。该平台的应用促进社区医药行业信息化建设，实现社区卫生服务机构药品的统一协调管理，规范社区卫生服务机构的采购行为，提高工作质量和效率，为公众的用药安全提供有力保障，方便政府的监督管理。促进全市医药卫生信息数据的统一与共享，实现数据流向的实时有效监管。通过“集中采购”和“统一配送”有效降低社区卫生服务机构的药品价格，确保社区药品质量，减轻患者药品费用负担，为社区居民提供安全、有效、便捷、经济的基本用药服务。

（顾晓晖）

【《北京市“十二五”卫生信息化规划》初稿形成】 2010年年内，为做好卫生信息化专项规划编制工作，市卫生局信息中心制订《北京市“十二五”卫生信息化专项规划编制实施方案》，成立卫生信息化专项规划编制工作小组以及专家组，启动规划编制工作。在规划编制过程中共组织区县卫生局、直属医院、机关处室等专题研讨会共4次，并全面征求局机关处室、区县卫生局、直属单位和直属医院的信息化规划的意见，形成《北京市“十二五”卫生信息化规划》规划初稿。《北京市卫生事业发展改革“十二五”规划》是北京市“十二五”期间卫生事业科学发展的重要文件，其中北京市“十二五”卫生信息化规划是卫生信息化专项规划，是指导北京市“十二五”期间，贯彻落实国家和北京市卫生事业改革的重要指导文件。

（张世红）

【药品分类与代码规范】 2010年年内，为规范药品相关信息系统建设，加强药品的监督管理，促进医药行业信息化建设、实现药品信息资源共享与交流，市卫生局信息中心组织有关单位制定《北京市药品分类与代码规范》标准初稿，并广泛征求二级以上医院、区县卫生局的意见，准备作为地方标准发布。

（张世红）

【北京市实名就诊卡完善项目】 2010年年内，北京市实名就诊卡完善项目（医联码项目）得以启动。依托医联码项目，建立覆盖非医保就诊人群的统一身份标识信息采集标准，为信息互联互通与共享打基础。通过该系统建设以及全市49家三级医院及11家远郊区县医院的门急诊信息系统改造，实现医院门急诊信息采集。目前，已完成医院端的硬件到货验收，所有条码打印机及二代身份证读卡器已发至实施单位；全市大部分三级医院及远郊二级医院已完成第一阶段门急诊信息系统的医联码接口改造工作，并已调试成功；2010年9月19日，召开全市门急诊信息采集工作会，下发关于建立北京地区医疗机构门急诊信息报告制度的通知（京卫医字〔2010〕212号）以及关于做好门急诊信息系统接口改造工作的通知，并向医院发放医联码，要求三级医院及11家远郊医院作好第二阶段门急诊信息系统接口改造工作，试行发放医联码。11月，试采集门急诊信息。该系统实现门急诊信息采集后，对于加强公立医院改革，实现公立医院监管具有重要的作用。

（单既桢）

【卫生人力资源管理信息系统】 2010年年内，卫生人力资源管理信息系统是市卫生局重点业务应用系统，是利用信息化手段更好地实现医药卫生系统人才工作的综合管理，为决策层实时、充分掌握本系统人力资源详细数据，支持新医改关于探索医师多点执业政策实现的在建业务系统。项目于2010年3月启动，经过需求调研、确认，截至目前，已按照项目计划完成医师多点执业、医师定期考核、退休人员工资管理等三大业务模块的开发。综合查询分析模块的调研工作正在进行。下一步将对其他相关业务系统收集到的卫生人力资源历史数据进行清洗、转化及挖掘。

（史森）

【综合服务信息平台】 2010 年年内，通过该平台提供就医指南、复诊预约挂号、医保和医药价格政策、健康促进、疾病防控等服务。该平台于 3 月启动建设，6 月初，项目需求说明通过专家评审；7 月，项目的详细设计说明通过专家详审；同时开始系统的开发工作；8 月，进行系统的编码实现工作，同期协调医院复诊预约挂号的试点实施工作（儿童医院和中医医院）。已完成平台的需求调研分析、系统设计、首页样式和栏目设计开发任务，并通过内部功能测试。各子系统的安装、集成和调试正在进行，并根据各方意见和要求不断修改和完善平台功能。

（张世红）

【社保卡在卫生领域应用】 2010 年年内，积极配合刷卡实时结算工作，各医疗卫生机构按期完成对 HIS 的医保接口改造工作，截至 6 月底，北京市 1757 家定点医疗机构完成接口改造和医保认证工作，实现医保费用即时结算。推动社保卡在卫生领域中的应用，协调医保局开展医保卡基本信息与卫生共享的问题，多次参加经济信息化委组织的关于市民卡问题研讨会，形成市民卡在计划免疫中的应用的建设方案。

（单既桢）

【医改信息监测网络直报系统建立】 2010 年年内，根据卫生部办公厅下发的《卫生部门医药卫生体制五项重点改革工作进展监测方案》（卫办综发〔2009〕166 号）及北京市卫生局医改办公室下发的《卫生部门医药卫生体制五项重点改革工作进展监测方案》，对卫生统计系统进行改造，建立医改监测网络直报系统，通过该系统收集全市各区县 2009 年、2010 年第一季度、第二季度、第三季度的关于基本医疗保障、国家基本药物制度、基层医疗服务体系、基本公共卫生服务体系开展情况等各个方面的详尽的医改相关数据，完成医改监测季度报表，完成全市数据的汇总与分析，及时准确地向卫生部上报北京市的医改监测统计数据。

（郭默宁）

【远程影像与病理会诊试点工作开展】 2010 年年内，市卫生局成立远程影像会诊和远程病理会诊两个课题组，远程影像会诊目前已经初步完成 X 线摄影及 CT 影像质控标准草案的拟定工作，其中 X 线摄影影像质控草案已经完成专家二审工作，CT 影像质控草案已经完成专家一审工作。近期规划与怀柔区医院进行试点连接，宣武医院正在进行网络规划及硬件设备配置的论证工作。远程病理会诊协作单位平谷区医院使用自有资金购买满足远程会诊必须的硬件设备，北京协和医院购置并应用远程会诊平台高分辨视频系统。截至 10 月 15 日，协和医院已对平谷区医院申请的 8 例患者进行手术中冰冻的远程会诊。

（单既桢）

【完善网站评测考核体系】 2010 年年内，市卫生局以评促建，加强行业网站指导工作。开展北京市医疗卫生系统网站考核评议工作，共测评包括区县卫生局、医疗机构等三大类共 77 家单位网站。区县卫生局网站综合平均得分为 62.8 分；卫生局直属单位及卫生学校类网站，平均得分 70.1；医疗机构类网站，平均得分为 63.3 分。

（姜冰）

【网站前置审批及监管】 2010 年年内，市卫生局进一步做好网站前置审批及监管工作，全年前置审核提供医疗保健信息网站 300 家。持续进行网站日常监测工作，每两周整理违法网站监测报告。

（姜冰）

【北京市卫生局公共卫生综合服务平台项目建设】 2010 年年内，市卫生局为响应新医改工作的要求，同时满足日益提高的公众获取卫生信息的需求，启动北京市公共卫生综合服务平台的建设。该项目实现北京市卫生局行政许可事项网上填报、网上复诊预约挂号、北京卫生信息网无线版等网上服务项目。

（姜冰）

【北京卫生信息网改版上线运行】 2010 年年内，北京卫生信息网改版上线。此次改版进一步增强网上服务服务功能，并开通北京卫生信息网无线官方网站，满足百姓求医问药、解京城各大医院医疗特色的需求。

（姜冰）

【信息安全保障加强】 2010 年年内，为加强信息安全管理，市公共卫生信息中心建立信息安全保障工作机构，成立信息安全保障工作领导小组。各单位按照“谁主管谁负责、谁运行谁负责、谁使用谁负责”的原则，严格落实领导责任制，要求主要负责人要亲自过问信息安全工作，听取情况汇报，研究解决重大问题；分管领导要靠前指挥，督促落实信息安全规章制度，及时协调处理重大信息安全事件；要建立健全信息安全工作机制，明确工作机构，加强安全手段建设，提高安全保障能力；要进一步落实信息安全责任制，把责任具体分解到科室、岗位和人员，层层分解任务，层层落实责任，层层抓好落实，确保领导到位、机构到位、人员到位、责任到位、措施到位、监管到位。

（郑攀）

【全市卫生行业信息安全检查】 2010 年年内，市卫生局与市公安局联合印发《关于北京市卫生行业信息安全检查工作的通知》（京公网监字［009］226 号），对北京市卫生行业开展信息安全联合检查。各区县卫生局与公安局对辖区内医疗机构进行信息安全检查。4 月 21 日～5 月 15 日，市公共卫生信息中心与市公安局文保处组成的联合检查组对北京市卫生行业 8 家单位进行信息安全检查。检查组重点检查各单位信息安全责任的落实情况、信息系统等级保护工作的落实情况以及国庆信息系统安全保障工作的落实情况，对检查中发现的问题提出整改意见，并以书面形式进行反馈。各单位根据检查结果进行整改。市公安局网监处领导带队对相关单位进行国庆信息安全保障工作的检查，并给予肯定。针对检查中发现的安全隐患、漏洞等风险制订技术整改和管理措施，最大限度地降低网络与信息安全风险。

（郑攀）

【信息系统应急预案制订】 2010 年年内，市公共卫生信息中心网络管理部针对各信息系统建立完善的应急预案，各医疗机构也制订本单位信息系统的应急预案。从 3 月起，市卫生局每月组织 1 次 6 个重要信息系统的应急演练，市公共卫生信息中心进行两次信息安全突发事件处理的演练。8 月 20 日之前和 9 月 20 日之前，各医疗机构按照市卫生局要求，结合应急预案，进行至少两次信息系统安全演练。针对演练中发现的安全隐患、漏洞等风险制订技术整改和管理措施。

（郑攀）

北京市新闻出版局

【概述】 2010年年内，市新闻出版局在市委、市政府的正确领导下，在北京市经济和信息化委员会等部门的指导下，在局领导的重视下，电子政务建设得到长足发展。通过一年努力，在业务系统优化、安全管理规范、日常运维细化、网站运行平稳等方面均有很大程度提高。全年网络和系统运转平稳，未发生任何安全事故，有效地支持全局业务工作开展。

（陈喆）

【日常运维工作落实】 2010年年内，市新闻出版局从四方面入手，继续做好日常运维工作。掌握各设备运行状况，为全面做好运维工作打好基础。根据运维工作已经涉及到业务应用及内部办公系统、外网网站、局域网运维硬、软件等各个方面的实际情况，及时调整工作指导思想，提出“分清层次、分清责任、整体管理”的要求，要求运维方对所负责的工作进行整体管理，确保运维工作能够严格、高效、有序地进行。优化完善运维制度和方案，依据实际工作情况进一步完善《北京市新闻出版局系统运维管理制度》、《北京市新闻出版局网络设备安全配置管理规定》等10余项制度，规范《北京市新闻出版（版权）局业务系统日常运维检查流程》、《系统上线安全管理流程》等10多项业务流程，修订《北京市新闻出版局信息系统运维应急响应制度》和《北京市新闻出版局信息系统运维应急响应方案》。在严格执行各项运维制度，强调日常运维的文档化管理，运维人员的工作日志、巡检记录、运维周报、会议纪要等均要求以文档形式记录、提交、存档，全年形成各类文档1,200余份，确保日常各项运维工作落到实处。

（陈喆）

【网络安全管理水平提升】 2010年年内，市新闻出版局委托北京数字证书认证中心有限公司首次独立实施安全运维，标志着全局局域网及信息系统安全管理进一步规范化、专业化。通过该项工作实施，将安全维护常态化，配合专业安全服务人员驻场安全服务和定期安全巡检，及时发现各信息系统及各网络设备安全隐患和漏洞；通过风险评估、差距分析和渗透测试等专业测试，系统地对全局安全工作状况进行评估和整改，大力提高系统安全性，使全局信息安全工作整体水平得到提升。借助开展安全运维工作的契机，市新闻出版局信息中心全体人员和运维外包人员系统接受信息安全专业培训，在安全维护观念、技术水平、应急处理能力方面都提高，安全维护工作能力得到增强。

（陈喆）

【系统服务能力增强】 2010年年内，市新闻出版局分三个步骤挖掘现有系统潜力，优化程序、完善功能，进一步增强系统服务能力。全面掌握系统运行现状，利用具体数据对设备负载和系统运行情况进行科学分析，为系统优化工作打好基础。通过系统程序优化和系统功能优化两种方式对系统进行优化完善。在系统程序优化方面，通过对程序代码、数据库、中间件、操作系统和设备配置等方面的调整及优化，使系统稳定性、响应速度和承载能力得到显著提升。在系统功能优化方面，提高系统人性化程度，对用户界面进行优化，既提高用户录入信息正确率，又增强系统易用性，在提升业务数据质量的同时降低审核人员工作强度；优化业务流程，使流程更符合网上办公要求，减少用户到现场办理业务的次数，提高系统服务能力。建立长效机制，根据用户意见和建议对系统各方面性能不断改进，使之更加适应用户需求，系统的易用性、可用性不断增强。

（陈喆）

【政务公开网站运行】 2010年年内，市新闻出版局继续加强政务公开网站的技术服务和内容服务，网站全年平稳运行，承载的各项业务系统向社会提供有效服务。在技术服务上，从日常运维、安全管理和应急事件处理三个方面入手进行管理。在日常运维方面，通过加强网站页面内容每日监控，确保网站的可用性和正确性。在安全管理方面，通过对网站进行漏洞扫描，发现并及时处理安全隐患，确保网站安全平稳运行。在应急事件处理方面，通过修订网站应急响应制度和方案，确保网站发生安全事件时运维人员能各司其职，按预定步骤妥善处理，使网站及时恢复正常。在内容服务上，从信息公开和公众服务两方面入手进行管理。在信息公开方面，全年发布工作动态、行业资讯等各类信息110余条；处理在线咨询、举报、建议等各类信息1,100余条。在公众服务方面，利用网站“行政服务大厅”栏目实现涉及图书出版管理处、新闻报刊管理处等10个部门36项行政许可和服务类事项的网上办理，全年办理各项业务71,000余项；利用网站“电子地图”系统提供北京地区报纸出版单位、北京地区发行企业、北京地区印刷企业等14个图层共1万余条信息查询功能。

（陈喆）

北京银监局

【概述】 2010年年内，中国银行业监督管理委员会北京监管局信息化建设按照中国银行业监督管理委员会的总体框架和工作发展规划，完成了以银行业监管信息系统为核心的主要业务系统、综合办公以及其他辅助系统的建设任务，基础设施基本满足应用需要，应用系统逐步满足监管所需，信息科技管理体系初具规模，为信息化建设打下良好基础，同时积累了丰富的建设经验。北京银监局以搬迁为契机，进一步巩固基础、充实内容、创新手段、提高水平，加强信息科技风险监管工作，以“科技工作促进监管工作”为目标，夯实科技基础工作，不断提高科技管理工作水平。

（胡卓彦）

【科技风险监管开展】 2010年年内，为提高辖内银行业金融机构信息化水平，督促各机构建立有效机制，实现对信息科技风险的识别、计量、监测和控制，促进各机构安全、持续、稳健运行，推动业务创新，增强核心竞争力和可持续发展能力，使辖内银行业金融机构信息科技风险管理水平适应风险防范的需要，北京银监局在信息科技风险监管方面开展了工作。开展覆盖面广、内容全的信息科技风险评估工作，设计了内容详细的评估方案和评估问卷，组织辖内80多家银行机构对信息科技风险进行自评估，评估内容包含信息科技治理、信息科技风险管理、信息安全、应用系统开发测试和维护、信息科技运行、业务连续性管理、外包管理和信息科技风险审计等8个方面的29类风险，共涉及97个风险控制指标，督促辖内银行提高信息科技风险防范意识。督促辖内法人银行机构做好信息系统的自查、演练和压力测试工作，确保上海世博会及广州亚运会期间系统平稳、高效运行。召开信息科技联动监管会。通过召开联动监管会提高监管资源的利用效率，使各分支机构所在银监局能够全面、充分的了解该行信息科技风险总体状况与水平，为现场检查与推进持续监管奠定基础。科技联动监管会议是功能监管与机构监管相融合的一个重要标志，充分借鉴了机构监管的成熟经验，利用机构监管的平台，突出科技特色，是对监管联动模式的一次成功探索。对某股份制银行信息科技风险状况进行了现场检查，检查主要涉及 IT 治理、信息科技风险审计、重大事件报告、信息安全、业务连续性计划和应急等方面。通过现场检查发现该行存在如制度建设需加强、公司治理不够完善、全员信息科技风险意识不足、生产运行环境管理存在薄弱环节、应急与连续性工作步伐落后等问题。对辖内发生核心系统停机、网银系统缓慢等重大信息科技风险事件的机构，采用约谈、通报、罚款、限制准入等积极有效的监管措施，促使机构通过系统升级、人员补充、加强监控等手段降低信息科技风险水平，解决其信息科技固有风险水平高，风险控制有效性差的问题，提高机构信息科技风险管理水平，保护存款人利益。

（胡卓彦）

【完成新办公楼信息科技基础设施建设工作】 2010 年年内，北京银监局以办公场所搬迁为契机，进一步夯实信息科技基础设施建设，按照银监会的统一部署，建设符合北京银监局信息化、电子化、网络化办公使用需求的机房、网络环境，保证北京银监局迁址后日常办公的正常进行。实施一级骨干网建设，顺利实现与银监会专网的连接，满足办公自动化和计算机网络系统对布线的需求，能兼容话音、数据、图象的传输，并可与外部网络连接。北京银监局新办公楼位于金融街交通银行航宇大厦，大楼共 20 层，机房位于大楼第 17 层，总面积约为 250 平方米左右，建设工作于 7 月启动，12 月底完工，作为区域性的数据采集、处理和管理中心，北京银监局按照 B 级机房标准建设，机房建设符合各类工程规范、技术说明以及相关国家规范、规程和标准的最新版本。功能分区主要为主机房、操作间、磁带库、空调电源室、设备库房、电话程控室、屏蔽机房、钢瓶室、维修室等。机房建设工程主要包括机房内部土建工程、暖通工程、电气工程、照明工程、消防工程、综合布线工程、安防工程、环境监控系统和电磁屏蔽机房。中心网络体系采用二级交换结构，第一级为支持三层交换核心交换机，网络主干采用千兆骨干链路，并具有升级的能力。采用多模光纤与第二级接入交换机链接。第二级交换机采用六类非屏蔽双绞线千兆交换到桌面，满足高速数据传输和数据库检索的要求。核心交换机采用千兆以太网三层核心交换机。接入交换机采用 10M/100M/1000M 配有增强镜像软件的以太网交换机。同时建设与辖内各金融机构联通的监管信息专网，利用该网络搭建统一、高效的信息交流平台，及时有效传达政策，收集反馈信息，进一步加强北京银监局与辖内金融机构的信息交流频度、广度与深度，更好的向辖内机构传导监管理念，提高监管工作的透明度；及时考核辖内机构的数据报送质量以及报送的及时性，提高监管统计工作和非现场监管工作的效率。同时依托监管信息网开发电子政务传输系统，实现北京银监局与辖内金融机构之间的公文电子传输，有效提高办公效率。

（胡卓彦）

北京市质量技术监督局

【概况】 2010年年内，北京质量技术监督局对“十一五”期间的信息化工作进行总结，完成“十二五”规划的编制工作。完成《行政许可业务管理系统》（三期）项目建设并投入运行。行政许可标准化体系和责任体系基本得以建立。

（王健）

【《行政许可业务管理系统》（三期）投入运行】 7月，市质监局建设完成《行政许可业务管理系统》（三期）项目建设并投入运行。新版系统在总结原有系统使用经验的基础上，以全新的系统架构重建工作流转平台，在继承原有系统前台申报服务子系统、业务流转子系统和业务监察子系统架构的同时，着重开发行政许可业务网上申报子系统，文件流转子系统。支撑行政许可工作申请、受理、评审、办理、审批、送达及文件材料流转、流程监控、统计等各项工作。整个系统紧紧围绕“标准、规范、服务”三个核心，依据业务部门编写的163项许可业务工作标准，在系统中对不同的许可事项及申请类别，分别固化依据、申请要求、受理工作程序和要求、办理工作程序和要求、许可条件、业务文件和记录、职责、业务流程和相关流程，基本建立行政许可标准化体系和责任体系。

（王健）

【“十二五”规划编制工作完成】 2010年年内，市质监局启动北京市质量技术监督系统信息化“十二五”规划的编制工作，通过总结“十一五”期间信息化工作取得的成效和经验，广泛征集系统内各部门的业务信息化需求与建议，完成“十二五”规划的编制工作。市质监系统信息化“十二五”规划主要总结“十一五”期间取得的成效和经验，分析存在的主要问题和面临的新形势新挑战，提出今后五年北京市质量技术监督领域信息化发展的指导思想、基本原则、发展目标和主要任务，并制定保障规划实施的主要措施。

（王健）

北京市住房和城乡建设委员会

【概况】 2010年年内，北京市住房和城乡建设委员会按照“统一规划、统一标准、统一管理、资源共享”的建设标准，完成预售资金监管、存量房交易、建筑节能备案等20个业务系统，为“十二五”期间信息化建设奠定基础，并完成二套房屋查询系统建设，推动住房差别化信贷政策的全面落实。

（张贺）

【内外网站建设加强】 2010年10月10日，市住房和城乡建设委员会新版门户网站上线运行，逐步纳入房地产交易管理网、房地产测绘网等专业网站，梳理整合基础信息资源，重新构架政务公开、住房保障、房屋管理等9个频道、276个子栏目，创建场景式办公、定制网站栏目、快速通道、电子地图等特色服务，同时，根据本委业务需求，确定内网门户建设方案、原型设计，并建成集公文交换、信息发布、业务办理等事项于一体的内部综合办公平台。

（张贺）

【资源目录梳理完成】 2010年年内，市住房和城乡建设委员会完成业务流程和数据共享指标项梳理，为信息化标准体系建设、行政大厅整合、业务流程再造提供标准和依据，其中本委行政许可、管理事项（含小项和子类业务）357项，包括房屋类166项、工程类45项、企业类116项、人员类27项、住房保障类3项，需要要件3,257个，其中企业和个人提供2,492个、委内产生765个。同时，搭建“网上办事大厅”及行政许可管理事项内网受理平台，规范受理、审查、决定、告知等环节，避免手工操作过程中潜在的廉政风险。

（张贺）

【信息化政策及规划制定】 2010年年内，市住房和城乡建设委员会制发《关于进一步加强信息化建设有关工作的通知》（京建发614号）、《关于进一步加强门户网站信息发布有关工作的通知》（京建发〔2010〕730号）等文件，进一步规范市住房城乡建设系统信息化建设。同时，在征求住房和城乡建设部、北京市经济和信息化委员会等部门意见的基础上，形成《北京市“十二五”时期住房城乡建设委行政管理信息化建设规划》报送稿。

（张贺）

【网络安全与运维体系建立健全】 2010年年内，市住房和城乡建设委员会编制《信息网络系统应急预案》初稿、《安全管理制度》框架及《应用软件编码规范》等材料，开展房屋权属、企业资质等业务系统安全评估及漏洞整改，全年对局域网主机扫描40余次，发布网络安全态势月报9篇。同时，以ITLE2000为标准，全面梳理软硬件系统之间的关系，形成设备清单配置表、综合信息系统图、业务系统关系图等资料，推动建立集资产、监控、流程、外包等管理为一体的运维体系。

（张贺）

【房屋全生命周期管理平台完善】 2010年年内，市住房和城乡建设委员会对房屋全生命周期管理平台进行完善，对该平台完成功能研发和基础数据库建设，导入原普查数据5,530,754条、187,947幢，完成所有内业修补测房屋图元更新及城六区外业修补测工作；实现测绘与交易、权属系统的对接，基本实现新建房屋图元及新办测绘、交易、权属登记业务的动态更新，其应用为北京市房地产宏观调控提供数据基础和技术保障；初步实现对住房保障平台、业主决策平台的数据支持，以及与工程基础数据库对接，形成多业务数据分析和报表统计；在2007年房屋普查和2009年修补测的基础上，开展GIS数据与房屋属性数据的关联，初步实现以图管房。

（张贺）

【大型综合信息平台建设启动】 2010年年内，市住房和城乡建设委员会整合市区两级住房城乡建设部门投诉、执法、动态监管、应急信访等系统，形成市住房城乡建设系统统一的大型综合信息平台，涵盖投诉、执法、企业资质及人员资格、建筑与房地产市场信用等管理。截至年底，确定企业及人员全生命周期管理信息平台（一期）建设方案，完成本委投诉、执法、动态监管系统升级改造。

（张贺）

北京市住房公积金管理中心

【概述】 2010年年内，依托首都公用信息平台，以光纤链路作为主线路，建设完成主干带宽为千兆的住房公积金城域网，覆盖范围包括三个分中心及18个区县所属的23个管理部，实现通信网络连成一体；建成总面积约 200 平方米的专业机房，机房内配备环境监控设备、供电设备、消防设备、温度调节设备等，为住房公积金等各个系统的正常运行提供所需的物理环境；实现各项数据集中存储、信息共享，集中的统一管理模式实现所有业务数据与上级主管单位和协作单位的共享，构建信息资源共享机制；基本建成由多种访问渠道组成的电子政务服务体系，开通政府网站（www.bjgjj.gov.cn）、96155 住房公积金咨询服务热线、短信平台，形成有效的咨询、查询、投诉机制；通过开展信息安全管理标准应用试点工作，制定北京住房公积金信息安全管理手册，初步实现分域防护、分级保护、综合防范的安全策略，提升中心的信息化安全管理水平。

（郭芳）

【综合业务管理系统升级改造】 2010 年年内，按照《北京住房公积金信息化发展规划》要求，北京住房公积金管理中心重点建设网上住房公积金业务系统、客户信息管理系统，完善核心业务应用系统，并对机房、主机、网络和 96155 住房公积金咨询服务热线的基础设施进行升级改造。该项目的实施，对综合业务管理信息系统进行全面的升级，并进一步完善信息化基础设施，从而全面提升公积金信息化服务水平，为未来信息化战略规划的实现奠定坚实的基础，直接或间接的社会效益预期显著。

（郭芳）

【住房公积金网上业务系统建设】 2010 年年内，为方便广大住房公积金缴存单位通过互联网方式享受住房公积金业务表单法人下载、单位信息和数据查询及相关业务预受理等多项服务，北京住房公积金管理中心建设“北京住房公积金网上办公平台”。该系统大体可分为注册登记和业务两大模块。单位可在互联网上提出网上办公开通的申请及具体业务申请，然后在约定日期内携相关资料办理业务。该系统减少缴存单位的排队等候时间，减少单位到管理部办理业务的次数，从而提高公积金缴存等业务的办理效率。

（郭芳）

【实现固定资产科学管理】 2010 年年内，为使中心固定资产管理工作向规范化、科学化、高效化、自动化方向发展，保障中心固定资产安全完整、合理配置和有效利用，在市财政局资产管理系统基础上，北京住房公积金管理中心结合自身资产管理模式和特色，定制开发新的固定资产管理系统，建立资产管理动态数据库。新系统在符合市财政局要求的前提下，实现对资产申购、配置、使用、处置的全生命周期管理。每个资产管理部门、资产使用部门均可使用各自的角色登录系统进行工作。该系统能够全面、准确、动态地反映资产的总量、构成、分布、变动等信息，为预算管理、绩效评价和资产优化配置等提供决策支持。确立资产管理工作规程，可实现资产管理业务的规范化、流程化、网络化。

（郭芳）

中关村科技园区管理委员会

【概述】 中关村科技园区管理委员会（以下简称“管委会”）是负责对中关村国家自主创新示范区发展建设进行综合指导的政府管理机构，一贯高度重视信息化建设工作，坚持“统筹规划，统一管理”、“应用主导，以人为本”、“政府引导，市场驱动”、“整合资源、加强共享”、

“分类管理，急用先行”、“自主创新，推动国产”的原则，通过信息化建设来支持和推动示范区综合管理水平及服务能力的全面提升。年内，管委会信息化建设经历基础设施建设、纵深业务发展、横向系统融合三个阶段。从宏观角度把握管委会信息化建设的总体框架，在此框架范围内，以信息化顶层设计为先导，制定及完善信息化建设各种标准，指导信息化具体项目建设。

（戴力）

【管委会项目经费系统网上填报】 2010年年内，管委会项目经费系统实现企业用户网上填报，委托机构网上受理，委内处室网上审批，财审处室网上资金拨付的流程管理，全面支撑管委会“负责管理市财政拨付的园区发展专项资金，并协助有关部门监督专项资金的使用”的机构职能。为深入配合中关村国家自主创新示范区业务的信息化服务支撑，管委会启动项目经费系统的全面整改工作。经过梳理，共有51个不同类型的项目立项审批流程在系统中得以实现，全面覆盖园区发展专项资金支持的项目。系统还对预算编制、用款计划、拨款、预算调整4个经费管理流程提供支持，实现项目管理与经费管理的一体化办理。已有近10亿项目资金通过项目经费系统完成申请审批。

（戴力）

北京信息化年鉴

经济领域信息化

【综述】 2010年年内，北京市信息化与工业化融合初显成效。工业领域信息化建设步伐加快，生产装备数字化和过程控制自动化水平不断提高，部分重点行业信息管理和决策系统进入应用集成阶段。信息化加快产业高端化建设步伐，促进战略性新兴产业不断崛起。生产性服务业成为降低交易成本、提高生产效率、优化产业结构的新动力。北京市经济和信息化委员会在旅游、商贸、餐饮酒店、居民服务等行业领域广泛开展两化融合试点示范。生活性服务业是为居民提供消费服务产品的服务业，涉及到居民日常生活的方方面面，对生活性服务业的信息化改造，在促进消费、吸纳就业、构建和谐社会等方面发挥着重要作用。

制造业信息化

【概述】 2010年年内，北京市工业领域信息化稳步推进，主要工业领域正从单项应用向研发、制造和管理的集成应用阶段过渡。企业信息化总投入约200亿元，门户网站近4万个，企业上网率达58.3%。企业积极推进数字化生产。中小企业信息化意识和应用水平显著提升。以企业为主体的自主创新体系建设成效显著。北京市在装备制造信息化领域已经有长足发展，底层核心技术逐渐成熟，支撑企业管理的新兴技术应用领域不断拓展，先进制造技术带动制造业信息化技术快速发展。

【北京华腾橡塑乳胶制品有限公司ERP系统建设升级】 北京华腾橡塑乳胶制品有限公司隶属于北京化学工业集团有限责任公司，是一家生产乳胶医用、家用手套等乳胶制品以及橡胶板材、片材、胶鞋、钓鱼靴等橡胶制品产品的大型国有公司。年内，北京华腾橡塑乳胶制品有限公司在原有信息化建设的基础上，分别在各分公司的橡塑制品公司ERP系统、宜刚鞋业制品公司ERP、乳胶制品公司ERP系统以及能源监控系统、信息资料管理系统、考勤系统、邮件系统等信息化项目上，进行一系列建设和系统升级工作。

（宗向阳）

【北京一轻控股有限责任公司综合信息化系统建立】 2010年年内，北京一轻控股有限责任公司建立满足跨行业、不同企业性质、不同管理类型、不同股权关系企业信息化需求的集团信息化平台；建立企业科技信息库，为企业发展储备科技后备力量；实现已有信息系统与新建信息系统的异构整合，实现多软件厂商系统间数据的集成与共享，实现多系统、业务模块间数据的统一与协调运行。该公司的信息化工作多次受到市国资委领导的表扬，在国家、北京市信息化评选中多次获奖，年内被评为全国信息化先进单位。

（北京市经济和信息化委员会）

【北京现代汽车有限公司制造信息化投入使用】 2010年年内，北京现代汽车有限公司信息化系统的投入使用，推动各部门业务操作流程的规范、标准性；提高生产计划的准确性、及时性；满足大规模柔性制造的复杂需要，加快生产、销售、物流能力的提高。整个系统以信息技术的手段将生产制造技术、产品销售和先进管理原理高度集成于整个系统之中，应用于各个领域和学科的知识，指导控制汽车生产制造、销售的全过程。汽车制造信息系统以计算机网络通讯为基础平台，在供应链上与合作伙伴、经销商、供应商实现资源共享，包括整车短、中、长期生产计划和物料需求计划、库存、配件设计和试验均可实时协作处理，实现汽车生产制造的网络化模式。

（北京市经济和信息化委员会）

【三一电气有限责任公司数字化改造开展】 2010年年内，三一电气有限责任公司开展数字化改造，致力于用现代信息技术促进企业全面改革，推进数字化工厂示范工程。完成风电设备全套产品的研发，并掌握四大核心部件的研发与制造技术，成为国内仅有的全套产品技术研发和制造企业。SPC与ERP、PDM将共同组成三一电气的三大信息化支撑平台，使信息化与工业化紧密融合，为数字化工厂提供核心动力。三一电气数字化工厂的信息化系统覆盖MES平台、生产工艺有限元仿真分析、高级智能排程、智能数控编程、智能刀具寿命管理、智能信息采集、监控调度指挥等生产子系统。通过信息化系统与工厂智能生产设备等工业系统结合，生产流程优化，提高产品品质、减少投资成本、降低能源消耗。

（北京市经济和信息化委员会）

【北京大华天坛服装有限公司柔性生产线建立】 2010年年内，该公司采用三维服装扫描系统及其技术，在产品规格号型、合体舒适、款式设计、色泽搭配、测体便捷、数据存储等方面满足消费者个性化、人文化、时尚化、品位化的需求，以更加适应现代服装制造业规模化与个性化相结合的生产经营活动。此外，该公司还建立智能数据库资源，与政府主管部门、行业组织、标准化机构、部队、院校等非赢利单位实现资源共享，提供社会化服务。该公司的柔性生产线对于改造传统产业和建设现代服装制造业具有重要的作用，对于行业和社会也具有推动作用。

（北京市经济和信息化委员会）

【北京爱慕内衣有限公司经营管理升级】 2010年年内，北京爱慕内衣有限公司（前身为朝阳区工业局下属北京华美时装厂）通过销售终端信息化，实现销售数据的实时传递，提高货品的合理配置效率，降低流动存货的水平，保证畅销产品的供货，提高销售业绩。通过自动配货体系的搭建，实现货品有效流转。将内部资源管理向外部资源管理扩延，实现供应链上下游的信息化集成：代理商、经销商纳入信息系统管理，提高经销市场数据反馈速度，为营销规划提供第一手数据资料，满足公司对全国市场整体管理的需求；供应商、加工厂纳入信息系统管理，提高对生产过程的把控力，保证货品供应。被北京市科委评为“北京市制造业信息化科技示范工程设计制造管理集成应用优秀示范企业”。

（北京市经济和信息化委员会）

【医药行业特色信息化建设】 2010年年内，随着新医改政策的出台，北京医药行业信息技术应用市场再次成为各大厂商关注的焦点。与以往不同的是，年内北京医药行业信息化建设的方向更为清晰明确。医药研发类企业重点关注医药研发平台管理的建设；医药工业企业重点关注建立产销一体化管理平台；医药商业企业重点关注分销、物流、零售信息化平台的集成应用。IT厂商突出其差异化竞争策略，为医药行业提供具有医药行业特色信息化产品。

（北京市经济和信息化委员会）

【建工集团信息化建设推进】 2010年年内，北京建工集团以信息化促进企业管理科学化，增强企业的核心竞争能力。围绕企业特级资质重新就位工作，推进信息化建设。完善资质标准要求的各项管理制度、资金保障制度及网络安全制度，完成综合项目管理软件、档案管理软件的数据录入；软件修改，组织相关人员600余人次进行软件应用及录入数据的培训，完成近两年在施和竣工的146个工程项目的数据录入工作，将集团公司中标的大型工程基本纳入到项目管理软件中；构建集团综合管理信息系统，即“一个平台、五个系统”，包括协同管理平台、AO办公系统、人力资源管理系统、经营管理系统、科技质量管理系统和档案管理系统。实现集团公司和二级单位办公平台的界面整合，项目管理软件、合同管理系统等多个信息系统的单点登录，协同平台与“五大系统”的组织架构同步和用户联动，在集团集中部署模式下办公自动化系统的独立应用功能；按照国家A级标准在建工大厦建设新机房，购置服务器，机房网络环境监控、IT资源监测管理及IP管理等系统，具备自动化管理、虚拟化资源与环境、快速可扩展、高可靠冗余能力等功能，同年11月正式投入使用；深化应用远程监控等信息技术，部分单位部署远程监控和视频会议系统，并在总部与外地分支机构之间多次举行视频会议，对重点工程进行实时监控和视频存档。降低管理成本，及时掌握项目情况。

（马靖）

【北京同仁堂引领医药行业企业信息技术改造开展】 北京同仁堂是中药行业著名的老字号，在医药行业享誉海内外，其企业信息化也在行业内起步较早而且发展相对较好。年内，北京同仁堂已经建成以ERP为主干，POS终端遍布全国，BI系统支持管理分析，多个外围系统辅助信息收集的信息化体系，全面覆盖公司产—供—销环节，实现日常工作靠系统，业务分析靠数据，部门衔接靠流程的标准化企业信息化管理，取得良好的经济效益的和社会效益。

（北京市经济和信息化委员会）

商业物流信息化

【概述】 两化融合推动制造业服务化步伐加快。年内，北京市生产性服务业发展迅速，已经成为降低交易成本、提高生产效率、优化产业结构的新动力。北京市企业电子商务交易总额已经达到3,700亿元，IT制造业、批发零售业、石化等行业是应用主流。北京物流公共信息平台成功上线，成为国内首家专业的物流在线招投标平台。通州物流基地获批首批“北京市电子商务应用示范区”。信息技术与制造技术在研发设计、生产过程、企业管理、产品流通和采销渠道等各个环节上的融合，促进制造企业中服务环节的发展。

【北京京津港国际物流有限公司现代物流体系建立】 2010年年内，北京京津港国际物流有限公司内部已建成基于GIS、GPS、RFID、3G等技术的货运车辆监管平台，包括监管系统、RFID系统、车载终端，实现对天津港到平谷陆港之间制定专用高速路上监管集装箱车辆的实时可视化监管，使自身运营的车辆在运输进出口货物过程中的货损货差率降低，商务事故赔偿率下降；拥有覆盖北京及周边地区的货运信息服务网，为货主和其他第三方物流服务商提供信息服务，货主可以更快找到物流服务商，而物流服务商可以大幅提高物流资源利用率。通过收取信息服务费实现第四方物流业务的发展。通过发展物流电子商务，使物流与商业紧密结合，建立现代化物流服务模式，加快推动北京市商业流通的良性发展。

（北京市经济和信息化委员会）

【北京首个物流公共信息平台上线】 2010年年内，北京首个物流信息平台——北京物流公共信息平台成功上线。该平台由北京市政府支持，北京市物流协会打造。北京物流公共信息平台采用实名入会制度，所有入会企业的相关营业金额、注册资本、运营资质等需要通过审核。该平台包含物流业务、物流资源、电子采购、企业认证推广、中小企业应用等5个应用服务中心，也是国内首家专业的物流在线招投标平台。

（北京市经济和信息化委员会）

【北京市电力公司企业一体化信息平台建成】 2010年年内，北京市电力公司建成企业一体化信息平台，实现数据中心、企业门户、数据交换、应用集成和信息网络等多方面的应用；开展包括ERP系统、生产管理系统、营销管理系统、人力资源管理系统以及投资计划、电力交易、综合审计等综合管理系统的建设工作；构建以信息安全防护为基础的六大保障体系，持续提升信息安全、管控、技术、运维、人才和评价等能力水平。

（李新）

【北京市电力公司信息系统安全运行】 2010年年内，北京市电力公司完善运维体系建设，强化信息安全管理，信息系统运行安全稳定，有效支撑生产经营管理。完善组织架构。成立信息中心，全面承担公司级信息系统的运行维护工作，优化运行维护的组织管理。组建21186统一信息客服呼叫中心，完善落实两级三线运维体系。加强以北京电力科学研究院为主体的信息安全督查体系建设，增加安全内审能力。至年底，初步实现信息系统运行维护主业化、专业化和集中化。建立制度标准。编制完善信息系统运行维护管理制度和标准，明确运维工作的职责分工，规范信息系统建设转运行、日常运行、应急处置等管理流程和标准。组织各单位完善内部管理制度和规程建设。深化技术支撑。开展信息资源优化整合工作，结合信息系统清理工作，对在运信息系统的资源配置进行评估整合，提高信息资源的利用效率。开展IMS系统等运维管理和支持系统建设，为加强信息系统状态监测、提高风险预控能力提供技术支撑平台。

（李新）

【北京市电力公司“十二五”信息化规划编制工作启动】 2010年年内，北京市电力公司启动以SG-ERP为架构的“十二五”信息化规划编制工作。“十二五”信息化规划范围将含盖本部和所辖各单位，规划内容主要包括一体化信息平台、业务应用与集成、信息化保障体系三个方面，覆盖北京市电力公司的生产、经营、管理中的各项业务。

（李新）

【信息化“SG186”工程建成】 2010年年内，北京市电力公司信息化“SG186”工程初步建成。“SG186”工程是国家电网公司“十一五”信息化发展规划的核心任务。北京市电力公司从2006年开始，全面推进“SG186”工程建设。经过五年的持续建设与实施，管理成效逐渐体现，为北京市电力公司的精益化管理、标准化建设、协同化运营奠定坚实的基础。

（李新）

【智能电网建设推进】 2010年年内，北京市电力公司组织开展海量实时数据管理平台等三项信息化智能电网项目建设工作，并取得阶段性成果，对北京市电力公司智能电网建设提供强有力的技术支撑。海量实时数据管理平台项目是一个用于实时信息的数据集中存贮、统一访问的基础数据平台，将来源于不同自动采集系统的实时信息，以相同的结构、标识体系、技术平台，整合到一个集中的、以共享为目的的实时数据中心，实现实时信息的统一集成与共享。该平台遵循标准的 CIM 模型进行描述并整合，从而实现实时信息与管理信息的整合。年内，该项目完成平台的搭建并部署上线。电网空间信息服务平台（GIS）项目主要建设目的是实现各类电网资源的统一结构化管理，构建统一数字化电网；建设开放式的、面向企业级应用的电网空间信息服务平台，为各类业务应用提供电网空间信息及分析服务；建立企业级电网空间信息资源共享平台，具备良好的自身数据容灾能力、灾变网络环境下服务容灾能力。年内，该项目建设方案通过国家电网公司信息化工作部组织的评审，软件开发和测试工作进展顺利。智能信息集成平台建设是全面分析覆盖全网的业务应用整合需求，以灵活互动的流程集成为目标，展开智能应用集成平台的分析与设计，并制定相关的规范与标准，并在此基础上指导试点应用的集成工作，建立面向服务（SAO）的企业公共服务总线。通过总线的分层部署完成企业级集成体系，支撑规划、资产管理、调度等核心业务。年内，该项目按照国家电网公司统一部署有序推进。

（李新）

【东来顺集团餐饮信息化项目升级改造】 2010 年年内，北京信息管理科学研究所主要为东来顺集团各直营门店进行信息化升级工作，升级餐饮信息化软件和相关配置服务器及点菜设备等工作，具体包括东来顺牛街店信息化系统升级改造、新源里店视频监控管理系统建设、集团机房改建、集团配送中心信息化迁移改造以及集团远程通信 CITRIX 系统实施等。这些项目为东来顺集团实现多种业务的网络综合应用，为集团带来整体效益提升，实现集团信息化建设向着低碳、环保和绿色的方向上提升。

（赵立）

【首发集团信息中心改造提升】 2010 年年内，首发集团信息中心完成中心新址的迁移，实现新、老中心数据、业务的对接及平稳过渡，在整体规模、系统结构、业务处理能力及功能设计上较之原中心都有大幅提升。从硬件建设上，信息中心采用收费、监控、通信中心合一的建设模式，其中收费中心主要由 SAN 数据存储系统构成，负责全路网收费数据的汇总、存储、拆分帐业务及数据分析；监控中心主要由大型显示类及数据采集分析设备构成，负责全路网的图像显示及各种业务数据分析及软件的界面展示；通信中心主要由网络交换系统、光纤数字传输系统、数字程控交换系统、呼叫中心等系统构成，负责全路网的收费、监控数据、视频图像及其它语音等业务的传输管理。从软件建设上，信息中心设计部署多种业务数据处理、数据分析及界面展示类软件。主要包含北京市高速公路联网收费系统软件，主要负责联网收费数据的拆分帐业务及数据分析等功能；交通监控子系统软件，主要负责实时收集外场设备数据、事件数据、交通运行状态及高速公路养护和管制等交通信息，并可以在 TGIS 平台上进行综合显示、信息查询及紧急情况下的信息发布；视频监控子系统软件，主要负责对数字化的视频进行调用、切换显示、实时监控、录像保存等工作；交通地理信息展示系统软件，主要负责对高速公路沿线设施、收费站及道路监控设施通过图形、界面方式进行管理；呼叫中心软件，主要负责接受社会公众出行高速公路的路线查询、ETC 不停车收费咨询、用户的账务查询，服务投诉等专业化、全方位的语音信息服务。

（程锋）

【北京排水集团“十二五”信息化发展规划编制】 2010 年年内，北京排水集团全面总结评估“十一五”期间集团信息化发展状况，围绕集团发展战略目标，通过对集团领导、业务部室、二级单位以及相关政府部室及兄弟单位的调研，分析业务需求，理清规划思路，明确企业信息化建设的指导思想、发展目标及发展原则，完成“十二五”信息化发展规划编制。

（王雪梅）

【首都“安全”排水系统建成】 2010 年年内，北京排水集团随着排水管网 GIS 系统、城区污水厂运行管理系统、中水指挥调度系统的建设、完善和投入使用，建立一套基于 GIS 的排水管网数字化工作模式，补充完善全市六环内数字化排水管线长度 5,000 余公里；对管网有毒有害气体、液位以及泵站运营状况等监测信息进行实时监视；对城区各污水处理厂的运行情况有清晰、及时的了解；实现再生水的生产运行、调度、抢险指挥、销售、服务等方面的联合调度以及对再生水水质、水量双监控；从雨污水收集、处理、回用的各环节保障首都城市排水系统的安全、稳定运行。

（王雪梅）

电子商务

【概述】 2010 年年内，北京市电子商务保持快速发展的势头，综合实力始终位居全国前列，成为全国电子商务基础雄厚、交易活跃、产业链最为饱满的地区之一。电子商务整体规模持续增长。北京市企业电子商务交易总额达到 3,700 亿元，同比增长 15.6%。其中，B2B 交易额占总交易额的 91%，B2C 等其他交易模式占总交易额的 9%。第三方电子商务服务平台交易规模达到 1,600 亿元，同比增长 23%以上。全市企业上网率达 58.3%，应用电子商务的企业超过 1/3，付费企业用户数超过 5 万家；网购人数 532 万，网购渗透率 51.3%。根据北京市经济和信息化委员会与市统计局持续的电子商务年度统计调查显示，北京市电子商务总交易额从 2004 年的 666 亿元增长到 2010 年的 3,700 亿元，复合增长率超过 30%，总体上呈持续快速发展态势。IT 制造业、批发零售业、石化等行业是应用主流，带动相关产业的快速发展和国际化、全球化进程。骨干行业电子商务应用不断深化。北京市电子商务在骨干行业中的应用从早期简单应用向供应链管理、产业融合等深层次方向发展。全市企业电子商务销售额占全市企业主营收入的比例超过 2.7%（其中制造业占比超过 6.5%，总部型企业占比超过 7.81%），并持续快速增长，为重点产业转型升级提供强劲动力。北京市在电子信息、石油化工、钢铁、生物医药、外贸、教育以及 IT 等行业的 B2B 应用始终走在全国前列。电子商务服务水平保持全国领先。北京市电子商务服务业进一步发展，强化首都经济辐射力。

年内，北京市第三方电子商务平台上交易额约为1,600亿元，同比增长23%，外地企业客户的比例由2007年的55%成长到近80%，服务全国的能力不断增强。石油、化工、钢铁、医药、外贸、教育以及IT等行业领域的B2B应用走在全国前列，以中油和黄、中联钢、海虹药通、敦煌网、神州数码等为代表的行业B2B平台继续在全国处于领先地位；“第二代B2B服务平台”的兴起正在全国形成电子商务发展的新机遇，北京市在交易型电子商务平台发展方面占有先机。B2C电子商务快速发展为打造网上商贸服务中心提供更大支撑。上半年全国网络零售规模排名前10的企业中，6家是北京的企业，销售额占比在60%以上。京东商城、当当、卓越、凡客诚品等一大批电子商务网上零售企业，继续保持200%—300%以上的高速增长，当当网和卓越亚马逊销售年增长率超过50%。京东商城销售收入超过100亿，高居国内B2C企业之首。新发地农产品电子商务交易平台等一批重点项目启动实施。团购等大批新应用、新服务的不断涌现，为百姓生活提供极大便利，老百姓足不出户就可以订餐饮、缴水电费等，电子商务已成为建设宜居城市，提高生活质量和品质的方向之一。电子商务产业发展格局日渐清晰。电子商务示范区及产业园均取得积极进展。

年内，北京市经济和信息化委员会持续大力推进信息化与工业化融合。以两化融合促进经济发展方式转变、产业结构优化升级为主线，以提升企业核心竞争力为突破口，以激发企业内在需求为动力，不断创造新的经济增长点、新的市场和就业形态。依据自主创新、重点跨越、内因驱动、分类引导的原则政策，不断探索信息化与经济全面融合的有效路径，全面促进首都经济持续快速发展。

【北京电子商务协会理事会召开】 2010年3月17日，北京电子商务协会召开第二届第九次理事大会，副市长程红、市商务委主任卢彦和北京市经济和信息化委员会副主任王学军出席大会。副市长程红在讲话中指出，要发挥现有电子商务的优势，为扩大内需促进消费做出新贡献；加强电子商务保障体系建设，保证电子商务稳妥推进；紧抓机遇，着眼世界城市，走国际化、现代化、特色化的电子商务发展道路。

（北京市经济和信息化委员会）

【建材家居行业买家采购会举办】 2010年6月10日，阿里巴巴在京举办大型建材家居行业买家采购会。采购会邀请国内外知名的Lowe's，LnP，DSCL，HRG，ADEO和乐华梅兰等采购商参会，会议介绍如何使用电子商务开拓海外贸易，并与海外买家建立联系与合作等。此次采购会为北京市中小企业提供一个与海外买家零距离接触，借助电子商务开展全球贸易的交流平台。300多家建材行业中小企业参加采购会。

（北京市经济和信息化委员会）

【“中国315电子商务诚信平台”上线运行】 2010年9月21日，“中国315电子商务诚信平台”正式上线运行。它由北京市经济和信息化委员会、市消协、中国消费网等发起，8月24日正式设立，专门受理网购等电子商务的消费投诉。该平台是由中国消费者协会指导、北京市政府支持的惟一一家全国性电子商务交易第三方权威性保障网站，并成为一个消费者网上购物投诉平台，各地消协以及工商部门可以采取联动方式处理投诉。该平台集信息发布功能、宣传功能、解决网络购物投诉与售后服务为一体；在线推介有政策支持且实行先行赔付的产品，为消费者提供放心的网购消费环境；在各项宣传活动中标识监督单位及指导单位名称，有利于提高政府机构政务公开和服务形象，提升销售企业品牌形象和公信力。

（北京市经济和信息化委员会）

【前门 3D 虚拟购物街上线】 2010 年 9 月 28 日至 10 月 15 日，第一届前门历史文化节暨前门大街开市一周年庆典活动举行。由东城区信息办与前门大街管委会委托北京思普科科技开发有限公司开发的前门 “3D 虚拟购物街” 与 “个性化消费门户”上线发布仪式于开幕当天启动，将传统特色商业街文化旅游与市场营销相结合。现场演示期间，游客只需登陆该网站便可了解所有商户的信息并进行虚拟购物。项目的技术先进性和实用性方面，在国内首先将文化创意与电子商务进行融合，实施将以 3D 图形引擎为技术依托，通过 3D 虚拟购物街展示前门地区古都风貌保护成果，提升前门商业品牌、旅游品牌、文化品牌形象。引入角色扮演的游戏成份，在游戏过程中整合营销传播，实现游戏和电子商务的相互促进。在前门 3D 虚拟购物街游客可以进行自身的角色扮演，根据自身的意愿扮演自我设定的角色；为商户提供一个集购物导航促销信息、网上订餐、网上订票、网上娱乐、在线广告、商品展示等内容为一体的统一门户，扩大消费群体，创新经营模式。在弘扬前门文化的同时以另一种方式促进前门地区的消费，提升前门商圈的经济效益。创新电子政务应用模式及文化创意与电子商务的融合。前门 3D 购物街及个性化门户电子营销系统的建设创新政府引导并推动产业发展管理模式。该思路可以推广应用到其它领域，运用政府的优势引导相关产业的发展。

（北京市经济和信息化委员会）

【《关于推进两化融合促进首都经济发展的若干意见》通过】 2010 年 10 月，经市委常委会审议通过北京市经济和信息化委员会编制的《关于推进两化融合促进首都经济发展的若干意见》，提出实施北京两化融合 “338” 战略，即以两化融合促进经济发展方式转变、产业结构优化升级为主线，以提升企业核心竞争力为突破口，促进信息化与制造业、服务业和农业三大产业的深度融合；提升自主创新、转型发展、资源配置三大能力，实现“北京创造”、增强“北京活力”、强化“北京影响”；开展八大重点工程，探索信息化与经济深度融合的有效路径，全面促进首都经济持续快速发展。

（北京市经济和信息化委员会）

【中国全程电子商务服务联盟成立】 2010 年 11 月 11 日，北京伟库电子商务科技有限公司发起并联合业内企业及数百家各知名行业网站成立“中国全程电子商务服务联盟”。该联盟通过整合互联网领域优质资源，联合数百家优秀的行业及地方门户，为中小企业提供集网络营销、电子商务、内部管理、企业间协同为一体的全程服务平台及解决方案。联盟吸引包括中国贸易网、浙江民营企业网、全国服装网、中国建材采购网等近二百家知名行业网站的加入，覆盖领域涉及综合 B2B 平台、机械设备、五金机电、服装纺织、节能环保、农业、电工电气、安防电子、化工、塑料等 60 个主流一级行业。

（北京市经济和信息化委员会）

【“农业电子商务发展形势与展望”专题论坛举办】 2010 年 11 月 21 日，“在探索中前行：农业电子商务发展形势与展望”专题论坛在京举办，会议围绕物联网与现代农业、3G 通信创新基层农技体系推广、移动通信技术在农村信息服务中应用等议题进行探讨。

（北京市经济和信息化委员会）

【2010 年度中国经济和信息化论坛举办】 2010 年 11 月 30 日，由中国电子信息产业发展研究院主办、《中国经济和信息化》杂志社承办的以"新产业、新经济、新机遇"为主题的"2010 年度中国经济和信息化论坛" 在北京举行。工信部产业政策司、电子信息司、信息化推进司等多位领导、多位经济学家、企业负责人等参加论坛，共同探讨 2010 年年尾持续升温的产业变革和经济转型话题。作为本次论坛的最大亮点，会上首次发布《中国省（市）经济和信息化发展年度报告》，并公布 2009 年度中国省级行政区、2009 年度重要城市的经济和信息化竞争力得分和排名。北京、上海、天津、江苏、福建分列前五。

（北京市经济和信息化委员会）

【中国国际电子商务大会开幕】 2010 年 12 月 28 日，第十三届中国国际电子商务大会在人民大会堂开幕。会上，挂牌成立中国电子商务服务产业联盟、中国电子商务协会数字服务中心和中国电子商务协会可信电子商务推进中心三机构，将为规范中国电子商务建设，促进电子商务行业健康发展起到保驾护航作用；会上揭晓"中国电子商务发展十年——寻找榜样力量"活动结果。

（北京市经济和信息化委员会）

【"畅游北京"网站正式上线】 2010 年 12 月 28 日，市旅游局公共服务门户网站"畅游北京"网（visitbeijing.com.cn）升级版正式上线，市民今后可在网站预订北京电子门票。

（北京市经济和信息化委员会）

【企业两化融合发展现状调查开展】 2010 年年内，为科学制定北京市两化融合建设目标，长期跟踪两化融合发展态势，北京市经济和信息化委员会依据评估指标体系，联合统计局对全市 1563 家规模以上企业开展北京市两化融合现状调查，其中工业企业 1,021 家，约占全市规模以上工业企业的 1/7。

（北京市经济和信息化委员会）

【支持电子商务平台建设】 2010 年年内，北京市大力支持用友、中搜、慧聪、金银岛等一批电子商务服务公共平台建设和新发地蔬菜电子商务市场、马连道网上茶城、北京大宗产品交易所等一批新型电子商务市场的建设。

（北京市经济和信息化委员会）

【北京市市电子商务统计调查开展】 2010 年年内，北京市经济和信息化委员会会同市商务委、统计局联合开展上年度全市电子商务统计调查活动，调查项目共 28 个大项，调查对象为全市 2,000 多家电子商务企业。调查目的是全面解北京市市电子商务发展情况。

（北京市经济和信息化委员会）

【网动即时通信发展】 2010 年年内，网动即时通信演变成一套完整的多功能系统。该系统可以使用户通过文字、语言、视频等方式进行线上交流、离线留言；企业可以按照本身的组织结构，实现虚拟办公室，用户状态一目然，支持用户级别、显示次序等设置；实时绘画转接，实现企业用户间的多方协作；建立临时讨论组实现多用户文字交流、语音电话会议；通过桌面共享、文档同步、协同浏览轻松实现点对点数据协同；完全基于 SIP 协议，除直接拨打手机座机外，还可用于网上客服的电话回拨以及视频会议的电话邀请；使用即时通信系统，可对企业内部组织结构进行规划，现今网动科技在全国以及海外各地设有多达 16 家办事机构，并且在上海和武汉也成立分公司。通过即时通信系统，网动科技分别对 16 家办事机构和 2 家分公司进行显示次序的一个设置。岗位类别、机构名称一目然，方便外地分公司及办事处员工沟通。

（王慧）

【凡客订单管理系统升级】 2010年年内，凡客诚品信息系统进行多次升级。OBS（凡客订单管理系统的简称）经过半年时间的开发，终于在年内上线，解决因为客服坐席增加对系统的压力，保证凡客呼叫中心的顺利运营和团队扩充。凡客诚品还开发无线仓储解决方案，在进行流程优化的同时实现系统实时库存，通过系统操作与业务操作同步减少人为失误和提高数据准确性，使凡客诚品的仓库管理水平跃升到新的高度。凡客诚品信息系统开始支持将客户订单自动按照发货仓库拆分，提高发货速度，提高发货环节的客户满意度。完成对上门退换货的支持，提高退换货环节的客户满意度。

（刘亿林）

社会领域信息化

【综述】 2010年年内，信息化对于北京市社会发展的支撑作用明显提高，信息化在社会管理、公共服务发展方面取得新成效。电子政务进入良性发展轨道，不断推进信息资源共享交换水平。社会服务以信息化为纽带，北京市重视社会信息化软硬件协同发展，在建设开发多个社会领域数据库系统的同时，更加重视社会服务效能的体现，着力解决民生问题，积极预防和应对突发性事件。北京市城市信息化应用不断深入，城市网格化管理、智能交通、网上审批、应急指挥等一批信息系统在城市建设和管理发挥着积极作用。

公共服务

【概述】 2010年年内，信息化在首都教育、医疗卫生、社保、就业、交通、安防等公共服务领域均取得突破性进展。北京市小客车指标调控管理信息系统建设项目通过验收，为缓解城市交通政策提供技术保障。住房信息系统与银行实现对接，解决了二套房认定中“认贷容易认房难”的问题，通过住房信息共享，有效地遏制了首都投机性购房需求，确保房屋限购政策的顺利落实。社保卡应用全面推进，完成现有城镇职工、城镇居民等参保人群872万人的卡片制作；完成13.6万家单位，710万张卡片的发放工作；完成1,800多家医院的接口改造，1,779家医院实现了门诊持卡实时结算。

【互联网无障碍阅读系统上线】 2010年12月23日，由中国科学院计算技术研究所开发的面向盲人的互联网无障碍阅读系统在北京市残疾人福利基金会网站正式上线运行。面向盲人的互联网无障碍阅读系统，是将现有的网站页面进行智能化的版面分析，可以按需求自动生成简化版面和语音合成版本，以语音推送的方式，用户提供网页的语音版本，使得盲人和不方便浏览网页的用户能够方便地收听网站页面的内容。该系统安装在北京残疾人福利基金会网站后，网站可感知性、可操作性、可理解性和健全性得到进一步的提升，增强网站的无障碍阅读能力。

（北京市经济和信息化委员会）

社保卡信息化

【“一卡多用”工程推进】 2010年年内，为进一步提高便民服务质量，保障人民群众的切身利益，北京市将对涉及百姓的各类卡应用进行统筹和整合。由北京市经济和信息化委员会牵头，召集市发展改革委、市公安局、市民政局、市财政局、市人力社保局、市交通委、市卫生局、市金融局、神州数码公司等部门和单位，成立北京市民卡联合工作组；开展市民卡外地考察调研和市内应用需求调研，经多次研究，编制完成《北京市民卡建设总体实施方案》，会同市民政局、市残联分别制定《市民卡养老服务应用试点工作方案》和《市民卡残疾人应有试点工作方案》，并已上报市政府。在全市大力推行一卡多用，逐步将政府公共服务领域的卡应用整合到社保卡，将社会领域的卡应用整合到交通卡上，并率先在养老服务与残疾人服务中进行试点。实现百姓用卡信息资源的共享，避免卡资源的重复建设。

（费明洁）

【社保卡应用全面推进】 2010年年内，北京市社保卡应用全面推进，完成现有城镇职工、城镇居民等参保人群872万人的卡片制作；完成13.6万家单位，710万张卡片的发放工作；完成1,800多家医院的接口改造，1,779家医院实现门诊持卡实时结算。信息化在首都教育、医疗卫生、社保、就业、交通、安防等公共服务领域均取得突破性进展。

（北京市经济和信息化委员会）

【社保卡应用取得新进展】 2010年年内，北京市社会保障卡系统项目完成应用系统、主机、网络的升级改造，完成现有城镇职工、城镇居民等参保人群872万人的卡片制作；完成13.6万家单位，710万张卡片的发放工作；完成1,800多家医院的接口改造，1,779家医院实现门诊持卡实时结算；建立完整的社保卡服务体系为满足医保实时结算业务需求，1,800多家医保定点医疗机构完成网络接入及对远郊经办机构进行备份链路建设工作。326家社保所完成线路接入。卡服务网点建设方面已经在全市326个社保所服务网点和全市23家区县社保中心服务网点实现全部开通；累计补换卡2.6万张。主页最高日访问量1.2万次，日均8598次，累计访问量为156万次。96102服务热线今年累计业务呼入量为265,645通，接听量为244,159通。

（北京市经济和信息化委员会）

【就业信息系统开展系统梳理】 2010年年内，大学生就业和教育人才服务与交流立体化信息服务平台提供完善服务。建设北京地区高等教育学籍学历管理信息系统（系统包括普通本专科、研究生、成人、网院四个子系统），实现北京高等教育学生从入学到毕业的全过程管理和学籍学历信息实时动态管理。该系统采用电子印章和CA认证等技术，实现真正的无纸化电子办公，简化原有纸质材料报送的繁琐，提高工作效率。CA认证提升系统操作的安全级别，使平台上的任何操作有据可依，有问题可查。

（北京市经济和信息化委员会）

建设和房产管理信息化

【建筑施工过程实现安全可控】 2010年年内，北京市开展施工现场协同管理系统和预拌混凝土生产远程监管系统的研究，深入应用无线射频识别传输网络和混凝土监管系统软硬件等信息技术，以期实现对施工全过程的监控和安全保障以及对混凝土生产过程的监督管理。

（北京市经济和信息化委员会）

【施工现场协同管理系统投入运行】 2010年年内，基于无线射频识别传输网络的施工现场协同管理系统投入运行。通过搭建无线传感器网络，运用无线传感器网络的定位技术，当发生建筑施工事故时，可以立即从监控计算机上查询事故现场的人员位置分布情况、被困人员数量以及具体位置等信息，将人员损失减少到最小；实现人员定位，阻止违章事件，并将违章人员记录在案，如出现人员长时间不在施工现场，可及时进行确认，如遇特殊情况及时进行报警；可以实现对进入施工工地的车辆进行实时监控，对车辆上的货物及进出施工工地的时间进行实时监控，通过汇总统计现场人员数量，可用于施工单位进行人工费结算、处理结算纠纷等事宜。该系统在北京地铁 6 号线一期工程示范应用，在车公庄西站车站施工现场布置基站 50 个，为施工人员和管理人员配备卡片 50 张，经过 3 个月的系统调试和试运行，目前已经可以完成人员定位、报警、考勤等工作，为地铁工程安全施工提供最可靠的技术保障和管理辅助。

（北京市经济和信息化委员会）

【预拌混凝土生产远程监管系统开展研究】 2010 年年内，北京市开展预拌混凝土生产远程监管系统的研究，研究主要涉及生产耗料数据采集并自动实时上传硬件研发和混凝土生产综合信息实时上传软件开发两部分。硬件的研发将实现通过采集传感器的模拟信号以及信号变化，减少中间数据环节，避免人工对数据进行处理加工，达到实时监测搅拌生产耗料数据的效果。此外，还研发信息上传数据宁典制订和生成企业生产信息数据库软件，主要用于记录每盘生产耗料数据和每盘生产任务信息，以及可供搅拌站自身进行数据分析。

（北京市经济和信息化委员会）

【第二套住房信息查询和共享开展】 2010 年年内，市住城委实现住房信息系统与银行对接，解决二套房认定中“认贷容易认房难”的问题，为认定二套房住房提供操作办法，确保银行执行差别化的住房信贷政策时的执行。截至 9 月 12 日，共有 46 家单位领取钥匙盘 376 把，查询总量为 5,931 条，其中 5,868 条已完成反馈，63 条处于申请阶段。通过住房信息共享，有效地遏制北京市投机性购房需求，确保房屋限购政策的顺利落实。

（北京市经济和信息化委员会）

【房屋全生命周期平台二期建设完成】 2010 年年内，房屋全生命周期平台二期建设完成。该平台自 3 月开始进行开发工作以来，已基本完成房屋数据中心的搭建和平台框架建设。该平台能够实现测绘、交易、拆迁的互联互通与数据共享，能够体现物理图元至楼盘表至每一户房屋的递进变化，掌握每户房屋每一笔交易和权利的动态变化情况。截至 9 月 1 日，平台已导入原普查数据 5,530,754 条，合计 187,947 幢；修补测新增图元 5.2 万幢；交易登记系统数据 70,843,181 条，合计 5,109,083 笔业务、196,704 幢；测绘备案系统数据 3,372,794 条、16,567 幢。截至 9 月 1 日，平台已导入原普查数据 5,530,754 条，合计 187,947 幢；修补测新增图元 5.2 万幢；交易登记系统数据 7,0843,181 条，合计 5,109,083 笔业务、196,704 幢；测绘备案系统数据 3,372,794 条、16,567 幢。

（北京市经济和信息化委员会）

【业主决策平台开发利用】 2010 年年内，业主决策平台得到开发利用。业主决策平台对北京市的 500 余万条房屋信息进行接口，涉及到全市的 29 个区县的 300 多个街道。系统实现法律法规赋予业主的 20 项决策事项均在线上表决过程。该平台为业主提供互联网、电话语音、光大银行终端机、人工帮助、现场协助五种表决方式。决策平台的投入使用，不仅可以解决现阶段业主大会成立困难，以及基于业主共同决策而产生的矛盾和问题，更可以帮助业主树立参与管理小区公共事务的民主意识。

（北京市经济和信息化委员会）

公积金管理信息化

【住房公积金个人信用信息数据库不断完善】 2010年年内，北京住房公积金管理中心建设北京市住房公积金信用信息数据库。近年来，北京住房公积金管理中心建立科学的信用评价体系，制定业务标准化操作流程和行业行为规范，为住房贷款及其它个人信用相关领域提供个人信用服务。截至年底，住房公积金信用信息数据库共记录北京地区71,000个单位的450余万职工的住房公积金信息及 20 万笔公积金贷款和还款信息，已为房贷、车贷业务出具个人信用报告29万余份。

（社会信息化处）

【住房公积金综合业务管理系统升级改造】 2010年年内，按照《北京住房公积金信息化发展规划》要求，北京住房公积金管理中心重点建设网上住房公积金业务系统、客户信息管理系统，完善核心业务应用系统，并对机房、主机、网络和96155住房公积金咨询服务热线的基础设施进行升级改造。该项目的实施，对综合业务管理信息系统进行全面的升级，并进一步完善信息化基础设施，从而全面提升公积金信息化服务水平，为未来信息化战略规划的实现奠定坚实的基础，直接或间接的社会效益预期显著。

（郭芳）

【住房公积金网上业务系统建设】 2010年年内，为方便广大住房公积金缴存单位通过互联网方式享受住房公积金业务表单法人下载、单位信息和数据的查询及相关业务预受理等多项服务，北京住房公积金管理中心建设“北京住房公积金网上办公平台”。该系统大体可分为注册登记和业务两大模块。单位可在互联网上提出网上办公开通的申请及具体业务申请，然后在约定日期内携相关资料办理业务。该系统减少缴存单位的排队等候时间，减少单位到管理部办理业务的次数，从而提高公积金缴存等业务的办理效率。

（郭芳）

流动人口管理信息化

【北京市流动人口信息校验系统开发】 2010年5月，北京市人口和计划生育委员会信息中心与流动人口处合作，开发北京市流动人口信息校验系统，并按照培训需求，编写完成培训手册等相关文档。以市流管办和WIS个案数据为基础，完成北京市全员流动人口数据的校验、整合和数据上报工作。

（任向群）

【流动人口数据资源体系梳理初步完成】 2010年年内，北京市卫生局为配合流动人口基础数据库建设，将计划免疫系统中的流动儿童的基本数据与流管办实现共享，为丰富流管办的流动人口信息提供基础。海淀区于7月正式上线运行流动人口和出租房屋综合管理系统（一期），截至年底系统中已经获取流动人口和出租房屋信息共计160万余条。西城区积极开展流动人口数据采集和梳理，形成数据库，开展部分应用。通州区、顺义区推动市流动人口综合服务管理信息平台二期网络建设。延庆县结合本县实际情况，在各乡镇设立中心站，将全县82个服务站合并为71个，各乡镇建成的49个服务站全部连通政务外网，实现流动人口和出租房屋基础信息的直采直录。

（北京市经济和信息化委员会）

【流动人口数据资源体系管理机制研究制定】 2010 年年内，按照国家人口计生委在全国乡镇以上使用流动人口信息交换平台的要求，北京市各级业务部门和信息化管理部门积极配合，均按照规定时间进行信息录入和上传。市民政局建立起以社区处、社区中心为主责部门、信息中心为配合部门的工作机制，完成流动人口数据资源体系民政相关业务梳理和调研工作。市人口计生委为更好地加强流动人口管理，加强与流动人口管理部门的信息化联动，推进流动人口“一盘棋”管理机制。东城区完善流动人口管理、监察机制，通过建设地下空间管理系统，探索解决南片地下空间出租房屋管理难、流动人口管理难的问题。

（北京市经济和信息化委员会）

【流动人口数据资源体系建立】 2010 年年内，北京市经济和信息化委员会协调建立人口基础信息数据库数据更新机制；完成人口基础信息共享应用管理办法及实施细则的征求意见稿；研究建立统一的、共享的人口决策应用管理服务系统；配合市公安局完成人口库一期验收工作；为区县提供人口数据比对核实服务。推动建立流动人口数据资源体系，提高流动人口综合服务管理效能，配合流管办完成流管信息平台二期的初步验收和部署，组织重点区域流动人口信息管理服务试点，与朝阳区研究开展流动人口服务信息化体系建设工作试点。

（电子政务与信息资源处）

应急管理信息化

【首个“公共医疗应急大楼”启用】 2010 年年内，二炮总医院新门诊综合大楼于 5 月 24 日正式启用。这是北京市首家“公共医疗应急大楼”，具备集核放射损伤、生物武器、化学武器、毒剂及恐怖袭击、各种自然灾害、传染病、爆发疫情医学救援、疫情控制及隔离于一体的应急救治功能。该院研发的“公共事件 3G 应急指挥与救援平台”，设在大楼 7 层应急医疗办公室，24 小时专人值班。“应急指挥平台”主要面向军队，“应急救援平台”主要面向军外。999 和 120 急救车内只需安装一套 3G 视频传输系统，就可联通“应急救援平台”，二炮总医院通过视频和语音实时跟踪救援，一边解患者病情，一边做好人员、床位、药品等准备工作，急救车到医院后立即实施抢救。

（北京市经济和信息化委员会）

【大规模综合应急演练模拟系统研发】 2010 年年内，恒泰实达研发大规模综合应急演练模拟系统，可以为国家应急管理人员培训提供多种突发公共事件处置体验式教学演练条件平台。大规模应急演练系统的建设满足电力行业各层次应对突发性灾害事件的体验式应急管理培训、演练与教学需要，使学员通过体验式教学，感受电力突发事件及其次生灾害的突发性、破坏性和震撼性以及应对难度大等的特点，并通过体验式培训与演练，掌握现场灾害处置中如何快速响应、决策、处置与协调，实现看灾害现场、做救援决策的交互式推演与演练，以及累积式演练与培训效果评估，使得在真正面对突发事件时，做到训练有素、从容应对。目前大规模综合应急演练模拟系统正在国网公司和山东电力公司推广。

（北京市经济和信息化委员会）

【预警系统搭建】 2010 年年内，北京市朝阳区在乡村部署一氧化碳预防中毒系统，为3万户村民安装传感器，采集的数据传送到电子政务管理平台，有效降低“城中村”出租房煤气中毒死亡率；对中小学校及幼儿园实施视频监控，并将监控录像接入到公安部门应急指挥中心，以有效应对突发事件。

（北京市经济和信息化委员会）

【应急管理领域物联网应用深化】 2010年年内，北京市深化应急管理领域的物联网应用。市公安局消防局建立北京市消防数字化灭火救援动态预案系统，实现消防灭火救援信息采集管理、救援方案动态推演、火灾烟气及人员疏散模拟分析、消防多人在线模拟训练等功能，实现消防灭火预案、消防业务培训的数字化和3D化。市交通委路政局搭建的北京市公路路网管理与应急处置系统通过公路交通量、视频、气象数据的动态监测，提高全市公路网运行状态信息的获取和监测能力，在全国率先实现对市域范围内主要国市道及重要旅游公路的动态信息监测。北京市经济和信息化委员会通过通信保障和信息安全应急指挥平台的运行，保障全市政务网络和公共网络的安全运行。西城区利用RFID标签技术，建成植物条码化管理系统，利用视频智能分析技术与人群聚集风险预警技术的研究成果建成西单商业区人群聚集风险预警系统。海淀区着手建设物联网信息共享平台对区内应急管理领域的各类信息进行整合、共享。朝阳区安装部署农村房屋一氧化碳中毒防控系统。通州区开展城市安全运行和应急管理领域物联网应用现状与需求调研，积极梳理应急管理应用项目。顺义区在全区范围内发放《2010年顺义区城市安全运行和应急管理领域物联网应用现状与需求调研表》，对各单位的物联网应用及建设需求进行调研，进一步计划将根据各单位需求加快推进重点单位物联网技术建设应用。

（北京市经济和信息化委员会）

城市管理

【概述】 2010年年内，城市管理和发展借助信息技术呈现新的动向，北京市利用信息技术手段在城市管理、城市运行和城市监管等方面进行一系列有益的尝试和革命性的创新，将信息基础设施与北京市传统格局交织在一起，共同构成全新而清晰城市布局，城市管理借助信息技术实现精确、高效、智能，城市运行更加及时、便捷、低碳，城市监管更加安全、可靠、和谐。各区县城市管理领域信息化工作亮点纷呈，开展网格化城市管理建设，在市场监管、卫生监督、社会治安、综合执法、交通出行、园林绿化、城市地质等领域完成网格化管理推广网格化管理方式。通过这种新型城市管理模式的应用，使各区县管理智能化水平和预警预测能力得到提升，构建监管有力、条块联动、服务到位、社会参与的城乡一体化网格化管理服务体系。通过发展一卡通、一网通、一费通的“三通工程”，以及利用物联网技术建设的水、电、气物联网智能管控系统使便捷周到的服务走入万千京城百姓家。

（北京市经济和信息化委员会）

【数字化灭火救援动态预案系统测试工作启动】

2010年5月20日，"北京市公安局消防局数字化灭火救援动态预案系统"测试工作正式启动。系统可以实现基础GIS数据整理、消防GIS数据库建立、消防预案三维直观展示、处置流程动态推演、多人在线三维仿真培训等内容。数字化灭火救援动态预案系统主要是为满足北京市公安消防局日常应急值守、突发事件应急处置需要而建设的应用系统。

（北京市经济和信息化委员会）

【"网格化城市管理推广应用工作研讨会"召开】 2010年7月27日，北京市经济和信息化委员会副主任俞慈声、市市政市容委张春贵委员联合主持召开"网格化城市管理推广应用工作研讨会"，研究郊区县网格化城市管理推广建设事宜。会议介绍北京市网格化城市管理工作开展情况及信息系统建设和推广设想，讨论郊区县在推进过程中的组织保障、资金保障、信息系统建设和运行模式等。10个远郊区县的市政市容委、电子政务主管部门，城六区城市管理监督（指挥）中心共30多人参加会议。

（电子政务与信息资源处）

【朝阳区数字化城市管理项目三期承接】 2010年10月14日，国研信息科技有限公司公司承接北京市朝阳区数字化城市管理项目四期项目。北京市朝阳区数字化城市管理项目四期的合作内容包含：考核评价与决策分析扩展系统、城管通PPC版本软件开发项目、数字化城市管理互动窗口与城市运行控制指挥门户系统软件开发项目、数字化城市管理平台核心系统V3版本软件开发项目、数字化城市管理系统与市级平台对接升级改造软件开发项目、数字化城市管理安全生产系统软件开发项目、数字化城市管理新增建筑扩展系统软件开发项目等。

（国研信息科技有限公司）

【网格化管理模式探索深化】 2010年年内，北京市经济和信息化委员会电子政务处会同市市政市容委提出《关于继续推进网格化管理应用再创新的意见》，网格化管理再创新"两扩一提升"的推进框架得到认同。并议定联合市市政市容委依据此工作思路向市政府报送网格化推进的请示，请市政府决策。同时多次组织区县，及数字政通、超图等企业，研究远郊区县网格化城市管理扩展思路，系统建设、部署模式、应用和运行维护方案，提升城区网格化城市管理水平的措施，及行业领域推广应用网格化管理的模式，行业网格信息资源叠加及应用模式，统一意见与思路。

（电子政务与信息资源处）

【垃圾处理设施运行监管系统建设前期工作推进】 2010年年内，按照推进生活垃圾处理折子工程的部署，北京市经济和信息化委员会配合开展垃圾处理设施运行监管系统建设前期工作，主动与市政市容委的多个业务处室联系，与市政市容委固体废弃物管理处、垃圾渣土管理处召开项目方案沟通会，从项目的技术方案、市政市容委内部系统整合应用、与市环保局的信息共享等方面提出意见和建议，配合完善项目方案，为后期信息化项目的技术审查打好基础。

（电子政务与信息资源处）

【可视城市建设取得突破性进展】 2010年年内，基本形成公共区域技防设施网络。公共图像监控摄像头已达到40余万个，覆盖全市重点公共场所、主要交通道路和重点要害单位。关系到国计民生的电力、供水、燃气、热力等重点要害部位的技术防控设施普及率已达100%，金融系统的营业场所全部实现报警联网，超过70%的居民社区装有技防设施。通过科技手段和技防设施侦查案件已成为各级公安机关的主要侦破手段之一。

（北京市经济和信息化委员会）

【信息亭升级换代】 2010年年内，按照《北京市城市道路公共服务设施设置规范》等相关法规规定，针对原有“信息亭”存在的设备老化、外观陈旧、不便保洁、功能单一等缺陷，庄希泉基金会组织有关专家和工程技术人员，从亭体外观到设备功能都进行设计和改进。新型“数字北京信息亭”信息展示容量大，配套性强，查询简便迅捷。增加党政信息发布功能，还为北京市民和外地来京人员免费提供信息服务，实现任何人在不同时间、不同地点均可获取所需的政务信息、生活信息、社会信息，使人民群众享受“科技北京”、“数字北京”建设带来的实惠，达到公共信息资源共享，服务同受。同时，根据各街道实际情况进行适当调整，形成覆盖商业区、办公区、交通枢纽、城市主干道的综合布放格局，使“数字北京信息亭”更加便民惠民。

（郑戬）

【信息亭内容更新】 2010年年内，“数字北京信息亭”与首都之窗共建今日北京、办事指南、停水停电公告、公交线路调整、市长信箱等政务信息栏目；同时维护信息亭常设栏目，建设各区县页面，增强民众对政务信息的关注与解；维护交通违法查询、北京物价、北京地税等功能查询，方便市民使用。信息亭年访问量达8,677万次，其中中文版地图使用率最高，达556万次。年更新信息量8,705篇，其中政务信息5,464篇，公共信息3,241篇。信息发布和查询主要包括：公共信息服务——提供电子地图、地理环境信息、城市道路信息、公共交通信息、城市服务设施信息等服务；电子政务服务——提供政务信息发布、政策法规查询、办事指南、网上办公等服务；便民服务——提供违章查询、社区服务、求职招聘、房屋租赁等服务；电子商务——企事业单位信息、购物、票务（演出、电影、旅游景点等票务销售）、多样化旅游服务等。

（郑戬）

【数字化城市管理平台系统开始应用】 2010年年内，北京超图软件公司利用GIS技术建成支持多平台、扩展性强、安全性高、全组件化和网络化的数字城市软件平台，在以北京市为试点城市建立电子政务和城市基础地理信息管理的应用示范。

（北京市经济和信息化委员会）

【各区县网格化管理深化】 2010年年内，各区县深化网格化管理。东城区整合完成网格化城市管理信息系统，主要涉及网格系统数据信息、监督员上报案卷、“13910001000”东城城市管理特别服务热线电话改造等内容，社区居民只要拨打“13910001000”特别服务热线，就可以举报新东城区公共区域内的井盖丢失、公共设施损坏、乱堆垃圾渣土、占道经营、无照游商、乱贴小广告等影响城市环境和居民生活的问题。在网格化管理工作中，朝阳区依托城市网格化管理信息平台，解决大量城市管理中的问题，纳入网格化管理范围的城市环境状况明显改观，探索城市社会化管理的新途径，建立城市精细化管理的长效机制。从系统上线到10月30日总共有效立案总数8,186,414件，结案率为90%。石景山区整合资源建立“街道综合管理服务信息系统”，实现对石景山区城市监督管理分中心、应急指挥分中心、人防指挥分中心、便民电话、三级巡防、社区管理、公共服务、公共卫生、综合治理、流动人口、人口计生、视频信息等在街道层面的整合。丰台区为深化网格化管理，完成永定河以西网格化划分，增加200名网格监督员，实现该区城市网格化管理全覆盖，初步形成城乡一体化的网格化管理服务体系。网格化管理延伸到劳动监察、社区矫正、市政道路养护等领域。

（北京市经济和信息化委员会）

【“三通工程”缴费自助终端覆盖面增加】 2010年年内，北京积极推动移动自助缴费终端发展，并让缴费终端深入社区和农村地区，让更多的老百姓能够通过互联网、手机、有线电视机顶盒等支付渠道缴费。“三通工程”具体包括一卡通、一网通、一费通。一卡通指市民通过银联卡实现水电气热缴费业务；一网通是把商业缴费终端通过银联实现上网缴费；一费通是市民缴纳费用时不缴任何手续费。截至年底，北京缴费自助终端数量已经超过 3.7 万台，主要安装在写字楼、商场、超市及部分居民社区，居民使用最多的水、电、气、有线电视、宽带、电话等费，以及信用卡还款、转账等业务已经开通。

（北京市经济和信息化委员会）

【监控体系保障城市安全】 2010年年内，各级政府部门为提升城市图像监控能力，打造可视北京，以加强重点危险源、重点部位、重点场所、重点水域、城乡结合部、山区林区、旅游景区和人防工程等图像监控“无缝化”布局补点，整合图像监控资源开展城市应急、城市管理、公共安全、消防减灾等方面的共享与智能分析预警，采用 3G 视频会议系统提高应急指挥效率。

（北京市经济和信息化委员会）

【刑事警情机制建立】 2010年年内，北京市公安局依托首都公安扁平化勤务指挥体系，建立基于数据挖掘技术的刑事警情预测预警模型，对数据进行时空统计分析。创新建立数字化警社情监控机制、单元化勤务管理机制和扁平化指挥调度机制。实现扁平化指挥调度、精确化服务指导、智能化警力部署和合成化多警作战，迅速提升快速反应、监测研判、科学用警和整体打防控效能，挖掘出公安工作新的警务效能增长点，实现信息化警务对动态社会治安的全面掌控。

（北京市经济和信息化委员会）

【市公安局视频共享】 2010年年内，城管执法局对市公安局视频进行共享。图像资源的利用，提升城管执法水平，强化应急反应能力。北京市在全市范围内城市管理重点地区建设 3G 无线监控探头，完成车载取证设备 3G 升级改造工作，满足城管执法部门对市容环境秩序和社会面控制的日常监控需要，同时利用 GIS 全面整合现有指挥调度系统，提升执法工作效率，实现全天候、无缝隙、精细化、常态化管理。

（北京市经济和信息化委员会）

【社会治安综合治理公共关系平台开通】 2010年年内，北京市公安局自 8 月 1 日正式开通“平安北京”网络公共关系平台以来，截至年底总访问量已超 1,300 万次，博粉丝 38 万余人，日增长量达 2,000 人，网民评论留言 6 万余条，解决网友反映问题 106 件，得到社会各界高度关注。中央、市委、市政府，公安部等各级领导均亲临“平安北京”工作站视察，“平安北京”已成为市局公共关系建设和开展群众工作的一大亮点。

（北京市经济和信息化委员会）

【视频图像管理系统协助安保工作建成】 2010年年内，石景山区建成的视频图像管理系统覆盖全区主要道路、繁华场所等 189 个视频监控点以及奥运场馆、涉奥饭店、指定医院周边共 87 个视频监控点，协助石景山区安保工作的开展，解决警力不足的问题。

（北京市经济和信息化委员会）

文化事业

【概述】 2010年年内，利用世博会召开的契机，网上世博北京馆吸引大批网上参观者，再一次提升北京的城市形象；各区县利用信息技术手段也打出异彩纷呈的“文化牌”。北京市以信息化技术进一步发掘首都文化价值，保护优秀传统文化资源，使历史悠久的京派文化得到传承和发扬。

有线电视

【第六届文博会歌华有线公司参展】 2010年5月14日，在深圳会展中心召开的第六届中国（深圳）国际文化产业博览交易会上，中共中央政治局委员、中央书记处书记、中宣部部长刘云山参观歌华有线公司展区，北京市委常委、宣传部长、副市长蔡赴朝，市委宣传部副部长张淼，北广传媒集团书记刘志远等陪同参观。歌华有线公司展示“高清交互”各项应用、城市管理监控系统以及NGB可视智能终端业务。“高清交互”应用能够实时收看北京的电视节目，可以通过“电视读报”浏览当天的《北京日报》，并点击新闻收听。

（王晓芳）

【第十九届北京国际广播电影电视设备展览会歌华有线公司展区参展】 2010年8月23日，在第十九届北京国际广播电影电视设备展览会上，歌华有线公司展出高清交互数字电视业务和宽带业务。中共中央政治局常委李长春来到歌华有线公司展台，听取高清交互数字电视业务介绍和演示。北京广播电视台党委书记刘志远、歌华有线公司董事长郭章鹏等陪同参观。

（王晓芳）

【三网融合工作协调小组调研】 2010年9月10日，北京市三网融合工作协调小组在市委常委、宣传部长、副市长、市三网融合工作协调小组组长北京市副市长蔡赴朝和，市三网融合工作协调小组组长北京市副市长苟仲文的带领下到歌华有线公司进行专题调研。调研组一行现场观看基于高清交互数字电视机顶盒开展的宽带上网、视频点播、交互多媒体信息服务等业务应用演示。蔡赴朝讲话指出，歌华有线公司要发挥自身优势，不断开发新产品、新业态，拓宽网络使用功能，拓展新的业务领域，提高为政府、企业、家庭消费终端服务的能力，为用户提供更多的便利。要抓住高清交互数字电视推广和三网融合试点契机，积极推动北京市相关研发和生产企业的发展，带动一批以中关村科技园区企业为主的相关企业的共同发展。要研究加快农村地区双向网改造和数字电视推广，不断满足农民的精神、文化生活需要，实现城乡统筹发展。苟仲文指出，歌华有线公司要在三网融合工作中充分发挥广电网的优势，重视物联网应用，重点开展好城市办公电视电话专网系统和视频监控系统等业务。要借助三网融合契机，成为三网融合产业方面的龙头企业，充分发挥文化产业龙头企业的作用，充分发挥产业带头作用，走在全国前列。市政府副秘书长、市三网融合工作协调小组副组长戴卫、市广电局局长、市三网融合工作协调小组副组长李春良，北京广播电视台党委书记刘志远等陪同调研。

（王晓芳）

【第五届中国北京文博会歌华有线公司展台参展】 2010 年 11 月 19 日，中共中央政治局常委李长春在市委书记刘淇、中宣部部长刘云山中共中央政治局委员刘延东新闻出版总署署长柳斌杰市委副书记市长郭金龙国家广播电影电视总局副局长张海涛市委宣传部部长蔡赴朝等领导的陪同下参观第五届中国北京文博会歌华有线公司展台，听取高清交互业务介绍并观看业务演示。

（王晓芳）

【"创意集市—知识产权银行"上线】 2010 年 12 月，"中关村创意集市—知识产权银行服务平台"（http：//zgcip.org.cn/seeksolver）正式上线。该网站是由中关村知识产权促进局运营，为中关村示范区内企事业单位提供知识产权创造与运用解决方案的服务媒介，可提供创意与技术交易、知识产权融资推介、知识产权转移网络等产品与服务。该平台分为创意集市与知识产权银行两大专题栏目。创意集市是连接创新型企业、大学与研究院所和公共服务机构等智力资源的市场服务平台，通过网站建立与发明人的交流工作机制，为供求双方搭建一个拓展创意与知识产权市场价值实现的新途径。在知识产权银行专题为企业提供融资或交易的专利项目，并定期增加创新资源和合作项目。[1]

（熊瑛）

【高清交互数字电视用户数量全国领先】 2010 年年内，北京市推进有线电视向数字化、双向化、高清化发展，致力于将电视机变成家庭多媒体信息终端，满足人民群众日益增长的多样化精神文化需求。推广 100 万高清交互机顶盒的工作被列入市政府为民办实事工程，累计应推广完成 130 万户。市完成 270 余万户的有线电视数字化转换，其中高清交互用户超过 130 万户。北京成为全国高清交互用户最多的城市，北京的高清交互用户数量相当于全国所有其他城市高清交互用户数量的总和。根据第三方调研，北京用户对于高清交互数字电视的满意率达到 96%。

（王晓芳）

网络文化

【网上世博北京馆公众访问量继续位列国内省区市馆第一】 2010 年 5 月 31 日，网上世博北京馆累计页面访问量近 186 万次，累计独立访客数达到 85 万人次，位列国内省区市展馆第一名。网上世博北京馆应用 3D 技术，通过图片、视频及全方位三维漫游等方式，使参观者在海报和福娃的引导下畅游新北京。7 月 11 日，上海世博局发布网上世博各展馆的最新访问量数据。网上世博北京馆累计页面访问量近 228 万次，累计独立访客数达到 116 万人次，继续位居国内各省区市网上展馆第一位。同时，从 5 月 1 日至 7 月 15 日，首都之窗北京参博专栏累计页面访问量达到 105 万次，独立访客数近 7 万人次。专栏开辟的"寄语世博"网民留言板块，已收到网民有效留言 159 条，反映出网民对参与世博相关活动的热情。网上世博北京

1《中关村国家自主创新示范区年鉴》。

馆应用 3D 技术，通过图片、视频及全方位三维漫游等方式，使参观者在海报和福娃的引导下畅游新北京。

（电子政务与信息资源处）

【西城区数字博物馆建设】 2010 年年内，北京市西城区建成数字空竹博物馆，运用 3D 技术等现代信息技术手段在互联网上实现对空竹历史沿革、空竹制作、空竹技艺、空竹传人、空竹藏品等文字、图片、视频、三维动态的全面展现。已有 5,000 人次在互联网上到博物馆来参观。另外，西城区还完成宣南非物质文化遗产数字博物馆方案设计，正在建设中。

（北京市经济和信息化委员会）

【石景山游乐园展示网建成】 2010 年年内，石景山区旅游网以突出 CRD 概念、提供旅游服务为核心，进行改版建设，形成以“乐享 CRD、玩转 CRD、CRD 主题游、视觉 CRD”为主体的网站栏目规划，使石景山旅游网能够成为带动石景山 CRD 旅游发展的重要支柱，成为旅游者的乐园。

（北京市经济和信息化委员会）

【怀柔区“文化新都”建设】 2010 年年内，对怀柔区对怀柔文化网进行改版，改版后包括文化产业、文物古迹、主题活动、文化遗产和人物精品等八个版块，并丰富各个版块中的内容，推动怀柔“文化新都”建设。

（北京市经济和信息化委员会）

【延庆县“旅游者”频道开设】 2010 年年内，延庆旅游网正式上线，访问量在短时间内已经突破万人，网站内容丰富，页面风格清新自然，全面地展现千家店镇的自然风光，人文历史等旅游景点，为游客提供大量全面的旅游信息资源，为延庆的旅游产业增加一个重要的服务窗口。

（北京市经济和信息化委员会）

【朝阳区文化服务监管工作】 2010 年年内，朝阳区完成朝阳文化网及文化服务网的前期工作，建立起文化网站。

（北京市经济和信息化委员会）

移动互联网

【暴风影音手机版研发】 2010 年 3 月，手机暴风影音 V1.0 Beta1 正式发布。手机暴风影音是一款手机影音播放软件，继承暴风影音“万能”播放的强劲优势，优化多种解码方案，现已支持多达 100 多种媒体格式。9 月，针对 Android 已经研发更新到手机暴风影音 Android V1.0 Beta6 版，产品不断优化。Android V1.0 Beta6 版新增部分音频视频解码功能为用户提供更全面的观感享受；视频播放界面优化，使全屏播放、音量调节、电池电量显示、媒体信息显示一步到位；还有修复后的来电、关屏媒体文件播放暂定、暂停功能等，使用手机暴风能够节省电量达到 50%。手机暴风的问世，是暴风进入手机软件市场的开端。

（孙笑然）

【团购网站移动互联网应用】 2010 年 6 月 23 日，千橡互动集团推出团购网站“糯米网”（www. nuomi.com），这是国内第一个实现移动互联网应用的团购网站，也是国内首家社交化电子商务网站。千橡把在社交网站方面的能力与电子商务结合起来，试水社交化电子商务。这在国内也是首家。

（北京市经济和信息化委员会）

【3G 应用专项计划】 2010 年年内，北京市专门制定 3G 应用专项计划，重点支持一批支撑城市运行管理，关系人民生活的重点应用，积

极搭建 3G 应用推进平台，举办 3G 应用论坛，促进 3G 广泛应用，带动 3G 产业发展。目前，北京 3G 的应用处于国内领先水平。北京市 3G 应用已涉及视频会议、移动办公、移动政务等。其中北京移动提出 1-3-9 无线城市的规划，即：1 张网络：TD+WIFI；3 个平台：移动城市综合业务平台、科技条件平台、电子政务平台；9 大行业应用，包括城市管理、城市交通、公共事业、农村服务等。北京联通已提出重点支撑政府移动电子政务，大力拓展行业信息化应用，包括固移融合业务，为集团客户、行业用户提供包括固定通信和移动通信、语音通信和数据通信在内的一站式服务。北京电信提出通过 3G 网络实现远程监控，物流定位、在线学习等具体内容。三大电信运营商 3G 终端开发的服务有手机电视、视频会议、手机音乐、多媒体彩铃、手机邮箱、手机导航、手机动漫。其中北京移动 TD 终端共有 299 款，其中包括中国移动自主开发的 OPHONE3 款，CMMB62 款，其中 CMMB 终端占销售总量的一半左右。

（北京市经济和信息化委员会）

【移动互联网信息安全保障服务开展】 2010 年年内，北京西塔网络科技股份有限公司作为移动互联网信息安全服务方案专业提供商，开展对电信运营商的信息安全保障服务，针对移动互联网发展新形势下出现的信息安全问题和大流量数据优化问题，运用具有核心自主知识产权的大容量移动互联网不良信息监测系统和移动互联网数据优化分析系统，成功服务于中国移动通信集团北京有限公司、诺基亚西门子等北京地区的电信运营商和设备提供商，推动行业的发展，初步具备示范意义。

（北京西塔网络科技股份有限公司）

公共卫生

【概述】 2010 年年内，医疗卫生信息化深入推进，北京市制定《北京市 2010—2011 深化医药卫生体制改革实施方案》，卫生信息化也落实到医改文件中。按照医改的内容，北京市启动综合卫生服务平台，试点开展远程影像会诊和远程病理会诊，制定北京地区医院信息系统基本功能规范和数据采集规范，启动医联码工程，推广应用北京市新社区卫生服务信息系统，为健康档案管理提供信息化手段，为医药卫生体制改革监测提供信息平台等。年内，北京市医疗信息化进一步推进。

（北京市经济和信息化委员会）

【GoodWill 电子病历系统建设完工】 2010 年 9 月，由北京嘉和美康信息技术有限公司承建的 GoodWill 电子病历系统完工，并在解放军总医院、北医三院等医疗机构投入使用。该系统是将临床医学与计算机网络、信息管理技术进行有机结合而形成的临床信息数字化管理与优化的医疗信息现代化服务系统，主要实现临床病历采集与处理、病历文书自动质控、临床信息统计管理、临床路径管理、临床科研管理等功能。该系统解决临床病历采集内容显示复杂，录入慢，临床病历无法自动质量控制及实时医疗、医技统计、传染病自动上报等问题，实现病历采集的全结构化，病历质量控制和临床路径操作的全部信息化，自动化和智能化；该系统的结构化病历模板、临床路径工具及优化住院流程，节约医疗管理成本。Goodwill电子病历系统的实施使得医院病历管理进入无纸化时代，为下一步北京市电子病历的互联互通打下基础，有效促进数字化医院建设及区域医疗信息共享的实施。

（北京市经济和信息化委员会）

【卫生人力资源主题业务目录和资源目录形成】 2010年年内，市卫生局积累血液管理信息系统数据资源、免疫规划信息系统数据资源、卫生监督执法信息系统数据资源、新农合信息系统数据资源等重要信息资源，形成卫生人力资源主题业务目录和资源目录。共梳理出业务事项51项，数据资源49项。

（北京市经济和信息化委员会）

【卫生领域新一代信息技术应用深入】 2010年年内，北京市尝试在卫生领域中应用物联网技术，建设采供血机构血液自动识别跟踪管理系统。该系统通过应用射频识别（RFID）技术，实施血液产品从“血管到血管”的全程监管，并且利用射频识别技术的远程、无接触、自动、高效识别等特点，实施血液产品冷链的无缝监管，通过血液产品管理和使用机构的信息自动化技术水平提高，在确保血液产品质量的基础上，全面提升血液产品使用的快捷和安全，和国际血液产品管理接轨。

（北京市经济和信息化委员会）

【医疗保障信息化新突破】 2010年年内，医疗保障信息化进一步发展。目前已开通持卡就医医院305家，共发放社保卡279万张。6月底前，基本医疗保险参保人员都能实现“持卡就医，实时结算”。截至6月底，北京市1,757家定点医疗机构完成接口改造和医保认证工作，实现医保费用即时结算。同时，北京市社保卡拓展使用范围，逐步在卫生领域中实现社保卡的应用。

（北京市经济和信息化委员会）

【用友医疗软件新产品研发】 2010年年内，用友医疗软件信息系统有限公司加快新产品研发，发版用友数字化医院综合运营管理系统HRP V6.0等产品，加强市场推广和商机挖掘，完善实施服务体系建设，参与电子病历等国家卫生信息。相关标准制定工作，为镇江、深圳、七台河市等六个“试点城市”提供区域卫生信息化建设服务，在贵州十个（区）县开展居民健康管理系统试点，为部分医疗服务机构提供包括财务、人事、物资设备管理等在内的全新数字化医院解决方案和服务，积极打造专业的团队和服务体系，构造完整的产业生态链，业务推进取得较快进展。

（北京市经济和信息化委员会）

【区域医疗信息化统筹发展】 2010年年内，北京市新社区卫生医疗信息系统投入使用。该系统使全市社区卫生服务机构实行零差率药品统一采购配送，社区卫生服务机构实现信息化代码的统一、功能规范的统一；全市18个区县以及市级层面设立专门的社区卫生服务管理中心，对辖区社区卫生服务机构进行垂直管理，改变区县社管中心手工处理报表、人工核算绩效的现状；卫生系统还为数据库增添方便的数据备份恢复功能，以减轻系统维护人员的工作量；北京市326个社区卫生服务中心的部署工作全部完成。

（北京市经济和信息化委员会）

【医疗服务信息系统建设发挥实效】 2010年年内，北京市医疗服务信息系统建设进一步发挥实效，以Goodwill电子病历系统和社区卫生服务药品采购信息平台为代表的医疗服务信息系统有效降低医疗成本，较大程度地优化医疗服务流程。

（北京市经济和信息化委员会）

【社区卫生服务药品采购信息平台进入正常运行阶段】 2010 年年内，社区卫生服务药品采购信息平台进入正常运行阶段。截至年底，该平台覆盖北京市所有的社区卫生服务机构，支持零差率药品、常用药品、医用耗材等的集中采购、统一配送与管理。该平台的应用促进社区医药行业信息化建设，实现社区卫生服务机构药品的统一协调管理，规范社区卫生服务机构的采购行为，提高工作质量和效率，为公众的用药安全提供有力保障，方便政府的监督管理，促进全市医药卫生信息数据的统一与共享，实现数据流向的有效实时监管，有效降低社区卫生服务机构的药品价格，确保社区药品质量，减轻患者药品费用负担。

（北京市经济和信息化委员会）

【药物监管信息化向药品物流领域深入渗透】 2010 年年内，在药品物流在线监控系统一期项目成果基础上，监控系统项目的二期正式投入使用，系统通过药品物流控制系统可以实现生产企业原、辅料及内包材品种采购及采购退货情况采集，生产企业成品品种、生产能力及中标情况采集，生产企业原、辅料采购情况采集、生产企业中间品、半成品、成品生产情况采集、基本药物生产及销售情况采集，以及生产企业往来单位等信息采集；零售连锁企业的品种信息采集，零售连锁企业的供应商客户信息采集，零售连锁企业的采购、销售信息采集以及驻店药师信息采集等功能。药品物流在线监控二期系统自生产企业上线以来，共收集成品生产 7,500 多个批次，成品销售数据 22 万余笔，原、辅料采购 19 万余笔，零售连锁企业自 9 月上线以来共上传数据 33 万多条，为行业的分析提供数据基础。

（北京市经济和信息化委员会）

教育信息化

【概述】 2010 年年内，北京积极推进教育领域信息化建设，基本建成由骨干网、区县区域网和校园网三级网络构成的北京教育信息网。16 个区县都建成区域网络中心，并实现与市教育信息网骨干光纤千兆以上的连通。各类教育信息资源得到有效整合。北京市鼓励各级各类学校利用信息技术，加强优质教育资源建设，将基础教育、职业教育和高等教育的信息资源有机整合，使各类教育资源逐步规范化、标准化，形成开放共享、标准统一、内容丰富的教育教学资源共享平台，服务于教育工作者的教育、教学、科研工作和自身素养的提高，服务于学生和市民的自主学习。教育公共服务得到信息技术有效支撑。北京市整合海量的学历及非学历教育资源，建成数字教育公共服务支撑平台，面向全北京各类人员提供教育服务。利用 Web Services 技术实现网络异构资源的集成，基于 SAO 面向服务的架构，构建可伸缩、可定制、开放的数字教育公共服务平台。该平台能将公共服务运营总部、资源提供方与各地的数字化学习中心联系成一个有机的整体，实现海量教育资源的注册、组织、存储与管理，能够承担20万用户自主选择和定制学习内容。该公共服务平台在奥鹏远程教育中心得到率先使用，实现中心与40多所高校及培训机构对接，为40万学历教育及非学历教育学习者提供支持服务。

（北京市经济和信息化委员会）

【中小学资源平台建设】 2010年年内，市教委的中小学资源平台共拥有条目类资源481,670条，同时拥有91,900种、101万余册数字图书的中小学数字图书馆，北京市精品课程资源网建设1000门高校市级精品课程资源。

（北京市经济和信息化委员会）

【中小学信息基础设施网络化发展】 2010年年内，北京市保留1,823所中小学建成校园网，网络节点进入每一间教室。全市中小学拥有计算机20万台，学生平均每11人拥有一台计算机（含流动子女），专任教师平均每人使用一台计算机，全市配备多媒体12,000套。全市中小学全部开设信息技术课，高标准完成“校校通”工程，初步搭建网络化的学校环境。

（北京市经济和信息化委员会）

【职业学校信息基础设施建设完备】 2010年年内，北京市所有职业学校都建成达标的信息化网络，校园网主干1000Mbps且全部100Mbps到桌面，校内计算机可同时上网，校园网出口带宽不小于10Mbps，实现与区县、市教育行政部门信息网络的互联互通。生机比达到5：1，师机比达到2：1，能够支持师生开展研究性学习工作。50%的幼儿园均实现网络接入，接入带宽不低于10Mbps。

（北京市经济和信息化委员会）

【高等教育信息基础设施建设领先】 2010年年内，北京市教育信息网的骨干网络全面升级至10G带宽，并支持下一代互联网络标准，市属各高校光纤高速接入北京教育信息网，实现各高校间的互联互通并全部建成技术先进、覆盖面广的校园网，信息点已覆盖全部办公、教学区域和部分学生公寓。80%以上的高校建成学校统一的网络教学或辅助教学平台，远高于52.7%的全国平均水平。现在市属高校已全部完成校园网建设，信息应用系统得到发展，网上教育教学资源逐渐丰富，特色资源建设形成一定规模。

（北京市经济和信息化委员会）

【基础教育资源建设推进】 2010年年内，服务全市的中小学资源平台已拥有条目类资源481,670条，包括服务频道14个、数字图书馆和二个期刊网站（龙源期刊、读秀知识库），注册用户超过482,215人，实名用户（学生注册：286,209位，教师注册：118,506位）基本覆盖到所有一线教师，日平均访问量超过万人，月平均下载量超过1个TB。同时拥有91,900种、101万余册数字图书的中小学数字图书馆，涵盖600余种主流教育教学期刊的期刊库，提供220万种文献资料的文献传递系统向中小学师生免费开放。

（北京市经济和信息化委员会）

【中小学健康信息管理系统投入使用】 2010年年内，北京市中小学健康信息管理系统由市教委和市卫生局联合开发，覆盖全市2,000余所学校，涵盖北京市教育和卫生两系统不同学生健康信息管理要求的信息化平台，实现学生健康信息的数字化。现在该系统已与学生卡绑定，实现学生持卡体检，使学生健康数据的采集更加便利和科学。系统已实现与疾病控制中心相关系统的对接（如学生疫苗接种情况、常见流行病检测等），对北京市学生健康状态进行有序管理和实时监控。

（北京市经济和信息化委员会）

【高校特色教育资源网开通】 2010年年内，

北京市高校特色教育资源网为教学、科研服务，为公民素质提高、文化创意产业发展提供服务；北京市精品课程资源网建设 1,000 门高校市级精品课程资源，促进高校人才培养质量、科学研究及创新，社会服务能力不断提高。

（北京市经济和信息化委员会）

【高校网络图书馆文献资源保障体系组建】 2010 年年内，高校网络图书馆文献资源保障体系充分发挥市属重点高校图书馆带动一批基础条件较弱的高校图书馆，组建北京地区高校图书馆文献资源保障体系（BALIS），使得北京地区 60 多所高校图书馆突破行政管理界限，实现全市高校文献资源共建共享；职业教育所有重点建设中专学校均建设电子图书馆，电子图书馆总藏书量达 98.8 万册。

（北京市经济和信息化委员会）

【教育信息资源专项支持】 2010 年年内，北京市对农村中小学的设备配置、校园网建设、干部教师培训等优先重点支持。市级对中小学信息化投入 8 亿元中有 6 亿元投入到远郊区县。为 10 个远郊区县的中小学校建设校园网近千个，配备教师用计算机 3 万台，学生机 5 万台，多媒体 1,900 套。各类教育充分利用广播电视及各种远程教育资源，为北京地区所有的受教育人口提供开放式的远程教育服务，建设北京学习型城市网站，搭建终身教育平台。协助远郊区县、乡（镇）、村建立 178 个远程教育基地，满足部分农民终身学习的需求，更好的服务“三农”。

（北京市经济和信息化委员会）

【用友教育培训平台推出】 2010 年年内，用友公司的企业培训业务通过加强企业培训产品研发与方案推进，帮助企业创建信息时代的学习型组织，成为信息时代企业学习与知识管理的全程合作伙伴；院校教育业务通过推进信息化企业全景体验中心教学解决方案，全面完成全国院校客户的产品与服务升级，市场占有率进一步提高，客户满意度提升明显，业务继续保持高速成长。公司成功推出在线学习平台，运用最先进的 web2.0 技术为客户提供全程的在线培训服务。发版用友 ERP 知识转移中心 V3.5、用友 ERP-U890 学习中心、用友 ERP-NC5.6 学习中心、信息化企业沙盘模拟实战课程、人力资源沙盘、SCM 供应链沙盘等产品，并通过生态链合作方式进一步加快院校产品的研发。

（北京市经济和信息化委员会）

交通信息化

【概述】 2010 年年内，北京市交通信息化建设继续加快发展步伐，通过对小客车指标调控管理信息系统建设的项目验收，加大高速公路电子不停车收费系统的推广力度，对运营车辆、客流信息实现实时监控，使交通运输保障能力得到不断提升。

（北京市经济和信息化委员会）

地面交通信息化

【绿色出行信息服务工程开展】 2010年年内，北京市经济和信息化委员会先后五次与交通委、交管局就绿色出行信息服务工程工作方案进行交流，形成《北京市交通及位置信息服务现状分析报告》和《绿色出行信息服务工程工作方案》(草案)。征集全市15家交通及位置信息服务相关企业的意见。在完善方案的基础上，7月份，由北京市经济和信息化委员会和交通委、交管局，三家单位联合起草报荀仲文、黄卫同志《关于开展绿色出行信息服务工程的请示》与《绿色出行信息服务工程工作方案》。交通委已完成会签。8月底，完成《绿色出行主题共享数据库建设方案》(草案)

(电子政务与信息资源处)

【公路路网管理与应急处置系统投入使用】 2010年年内，北京市公路路网管理与应急处置系统正式投入应用，广大市民可通过公路户外显示屏、公路服务热线(63176255)、公路出行信息服务网站等详细解本市公路实时动态的状况和相关信息，实时解本市公路的施工占路、公路阻断、公路气象、公路路面状况、重大交通事故等相关信息。

(北京市经济和信息化委员会)

【广内街道智能停车诱导试点】 2010年年内，北京市西城区完成广内街道智能停车诱导试点，在广内街道各个主干道上设置停车位信息显示屏，实时动态显示周边停车场空车位数。各停车场测量工作已全部完成，各组显示屏已经安装完毕。实时动态显示周边停车场空车位数，达到缓解交通拥堵、减少汽车尾气排放、改善环境质量的目的。

(北京市经济和信息化委员会)

【朝阳区停车场管理系统推广】 2010年年内，北京市朝阳区在停车收费公示牌的立柱上安装一个较小的长方形标识牌匾，内嵌有源无线电子识别标签；检查、执法人员通过手持设备通过远程扫描标签或输入标签上的识别码，即可获取该停车场的纳税义务人、停车场位置、面积、车位数量、收费标准等信息。检查人员发现问题或接到市民投诉后，可通过平台转到有关职能部门和所在街乡办事处进行处置。该系统建成后，停车场审批、管理、监督、执法等相关部门可以通过数据共享，调用全区所有停车场信息和规划情况。

(北京市经济和信息化委员会)

【公交集团三级运营组织与调度系统投入使用】 2010年年内，通过系统优化、基础环境改造、管理制度保障、人员培训等工作，公交集团三级运营组织与调度系统于7月1日实现公交线路全部上线且数据准确，日常运营调度全部实现电子路单。通过半年运行，系统稳定。该系统由1个总调度中心、6个物理分中心、11个分调度中心、车队调度系统和车载设备构成。在537条公交线路的所有公交车上实现计算机调度，在7,348辆公交车上安装GPS设备。该系统使公交集团实现运营信息采集、计划编制、实时调度、数据分析的电子化，提高运营调度管理水平与效率，为经营管理提供决策支持。

(孙国萍)

【公交集团图像信息管理系统发挥作用】 2010年年内，公交集团建成的图像信息管理系统规模为1个图像信息管理中心、11个管理分中心、60个场站、750个中途站、1,377部公交车。该系统为社会管理工作提供有力的技术支持，多次为公安机关案件侦破工作提供关键录像资料；为公交集团的管理服务工作提供新的技术手段，通过实时调用分析监控图像，可以掌握实时路况、车辆满载率、司机驾驶情况以及司售人员服务情况等，进行实时调度指挥，提高公交调度和服务水平。

（杨士伟）

【高速公路联网机电系统信息安全完成】 2010年年内，北京市首都公路发展集团有限公司（简称“首发集团”）依据国家信息安全相关的标准规范，大力开展其联网机电系统的信息安全工作，通过建立信息安全管理体系，完成联网机电系统的信息安全建设整改，提高首发集团高速公路联网机电系统整体保护能力和综合防护水平。按照信息安全等级保护三级要求，首发集团成立专项课题小组，建立一套完整的首发集团《联网机电系统信息安全管理体系》，制定完整的信息安全工作规章制度和技术防范措施，制定不同事件的应急处理流程。通过建立信息安全运维管理机构，完善安全责任制度，加强人员的信息安全管理培训，提高人员信息安全意识，安全责任到人，加强首发集团联网机电系统的信息安全管理工作。首发集团针对高速公路联网机电系统信息安全的评估结果，划拨专项资金，进行信息安全技术建设整改，主要包括信息安全技术建设的五个方面：物理安全、网络安全、主机安全、应用安全及数据备份及恢复。通过增加安全网关（UTM）、入侵检测、漏洞扫描、病毒防范、终端管理等信息安全设备与技术手段，针对联网机电系统的安全漏洞进行加固和保护，提高系统的抗恶意攻击能力。并通过信息安全日志审计，在系统受到攻击后察看网络日志，评估系统配置的合理性、安全策略的有效性，追溯分析安全攻击轨迹，并能为实时防御提供手段。通过人员的行为审计，确认行为的合规性，确保管理的安全。首发集团已经完成 1 个管理总中心、17 个管理分中心的信息安全技术建设的整改工作，信息安全管理体系亦下发执行，符合信息安全等级保护三级的基本要求，保障首都高速公路机电系统信息的安全，可有效防止信息的泄露，系统具备抵抗恶意攻击的能力。

（高祥）

【首发集团呼叫系统建立】 2010 年年内，首发集团建立信息中心客服系统的呼叫系统，采用计算机电信集成技术的新一代客户服务系统，将计算机的信息处理功能、数字程控交换机或带语音板卡的计算机的电话接入和智能分配、自动语音处理技术、因特网（Internet）技术、网络通信技术、商业智能技术与实际业务系统紧密结合在一起，将通讯系统、计算机处理系统、人工业务代表、信息等资源整合成统一、高效的服务工作平台，充分利用计算机和电信通信网的先进功能，集成并与企业连为一体，是一个完整的综合信息服务系统，它将企业内分属各职能部门为客户提供的服务，集中在一个统一的对外联系“窗口”，采用统一的标准服务界面，为用户提供系统化、智能化、个性化、人性化的服务。客服系统包括呼叫处理、路由选择、自动语音应答、客服话务员管理、呼叫与数据库集成等多种技术，根据用户的需求，可以提供不同功能的服务。首发集团信息中心客服系统的建设基础是机电系统建设中的呼叫中心，共设 16 个坐席，客户可通过电话、短信、传真、留言等方式联系。日均话务量千余次。信息中心现有热线及监控人员 40 名为客户提供 24 小时热线服务。客户服务主要范围是接受社会公众出行高速公路的路线查询、ETC 不停车收费咨询、用户的账务查询，服务投诉等专业化、全方位的语音信息服务。用户可通过热线电话、网站等手段查询信息以选择出行计划和路线。配合人工信息交换机制，信息中心客服系统也已经具备进行路网交通信息采集、管理和服务的基本功能。可通过视频管理系统监控全市高速公路的交通运行状况；并可利用可变情报板在路网内发布交通诱导信息。呼叫中心通过对客户的服务需求及类别进行统计分析，为领导提供决策支持，提升高速公路的运营管理水平。高速公路客服系统为高速公路使用者与高速公路管理者搭建信息沟通的平台。

（董丽）

轨道交通信息化

【《北京轨道交通设备产业发展实施方案》专家论证会召开】 2010 年 1 月 7 日，北京市经济和信息化委员会委员樊健主持召开《北京轨道交通设备产业发展实施方案》专家论证会。来自市发改委、市国资委、市交通委及铁道科学研究院、中铁工程设计院、北京交通大学等科研单位及中国通信信号集团、北京市地铁运营公司、北京市基础设施投资公司、首钢总公司等企业的 12 位业内专家参加会议。会议介绍《北京轨道交通设备产业发展实施方案》的主要内容。北京地铁车辆装备公司、北控磁悬浮公司分别汇报北京轨道交通产业基地规划、磁悬浮技术研发与产业化进展等情况。与会专家就上述内容进行讨论，并提出意见和建议。会后，北京市经济和信息化委员会将根据专家意见对《北京轨道交通设备产业发展实施方案》进行完善，适时上报市政府。

（北京市经济和信息化委员会）

【轨道交通产业技术创新战略联盟成立】 2010 年 4 月 2 日，北京轨道交通产业技术创新战略联盟在中关村科技园区丰台园成立。市政府副秘书长徐波为联盟揭牌。北京轨道交通产业技术创新战略联盟由中国北车股份有限公司、中国南车股份有限公司、北京市基础设施投资有限公司、北京市轨道交通建设管理有限公司、北京市地铁运营有限公司、北京交通大学等 50 余家企业和科研单位组成，旨在通过产业联盟整合本市轨道交通产业资源，抓住当前国内外轨道交通快速发展的历史机遇，利用北京轨道交通建设带来的市场，加快做强做大轨道交通产业。北京市经济和信息化委员会委员樊健参加揭牌仪式。

（汽车与交通设备产业处）

【轨道交通客流信息掌控能力增强】 2010 年年内，为有效预防人群拥挤踩踏等事故发生，提升轨道交通应急和安全水平，北京市建立轨道交通客流信息监测系统。该系统采用激光扫描技术，利用激光扫描仪构成分布式多模态传感器网络，实现对密集人群的客流信息进行精确检测，并可为乘客信息系统提供当前车站的客流状态信息。随着该系统的投入使用，有效防止拥挤踩踏等以外事故的发生，增强轨道交通管理部门的运营管理水平，为现有换乘票务清分系统提供准确的数据支持，提升轨道交通信息化、科学化发展水平。

（汽车与交通设备产业处）

【北京地铁公司骨干网光纤搭建】 2010 年年内，北京地铁公司（简称地铁公司）搭建以西直门为核心，到古城车辆段、四惠车辆段、太平湖车辆段的骨干网光纤的敷设，实现公司总部到古城和太平湖两大区域、七大分公司的骨干网光纤的连通，为地铁公司稳步推进信息化建设奠定坚实的基础。

（庞峥）

城际交通信息化

【京津冀区域不停车电子收费系统的建设发展】 2010年9月28日，“京津冀区域高速公路联网不停车收费示范工程”开通。北京市ETC系统与天津、河北衔接，形成以京津冀为范围的联网不停车电子收费区域，区域经济效应得以明显体现。为加强区域联网电子收费的协调管理，经两市一省交通主管部门协商，组建成立京津冀区域联网电子收费管理委员会（以下简称管委会），作为常设组织行使区域内电子收费相关的行政职能。管委会设置成立京津冀区域联网电子收费管理中心（以下简称区域中心），负责京津冀区域跨省市电子收费清分结算业务的日常运行管理，并以委托的方式交由北京速通科技有限公司承担。北京、天津、河北的省级结算中心负责省市内部电子收费交易的清分结算，车辆跨省行驶产生的通行交易由区域中心负责清分结算。已经在市域内全部高速公路开通非现金支付功能，建成ETC专用车道365条、其他人工刷卡车道约1,088条，ETC车道站点覆盖率达到100%。随着京津冀区域高速公路联网不停车收费示范工程的正式开通，京津冀区域内两市一省共建成446条ETC车道、3489条人工刷卡车道，实现跨省（市）间的不停车收费和资金结算。

（张北海）

【高速公路电子不停车收费系统推广】 2010年年内，市交通委加大高速公路电子不停车收费系统（ETC）的推广力度，已建成开通1,088条人工刷卡车道和365条不停车收费车道，实现每个收费站点至少有一条不停车收费车道。截至10月底，ETC用户量已达到31.4万，ETC通行比例已达16%，在一些主要收费站的高峰时段，ETC通行比例已突破30%。同时，市交通委积极推动ETC京津冀区域联网，组建京津冀区域联网电子收费管理委员会，组织推动京津冀区域联网电子收费管理中心建设以及北京市市域内全部ETC车道和部分ETC电子标签的升级改造工作。

（北京市经济和信息化委员会）

【高速公路电子收费系统建设运行】 2010年年内，北京市电子收费系统共建设运行电子不停车收费车道365条，人工刷卡车道1,088条，基本覆盖北京市高速公路收费站点。全年共发行电子标签24.6万套，电子标签发行量较去年同比增长159%。累计发行标签38.2万套。电子通行费交易额达到4.64亿元，通行比例达到18%。截至年底，共建设完成ETC业务网点43家，包括自管营业厅4家，托管营业厅8家，社会合作代理营业厅3家，银行合作代理营业厅11家，银行一站式服务网点17家。建立电话咨询及投诉呼叫平台，完善投诉处理流程及电话咨询服务规范，业务咨询及电子标签售后服务工作开展顺利。建立大客户上门服务体系，为集团客户上门安装电子标签，并开通月结单查询邮寄、上门取支票等增值服务项目。4月，公司先后与华夏银行北京分行和工商银行北京分行合作推出华夏速通卡和牡丹速通卡。截至年底，华夏速通卡客户75,092个，牡丹速通卡用户量102,099个，占速通卡总量的69.7%，促进电子收费的发展。农商行、华夏银行及工商银行继续深入合作，开通合作代理网点及一站式网点共计28家，方便客户办理业务。截至年底，公司营业厅数量已达43家，促进电子标签的发行，赢得良好的经济效益与社会效益。

（张北海）

车辆管理信息化

【小客车指标调控管理信息系统建设项目通过验收】 2010年12月31日，由太极计算机股份有限公司承建的北京市小客车指标调控管理信息系统项目通过验收。该项目的实施，是缓解北京交通拥堵的重要举措之一，减少北京市机动车增长带来的能源消耗和环境污染，改善环境质量。该项目的成功实施对于北京成为“世界城市”的战略目标具有重大的推进意义。

（北京市经济和信息化委员会）

【交通管理数字无线指挥调度系统运行】 2010年年内，北京交通管理无线指挥调度系统充分利用地理信息系统本身具有强大的空间分析能力和直观的展示方式，以单兵定位、无线调度指挥为目标，实现交通管理各类信息进行管理及维护；与空间、时间相关的统计技术分析；并对现有的数据、图形、报表等业务属性信息进行综合查询、统计及分析。使公安局交通管理局有关人员能直观、快速、准确地掌握全市交通值勤状况，为交通管理的管理、调度、规划提供决策支持。

（北京市经济和信息化委员会）

【重点营运车辆动态监管】 2010年年内，北京中交通信科技有限公司建设完成重点营运车辆动态信息公共交换平台工程。该平台充分整合现有各省级道路运输监控系统资源，实现重点营运车辆各省间信息互通，搭建重点营运车辆动态信息的跨区域交换体系，使跨地区联合监管成为可能。该系统平台自开通运行以来，稳定性、安全性不断增强，各项业务功能不断完善，入网车辆不断攀升，整体运行情况良好。截至11月30日，系统共接入省级平台30个，入网重点营运车辆达29.6万余辆。

（北京市经济和信息化委员会）

环保信息化

【概述】 2010年年内，北京进一步提升环境保护信息化建设力度，环境保护信息化加快步伐。重点发展环境监测、环境污染防治、排污监管和环境应急响应等方面，通过建立“环保通”，开发“12369”环境信访信息系统，建设应急响应工作方案和技术方案，以及利用物联网、RFID 等新一代信息技术等多种手段迈开首都环保信息化建设的新步伐。环境质量和污染源自动监测，是一种提高环境保护管理能力的强大技术支撑体系，在高新技术的助力下，北京市的环保工作彻底结束以往手工监测时间长、监测频次低、反馈速度慢的情况，使北京市环境监测水平得到有效提升。

【“环保通”提高环保监测水平】 2010年年内，中国移动为北京市量身定制“环保通”，它通过无线数据传输技术使北京市环保局实现对全市400 多个环境质量和污染源自动监测系统的实时联网监控。借助“环保通”所构建的庞大信息平台，北京市环保部门将移动办公终端所有的移动数据业务进行整合与管理，覆盖包括从内部办公到外部信息公布，从环保监测到环保执法的全范围业务。

（北京市经济和信息化委员会）

【“12369 信访信息系统”开发】 2010 年年内，北京市建立完善连接市、区两级环保部门投诉举报网络平台，实现由传统处理模式向网络平台处理模式转变。对受理的信访事项通过 12369 信访系统统一登记，分转各承办单位办理，通过网络平台跟踪处理，畅通转办、督办、回复等信访办理渠道，实现“立接立转、瞬间到达”。

（北京市经济和信息化委员会）

【京津风沙源治理工程综合管理平台建设完工】 2010 年年内，北京市京津风沙源治理工程综合管理平台建设完工。平台集成 RS、GIS、GPS、MIS 技术，利用遥感与 GIS 相结合的技术手段和工程管理的“一张图”的应用服务模式，实现京津风沙源治理工程空间化管理与直观展示；实现工程实施效果的动态监测；实现工程效益评价的模型化计算和工程流程化管理；能够直观展示施工区域的效果变化，为客观评价提供科学依据。

（北京市经济和信息化委员会）

【排污监管体系完善】 2010 年年内，北京市利用物联网技术已建成污染源自动监控系统。污染源自动监测系统是主要针对市重点污染源建立的专项检测系统，包括大型燃煤锅炉烟气在线监测系统，已在 144 个单位安装锅炉烟气在线监测设备 244 余套，联网监控 300 多台锅炉；建筑工地扬尘污染监控系统，包括 28 个施工工地的扬尘视频监控点、1 个市级监控中心和 8 个分中心以及 19 个相关监测点；污水处理厂水质自动监控系统，包括 23 个污水处理厂的 27 个进出口水质自动监测站；机动车年检场排放管理系统，采用先进的检测过程和检测数据跟踪技术，以及 RFID 读写技术，与配套的视频监控等系统组成集远程在线视频监控、数据分析处理等功能，实现从参检车辆进场到检测合格后发放环保标志的全过程监控；重点传染病医院污水自动监控系统，已在佑安医院、地坛医院等 4 个医院安装总余氯自动监测系统。

（北京市经济和信息化委员会）

【环保应急响应覆盖范围扩大】 2010 年年内，市环保局组织制定环保领域物联网应用建设工作方案和技术方案，提出充分应用物联网技术，重点针对水体水源、大气、土壤、噪声、放射源、危险品废弃物等典型环境监测对象，构建环境与社会全向互联的多元化、智慧型环保感知网络，建设具有智能感知能力、高性能计算能力、海量数据存储能力、视频分析能力的环保信息感知和管理体系，实时监控、及时感应、有效预警。

（北京市经济和信息化委员会）

社区信息化

【概述】 2010 年年内，北京社区信息化从社区管理、社区服务和家庭信息化三个方面渗透到百姓的日常生活。借助现代信息技术、整合资源，北京市主要城区社区街道建立起一批实现社会服务、帮扶救助、社会保障等能功能于一体的地区大民生服务体系。北京市社区服务信息化有效开展，人口资源分布网、社会服务机构分布网、志愿服务联络网等服务网络共同形成一个高密度、全覆盖的地区社会服务资源网络体系，触及到社区百姓生活的方方面面，切实方便百姓日常生活。随着北京社区信息化的推进，智能电网也开始向家庭延伸，针对智能家庭和社区综合服务的系统试点已经展开。社区家庭信息化活动也得到居民的热烈响应，北京市充分利用微博、数字生活技能等信息工具开展以家庭为单位的互动比赛，不仅融入知识性、和趣味性，还使家庭成员间感情更加亲密、拉近社区住户间的距离。

（北京市经济和信息化委员会）

【社区管理信息化取得进展】 2010年11月底，北京社会建设网已与34个市社会建设工作领导小组成员单位网站，10个市级“枢纽型”社会组织网站，9个社会组织网站，6个区县社会工委、社会办网站，7个社会建设研究基地网站，141个街道办事处网站，104个社区网站建立链接。北京社会建设领域网站群的枢纽作用得到有效提升，集群效应得到有效发挥，横到边、纵到底、全方位、立体化的社会建设领域信息网络开始形成。

（北京市经济和信息化委员会）

【社区公共服务资源图层初形成】 2010年年内，市社工办在地理空间基础信息库开发社会建设等领域与北京市经济和信息化委员会达成初步合作意向，增加社区公共服务资源图层，集成社区公共服务相关资源的基本信息，截至年底共收集32类资源约23940项数据，待收集、整理完毕后，将把带有地址字段的社区公共服务资源信息提交北京市经济和信息化委员会，用以制作社区公共服务资源图层。

（北京市经济和信息化委员会）

【原宣武区“智慧社区”智能管理建立】 2010年年内，原宣武区建立完善社会管理信息数据中心，提高社会管理精准度，实现管理精细化。“智慧社区”的第一个项目就是建设一个基础数据中心，将街道所有人、地、物、事、组织总计8大类42小项20万条数据全部录入系统，不同的人群有不同的属性库，精确到每一个楼院、每一栋房屋等基础数据中心实现街道各部门、各社区之间的信息数据一次采集、多部门共享，不仅优化工作程序，降低劳动强度，更为精确管理、精确决策、精确服务提供详实的参考依据。基础数据中心还引入GIS（地理信息系统），作为整个社区管理与服务功能展示的载体，实现对社区部件和事件的精细化、空间可视化管理。

（北京市经济和信息化委员会）

【“智慧社区”服务网络平台搭建】 2010年年内，广内街道研发的“十千惠民”系统在对地区千户低保家庭、千户低收入住房申请家庭、千名空巢老人等十类群体的调查基础上，建立集查询、统计、监督、举报、定制报表、资源共享于一体的服务网络平台，确保各项慰问资金按时足额发放、各项救助活动及时开展。系统将定期自动生成需办理老年证、优待卡人员名单和领取养老券、高龄津贴人员名单。社区干部通过电话、短信、通知等形式发出相关提示，居民可以前来办理或获得上门服务。

（北京市经济和信息化委员会）

【社区电子周刊推出】 2010年年内，竞报联手搜狐焦点网，以传统媒体和互联网深度结合推出的社区电子周刊《i家园》。周刊紧扣社区和民生，为反映社区居民生存状态和生活需求而服务，为不断提升社区居民生活品质而服务，受到普通读者和网络读者的持续关注。

（北京市经济和信息化委员会）

【各区县社会信息化推进】 2010 年年内，朝阳区酒仙桥街道“数字化”民生显关怀。酒仙桥街道借助现代信息技术，通过整合和优化资源，建立起包含热线、网络、数据库等在内的数字化民生综合服务平台——“数字民生”服务平台。提供“一网一中心”24 小时在线预订服务；建设“民生数据库”，包括社会单位数据库、民生帮扶信息（弱势群体）数据库、志愿队伍数据库等三部分；成立专门的民生工作者队伍。朝阳区朝外街道吉祥里社区建起“网上家园”。朝阳区吉祥里社区将社区活动通知、办事指南、十五分钟便民服务电子示意图、各办事机构联络方式等公布在网络上，方便社区上班族及时解相关信息，办理相关事项。开办的“社区微博”肩负居民“网上家园”的职责，社区日常工作、组织活动情况、和谐促进员的先进事迹以及反映居民和谐生活的照片、视频在微博中应有尽有，被居民誉为网上的家。西城区推广社区便民服务卡。应用先进信息技术和支付手段，实施社区便民服务卡，使居民不出社区即可完成水、电、气等的自助缴费服务。平谷区建立社区服务博客群。建立社区博客，根据社区党支部、居委会、服务站工作职责分别建立博客，让居民参与到社区的日常管理之中，积极建言献策。

（北京市经济和信息化委员会）

【智能家庭及社区综合信息服务试点】 2010 年年内，在“2010 信息城市高层论坛”上，“基于智能电网的智能家庭及社区综合信息服务”项目荣获 2010 年“感知北京”示范工程“最佳潜力项目”。该项目应用智能用电关键技术和自主研发的智能用电产品，对左安门老旧小区进行智能化升级改造,从而实现用户的智能用电，促进节能减排，在智能社区和智能家庭应用方面具有示范作用。

（北京市经济和信息化委员会）

【女性微博评选活动启动】 2010 年年内，作为“北京市百万家庭上网工程”2010 年的主题活动，女性微博评选活动给首都妇女搭建一个参与和展示的平台。自 10 月 19 日活动启动仪式召开以来,共收到来自 16 个区县的有效作品 5,778 件。作品围绕和谐家庭、和谐社区、和谐首都等主题，从女性特有的敏锐视角，记录和分享在北京世界城市建设过程中自己的所思所想，从不同角度全方位展示首都女性参与世界城市建设的独特风采。经评审后，活动共评出“转帖最多的微博”1 名、“被关注最多的微博”1 名及“最精彩的微博”优秀奖 10 名及优胜奖 1 名。

（北京市经济和信息化委员会）

【2010 年北京百万家庭数字生活技能大赛举办】 2010 年年内，由市科协、北京市经济和信息化委员会、市妇联共同举办的“2010 年北京百万家庭数字生活技能大赛家庭赛决赛”于 8 月 8 日在石景山广电中心举行，大赛的主题是“绿色网络，低碳生活”，是集普及、互动、展示、竞赛为一体，以家庭和青少年为参赛主体的数字科普活动。百万家庭数字生活技能大赛已经成为“百万家庭上网”工程中推进信息化知识普及的品牌活动。

（北京市经济和信息化委员会）

社会公共服务信息化

【概述】 2010 年年内，北京市以继续发挥“北京网”、“首都之窗”、“Ebeijing”等网络平台优势，以民众需求为导向，扩充原有服务内容，增强服务效能，使首都的网上服务能力得到国内外用户的广泛认可。移动公共信息服务初具规模，随着北京市移动公共服务管理平台建设项目（一期）顺利完成，北京市实现全面为公众提供公益性政府公共服务的建设目标，建设的30项试点服务已全部完成,移动公共服务平台初步具备管理功能。

（北京市经济和信息化委员会）

【北京市移动公共服务管理平台(一期)搭建完成】 2010年年内，北京市移动公共服务管理平台（一期）主要建设WAP站平台、短信中心和彩信中心平台。WAP站采用多站点多用户管理、所见即所得及组件化开发模式，能够实现WAP站点的快速搭建、内容的编辑、管理与维护。短信中心平台可实现申请并管理相应业务、并对短信内容进行编辑、审核，彩信中心同样可实现申请彩信业务建设、并管理相应业务的功能，同时支持手机报主刊与特刊的编辑与审核。同时管理平台通过租用客户端服务器等进行客户端服务的建设与发布。

（北京市经济和信息化委员会）

【综合信息服务平台功能增强】 2010年年内，首都城市综合信息服务平台——北京网2010年服务方向已完成向北京市民服务的全面转型，并在不断充实与完善。北京网信息量加大，加大角色服务的面积,布局更加合理方便查询，新增“婴幼儿”、“青少年”人群服务内容，加大各频道内容的直接展示调整，以个人用户为立足点，以挖掘和利用政府资源为轴心，辐射相关社会资源和服务，提供全面、权威、立体的一站式网上综合信息服务，做到“覆盖广、质量精、粘性大”，逐渐树立“爱北京，上北京网”的具有亲和力和公信力的北京网品牌形象。

（北京市经济和信息化委员会）

【北京网稳定运行】 2010年年内，北京网运行稳定。首页信息展示更加实用，加大各频道内容的直接展示调整。继续建设老年人、婴幼儿、孕产妇、残疾人、旅游者等人群服务，策划运维京郊游、地铁服务、就医指南等精品服务。保障性住房、春节庙会、地铁四号线、预约挂号指南、六里桥长途客运站等服务内容在搜索排名第1位。北京网共新建城市服务50多个，主要集中在教育、就业、社会保障、住房、卫生、交通、环境等7个与老百姓生活息息相关且需要迫切的领域；截至10月27日，总发信息5858篇，其中自发信息2,282篇。北京网现共有栏目618个，专题212个，发布网页169,694。10月底，北京网现共有资源库81个，新建资源库17个，资源数据共116,139页。资源库的数据维护更新4,154个，新增北京市职业技能鉴定所、北京市工商局机构等资源库。北京网电子地图，共有图层分类124层，新增地图标注更新5,815，自有标点数据现共有71,022个。

（北京市经济和信息化委员会）

【北京网多方合作开展】 2010年年内，为推动首都城市综合信息平台整合社会资源，北京网与多家企业讨论具体合作方式，并与赛尔网络有限公司就教育信息资源共享签署合作协议。与同仁医院合作的爱耳、爱眼等服务；与国家大剧院合作演出信息服务、大剧院专题等。与UC公司、酷讯公司商讨内容合作，配合首都之窗一起完成市民委员会的推广工作。北京网“不合格食品查询”、“卫生餐馆查询”服务在搜狐吃喝频道。在百度知道、搜狐博客等发贴100多贴被留存率在95%以上，通过发帖推广有十几万人次将北京网加入收藏夹。北京网建立自己的微博和QQ群推广服务和政府信息与网友交流。

（北京市经济和信息化委员会）

【公共服务查找门户雏形形成】 2010年年内，北京市电子公共服务查找中心是以用户为中心建立的一站式政府电子服务综合查找定位平台，用户可根据需求对北京市政府网站群已有的电子公共服务，进行查找、定位及使用，获取目标信息服务、政府在线服务、互动服务以及其他形式的服务。用户可通过“全市服务查找中心”查找1,500余项行政许可、行政审批等办事服务，820余项在线查询、在线申报等在线服务，1,450余项政府政策、公共设施信息、政府公益活动、各类知识等信息服务，20余项网上咨询、网上信箱等互动服务，160余项专业网站相关服务链接等其他服务，共计约4,000条项政府服务。

（北京市经济和信息化委员会）

【Ebeijing网站国际影响力提升】 2010年年内，Ebeijing网站全年页面点击数总量接近5000万，页面浏览量超过1300万，访问IP总量超过110万。页面浏览量和访问用户较上年均有所增加，用户对于Ebeijing网站的内容关注度日益提高。此外，来自国外的访问用户继续呈明显的增长趋势，表明北京越来越成为世界关注的对象。

（北京市经济和信息化委员会）

【Ebeijing网站服务内容扩充】 2010年年内，Ebeijing网站新建并发布主题服务29个，其中新建频道5个、新建精品服务专题22个、新建网站应用功能2项。新增服务推进稳定有重点，主题涉及面广，除建设特色旅游及休闲服务外，还提供一系列民生相关服务，很多资料都是首次编译成英文并向外籍人士提供。Ebeijing网站新增发布资源点230余个主要包括景点类资源、餐馆、购物场所、娱乐休闲场所、酒店及其他类别。

（北京市经济和信息化委员会）

【Ebeijing网站开展与用户互动】 2010年年内，Ebeijing网站在本年度内通过多种形式与用户保持互动：组织志愿者参加“中关村科教旅游节”活动，“大西山金秋旅游节”活动，“外国摄影师拍北京”活动等，并制作相关网上展示专题，为更多有兴趣但没机会参加的外籍人士提供便捷的浏览渠道；配合服务建设前期用户需求调研活动，Ebeijing网站举办两次外籍用户和机构用户体验会；日常通过服务邮箱与用户保持直接沟通，共收到并及时回复用户邮件110余封；新建服务上线的第一时间对用户进行邮件推送，满足用户对于服务更新的及时获取的需求。

（北京市经济和信息化委员会）

【Ebeijing网站扩宽服务内容】 2010年年内，Ebeijing已经与市教委、市投资促进局、北京市发改委、北京市公安局、市公安交通管理局、市民政局、市人力保障局、国家外专局、市公园管理中心、海淀区旅游局、顺义区旅游局、门头沟旅游局、石景山区旅游局等合作举办若干线下活动并完成部分专题的制作和上线发布。此外，Ebeijing继续与Chindaily、CRI、新华网等各大英文媒体通过加入友情链接、专题共建等方式进行多种合作，并将媒体合作拓展至杂志、报纸、广播等多种输出渠道。Ebeijing还通过拓展与团结湖外语协会等社会团体的合作力度，获得大量的社会资源。

（北京市经济和信息化委员会）

农村信息化社会公共服务信息化

【概述】 2010年年内，北京市农业信息化创新发展，农业信息服务体系建设效果显著，信息技术在农业生产经营领域得到深化应用。北京市在农村信息化领域具备一定的发展基础，并逐步开展具有现代农业特色的信息技术应用。北京市农村信息化，通过农村地区软硬件设施的搭建，向全社会展示北京市为实现农村信息化长足发展，实现农民受益的最终目标所展示的信心和决心。农村信息化基础设施建设取得阶段性成果，北京市积极推进农村信息化基础设施建设，先行试点百余个“信息化村”，三农信息化应用范围得到有效拓展。农村信息资源采集能力显著提高。系统梳理涉农信息资源，加大信息资源的采集力度，采集的信息资源包括农村管理、农村居民人口、城乡经济、农村龙头企业、村庄规划、农村人才等多个领域。

（北京市经济和信息化委员会）

【农产品相关基础数据库建立】 2010年年内，市农业局采集农产品质量安全监测、农业行政执法等大量相关信息资源，建成粮经、蔬菜、畜牧、水产、农机业务基础数据库、北京农产品批发市场行情数据库、农产品商品基础数据库等行业数据库，梳理“动物疫病防控”和“农产品质量安全监管”两大主题目录，并且对因机构调整而发生变化的业务进行更新，基本完成全部业务的梳理。

（北京市经济和信息化委员会）

【农业信息服务基本体系形成】 2010年年内，北京市农业信息服务能力逐步提升，在农业生产、畜牧养殖、农副产品销售等多个环节，形成政府带动、专家参与、农民响应的良好的服务互动机制。

（北京市经济和信息化委员会）

【12316 农业热线服务纵深拓展】 2010年年内，12316 农业热线依托农业专家和信息资源为京郊农民提供农业信息咨询服务 37,500 余次，平均每月服务 3,120 余次。信息服务内容包括农作物种植技术、农作物病虫害防治、市场信息、畜牧养殖技术、动物疫病、市场价格、质量追溯等方面。农业专家现场值班224人次，现场解答咨询 2,322 次。专家参与“进乡村、进合作社、进企业、进大户”活动6次，“进社区”活动1次，先后出动专家38人次，进入设施大棚、牛羊圈舍等生产一线现场指导 10 余次，现场解决各类农业问题近700个。12316综合服务网站点击量达千万次之多。12316继续实施联通用户拨打12316热线月资费“三元封顶”的优惠方案，降低农民获取农业信息的资费。

（北京市经济和信息化委员会）

【农业信息服务体系建设推进】 2010年年内，北京市各区县紧密结合当地农业生产特点，建立“三电合一”网站，共录制200多期优秀农业节目，播放时长超过500小时。开发建设北京市“三电合一”信息综合服务平台，实现“五个统一”：统一的农业信息资源，统一的12316短信服务平台，统一的视频互动咨询服务平台，统一的视频在线点播服务平台，统一的平台数据接口。在“三电合一”农业信息服务的基础上，探索出具有昌平特色的“四电合一”的做法，启动集电视、电话、电脑、移动通讯四种信息为载体的“四电合一”信息化建设工程。

（北京市经济和信息化委员会）

【“221 信息平台”推广应用】 2010 年年内，“221 信息平台”应用进一步推广。共收集 13 个单位的 46 类业务数据，各类数据文件 130 个，其中数据逾 50 万条。在指导土壤肥力工作方面，应用平台资源开展施肥区划。依照统计分析结果针对不同的作物进行施肥区划，开发区域配方肥 20 个，推广应用 12.1 万吨，预计经济效益达 1.93 亿元。在完善农产品市场监测方面，应用平台信息进行布局调整。应用“221 信息平台”中的农贸市场、超市分布查询模块，实现对农产品行情监测点的规划与布局的科学调整。

（北京市经济和信息化委员会）

【“尚·农网”正式开通】 2010 年年内，北京都市型现代农业互联网站——“尚·农网”依托北京都市型现代农业“221 信息平台”权威丰富的信息资源，网站共设 10 个频道，分为中文版、英文版和 WAP 版，集中展示京郊资源、商务休闲、名优产品、科技文化等。市民可通过网站查询到京郊休闲旅游观光资讯、优质农产品信息、农副产品价格行情，农贸市场、连锁超市分布等，同时可通过手机直接参与网站互动，订制短、彩信业务、下载各类信息、电子优惠券等全方位的信息化服务。

（北京市经济和信息化委员会）

【农业产业化龙头企业数据库建立】 2010 年年内，北京市农业产业化龙头企业数据库，包括国家级龙头企业和市级龙头企业两类，主要介绍每个龙头企业的具体情况，其中国家级龙头企业 15 家，市级龙头企业 31 家；在网站中用户可以通过“企业名称”、“企业性质”、“企业等级”、“所属地区”和“关键字”这些字段查询相关龙头企业的详细情况。

（北京市经济和信息化委员会）

【农产品质量追溯系统 RFID 技术应用力度加大】 2010 年年内，北京市在已建的农产品质量追溯系统中应用 RFID 技术，实现北京市主要农产品的产地、农药施用等信息的溯源。该系统提升在农产品安全监管和控制的精度和力度，提高对农产品的放心度。北京市京客隆、美廉美等 40 家超市安装触摸屏系统，在 80 家果蔬加工配送企业开展系统推广应用，覆盖果蔬品种 100 多个。在密云水库、丰台槐房村鳄鱼示范基地等 28 家水产品养殖基地的产品使用追溯标签，实现从池塘到餐桌的全程追溯。

（北京市经济和信息化委员会）

【《农村基础信息数据元》发布】 2010 年年内，《农村基础信息数据元》正式发布，共分为《第 1 部分：总体框架》、《第 2 部分：个人基础信息》、《第 3 部分：组织基础信息》、《第 4 部分：社会基础信息》、《第 5 部分：经济基础信息》、《第 6 部分：自然资源基础信息》等六部分。该标准为开展农村基层数据采集和共享奠定基础。

（北京市经济和信息化委员会）

【北京市农村基础设施建设开展】 2010 年年内，北京市郊区农村政务光纤网络“村村通”覆盖率目前已经达到 95%以上；全市郊区县已建成市级农村数字家园站点 419 个，区县级自建站点 405 个，其中在市级资助建设的“数字家园”中，有 116 个村按照“五个一”建设标准完成村级网站建设工作；农村管理信息系统覆盖 14 个郊区县、192 个乡镇集体经济组织、4,017 个村集体经济组织；郊区各类农村信息服务站点（包括农村党员干部现代远程教育站点等）1,0681 个，农村政务公开触摸屏站点近千个；通过“北京移动农网”项目建设，已在郊区安装信息机 228 台，农信机 3,810 台，向 38 万个会员，年发布生产、市场、科技、气象等方面信息近千万条。

（北京市经济和信息化委员会）

【京郊276个乡村启动“信息化村”建设试点】 2010年年内，“京郊276个乡村“信息化村”建设试点启动。“信息化村”主要标准包括：实现光纤到村，光纤入户比例达到10%；每户都具备不低于20兆比特的宽带接入能力；计算机用户达到全村农户总数的6成以上；1兆及以上的宽带在网用户达到本村农户总数的4成以上等。此外，“信息化村”还要有自己的网站和至少能容纳20人的电化培训教室。“信息化村”建设试点是本市46个信息化基础设施提升计划支持项目之一。这些项目涵盖重大信息化基础设施提升、三网融合规划建设和试点、物联网、信息化基础设施应用和云计算等5个方面，涉及投资10多亿元，市财政将为此提供配套支持资金5,800万元。

（北京市经济和信息化委员会）

【“北京市农村管理信息系统”应用】 2010年年内，“北京市农村管理信息系统”以农村会计核算和农村财务为切入点，以农村经营管理和社会事务为核心，通过统一的网络，对农村基层组织（主要是乡村两级集体经济组织）的人、财、物和社会事务进行全方位、综合性信息化管理。在此基础上，逐级将这些基层基础的动态数据信息传输到上级部门，为及时、准确掌握农村经济和社会事业发展情况提供科学决策依据。

（北京市经济和信息化委员会）

【新农村社区和“新民居”调查统计开展】 2010年年内，市农委规划编制小组对北京市182个乡镇、3,955个行政村的规划现状进行调查。根据业务需求，系统设计共3类、5个统计表，分别对各乡镇的村庄规划情况、村庄旧村改造情况、因地质地理条件需搬迁等情况，行政村的村庄现状、分类、宅基地与住房现状，以及“城镇化社区”和“新农村社区”包括计划、规划新建社区的区位、社区规划范围和数量、社区主要建设实现方式以及基础设施和社会服务设施等情况进行全面的调查。

（北京市经济和信息化委员会）

【京城乡经济信息数据库构建】 2010年年内，京城乡经济信息数据库建立。该数据库通过雷达软件自动从互联网上进行抓取，数据主要以北京农业、农村、农民的各类信息为主，包括中经网、新华社多媒体信息、中国知识仓库农业板块中与北京“三农”相关的信息资源。这一数据库支持超大容量存贮、多用户并发访问和任意字词的全文检索功能，初步形成系统、权威的北京“三农”知识仓库，逐步实现信息服务向知识服务的转变。

（北京市经济和信息化委员会）

【村庄规划数据库建设逐步推进】 2010年年内，北京市逐步推进村庄规划数据库建设。该数据库依托于市农委村镇处和市规委共同建立的“北京市村庄规划管理地理信息系统”，拟涵盖全市近4,000个行政村的村域规划文档和图则，为本市新农村规划建设工作提供决策支持。目前，该系统已经进入试运行，共完成并入库1,568个村的数据。

（北京市经济和信息化委员会）

【农村实用人才数据库建立】 2010年年内，北京市农村实用人才数据库对农村人才管理进行有效支撑。该数据库是用于管理全市各类农村实用人才的专业数据库。系统用户包括北京市13个区县180多个乡镇的农村实用人才管理及培训人员，市委农工委、市委组织部、市农委及市妇联相关领导和管理人员。可对全市1.7万余各类农村实用人才进行人才管理、综合查询、数据分析等操作。

（北京市经济和信息化委员会）

【涉农信息服务能力增强】 2010年年内，截至第三季度，北京现代农业信息网访问量共计358万次，有注册会员2,287家，累计发布供求信息11万余条;北京移动农网累计发布涉农短信息916万余条。截至10月31号，市农委网站共发布各类政府信息1,245条；北京市农地流转信息网市、区县两级共发布农地流转各类信息901条，其中转出信息774条，需求信息85条，流转动态、流转规程和政策法规信息42条。

（北京市经济和信息化委员会）

【大兴农业三网建成】 2010年年内，大兴区建设“大兴农业三网”，即大兴农业资源管理决策系统、北京农村管理信息系统大兴子系统和大兴农业信息网。作为“221信息平台”区县平台的组成部分，大兴农业资源管理决策系统以信息资源整合为主线，以信息系统开发为重点，系统整合区内种养殖、林业、水利、农机等各类农业资源信息，包括11个子系统，59个大类，214个专题，实现容数据采集、录入编辑、图形展示、咨询定位、统计分析、决策支持为一体的农业资源管理体系。

（北京市经济和信息化委员会）

【昌平区“四电合一”信息化服务推广】 2010年年内，昌平区推进“四电合一”农业信息化服务项目，移动农网服务进一步深化，精心搭建昌平区“221信息平台”，农业电视节目、电话语音服务系统、农村信息化服务等各项工作有序进行。与区气象局开展的气象为农服务工作，标志着昌平区农业信息化服务工作正在向专业化迈进；通过移动农网开展气象信息服务则是昌平区面向农村开展信息服务的一个创新之举。

（北京市经济和信息化委员会）

【农村党员干部现代远程教育教学市级平台开展】 2010年年内，北京市农村党员干部现代远程教育教学市级平台开展多元化培训，开设村官在线（虚拟社区）、红色港湾（支部博客）等特色栏目，为基层搭建互动交流的平台。自开通至今，市级平台教学网站“北京长城网”上传多媒体教学资源6,393个，总时长达到5,029小时，教学网站累计更新图文信息8,964篇，其中农业生产技术类培训资源达到总量的45%；网站累计注册用户达到9,122个，用户使用率达100%；各栏目总访问量达140万余次，各站点用户观看视频课件时长合计为12.4万小时，累计传播农村先进适用技术1,000余项。

（北京市经济和信息化委员会）

【各区县农技培训开展】 2010年年内，结合各区县产业发展和农村建设需求，市农委把远程直播与点播培训和现场面授技术指导相结合，面向农户开展具有针对性的培训和技术服务，农户热烈响应。在开展远程培训的同时，市农委联合市科委的“科技下乡”、“双百对接”等活动，针对各生产基地反映的技术需求，组织专家赴门头沟、平谷、大兴、顺义、通州等区县的生产一线进行技术指导，更加直接有效地解决农户生产中遇到的问题。

（北京市经济和信息化委员会）

社会信用体系

【概述】 2010年年内，北京市信用政策法规和统筹协调机制初步建立，信用信息基础设施建设初具规模，企业和个人信用体系建设深入推进，重点行业和领域信用体系建设取得成效，农村和区域信用体系建设工作取得新进展，诚信观念已深入人心，为促进首都经济又好又快发展提供保障。企业征信系统共记录 1,676 万户有贷款卡的企事业单位信用信息，涵盖在京企事业单位 11 万余户。个人征信系统收录北京市个人信贷账户信息 1,352 万人，信贷余额 4,718 亿元，并以 95%的查得率排名全国前列。央行企业和个人征信系统已实现各中外资商业银行和其他金融机构共享查询，在北京市有较明显的使用效果，为构建北京市金融安全环境，推进北京市社会信用体系建设发挥积极作用。北京市经济和信息化委员会完成北京市个人信用信息数据库一期工程建设，启动“信用北京”网建设，并会同人民银行营业管理部研究制定《北京市信用信息系统建设方案》，提出北京市信用信息基础设施“一网二平台三系统”的总体构架。北京市信用信息系统基础设施不断完善，为加快推进北京市社会信用体系建设奠定良好基础。北京市经济和信息化委员会会同人民银行营业管理部正在积极探索共建首都社会信用体系国家示范区。目前，北京市经济和信息化委员会会同人民银行营业管理部、市金融局等有关部门研究提出《首都社会信用体系国家示范区建设方案及任务分工》，征求相关部门和专家的意见。

【中关村人才信用体系建设现状分析完成】 2010 年 1 月至 2 月，北京中关村人力资源经理协会完成中关村管委会委托的“中关村人才信用体系建设现状分析”课题。该课题研究实现 3 个目标。人才目标。在示范区内倡导“做诚信企业，育诚信人才”，人才讲信用，企业重信用。唱响“不唯学历、不唯职称、不唯户口、不唯档案”的用人理念，让人才在园区充分发挥作用。人才机制目标。宣传和传播园区人才信用制度，尝试使用人才信用产品使用，总结人才信用管理办法，逐步让人才信用产品使用上形成标准，形成规范，形成习惯。环境目标。为企业发展及人才发展创造法制化、国际化、网络化的人才信用环境。课题研究结果及产品。组织会员单位及信用公司开展“中关村人才信用环境现状与影响因素分析”，委托中国人民大学劳动人事学院人才信用课题小组开展“国内外人才信用产品建议比较思考”课题。[1]

（孙婧）

【2010 年社会信用体系建设联席会议召开】 2010 年 3 月 4 日，北京市经济和信息化委员会主任朱炎主持召开北京市 2010 年社会信用体系建设联席会议，副市长苟仲文出席并做重要讲话。会议听取副主任俞慈声关于 2009 年北京市社会信用体系建设进展情况和 2010 年重点任务的汇报及人民银行营业管理部副主任蒋万进关于首都社会信用体系国家示范区建设方案的汇报，研究讨论 2010 年北京市社会信用体系建设重点任务和首都社会信用体系建设示范区建设方案。苟仲文在讲话中指出，要充分认识加快推进社会信用体系建设的重要性，以申请开展首都社会信用体系国家示范区建设为契机，加快推进北京市社会信用体系建设，打造世界城市可信名片，为“人文北京、科技北京、绿色北京”建设奠定坚实的基础。

（社会信息化处）

【中关村核心区人才信用体系启动】 2010 年 3 月 6 日，中关村国家自主创新示范区核心区人才信用体系正式启动，并在软件行业率先示范。启动仪式上，来自北航、北理工、北交大等知名高校的优秀大学生现场进行信用宣誓，允诺

1《中关村国家自主创新示范区年鉴》。

遵守软件行业的守则和戒规，一旦违背允诺愿意接受行业监督和行业制裁。《中关村人才信用体系》是由中关村软件行业党委研究制定的，其对企业的价值可以简称为“388”，代表“稳定三年八信八戒”。企业可以组织员工参加《人才信用与职业发展》培训班，员工自愿办理《人才信用证》。大学生办理中关村示范区《人才信用证》后，凭信用证可赢得招聘企业的关注、信任和录用培养。[1]

（谢薇　张漫）

【第六届中关村诚信品牌节举办】 2010年3月15日，由北京市场协会电子卖场分会主办，北京中关村电子产品贸易商会、北京中关村自主品牌创新发展协会和北京市海淀区商业联合会承办的“第六届中关村诚信品牌节”在海龙大厦举行。本次活动的主题是“提升卖场诚信水平，推动中关村核心区建设”。海淀区人大、区政府等单位有关领导及中关村电子贸易行业代表出席。会上，北京中关村电子产品贸易商会发布《创建规范经营示范店计划》。该计划是由工商局海淀分局与商会联合制定的，以在中关村电子市场行业开展创建“规范经营示范店”评选表彰活动为主要措施，提出“一个创新、两个提高、两个改善、三个中心”的目标，即在电子市场行业率先创新管理模式和经营模式，提高信誉水平、提高服务水平，改善购物秩序、改善购物环境，将电子市场建设成“新技术和新产品展示、体验、交易中心”。同时，还举行“中关村电子市场调解室”揭牌仪式。3月13日至15日，此次活动在海龙电子城、鼎好电子商城、科贸电子城等中关村主要电子卖场内设立分会场，并联合知名IT厂商、经销商开展一系列科普互动活动。[2]

（丁旭）

【信用促进会信用专业委员会工作会议召开】 2010年3月17日，“北京中关村企业信用促进会信用专业委员会工作会议”在大地科技大厦召开。北京资信评级有限公司、联合信用管理有限公司、北京君维诚信用评估有限公司等10家在示范区备案信用中介服务机构的代表，以及信用促进会相关负责人员共24人参加。会议讨论调整信用中介服务收费程序、信用报告上传数据库信息安全等有关问题，并就示范区2010年信用服务工作计划进行商讨。会议还肯定中介服务补贴金在示范区信用体系建设工作中的积极作用，提出对信用中介服务收费程序进行调整的建议。

（刘沿辰）

【金和软件被授予AAA级信用单位】 2010年9月10日，北京金和软件股份有限公司通过QE：9000信用体系等级认证，被国际信用协会授予AAA级（QE：9000信用体系认证最高级别）信用单位并被吸纳为国际信用协会会员。（QE：9000信用管理体系是国际信用标准化领域中一个十分重要的认证体系，由国际信用协会联合国际专业信用标准机构一起起草和颁布，是全球最大的国际信用管理体系之一。该体系认证企业信用等级采用A、B、C、D四个字母来表示，A为高级，B为中级，C为最低级，D为破产企业。）[3]

（杨彩云）

【中国B2B联盟发布《诚信服务公约》】 2010年9月20日，中国B2B联盟主办的“中国B2B联盟首期成果汇报暨《诚信服务公约》发布仪式”在北京新世纪日航酒店举行。工信部、中国电子商务协会等有关领导出席。仪式上，中国B2B联盟成员签署《中国B2B联盟诚信服

1《中关村国家自主创新示范区年鉴》。

2《中关村国家自主创新示范区年鉴》。

3《中关村国家自主创新示范区年鉴》。

务公约》，并现场进行宣誓。该公约旨在进一步提高行业网站的服务能力，为广大企业提供更为诚信、专业、完善的电子商务服务。公约规定，成员的其他企业有义务和责任承接经营困难企业未履行的服务，充分保障客户利益，并且在条件许可情况下应予以免费等项目。[1]

（杨彩云）

【中关村企业信用星级管理办法发布】 2010年12月16日，北京中关村企业信用促进会发布《中关村国家自主创新示范区企业信用星级管理办法》。该《管理办法》规定，申请获得信用星级的企业必须具备的条件是：中关村高新技术企业；获得银行、小额贷款机构等信贷机构的债务性融资资金，并按期还本付息；使用中关村信用评级报告，信用等级在BB级以上的企业。企业每完成一个贷款周期并符合相关条件的可申请增加一个星级，信用星级越高，获得贷款利息补贴的比例就越高。信用星级企业可以在中关村管委会实施的担保融资、信用贷款、信用保险及贸易融资、小额贷款等专项公共政策方面获得贷款贴息。一星级企业贷款贴息比例为20%，每增加一个星级贷款贴息比例增加 5%，五星级企业贷款贴息比例最高为40%。[2]

（陈宝德）

【中关村企业信用培育双百工程启动】 2010年12月16日，"信用中关村系列活动——中关村企业信用培育双百工程启动仪式"在北京京仪大酒店举行。启动仪式由中国人民银行营业管理部、北京市经济和信息化委员会、中关村管委会主办，北京中关村企业信用促进会、北京中关村科技创业金融服务集团有限公司承办。来自中关村示范区的300多位企业家代表，以及国家开发银行、北京银行、民生银行、交通银行、南京银行、杭州银行、大连银行等金融机构和中关村信用中介机构的代表近400人参加启动仪式。中关村管委会主任郭洪、北京市经济和信息化委员会副主任姜毅群等出席并讲话。信用培育双百工程是在中国人民银行营业管理部、北京市经济和信息化委员会、中关村管委会的指导和支持下，由北京中关村企业信用促进会和北京中关村科技创业金融服务集团负责组织实施，遵循"企业主体、信用基础、市场导向、聚焦重点、动态管理"的原则，每年从中关村企业信用促进会年度优秀会员、中关村信用星级企业中遴选出"最具影响力"和"最具发展潜力"企业各100家（简称"信用双百"企业），并予以公开表彰。仪式上，发布《中关村国家自主创新示范区企业信用星级管理办法》；公布100家入选"最具影响力"企业，102家入选"最具发展潜力"企业。这202家"信用双百"企业将在中关村管委会实施的担保融资、信用贷款、信用保险及贸易融资、小额贷款等专项公共政策方面获得 20%～40%的贷款贴息扶持。北京中关村企业信用促进会与北京银行、交通银行、民生银行、南京银行、杭州银行、大连银行等6家商业银行还在启动仪式上签署《中关村企业信用与科技金融服务战略合作框架协议》。截至2010年12月，中关村企业信用促进会会员企业已达到3,200家，占中关村示范区规模以上企业的75%。中关村信用星级企业有411家，其中五星级企业35家，四星级企业43家，三星级企业73家，二星级企业81家，一星级企业179家。[3]

（陈宝德　刘沿辰）

1《中关村国家自主创新示范区年鉴》。

2《中关村国家自主创新示范区年鉴》。

3《中关村国家自主创新示范区年鉴》。

【农村和区域信用体系建设工作取得进展】 2010年年内，市农委、市金融局和人民银行营业管理部推进以信用户、信用村、信用镇（乡）为内容的农村“三信”工程建设，不断增强镇、村和农户的信用意识，以良好的信用扩大金融支农力度。截至年底，全市共评出信用户 8.6 万户、信用村 324 个、信用镇 12 个。北京农村商业银行为 5 万多农户建立信用档案，累计发放信用贷款 13 亿元，有力支持农村发展生产和农民增收致富。

（北京市经济和信息化委员会）

【中关村国家自主创新示范区信用体系建设开展】 2010年年内，中关村国家自主创新示范区制定“以信用促融资，以融资促发展”的工作思路，开展企业信用信息公共服务平台建设，为企业、金融、信用和担保等中介机构进行信用信息共享查询提供服务，鼓励企业购买信用产品。组织实施中关村企业信用培育双百工程、信用星级企业贷款贴息、守信企业担保授信、“信—贷—贴”直通的信用贷款以及信用保险及贸易融资贷款等一系列的信用激励政策，帮助企业拓宽信用融资渠道。截至年底，已有 366 家信用促进会会员企业获得四条“绿色通道”60余亿元专项担保贷款的支持，试点银行累计为102家信用良好的企业提供140笔43亿元的信用贷款，缓解企业融资难题。

（北京市经济和信息化委员会）

【重点行业和领域信用体系建设取得成效】 2010年年内，北京市大力开展工程建设领域项目信息公开和诚信体系建设工作，设立工作专栏，集中公开工程建设项目信用信息。截至年底，已有48个单位填报3,140个项目的市场信用记录信息；已有7类工程建设项目的企业信用信息和7类个人信用信息实现共享。积极开展食品工业企业安全诚信体系建设试点，推进建立食品安全长效可追溯机制。建立企业安全生产领域“黑名单”公示制度，对10类安全生产违法行为的企业进行警示公告。深入开展纳税信用等级评定工作，定期对纳税信用A级企业进行表彰，对纳税信用等级低的企业进行公示。在国土资源管理领域加大对国有土地使用权招标、拍卖和挂牌以及土地一级开发和收购储备等环节中企业不良信用信息的披露力度。积极开展交通违法和交通事故信息共享，建立以驾驶人（车辆）的驾驶信用记录为基础的机动车交通事故责任强制保险费率浮动制度。截至年底，市公安局公安交通管理局向北京保监局提供酒后驾车违法信息 4.6 万余条，保险公司依此对投保车辆浮动费率 2,754 笔。出台相关政策意见，积极推动北京市信用销售健康发展，截至年底，已有 300 余家中小商贸企业通过保单融资 8.24 亿元，36 家中小商贸企业获得国内贸易信用保险补助 2,732 万余元，有效缓解中小商贸企业融资难题。大力营造科研诚信环境，将信用评价作为企业承担市科技项目的重要参考依据，提高承担单位的信用意识。

（北京市经济和信息化委员会）

【城乡信用体系建设工作取得新进展】 2010年年内，北京市共评出信用户 8.6 万户、信用村 324 个、信用镇 12 个。北京农商银行为 5 万多农户建立信用档案，累计发放信用贷款 13 亿元，有力支持农村发展生产和农民增收致富。

（北京市经济和信息化委员会）

【信用信息基础设施建设初具规模】 2010年年内，北京市按照“一网二平台三系统”的信用信息系统总体构架，推进信用信息基础设施建设，初步实现信用信息的有效整合。截至年底，北京市企业信用信息系统完成 1486 万条企业注册登记基本身份信息和工商监管信息的归集，并通过“首都之窗”政务门户网站，面向社会用户提供免费查询，为整顿和规范市场经济秩序，优化首都发展环境提供支撑。人民银行企业和个人征信系统完成 11 万余户在京企事业单位和全市 1,352 万人的个人信贷信息的归集，为构建北京市金融安全环境，促进信用消费健康发展发挥积极作用。北京市住房公积金信用信息数据库完成全市 71,000 个单位的 450 余万职工的住房公积金信息的归集，为房贷、车贷等业务出具个人信用报告 29 万余份。

（北京市经济和信息化委员会）

【食品安全诚信体系评价标准试点工作开展】 2010 年年内，为落实国家《食品工业企业诚信体系建设工作指导意见》，北京市经济和信息化委员会组织制定《食品企业诚信管理体系（CMS）》和《食品企业诚信管理体系评价标准》，提出坚持制度建设与教育宣传相结合、企业责任与行业自律相结合、集团推动与社会监督相结合、失信惩戒与守信褒奖相结合的四条基本原则和实现合同履约率 100%、入库原辅料检验合格率 100%、产品出厂批次检验合格率 100%、顾客投诉处理率 100%的工作目标，并率先在二商集团和怀柔区食品企业进行试点工作。

（都市产业处）

【工程建设领域诚信体系开展】 2010 年年内，北京市信息资源中心支撑开展工程建设领域诚信体系建设工作，完成在线填报系统建设，并组织开展在线填报和信息共享工作。截至 10 月底，获取 48 家单位 3,068 个项目的市场信用记录。

（北京市信息资源中心）

【商务领域信用体系建设】 2010 年年内，市商务委和市金融局等部门制定《关于推动本市信用销售健康发展的实施意见》，积极推动北京市信用销售健康发展。截至年底，已有 300 余家中小商贸企业通过保单融资 8.24 亿元，36 家中小商贸企业获得国内贸易信用保险补助 2,732 万余元，有效缓解中小商贸企业融资难题。

（北京市经济和信息化委员会）

【中小企业信用体系建设取得实效】 2010 年年内，北京市经济和信息化委员会等部门不断创新中小企业信用融资产品，在开展中小企业集合债券和集合票据发行工作的基础上，针对轻资产和规模小的企业，开展“北京中小·成长之星”集合信托计划，缓解中小企业融资难题。截至年底，全市已发行 6 亿元的集合信托，完成创新产品 10 亿余元。市科委会同人民银行营业管理部开展“支持北京生物医药产业跨越发展的金融激励计划”。截至年底，已有 11 家试点银行累计为 71 家生物医药企业发放信用贷款 15.3 亿，实现 1 元财政补贴撬动 100 元以上贷款发放的效果。截至年底，全市已发行 6 亿元的集合信托，完成创新产品 10 亿余元。深入推进中关村国家自主创新示范区信用体系建设，按照“以信用促融资，以融资促发展”的工作思路，建设企业信用信息公共服务平台，鼓励企业购买信用产品。通过中关村企业信用培育双百工程、信用星级企业贷款贴息、“信—贷—贴”直通的信用贷款以及信用保险及贸易融资贷款等一系列的信用激励政策的组织实施，帮助企业拓宽信用融资渠道。截至年底，已有 366 家企业获得 60 余亿元专项担保贷款，102 家信用良好的企业获得 43 亿元的信用贷款，缓解企业融资难题。

（社会信息化处）

【个人信用信息共享工作开展】 2010 年年内，北京市开展个人信用信息共享工作，完成个人信用信息系统和安全体系建设方案编制，并通过专家论证，确定总体框架、基础库数据项、系统功能，并完成原型系统研发。支撑市政府开展“绿通”常态化应用工作，完成项目建议书编制并通过北京市经济和信息化委员会前置审批和市发展改革委立项程序。

（北京市信息资源中心）

【信用社区个人小额担保贷款工作推进】 2010年年内，为鼓励北京市城镇失业人员、未就业大学毕业生、农村转移劳动力和复员（转业）军人自谋职业、自主创业，市人力社保局加快推进小额担保贷款信用社区建设。以街道社区为单元，为贷款对象建立个人信用档案，经过社区进行信用调查和评估，对符合条件的贷款对象免除担保。截至年底，北京市共建立小额担保贷款信用社区 57 个，累计发放信用社区小额担保贷款 503 笔共计 2,946 万元。

（北京市经济和信息化委员会）

北京信息化年鉴

信息化环境

【综述】 2010 年年内，北京市信息化发展环境不断优化，贯彻实施国家相关发展政策，进行全市信息化政策法规的研究、起草和制（修）定，重点推进信息化园区建设，加强信息人才队伍建设，采取措施提高全民的信息素质和信息能力，奠定信息化建设快速发展的良好基础。同时，全面启动“十二五”时期信息化重点专项规划的编制工作，对重大问题进行深入研究，形成未来五年的整体发展思路。

政策

【概述】 2010 年年内，北京市信息化政策逐步完善，先后制订《北京市促进软件和信息服务业发展的指导意见》、《推进两化融合促进经济发展的实施意见》等系列政策促进北京市信息化不断发展。

（北京市经济和信息化委员会）

【《北京市促进软件和信息服务业发展的指导意见》发布】 2010 年 3 月，北京市人民政府发布《北京市促进软件和信息服务业发展的指导意见》，对于做大做强软件和信息服务业，进一步提升本市信息产业的国际竞争力、转变经济发展方式、实现信息化与工业化的有效融合具有重大意义。

（北京市经济和信息化委员会）

【信息化专家咨询委员会座谈会召开】 2010 年 4 月 25 日，北京市经济和信息化委员会召开北京市信息化专家咨询委员会座谈会，北京市经济和信息化委员会副主任姜贵平出席会议并致词。专家委秘书处汇报 2010 年专家委工作思路及相关专委设置构想。专家们建议，2010 年工作要紧密围绕“十二五”规划展开。

（电子政务与信息资源处）

【《推进两化融合促进经济发展的实施意见》发布】 2010 年年内，为贯彻落实党的十七大精神，加快首都经济发展方式转变，服务“人文北京、科技北京、绿色北京”建设，北京市经济和信息化委员会于 5 月正式发布《推进两化融合促进经济发展的实施意见》，就推进信息化和工业化融合、促进全市经济发展提出相关实施意见。

（北京市经济和信息化委员会）

法规

【概述】 2010 年年内，为确保北京市信息化建设健康规范发展，北京市经济和信息化委员会等相关部门陆续出台一系列规章制度，先后出台《北京市医保网络运行维护管理办法（试行）》和《政府采购信息化自主创新产品实施细则》等。

（北京市经济和信息化委员会）

【《北京市医保网络运行维护管理办法（试行）

出台》】 2010年8月，为进一步规范医保网络运维管理工作，适应医保系统“持卡就医，实时结算”的要求，确保医保网络安全、可靠、集约化发展，北京市经济和信息化委员会、市人力资源和社会保障局联合发布《北京市医保网络运行维护管理办法（试行）》。

（北京市经济和信息化委员会）

【《政府采购信息化自主创新产品实施细则》完成】 2010年年内，北京市完成《政府采购信息化自主创新产品实施细则》，推动基础电信运营商加大采购中关村自主创新产品的力度。

（北京市经济和信息化委员会）

【信息采集相关管理办法与规则制定完善】 2010年年内，为进一步规范信息采集工作，减轻基层工作负担，北京市经济和信息化委员会以社区为突破点，着力研究如何通过管理手段和技术手段相结合解决基层信息采集问题。针对基层特点编制《北京市基层信息采集管理办法》（草案）；制定《社区综合服务与信息采集平台工程方案》（讨论稿）；8月初，组织召开“推广市公安局‘核查即录入’经验现场会”，下发《关于推广市公安经验加强信息采集与更新管理的通知》，明确对各部门提出建立内部信息采集更新机制、加强部门内部采集管理、开展部门内一表化采集工作等要求。推进制定空间信息资源共享管理办法，推动和规范空间信息资源共享，目前已完成第一轮的修改，正在进行第二轮的征求意见。为进一步加强和规范北京市国家机关涉及个人信息的管理，防止个人信息泄露事件的发生，满足北京市建设“世界城市”经济社会发展软环境的需要，在征求信息化领域、法学领域专家意见及各委办局意见的基础上组织起草《北京市国家机关个人信息管理与保护暂行规定（征求意见稿）》。为进一步加强和规范北京市党政群机关和事业单位网上名称的管理工作，组织草拟《北京市党政群机关和事业单位网上名称管理办法》，经过几轮的研讨已完成初稿，正在征求相关方面的意见。

（电子政务与信息资源处）

标准规范体系

【概述】 2010年年内，北京市信息化标准规范体系建设取得一定突破。为保障电子政务信息资源开发利用工作的有序进行，北京市各级政府编制一系列标准规范文件。各区县出台一系列标准规范，确保信息共享工作的顺利进行。

【技术标准制修订补助项目评审完成】 2010年1月4日至3月31日，市质监局组织2010年北京市技术标准制修订补助项目申报受理工作。此次重点对高新技术标准、资源节约与环境保护标准、现代都市型农业标准、现代制造业标准、现代服务业标准、城市管理与公共服务标准、公共安全标准、城市规划与工程建设标准、首都历史文化相关标准等九大技术标准领域和重点标准提供制（修）订补助资金。其间，共受理110家单位申报的232个项目，最终确定对96家单位的155个项目给予共计

1000 万元的补助。[1]

（钟锌章　闫涛）

【智能 IC 卡及智能密码钥匙密码应用接口规范发布】　2010 年 1 月，由北京握奇数据系统有限公司参与完成的《智能 IC 卡及智能密码钥匙密码应用接口规范》发布。该规范是中国第一个统一的智能卡检测规范，包括“检测项目”和“检测办法”等，主要是针对智能卡和 USBKey 等密码产品进行检测，现已被国家商密办采用。该规范具有通用性，参考《社会保障（个人）卡规范》、《中国金融集成电路（IC）卡规范》、GB.18240《税控收款机第二部分：税控 IC 卡规范》等标准和规范，在原有的数十项检测基础上进行开发，能够实现对符合规范的各种智能 IC 卡和智能密码钥匙的密码检测，例如交通卡、银行卡、社保卡等，主要应用于金融、交通、电子商务、电子政务、通信、医疗保险和社会保险等各领域，实现网络支付、身份验证、保密存贮和通信加密等功能。[2]

（张红）

【闪联核心标准全球正式发布】　2010 年 3 月 15 日，国际标准化组织/国际电工委员会（简称 ISO/IEC）通过其官方网站向全球正式发布闪联基础协议标准和文本框架标准两项国际标准的正式文本。这两项标准是闪联标准家族的核心，意味着闪联核心标准正式成为 ISO/IEC 认可的公开文件，任何国家、组织、公司甚至个人，都可以直接从 ISO/IEC 获取闪联标准文本，并按照其中的规范进行相关应用开发。闪联基础协议是数字家庭中设备和服务相互通信的基础，规定中国闪联设备间相互发现及资源共享的机制，使公共场所、个人以及家庭所涉及的设备可以通过遵循共同资源描述及功能服务接口标准，有效实现资源开放及服务协同，提高设备间功能的互相操作性。[3]

（杜菲）

【《长风联盟 SAO 套件互操作标准规范》通过评审】　2010 年 3 月 30 日，由长风开放标准平台软件联盟标准委员会主办的“长风联盟 SAO（Service-Oriented.Architecture，面向服务架构）套件标准评审会”在北京软件与信息服务业促进中心举行。会上，《长风联盟 SAO 套件互操作标准规范》通过长风联盟标准委员的评审。该项目由 SAO 工作组组织北京东方通科技股份有限公司、神州数码、中科院计算所等 9 家单位联合研制，编制形成包括《SAO 套件总体技术架构》、《SAO 服务总线参考模型》、《SAO 管理工具参考模型》、《SAO 集成开发工具参考模型》、《SAO 建模工具参考模型》、《SAO 流程服务参考模型》《SAO 信息服务参考模型》等 15 项规范，并研发形成相关标准所需的参考实现和测试工具系列，长风联盟成员单位依据规范约定推出基于相应的 SAO 套装产品软件。该规范将促进 SAO 工具、产品的自主研发能力的提升，还将为信息化用户选择 SAO 产品、评估技术风险提供支持。[4]

（邓婧婧）

【2010 年北京市标准化工作会议召开】　2010 年 4 月 8 日，由市质监局主办的“2010 年北京市标准化工作会议”在北京会议中心召开，副市长苟仲文出席。全市各委办局、各区县政府、市属总公司（集团公司）等主管标准化工作的负责人，标准化试点企业等相关人员共 300 余人参加。会议指出：要围绕打造世界城市这一

1《中关村国家自主创新示范区年鉴》。
2《中关村国家自主创新示范区年鉴》。
3《中关村国家自主创新示范区年鉴》。
4《中关村国家自主创新示范区年鉴》。

目标，以推进首都标准化战略为主线，抓好“十二五”标准化发展规划制订和中关村标准创新试点两件大事，实现农业生产标准化向新农村建设方向的转变，工业标准化向传统制造业与高新技术相结合的转变，服务业标准化向现代服务业领域不断拓展的转变，城市管理标准化向整体性、协调性、系统性不断深化的转变，以及标准化理念和方法要围绕技术、产业和社会的发展和进步，实现理论和方法的创新和突破。[1]

（钟锌章　闫涛）

【北京市信息化标准服务平台开通】 2010 年 4 月 29 日，依托首都标准网，北京市信息化标准息服务平台于正式上线发布并提供服务（http：//s.capital-std.com/infostandard）。通过该平台，北京市经济和信息化委员会、市信标委面向全市政务部门及标准化组织及相关企业，提供覆盖首都标准网全数据库 35 万余条信息化标准的摘要信息、标准文本免费查询及信息检索服务。

（北京市经济和信息化委员会）

【McWiLL 正式成为宽带无线接入国际标准】 2010 年 4 月 29 日，北京信威通信技术股份有限公司的 McWiLL 的标准公示期满，国际电联批准发布 McWiLL 国际标准，正式成为宽带无线接入国际标准。McWiLL 成为中国电信史上第一个宽带无线接入国际标准，也是继 TD-SCDMA 之后的第二个中国拥有完全自主知识产权的国际电信标准。McWiLL 具有以下特点：可提供宽窄带一体化的业务，可同时支持语音业务、数据业务、多媒体，是语音数据一体化的宽带无线接入系统。系统容量高，McWiLL 单基站占用 5.MHz 的载频带宽，最高吞吐量为 15Mbit/s，终端最高吞吐量为 3Mbit/s，最多能支持并发 300 路语音，是目前可商用的、支持移动性的宽带无线接入系统。McWiLL 支持固定、便携、全移动模式下的各种应用，方便运营商利用一张网络发展不同类型的用户。终端形式丰富，McWiLL 可商用的终端有桌面式 CPE、PCMCIA 卡、M-IAD、无线伴侣、有/无线话机、PDA 等类型。[2]

（张冉）

【北京市信用信息系统建设方案出台】 2010 年 5 月，北京市经济和信息化委员会联合北京市信息资源管理中心共同制定《北京市信用信息系统建设方案》，该方案提出“一网两平台三系统”的北京市信用信息系统总体框架。

（北京市经济和信息化委员会）

【物联网标准联合工作组成立】 2010 年 6 月 8 日，“物联网标准联合工作组成立大会”在北京友谊宾馆举行。国家标准委、国家发展改革委、工信部等部门有关领导出席。该工作组是由工信部电子标签标准工作组、信息设备资源共享协同服务标准工作组、全国信标委传感器网络标准工作组等 19 家相关标准化组织发起成立的，旨在整合国内物联网相关标准化资源，联合产业各方共同开展物联网技术的研究，积极推进物联网标准化工作，加快制定符合我国发展需求的物联网技术标准，为政府部门的物联网产业发展决策提供全面的技术和标准化服务支撑。工信部电子标签标准工作组组长张琪任首届组长。[3]

（杜菲）

【中国电子技术标准化大会召开】 2010 年 12 月 3 日，由中国电子工业标准化技术协会、中国电子技术标准化研究所、中关村科技园区管

1《中关村国家自主创新示范区年鉴》。

2《中关村国家自主创新示范区年鉴》。

3《中关村国家自主创新示范区年鉴》。

理委员会共同主办的 2010 中国电子技术标准化大会在北京召开，是对电子信息产业标准工作的巨大推动。

（北京市经济和信息化委员会）

【北京市信息化标准化宣贯培训会举行】 2010 年 12 月 9 日，“2010 年北京市信息化标准化宣贯培训会”在北京会议中心成功举行。大会邀请国家信标委介绍物联网、云计算标准最近进展，市西站管委、东城区信息办介绍交流信息化标准化建设典型经验，大会重点宣贯培训 DB11/T 714—2010《电子政务运维服务支撑系统规范》，全市委办局及区（县）、协会企业代表 130 余人参与本次培训，大会印发 150 份标准化培训材料，获得广泛好评。

（北京市经济和信息化委员会）

【《北京市“十二五”信息化标准化规划》研究制定】 2010 年年内，北京市经济和信息化委员会牵头组织编制《北京市“十二五”信息化标准化规划》。该规划坚持以标准化促进信息化的基本方针，充分发挥标准化在首都信息化工作中的基础作用，明确主要原则和目标，提出“十二五”期间主要任务。

（北京市经济和信息化委员会）

【各区县一系列信息共享标准规范出台】 2010 年年内，各区县出台一系列标准规范，确保信息共享工作的顺利进行。顺义区制定各种信息资源共享配套规范 17 个。丰台区起草《丰台区政务信息资源共享系统管理办法》《丰台区政务信息资源共享系统考核办法》。石景山区编制《石景山区政务信息资源共享意见》，并出台《石景山区政务信息资源共享使用申请流程》、《石景山区政务信息资源共享使用保密协议》等一系列促进政务信息资源共享的管理制度和技术规范，在此基础上针对三大基础库分别制定具体的管理办法和保密协议，重新修订《石景山区党政机关信息化考核管理办法》。怀柔区编制《怀柔区政务信息资源共享交换体系管理办法》、《怀柔区政务信息资源共享交换体系对接指南》、《怀柔区政务部门信息资源目录编制指南》、《怀柔区政务信息资源目录系统技术实施规范》、《怀柔区政务信息资源共享交换平台管理办法》、《怀柔区政务信息资源共享交换体系接口技术规范》。西城区制定《西城区政务信息资源共享管理办法》。平谷区先后制定《平谷区电子文档管理办法》、《平谷区政务信息共享协议》、《平谷区数据资源安全与保密制度》、《平谷区数据管理人员安全保密协议》等办法制度，保障平谷区数据资源共享工作的健康发展。

（北京市经济和信息化委员会）

【信息资源开发利用工作规范文件编制】 2010 年年内，北京市为推动信息资源开发利用工作的开展而编制一系列规范文件。市国土局形成北京市国土资源局信息化标准体系，建立较为完善的国土资源信息化标准化管理机制和信息化标准宣传贯彻与实施、咨询与技术服务体系，发布《北京市国土资源信息化标准化指南》；大兴区编制《(大兴区)目录编制指南》、《北京市大兴区信息资源目录维护办法》，使目录管理工作规范化；开发区制订《北京经济技术开发区法人基础数据库使用办法（试行）》，明确法人库的运行维护、升级改造和共享使用要求；海淀区制定《海淀区政务信息资源目录管理办法》（试行）和《海淀区政务资源管理工作方案》，初步建立政务信息资源管理制度；昌平区编制《昌平区地理信息标准与规范》。

（北京市经济和信息化委员会）

【信息化相关标准制定】 2010 年年内，在标准方面，北京市信息资源中心开展《法人基础信息标准》和《地址数据库建设技术规范》国家标准编制工作，分别完成送审稿和草案，参与《地下管线信息共享与交换技术规范》国家标准编制工作，完成报批稿。资源中心作为市信标委秘书处挂靠单位，配合北京市经济和信息化委员会开展全市信息化标准的技术管理工作，组织开展相关地方标准的研制工作，取得阶段成果。

（北京市信息资源中心）

【信息化标准体系表年度更新完成】 2010年年内，依托首标网数据库，北京市信息化标准体系表更新维护完成，已累计入库信息化标准信息1756项。完成《2009—2010年北京市信息化标准体系表》更新比对梳理工作，共更新标准221项。

（北京市信息化标准化技术委员会）

【电子政务领域规范与标准的制定与推广】 2010年年内，为进一步规范信息化项目申报及审查，组织编制项目申报及审查规范，已完成初稿，正在修订；完成项目申报书及技术方案模板的制定。针对网格化拓展行业对接共享标准，已组织3轮专家研讨会，并启动市区两级城市管理网格与工商行业管理网格信息资源共享与对接梳理工作。组织物联网应用标准编制研究，组织物联网标准规范的编写规则指南；启动物联网ID、IP标准的编制工作。电子政务运维费与运维资产普查已完成普查数据的收集，经过评估和初步修正，正在根据普查数据研究运维费预算标准，运维费预算标准计划年底前完成。《电子政务运维服务支撑系统规范》已经由市质监局批准为北京市地方标准；《电子政务运维管理规范》结合各部门意见进行修改。此外灾备中心使用规范、政务网站全生命周期运维管理等规范已完成初稿。

（电子政务与信息资源处）

人才建设

【概述】 2010年年内，北京市构建以学校教育为基础，基础教育、高等教育、职业教育与继续教育相互结合，公益培训与商业培训相互补充的信息化人才培养体系。政府与企业、高校、职业教育等机构联合引进和培养一批掌握专业知识的信息化人才。在开展中小学信息技术教育方面走在全国前列，面向全体教师开通教师研修网，向全市中小学及教研机构提供数字化课程资源，为教师提供个性化服务，开设跨学校、跨学科、跨区域的交流服务平台。全市完成45岁以下中小学教师信息技术应用全员培训，对远郊区县1300多名网络管理员、学科骨干教师、管理干部进行信息技术与课程整合、远程教育与合作学习、中小学信息化管理系统等内容的培训。全市网管教师培训取得高级网管证书263人，取得普通网管证书近3,000余人。

【核心区网络人才服务专版上线】 2010年4月15日，中关村人才市场推出的服务中关村示范区核心区人才需求的网络专版在中关村人才网正式上线。服务核心区专版共设置7个栏目，主要包括核心区企业秀场、猎头职位、核心区高端人才展示、核心区企业招聘、核心区人才培训、海外人才需求岗位、海外人才展示等。专版以突出展示核心区企业风采为板块特色，为企业专门设计制作数十种展示模板，并可实现企业图片资料的上传和展示，满足企业文化、特点、风貌等特质在网络上的体现。[1]

（马雪霏）

【第十四届北京市工业和信息化职业技能竞赛启动】 2010 年 5 月，市委组织部、市总工会、北京市经济和信息化委员会、市科委、市人力社保局、市国资委、市教委、团市委以及市工经联等有关部门联合主办的“北京市职工职业技能大赛暨第十四届北京市工业和信息化职业技能竞赛”在首钢举行启动仪式，通过工业技能竞赛活动，选拔出若干名技术能手，促进北京工业职工技能的提升。

（北京市经济和信息化委员会）

【镇村企业信息化培训工程启动大会召开】 2010 年 8 月 3 日，北京市经济和信息化委员会镇村企业信息化培训工程启动大会在京召开，会议从培训目的、培训对象、培训方式、阶段重点等方面详细介绍培训工程的实施方案，有关专家介绍信息化基础知识、信息化建设的重要意义及提速农村产业化升级的重要途径。北京中泰服装有限公司、北京华都峪口禽业公司在会上分别介绍信息化建设的经验。北京市经济和信息化委员会委员王惠民出席会议并讲话，他强调，要提高思想认识，深刻领会镇村企业信息化建设的重要性和紧迫性；要加强统筹规划，不断提高镇村企业信息化建设水平；要落实工作措施，确保完成“镇村企业信息化培训工程”各项工作任务。来自 13 个区县的经济信息化委主管领导和主管科长以及 54 个镇村产业基地负责人、骨干镇村企业共计 150 人参加启动大会。

（镇村企业运行指导处）

【“全国地方电子政务干部培训班”举办】 2010 年 8 月，工信部信息化推进司在北京市举办全国地方电子政务干部培训班，全国 11 个省（市）所辖地市（区）电子政务工作负责干部共 150 余人报名参加培训。北京市经济和信息化委员会作为协办单位，为本次全国地方电子政务干部培训班圆满举办提供大力支持与保障。

（北京市经济和信息化委员会）

【镇村企业信息化培训工程启动大会】 2010 年 8 月，为落实北京市经济和信息化委员会与市农委共同印发的《关于推进北京市镇村企业发展的指导意见》文件精神，进一步提高镇村企业信息化应用水平和核心竞争力，北京市经济和信息化委员会在北邮科技大厦召开“北京市经济和信息化委员会镇村企业信息化培训工程启动大会”。此后的三年内，将围绕“两化融合”和“三农问题”，开展京郊 54 个镇村产业生产集中地内的 1,800 家镇村企业信息化培训。

（北京市经济和信息化委员会）

【海外高层次人才数据库建成】 2010 年 9 月 25 日，北京海外学人中心人才开发部建成海外高层次人才数据库。数据库包括开发平台、数据来源渠道、现有数据基本情况以及使用功能等。北京海外学人中心主任袁方要求，人才数据库的信息内容要进一步丰富，增加多媒体信息，在使用功能方面增加统计分析等工具。至年底，中心通过出国访寻、组织活动、接待来访、自荐互荐、整合信息等各种渠道，广泛收集海外人才信息，数据库实际入库人数达到 2,405 人。[2]

（杜晓晴）

【北京市中小企业信用知识培训班举办】 2010 年 12 月 1 日，北京市经济和信息化委员会中小企业处和信用管理处会同西城区信息办举办北京市中小企业信用知识培训班。西城区马连道茶叶街、大栅栏商业街、什刹海商业街、天意

1《中关村国家自主创新示范区年鉴》。

2《中关村国家自主创新示范区年鉴》。

市场等90余家中小企业的近100名负责人参加培训。北京市经济和信息化委员会副巡视员姜毅群出席开班仪式并讲话。此次培训主要开展信用基本知识、北京市社会信用体系建设基本情况、北京市促进中小企业发展的相关政策、银行信用支持中小企业发展、中信银行中小企业金融产品、中小企业应收账款管理和逾期应收账款催收等专题学习。邀请“信用北京行”诚信宣传活动走进培训班，为 43 名受训人员免费查询个人信用报告，同时开展征信知识宣传和咨询活动。

（北京市经济和信息化委员会）

【“数字北京建设”现场教学展开】 2010 年 12 月，北京市经济和信息化委员会为北京市委党校主办“北京市党校系统教师培训班”,开展“数字北京建设”现场教学，具体讲解并在线展示市区两级共享交换体系、公务员门户、决策信息服务系统、政务地理空间信息服务系统等政务信息资源管理的重大应用和应用绩效，介绍信息资源如何在政府决策和管理方面发挥重要作用。

（北京市经济和信息化委员会）

【北京市经济和信息化委员会与美国休斯顿市政府《合作协议书》签署】 2010 年年内，北京市经济和信息化委员会主任朱炎接待美国休斯顿副市长安妮女士一行，双方进行友好会谈，并签署人才培训《合作协议书》。

（人事教育处）

【国家电网人才培训展开】 2010 年年内，国家电网加强队伍建设。公司组织各二级单位共 108 名信息技术人员进行技术培训，在技能培训和岗位练兵中，激发和调动公司信息运维人员刻苦钻研业务知识的积极性和主动性，为培养和造就一支适应新形势发展要求、本领过硬的高技能、高素质专业运维队伍奠定基础。

（北京市经济和信息化委员会）

【信息公开领域的教育培训工作展开】 2010 年年内，北京市开展形式多样的信息公开教育培训，将《条列》纳入市委组织部开展的领导干部教育培训“干部在线学习”的必修内容。截止年底全市各级干部已有 1.8 万余人进行在线学习。邀请国务院法制办专家讲解授课，录制学习视频课件，邀请中国社会科学院法学所专家就当前政府信息公开工作的形势和任务做专题报告。朝阳、平谷、延庆等区县通过值班培训、以干代训等方式，加强对工作人员进行业务培训。通州区开展对信息公开工作主管部门、机构工作人员的业务能力培训。

（北京市经济和信息化委员会）

【中小企业信息化培训展开】 2010 年年内，北京市经济和信息化委员会经济信息化处持续推进中小企业信息化推广应用工作。组织北京移动、北京联通、中搜、用友、中企开源等企业开展各类企业信息化培训 600 场，参培企业共计 6,000 家，培训人次超过 3 万人。

（北京市经济和信息化委员会）

【首期工业和信息服务业运行监测人员培训会举办】 2010 年年内，为提高北京市工业和信息服务业运行监测人员业务素质和水平，提高对当前宏观经济走势、热点问题的分析把握能力，北京市经济和信息化委员会组织第一期北京市工业和信息服务业运行监测人员业务培训会。

（北京市经济和信息化委员会）

【境外培训组团工作开展】 2010 年年内，国家外专局批准北京市经济和信息化委员会两个境外培训团，分别为赴美国“IT 新技术和工具在电子政务规划中的应用培训班”和赴德国“网络与信息安全技术培训班”,均由促进中心承担具体组织和实施工作，并于 3 月底正式执行完成，来自北京市各委办局、区县、信息中心的管理和技术人员 38 人参加境外培训。年内，国家外专局继续批准北京市经济和信息化委员会赴美国“IT 新技术和工具在政府管理和工业促进中的应用”和赴德国“北京市网络与信息安全技术培训班”的境外培训工作。

（北京市信息化促进中心）

【公务员电子政务培训教材的征订工作展开】 2010 年年内，根据公务员新一轮电子政务培训工作需要，持续开展教材征订，全年共计售出 18,503 册。完成全市 100 多家单位总计 31,280 册教材发放。

（北京市信息化促进中心）

【市经济和信息化系统行政执法工作培训班举办】 2010 年年内，为全面提高市经济和信息化系统行政执法人员的执法水平和能力，规范行政执法行为，按照《北京市信息化行政执法人员资格管理办法（试行）》的要求，举办 2010 年北京市经济和信息化系统行政执法工作培训班，对全市经济和信息化系统行政执法人员进行岗位资格培训与考试。北京市经济和信息化委员会、市无线电管理局及各区县的信息化单位约 90 余人参加本次培训并通过考试。

（北京市信息化促进中心）

【信息能力培训平台日常管理】 2010 年年内，北京市信息化促进中心根据 IT 管理与技术发展趋势，研究形成“项目管理方法论”、“数据交换系统与业务应用”、“光传送网技术”和“互联网发展创新与云计算”等课件资料，供广大专业队伍人员下载学习和使用。

（北京市信息化促进中心）

【北京软考考前培训业务开拓】 2010 年年内，北京市信息化促进中心举办 11 期软考考前培训班，其中举办信息系统项目管理师考前培训班 5 期、系统集成项目管理工程师考前培训班 6 期；本着方便企业、服务企业的原则，积极与企业沟通联系、为北京先进数通信息技术有限公司单独举办考前培训班。总计 119 家系统集成企业 822 人参加培训。

（北京市信息化促进中心）

【北京市经济和信息化委员会人才培训工作开展】 2010 年年内，北京市经济和信息化委员会分两期组织完成北京市经济和信息化委员会公务员信息化与电子政务培训，共计 127 人参加培训和考试，顺利取得公务员合格证书；协助做好市委组织部、北京市经济和信息化委员会“推动高端产业发展专题研讨班”，来自各区县、各委办局共计 50 名领导干部参加培训；协助做好北京市紧缺人才培养项目申报工作。

（北京市信息化促进中心）

【软考注册登记与继续教育工作展开】 2010 年年内，北京市信息化促进中心通过电话、电子邮件、网络等多种渠道，加大软考工作宣传力度，促进注册登记与继续教育工作深入开展，注册登记人数与继续教育人数较往年有明显增加。与北京邮电大学联合开展继续教育面授培训班，培训 158 人；上半年完成注册登记 258 人。下半年继续教育与登记工作正在有序进行。

（北京市信息化促进中心）

行业协会与产业联盟

【概述】 2010 年年内，北京市行业协会和产业联盟对北京市信息化建设的发展起到积极的作用。信息化建设步伐加快，信息化相关产业也得到一定的发展。

北京信息化协会

【简介】 2010年年内，北京信息化协会在北京市社会团体管理办公室领导，北京市经济和信息化委员会的业务指导，协会在第三届理事长、秘书长的带领下，从组织建设、会员服务、政府支撑等方面开展相关工作，为市政府决策、企事业发展提供有力支撑。本年度工作以北京市经济和信息化委员会各项任务为工作重点，并积极进行会员梳理和拓展等工作。

【报告及年鉴编写工作展开】 2010年年内，北京市在全国率先提出《信息化基础设施提升计划》，在此基础上，结合各相关单位、会员单位、各方专家的意见，北京信息化协会编写完成2009年《北京信息化发展报告》，从“信息惠民、信息兴业、信息强政”三大方面来阐述北京信息化的发展，得到各方认可和关注。发挥行业协会的带头作用，以报告为基础建立政府、企业、科研单位、专家学者的沟通平台，推动信息化企业、事业及社团单位之间的合作与横向联合。协会还承办由北京市经济和信息化委员会主办的《北京信息化年鉴》（2010版）的编纂工作，内容涵盖信息产业、信息网络基础设施（含无线电管理）、信息资源、信息安全、政务信息化、经济信息化、社会信息化、区域信息化、环境建设等方面的客观情况，全市41家委办局及24家企业参与年鉴编纂工作，提供文字资料近40万字。《北京信息化年鉴》（2010版）是在原《北京信息化》（由北京市信息化办公室主办且连续出版四年）的基础上发展而来，是本市第一次编写《北京信息化年鉴》，将逐年编纂，连续出版，本《年鉴》也为地方志的编写打好基础。

（北京信息化协会）

【《北京电子政务运维服务系统支撑规范》发布】 2010年年内，为应对北京市电子政务已经从大规模建设逐步转向“建设与运维”并重的形势转变，有利于政务部门加快推进运维服务管理，促进IT运维服务市场规范化和服务标准化，使供需双方获得双赢，北京信息化协会组织编制和发布“北京市电子政务IT运维服务支撑系统系列规范”。规范由IT运维服务支撑系统应用需求、IT 运维服务支撑系统技术要求以及 IT运维服务支撑系统测试方法三部分组成，是国内首个电子政务领域的IT运维服务规范，也是这一领域探索与创新的开始。该规范是在北京市经济和信息化委员会的指导下，协会组织近30家IT服务、IT产品、系统集成、咨询及科研院所等单位共同编制完成的。规范发布后，协会按照“抓龙头企业带动产业发展、建交流平台促进市场繁荣、开展对外合作提升服务品质”的指导思想，通过健全组织建设，建设一个开放、服务、创新和专业的交流平台，协助企业快速拓展市场，持续推进IT运维服务行业的健康发展。围绕规范的落实，为更有效地开展运维工作，建立企业技术服务工作组，推动运维服务理念的迅速传播，带动产业的发展。工作组由自规范编制一直参与运维工作的如神州数码、天元网络、中科院软件中心、优利普华等核心企业，以及北京软件产品质量检测检验中心、北京宜富泰网络测试实验室有限公司等第三方测试机构，以及后续参与工作的太极、东华合创、三零盛安等公司组成。随着北京市规范的发布及运维工作的开展，在山东省、云南省、江西省、安徽省、辽宁省、福建省、江苏省、甘肃省等陆续展开关于电子政务运维的讨论。

（北京信息化协会）

【电子政务运维支撑系统筹备工作启动】 2010

年年内，北京信息化协会组织开展北京市电子政务 IT 运维服务支撑系统测试机构申请、评选、备案工作。经过专家组研究，向社会公布测试机构的名单。首批备案的测试机构，依据《北京市电子政务 IT 运维服务支撑系统规范》，对各企业提交的电子政务运维支撑系统工具进行测试，并出具测试报告。配合北京市经济和信息化委员会组织召开“北京市电子政务运维培训会议”。10 多家运维企业对来自委办局、区县信息中心的 200 多名代表进行运维规范相关知识的培训。支持北京市经济和信息化委员会组织的电子政务运维规范上升为标准的工作。组织企业填报“电子政务运维服务支撑系统规范标准征求意见稿”，及时解企业信息，为规范转为标准提供依据。支持北京市经济和信息化委员会组织的电子政务运维相关研究工作。组织企业积极参与电子政务运维绩效指标体系、运维费管理办法等研究工作，为后续推动规范化电子政务运维工作奠定基础。

（北京信息化协会）

【自主创新运维产品和企业推荐】 2010 年年内，北京信息化协会向中关村管委推荐自主创新信息化应用产品和企业。为方便政务部门选择信息化应用产品和服务企业，减少政务部门的选择成本和失误风险，配合北京市自主创新政府采购政策的实施，市发展改革委、市科委、北京市经济和信息化委员会、市财政局、中关村管委会联合召开政府采购中关村自主创新产品第三次签约大会暨政府信息化项目对接会。协会通过遴选推荐咨询、监理、运维类企业，以及首批通过测试的 6 个运维产品进入北京市政务服务企业和政务信息化产品名录。

（北京信息化协会）

【运维服务支撑系统工具推荐】 2010 年年内，北京信息化协会举办面向全市政务部门的电子政务运维服务支撑系统工具对接会。来自北京市 50 多家政务部门的 80 多人参加会议。会上，协会对通过测试机构测试，并通过综合评定的运维支撑工具作说明。会议为运维工具使用单位和提供服务企业搭建一个相互交流的平台，达到三个目标：为政务部门拓宽选择运维产品的范围，为提高电子政务运维工作做好基础性工作；为运维企业提供市场机遇，以应对金融危机对企业的冲击；提升协会的自身服务品质，实现电子政务运维工作的多赢格局。

（北京信息化协会）

【电子政务运维试点工作推进】 2010 年年内，北京信息化协会配合北京市经济和信息化委员会进行试点工作的组织、协调和监督，有效推进运维试点工作的开展。通过上岗培训、考试，组成 19 个运维咨询工作组，分别对 19 家申请运维试点的单位提供咨询服务。随着试点工作的深入开展，政务部门真正理解电子政务运维规范理念，围绕规范深化运维管理工作，在运维管理上有跨跃式进步；同时，运维企业充分解政务部门的需求，及时调整企业发展战略，改进运维工具产品。运维试点工作使政府与企业实现共同进步。

（北京信息化协会）

【《电子政务信息安全建设与标准化》课题完成】 2010 年年内，为进一步提升我国电子政务系统安全保障水平和确保电子政务安全互连与可行交换的技术支撑，受国家信息化专家咨询委员会秘书处委托，北京信息化协会承接《电子政务信息安全建设与标准化》的课题研究工作。通过深入调查研究国内外信息技术应用的现状与趋势、影响信息安全的各种因素以及基础设施、管理制度；对全国重点部门、城市电子政务的实践经验和典型案例进行调研，初步形成《关于“十二五”期间加强电子政务安全标准工作的建议》、《北京市网络与信息安全发展调研报告》、《广州、武汉电子政务网络与信息安全调研报告》等研究成果。

（北京信息化协会）

【《北京市信息安全产业发展报告》编制】 2010年年内，北京信息化协会受北京市经济和信息化委员会委托，承接《北京市信息安全产业发展报告》的研究工作。调研北京信息安全产业的发展现状和存在问题，分析信息安全产业发展面临的形势以及国际信息安全产业发展趋势，研究北京市世界城市的建设、政府和企业信息化发展、信息技术迅猛发展对信息安全的需求，研究提出北京市信息安全产业发展思路、发展原则和指导思想、工作目标及任务、重点发展领域和政策措施等。

（北京信息化协会）

【信息北京十大应用成果及信息化应用典范奖评选举办】 2010年年内，北京信息化协会主办“信息北京十大应用成果评选”活动，活动由市委宣传部、市科委、原北京市工业促进局、原北京市信息化工作办公室指导。活动始于2006年，每年举办一次。参选成果来自于委办局、区县政府部门及企事业单位；活动的评选专家由国家、市级相关信息化领导、专家担任；最终评选结果由专家打分与公众投票加权而得到。评选活动的社会效应显著增加，参与活动的指导单位、申报单位、评选专家、网上投票人数、媒体报道数量逐年增加，评选参与单位从2006年的53家增加到2010年的111家；评选活动网上投票参与人数已从2006年的46万人次增长到2009年746万人次。活动的举办，为参选单位提供信息化应用成果借鉴、改进、提高的学习机会，促进北京信息化应用建设。

（北京信息化协会）

【信息网络产业创新企业遴选活动举办】 2010年年内，北京信息化协会联合神州数码等机构在国家信息化专家咨询委员会、北京信息化专家咨询委员会、北京市经济与信息化委员会、中关村管委会、朝阳区政府的指导下，举行对信息网络产业新业态创新企业遴选活动，旨在寻找最具创新性、成长性的新创企业群体，探寻产业创新的发展脉络，发现明天的企业领袖。在2010的创新年会开幕式上举办颁奖仪式，对首批30家入选企业进行表彰。创新遴选活动将作为协会未来的重要常态工作，遴选活动将每年进行一次，并得到北京市政府的大力支持。

（北京信息化协会）

【第十四届北京·香港经济合作研讨洽谈会召开】 2010年年内，为充分展示北京“智能城市”建设成果，充分学习香港“数码城市”建设经验，北京市经济和信息化委员会、香港贸易发展局及京港两地有关商会和协会共同举办专场活动之“京港智能城市建设对接交流会”。通过智能城市专场活动展示行业协会的实力和水平，充分发挥行业协会的纽带作用。北京信息化协会作为活动组织方之一，共组织十家企业参与本次活动；同时有3家协会企业的4个中港合作重大项目在活动期间签署合作协议。

（北京信息化协会）

【承担北京市信息化专家委秘书处工作】 2010年年内，北京信息化协会承担着北京市信息化专家咨询委员会（简称专家委）秘书处的日常工作，通过发挥协会的纽带作用，将政府、专家与企业三方连接起来，充分发挥专家委对政府决策咨询及行业应用指导的作用，共同推进北京的信息化建设。专家委充分发挥层次高、专业精、联系广的优势，为北京信息化发展战略规划、政策法规的制定提供有力的支撑；为北京市重点工作的信息化保障提供决策咨询；为北京市信息化发展提供决策支持。共组织各种专家建议、咨询、评审会议 21 场，提供咨询 100 多人次，并团结一大批专家为北京市服务。特别是电子政务运维管理、移动电子政务建设、医疗改革、大型建设项目，从项目调研、方案的制定和实施，重要信息系统建设的论证和评估，以及应对信息化急、难、险、重问题等，专家委都发挥重要作用。

（北京信息化协会）

北京软件行业协会

【简介】 2010 年年内，北京软件行业协会以及下设的金融软件及信息产品分会、过程改进分会、益智与娱乐软件分会等 12 家分支机构，为2,000余家软件信息服务企业提供价值服务。加强会员沟通，服务企业。北京软协年内增加会员 89 家，总数已达 520 家。举办沙龙活动 8 次，内容涉及企业知识产权、财税管理、安全管理等，参会人数 400 余人，合作范围包括律师事务所、知识产权顾问公司、软件人才网、卡耐基等。推荐 10 家会员企业申报《2010 中国工业软件案例精选集》评选，其中北京三维力控科技有限公司、金蝶软件（中国）有限公司北京分公司的案例成功入集。编辑《北京软件与服务》免费刊物 6 期，发放范围覆盖相关政府部门、协会沙龙活动以及协会会员企业、合作单位、各地兄弟协会等。北京软协投融资委员会成立，北京华软投资董事长唐敏当选首届主任委员。北京银行和北京软协签署战略合作协议，向北京软件和信息服务业综合授信 100 亿元人民币。开展国际交流活动。年内，北京软协组织会员企业参加 NASSCOM 印度（国际）软件及服务业领袖大会、第十四届北京·香港经济合作研讨洽谈会、第三届海峡两岸科技与产业论坛暨第十三届京台科技论坛等活动。在第十四届京港洽谈会期间，北京软协做北京软件和信息服务业向云计算迈进的主题报告，为国内外同行阐述未来北京软件信息服务业的发展方向，华胜天成、文思创新及超图 3 家会员企业成功签约。在第三届海峡两岸科技与产业论坛暨第十三届京台科技论坛期间，举办两岸信息服务产业论坛，并与中华资讯软体协会签署两岸软件行业协会战略合作协议。

（杨彩云）

【第三届优秀软件构件库评选颁奖大会召开】 2010 年 1 月 6 日，北京软件行业协会举办第三届优秀软件构件库评选颁奖大会。北京软协会长华平澜、国家 863 计划专家组专家、北京大学信息科技学院院长梅宏教授、科技部、北京软件产品质量检测检验中心市科委等政府领导和行业专家出席颁奖典礼。北京软件产品质量检测检验中心副主任吴铸成主持颁奖典礼。来自北京超图、神州数码、北京宝迪、鸿合科技、金山软件、深蓝创娱等 20 家企业和北京大学、北京工业大学、北京林业大学、华北电力大学、中国石油大学、北京交通大学六所院校的数十款优秀构件从提交的两百余个构件中脱颖而出。

（杨彩云）

【参加印度软件及服务外包 NASSCOM 大会】 2010 年 2 月 3 日—10 日，北京软件行业协会应印度全国软件与服务公司联合会（NASSCOM）的邀请，组织博彦科技、神州数码工程院、江苏如皋软件园管理委员会、旭天发展有限公司、紫星信息技术有限公司、软通动力共 6 家企业 13 人。大会期间，代表团与 NASSCOM 副总裁 AMEET 先生进行现场交流，并邀请该协会组织印度企业于来京洽谈合作。

（杨彩云）

【知识产权战略应用专题培训班举办】 2010年5月28日，北京市知识产权局主办，北京软件行业协会承办的“知识产权战略应用专题培训班”活动在北京裕龙国际酒店举行，来自各企业分管知识产权的领导和知识产权工作人员50余人参加培训活动。

（杨彩云）

【参加第十四届中国国际软件博览会】 2010年6月1日—3日，北京软件行业协会组织北京软件企业代表“北京软件”参加第十四届中国国际软件博览会。专门设立北京软件产业展示区展示北京软件成果。期间共组建北京软件主展台1个，北京企业展台32个，展出面积达到600平米，共向软件企业发放参观票6,000多张。软博会期间组织两场重要会议“中国软件过程生产力十年国际论坛”和“中国IT服务管理论坛”，参加人数超过400人。展示北京软件成果和新兴产业基地，企业展台涵盖全球软件技术与发展趋势、企业管理、行业解决方案、应用软件、系统软件、云计算、SaaS、动漫游戏、信息安全服务、物联网展示等丰富内容。北京展团受到各界领导关注，北京市经济和信息化委员会主任朱炎、副主任阎冠和及软件和信息服务处处长姜广智、原工信部软件和信息服务业司司长赵小凡等领导先后参观北京软件展区，并对北京软件展台的布展和接待工作给予肯定，对今后的参展和宣传工作也寄予更高的要求和厚望。法国、芬兰等国外机构的代表、上海、成都、广东等行业协会及园区代表、各地软件企业及用户代表等到北京软件展区参观、询问，他们对北京软件与信息服务业的国内龙头地位给予充分肯定，同时希望得到北京企业的大力支持，以带动兄弟省市软件产业的共同发展。

（杨彩云）

【丹麦投资促进局到访】 2010年7月13日—16日，丹麦投资促进局到访北京软件行业协会，协会接待并安排丹麦投资促进局代表访问北京暴风网际科技有限公司、文思创新软件技术有限公司、北京瑞友科技股份有限公司、北京软通动力信息技术有限公司，为会员企业开拓欧洲市场提供平台，增强与国际经验交流。

（杨彩云）

【第五届五次会长扩大会召开】 2010年7月29日，北京软件行业协会第五届五次会长扩大会召开。会议由第五届理事会会长华平澜主持，在企业家发言阶段委托换届选举工作组副组长刘志硕主持。姜广智、周明陶、雷军、邵凯、费振勇、贾栋、曾良、马强、朱鹏、符庆明等副会长及代表到会。北京市经济和信息化委员会主任朱炎和副主任阎冠和，企业家及专家等特邀到会。会议围绕协会换届选举改革工作，听取与会领导和企业家意见和建议。

（杨彩云）

【印度NASSCOM协会代表团到访】 2010年8月16日，印度NASSCOM协会代表团到访北京软件行业协会。同时，协会与北京服务外包协会主办“中印软件产业圆桌会议”，北京市经济和信息化委员会领导、会员13家企业共60余人参加。

（杨彩云）

【北京软件行业协会投融资委员会成立】 2010年11月30日，北京软件行业协会投融资委员会成立大会举行，北京华软投资董事长唐敏当选首届主任委员。当日，北京银行和北京软件行业协会签署战略合作协议，向北京软件和信息服务业综合授信100亿元人民币。会议由北京软件行业协会执行会长刘志硕主持，北京市社会团体管理办公室处长王大川、北京市经济和信息化委员会副主任万新恒、北京银行行长严晓燕，北京软件行业协会第六届理事会会长、用友软件股份有限公司董事长王文京、北京软件行业协会秘书长龙飞等出席大会，来自市社团办、市文化创意产业促进中心、投融资机构及软件信息服务企业等单位的 80 余人参加会议。

（杨彩云）

【与日本冲绳县政府洽谈】 2010 年 12 月 1 日，日本冲绳县政府仲里和之、玉城恒美、金城达雄等一行 4 人来北京软件行业协会洽谈合作事宜。希望在园区合作、人才培养、业务互补、企业引进等方面进行合作探讨。通过与冲绳的软件企业合作，在冲绳建立人才实训基地和业务接包拆分平台，构建 “北京—冲绳—东京”外包商业模式。通过初级人才由北京到冲绳到东京、业务由东京到冲绳到北京的大循环，实现北京对日软件外包产业的快速发展。

（杨彩云）

【参加第十三届京台科技论坛】 2010 年 12 月 13 日至 20 日，受市台办委托，在是经济信息化委领导的指导下，北京软件行业协会由第六届理事会会长王文京带队，组织用友软件、博彦科技、中软等 18 家会员企业及相关机构代表一行 21 人赴台湾参加第十三届京台科技论坛。期间与台湾中华资讯软体协会共同主办“两岸信息服务产业论坛”，参与承办“云端计算产业高峰论坛”，期间签署“交流合作框架协议”，为未来两岸软件产业间的合作奠定基础。在台期间，代表团还访问电电公会、纬创公司、新竹科学园区。活动增进两岸的相互沟通与解，为两岸企业间的合作起到积极的促进作用。

（杨彩云）

【2010 年双软认定工作完成】 2010 年年内，北京市共登记软件产品 2,536 件，软件产品续延登记 307 件，进口软件产品登记 39 件（注：2009 年以前，进口软件产品由中国软件行业协会认定，2010 年开始转由地方协会认定）；新认定软件企业 803 家，软件企业年审通过 2,655 家。1999 年至 2010 年年底，累计软件产品登记 18,104 件，软件产品续延登记 1,031 件；累计认定软件企业 6,863 家，累计年审软件企业 15,959 家/次。

（杨彩云）

【知识产权战略应用专题培训班】 2010 年年内，针对软件企业知识产权保护意识相对薄弱、手段单一的特点，北京软件行业协会协助北京市知识产权局，与北京峰荟财智知识产权顾问有限责任公司合作举办知识产权战略应用专题培训班，50 余位企业负责人参加培训。通过切合企业实际情况，深入浅出的讲解，为企业更好实施知识产权战略具有积极的促进作用，对提高企业的知识产权管理和运用能力有很大的帮助，得到广大会员企业的一致好评。

（杨彩云）

【北京市著名商标认定推荐】 2010 年年内，北京软件行业协会协助北京慧点科技开发有限公司、北京金和软件股份有限公司、北京九恒星科技股份有限公司、北京中科汇联信息技术有限公司 4 家会员企业成功申报北京市著名商标。

（杨彩云）

【《2010 中国工业软件案例精选集》案例推荐】 2010 年年内，为协助会员企业做好产品宣传工作，为广大工业企业用户工业软件项目规划与选型提供帮助，推荐 10 家会员企业申报《2010 中国工业软件案例精选集》评选，其中北京三维力控科技有限公司、金蝶软件（中国）有限公司北京分公司的案例成功入集。

（杨彩云）

北京民营科技实业家协会

【简介】 2010年年内，北京民营科技实业家协会发展会员企业，开展有层次的企业服务。新发展会员91家，现有会员共517家；建立石景山、小企业服务楼等分会及合作伙伴2家，现共有分会及合作伙伴4家。协会全年走访会员企业102家，编制并发放2010年科技政策信息解读汇编，并邀请市政协、市科协、中关村管委会等部门领导赴协会及会员企业进行调研和座谈活动。全年举办“双月沙龙”、“中小企业恳谈会”、“科技企业网络招聘会”等各类专题活动107场，参与企业4,500余家，9,000余人次。承接政府委托项目成效显著。北京民协作为承担单位组织召开五次政府采购中关村自主创新产品示范项目签约大会，并通过举办政策宣讲会、走访委办局和企业等为企业争取优惠政策、改善政策环境。在中关村国家自主创新示范区企业家顾问委员会第一次全体会议上，北京民协成为顾委会秘书处单位。协会承担的政府委托项目“中关村开放实验室”进一步扩大，挂牌实验室年内增加25家，总计已达84家；且开展2010年度中关村开放实验室技术攻关和检测类项目的受理和评审工作。其中，检测869项目项，服务244家企业，同比增长47%，申报项目数26项，同比增长81%。启动重大项目信息挖掘、收集、上报、跟踪机制，共汇集150个项目，并推荐24个重点项目。发挥自身优势，联合各方力量。年内，中关村企业家天使投资联盟完成二次出资，并吸收俞敏洪、尹卫东、刘志硕等知名企业家、投资人以及石景山投促局的加盟。全年，联盟受理项目101个，新增投资项目2个，并制定《关于发起人个人借用联盟平台投资项目的试行办法》，探索投资新模式。实施“雏鹰500创业助推计划”，组织“一对一辅导”师生见面会和“创业成长沙龙”。中关村企业家商事调解中心成立，累计调解案件80起，成功63起，且调解成功的案件当事人均自动履行调解协议。中心共组织五场“法律·商业”沙龙系列活动，并与海淀区司法局、上地街道合作，成立上地地区企业商事纠纷专业调解委员会。理论研究中心在完成政府委托的多项研究课题的同时，基于协会自身发展需要，完成“协商会组织如何承接政府职能转移”、“社会组织的创新及发展研究”等课题，并提交全国政协提案六项，向全国人大、市工商联、中关村管委会等部门提交提案及建议十余篇，出版三期《北京民营企业情况反映》。加大宣传深度和广度。协会内刊《动态》全年出版11期，文字量超过55万字，原创比例超过70%；协会网站再次改版，月平均访问量为7,000余次；通过举办“文友沙龙”活动，加强与企业的沟通；加大与各相关媒体的信息沟通与交流，全年各类媒体见稿260余篇。北京民协先后荣获全国先进社会组织、中国自主创新杰出贡献奖、中关村协会组织工作优秀奖及信息工作优秀奖等多个荣誉奖项。

（尹玲利）

【“2009亚太杰出商业领袖”评选结果揭晓】 2010年1月5日，由路透社主办的“2009亚太杰出商业领袖”评选结果揭晓。北京民协名誉会长、联想控股有限公司董事长柳传志因为联想未来的国际化战略重新灌注动力，帮助联想在短期内实现危机后的首次扭亏为盈而荣获“2009年度亚太杰出商业领袖奖”。

（尹玲利）

【企业家商事特邀调解员年度交流会举行】 2010年1月19日，“企业家商事特邀调解员年度交流会”在海淀法院举行。海淀法院、北京民协、上地法庭等有关领导及15位企业家商事特邀调解员出席。本次会议旨在为不断提升、深化推企业家商事特邀调解员工作，加强调解员之间以及调解员与司法部门之间的交流和沟通。会上，北京民协提出希望在法院的指导下建立“中关村企业家商事调解中心”，面向社会提供调解服务，将原有企业家个体化的调解工作纳入组织机制。

（尹玲利）

【海外事务委员会“非洲专场”活动举办】 2010年1月29日，北京民协、中非民间商会主办的“海外驻京机构与中关村企业面对面系列活动之非洲专场”在北京翠宫饭店举行。本次活动主题为“新希望、新机遇，走进非洲”。中国非洲问题研究会、卢旺达驻华使馆、乌干达中华同乡会等有关领导、专家及时代集团、三一电气有限责任公司、北京创毅力视讯科技有限公司等近30余家企业代表参加。会议就非洲的经济发展状况、商贸环境，中非合作现状，中非文化差异、中国企业的投资机会等话题展开演讲。与会企业还结合企业自身业务与嘉宾进行交流。

（尹玲利）

【获“全国先进社会组织”称号】 2010年2月26日，民政部召开的“全国先进社会组织表彰暨社会组织深入学习实践科学发展观活动总结大会”在北京人民大会堂举行。会上，北京民营科技实业家协会等来自全国各省市的595个社会组织获得全国先进社会组织的荣誉称号。

（尹玲利）

【北京民协获市科协表彰】 2010年3月4日，“2011年北京市科协系统工作会”在京民大厦召开。会议表彰2010年度北京市科协系统信息工作先进集体和先进个人、优秀建议、文明单位等。北京民协会被评为“2009年度北京市科协系统首都文明单位”、“2009年度北京市科协系统信息工作先进单位”，三项建议被评为“优秀建议”，调研部王振平获得“2009年度北京市科协系统优秀信息工作者”称号。

（尹玲利）

【建设中关村私募股票市场的交流座谈会召开】 2010年3月19日，北京民营科技实业家协会召开“建设中关村私募股票市场的交流座谈会”。国务院发展研究中心、北京民协、中关村海淀园战略发展研究中心等有关领导、专家出席。会议介绍由北京民协牵头，联合业内专家、专业机构完成的“中关村私募股票交易中心可行性”专题研究。会上，与会专家对该课题研究的创新性、突破性给予充分肯定，并结合自身理论和实践经验分别从推动市场建设的落实、完善市场的建设方案、规避市场风险等角度对建设中关村私募股票市场给出参考性意见和建议。来自北大法学院、北大金融与产业中心、中美桥梁资本、中咨博英投资、邦信阳律师事务所、北京股权投资基金等单位的近十位专家和代表参与座谈，活动由时代集团总裁、北京民协会长王小兰主持。

（尹玲利）

【中关村开放实验室政策宣讲会举办】 2010年3月25日，由丰台园科技创业服务中心和北京民营科技实业家协会联合主办的“丰台园生物医药企业座谈会暨中关村开放实验室政策宣讲会”在北京国际企业孵化中心召开。京卫药业、世纪博康等15家企业生物医药企业代表参会。会上，丰台园管委会介绍园区以及丰台园孵化器网络共享实验室的整体情况，中关村开放实验室办公室介绍与开放实验室相关的补贴政策、服务机制、平台架构等情况，并与企业代表共同探讨生物医药领域发展现状和亟待解决的一些问题。

（尹玲利）

【“双月沙龙”第一期举行】 2010年4月15日，北京民协主办的双月沙龙第一期在翠宫饭店举行。北京民协会长王小兰及大北农集团董事长邵根伙、北京华讯集团董事长戴焕忠、北京绿创环保集团董事长姜鹏明等10余位企业家参加。会议围绕资本市场这一主题，就企业上市的筹备、技巧等问题进行讨论。该沙龙是北京民协在会长工作会的基础上，应和企业家的建议，推出隔月一次的企业家闭门专题会议。

（尹玲利）

【第八期创业成长沙龙举办】 2010年4月27日，北京民协中关村企业家天使投资联盟与《首席财务官》杂志社联合主办的“雏鹰500创业助推计划之创业成长沙龙”第八期在北京翠宫饭店举行。本期主题为“创业企业与融资决策”。《首席财务官》杂志社出版人兼总编辑田茂永、清华紫光集团总裁张本正等专家、企业家参加。与会专家从企业融资的流程、前期准备、融资期间的注意事项、融资路演准备、融资过程中创业者的常见误区及投融资活动中的潜价值分析等做讲述。与会企业家从企业家的实战角度出发介绍创业的经验和体会。共28人参加此次活动。

（尹玲利）

【软件企业高层沙龙 “物联网”主题活动举行】 2010年5月19日，北京民营科技实业家协会和北京软件行业协会联合主办的以“洞悉物联网发展，把握经济制高点”为主题的软件企业高层沙龙在翠宫饭店举行。北京同方软件股份有限公司、北京四方继保自动化股份有限公司、经纬创投等有关专家参加。与会专家分别以“物联网产业链技术应用和业务模式全景揭秘”、“物联网技术在电力自动化领域的应用”、“风险投资与物联网”为主题发表演讲。与会者就物联网技术的发展方向、技术运用范围、产业化推进模式等关心的问题与专家交换意见，并对下一阶段物联网的发展提出建议。近三十人参加此次沙龙。

（尹玲利）

【“中关村100”企业家俱乐部成立】 2010年6月5日，“‘中关村100’企业家俱乐部（暂名）成立会议暨企业做强做大闭门研讨会之用友专场”在用友集团召开。中关村管委会有关领导及联想集团董事长柳传志、时代集团总裁王小兰、用友软件股份有限公司董事长王文京等18位企业家及投资家出席。会议讨论俱乐部章程、建设方向以及2010年活动方案等，并以用友软件股份有限公司为案例，对企业如何做大做强展开研讨。该俱乐部由中关村国家自主创新示范区企业家顾问委员发起成立，柳传志任理事长。俱乐部的活动采取企业闭门研讨会形式，参会人员主要包括顾委会理事、特邀理事及种子企业的企业家本人。研讨会每次针对不同企业案例，目的在于促进中关村企业做大做强，促进种子企业之间的沟通，并希望在做大做强方面形成政策建议。

（尹玲利）

【全国政协召开“提案”办理协商会召开】 2010年6月10日，由全国政协提案委员会、全国政协教科文卫体委员会召开提案办理协商会。此次协商会专门针对全国政协会员、北京民协会长王小兰在今年全国“两会”提交的《关于支持中关村国家自主创新示范区“先行先试”的提案》、《关于中关村建设私募股票交易市场的提案》召开的。王小兰委员做提案发言，中关村管委会、以及提案承办单位代表发言，介绍针对以上两个提案的落实情况。在《关于支持中关村自主创新示范区“先行先试”》的提案中王小兰提出，建议将中关村国家自主创新示范区建设纳入国家“十二五”国民经济和社会发展规划纲要，并在党中央和国务院年度工作中予以阶段性的总结和部署。在《关于中关村建设私募股票交易市场》的提案中王小兰提到，要在中关村代办股份转让的基础上，支持在中关村国家自主创新示范区建立全国统一的场外交易市场。

（尹玲利）

【教育信息化自主创新产品亮相“政采”推介会召开】 2010年6月21日，由市发改委、市教委、中关村管委会联合主办的“中关村教学设备暨教育信息化自主创新产品推介会”在北京会议中心召开。市教委系统四十余所大中院校设备购置和资产管理负责人，十八区县教委设备和信息中心负责人，以及联想、汉王、中星微等七十余家中关村高科技企业作为采购供需方参加。推介会展示北京京师励耘教育科技有限公司的“学生综合素质评定系统及教师专业发展支撑系统”、北京九华互联科技有限公司的“校园数字环境方案”等中关村企业在教学设备、教育信息化领域的自主创新成果。会上，各区县教委和学校采购代表与企业进行交流，有六家单位达成初步采购意向。

（尹玲利）

【知识产权一站式服务平台启动】 2010年8月17日，中国技术交易所主办的“知识产权一站式服务平台启动暨指导委员会和专家委员会成立仪式”在中国技术交易大厦举行。来自科技部、国知局、工信部等相关部门，市科委、市知识产权局中关村管委会等部门和海淀区分管领导，以及中技所股东单位、会员单位、战略合作伙伴和媒体的领导和嘉宾约150人参加。知识产权一站式服务平台（Intellectual Property One-stop Service，简称“IPOS平台”）由中技所联合北京大学知识产权学院、知识产权出版社、北京东方灵盾及数十家会员机构共建，汇聚知识产权咨询、检索、法律、评估、培训等中介服务资源，为政府及社会各界提供知识产权数据检索、咨询、交易和商用等服务。该平台共分六个层次，第一层为包括98个国家和地区的专利数据的原始知识产权数据库；第二层是为客户进行深加工的知识产权数据库，也可以为客户提供数据库定制服务；第三层是提供知识产权服务的支撑能力层；第四层为包括十项子平台的知识产权交易平台；第五层是为客户提供知识产权交易服务的交易服务层；第六层为信用评价层。仪式上，成立由相关部委司局和北京市相关委办局分管领导联合组成的“IPOS平台业务指导委员会”以及由中国科协书记处书记张勤牵头组成的“专家委员会”，北京民协、台达电子、汤森路透等12家机构与中技所及IPSO平台签署战略合作协议。

（尹玲利）

【“中关村企业家商事调解中心”揭牌】 2010年8月18日，海淀法院与北京民营科技实业家协会共同主办的“中关村企业家商事调解中心揭牌暨企业家商事特邀调解员续聘仪式”在海淀法院举行。市科协、市工商联、海淀法院、北京民协等有关领导及十一位特邀调解员出席。仪式上，十八位企业家被续聘为中关村企业家商事调解中心特邀调解员。该中心作为常设调解机构，将继承企业家商事特邀调解员制度的运行模式，在海淀法院上地法庭和北京民协各设一间专用调解室，开展日常工作。调解中心成立后，企业家调解员将根据《调解规则》开展诉前、诉中调解，运用多种渠道、多种模式、多种方法解决纠纷、化解矛盾，减轻当事人的讼累，节省司法资源，降低诉讼成本。

（尹玲利）

【“瞪羚计划”首批重点培育企业民协会员入选】 2010年8月20日，市发改委、市科委、北京市经济和信息化委员会、中关村管委会主办的“2010年中关村国家自主创新示范区高科技高成长企业‘瞪羚计划’工作启动大会”在北京会议中心举行。会上，公布中关村示范区“瞪羚计划”首批525家重点培育企业名单。其中，北京民协66家会员企业入选，分别是：新奥特（北京）视频技术有限公司、高德软件有限公司、北京格林威尔科技发展有限公司等45家电子信息类企业；北京绿伞化学股份有限公司、北京绿创环保设备股份有限公司、永港伟方（北京）科技股份有限公司等6家能源环保类企业；北京万泰生物药业股份有限公司、北京康比特体育科技股份有限公司、北京科信必成医药科技发展有限公司等九家生物工程及新医药类企业；北京华环电子股份有限公司、北京品傲光电科技有限公司、北京麦邦光电仪器有限公司等六家先进制造类企业。

（尹玲利）

【北京民协与石景山区签署合作协议】 2010年9月2日，“石景山区与北京民营科技实业家协会合作签约仪式”在北京万商花园酒店举行。石景山区有关领导及北京民协会长王小兰等出席。会上，双方签署《北京市石景山区投资促进局与北京民营科技实业家协会合作框架协议》。根据协议，双方将通过合作，将北京民协企业、人才、技术和信息资源优势，与石景山区政策、项目、市场和管理优势相结合，共同推动企业的升级、区域科技创新与经济建设。

（尹玲利）

【企业上市和资本运作深度研讨会举办】 2010年10月22日，北京民营科技实业家协会、中国资本运营研究中心、北京CFO发展中心和亚盛投资共同主办的企业上市和资本运作深度研讨会在北京华贸中心举行。北京民协以及爱国者数码科技、北京佳讯飞鸿等会员企业代表参加。会上，与会代表围绕“选中小板还是创业板”、“传统产业如何上市融资”、“创业板企业投入产出比”等展开探讨。近百人参加此次会议。

（尹玲利）

【法国“世界企业家”大奖颁发】 2010年11月4日，法国里昂商学院和毕马威会计师事务所联合举办的“2010世界企业家论坛”在法国里昂举行。会上，联想集团董事局主席柳传志获该论坛颁发的“世界企业家”大奖。评审团认为柳传志获奖理由是他们对联想在过去20多年的发展历程感到印象深刻。在柳传志的领导下，这家基于中国的公司变成一家国际公司，这一过程展现柳传志的创业能力、领导素质，以及全球视野。更为重要的是，联想是正在全球崛起的“中国企业”的一个绝佳代表。“世界企业家”奖项每年只有一个，用以表彰在全球范围内有创业成就、对社会作出杰出贡献的典范性人物。

（尹玲利）

【“国美电器控制权之争对家族企业治理的法律启示”举行】 2010年11月12日，北京民营科技实业家协会主办的北京民协培训专业委员会实战讲堂之三——“国美电器控制权之争对家族企业治理的法律启示”举行。来自高朋律师事务所的专家以国美电器控制权之争为切入点，围绕法律体系中对股东权益的相关条款，以及企业如何在发展过程中规避风险等内容展开讲解。北京民协和北京瑞友科技股份有限公司等三十余位企业代表参加，并围绕相关话题展开讨论。

（尹玲利）

【上地地区企业商事纠纷专业人民调解委员会成立】 2010年12月8日，“上地地区企业商事纠纷专业人民调解委员会成立仪式”在北京辉煌国际大酒店举行。市司法局、海淀区司法局、海淀区人民法院、北京民协等有关领导出席。该委员会由北京民营科技实业家协会与海淀区司法局、上地街道联合成立，是北京市第一家商事纠纷调解委员会，旨在通过强化培训、规范管理，使企业家调解员在发扬专业调解优势的基础上，熟练运用法律手段开展调解工作。委员会将聘请在地区商界中具有较高知名度和丰富商业运营经验的企业家作为特邀调解员，委托他们对商事案件进行调解。会上，周明陶、戴焕忠、郑忠秀等18位企业家商事特邀调解员被聘为人民调解员并被授予证书。

（尹玲利）

网络媒体协会

【简介】 北京网络媒体协会成立于2004年10月26日，是依法在北京登记注册并提供互联网信息服务的机构及相关的教学、科研等机构与个人自愿联合发起成立，是经北京市社会团体登记管理机关核准登记的非营利性社会团体。现任会长是北京市互联网宣传管理办公室常务副主任佟力强，现有会员104个，大部分是团体会员。本协会接受业务主管单位中共北京市委宣传部、社会团体登记管理机关北京市民政局的业务指导和监督管理。

【“妈妈评审团”参观网易】 2010年4月16日，北京网络媒体协会组织20余位“妈妈评审团”成员走进网易。“妈妈评审团”成员首先与网站管理层及网站编辑进行座谈，“零距离”解网站的运作流程、选稿规则、审核程序以及网站是如何维护安全、健康的上网环境。随后妈妈们还参观网易公司各个频道的工作平台，现场观摩编辑们的工作流程。妈妈们表示，深入网站内部参观、座谈、交流，不仅增强对网站内部如何运作、管理等一系列问题的解，也能使网站人员感受到来自社会监督的力量，增强网站从业人员的责任感，更好地维护网络文明环境，希望今后能够多参与这样的活动，为净化网络环境贡献自己的力量。

（北京网络媒体协会）

【召开“如何引导青少年安全健康上网”研讨会】 2010年7月23日，北京网络媒体协会组织“妈妈评审团”就“暑期如何引导青少年安全健康上网”召开研讨会。会上，青少年教育专家、知名门户网站负责人、“妈妈评审团”成员共同对暑期如何利用网络进行深入的交流和探讨。“妈妈评审团”成员普遍反映能在暑期来临之时和相关专家、网站代表就孩子健康上网话题进行面对面交流。

（北京网络媒体协会）

【春节民俗大型网络活动举办】 2010年2月6日至2月28日，北京网络媒体协会携手第一视频、搜狐、网易、千橡互动（人人网、猫扑网）、凤凰网、TOM网、千龙网、新浪网、百度九家网站，共同举办“风景这边独好 · 虎年网络大过年”春节民俗大型网络活动。活动采用八个民俗主题日，八家网站接力主办的方式在线进行，自2月6日（农历小年）活动正式上线，至2月28日（农历正月十五）下线，历时二十二天，八家网站专题点击量突破2亿6千万次，独立IP超过两千万，据不完全统计，境外独立

IP 接近四百万，收到各类互动征集作品包括博客、图片、视频在内几千件，收到各类网民留言祝福 1,548 万余条。

（北京网络媒体协会）

【社会招募网络监督义务志愿者工作】 2010 年 5 月 14 日，北京网络媒体协会启动本年度面向社会招募网络监督义务志愿者工作。网络监督义务志愿者将定期接受北京网络媒体协会指导，利用业余时间监看北京属地网站出现的不文明言论、违法和不良信息，通过登录网络监督义务志愿者工作平台、不定期参加会议等方式向北京网络媒体协会提出意见、建议。志愿者招募工作自 2006 年启动以来，得到社会各界的大力支持。

（北京网络媒体协会）

【"希望厨房 2010 公益行"活动举办】 2010 年 6 月 7 日至 20 日，北京网络媒体协会携手新浪、搜狐、网易、千龙网、中华网、第一视频、凤凰网、人人网八家网站共同参与"希望工程营养健康计划——希望厨房 2010 公益行"活动。活动分为前期网络宣传和考察团实地考察两部分，自 6 月 7 日活动正式上线，至 6 月 20 日下线，8 家网站专题点击量达 1,300 多万；网站还派出编辑随考察团前往青海、内蒙、云南希望小学进行考察，并在专题中对考察结果进行实时更新。

（北京网络媒体协会）

【网上征文和知识竞赛活动】 2010 年 8 月 19 日，由全国 195 家网站共同发起的"文明上网，共建和谐"网上征文和知识竞赛活动在北京启动，北京网络媒体协会"妈妈评审团"代表刘岚女士受邀出席启动仪式并代表"妈妈评审团"发言，希望活动能带动更多公众参与，共同维护网络的和谐与健康。

（北京网络媒体协会）

【打击互联网和手机媒体传播淫秽色情信息专项行动表彰会召开】 2010 年 11 月 22 日，全国"扫黄打非"工作小组在北京举行"打击互联网和手机媒体传播淫秽色情信息专项行动表彰会"，对在专项行动中作出突出成绩的 131 个单位和 202 名同志予以表彰。北京网络媒体协会"妈妈评审团"获得"打击互联网和手机媒体传播淫秽色情信息有功集体"荣誉称号。

（北京网络媒体协会）

北京通信信息协会

【简介】 北京通信信息协会成立于 1987 年，是全国唯一一家涵盖通信、信息两大领域的行业协会，具有 5A 级行业协会资质。协会历届领导都由德高望重的通信信息领域专家担任，有北京邮电大学校长叶培大教授、总参谋部通信部原副部长杨千里教授、中国科学院院士简水生教授、邮电部原总工程师钱宗珏教授、北京邮电大学原校长林金桐教授、北京邮电大学副校长张英海教授。协会拥有大批知名企业、高等院校和科研单位会员，云集大批著名学者和青年专家，会员产值占通信信息产业的 90% 以上。协会服务宗旨是服务会员、服务行业、服务政府；成为企业之家，助力企业发展。协会跟踪全球信息通信技术与产业发展动态，在开展政策研究、标准制定的同时，积极促进行业发展，推进信息技术的创新应用。包括移动电子政务应用、无线城市建设、三网融合研究、物联网创新应用、云计算推进、信息基础设施提升、智能卡应用、电子商务、中小企业信息化、"十二五"发展规划等。协会不断提升影响力，在行业中具有号召力、凝聚力，定期组织大型品牌活动，包括信息城市高层论坛、智慧城市高层论坛、京台科技论坛、两岸通讯产业合作及交流论坛、京港交流与合作论坛、科博会、信息社会日主题活动及一系列专题座谈、研讨、考察等活动。协会“立足北京、面向全国、放眼世界”，富有朝气、充满热情，携手全体会员和专家，为日新月异的信息通信产业的健康发展贡献力量。协会分支机构：光电光通信专业委员会、IPV6 专业委员会、3G 产业联盟、中日物联网推进联盟、移动电子政务产业联盟。

（北京通信信息协会）

【“北京智能卡规划”编撰】 2010 年 4 月，北京通信信息协会完成《北京智能卡、RFID 应用和产业发展现状及推进思路》调研报告的撰写工作。下半年，协会又按主管部门的要求，开展“智能卡/RFID 应用、产业”规划研究，召开两次专家征询意见会，于 12 月中旬完成《北京智能卡/RFID 应用、产业“十二五”规划》。

（北京通信信息协会）

【“北京市镇村企业信息化培训工程”启动实施】 2010 年 4 月，北京通信信息协会制定出《2010 北京市镇村企业信息化培训工程启动方案暨培训大纲和培训计划》。8 月 3 日，北京市经济和信息化委员会召开“北京市镇村企业信息化培训工程”启动仪式。来自海淀区、通州区、丰台区等 14 个郊区县信息化主管、信息化重点企业及媒体代表 120 多人参加启动仪式。启动仪式后，协会为镇村企业信息化培训专门组建的“培训工作组”，在协会庄梓新顾问的率领下，先后到平谷、密云、怀柔、房山、延庆开展信息化需求调查，开展镇村企业信息化培训。共培训 200 来家镇村企业的 300 多名企业领导和管理人员。

（北京通信信息协会）

【3G 产业联盟组建】 2010 年 5 月 13 日，3G 产业联盟（3G Industry Association，简称 3GIA）召开第一届理事会。北京市经济和信息化委员会副主任阎冠和以及 26 个联盟单位代表出席大会。联盟理事会一致推举北京通信信息协会理事长张英海兼任 3G 产业联盟理事长。经理事长张英海推荐，并经联盟成员表决通过，飞象网为 3G 产业联盟理事会的秘书单位，项立刚为联盟秘书长。联盟成立后就迅速展开工作，积极推动促进北京 3G 产业链的形成，加强交流，促进 3G 产业发展。

（北京通信信息协会）

【北京物联网产业规划编制】 2010 年 5 月，北京通信信息协会接受北京市经济和信息化委员会委托，开始组织编撰“北京物联网产业规划实施方案”。初稿完成后，向一些重点企业征集实施方案的修改意见。参加学院大道产业规划及物联网大厦规划项目。协会组织会员单位，积极梳理学院大道产业带的发展布局，研究、规划学院路的规划定位与与实施模式，就学院大道物流配套工程、物联网大厦建设规划、感知大厦改造工程等展开周密的工作。8 月 10 日，在北京邮电大学召开的“物联网大厦建设方案汇报会”上，市委常委赵凤桐认为方案可行。9 月 19 日，“北邮感知大厦建设协议”协议正式签署。

（北京通信信息协会）

【促进北京市信息化基础设施提升】 2010 年 7 月 1 日，北京市经济和信息化委员会、北京市财政局联合发布关于征集北京市 2010 年信息化基础设施提升计划支持项目的公告。北京通信信息协会接受北京市经济和信息化委员会提升办委托，承接全程的组织工作。协会设计项目申报书、建议书等申报文件，并制定专家评审标准，组织申报培训班，在线项目申报。整个工作面向全市共征集到 214 个项目。9 月底前完成全部申报项目的初审、复审以及专家评审工作。12 月中旬，举行项目签约大会。

（北京通信信息协会）

【北京 LBS 产品目录完成】 2010 年 7 月，北京通信信息协会开展北京基于位置的服务（简称 LBS）_重点企业调研工作。通过对北京 LBS 产业链分析，选定 20 余家有代表性、影响力大的 LBS 龙头企业、知名公司为调查对象。9 月开始，协会采用函调、网调、面访、开会等形式，对这些企业展开调研。至 12 月初，有 16 家企业填报“LBS 重点企业调查表”，共为《北京 LBS 产品目录》推荐出 81 项主导产品。这些样板企业涵盖总部设在北京的全部 6 家 LBS 领域上市公司，覆盖 LBS 整个产业链。年底前，《北京 LBS 重点企业调查研究报告》、《北京 LBS 重点企业调查项目工作报告》和“《北京 LBS 产品目录》推荐产品汇总表”已经报送主管部门。

（北京通信信息协会）

【移动电子政务管理平台开通仪式及标准宣贯会举办】 2010 年 8 月 27 日，北京通信信息协会举办“北京市移动电子政务管理平台开通仪式及标准宣贯会”。北京市副市长苟仲文，北京市经济和信息化委员会主任朱炎、副主任俞慈声出席开通仪式，市其他单位领导、十八个区县的领导、三大电信运营商、企业及媒体代表等近两百人参加大会。会上，协会受北京市经济和信息化委员会委托，对“总体技术要求”以及“移动通信平台子规范”、“管理平台子规范”、“移动政务平台服务子规范”、“终端子规范”、“委办局区县信息系统建设子规范”、“信息安全子规范” 等六个子规范做宣讲。

（北京通信信息协会）

【“京港智能城市建设对接交流会”举办】 2010 年 11 月 24 日，由北京市经济和信息化委员会、香港贸易发展局主办，香港特别行政区政府·政府资讯科技总监办公室协办，北京通信信息协会承办的“京港智能城市建设对接交流会”，在香港会议展览中心成功举办。本届交流会以“信息城市建设”为主题，围绕城市管理与公共服务的需求，结合物联网、智慧地球、云计算等重大议题，促进北京和香港“智能城市”的建设。

（北京通信信息协会）

【“2010 信息城市高层论坛”举办】 2010 年 12 月 2 日—3 日，“2010 信息城市高层论坛”在北京亮马河饭店成功举办。工信部科技司韩俊副司长，中科院高技术局孟丹副局长，北京市经济和信息化委员会副主任梁胜出席开幕式并向大会致辞。北京邮电大学副校长、北京通信信息协会理事长张英海主持开幕式。论坛由工信部、中国科学院、北京市人民政府指导，工信部科学与技术司、中国科学院高技术研究与发展局、北京市经济和信息化委员会、中关村科技园区管理委员会联合主办，北京通信信息协会承办，中国移动北京公司，中国联通北京市分公司协办。本届论坛以“新一代信息技术 助力智能城市建设”为主题，围绕智能北京与公共服务的需求，结合物联网、移动互联网、无线城市等重大议题，探讨城市管理科技手段的应用，以促进北京“信息城市”建设。

（北京通信信息协会）

【“第三届海峡两岸科技与产业论坛暨第十三届京台科技论坛”举办】 2010 年 12 月 15 日，第三届海峡两岸科技与产业论坛暨第十三届京台科技论坛在台中市开幕。北京市副市长吉林、市台办办公室主任马玉萍主任马玉萍、北京市经济和信息化委员会主任朱炎、副主任梁胜出席。北京通信信息协会赴台考察团一行 25 人参加。开幕式上，北京世纪东方国铁科技有限公司、中电华通通信有限公司与台湾企业签订合作协议。

（北京通信信息协会）

【参与北京“十二五”规划编制】 2010年年内，北京通信信息协会参与《北京市“十二五”信息化应用及重大信息基础设施建设规划》编制工作。协会组织专家对北京市“十二五”期间信息化及重大信息基础设施建设规划进行深入研究。

（北京通信信息协会）

【助力北京世界城市建设】 2010年年内，北京确立未来世界城市的建设目标，为此北京提出将建设昌平科技新城、丽泽功能区等六大功能区。针对这六大功能区规划和定位，北京通信信息协会接受市里有关委办的委托，特别组织来自新加坡、IBM、思科、中兴、电信研究院等的专家对功能区规划进行评审，并深入到各功能区进行调研，并提出具有建设性建议和意见，指导规划的制定，为六大功能区实现国际一流的信息基础设施建设提供保障服务。

（北京通信信息协会）

【助力“感知北京”战略的实施】 2010年年内，征集、评审第二批物联网示范项目，调研追踪第一批项目。北京通信信息协会接受北京市经济和信息化委员会科技和标准化处、社会经济处等主管处室委托，继续承担物联网第二批示范项目征集任务。协会组织专家制定《2010“感知北京”物联网第二批示范项目评审方案》、“感知北京第二批物联网示范项目专家评审打分表”、物联网示范项目评选填报书等文件。

（北京通信信息协会）

【北京移动电子政务平台建设及应用推进】 2010年年内，北京通信信息协会推进北京移动电子政务平台建设及和应用，组织修订六个子规范。1月7日，协会组织召开移动电子政务平台建设方案工作会，北京移动、北京联通、北京电信、北京数字认证中心、首信公司分别在会上介绍建设方案思路，协会“移动电子政务平台项目组”成员、电信研究院袁琦高级工程师代表项目组提出指导意见，并负责制定方案提纲及汇总方案。时任北京市经济和信息化委员会电子政务处处长童腾飞出席会议。

（北京通信信息协会）

【北京信息化基础设施提升计划支持项目推进】 2010年年内，北京通信信息协会接受北京信息化基础设施提升办委托参与“北京信息化基础设施提升计划”的有关工作。重点开展国内外信息化基础设施建设方略、进程和国家信息产业相关政策汇总、分析，研究“北京信息化基础设施提升计划”推进机制；优化北京信息化基础设施提升的主要任务和指标体系；精心设计出“项目申报书”、“评估文件”。

（北京通信信息协会）

产业联盟

【中国云计算技术与产业联盟成立】 2010年1月22日，中国云计算技术与产业联盟（China-CloudCo-mputing Technology and Industry Alliance，CCCTIA）在京宣布成立。该联盟由中国电子学会发起，中国移动集团公司、中国电信集团公司、中国联合网络通信集团有限公司等近40家相关机构共同倡议成立，旨在推进云计算技术创新与产业发展；促进联盟成员间信息沟通、业务合作、经验交流和行业自律等；推动并参与云计算国际、国家或行业标准制定；推进云计算技术应用与实施。[1]

（罗灵）

1《中关村国家自主创新示范区年鉴》。

【数字视频产业技术创新战略联盟成立】 2010年6月22日，“数字视频产业技术创新战略联盟发起单位成员大会”在新奥特科技大厦召开。联盟是由北京东方雍和国际版权交易中心、新华社技术局、新奥特集团、中科院自动化所等11家数字视频领域的骨干企业和科研院所发起成立的，旨在从社会进步和市场需求出发，面向三网数字视频用户，研发、创建产业链各环节必需的高效、规范、安全、拥有自主知识产权的系列化高科技业务支撑服务平台，以此实现基于数字视频内容分析与集成、数字版权管理技术为支撑的数字内容制作包装、存储管理、集成交易、分发配送、运营服务等系列化产品与服务，提供高性能系列化产品、工具与服务。[1]

（赵午卓）

【中关村云计算产业联盟成立】 2010年7月9日，中关村云计算产业联盟成立大会在京仪大酒店举行。市委常委赵凤桐、副市长苟仲文出席，并为中关村云计算产业联盟揭牌。中关村云计算产业联盟由联想、用友、金山、百度、赛尔网络、神州数码等18家单位发起成立。[2]

（陈宝德）

中关村物联网产业联盟

【简介】 中关村物联网产业联盟成立于2009年11月1日，由中关村物联网产业链上下游具有优势的40余家机构共同发起组建。其目的在于借此加强企业间的协作、创新与联动，促进物联网成员单位与政府的互动，整合、协调优势资源，促进中关村地区物联网产业的发展壮大。清华同方股份有限公司成为理事长单位，北京移动、北京邮电大学、中科院软件所、北京交通委信息中心等十二家产学研用代表机构成为副理事长单位。中关村物联网联盟成立以来，联盟与成员单位一起为中关村物联网产业的发展做出了积极的努力，组织召开了“感知北京”示范工程、“中关村发展集团物联网集群投资签约大会暨中关村物联网产业发展论坛（2010）”、协办“2010年全球IPv6新一代互联网高峰会议”等一些列活动，举办了大唐电信、中国移动、中星微、联盟秘书处、同方股份等9期物联网联盟沙龙活动。

【中关村物联网产业联盟的整体实力提升】 2010年年内，中关村物联网产业联盟组织成员单位联合制定一项物联网产业的国际标准，2至3项相关物联网产业的行业规范、技术标准和产品标准等，推荐联盟成员单位加入物联网产业标准化工作组，提升联盟成员行业话语权；整合现有创新资源，在物联网多个关键领域展开联合研究，组织成员单位联合成立物联网关键应用技术北京工程研究中心有限公司；根据成员单位在产业链条上的位置及其产品和技术的特点，按照优势互补、互利共赢的原则，形成一套涉及各行业的整体解决方案，参加全国各地的展览展会8-10场，在全国各地开展宣传；积极组织联盟成员单位承担国家、北京市和各个地方的示范工程。根据物联网产业处于高速成长期的中小企业众多，并急需资金支持的特点，积极引入政府股权投资或风险投资等，解决联盟成员单位的融资困难；深入开展物联网产业发展研究、物联网传感器及传感网技术

1《中关村国家自主创新示范区年鉴》。
2《中关村国家自主创新示范区年鉴》。

路线图研究等，参与北京市物联网产业发展相关规划的制定，预测物联网产业未来发展趋势，促进技术创新，为北京市物联网产业发展提供相关参考；加强联盟成员内部之间、联盟与联盟之间的交流与合作，实现资源共享，促进国际交流与合作，扩大中关村物联网产业在国际上的影响力。

（刘月）

【组织联盟成员单位开展科研活动】 2010 年年内，中关村物联网产业联盟组织成员单位联合申报国家财政部、国家工信部、国家发展改革委员会等国家各部委，以及物联网产业发展专项资金等项目，在物联网领域开展相关技术研发、产业化、应用示范与推广、标准研制与公共服务等活动；组织联盟成员单位中技术和研发能力较强的企业或单位，联合承担国家重大科技专项中的物联网专项；组织成员单位承担全国各地的项目，尤其是要支持企业承担北京市的应急管理和城市运行方面的示范项目，争取政府更多的支持，加强联盟企业与全国各地企业之间的合作。

（刘月）

【物联网产业发展潜力挖掘】 年内，中关村物联网产业联盟推进关键共性技术研究项目。积极组织同方股份、京仪集团、东方正通、时代凌宇、天地互连、北京市长城企业战略研究所、华胜天成等联盟成员单位，开展关键共性技术研究；推进物联网重大科技成果产业化项目。积极组织威讯紫晶、昆仑海岸、中电华通、联想集团、网梯科技、清华大学、诚信能环、天一众合、红杉佑公司等联盟成员单位，实施产业化项目；推进物联网产业应用示范类项目。积极组织成员单位华胜天成、大唐电信、中国移动北京有限公司等，积极申报并实施关键技术和产品的示范应用。

（刘月）

【物联网产业的相关技术标准推广】 2010 年年内，中关村物联网产业联盟积极组织成员单位推广由成员单位威讯紫晶的 IEEE802.15（美国电气和电子工程师协会，制定的一种蓝牙无线通信规范标准，应用于无线个人区域网）标准工作组和中国无线个域网标准工作组，联合起草的 IEEE802.15.4C 国际标准草案无线个域网标准 IEEE802.15.4C，规范网络传输产品，使其符合国际标准，推动网络传输产品的国际化。

（刘月）

闪联产业联盟

【简介】 闪联产业联盟是孵化于中关村、立足于中关村，辐射全国乃至全球的标准组织和产业联盟，致力于 IGRS 标准的制定，推广和产业化。2003 年 7 月，在工信部支持下，由联想、TCL、康佳、海信、长城等大企业发起的闪联产业联盟正式成立。2005 年 5 月，在中关村管委会支持下，闪联信息产业协会作为闪联产业联盟的依托单位和中立的法人实体，正式成立，中文简称闪联，英文简称 IGRS。闪联信息产业协会是闪联产业联盟发展到成熟阶段后的组织形式，解决标准制定和推广过程中的相关法律问题并成功整合各方资源。信息设备资源共享协同服务标准（Intelligent Grouping and Resource Sharing，简称 IGRS 标准）是新一代网络信息设备的交换技术和接口规范，在通信及内容安全机制的保证下，支持各种 3C（computer，consumer electronics & communication devices）设备智能互联、资源共享和协同服务，实现“3C设备＋网络运营＋内容/服务”的全新网络架构，为未来的终端设备提供商、网络运营商和网络内容/服务提供商创造出健康清晰的赢利模式，为用户提供高质量的信息服务和娱乐方式。IGRS标准于2005年6月29日正式获批成为国家推荐性行业标准，成为中国第一个“3C协同产业技术标准”。2007年2月，IGRS标准被建设部采纳为建筑及居住区数字化技术国家标准。目前，IGRS标准提案已经通过国际标准组织ISO/IEC的投票，正式成为全球3C协同领域的第一个国际标准。闪联产业联盟始终坚持“公平、开放和兼容”的合作模式，与国内外重要标准组织建立紧密的联系和合作，推动IGRS标准的国际化步伐。闪联以产业化为驱动，以市场化为导向，是国内标准建设中产业化步伐进展最快、取得成果也最多的标准组织。闪联已经拥有发明专利240项，国际发明专利48项。到目前为止，闪联成员企业已经推出闪联Smart TV、闪联Smart Box，闪联电脑、闪联笔记本、闪联投影机、闪联打印机、闪联手机、闪联DMA等二十余款基于IGRS的产品。闪联产业联盟涵盖中国信息和家电产业链上下游的重要企业，形成产学研一体化的产业集群，国际影响力日渐增大，台湾、日本、韩国、美国等企业积极申请加盟，目前会员发展到138家。其中，闪联会员厂商覆盖国内计算机产业41.7%、电视机产业84.3%、手机产业46%和白色家电50%的市场份额。

（杜菲）

【亮相美国CES展会】 2010年1月8日至11日，第42届国际消费电子展（CES）在美国拉斯维加斯举行。闪联信息产业协会及多家核心会员厂商在这一全球最大的消费技术产业盛会上进行智能互联产品和技术成果的集中展示，成为展会上令人瞩目的中国亮点。美国CES由美国消费电子协会主办，是世界上规模最大、影响最为广泛的消费类电子技术年展。本次展会有20,000种新产品和300个新的厂商参展，家电厂商携众多新产品新技术亮相，成为本次展会上最大的亮点。在电子消费品市场数字化浪潮的推动下，终端产品的互联及数字内容的共享越来越成为业界关注的焦点，闪联成熟的解决方案和产品以及在中国市场的巨大影响力吸引包括美国、德国、法国、印度、英国、韩国、香港、台湾等二十余个国家和地区企业的关注及合作意向。

（杜菲）

【获中关村20周年突出贡献单位奖】 2010年3月，北京市委市政府在京召开建设中关村国家自主创新示范区动员大会，北京市有关领导出席并发表重要讲话，对中关村的发展提出希望和要求。同时闪联信息技术工程中心、北京市闪联信息产业协会及闪联公司总裁孙育宁分别被授予“中关村20周年突出贡献企业（单位）”奖和“中关村20周年突出贡献个人”奖。

（杜菲）

【闪联总裁被授予海淀区"五四奖章"荣誉称号】 2010年5月4日，海淀区举行纪念五四运动90周年暨“五四奖章”表彰大会。海淀区委书记谭维克、海淀区长林抚生等领导及各获奖集体、个人代表出席大会。大会上授予闪联信息技术工程中心有限公司总裁孙育宁等19名同志为第十一届海淀区“五四奖章”荣誉称号。为纪念五四运动九十周年，弘扬“五四”精神，树立和宣传在全区各行业中涌现出的先进典型，展示海淀区青年的青春风采，共青团北京市海淀区委员会决定：授予闪联信息技术工程中心有限公司总裁孙育宁为第十一届海淀区“五四奖章”荣誉称号。表彰大会上，与会领导为获奖集体、个人代表颁奖，海淀区委书记谭维克在大会上发言。

（杜菲）

【闪联全新数字家庭应用场景科博会亮相】 2010 年 5 月 20 日，第十二届中国北京国际科技产业博览会日前在中国国际展览中心开幕，闪联作为中关村自主创新的重要成果之一，携联盟成员企业挺进本届科博会“中关村自主创新成果展”阵营。闪联作为 ISO/IEC 设备验证国际标准，全面展示推进中关村自主创新、产业化落地取得的最新成果。在中关村自主创新成果四号展馆，闪联首次展示闪联创维酷开 55 寸液晶电视，此款电视作为闪联通过 ISO/IEC 设备验证国际标准后，全面产业化成果落地的最新产品，也是创维研发的第四代酷开电视，此款电视具备闪联 ISO/IEC 国际标准符合性及融合具有知识产权的闪联技术。

（杜菲）

【闪联与神州数码结盟】 2010 年 6 月 24 日，北京闪联与神州数码正式签约，结成“时间机器—移动存储”战略合作伙伴关系，“时间机器”系列 A680、A700 及 RFID R1200 等三款移动存储新品也闪亮登场。

（杜菲）

【闪联产业联盟亮相中国国际消费电子博览会】 2010 年 7 月 8—11 日，由商务部、工信部、科技部等及美国消费电子协会（CEA）联合主办的“2010 年中国国际消费电子博览会”在青岛举行。展会上，闪联产业联盟以“闪联数字生活城堡”为主题亮相，带来基于“感知生活”的“快乐空间 · 无限娱乐”等五大体验区和十余款最新产品。[1]

（杜菲）

【闪联国家工程实验室揭牌】 2010 年 7 月 29 日，深圳第一家国家工程实验室——电子信息产品协同互联国家工程实验室（闪联国家工程实验室）正式落户。该实验室将以具有自主知识产权的核心技术和国际领先的闪联标准为核心，在深圳建设全球 3C（计算机、消费电子产品和通信）协同领域的研发和创新基地。

（杜菲）

【闪联百家创新名片企业打造工程启动】 2010 年 8 月 15 日，在中关村科技园区管理委员会服务体系建设处的支持下，由闪联和中关村各协会共同发起的“百家创新名片企业打造工程”，在中国人民大学文化大厦 3 层多功能厅隆重启动。中关村科技园区管理委员会服务体系建设处处长盖玉云、闪联信息产业协会理事长孙育宁等中关村领导和数家中关村企业家出席启动仪式。

（杜菲）

【闪联三项国际标准将于 2010 年全球发布】 2010 年 12 月 11 日，闪联标准基础协议（core protocol）部分 FDIS（最终国际标准草案）投票，获 24 国全票通过（另有 11 国弃权），这是闪联开展标准国际化工作以来最关键的突破。基础协议标准是支撑闪联标准体系的核心技术基础，是实现闪联设备互联互通的关键，也是 UPnP 等国际竞争组织长期阻挠的重点。经过闪联信息产业协会国际标准小组成员的几年努力，以及国家标准委的鼎力支持、联盟企业标准专家的全程参与，终于经过 NP->CD->FCD-> FDIS 的四轮投票，成为国际标准。闪联一直在不断努力探索和制定 ISO/IEC 国际标准，已荣获三项 ISO/IEC 国际标准，分别是基础协议标准、测试认证标准和文件交互框架标准，并将于年初正式全球发布，这是十几年来中国标准首次在 ISO 信息技术领域的问鼎，开创中国 IT

1 《中关村国家自主创新示范区年鉴》。

产业的先河。

（杜菲）

【闪联与 KETI 合作签约仪式】 2010 年 12 月 22 日，北京市闪联信息产业协会与韩国电子部品研究院（KETI）的合作签约仪式成功举行。作为刚刚加入闪联的韩国电子部品研究院，双方在会议上签署《韩中家庭智能网络领域技术标准合作意向书》，将在家庭智能网络领域进行多项合作，共同促进双方以及中韩两国在家庭智能网络领域技术标准化的合作与发展。出席签约仪式的韩方代表有韩国电子部品研究院院长 Choi Pyeong Rak、闪联信息产业协会理事长孙育宁、韩国电子部品研究院国际合作室室长 Kim Se Young 等。

（杜菲）

园区建设

【概述】 2010 年年内，根据《“科技北京”行动计划（2009—2012 年）促进自主创新行动》，中关村示范区和亦庄经济技术开发区建设取得新的成绩。

【英飞凌科技股份有限公司与市经济技术开发区签署战略合作备忘录】 2010 年 1 月 18 日，英飞凌科技股份有限公司与北京经济技术开发区战略合作备忘录签字仪式在市政府举行。仪式前，副市长苟仲文，北京市经济和信息化委员会主任朱炎、副主任梁胜等领导会见英飞凌全球首席执行官彼得·鲍尔先生一行。根据战略合作备忘录的框架，英飞凌将在市经济技术开发区设立新能源汽车、大功率工业电子器件、移动通信、智能卡等先进技术研发及销售中心。

（电子信息产业处）

【政府采购中关村自主创新产品第一次签约大会召开】 2010 年 2 月 5 日，北京市发展改革委、市科委、市财政局、北京市经济和信息化委员会、中关村管委会联合主办的“2009 年政府采购中关村自主创新产品总结表彰暨 2010 年第一次签约大会”在清华科技园举行。市委常委赵凤桐、副市长苟仲文及市相关部门、相关区县政府的负责同志和中关村科技园区企业代表 200 余人参加。会议汇报上年试点工作总结及 2010 年工作计划。上年政府采购中关村自主创新产品试点工作成功签约五批示范项目，共采购 86 家中关村企业的约 103 项自主创新产品，涵盖轨道交通、水处理、垃圾处理、新能源、信息化等多个领域，采购金额达到 33 亿元，拉动投资 89 亿元。在国家首批自主创新产品目录中，中关村共有 51 项产品入选，居全国之首。会上，市领导为市财政局等 25 家政府有关部门及区县政府颁发“2009 年政府采购中关村自主创新产品组织奖”，为北京市轨道交通建管公司等 5 家单位颁发“2009 年政府采购中关村自主创新产品应用奖”。大会同时进行政府采购中关村自主创新产品 2010 年第一次签约，共签订 12 个示范项目，采购中关村自主创新产品 9.5 亿元。[1]

（张靖）

1《中关村国家自主创新示范区年鉴》。

【中关村顾委会举行新年第一次全委会】 2010年2月25日，“中关村国家自主创新示范区企业家顾问委员会2010年度第一次全体委员会议”在清华科技园召开。市委常委赵凤桐、中关村管委会主任郭洪及22位顾委会委员出席。会议明确顾委会的会议制度、参会纪律，审议通过主任委员会议所议事项。会上，顾委会成立推动企业做大做强、培育产业领军人才、支持重大科技成果转化、推动产学研结合和国际化等四个专项工作组，各组围绕工作重点、2010年工作计划、政策建议等展开讨论，并形成小组意见。在小组碰头会上，各组牵头人向赵凤桐、郭洪汇报讨论情况。[1]

（张靖）

【中关村高聚人才认定工作正式启动】 2010年3月19日，中关村管委会召开“中关村高聚工程工作小组成立暨第一次会议”。市委组织部、市科委、市财政局、市人力社会保障局、中关村管委会等部门的负责人出席。会议通报上年高聚工程工作的实施情况、人才认定工作计划、成立高聚工程工作小组的方案，并审定《中关村高端领军人才聚集工程实施细则》。[2]

（尹玲利）

【越南国家副主席访问软件园】 2010年5月21日，越南国家副主席阮氏缘一行27人参观访问中关村软件园。中关村管委会主任郭洪在信息中心接待越南代表团。郭洪邀请越南国家副主席一行首先观看中关村示范区宣传片，随后就示范区的地理位置、历史沿革、优惠政策、发展现状等进行介绍说明。阮氏缘高度评价中关村的发展及取得的成就，以及中国政府对于高科技发展的关怀与支持，并表示中关村“吸引高端人才、发挥其创意”的发展模式极值得越南学习与借鉴，希望中越科技园区未来能够开展更加广泛的交流与合作。阮氏缘一行在展厅沙盘前还听取中关村软件园公司董事长周放关于软件园建设历程及发展现状的介绍。[3]

（张蕾）

【开发区企业文化园无线监控项目建设实施】 2010年8月，依托“无限亦庄”网络建设的开发区企业文化园39个监控点建设项目开始实施。该39个监控点的视频图像信号传输全部通过“无限亦庄”网络进行，采用无线接入设备与数字化摄像头连接。无线宽带网能够支持H.264视频编解码技术，能够方便在有限网络资源上实现高清晰的图像传输。启动开发区监控点位扩建工作。为建立更加完备的城市管理监控体系。8月，在城市综合管理平台一期及奥运时期已建设的近100个监控点位的基础上，开发区启动2010年监控建设项目，此次共建设27个监控点，监控范围由开发区核心区扩至路东区、河西区。

（北京市经济和信息化委员会）

【开发区公文智能交换系统上线运行】 2010年9月，开发区公文智能交换系统正式上线运行，该系统采用条码自动识别、IC卡身份识别以及智能交换箱等技术，实现实体文件交换及流转过程中的信息自动采集、交接过程的自动签收，清单自助打印，并与开发区AO集成，实现对公文流转过程状态信息的动态、准确、全面的掌握与共享查询。发布《北京经济技术开发区网络与信息安全事件应急预案（试行）》。为完善开发区信息安全应急响应机制，11月，《北京经济技术开发区网络与信息安全事件应急预案（试行）》编制完成并发布。预案共10

1《中关村国家自主创新示范区年鉴》。

2《中关村国家自主创新示范区年鉴》。

3《中关村国家自主创新示范区年鉴》。

项 35 条，对编制依据、事件分类分级、组织机构职责、监测预警、应急响应、信息管理、后期处置、保障措施等方面进行规定。

（北京市经济和信息化委员会）

【市政府召开顾委会座谈会】 2010 年 11 月 1 日，市政府召开的“中关村国家自主创新示范区企业家顾问委员会座谈会”在市政府举行。市长郭金龙、市委常委赵凤桐、副市长苟仲文等领导及北京市各委办相关负责人出席。柳传志、王小兰、李彦宏等 12 名中关村企业家顾委会成员和企业家代表参加。[1]

（徐建）

【第六届国家图书馆企业信息服务年会举行】 2010 年 11 月 26 日，由中关村管委会、中国国家图书馆、中国图书馆学会共同主办的 2010 年全国图书馆企业信息服务年会暨第六届国家图书馆企业信息服务年会在北京举行。这届年会以“数字时代的信息服务和企业创新发展”为主题，通过对具体问题的研讨，使图情研究专家、信息服务机构和企业界在信息服务的方式、内容、作用和前景方面达成深层理解，加强三方的沟通与协作，为企业搭建信息咨询服务的公共平台，帮助科技型中小企业，特别是创新资金企业及“瞪羚企业”更好地利用国家图书馆的相关资源和服务内容，助力企业做强做大，倡导信息界和企业界达成“融合、发展、共赢”的信息服务格局，共同推进我国企业信息服务理论和实践的深入发展。[2]

（王锦）

1《中关村国家自主创新示范区年鉴》。

2《中关村国家自主创新示范区年鉴》。

区县信息化

说明：2010 年 7 月 30 日，经国务院批更，撤销北京市东城区、崇文区，设立新的北京东城区；撤销北京市宣武区，设立新的西城区，原 18 个区县现变为 16 个。

东城区

【概述】 2010 年年内，东城区信息化工作办公室（简称区信息办）既是区信息化工作领导小组的办事机构，又是负责本区信息化工作的政府工作部门。其主要职责是统筹规划、综合协调、监督管理全区的信息化工作，全面推进电子政务、电子商务、电子社区的建设和信息资源的开发利用，组织有关信息化工作的行业管理、宣传、培训、技术服务和国内外交流合作。“十二五”规划编制年，又逢原崇文、原东城两区合并，东城区信息办在东城区区委、区政府的正确领导下，在北京市经济和信息化委员会的大力支持下，按照“目标不变，任务不减、标准不降”的总要求，紧密围绕全区中心工作，求真务实，开拓创新，年度既定目标任务和各项重点任务按照预期进度顺利开展，为保障行政区划调整工作，促进东城区经济社会和各项事业保持健康稳定协调发展起到良好的服务支撑作用。

（孔祥鑫　崔燕楠）

【“数字东城”网站首次对人大会议开幕式进行网上图文直播】 2010 年 1 月 12 日，原东城区第十四届人民代表大会第五次会议隆重开幕，“数字东城”网站对开幕式进行全程网上图文直播。“数字东城”网站创新新闻宣传手段，在网站首页开设“两会”专栏，并积极与其他部门合作，精心策划，首次尝试采用网上图文直播形式，对开幕式盛况进行报道，第一时间向网民传达原东城区政府工作情况，推进政府信息公开。

（孔祥鑫　崔燕楠）

【“崇文信息网”被评为年度北京市优秀政务网站】 2010 年 1 月 14 日，北京市纠风办与北京市经济和信息化委员会联合召开“北京市政务网站考核评价工作总结会”。“崇文区信息网”在全市 83 个参评政府网站中脱颖而出，被评为“北京市优秀政务网站”。原崇文区代表十八区县在大会上做题目为《创新服务理念·坚持信息为民》的经验交流报告。这是“崇文信息网”继在中国社会科学院信息化研究中心举办的中国特色政府网站评选活动中获得“服务创新奖”后取得的又一佳绩。

（孔祥鑫　崔燕楠）

【“数字东城”网站被评为年度北京市优秀政务网站】 2010 年 1 月 14 日，“数字东城”网站在北京市经济和信息化委员会组织召开的 2009 年度市政务网站考核评价中被评为“优秀网站”。在各单位的大力支持和密切配合下，原东城区信息办加强政府网站建设，整合信息资源，积极推进政务公开。新增公共服务频道，重新规划办事服务频道，有效提升网上办事服务水平。进一步发挥网站交流载体功能，主动与原东城区内各单位合作，组织开展 27 次互动交流活动，组织活动数量、共建单位数量及公众参与人数创历年之最。

（孔祥鑫　崔燕楠）

【"数字东城"网站开展第一期政府在线访谈活动】 2010年1月15日，"数字东城"网站举办以"让每一个孩子健康成长，办人民满意的教育"政府在线访谈活动。原东城区教委做客访谈现场，围绕怎样建立民办学校、小学入学与升学的条件、小孩入园等问题与网友进行互动交流。共有142位网友参加活动，在线回答问题127个。

（孔祥鑫　崔燕楠）

【原崇文区获两项政府信息化应用推进奖】 2010年1月20日，中国信息协会信息主管CIO分会组织召开"第三届中国政府CIO大会"，会上全国各省市信息化主管部门的优秀代表共同探讨中国信息化和电子政务发展情况，探索并交流政府CIO在推进信息化应用的经验和案例，引导电子政务在公共服务、行政管理方面的跨部门、跨地区信息资源共享与协同。由原崇文区信息办参加评选的"商业业态规划与决策信息系统"、"商业信息资源监测与健康度评估系统"被评为2009政府信息化应用推进奖。

（孔祥鑫　崔燕楠）

【原东城区被列入国家数字城市地理空间框架建设试点城市】 2010年1月26日，国家测绘局在《关于批准"数字东城"地理空间框架建设项目立项的通知》中，正式批准将原东城区列入国家数字城市地理空间框架建设试点城市。试点工作将通过有效整合城市多源基础地理数据，建立东城区基础地理空间数据库，并促进相关信息数据库的建设，进而搭建统一的、权威的地理空间信息公共平台，能够有效提升数据服务与管理水平，促进信息资源的整合、共享和充分利用，加快数字城市进程。

（孔祥鑫　崔燕楠）

【"崇文区信息网"获奖】 2010年1月28日，工信部电子科学技术情报研究所联合中国信息化研究与促进网和《电子政务》杂志社共同举办《首届中国最佳政府网站管理实践经验暨颁奖大会》。"崇文区信息网"荣获《中国政府网站信息公开领先奖》和《中国政府网站优秀奖》两项大奖。

（孔祥鑫　崔燕楠）

【原东城区召开《"数字东城"建设行动计划（2010—2012）》研讨会】 2010年2月4日，原东城区召开《"数字东城"建设行动计划（2010—2012）》研讨会，会议邀请国务院研究发展中心研究员、中国信息化推进联盟常务理事长邓寿鹏、市政府专家顾问团专家庄梓新、国家信息化专家咨询委员会委员、中国互联网协会常务副理事长高新民、北京市经济和信息化委员会电子政务与信息资源处水海峰等专家，以及区内相关单位的主管领导，就"数字东城"建设行动计划进行深入的研究和探讨。

（孔祥鑫　崔燕楠）

【原崇文区举行"崇文区承担市科委绿色通道项目"签约暨启动仪式】 2010年2月5日，原崇文区信息办与"崇文区工艺美术数字设计与产业促进平台"、"前门商圈传统服务业模式创新与公共服务能力提升"两个项目的五家合作企业签订项目开发合同。原崇文区委常委、宣传部长赵中原、市科委副主任郑吉春参加启动仪式。

（孔祥鑫　崔燕楠）

【原东城区委区政府召开工作部署视频会议】 2010年2月5日，原东城区首次以视频会议形式召开工作部署会，利用视频会议系统将主会场的图像和声音实时传递到全区45个分会场。本次会议共有80余家单位、1,000余人次参加，实现精简会议、改进会风及绿色节能环保的目标。

（孔祥鑫　崔燕楠）

【原东城区组织开展道德模范评选网上投票活动】 2010年2月22日，“数字东城”网站与北京市首都之窗联合开展的“2009·感动东城”道德模范评选网上投票活动圆满结束。为方便市民进行投票，原东城区信息办首次利用短信平台，支持短信投票方式。在为期15天的评选活动中，共收到网上投票2,821张，短信投票317张。

（孔祥鑫 崔燕楠）

【原东城区与北京青年政治学院举行校企合作揭牌仪式】 2010年3月10日，原东城区信息办与北京青年政治学院举行校企合作揭牌仪式，原东城区常务副区长徐熙与北京青年政治学院副院长张晓华共同为实训基地揭牌。双方就拓展网格化城市管理新模式，建设人文东城、数字东城、绿色东城和世界城市等内容进行沟通和交流。

（孔祥鑫 崔燕楠）

【市行政学院处级培训班到原东城区学习】 2010年3月11日，市行政学院第36期处级正职公务员任职培训班以建设“世界城市”为主题到原东城区参观学习信息化建设成果。听取区信息办以“数字东城”建设为核心的“一个基础平台、六大应用系统”的数字城区发展模式介绍，并到城管理监督中心和社区卫生服务中心两个信息化重点应用部门现场参观学习。原东城区常务副区长徐熙参加此次活动并做区情介绍。

（孔祥鑫 崔燕楠）

【原崇文区召开城市管理与街道社区信息化工作研讨会】 2010年3月17日，原崇文区信息办邀请辖区7个街道办事处、区城管委、城管大队、城管监督中心、区行政服务中心、区安监局等单位就城市管理和街道社区信息化工作进行研讨。会上原崇文区信息办介绍工作总体思路及主要任务，并就大家关心的综合执法及便民办事服务两个系统进行详细的演示讲解。会议明确年内城市管理信息化方面将以城市管理综合执法、产业服务、三级服务体系建设及便民办事的深化为重点，以服务和整合为目标，建设更好的信息化支撑平台、服务体系及保障机制，持续增加信息化工作的针对性，提升政府行政服务水平。

（孔祥鑫 崔燕楠）

【原东城区被授予北京市电子政务绩效考核优秀单位奖和信息北京“十大应用成果”奖】 2010年3月17日，北京市经济和信息化委员会会组织召开电子政务与信息安全工作会暨2009年信息北京“十大应用成果”颁奖仪式。授予原东城区“2009年度北京市电子政务绩效考核优秀单位”奖和“2009年信息北京十大应用成果”奖。副市长苟仲文，工信部网络安全司司长赵泽良、信息化推进司司长徐愈，北京市经济和信息化委员会主任朱炎、副主任白新、副主任俞慈生出席会议。

（孔祥鑫 崔燕楠）

【国家测绘局到原东城区调研】 2010年3月24日，国家测绘局国土测绘司副司长刘大可一行到原东城区调研“数字城市”地理空间框架试点建设工作情况。刘大可认为原东城区数字城市建设的思路清晰，网格化模式在城管、卫生、教育等领域得到充分应用，信息化建设成效显著。原东城区信息化建设符合“数字城市”地理空间框架试点要求，部门间的数据共享有利于推动“数字东城”的建设，信息办作为区内各类基础数据管理和服务部门发挥非常大的作用。原东城区常务副区长徐熙出席会议。

（孔祥鑫 崔燕楠）

【市委社会工委到原东城G调研】 2010年3月29日，市委社会工委副主任王丽竹到原东城区调研社区信息化建设工作，听取信息办和景山街道对原东城区社区信息化建设情况的汇报，参观电子政务中心机房，并针对基础设施建设与提升进行沟通。

（孔祥鑫　崔燕楠）

【公共管理基础数据共享服务工作会召开】 2010 年 3 月 30 日，原东城区召开公共管理基础数据共享服务工作会。此次会议是原东城区建设“数字东城”，推进公共数据共享工作的启动会，原东城区信息办在会上介绍基础数据共享服务工作规范体系，部署主要工作。原东城区常务副区长徐熙出席会议并提出具体要求。

（孔祥鑫　崔燕楠）

【公共安全“监管通”正式投入运行】 2010 年 4 月 9 日，原东城区信息办和区公共安全指挥中心组织全区近 30 个执法部门、100 余人进行公共安全“监管通”的培训，使公共安全“监管通”得以在全区范围内全面投入运行，不仅提高公共安全监管工作的能力，同时进一步提升公共安全领域中应用信息化的水平。

（孔祥鑫　崔燕楠）

【全区范围新一代协同办公平台应用培训】 2010 年 4 月 12 日至 16 日，原东城区信息办组织第二次“全区新一代协同办公平台进阶培训会”，全区各机关、团体、企业共 109 家单位的办公室工作人员和技术骨干合计 161 人参加培训，为下一步全区协同办公应用推进奠定基础。

（孔祥鑫　崔燕楠）

【桂林市工业信息化委员会到原崇文区交流信息化工作】 2010 年 4 月 28 日，桂林市工业信息化委员会到原崇文区交流信息化工作。在了解原崇文区信息化发展思路、信息资源的共享情况以及在强政、兴业、惠民等方面的应用效果后，观看重点系统演示并参观原崇文区城市网格管理信息系统，桂林市相关领导表示此行很有启迪和收获，将充分借鉴原崇文区信息化建设思路和模式，尤其是采用信息技术促进商业服务业、文化创意产业的做法和经验，进一步推动桂林市信息化建设和产业发展。

（孔祥鑫　崔燕楠）

【原东城区图像信息管理系统建设工作协调会召开】 2010 年 5 月 7 日，原东城区信息办组织召开综治办、公安分局、财政局、监察局、审计局、保密局等部门参加的图像信息管理系统工作协调会。会议讨论通过《关于加强东城区图像信息管理系统建设和管理的意见》，决定在区信息化领导小组的统一领导下，建立图像信息管理系统建设管理工作组，进一步规范项目的申报审批、资金管理和技术标准的管理。

（孔祥鑫　崔燕楠）

【原东城区信息化手段保障高考安全】 2010 年 5 月 19 日至 6 月 3 日，原东城区紧急施工加强考点周边图像采集点建设，增设图像采集点 109 个，实现 10 个考点周边图像监控的全覆盖，并制定应急预案，有效提高突发事件的发现和处置效率。高考期间安排专人值守，在应急指挥中心利用图像信息管理系统对 10 个考点周边进行动态监控，实时解考点周边状态，在交通、安保、环境等方面提供全方位的安全保障。

（孔祥鑫　崔燕楠）

【原东城区公共管理基础数据更新工作会召开】 2010 年 6 月 2 日，原东城区信息办组织召开公共管理基础数据更新工作会，32 家数据责任单位参加。会议总结前期公共数据核对确认工作进展，并部署下一步数据目录编制工作。共 25 家单位对现有历史数据进行核对，可实现实时更新的数据资源 205 项，其中新增数据资源 44 项。

（孔祥鑫　崔燕楠）

【市委办公厅领导原东城区信息化工作调研】 2010 年 6 月 23 日，市委办公厅副巡视员钱臣一行到原东城区调研信息化工作。参观电子政务中心机房和机要室，并同区委办、保密局就党委系统信息化建设进行讨论交流，马战校同志出席调研。

（孔祥鑫　崔燕楠）

【原东城区信息办与北京移动通信有限责任公司研讨】 2010年6月29日，原东城区信息办与北京移动通信有限责任公司研讨“数字东城”建设，常务副区长徐熙参加会议，听取北京移动公司副总经理范文军关于利用移动通信技术支撑“数字东城”建设的思路并讲话。

（孔祥鑫　崔燕楠）

【原东城区“信息化标准体系”通过专家评审】 2010年6月29日，原东城区召开“信息化标准体系”专家评审会，市信息化标准化顾问姚世全、中标院标准审查部副主任王长林、北京市质监局标准化处主任宋国建、工信部电子四所高工杨瑛等专家对原东城区“信息化标准体系”进行评审并一致通过，成为东城区公共服务标准化示范区十三个重点工作当中首个通过专家评审的项目。

（孔祥鑫　崔燕楠）

【原东城区物联网电梯运行安全管理试点正式启动】 2010年6月29日，原东城区信息办、质监局组织7家物业单位和2家技术单位等相关企业，召开物联网应用项目电梯运行安全管理系统试点启动会，实现物业单位和技术单位的工作对接，标志着试点工作正式启动。

（孔祥鑫　崔燕楠）

【“数字东城”行动计划专家评审会召开】 2010年7月13日，国务院发展研究中心、工信部、国家信息化专家咨询委员会、北京市经济和信息化委员会相关负责人及部分专家顾问参加评审。专家组认为“数字东城”行动计划考虑新东城区的实际情况，符合国际化、现代化建设的战略发展方向，具有先进性、可行性和前瞻性，一致同意通过评审。

（孔祥鑫　崔燕楠）

【第一届北京王府井国际品牌节开幕式网上直播】 2010年9月12日至14日，由市商务委员会、北京市外事办公室、市文化局、市投资促进局、中国贸促会北京分会和东城区人民政府主办，为期3天的“第一届北京王府井国际品牌节”在北京饭店金色大厅隆重开幕。9月12日，“数字东城”网站对开幕式活动进行中、英文双语网上图文直播，及时、准确的将开幕式盛况向国内外网民进行实时报道。

（孔祥鑫　崔燕楠）

【新一代协同办公平台使用培训工作开展】 2010年10月11日至13日，原东城区组织开展“全区新一代协同办公平台操作使用培训”。东城区共136家党政机关、企事业单位的162人参加培训。

（孔祥鑫　崔燕楠）

【网格化社会服务管理创新信息化（一期）建设方案通过评审】 2010年11月24日，原东城区组织召开网格化社会服务管理创新信息化（一期）建设方案专家评审会。会议邀请北京航空航天大学、国家信息中心、北京市经济和信息化委员会相关专家参与评审。专家组一致认为东城区网格化社会服务管理创新信息化（一期）建设方案设计完备、目标明确合理，技术路线可行，软硬件产品选型符合项目需求，项目总体预算合理，可以通过评审。

（孔祥鑫　崔燕楠）

【市经济信息中心到东城区调研】 2010年11月26日，市经济信息中心领导到原东城区调研信息化工作。原东城区信息办就东城区信息化工作的相关情况进行详细汇报，重点介绍网上办事服务整合、政民互动情况、区域特色服务三个方面建设进展。市经济信息中心领导肯定东城区的信息化工作，对区域调整期间东城区信息化工作所表现出来的响应迅速、保障有力、技术过硬、整合充分等特点给予高度赞扬。

（孔祥鑫　崔燕楠）

【《网格化社会服务管理技术规范数据结构和图示图例部分》专家论证会召开】 2010年12月3日，国家信息化专家咨询委员会、工信部电子四所、市质监局、市经信息化委的相关专家对“规范”进行充分论证。专家组认为，“规范”具有创新性和可操作性，一致通过“规范”。

（孔祥鑫　崔燕楠）

【“数字东城”网站在中国特色政府网站评比中获奖】 2010年12月8日，由中国社会科学院信息化研究中心主办的“中国政府网站绩效评估与第五届中国特色政府网站评选结果发布大会”在北京隆重启幕，会上发布中国特色政府网站评比结果，“数字东城”网站在全国千余家参评政府网站中脱颖而出，荣获服务创新奖，这是区域调整之后“数字东城”网站得到的第一个奖项。

（孔祥鑫　崔燕楠）

【“数字东城”网站荣获度“中国政府网站领先奖”】 2010年12月25日，“数字东城”网站获得由工信部电子科技情报研究所信息化研究与促进中心组织的“年中国优秀政府网站推荐及综合影响力评估”中荣获“中国政府网站领先奖”。此次获奖也是区域调整之后继获得服务创新奖、在线办事服精品栏目奖、政民互动精品栏目奖之后荣获的第四个全国奖项。

（孔祥鑫　崔燕楠）

【会见北京移动公司中心区领导】 2010年12月31日，副区长朴学东在东城区政府会见北京移动公司中心区领导，双方就信息技术在东城区的应用进行广泛交流。朴学长指出，北京移动作为东城区的驻区企业，应充分发挥其优势资源，在无线宽带接入、物联网、三网融合、智能社区等方面发挥作用。

（孔祥鑫　崔燕楠）

【电脑终端设备的服务保障力度加强】 2010年年内，行政区划调整以来，东城区采取多项措施加强对区内电脑终端设备的服务保障力度。截至12月，累计话务量7711个，现场服务964次，得到区内各单位广泛好评。

（孔祥鑫　崔燕楠）

【第一次终端电脑摸底巡检工作完成】 2010年年内，为贯彻落实政府第一次常务会议关于加强政府自身建设的指示精神，强化对全区各部门的信息化服务工作，构架全覆盖、全天候的信息化服务保障体系，东城区信息办组织开展终端电脑摸底巡检工作，截至9月15日，共现场走访39家单位，收集终端电脑数据信息将近1,500台，现场排除问题百余起。

（孔祥鑫　崔燕楠）

西城区

【概述】 市西城区人民政府信息化工作办公室（简称区信息办）既是西城区信息化工作领导小组的办事机构，又是负责本区信息化管理工作的区政府工作部门。2010年年内，西城区信息化水平稳步提高，信息强政、信息惠民、信息兴业效果显著。在北京市电子政务绩效考核中名列前茅，被评为“北京市电子政务绩效突出奖”；在第九届中国政府网站绩效评估中，“北京西城”门户网站在全国参评的448家区县级政府网站中排名第六，在北京市参评的16家区县级政府网站中排名第三；还获得电子政务理事会颁发的“政府网站在线服务精品栏目奖”和“政府网站政民互动精品栏目奖”。西城区入选首批“北京市电子商务示范区”，广安产业园为“北京市电子商务产业园”，中国电子商务协会授予西城区“中国电子商务最具创新活力示范区”。“综合救助系统”和“西单商业区人群聚集风险预警系统”入围年度北京市“信息化”十大应用。

（顾嫣）

【“两化融合”电子商务培训会召开】 2010年1月5日，由北京市经济和信息化委员会和原宣武区政府联合主办、由原宣武区信息办和区商务委承办的北京市推进企业“两化融合”系列活动暨宣武区电子商务培训会召开。北京市经济和信息化委员会副主任王学军、原宣武区副区长马继业出席会议并讲话。培训会上，慧聪网、百度网等7家国内著名电子商务运营企业分别介绍在艺术品、礼品、茶叶、食品等行业的电子商务典型案例和经验，并进行电子商务情景式培训。

（杨紫千）

【旅游行业电子商务推广会召开】 2010年3月25日，原宣武区信息办与原宣武区旅游局、旅游协会共同组织原宣武区旅游行业重点企业，召开“宣武区旅游行业电子商务推广会”。会上邀请多个国内知名的电子商务企业，介绍电子商务建设的多种模式。会后由区旅游局、旅游协会收集企业对旅游行业电子商务运作模式的建议，并结合区域特点，确定原宣武区旅游业电子商务模式。

（杨紫千）

【信息化互助实现再就业行动启动】 2010年4月10日，原西城区政府信息办和西长安街街道办事处联合组织，在西长安街社区活动中心启动原西城区信息化互助行动之“希望从这里起航 实现再就业梦想”专题培训活动。“希望从这里起航 实现再就业梦想”是西长安街街道办事处结合地区特色，在信息化互助行动的大背景下提出的，主要是结合该地区经济发展对劳动力需求及下岗失业人员再就业需要，针对失业人员这一特定弱势群体开展信息技能培训，以提高他们的再就业能力。首批20名学员开始参加Photoshop和Flash等专业图像处理软件的操作技能培训，培训持续到10月中旬。

（顾嫣）

【市民信息能力培训工程启动】 2010年4月19日，由原宣武区信息办、原宣武区文明办、宣武社区学院牵头组织，红旗业余大学承办的“宣武区十万市民提高信息能力培训工程启动暨文明乘车引导员计算机技能培训开班仪式”在红旗业余大学举行。市文明乘车办公室主任孙平及原宣武区信息办、区文明办、区教委、宣武红旗大学的主要领导出席并致辞，200名原宣武区文明乘车引导员出席开班仪式。“十万市民信息能力培训工程”是一项具体的信息惠民工程，也是提升市民精神文明素质，促进和谐社会发展的重要举措。本次“文明乘车引导员计算机技能培训”是系列培训之一，也是新一轮培训的开始。

（洪文渊　杨紫千）

【三维虚拟空竹博物馆开通】 2010年5月17日，由国家级非物质文化遗产——北京抖空竹的发源地广内街道开发建设的数字空竹博物馆正式开通，这是继该街道上年建成空竹博物馆实体馆之后，于世界博物馆日前夕在“非遗”保护方面的又一举措。虚拟博物馆的开通解决由于资金、场地等原因，博物馆的展品数量有限、更换展品的速度较慢等问题，延展实体博物馆的陈列藏品，并使其成为空竹文化的宣传平台、海内外空竹爱好者的交流平台、空竹产品的展示平台。

（杨紫千）

【北京市电子商务论坛举办】 2010年8月12日，由工信部信息化推进司、中国电子商务协会指导，北京市经济和信息化委员会主办，西城区政府承办的“北京市电子商务‘新经济 新时代’论坛”在北京中环假日酒店召开。工信部信息化推进司司长徐愈、北京市经济和信息化委员会副主任梁胜、西城区政府筹备组成员王粤出席并讲话，市发改委、市商务委、各区县信息化主管部门、西城区相关部门以及电子商务企业、媒体代表200余人参加论坛。论坛上，北京市经济和信息化委员会、市发改委联合授予北京移动等9家企业首批“北京市电子商务服务平台重点企业”，联合授予北京联通、北京移动2家公司所申报的体验中心“北京市电子商务体验中心”。

（杨紫千）

【“槐柏商圈社区便民服务网”开通】 2010年9月17日，广内街道举行“槐柏商圈社区便民服务网”开通仪式，西城区副区长郭怀刚实现第一笔网站会员现场购物。开通现场还发放由广内街道与民生银行合作推出的“惠民兴商一卡通”，持卡居民可享受槐柏商圈的所有服务商提供的打折优惠服务，还可以实现不出社区进行水电等公共费用缴纳等多项功能。

（杨紫千）

【社会服务管理创新推进】 2010年10月，德胜街道启动《智能化民生服务与城市管理行动计划》，加强基础设施建设，实现无线网络全覆盖，引入社区电子信息屏、手机终端等，着重解决地区单位群众与政府间沟通传输渠道和承载媒介问题。建设德胜数据中心，统筹街道各类业务资源，建设各类资源的采集、存储、整合、开发和应用体系，整合国家级、市级、区级在街道落地的70余个业务系统，为街道综合服务管理提供数据及应用支撑。充分应用科技手段，设计民生服务、城市管理、安全稳定等十大类42个项目，统筹协调地区资源，创新社会管理、服务、动员机制，构建全响应的社会服务管理格局。

（马振峰）

【“缤纷西城”登陆手机网站】 2010年11月8日，在区委宣传部、新闻中心的支持下，区信息办与北京电信达成合作事项，西城区宣传栏目“缤纷西城”节目正式在北京电信“爱影视”手机电视网站登陆，所有北京电信天翼用户均可通过手机“互联星空”在线观看“缤纷西城”节目。

（杨紫千）

【政务网站评比名列前茅】 2010年12月16日，“第九届中国政府网站绩效评估结果发布暨经验交流会”在人民大会堂隆重召开。来自全国人大常委会办公厅、国务院办公厅、全国政协办公厅、最高人民法院、最高人民检察院、中纪委监察部、中共中央国家机关工作委员会以及国务院65个部门、27个省（自治区、直辖市）和部分地市、区县代表，以及70余家新闻媒体共700余人参加会议。会上，发布中国政府网站绩效评估结果，西城区政府门户网站（www.bjxch.gov.cn）在全国参评的448家区县级政府网站中排名第六，在北京市参评的16家区县级政府网站中排名第三。评估结果充分肯定西城区政府门户网站在政务信息公开、在线服务、民生服务和政民互动等方面所取得的成绩，同时也为2011年西城区政府门户网站的建设工作奠定坚实的基础。

（董立）

【广内街道"智慧社区"项目建设启动】 2010年12月，广内街道启动"智慧社区"项目建设。该项目运用"互联网"、"物联网"技术，打造"管理精细化、服务人文化、运行社会化、手段信息化、工作规范化、技术现代化"的现代街道工作模式。"智慧社区"以广内街道已有的政务门户为基础，整合原有党建、警情等业务系统，新建多个业务管理系统和典型应用为支撑，以高速有线、无线专网和互联网为信息传递的纽带，在街道层面初步形成各部门信息实时共享、业务有效协同的公共服务和社会管理新格局，构建区、街、居资源共享、智能互动的信息化平台。

（杨紫千）

【高清交互电视推广工作启动】 2010年年内，为落实北京市信息化基础设施实施提升计划，歌华有线公司于12月完成原西城区6个居民小区、5,000余户交互数字电视机顶盒置换。高清交互电视集"电子政务、公共服务和家庭多媒体服务"为一体，在单向数字电视的基础上增加 "首都之窗"、"区县风采"和"民情民调"的政务资讯类服务，"电视缴费"、"电视挂号"、"电视报纸"、"天气预报"、"首都文博"等公益便民类服务和"歌华点播"、"电视回看"、"卡拉ok"、"游戏世界"等多媒体类服务。

（赵红漫）

【政务网接入管理系统运行】 2010年年内，随着电子政务的不断发展，接入区政务外网的计算机数量不断增加。为加强对进入政务网络的计算机和使用人员的管理，进一步保障区政务网络的安全，原宣武区信息办对进入政务网络的所有人员实施实名制接入管理，对接入政务网的计算机进行登记注册和安全检查。"接入管理系统"自动拒绝未经登记注册和未通过安全性检查的计算机访问政务网络。

（杨紫千）

【校园图像资源共享实现】 2010年年内，为进一步强化校园安全保卫，加强对校园暴力犯罪的打击和遏制，在原宣武区信息办指导建议下，通过区政务专网将全区92所中小学校和幼儿园2560路图像引入各派出所，实现校园图像资源共享。年内，原宣武区全部实现派出所对辖区校园图像监控。

（杨紫千）

【园林植物条码化管理系统研发】 2010年年内，西城区园林绿化局按照市政府关于"设施数字化、社会信息化、管理智能化"的要求，研发园林植物条码化管理系统，使本区的树木都有"身份证"，从而有效解决长期存在的树木、绿地权责不清、数据分散难于统计、资料不全、不准等问题。该系统首次引入条形码技术，为每株树木建立"身份证"和"简历"，实现对城市园林绿化信息的统计、查询、分析、编辑、更新、管理等功能，对移栽、砍伐等数据的进行动态更新及全生命周期的跟踪管理，为园林绿化规划、管理、决策和研究提供各类信息。

（杨紫千）

朝阳区

【概述】 2010年年内，北京市朝阳区信息化工作办公室（简称区信息办），是全区信息化主管部门，负责指导、组织和实施辖区内信息化建设。下设电子政务与社会信息化科、软件与信息服务业科、综合管理科和信息网络中心，编制 21 人。信息办以计算机、通信方面的专业技术人员为主，平均年龄 35 岁，学历均为大学本科以上，分别来自北大、清华、北航等重点院校，其中 8 人具有硕士学位。

（刘润军）

【无线电管理】2010 年 6 月，朝阳区无委会配合国家无线电监测中心协查解决朝鲜使馆周边通信干扰问题，8 月协调解决太阳宫芍药居小区手机非法直放站干扰手机网络信号问题。

（刘润军）

【人口信息管理工作体系建立】 2010 年 10 月底，对朝阳区户籍人口、人户分离人口、流动人口和境外人员 4 类实有人口，与北京市经济和信息化委员会、市社区服务中心、区民政局、区流管办、区人口计生委、各街乡等部门进行人口数据的实时和定时交换，形成人口数据动态更新机制。

（刘润军）

【政务专网扩容】 2010 年年内，朝阳区通过 VPN 接入方式接入政务专网的用户约 800 个。经过扩容和升级，全区统一互联网出口带宽已达 500 兆，网络容量明显增大，全区接入政务网络计算机 17,000 多台。至此，政务专网已覆盖全区所有委办局、43 个街乡办事处、主要社会团体及企事业单位 229 个节点。

（刘润军）

【信息化基础设施提升】 2010 年年内，北京市信息化基础设施建设提升三年计划的第二年，朝阳区共完成任务 127 项，占总任务数的 95.49%，完成数量占全市首位。另外，望京地区作为全市首批试点，启动“感知北京”示范工程物联网基础设施建设，部署公用的无线传感网络。

（刘润军）

【信息网络安全工作推进】 2010 年年内，朝阳区信息办实施政府网站、网络安全管理防护策略，加强核心数据安全管理，对核心网络和服务器部署多套安全管理措施，对重要数据进行定期备份；制定信息安全管理应急预案，开展全区信息安全检查和应急演练，保障全区网站群和信息系统的正常运行。

（刘润军）

【软件正版化工作推进】 2010 年年内，朝阳区信息办继续推进软件正版化工作，以优惠的价格打包购买公务员桌面软件套装、区重大电子政务项目服务器软件、区项目管理与开发软件等微软产品，优化资源配置，提升软件运营管理效率、降低成本。实现公务员办公电脑操作系统 100%正版化。

（刘润军）

【移动电子政务应用】 2010 年年内，朝阳区信息办推进无线通信技术在电子政务和城市管理的中的应用，建立并完善手机和 iPad 的全市首个统一移动电子政务平台，实现移动办公、移动执法、移动视频、移动监测、移动公众服务等五类移动电子政务应用。

（刘润军）

【全程代办系统完善】 2010 年年内，朝阳区信息办、区监察局共同对全程代办系统进行升级，梳理规范业务流程，引入身份证读卡器系统、触摸屏查询系统、评价考核系统，优化录入信息，建立电子台账，实现一点录入、多点使用，解决重复录入数据问题，简化业务流程，提高街乡工作人员效率，解决业务量分布不均衡，考核项目不公平等问题。

（刘润军）

【GIS 共享交换平台完善】 2010 年年内，朝阳区信息办对朝阳区地理信息系统基础图层进行完善，更新百姓关心的衣食住行地理信息

5,000余条，包含餐馆、旅店、超市、公园、医疗机构、学校、政府机构等地址及属性信息；与区级实有人口库进行对接，对人口库中人口信息进行地址匹配，实现人口空间化管理；对区级500多个应急资源进行地址匹配及标注。

（刘润军）

【区政府门户网站公共服务提升】 2010年年内，朝阳区信息办对政府网站进行改版，梳理40个部门的1,400余项行政办事和公共服务项目，建立区政府网站资源服务目录体系，开辟朝阳生活服务专栏，让群众方便查看教育、社保、就业、医疗、住房、交通等信息。

（刘润军）

【政民互动功能拓展】 2010年年内，经过升级完善，朝阳区政民互动系统实现区级行政办事事项 100%网上受理、状态查询、结果反馈服务。该平台新增短信功能，公众可通过短信实时发送咨询投诉信息和接受反馈。

（刘润军）

【网上监察系统完善】 2010年年内，朝阳区网上监察系统已纳入全区各部门业务系统 10余个，实现系统自动预警、过程监督控制以及数据交换和统计分析等功能。

（刘润军）

【高清交互式数字电视政务平台建设】 2010年年内，为深化应用“三网融合”技术，朝阳区信息办建设区级数字电视电子政务平台，与区政府门户网站结合，通过数字电视网络为社区居民提供物业通知、基层党建、在线查询、居家养老等服务。高清交互式数字电视项目是北京市和朝阳区在直接关系群众生活方面的重要实事之一，已获得北京市信息化项目提升计划支持，作为全市首批高清交互数字电视试点区，朝阳区完成全年35万户目标交互式高清机顶盒发放工作。

（刘润军）

【有毒有害气体防控系统建设】 2010年年内，朝阳区信息办利用物联网技术提升城市安全运行管理水平，推进政府为民办实事项目有毒有害气体防控系统及其他城市安防项目的建设。本年采暖季在流动人口较密集的8个乡50,000间出租房屋、部分城市楼房和城市平房安装一氧化碳等有毒有害气体预警防控系统。

（刘润军）

【“数字市政”管理平台建设】 2010年年内，朝阳区信息办应用物联网技术，建设数字市政综合管理平台，包括停车场智能管理系统、户外广告牌匾智能管理系统和环卫车辆智能管理系统。

（刘润军）

【网络舆情监测】 2010年年内，朝阳区信息办应用网络搜索引擎等技术，建立工作小组开展网络舆情监测工作，按照规定搜集、整理、报送舆情信息，突发事件发生时实行24小时值守制度，随时报送信息，严密监控敏感日期的网上舆情信息，实时采集关于网民意见和负面报道，涉及朝阳区的维稳安保、非正常上访和群体性事件、个人极端行为的行动性信息，以及对朝阳区有借鉴意义的要闻事件，每周形成刊物上报给区领导和相关单位。

（刘润军）

【全区信息服务业发展方向研究】 2010年年内，结合信息新技术及相关产业的发展趋势，以及市、区实际情况，针对朝阳区信息服务业未来发展方向进行研究，先后形成《朝阳区信息服务业发展研究报告》、《朝阳区基于互联网的应用与内容服务产业发展专题研究报告》等7份报告约30余万字，提出将物联网、移动互联网、电子商务、新媒体等产业作为发展重点。推动产业发展部门联动，信息服务业纳入全区“十二五”规划纲要的起草内容。在此基础上形成《促进朝阳区信息服务业发展的指导意见》，作为“十二五”期间制订全区信息服务业发展政策措施的重要依据。

（刘润军）

【信息服务业发展推进】 2010年年内，朝阳区信息办与望京综开、北京移动共同推进电子城“移动谷”建设，就共建“移动谷研发试验服务基地”达成协议，启动基地建设工作。协调有关部门和功能区管委会，推动“智慧谷”物联网产业园的规划工作。北京市经济和信息化委员会认定望京科技园G座、德信大厦为全市首批“新潜力企业创新园”。与微软公司签署新一期战略合作协议，引进微软战略合作伙伴企业中软公司、上海互联网软件公司。通过与歌华公司的战略合作，引进台湾富邦电视购物入驻朝阳区。参与戴尔公司、国家有线电视网络公司到朝阳区选址的准备工作。支持富基标商、廿一客、58同城等3家企业入选北京市新业态创新企业30强。协助超图、聚合智慧、建研科技等企业申报国家工信部信息产业重大技术发明项目；协助歌华有线、时代凌宇、长城金点、大宗商品交易所等企业申报北京市信息化基础设施提升计划资金支持。与区发改委、区商务委、区统计局、区投资促进局、区金融办、区文创办等部门及各功能区管委会就促进信息服务业发展建立沟通协调机制，形成部门联动对产业发展动态信息进行采集分析。举办朝阳区物联网应用及产业发展研讨会，邀请市有关部门、科研机构和龙头企业代表参加。承办北京信息创新年会。依托区北京信息化协会初步搭建起与本区信息服务业企业沟通的信息平台。

（刘润军）

【代表委员提案办理】 2010年年内，朝阳区信息办办理人大代表、政协委员提案5件，主要包括建设“数字朝阳”网络互动平台、提高朝阳旅游业信息管理水平、开通政协委员直通车、向城乡结合部弱势群体提供网络服务等内容。

（刘润军）

【对外交流合作加强】 2010年年内，促成北京市经济和信息化委员会与朝阳区政府关于共同推进区域信息服务业发展的战略合作、微软公司与区政府为期三年的战略合作，引导北京移动在电子城西区建立应用平台实验室，承办国家工信部全国电子政务培训班，组织区内重要部门信息化主管领导赴上海等地学习考察信息化先进技术和管理理念，接待广东番禺、市广电局来访，加强与社会各界的交流合作。

（刘润军）

海淀区

【概述】 2010年年内，北京市海淀区信息办完成机构改革，海淀区经济和信息化办公室挂牌成立。网上办公平台二期验收完成，海淀区支持自主创新核心区企业发展专项资金统一申报平台上线。开展信息安全管理体系审核工作，海淀区绩效管理平台上线。

【海淀区信息办机构改革】 2010年1月8日，根据《北京市海淀区人民政府办公室（北京市海淀区政府外事办公室）主要职责内设机构和人员编制》规定，区域信息化工作职责交给区经济和信息化办公室。区政府信息办承担本区机关、事业单位信息化工作，区经济和信息化办公室主要负责区域信息化工作，指导区政府信息办工作,对口北京市经济和信息化委员会。海淀区政府信息化工作办公室负责制定本区机关、事业单位信息化工作方案，并组织实施；负责本区机关、事业单位信息化建设中的重大工程审核验收工作；指导本区机关、事业单位的网络安全工作；规划建设本区机关、事业单位公用信息平台、专用局域网和数字宽带网；组织协调本区机关、事业单位信息资源开发和利用；负责本区机关、事业单位信息化领域软课题的立项和验收；指导本区机关、事业单位信息化人才的培训及宣传普及活动；负责本机关办公自动化规划和管理工作。编制 5 名，科级领导职数 1 正 1 副。

（傅燕丽）

【海淀信息资源共享工作调研】 2010 年 6 月 2 日,北京市经济和信息化委员会副主任俞慈声、副巡视员姜毅群等一行六人考察海淀区政务信息资源共享工作情况。海淀区副区长傅首清主持会议,会上信息办就海淀区政务信息资源共享的工作思路及成果进行汇报,并以海淀区决策支持与服务系统为政务信息资源共享的应用实例进行详细介绍。北京市经济和信息化委员会领导就海淀区政务信息资源共享工作情况及海淀区政府决策支持与服务系统的建设情况进行详细询问,并对目前海淀区政务信息资源共享工作情况给予充分地肯定。

（傅燕丽）

【海淀区信息办开展应急演练】 2010 年 6 月 17 日，海淀区信息办在上地办公中心资源服务平台核心机房开展以数据备份、恢复为主题的应急演练。进一步检验和完善《海淀区政府机房及网络安全事件应急预案》,逐步形成统一指挥、职责分明、运转有序、反应迅速、处置有力的通讯保障和信息安全应急体系，提升数据丢失后的恢复处置能力，保证机房数据库备份的安全性、完整性。此次演练以区政府网站后台数据库数据文件损坏和区政府网站遭受黑客攻击，有效数据被删除两类后果严重的易发信息安全事件为背景，增强区信息办对突发安全事故处置流程的熟识程度。

（傅燕丽）

【海淀区绩效管理平台上线】 2010 年 6 月 22 日，海淀区绩效管理信息平台正式上线运行。根据海淀区《关于印发区政府绩效管理办法（试行）的通知》（海政发〔2009〕64 号）要求，为实现深化行政管理体制改革,加强绩效管理,提高行政效能，改进工作作风，海淀区信息办会同区绩效办共同开展海淀区绩效管理信息平台项目的建设。正式上线试运行海淀区绩效管理信息平台。7 月至 9 月对海淀区各委办局、街道、乡镇分别进行系统培训。

（傅燕丽）

【自主创新采购项目开展】 2010 年 7 月 1 日，海淀区委书记赵凤桐召开政府采购自主创新产品采购项目签约活动，本次活动是根据北京市和海淀区开展政府采购自主创新产品工作的要求，贯彻落实区发改委政府自主创新采购的任务安排，促进海淀核心区建设，充分发挥政府采购促进自主创新作用,发挥海淀区的引领示范作用。同时，海淀区已发文明确要求优先采购自主创新产品，海淀区政府采购自主创新金额为 2 亿元，其中行政办公领域 0.57 亿元；行政服务领域 0.08 亿元，政府投资建设领域 1.35 亿元。

（傅燕丽）

【网上办公二期完成验收】 2010 年 7 月 29 日，海淀区信息办召开网上办公二期项目专家验收评审会,会上专家听取该项目的建设过程汇报，并审阅项目的梳理成果和项目建设文档等资料，最后专家组一致同意该项目通过验收。海淀区为方便群众办事，提高电子政务水平，分别开展海淀区对外网上办公平台一期、二期项目的建设。其中，网上办公一期项目梳理 35 家部门、1578 个业务事项，网上办公二期项目建设在一期项目的基础上，梳理 17 家部门、256 项协同办公业务事项。

（傅燕丽）

【海淀区经济和信息化办公室挂牌成立】 2010 年 8 月 4 日，北京市海淀区经济和信息化办公室（简称区经济和信息化办）举行简约而不失热烈的挂牌仪式，标志着海淀区经济和信息化办公室正式成立。北京市经济和信息化委员会主任朱炎，中共海淀区委副书记、区长林扶生共同为区经济和信息化办公室揭牌。区委办公室、区委组织部、区委宣传部、区政府办、区编办、区发改委、区国资委、区科委、区商务委、区农委、区文化委、区人力资源和社保局、区财政局、区统计局和区金融办等部门主要领导出席挂牌仪式。海淀园管委会全体工作人员，有关企业代表，有关新闻单位参加挂牌仪式。挂牌仪式由区委常委、常务副区长、海淀园管委会主任杨志强主持，区委常委、组织部长杨智慧宣读区经济和信息化办的职能。原来由区发展改革委承担的工业行业管理和中小企业促进职责划入区经济信息化办，区政府办承担的区域信息化工作职责划入区经济信息化办。经调整后，区经济信息化办主要职责为：贯彻执行国家和北京市关于工业、软件和信息服务业、信息化方面的法律、法规、规章和政策；研究拟订本区工业、软件和信息服务业、信息化发展规划并组织实施，推进产业布局调整和产业结构优化升级；负责落实国家和北京市促进中小企业发展的政策措施；会同有关部门拟订促进本区中小企业发展的相关措施，协调解决有关重大问题；负责推进本区信息化工作，统筹协调本区信息化基础设施的规划和管理；负责本区无线电管理工作。

（傅燕丽）

【海淀区支持自主创新核心区企业发展专项资金统一申报平台上线】 2010 年 8 月 8 日，海淀区支持自主创新核心区企业发展专项资金统一申报平台上线，该平台是海淀区政府新建设的网上行政办事服务平台，通过该平台实现海淀区各专项资金的统一申报、实时共享以及统一管理，使职能部门更加充分的掌握海淀区专项资金支持情况，避免企业重复申报。平台建设有专项项目管理门户、专项项目申报系统、专项项目查重系统、专项项目预审系统、专项项目立项管理系统、专项项目管理库。业务范围涵盖海淀区科委、海淀园、商务委、区委宣传部、旅游局、金融办和发改委 7 个部门 12 个科室 31 项专项资金。

（傅燕丽）

【“无线电管理咨询日”活动举行】 2010 年 9 月 10 日，在《中华人民共和国无线电管理条例》颁布实施十七周年之际，市无线电管理局、海淀区经济和信息化办公室在中关村科贸大厦共同举办“无线电管理咨询日”户外宣传活动。“无线电管理咨询日”活动上，许多消费者和电子产品销售商热情参与询问。宣传人员现场发放《北京市无线电管理办法》及《无线电知识问答》手册，并向经销商和消费者传达使用无线电对讲机的法律法规，讲解无线电频谱资源常识和法律知识。通过宣传活动，增强社会公众和经销商自觉遵守无线电法规、合法使用无线电设备和无线电频率的意识。

（傅燕丽）

【工信部领导海淀区社区信息化工作调研】

2010年9月16日，工信部及中纪委领导到海淀区调研，并亲自到青龙桥街道对外服务大厅观看该系统的运行保障情况，对社区综合服务平台的服务模式高度赞扬。海淀区青龙桥街道社区综合服务平台试点项目建成以来，运行稳定，实现预期建设目标，应用效果显著。社区综合服务平台的运行提高街道服务质量，获得居民的认可，方便居民办事，满意度得到进一步提升。

（傅燕丽）

【海淀区信息化协会成立】 2010年9月29日，市海淀区信息化协会筹备（会员）大会召开，会议由市海淀区信息化协会筹备组主办，来自中海纪元、清华大学、有生博大、首信、网通北京分公司、数字政通、神州数码、中科软、太极计算机等区内从事电子政务研究和建设的30余家知名企业高管和高校领导参加本次会议。海淀区信息办主任梁爱民出席本次会议。会议由海淀区信息中心主任李忠志主持，协会筹备组汇报筹备工作进程。大会确定北京市海淀区信息化协会章程，并通过投票选举宁家骏为北京市海淀区信息化协会会长兼法人，邢春晓、钱卫列为协会副会长，柳进军为协会秘书长，李忠志、尧川为协会副秘书长。协会章程和人员选聘获得全票通过。

（傅燕丽）

【海淀区信息化城市管理系统获奖】 2010年9月27日，中国信息协会举办中国城市信息化发展论坛暨成果评选活动。海淀区信息化城市管理综合系统参与评选并最终获得“中国城市信息化成果应用奖”。

（傅燕丽）

【海淀区信息能力培训开展】 2010年10月18日，海淀区信息办举办海淀区提高信息能力培训，区属87个单位的150名信息化工作人员参加学习。本次培训邀请工业界和学术界资深专家，向学员们介绍物联网和云计算的技术原理、实践经验和应用前景，培训方式以主题讲座的形式，提供专业教材和培训讲义。通过本次培训，学员们普遍对物联网和云计算技术的发展前景有进一步的认识，对于如何开展本单位的信息化工作进行讨论，取得良好的培训效果。

（傅燕丽）

【中关村国家自主创新示范区核心区软件和信息服务业发展推进】 2010年10月20日，为加强与北京市经济和信息化委员会的合作和联动，共同推进中关村国家自主创新示范区核心区建设，进一步做大做强海淀区软件和信息服务业，在“创新中关村主题活动”开幕式上海淀区政府与北京市经济和信息化委员会领导正式签署《关于共同推进中关村国家自主创新示范区核心区软件和信息服务业发展的战略合作协议》。

（傅燕丽）

【海淀区电子政务工作调研】 2010年11月19日，北京市经济和信息化委员会副巡视员姜毅群率队调研海淀区电子政务工作，海淀区政府办公室副主任王伟丽主持会议，信息办负责人梁爱民向北京市经济和信息化委员会领导汇报海淀区电子政务工作。会上北京市经济和信息化委员会领导对海淀区电子政务工作表示满意，认为海淀区在社会管理、公共服务、绩效管理及新技术应用方面工作突出，走在全市的前列，希望能够继续保持，同时对今后电子政务的发展提出建议。

（傅燕丽）

【海淀区信息办开展信息安全管理体系审核工作】 2010年12月30日，由中国电子技术标准化研究所认证中心2名专家组成的审核组应邀来到区信息办进行信息安全管理体系（ISMS）复评审核。此次审核的目的是评定受审核方的管理体系与申请注册标准的符合程度及有效性，并确定是否推荐再注册，经过全面、细致的审核，审核专家组认为区信息办信息安全管理体系运行有效，未发现不符合项，一致同意区信息办通过此次复评审核并向中国电子技术标准化研究所认证委员会推荐再注册。

（傅燕丽）

丰台区

【概述】 2010 年年内，北京市丰台区围绕北京市信息化建设“惠民”、“强政”、“兴业”的发展目标，在调整后的区信息化工作领导小组的领导下，进一步强化信息化工作的统筹领导，坚持以应用驱动政务信息资源整合，以整合支撑应用系统建设，以建设提升全民信息化服务水平，重点推进政务资源共享、各部门协同应用及公共信息化服务的普及。

【劳动监察“两网化”平台经验推行】 2010 年 4 月，丰台区作为全国 6 家试点单位之一代表北京市启动劳动监察“两网化”试点工作。丰台区人力资源和社会保障局正式建成劳动保障监察“两网化”综合管理平台，并于 2010 年 4 月起在全国劳动保障监察系统全面推行，系统被评为“信息北京十大应用成果”入围项目。劳动监察“两网化”管理平台通过包括专职、兼职和协管在内的 242 名劳动监察员对辖区内 7.8 万户企业、70 万名劳动者全部实现网格化管理，改变以往执法部门“坐地办案”为主的工作方式，在全面摸清企业劳动用工底数和法规政策实施情况的前提下，由被动等待举报再开展监察的工作方式变成对重点违法单位的主动出击，工作效率明显提高。“两网化”平台将服务延伸到辖区内每家企业和每个劳动者，更加注重服务和预防和教育，将重大违法案件特别是群体性事件第一时间化解在基层。劳动监察“两网化”平台在区级层面率先实现多方资源共享，通过区政务信息资源共享平台与相关单位定期交换数据。全年共计与统计局交换 5.9 万条企业和个体工商户信息，与地税局交换 11.8 万条企业信息，与区国税局交换 8.7 万条企业信息，与区质监局交换 5.8 万条法人信息，与区住房城乡建设委交换 512 条在建工程项目信息，与仲裁科交换 7488 条仲裁案件信息，与区社保中心交换 1.4 万条单位参保信息和 58.5 万条个人参保信息。截至年底，丰台区实现全年“无拖欠工资问题”的预期目标。

（吴智青　周帆　田鹤鸣）

【非紧急救助中心热线与北京市对接完成】 2010 年 10 月，丰台区非紧急救助中心热线 83812345 完成与北京市 12345 热线电话的对接，实现北京市 12345 热线电话的电话转接和网络派单，并建立知识库。系统对接完成后，丰台区非紧急救助中心热线每月呼叫量超过 1700 个，接通率和办结率均达到 100%，其中三分之二来自北京市热线的网络派单，工作效率显著提升。

（吴智青　周帆　田鹤鸣）

【信息化培训工作展开】 2010 年年内，丰台区对信息化工作领导小组人员进行调整，选好配强领导班子。调整后的小组成员单位包括 16 个委办局和 21 个街道、乡镇，由区长担任组长，常务副区长、区委办主任和主管信息化工作的副区长担任副组长,成员由各单位一把手担任。在信息化工作领导小组的领导下，丰台区大量开展对领导干部有计划、有针对性的培训工作。区经济信息化委联合区委组织部，利用“处级干部周末大讲堂”的平台，邀请神州数码智慧城市研究院副院长李继刚给全区 300 多名副处级以上的领导干部介绍《世界城市背景下的数字城市》。区经济信息化委联合区人力社保局组织辖区内 68 个行政村的书记、村长、村企董事长共计 204 人进行信息化基础知识和技能培训。区人力社保局组织开展面向全区所有 50 岁以下机关干部的电子政务培训。区政府信息中心组织信息安全知识培训、网上政务审批系统培训、督查系统和内网邮件系统等专业化培训，共计培训机关干部 500 多人次。

（吴智青　周帆　田鹤鸣）

【信息化基础设施建设进展加快】 2010 年年内，丰台区信息化基础设施建设全面提速。2010 年全年新建、扩容移动通信基站 313 个，铺设管道 88.5 沟公里，铺设光纤 800.5 公里，完成投资额 3.4038 亿元；107 个小区总计 10.53 万户居民实现 20M 宽带接入能力。

（吴智青　周帆　田鹤鸣）

【高清数字电视改造推进】 2010 年年内，丰台区按照市委、市政府的要求积极推进高清交互式电视改造工作。区经济信息化委联合区规划分局、区市政市容委、区交通支队全力协助歌华公司办理道路施工的审批手续。全程开辟开通绿色通道，缩短审批时间。2010 年全年分三个批次共计对 19 条道路破路实施高清线路改造，施工里程 3,600 米。区协调办公室积极和街道社区沟通，为歌华公司开展高清机顶盒发放工作免费提供临时办公用房。2010 年全年共为 112 个小区完成高清交互式信号接入，发放高清数字机顶盒 14 万余台。

（吴智青　周帆　田鹤鸣）

【“双进入”工作成果显著】 2010 年年内，丰台区信息化基础设施提升工作协调办公室与三大电信运营商、歌华有线公司联合成立“双进入”（“双进入”体制，即在北京市信息化基础设施提升工作中，由区政府和基础电信运营商联合成立领导小组和工作组，实现工作中的无缝衔接和机密配合）领导机构。各街道、乡镇政府和相关委办局确定主管领导和具体联系人,建立起工作任务月报和任务工单反馈制度,统筹推进各项建设工作。2010 年全年共召开联席会议五次，其中包括一次年度工作部署会，四次问题协调会。会议主要听取三大电信运营商和歌华有线公司汇报信息化基础设施建设完成情况、建设过程中存在的困难、需要政府协助解决的问题等，双方还针对重点需要解决的基站选址、管道建设等问题研究制定具体方案，实现重点问题重点突破。`丰台区共接到北京市下发协调任务 66 个（其中北京联通 35 个，北京移动 13 个，北京电信 18 个）。区信息化基础设施提升工作协调办公室通过逐项梳理核实，印发《关于基站和宽带接入建设协调任务及有关事项的通知》，按属地划分原则，将任务以工单的形式分解到各街道、乡镇，并要求各单位定期反馈进展情况。截至年底，共计完成 63 项协调任务，完成率达 95%。

（吴智青　周帆　田鹤鸣）

【信息化基础设施提升补助资金申报】 2010 年年内，丰台区积极组织企业申报信息化基础设施提升补助资金，向辖区内近百个企业发布申报通知，并组织八家单位参加市级项目申报培训，最终申报 5 个项目，51 个宽带小区和 2 个信息化村。经过专家层层评审，“区域能耗信息监控平台”和“北京丽泽金融商务区信息化基础设施提升示范区规划”两个项目入围，获得补助资金 150 万元；20 个宽带小区和 2 个信息化村共获得补助 43.55 万元。

（吴智青　周帆　田鹤鸣）

【信息化宣传工作开展】 2010 年年内，丰台区为加大信息化基础设施提升工作的宣传力度，普及相关科学知识，通过多种渠道进行信息化基础设施的宣传。2010 年全年共发放宣传海报 32,000 张，宣传手册 5,000 本，宣传台历 2,100 套。动员全区 21 个街道、乡镇，将所有海报张贴在社区公告栏、小区楼内宣传栏等群众易获知的地方，宣传册和宣传台历发放到群众手中。通过丰台区政府网站建立宣传移动基站的专题页面。通过大范围、多渠道的宣传，使广大居民和农民解信息化基础设施的现状、信息化基础设施提升计划的内容和依托提升后的基础设施而实现的全新数字生活方式，对于推动北京建成城乡一体化的数字城市、资讯获取便利的信息城市、移动互联的网络城市、信息新技术、新业务试用推广的先行城市、信息安全水平一流的可信城市起到积极的促进作用。

（吴智青　周帆　田鹤鸣）

【区政务主机房改造完成】 2010 年年内，丰台区对现有网络机房、政务专网服务器机房和互联网服务器机房 3 个主机房进行改造，在 UPS、消防、防雷、专业空调和监控等设施的基础上增配无线安防报警器，实时监控机房内的温度、湿度和烟雾。一旦发现异常，在发出报警声的同时，向信息中心工作人员发出提醒短信，实现“隐患早发现”，“事故早处理”。信息中心还制定《信息中心机房管理》制度，实行 7×24 小时值班，确保网络的不间断稳定运行。

（吴智青　周帆　田鹤鸣）

【自主创新产品的采购与应用加强】 2010 年年内，按照北京市经济和信息化委员会、市财政局对电子政务信息安全产品规范化管理的要求，丰台区起草《2010—2011 北京市丰台区政府采购信息安全产品协议供货商邀请函》、《2010-2011 北京市丰台区政府采购信息安全产品定点采购框架协议》和《补充协议》。向入围全市信息安全产品目录的厂商发出邀请，由中标厂商推荐中标产品和中标代理商。截至年底，共计将 15 家厂商、38 家代理商、17 类 145 种信息安全产品纳入丰台区信息安全产品政府定点采购范围，规范信息安全产品采购工作，加强对自主创新产品的支持。

（吴智青　周帆　田鹤鸣）

【视频会议应用推广】 2010 年年内，丰台区完成各级视频会议室的改造，进一步扩大会议室的空间，增配摄像头、LED 显示屏，提升视频会议室的应用效果。丰台区视频会议系统以区应急指挥中心为主会场,联接 15 个委办局和 21 个街乡镇，共 37 个分会场。系统整合市政府电视电话会议、市应急 IP 视频会议、区 IP 视频会议系统，使中央政府、北京市政府、北京市应急办的视频会议可直接传达到各街乡镇、委办局，使各部门在本单位就能参会。截至年底，共计召开各类视频会议 55 场，极大地节约参会的时间和交通成本，为节能减排工作做出贡献。

（吴智青　周帆　田鹤鸣）

【“区域能耗信息监控平台”一期工程完工】 2010 年年内，丰台区正式启动“区域能耗信息监控平台”一期工程的建设。项目总投资 1,496 万元，设计目标是监控管理丰台区能耗 1,000 吨标准煤以上的 186 家用能单位（依据 2009 年能耗数据）的能源消耗情况，实时在线分项采集、计量部分重点用能单位的总能耗数据以及电、热、水、气、煤、油等分项能耗数据，在对用能单位提供能源管理服务的同时实现政府对辖区能源的精确管理，并为政府宏观决策提供可靠依据。该项目入选“感知北京”示范工程。截至年底，一期工程已经建设过半，一期将有 45 家用能单位正式上线使用。

（吴智青　周帆　田鹤鸣）

【“市容环境卫生服务作业监控管理指挥调度系统”并投入运行】 2010 年年内，丰台区利用 GPS、GIS、GPRS、RFID、WCDMA 等多种新技术建设“市容环境卫生服务作业监控管理指挥调度系统”，通过设立监控指挥中心和 15 个分中心，启用无线视频传输流动监控车，为 620 辆环卫专业车加装车载 GPS 和油料、速度传感装置，以及综合运用数据采集分析和处理等技术手段，实现区域环境卫生工作全方位、多角度、精准有效地监控、管理、指挥与调度。该项目经北京市经济和信息化委员会专家组评审获得北京市“信息基础设施提升资金”支持。系统主要实现环卫作业车辆、环卫作业效果、环卫设施和废弃物终端处置等四个方面的监管功能。通过安装在环卫作业车、公厕、垃圾中转站、道路果皮箱等环卫设施的定位和传感装置以及信息采集员（或移动视频监控车）的定时巡查，使控制中心可以实时掌控环卫车辆的出车情况和运行轨迹，可以快速发现道路上的随机污染物并及时清除，可以及时发现环卫设施的问题并派发相关管理部门进行修复，还能根据环卫终端的处置情况掌握垃圾日产量、日处理量以及每日的垃圾清运效率等实时数据信息。

（吴智青　周帆　田鹤鸣）

【“政务信息资源共享系统”投入使用】 2010 年年内，丰台区“政务信息资源共享系统”经过一年的试运行，完成验收，正式投入使用。该系统以“区级政务北京市信息资源中心”、“政务信息资源交换体系”和“目录体系”为核心，连通“丰台区政务资源门户系统”、“应急指挥系统”、“城市运行监测系统”、“劳动保障监察两网化综合管理平台”、“市政道路信息管理系统”和“街乡台账系统”等六大系统，将原来区内各部门分散的业务系统孤岛连接成一个整体，在不改变体制机制的情况下，实现“横向到边、纵向到底”的政务信息共享和业务协同，将城市运行信息、重大项目进展、督查事项、财政辅助决策服务等信息直接接入领导桌面，辅助领导决策。系统试运行期间，丰台区对全区 60 家单位进行先后 5 轮调研与数据需求登记，共梳理办事项目 461 个，录入条目 4,814 项，数据总量超过 1,000 万条。

（吴智青　周帆　田鹤鸣）

【“政府督查管理系统”建设完成】 2010 年年内，为加强丰台区督查工作的有效开展，推进城南行动计划的快速落实，丰台区于建设丰台区“政府督查管理系统”。该系统依托政务网络，主要实现区政府年度重点工作任务、领导批示交办事项、媒体报道、区长信箱等工作的网上督查交办、承办、反馈等一系列任务处理的全过程信息化管理。系统于上半年投入使用，在“城南行动”项目管理、折子、实事办理上发挥重要的作用，提高政府督办的效率，加快各项目的推进速度。

（吴智青　周帆　田鹤鸣）

【丽泽金融商务区信息化规划设计初步完成】 2010 年年内，北京丽泽金融商务区是北京市建设“北京信息化基础设施提升综合示范区”的 5 个重点功能区之一。丰台区将“推进北京信息基础设施综合提升示范区建设，打造智能丽泽”纳入区政府折子工程，并成立专门的领导机构负责实施推动。区政府全年针对丽泽金融商务区信息化规划召开四次专题会，并多次邀请北京市经济和信息化委员会、市通管局和业内各领域专家就丽泽金融商务区信息化进行座谈。2010 年 5 月，《丽泽金融商务区通信管道规划》在充分吸纳三大电信运营商、歌华有线和中国卫通的意见并修改完善后，获得市通管局批复。2010 年 11 月,《丽泽金融商务区信息化建设整体规划方案初步设计》通过招投标方式确定。丽泽金融商务区将以此次方案初步设计为基础，继续深化研究，逐步形成丽泽金融商务区信息化建设整体规划方案。

（吴智青　周帆　田鹤鸣）

石景山区

【概述】　2010 年年内，北京市石景山区推动区域内软件和信息服务业发展，推进信息化基础设施提升工作。推动高清电视示范区及物联网基础设施建设。开展“三网融合”试点示范工作，公共服务领域信息化及集中运维管理平台建设工作。

【软件和信息服务业发展加快】　2010 年年内，推动软件和信息服务业发展，产业收入规模超过 110 亿元，产业增加值占 GDP 比重达 8%，收入占三产比重达 56.6%。推动软件开发和系统集成，互联网信息服务、信息咨询等新兴业务持续快速发展。软件开发、系统集成和支持服务收入占 82.5%，互联网信息服务占 11.5%。主动扶持企业发展，吸引特色企业入驻。入驻软件和信息服务业企业数量较快增长，新增企业 438 家，企业总数达 1,200 多家。

（李炯希）

【信息基础设施提升】　2010 年年内，以建设世界城市信息化先导区为目标，推进信息化基础设施提升工作。全面推进基站、宽带建设。截至 2010 年 12 月，基本实现 3G 全区覆盖，完全实现 2M 宽带全区覆盖。建设 2G、3G 基站 1,131 个；推进“光进铜退”光纤入户工程，启动 20M 光纤入户试点，全区铺设光缆 435.45 千米。北京移动、北京联通、北京电信、歌华有线、北信基础等企业累计完成基础建设投资 1.9 亿元，完成 18 个小区约 3 万户的光纤入户工程。开展电子政务专网提速工程，将国际互联网出口带宽从 95Mbps 扩充到 225Mbps。

（李炯希）

【高清电视示范区建设推进】　2010 年年内，高清数字电视示范工程总投资约 5 亿元，发放高清交互机顶盒 79533 台，覆盖率达到自然户的 72%;完成高清交互数字电视前端平台建设；完成现有区广电中心传输机房的升级改造，设立双向交互专用机房；完成全部单向网改造和 AB 类网及所有网络的统调，开通双向网业务。

（李炯希）

【物联网基础设施建设展开】　2010 年年内，落实市委市政府关于“智慧北京”建设的指示精神，开展物联网基础设施建设，提升地区信息化基础设施，对首都在全国物联网建设工作中保持领先地位作出重要贡献。建成由 19 处基站组成的无线物联数据专网，最多可接入 1.2 亿个传感点，覆盖面积约 39.4 平方公里，约占全区总面积的 46.7%，并与电子政务外网连接，实现传感器身份认证、传感器信息的安全传输。快速搭建“智慧石景山”综合管理信息服务系统，提供统一监管信息服务。研发传感器端和无线网关端的 Zigbee 通信模块，完成 6 类物联网应用的验证性接入，实现多部门、多行业、多领域、多类别的物联网应用。2010 年 11 月 17 日，副市长苟仲文、北京市经济和信息化委员会主任朱炎等到鼎城大厦，实地查看物联网基站建设情况，随后在区政府听取开展物联网基础设施建设工作情况汇报，观看“智慧石景山”综合管理信息服务演示系统。

（李炯希）

【“三网融合”试点示范】 2010 年年内，开展“三网融合”试点示范。按照“双进入”的工作模式，组织中国瑞达系统装备公司等企业，成立石景山区“三网融合”试点示范专项工作组。采用无线光载技术（RoF），建设拥有完全自主知识产权的全业务统一接入网络（ASUAN）。在 8 万平米的瑞达大厦建设接入网络（ASUAN），实现各运营商的有线通讯等业务在大厦内部的全承载。遵循已有的国家标准和行业标准，深入研究实践“三网融合”的建设和运维模式，形成相关的标准和规范。

（闫金鹏）

【公共服务领域信息化开展】 2010 年年内，石景山区本着服务区域经济、协助招商引资、推动政府工作原则，调整政府网站内容及版面。落实政府信息公开条例，在石景山信息网共发布 22 类 11781 条政务信息。对区内 32 家单位办事事项目录重新梳理，完善办事指南、表格下载等服务内容，梳理事项 775 项，其中个人 211 项，企业 564 项，提升网上办事服务能力和规范化水平。建设“教育服务”和“要住房”两个场景式服务，涵盖教育及住房主要方面，提供个性化在线行政办事服务。与驻区企业三友宇天合作，确立信息网百姓生活栏目长效更新机制，做到其旗下网站京西圈和百姓生活栏目数据实时更新。

（王闪）

【集中运维管理平台建设】 2010 年年内，集中运维管理平台二期建设基本完成。在第一期监控体系建设基础上完成第二期运维管理流程体系建设，并初步完成适合本单位的电子政务运维管理体系构架。平台建成后，在设备监控方面，实现对全区电子政务网络资源全面实时监控，其中包括服务器主机设备 83 台，网络设备 262 台。在系统安全方面，实现 CA 认证集成，通过单点登录方式保证系统安全管理。在故障预警方面，完成与短信机对接，做到邮件和短信告警方式并存，保证故障告警信息及时被发现处理。在系统功能上，实现值班系统、资产系统、培训管理等功能集成。在运维管理上，实现事件管理、问题管理、变更发布管理、资产管理统一运维，实现运维流程自定义设置，为区电子政务网络运维提供软件支持。

（万晨）

门头沟区

【概述】 2010 年年内，北京市门头沟区进一步推进网上审批，完善交通综合信息可视化指挥中心功能建设，积极谋划石龙电子商务产业园区建设，通过旅游综合管理应用系统，探索“物联网”在门头沟区的应用，圆满完成敏感日期间网络信息安全保障工作，开展邮件系统安全检查和漏洞整改工作，编制门头沟区“十二五”期间信息化发展规划，建立门头沟区政务信息资源共享交换标准规范体系，制定门头沟区电子政务建设规划。

【推进网上审批】 2010年年内，根据在公共行政服务需求不断增长、公共行政服务工作标准不断提高的现状，门头沟区增加实施应用项目的数量，扩展使用网上审批系统的委办局范围，实现与其他系统特别是行政监察系统和政务信息资源共享交换体系的无缝连接。在门头沟区网上行政审批项目一期建设成果的基础上，启动网上审批系统的二期建设，将实现与门头沟区政务信息资源共享交换平台、法人库、人口库、机关用户库、统一用户管理授权体系和办公自动化系统地无缝集成，建立统一的、面向社会公众的门头沟网上审批服务平台，提高办事效率和公共服务质量。

（王亮）

【交通综合信息可视化指挥中心功能建设完善】 2010年年内，前两期在门头沟区各主要路口、道口、码头等部位部署视频监控设备，已能满足交通综合信息可视化指挥中心的监控需要。通过今年第三期的建设，将完善门头沟区交通运输行业属地管理、应急处置、分级负责、分类指挥、综合协调、逐级提升的管理体制；创新交通运输行业监管、行政执法、交通应急指挥调度、交通战备保障管理——“四位一体”的指挥体系；交通应急综合指挥中心示范工程作为北京市交通应急指挥部在远郊区县设立分指挥部的试点，为首都北京创建世界城市、实现“科技交通、绿色交通和人文交通”、提高交通行业城乡统筹管理水平提供示范。现项目正在建设过程中。

（王亮）

【石龙电子商务产业园区建设推进】 2010年年内，为认真落实区政府调整产业结构，培育生态友好型产业的发展思路，区经济和信息化委与石龙工业区邀请有关专家、学者论证电子商务产业园区项目建设的可行性，完成门头沟区电子商务产业发展规划。2010年9月16日，北京市经济和信息化委员会在门头沟区举行北京市电子商务示范区授牌仪式，石龙电子商务产业园区正式授牌。

（王亮）

【旅游综合管理应用系统建设】 2010年年内，为落实“十一五”期间北京城市空间布局和区县功能定位的要求，结合《北京市信息化基础设施提升计划》，区旅游局提出旅游综合管理应用系统建设的需求。门头沟区在5个重点景区建设高清视频图像采集模块、景区客流分析模块、景区天气参数采集模块、数据统计分析等模块，搭建整体框架。为实现集“信息采集、信息分析、智能决策、科学管理、精准宣传、优化服务”六位一体的旅游经济综合信息网络服务系统奠定基础。

（王亮）

【敏感日期间网络信息安全保障工作完成】 2010年年内，对区内网络和信息安全实行常态检查与非常态检查相结合的工作方式，在春节、两会、五一等敏感日前下发《关于加强重要网络信息系统、网站和无线电安全工作的通知》。为全力确保节日期间门头沟区重要网络信息系统、网站的安全，北京市信息安全测评中心专家共同对门头沟区重点单位的信息系统如信息中心、教委、统计局、石龙管委的网站进行全面安全检查。检查内容涉及服务器安全、应用系统安全、DNS安全、网络安全等方面。对区联通分公司、区歌华有线分公司网络安全情况进行检查，要求重点单位做好节日期间安全值守工作和应急响应工作，确保门头沟区的网络安全，圆满完成敏感日期间网络信息安全保障工作。

（王亮）

【邮件系统安全检查和漏洞整改工作开展】 2010年年内，根据市通信保障和信息安全应急指挥部办公室《关于开展邮件系统安全检查和漏洞整改通知》的要求，迅速联系门头沟区电子邮件系统服务提供商，开展实地检查，确认邮件系统安全，加大巡检力度，确保邮件系统正常运行。做好信息安全值守工作，安排专人负责邮件系统安全，确保问题及时发现及时处理，并向市通信保障和信息安全应急指挥部办公室上报自查报告。

（王亮）

【“十二五”期间信息化发展规划编制】 2010年年内，开展门头沟区“十二五”期间信息化发展规划的编制工作，门头沟区“十二五”期间信息化发展规划作为门头沟区的两大综合性规划之一，得到各级领导和部门的重视。规划调研前期面向全区 52 个单位和部门发放调研问卷，历时一个月的时间回收问卷29份，整理形成门头沟区信息化调研情况汇总表。走访发改委、经管站、旅游局等20个部门和单位，对调研情况进行认真细致的梳理，形成规划编制大纲，与专家组讨论沟通，根据对北京市信息化发展现状和趋势的研究，结合门头沟区实际情况，完成门头沟区“十二五”期间信息化发展规划的编制工作。

（王亮）

【电子政务建设规划制定】 2010年年内，门头沟区通过对组织机构、职能、岗位、职责、业务的梳理，理清门头沟区政府各职能间的横向业务协同关系，重点建立组织机构树、业务协作流程图、职责执行流程图、业务信息关系图等业务模型。形成《门头沟区电子政务建设规划》,为下一步的门头沟区电子政务信息系统建设的招投标和工程建设提供设计依据。

（王亮）

【政务信息资源共享交换标准规范体系建立】 2010年年内，区经济信息化委制定门头沟区政务信息资源共享交换标准规范，该标准规范的建设可满足门头沟区加强政务信息资源共享交换管理的需要，达到充分发挥信息资源作用和实现信息资源价值的目的；形成完整的政务信息资源共享交换标准体系成果，为实现门头沟区的政务信息资源整合与共享的目标奠定基础。

（王亮）

房山区

【概述】 2010年年内，北京市房山区按照《房山区“十一五”时期信息化发展规划》和《北京市信息化工作领导小组关于全市电子政务工作任务的通知》（京信发〔2010〕2号）的要求，围绕房山区“三化两区”建设目标，以加快房山区信息社会建设、全面建设“数字房山”为信息化战略目标，使信息化建设服务于全区经济社会发展大局，重点抓机制体制创新，坚持服务与管理并重推进电子政务建设，努力推进资源整合、利用和信息公开，以应用促发展，使全区信息化水平从整体上得到较大程度的提高。

【区综合行政服务大厅网络建设】 2010年年内，按照大厅预计设置进驻的部门和开通的行政许可和服务事项的窗口，以及大厅“前台受理，后台办理，限时办完，一地办结”的运行模式，为大厅定制开发“行政许可电子监察系统”,将各单位办事业务和电子监察有机结合起来，同时为大厅管理部门开发综合管理系统，对大厅人员、事务和各系统进行统一调度和管理。在第三办公区的16个会议室中，均建有视频会议功能，并通过 IP 网络与第一办公区联通。同时，每个会议室的视频会议系统均能灵活配置到使用单位的专网，以上联市级视频会议系统。

（郑桂敏）

【“感知北京”工程探索推进】 2010年年内，对物联网应用进行积极探索。加强交通、社会管理、学校安防、安全生产等方面的图像信息系统建设，并制定全区数字、模拟图像信息系统整合的方案；建立安全生产监控平台，将区内所有加油站、危化企业的监控接入平台，并制定二期建设方案，在一期平台基础上建立声光报警联动机制；正在建设数字环保平台，利用3S集成技术，在空间地理系统上建立工业污染源图层、乡镇种植养殖业图层、日常生活污染源图层、污水和污物处理厂（图层）、挥发性有机物污染源图层。安放大气污染、烟雾排放、噪声、污水排放等监测设备，实现数据的实时采集，对于超标的监测点能够实时响应报警。

（郑桂敏）

【流动人口数据资源系统完善】 2010年年内，把市流管办开发的二期流管工作平台延伸到基层服务站，实现区、乡、村三级信息平台联动，且在信息采集登记、数据统计分析、信息查询比对以及办公信息流转等功能方面有极大的改进和完善，更加符合基层使用。截止目前，区乡两级财政共投入资金74万元，为区乡流管办和基层服务站配置计算机150台，招聘大专以上的专职管理人员350余名，专门负责流管信息平台的使用、管理，为流管工作信息化奠定坚实的基础。目前正在研究将流动人口数据库与区人口数据库进行对接。

（郑桂敏）

【加强网站建设完善政务公开工作】 2010年年内，通过《房山信息网》发布主动公开信息2,680条，依申请公开20条。各单位通过行政许可电子监察系统录入的行政办事事项共786件。区信息中心联合区监察局，参照市级行政办事服务目录对全区43个单位的行政办事服务事项和便民服务事项进行重新梳理，共梳理行政办事事项825项，新增便民服务243项。2010年年内,行政办事表格下载达8,453人次，事项结果的网上反馈达19,045件。“房山信息网”设立的部门动态、统计数据、统计信息、招聘信息等栏目，为各部门通过区政府网站发布信息和反映本部门工作提供方便条件。由各单位维护的部门动态共发布信息867条，统计数据、统计信息等54条，招聘信息150余条，丰富政府门户网站的政务信息，同时也获得公众的好评。

（郑桂敏）

【区政府门户网站《房山信息网》改版】 2010年年内，房山区对网站版面、频道和栏目进行全新设计，对网站各项业务资源和政务公开内容、服务事项按照考评要求进行大量的目录梳理工作。将房山区2007年梳理的《房山区行政许可目录》、房山区资源整合平台梳理出的6家单位的业务资源目录及各单位上报行政综合服务大厅筹建办的目录进行比对。根据目录梳理的事项服务内容，建立婚育收养、企业开办和医疗保险三个场景式服务。对行政服务事项按用户对象分为个人和企业两大类。其中个人细分 22 个小类，企业细分 27 小类。建立绿色通道服务，并对特殊人群进行农民和老幼病残的分类，便民服务事项分教育培训、医疗卫生、劳动就业、社会保障、租房住房、交通出行、休闲娱乐、供求信息、居家饮食和农业服务 10 大类。

（郑桂敏）

【信息资源共享体系建设和应用推进】 2010 年年内，房山区通过人口、法人、空间三大基础库数据和各类政务资源的展示与在线使用，为全区公安、计生、市政、监察、环保、安监、应急、非紧急救助、乡镇街道等部门和业务提供服务，为社会安保、人口管理、地下管线管理、行政审批监察、环境监测、安全生产监管、突发事件应急处置、非紧急救助热线、乡镇街道重点人口管理等系统提供重要的资源数据支撑。在基础库应用方面，由人口基础数据库提供数据支撑的房山区育龄妇女管理系统正式上线使用，建立起基于全区人口与计划生育业务的“全员人口数据信息库”，整合全区 80 万条常驻人口数据，系统已经接入 25 个乡镇/街道计生办，正在向村/社区连接。协助区第六次人口普查办公室开展全区范围的人口普查工作，将人口数据信息支撑人口普查，提供查询参考依据。完成区共享交换平台法人数据库与区监察局“行政审批电子监察系统”的对接，通过法人库基础法人数据支撑监察局业务应用，实现房山区行政审批及电子监察系统与市、区两级的各个单位内部系统的数据对接，将各个业务系统的审批事项数据传入房山区行政审批及电子监察系统中，有效支撑监察人员对监察事项的办理等业。房山区行政审批及电子监察平台共调用区法人库的信息办理事项共 431 件次。完善空间地理信息库，在空间地理信息服务平台 41 家视频监控展示信息的基础上，经过协调对全区 39 家安全生产监管部门视频监控图像资源进行整合，包括加油站、贮罐区、高危化企业等单位，通过建立流媒体访问途径以及改进开发适应多种前端监控设备图像数据的展示插件，已经实现一家单位多路多通道图像信息实时展示，同时与其他空间资源配合展示，为安全生产监管与突发事件应急处置提供有效支撑。

（郑桂敏）

【房山区空间地下管线单机展示系统完成】 2010 年年内，房山区将空间数据部署在与网络隔离的服务器中，为市政、水务、电力、燃气、有线电视等管线业务展示、城市安全运行、城市规划与管理、突发事件应急处置提供独立展示服务。对房山区界进行瓦片数据切割与加工，共加工数据 40G，完成 1187.5 公里地下管线、1：500、1：2000 地形图数据的隔离存储，形成图层 149 个，其中管线图层 44 个，并配套相应的资源保密体系。管线数据及设备存放于信息中心机房，严格按照《保密法》和各级保密管理规定管理与应用。

（郑桂敏）

【网络宣传工作开展】 2010 年年内，在全区动态信息宣传方面，为全力配合做好房山区度各项宣传工作，区信息中心记者深入一线、深入基层，全面采访报道“三化两区”建设重点进程、全区政务工作重点工程，在《房山信息网》首页“房山动态”栏目发布。同时，为保证信息的全面性、系统性，大量收集区直单位、各乡镇有关信息，在区政府网站“乡镇委办局之窗”、“社会新闻”、“经济信息”、“文明快讯”等相关栏目发布。全年共在《房山信息网》发布各类动态信息 3000 余条。通过《房山信息网》政府信息公开专栏主动公开的政府信息达

2,800 条。在专题内容宣传方面，为突出对房山区重点工作、重点工程的宣传力度，共制作专题栏目 14 个。为扩大网站宣传辐射范围，区信息中心坚持与市区有关媒体合作，积极向市政府网站"首都之窗"报送房山区各类信息，大部分信息在《首都之窗》"区县热点"栏目发布，全年共计 1,520 条。同时，将房山电视台每天的《房山新闻》栏目转录到区政府网站发布，结合网站改版，又实现将《房山报》网络版链接到政府网站首页醒目位置，扩大网络宣传效果。

（郑桂敏）

【"十二五"政务信息化发展规划编制工作开展】 2010 年年内，从房山区信息化发展的实际出发，开展政务信息化规划的编制，充分考虑北京建设世界城市和房山"三化两区"建设的发展远景，主要目标是将房山区建成信息基础设施先进、电子政务高效透明、电子商务市场活跃、电子社会服务便捷、城市管理高智能、信息资源广聚集、信息服务强辐射的"数字强区"，支撑和带动房山区经济社会协调可持续发展；以建设生态宜居新房山为目标，构建以数字化、智能化、立体化、迅捷化为特征的智能的全要素城市管理体系，建设和完善城市开发建设、应急指挥、智能交通、公交调度等一系列专业化、集约化的管理应用平台，提供信息共享、资源共享、流程共享和服务共享，形成现代化的城市管理和服务模式。

（郑桂敏）

通州区

【概述】 2010 年年内，北京市通州区电子政务工作取得较大进展，在认真总结十年政务信息化工作的基础上，编制"十二五"信息化发展规划和新城信息基础设施规划，明确电子政务工作发展目标，主要任务和重点工程。电子政务工作在提高政府部门办公效率和服务水平上取得较大成效；政务专网支持的市、区多种综合业务稳定运行；政务门户网站政务公开、在线服务和政民互动等公共服务不断深化；政务信息资源开发利用取得进展；财政管理、城市管理、农村经济管理、社会保障、卫生医疗管理、流动人口管理、房屋交易、婚姻登记等信息化水平逐步提高。

（李博云）

【政策法规制定】 2010 年年内，通州区经济信息化委牵头制定《通州区"十二五"信息化发展规划》和《通州区新城信息化基础设施建设规划》；在定制"十二五"信息化发展规划的过程中，采用发放问卷，集体座谈，个别走访和重点回访的方式，对全区 16 个委办局、9 个工业园区、6 个乡镇和 12 家重点企业进行全面细致深刻的访谈调研，保证规划更符合通州区的实际情况并同时具有全面性、前瞻性、指导性、权威性；新城信息化基础设施建设规划分为基础设施规划和应用系统规划两大部分，分别对新城信息化建设在物理层面和应用层面提出设想。

（李博云）

【信息网络基础设施建设】 2010 年年内，通州区政务数据中心建设取得阶段性进展，政务数据中心是通州区政务专网核心机房、政务数据库和应用服务器的集中管理运维的电子政务基础设施；机房使用面积 230 平米，能够支撑全区性电子政务信息系统运行、数据存储交换和统一门户网站的服务请求。在社区网络建设方面，通州区区经信委编制《通州区社区居委会接入政务专网实施方案》,并完成北苑街道办事处 13 个社区居委会接入区专网的试点工作。

（李博云）

【信息安全工作加强】 2010 年年内，为加强政务专网管理，提高技术防范能力，通州区经济信息化委组织在通州区内 11 个乡镇和 1 个街道办事处安装部署网络终端安全管理系统，用于规范乡镇机关局域网及行政村终端计算机的使用。

（李博云）

【行政审批信息系统搭建】 2010 年年内，通州区行政服务中心在重新梳理行政办事事项基础上，搭建全新的行政审批信息系统，系统投入运营后取得提高工作效率的初步效果。

（李博云）

【城市运行管理】 2010 年年内，全面启动通州区科技创安图像信息系统建设，该系统实现通州区区各相关部门、社会单位的图像信息管理系统互联互通、资源共享，形成以通州区应急指挥中心、通州区公安分局图像监控系统为平台，以城管监察、交通、市政市容等图像信息子系统为延伸网点的技防基础设施体系。城市路灯管理监控系统投入使用，该系统管理城区范围内38条道路上的173个路灯开关箱控制点，通过在路灯开关控制箱内安装 RTU 智能终端，实现对通州城区路灯照明系统运行的实时监测和控制。通州区新城建设中启用拆迁签约选房综合管理系统，实现拆迁数据的科学化、信息化、系统化管理，以及数据共享和实时数据交换，保证拆迁工作的公开、公平、公正。

（李博云）

顺义区

【概述】 2010 年年内，北京市顺义区根据市级信息化建设工作的方针，以信息技术应用为导向，以信息资源开发利用为中心，创造环境，鼓励竞争，加快发展电子信息产品制造业、信息服务业，加强电子政务建设，推进政府管理创新，以应用促发展，以信息化带动工业化，促进顺义区经济快速、健康发展，信息化建设取得较大成绩。

【顺义网城被评为优秀政府网站】 2010 年 1 月，在市纠正行业不正之风办公室、市信息化工作办公室召开的“2009 年度北京市政府网站评议总结大会”上，顺义网城获“优秀政务网站”称号。顺义网城已连续六年被评为优秀网站。

（赵刚）

【数字证书应用培训会召开】 2010 年 7 月 6 日，区信息中心在顺义宾馆召开数字证书应用培训会议，为全区 133 家单位的办公室人员和信息上报人员配备由北京数字证书认证中心签发的数字证书 333 个。顺义区数字平台的建立，进一步加强顺义区政务信息系统的认证安全性。

（赵刚）

【顺义网城暨完善政务信息应用系统工作会召

开】　2010年8月17日，为推进顺义区信息资源共享，区信息中心在顺义宾馆召开建设顺义网城暨完善政务信息应用系统工作会，会议部署顺义网城改版任务和完善政务资源共享交换平台相关应用系统工作。区政府副区长燕瑛出席会议，全区120多家单位主管信息化副职参加会议。

（赵刚）

【顺义网城中文版第十次全面改版工作完成】　2010年7至10月，区信息中心对顺义网城进行第十次改版，对网站整体框架、栏目设置进行调整，进一步扩充和细化服务信息。新版顺义网城设置七个频道，分别是魅力顺义、投资新城、信息公开、在线服务、政民互动、市民生活、畅游绿港。

（赵刚）

【电子信息产业发展】　2010年年内，电子信息产业占据重要地位，新一代信息技术催生新兴产业。顺义区规模以上电子信息制造业企业19家，累计完成主营业务收入243.5亿元，完成销售产值238.8亿元，完成出口交货值211.9亿元，是顺义区仅次于汽车产业的第二大产业，占全区工业总产值的13.3%。新兴电子信息制造业随着北广科技、七星华创和科华微电子等项目建成达产，宝德阳、数码视讯等重大项目建设加快。

（赵刚）

【信息网络基础设施建设推进】　2010年年内，全区电信运营商铺设光缆纤芯总长度达11.3万芯公里；拥有公众网电话交换机31.88万门，固定电话用户达到25.36万户；ADSL端口容量达24.8万户，接入用户12.7万户；宽带LAN接入用户1.15万户；移动通信用户达到80万户；建成移动通信基站300余个，覆盖率达100%；有线电视网络实现“村村通”，注册户数达到16万户，其中数字机顶盒用户达到3.8万户。

（赵刚）

【信息安全工作推进】　2010年年内，顺义区调整网络与信息安全领导小组，完善领导体系。区信息中心在CA数字认证系统的基础上建立统一认证平台，通过对用户身份的统一认证和访问控制，更安全地实现各业务系统的单点登录和信息资源的整合。已完成区内电子政务办公服务平台、领导决策信息系统、空间地理信息系统、人口计生委系统、人口库、法人库等10余个系统的用户认证整合，有利于实现资源共享，避免重复建设。

（赵刚）

【信息安全检查工作开展】　2010年年内，按照北京市网络与信息安全协调小组《关于印发2010年北京市网络与信息安全保障工作要点的通知》（京信安协〔2010〕2号）要求，针对检查要点，在全区范围内开展政务网络与信息安全暨政府信息公开工作检查。查分自查、抽查2个阶段进行。检查内容包括日常网络维护情况、政务信息系统安全情况、政务网站和信息系统安全等级保护的落实情况，政府信息公开保密审查、主动公开、依申请公开、虚假或不完整信息澄清等工作情况。针对存在的问题，联合检查小组提出整改意见并进一步加大指导、督导力度，强化各单位信息安全意识，提高全区网络与信息系统安全保障能力，确保区域内政府信息公开工作有序开展。

（赵刚）

【舆情监测工作开展】　2010年年内，依托顺义区互联网舆情监测系统，以国内外2,000余种报纸、8,000余家网站为信息源，搜集国内外媒体经济、社会、政治、文化等方面有价值的报道和有关顺义的虚假或不完整信息，并整合区内各部门上报的信息，编辑印发刊物《领导参考信息》，为领导决策提供参考。全年共监测到网络舆情事件170余件。通知相关单位加强预警事件100余件；报送《领导参考信息》82期，146条信息，获得领导批示21条。

（赵刚）

【全程办事代理网上办公服务系统升级】 2010年年内，顺义区对全程办事代理网上办公服务系统进行升级改造，共清除历史数据70余万条（已做备份），减轻系统压力，提高系统运行和访问速度；针对北小营、仁和、李桥等单位业务办理需求，修改系统中的行政许可和服务事项230余项；新增“咨询问答”、办事事项导航、场景式服务等功能。顺义区全程办事代理网上办公服务系统办理量已突破10万件，办结率为97%，满意率达100%，网上服务情况在全市继续保持领先地位。

（赵刚）

【电子商务发展加速】 2010年年内，电子商务促进第三产业，加速临空经济发展。电子商务依托毗邻首都国际机场的独特优势，加快经济增长方式转变，电子商务发展主要服务机场、服务国门商务区。电子商务为航空配套企业及酒店、餐饮等类型企业带来很大机遇。顺义区李桥镇有机场、航空相关配套企业40余家，酒店8家，希尔顿酒店、朗豪酒店都通过遍布全球的电子商务迅速占领市场。乐购特易购有限公司、北京棒约翰餐饮发展有限公司等外资企业通过企业管理、电子商务平台在顺义区建立高端总部型运营平台。电子商务结合国门商务区的启动，加快上规模、上水平项目的引进。促成电子口岸数据处理中心，北京东方中讯联合认证技术有限公司、北京东方神码等电子商务服务类高新技术型企业成功入驻。

（赵刚）

【教育信息化建设推进】 2010年年内，顺义区大力推进教育信息化建设，形成以区教委为核心、以中小学幼儿园为节点的教育网。全区92所学校均已建立网站，基本实现校务、教务管理信息化。加强面向区、镇、村（社区）所有市民的现代远程教育网络建设，丰富科教信息资源。

（赵刚）

【医疗信息系统建设加快】 2010年年内，顺义区医疗卫生领域坚持以人为本，以患者为中心的理念，积极推进疾病监测、疫情直报、健康证办理、网上服务、监督执法、新农合管理、社区管理、市民健康档案等信息系统建设，进一步提升医疗卫生服务、管理和决策水平。加快完善医疗卫生信息网络，全区4家二级医疗机构、25家一级医疗机构、9家非医疗机构以及192个社区卫生服务站全部实现联网。

（赵刚）

【社保信息网构建】 2010年年内，顺义区社会保障领域配合国家“金保工程”，构建起覆盖区、镇（街道）、村的社会保障信息网，并与市级社保网对接。初步建成覆盖全区20余万城镇职工的养老保险基金收缴管理系统、基本医疗保险信息管理系统以及社会保险基金信息管理系统、城乡居民养老保险信息系统和“绿港就业快车”网站，充分利用信息化手段提供社会保险金发放，以及就业与失业救助服务。

（赵刚）

【文化服务网络建成】 2010年年内，顺义区文化领域在全国率先建成区、镇、村三级文化服务网络。通过实施“文化信息资源共享工程”，建立“网上图书预约查询系统”、“数字图书馆”为社会公众提供文化服务。

（赵刚）

【“信息化村”及“宽带小区”建设完成】 2010年年内，顺义区完成“信息化村”和“宽带小区”建设。顺义区共建设完成42个“信息化村”和19个“宽带小区”的建设工作。“信息化村”涉及人口18,451户，计56,488人；“宽带小区”涉及人口26,853户。

（赵刚）

【信息网络基础建设推进】 2010年年内，顺义区电子政务外网接入单位达806家，其中光纤宽带接入处级行政、企事业单位176家，中小学、幼儿园120家，社区卫生服务中心39家，派出所31个，劳动社保所25个，主要街道监控点22个，行政村392个。因特网出口带宽达到450兆。

（赵刚）

【顺义网城专题宣传力度加大】 2010年年内，顺义区信息中心与多个单位合作共建宣传专题，先后开设《顺义区“十一五”辉煌成果展》、《顺义区健康教育科普宣传专栏》、《公众建言“十二五”》、北京国际鲜花港《郁金香文化节》和《菊花文化节》等宣传专题。一系列专题的开设取得较好的宣传效果。

（赵刚）

【网上办公服务系统完善】 2010年年内，顺义区信息中心对全程办事代理网上办公服务系统进行升级改造，共清除历史数据70余万条（已做备份），减轻系统压力，提高系统运行和访问速度；针对北小营、仁和、李桥等单位业务办理需求，修改系统中的行政许可和服务事项230余项；新增“咨询问答”、办事事项导航、场景式服务等功能。顺义区全程办事代理网上办公服务系统办理量已突破10万件，办结率为97%，满意率达100%，网上服务情况在全市继续保持领先地位。

（赵刚）

【领导决策信息系统应用加强】 2010年年内，顺义区依托电子政务外网和政务信息资源共享交换平台进行建设，全面整合各部门需要上报区领导的信息资源，为区领导决策提供全面、准确、及时的一站式信息服务。区信息中心对相关单位进行多次培训，已有城管、人力社保局、环保局等30余家单位开始上传决策信息。

（赵刚）

【政务地理信息服务平台应用加强】 2010年年内，顺义区的政务地理信息服务平台依托北京市政务地理空间数据库进行开发建设，整合区内各部门的地理图层信息，形成全区统一的电子地图。该平台包含全市图层824个，其中顺义区图层60个，涉及医疗机构、学校、金融机构等。

（赵刚）

【统一认证平台构建】 2010年年内，顺义区信息中心在CA数字认证系统的基础上建立统一认证平台，通过对用户身份的统一认证和访问控制，更安全地实现各业务系统的单点登录和信息资源的整合。已完成区内电子政务办公服务平台、领导决策信息系统、空间地理信息系统、人口计生委系统、人口库、法人库等10余个系统的用户认证整合，有利于实现资源共享，避免重复建设。

（赵刚）

【镇级管理信息系统建设加快】 2010年年内，顺义区信息中心加快推进镇级管理信息系统建设。全区19个镇全部建起镇级管理信息系统，实现公文、数据网上传输，提升各镇政务信息化水平。

（赵刚）

【政务邮件系统数据升级改造】 2010年年内，顺义区信息中心对原电子政务邮件系统进行升级改造。拓宽用户邮箱空间，使每个用户邮箱容量由200兆增加到500兆；提高邮件投递速度，经数据测试显示，在政务网内邮件传输速度较以往提升将近一倍，可节省用户近一半的等待时间。

（赵刚）

【移动办公平台建设】 2010年年内，顺义区信息中心基于顺义区电子政务办公服务平台建设移动办公平台，办公人员可以随时打开手机，浏览会议通知、信息刊物、值班安排、待办工作等内容。该平台的开通将有效提升政府办公效率，提高顺义区政务信息化应用水平。

（赵刚）

【政务视频会议系统广泛使用】 2010年年内，顺义区信息中心成功转播、召开党风廉政工作会、安全生产工作会、流动人口管理员培训会等视频会议20余次，累计参会人员达5,000万余人次，减少4,000余人次往返会场时间。

（赵刚）

【顺义网城信息发布力度加大】 2010年年内，顺义区立足临空经济发展、新城建设、城乡一体化推进等区域重点工作，围绕创先争优、国际汽车展、农博会等区域重大活动，突出领导活动报道，加大经济、民生类信息采集力度，制作、推出两会、农博会、创卫、七一党建等专题10余个，不断完善、充实顺义网城信息内容，提升网站影响力。顺义网城中文版全年共发布中文动态信息2,390条，英文版共发布英文动态信息146条；向市城乡经济信息中心报送信息1,800余条，采用1,200余条；向首都之窗报送信息1,900条，采用1,800条；另有1,200余条信息被多家网站转载，全方位、多角度地展现顺义经济社会发展取得的可喜成绩。

（赵刚）

大兴区

【概述】 2010年年内，是十一五时期的最后一年，北京市大兴区在信息化工作方面取得阶段性成绩。按照统筹规划、集约建设；统一管理、统一标准的发展策略，以八个一的总体框架为建设目标，即构建一个门户网站、一个共享交换平台、一个数据中心、一张电子地图、一张网络、一系列应用系统、一支管理队伍、一套管理办法，大力推进信息化建设，深化应用。在已有的信息化建设及应用的基础上，继续完善信息化基础设施建设，提高信息化在社会服务管理、电子政务、企业经营管理等领域的应用水平，并积极促进战略性新兴信息技术的推广与应用。大兴区信息化发展稳步推进，已经在各个领域发挥着越来越重要的作用。

（任娟娟）

【信息产业发展壮大】 2010年年内，信息产业已成为大兴区经济的新增长点。电子信息产品制造业规模不断扩大，信息产业成为大兴区经济的新增长点，产值约4.2亿。“华美迅达”、“及成通讯”和“人民电器”等一批科技型电子产品生产企业不断成长壮大，使大兴区和北京经济技术开发区在电子信息产品制造、信息服务业、计算机软件等领域的设计水平和生产能力不断提高，逐步提升信息产业的现代化、精细化水平。信息产业的发展壮大，在以信息化手段改造提升传统产业的同时，也带动产业结构优化升级。

（杨飞）

【无线电宣传和管理工作加强】 2010年年内，大兴区加强无线电的宣传管理和执法力度。在无线电管理宣传月，大兴区组织开展一系列内容丰富形式多样的无线电管理宣传活动，共制作宣传展板 10 块，宣传条幅 80 条，发放《无线电管理宣传手册》1,000 余份，发放环保袋 500 份，小纪念品 1,000 余份等，宣传取得明显成效。通过歌华服务大厅、社区等进行无线电管理材料的发放，宣传无线电的合法使用。进行两次无线电管理执法检查，肃清无线电的非法使用，加强无线电管理和执法力度。

（任娟娟）

【高清交互数字电视工程开展】 2010 年年内，大兴区高清交互数字电视工程是信息化基础设施提升计划的重要组成部分，是政府为民办实事的一项重要工程，将改变老百姓从“看电视”到“用电视”的传统模式。

（任娟娟）

【信息化村和宽带小区建设效果明显】 2010 年年内，大兴区进行区信息化基础设施提升计划支持项目征集，并联合财政局对上报项目进行初审，共审核通过“信息化村”试点申请 26 个、“宽带小区”试点申请 21 个、基础设施提升项目 4 个。所有“信息化村”和“宽带小区”试点申请、2 个基础设施提升项目通过北京市经济和信息化委员会评审。

（任娟娟）

【“双进入”工作推进】 2010 年年内，大兴区共受理基础设施建设申请 4 项，均为北京移动大兴分公司 2G 无线通信基站，已全部审批通过；协调区供电分公司，解决联通大兴分公司无线通信基站供电问题；针对《关于 9 月基站和宽带接入建设协调任务的通知》中所涉及的任务，进行沟通核实，积极协调相关单位，尽快解决；针对“村村通”、“户户通”工程中村民拒交设备供电费用问题，联合歌华大兴分公司，积极与相关镇、村联系协调，目前正在解决过程中。

（任娟娟）

【信息资源共享力度加大】 2010 年年内，大兴区充分利用信息技术对大兴区各种资源进行整合、共享。大兴区资源共享交换平台建成并投入使用，为全区已有业务系统提供一个进行数据共享和交换的处理中心，实现区内业务系统数据共享交换。同时，在建设基础数据库的同时，加强信息资源管理及共享机制、制度建设，梳理政务资源目录。大兴区作为北京市信息资源管理中心的试点单位，根据业务特点和应用需求对政务信息资源编目工具进行定制，并利用编目工具完成《大兴区地理空间主题应用业务目录》（42 项）、《大兴区地理空间主题应用信息资源目录》（1064 项）、《大兴区信息中心系统资源目录》（255 项）、《大兴区市政管委地下管线主题应用业务目录》（32 项）、《大兴区市政管委地下管线主题应用信息资源目录》（64 项）。在业务分类、信息资源审核、信息资源共享交换、市区资源目录对接等方面加强研究探索，编目工作积累一定的工作经验。

（任娟娟）

【电子政务水平提升】 2010 年年内，为加强政府与公众之间的信息交流，对区门户网站大兴信息网进行全面改版，新增“亦庄新闻”、“便民提示”、“地铁大兴线”等专题栏目；为瀛海镇、长子营镇、魏善庄镇、榆垡镇政府及区医院、区计生委、区公路分局建设楼宇网络工程，逐步完善信息化基础设施；建设区能源监控系统二、三期项目、区烟气污染源在线监测系统、区综合地下管线信息管理系统等应用系统，在委办局推广单位内部 AO 系统，提高政府办公效率，全区电子政务水平稳步提升。网站共建有 1113 个栏目，年发布信息 1.8 万余条，审核公众发布的供求信息近12万条，月访问量达到800万次。农业信息平台作为服务农民的新渠道，全年发布农产品供求信息12万余条，促进农民增收。“数字家园”、“爱农驿站”、农村党员远程教育系统等信息化基础设施的应用，提升百姓的信息化应用水平。

（任娟娟）

【社会服务管理信息系统建设】 2010年年内，大兴区着手建设“大兴区社会服务管理信息系统”。此系统是通过为社会公众提供生活所需的各类行业信息等服务，以解决日益增多的社会生活服务需求，而建设的一套服务公众、企业的信息系统。通过本项目的建设，进一步提高政府的公共服务水平，更好地服务社会公众，并规范相关行业标准，建立诚信机制，主动助推企业发展，促进区内经济快速、健康成长。项目已通过专家评审，进入招标阶段。

（任娟娟）

【电子政务应用深化】 2010年年内，大兴区通过区级办公自动化系统传输政府文件近7,000份，提高效率、节约成本。全程办公众服务网将区内58家单位的1,476个事项纳入系统中，各单位共受理网上申报事项9万余件。

（任娟娟）

【公共服务水平提升】 2010年年内，大兴区完成网上办事的梳理、整合工作，涉及62家有关单位的服务资源，办事事项1,381项，提供表格下载的事项311项（458个表格），实现服务前台与业务后台的互动联系和信息资源共享。为方便公众在线办理各类事项，对在线服务的各类事项进行重新梳理、分类建立办事服务栏目，开设6个场景式服务，1,025个事项实现在线申报、查询。为保证事项办理的质量，由区监察局对申报事项进行监督，促进事项办理质量、速度的提高。1至10月，共受理申请事项80,624件。

（任娟娟）

【公共卫生信息应用体系建成】 2010年年内，大兴区卫生局建设的社区卫生服务系统，实现“纵向到底，横向到边”的信息网络覆盖，建成覆盖全区各层级医疗机构的公共卫生信息应用体系。建立电子处方管理系统，向患者提供透明服务。推动建立实名就诊卡应用试点，实现跨医疗机构就诊的资源共享。

（任娟娟）

【教育领域信息化开展】 2010年年内，大兴区“校校通”工程初见成效，搭建学校与家长沟通的网络桥梁；建立完善教育资源库，丰富学生的学习内容；开展网上科普、远程教育，推动教育工作的科技创新。

（任娟娟）

【社会保障领域信息化工作推进】 2010年年内，大兴区开发社保基金监管与监控、农村劳动力就业管理、社会保险网上申报审批等信息管理系统。101个村建立村级劳动就业工作站，实现北京市劳动力市场网络服务延伸到村。建成养老、失业、工伤、生育等保险信息系统，并扩展到社会福利、社会救济等领域，形成一体化的社会保障体系。

（任娟娟）

【农业生产智能监测实现】 2010年年内，大兴区通过物联网实现对大兴区农业生产的智能监测，对农作物生长环境进行监测控制，动态跟踪植物的生长过程，及时调整管理方式。继续推进精准农业应用，扩大精准农业管理功能，延伸精准农业应用范围，增加精准农业应用点，推广精准农业生产管理模式。采育鲜切菊花基地利用“温室娃娃”、室外气象自动监测系统、环境与生物信息监测系统、网络型温室环境智能控制与灌溉管理系统、生物信息监测系统和精准灌溉系统自动采集温室大棚内的温度、湿度、地温和光照强度等参数，与“温室娃娃”“脑子”里存储的作物最适宜的温度、湿度、光照等数据进行对照，实现浇水、施肥等农业生产过程的自动化，农民不需要进入温室，即可实现对温室的日常管理。此系统应用后节约煤炭近30%、节水69%、提高肥料利用率10%左右、节省农药15%—20%。同时，为农作物提供最佳生长环境，提高农作物产量及品质，提高经济效益。

（任娟娟）

【数字图书馆推进】 2010年年内，大兴区积极推进镇级数字图书馆及村级数字图书室建设，“北京市中小学数字图书馆”在大兴区中小学中得到广泛的应用，实现教育资源共享。

（任娟娟）

【网络化社会服务管理系统建设开展】 2010年年内，大兴区开展网格化社会服务管理系统建设。参照北京市城区已建成的网格化城市管理系统模式，引入物联网技术，将大兴区所属辖区划分为网格，将公用设施、道路等城市部件和市容环境、施工管理等城市事件标注在单元网格内，通过巡视系统、调度系统、执行系统，实现分类、分项管理，建立发现及时、处置快捷、解决有效、监督到位、指挥有力的工作体系。通过系统的建立，辅助做好城市管理、社会管理、社会服务等相关工作，为公众提供更加便捷的信息服务。

（王东）

【信息安全工作开展】 2010年年内，大兴区成立区级通讯保障与信息安全应急指挥部，信息安全责任制进一步落实，跨部门协调得到加强。信息安全综合防范能力逐步提高，制定信息安全总体预案和子预案，开展应急预案演练，完成对重要应用系统的等级保护定级备案。制定网络与信息安全检查工作方案，开展全区网络与信息安全自查、整改工作；大兴区制定一系列的管理办法和管理制度，在日常工作中严格执行制定的各类管理制度，保障政务网站的安全、稳定运行；在服务器安装杀毒软件、入侵检测、漏洞扫描等系统；购置网站备份设备，实现备份数据的快速恢复；完成区属79家国家机关单位网站到区政府主站的整合工作，减少网站被篡改的系数；为应对突发事件，建立7×24小时值班制度；为值班人员配备专用手机，此手机可接收首都之窗网站检测系统发出的网站异常提示信息，使突发事件能在第一时间得到处理。

（王东）

【信息化人才培养】 2010年年内，在信息化发展过程中，大兴区一直重视对信息化人才的培养。年内，共培训公务员1814人，区直和乡镇培训861人，市直属单位培训953人。北京市监狱培训243人，北京市女子监狱培训279人，外地罪犯遣送处287人，天堂河劳教所144人。通过学习，提高参训人员运用电子政务的工作水平和实际应用能力。配合组织部人员对开展全区各单位组织部门工作人员进行组织部门年终报表工作培训，共计150人。由大兴区信息中心培训部教师对全区各街道、乡镇流动人口管理办公室人员、清源街道社区工作人员和兴丰街道各居委会工作人员进行信息化应用培训，培训人数共计590人。对大兴区卫生局进行AO办公系统培训，培训60人次。通过培训，卫生局工作人员不仅能够使用网上办公系统处理日常工作而且提高办公效率。

（任娟娟）

昌平区

【概述】 2010年年内，北京市昌平区信息化建设工作以加快推进区域信息化作为工作重点，结合全区信息化现状，严格按照“昌平区‘十一五’期间信息化规划”的年度计划开展各项工作，加强信息化基础设施建设，深化全社会信息化应用，积极推广信息化新技术，加快信息技术产业发展，不断提高区域信息化整体水平。

【信息安全工作推进】 2010年3月，区信息中心开展北京市电子政务专网昌平区节点改造工作，对全区所有委办局进行梳理，统计部门单位到市级网络的VPN加密设备，完成电子政务网络割接工作。将政务网络互联网出口带宽扩至280M，采用技术手段对异常大流量现象进行监控，对机房主要服务器进行安全加固，对服务器进行安全漏洞扫面，安装漏洞补丁，并完善安全策略，加强密码管理，关闭与服务器无关的应用，定时对服务器进行病毒和木马的扫面查杀，定时检查防火墙和负载均衡的外围设备安全策略和运行情况。维护政务外网CA系统、网络行为监控系统、安全审计系统、视频监控系统、电子门禁系统、温度湿度监控预警系统和气体灭火系统等相关安全保障设施。

（魏梓）

【公众服务呼叫中心成立】 2010年8月6日，公众服务呼叫中心正式成立对外营业。呼叫中心综合信息服务平台系统将传统通信媒介和计算机技术相结合，主要由“5890”呼叫信息系统、查询系统、后台保障系统、通话保障等软件系统组成，支持GIS查询功能。系统服务由涵盖26大类350个子项家庭服务事项的1,300余家企业信息数据库、涉及全区33个委办局的846个“一问一答式”创新创业政策数据库支撑。同时开通“5890”公众服务网站，市民和企业登陆网站即可实现信息查询、建言献策或申请加盟等相关服务。

（魏梓）

【信息资源发展加速】 2010年10月，昌平区正式启动政务资源平台基础建设五期工程，重点建设农委、农业局、人口计生委、人力社保局、交通局5个分平台，推进以地理信息系统为支撑的全区人口信息数据库、法人数据库建设。完善包括基础信息和扩展信息在内的法人基础数据库。共享交换的内容有基础框架数据、遥感影像数据、专题数据。共享数据集数据量为229个，提供两种共享方式：一是地图API：以接口的方式供业务系统与平台之间的数据调用；二是通过WMS（网络地图服务）服务的方式供业务系统调用。信息资源平台数据库已存储数据量达到15GB左右，分为三大类（基础地理数据、专题政务数据、部门业务数据）数据，总计405个图层，记录条数为3,764,345条。

（魏梓）

【信息产业共享办度加大】 2010年年内，昌平区规模以上电子信息企业已达36家，主要集中在应用软件开发、地理空间系统、数据库等方面，形成高德、慧聪等一批骨干企业。全区电子信息产业实现工业总产值约89亿元。

（魏梓）

【信息网络基础设施】 2010年年内，基础设施建设是信息化工作的重要支撑，为进一步提升昌平地区通信网络规模，满足昌平区信息化发展对高质量通信网络、个性应用的需求，特别是保障信息化村建设和宽带小区建设对网络的需求，充分利用“双进入”协调机制，积极协调相关部门解决各运营商在实际工作中出现的问题，完成基站新建和扩容及补点共650个，铺设信息管道350公里，完成工程投资共计约2.5亿元；2兆宽带网络全覆盖率，新增光纤入楼入户覆盖3万户，实现家庭用户20兆带宽能力8万户，在北京市郊区排名名列前茅；有线电视网络改造3.5万户，新网建设1.5万户，为2011年逐步实现高清交互数字网络平台的运行打下坚实基础。

（魏梓）

【昌平区政府门户网站优化升级】 2010年年内，完成昌平区政府门户网站进行优化升级，统一硬件设备与软件平台，建设网站群。对其中61家子站点（含区属机关40家、各镇街道18家、群团组织3家）进行整合。网站共下设83家子站点（含区属机关58家、各镇街道18家、群团组织7家）。其中，使用.org域名的网站有2家（区委党校和区妇联），使用.com域名的网站1家（区旅游网），其余均使用.gov域名，有61家对外发布的网站域名是由昌平区信息中心统一分配使用，域名格式为cpxxx.bjchp.gov.cn。网上办事事项涵盖38个部门的678项办事事项，其中面向个人的行政办事服务数量为346件，涉及户籍身份、教育培训、婚姻家庭、医疗卫生、社会保障、证件办理、生育收养、殡葬服务等自然人从出生到死亡的全过程；面向企业的行政办事服务数量为332件，涵盖企业从设立变更、年审年检、资质认证、纳税缴费直至注销的全过程。门户网站开辟区长信箱、政风行风热线、意见征集、在线访谈、问卷调查等栏目，广泛采集民意，及时答复咨询投诉问题，并就十二五规划、第六次人口普查、土地拆迁征用等内容在相关栏目进行解读。网站以发布政务信息为主，重点发布政策法规信息、政务公开信息、区情信息、区政府动态信息、经济建设和社会发展信息、便民服务信息以及其他与政府工作相关的信息。设置财政预算报告、重点工程、折子工程、公益事业、统计公报、政府采购、执法监督等栏目，及时公开上述领域的政务信息。

（魏梓）

【昌平区政府AO系统升级】 2010年年内，将昌平区政府AO系统升级为协同办公平台，开通通知公告、信息刊物、会议通知、值班系统、区长信箱、电子邮件、大事记、文档管理、即时通等应用模块，完成全区所有行政机关（含人大政协）和17个镇（街）的内部业务办公系统建设，极大地提高行政办公效能。区门户网站区长信箱与区政风行风系统接受群众意见、建议、举报、投诉，由系统将外网数据转入内网，通过AO转发到各相关部门办理，将办理结果以电子邮件或网站公开等形式反馈公众，实现咨询、建议、举报、投诉类信件的信息化处理。

（魏梓）

【政府机关电子政务能力提升工作开展】 2010年年内，将公务员电子政务培训正式纳入区公务员培训内容，共完成新任公务员培训、科级公务员任职培训、公务员轮训等5次讲座。于同年10月组织区各机关单位网管人员近100人开展电子政务培训会，培训涵盖基础网络故障处理，区协同工作平台、门户网站和政务信息资源平台应用等各项内容。

（魏梓）

【“绿通”常态化推进深入】 2010年年内，综合行政服务中心作为推动重点工程项目开展的协调窗口，在中心办公系统中添加重点项目监控系统功能模块，推进昌平区“绿通”常态化工作。系统具有强大的交互性和突出的实用性：由综合行政服务中心在系统内创建新项目，系统自动在内网办公系统“待办任务”栏提示涉及到的审批部门关注操作该项目审批，相关审批部门首席代表依据设定权限，结合自身业务，在系统中对整体流程草图进行修订，行使本部门的审批权限；系统内项目审批整体流程由区综合行政服务中心创建、各部门共同协商参与修订，方便项目方整体把握审批流程、节奏，又便于各审批部门掌握项目实际进展情况，提前给予项目方针对性指导，也有效减少审批部门之间可能发生的推诿扯皮现象。制定《昌平区重点工程重点项目建设推进和绿色审批通道工作方案》、《昌平区关于绿色审批通道领导小组工作机制的意见》、《昌平区重大项目绿色审批通道实施办法》等 9 项文件，建立区发改委、区住建委、国土昌平分局、规划昌平分局、区综合行政服务中心等 14 个部门联动的绿通项目联合调度机制和服务保障机制。

（魏梓）

【慧聪网引领电子商务服务业发展】 2010 年年内，慧聪网是中国最领先的 B2B 电子商务网站之一，提供中小企业以涵盖整个产业上下游的全方位服务；以电子商务营销手段帮助降低企业生产成本，增强企业的竞争力；打破交易受时间、空间和流通渠道的限制；节省中小企业营销成本，提高年销售收入，从而赢得发展新空间；引入新的电子商务模式时，帮助企业进行组织结构、人员等信息化变革；促使电子商务专职的诞生，直接带动社会就业人数。年内，慧聪网采购额超过 578 亿，实现收入 3.9 亿元，并分别荣膺数字媒体杰出商业应用作品；中国电子商务百强企业；综合类 B2B 电子商务企业奖二十强；以及由北京市经济和信息化委员会员会、市发改委联合授予的“北京市电子商务服务平台重点企业”称号。

（魏梓）

【中关村科技园区昌平园发展】 2010 年年内，中关村科技园区昌平园作为中关村国家自主创新示范区重要组成部分，经北京市十三届人代会三次会议工作报告中提出“以海淀、昌平南部地区构成的核心区为依托，整合未来科技城、软件园、生命科学园等空间资源，加快建设北部研发服务和高新技术产业聚集区”，全区集聚一批以康比特、海林为骨干的高新技术企业。

（魏梓）

【康比特健康促进平台建设】 2010 年年内，康比特对公司官网进行全面升级改造，针对大众健身人群成功开发完成涵盖“健康管理中心”系统、“网上商城”系统和“呼叫中心”系统的 B2C 健康促进平台，在增强公司自身电子商务水平的同时为运动健康产业的发展和国民健康水平的提高起到良好的推动作用。北京康比特体育科技有限公司是一家集生产、研发运动营养食品及相关专业技术的高新技术企业，营销网络遍及全国主要省市及自治区，是我国运动营养食品行业的龙头企业。随着经济信息化的发展和电子商务的普及，康比特全力投入信息化建设，已建设完成集清软商务系统、用友财务系统、自动办公系统（AO）和 RTX 即时通讯工具为一体的高效信息化管理平台。

（魏梓）

【北京海林节能设备股份有限公司信息化发展】 2010 年年内，北京海林节能设备股份有限公司凭借信息化系统使企业逐步实现经营效率不断提高，库存年存货周转率从 2000 年的 4.35 月减少 3.10 个月，提高库存资金周转率 40.72%。

销售额从 1999 年的 100 万元增加到 21,917.79 万元；新产品的研发周期平均由 10 个月缩短至 2 个月；发货响应由 120 天缩短至 35 天；主要产品平均生产周期缩短 39%（由 168 天降至 102 天），生产效率提高 12%；生产成本降低 22%。中央空调节能控制末端产品温控器的国内市场占有率提升至 25%；年利润总额由从 1999 年的-33.88 万元增加到 2,483 万元。北京海林节能设备股份有限公司是国内建筑节能领域综合系统解决方案提供者，是从事中央空调节能控制、供热采暖节能控制和高效平板太阳能集热系统的研发、生产与销售于一体的国家级高新技术企业。

（魏梓）

【政风行风热线进社区开通】 2010 年年内，充分发挥社区网站独特的区域优势，将社区网站作为政务门户网站的外延，建立起各级政府（包括社区居委会）与社区居民的第二网络通道，及时收集社区居民的心声，解决社区居民的各种问题，促进和谐社区的建设。在回龙观镇北店嘉园社区举行仪式，正式开通热线进社区，这是贯彻“以人为本、执政为民”的重要体现，“热线”坚持贴近基层、贴近实际、贴近群众的具体表现，是“热线”改进工作作风，真情为民办事的又一次新的实践和探索。热线进社区后，群众足不出户，就能反映问题，进行举报和投诉；政府能更好地倾听百姓心声，了解百姓需求，解决实际问题，更好地为百姓服务，架起一座党和政府与人民群众直接、顺畅沟通的桥梁，密切党群干群关系。

（魏梓）

【农业信息化发展】 2010 年年内，“高效现代农业、高端生物农业”成为昌平区农业转型发展的抓手，而物联技术无疑将成为促进“两高”农业发展的“催化剂”。为 2012 年世界草莓大会进行技术、资金和展现形式等方面的进行有益探索，昌平区在部分草莓大棚开展精准农业物联网建设。

（魏梓）

【信息化村及宽带小区建设】 2010 年年内，昌平区共完成 39 个“信息化村”和 44 个“宽带小区”建设，其中，“信息化村”试点占本区县行政村 12.8 %，涉及人口 17,322 户，计 54,406 人；宽带小区涉及人口 53,455 户。

（魏梓）

【信息化环境建设】 2010 年年内，昌平区认真贯彻执行国家和北京市关于信息化建设的各项规章制度，同时结合实际，严格按照《昌平区政务中心机房值守制度》、《北京市昌平区应急通信保障预案（专网）》和《昌平区网络安全（政务网）应急处置预案》开展信息化工作。

（魏梓）

平谷区

【概述】 2010 年年内，北京市平谷区信息化工作在区委、区政府和北京市经济和信息化委员会的正确领导下，在全区各单位大力支持下，以科学发展观为指导，按照建设“生态绿谷、京津商谷、绿能新谷、中国乐谷”的要求，顺应信息化趋势，适应信息化要求，把信息社会建设作为平谷城市化、工业化和农业现代化发展的战略任务，全面推进经济和社会的信息化发展，不断深化信息技术在各领域的应用，促进平谷经济和社会的全面和谐发展。

【平谷区信息化工作会议召开】 2010年3月16日，平谷区召开信息化工作会。会议总结上年全区信息化工作，部署信息化工作任务。副区长李宝峰出席会议并讲话。会议要求，全区信息化工作要继续加强电子政务建设，提升公共服务能力；继续完善中小企业服务平台，提升企业信息化程度，提高中小企业综合能力；不断探索“网络经济”新模式，注入经济增长新活力；深化“物联网”应用，推动都市型现代农业发展；不断创新“三农”服务载体，建设“三农频道”，统筹城乡发展；大力推动公共服务信息化，开展“信息惠民”工程；继续加强网络信息安全建设，加大无线电管理力度，为保障城市无线电安全合理运行奠定坚实基础。会议对上年度信息化先进单位和农村信息化先进工作者进行表彰。

（付强）

【新一轮农村“电脑下乡”补贴工作启动】 2010年5月4日，平谷区经济信息化委与区信息中心联合启动新一轮的农村“电脑下乡”补贴工作。此次电脑下乡补贴继续本着惠及农村、农民的方针，简化补贴手续。平谷区农民在限定的销售网点购买指定规格和型号的电脑产品，国家将给予销售价格13%的补贴；同时平谷区推出：农民在区内购买任何品牌、任何型号的电脑都可享受 7%的区级补贴，突破以往只对“家电下乡”规定型号补贴的限制，补贴范围覆盖所有品牌和型号的电脑。该举措是北京市首创，因此收效明显，截至12月底，共接收到农民有效补贴申请5439份，完成5301份，补贴率为 100%，享受国家和区两级电脑补贴为4,459户，区级财政补贴为842户，全年累计补贴资金1,106,523.6元。补贴范围覆盖平谷区的16个乡镇和兴谷街道，涉及行政村233个。

（付强）

【“三网融合”宣传推进】 2010年5月，平谷区信息中心组织各相关网络运营商开展“推动三网融合 促进全区经济社会发展”主题宣传活动，活动发放宣传材料800份；对相关技术人员开展三网融合知识培训，全年累计培训172人。

（付强）

【向中小企业捐赠管理软件】 2010年5月，作为“工业化与信息化融合”试点区，针对全区中小企业数量较多、企业信息化认识不足、资金缺乏、人才匮乏的特点，为加强宣传和分类引导，增强企业对信息化管理重要性的认识，将价值 360 万元的企业管理软件无偿赠送给61家企业，为平谷区中小企业信息化的发展打造基础。

（付强）

【年度移动农网工作会召开】 2010年8月4日，平谷区召开年度移动农网工作会。副区长李继合出席会议。会议总结平谷区移动农网三年来的工作并部署下半年工作重点。李继合充分肯定移动农网的工作，面对当前农村信息化工作形势，指出，政府会加大支持力度，全力保障农网工作的顺利开展。各相关单位要加强领导意识，落实服务，切实做到信息发送即时，真正使百姓收益。

（付强）

【北京市经济和信息化委员会领导调研平谷区农村信息化工作】 2010年9月3日，北京市经济和信息化委员会副巡视员姜毅群带队，对平谷区农村信息化工作进行调研。领导一行分别对民俗户网上缴税、果农网上技术培训等情况进行现场解，对平谷区将信息大篷车变单一为多功能服务农村的工作给予充分肯定。经实地考察，北京市经济和信息化委员会将北京绿都兴合养殖合作社确定为全市农村信息化合作试点单位。

（付强）

【企业信息化培训开展】 2010 年 9 月，平谷区经济信息化委邀请北京市经济和信息化委员会经济信息化处和赛迪顾问股份有限公司的行业咨询师，对机关工作人员及区内 40 余家重点企业、开发区进行“推进两化融合、提升企业核心竞争力”培训。讲师从平谷区信息化现状出发，重点讲解推进信息化与工业化的融合及相关政策，对推进平谷区两化融合工作、提升企业核心竞争力起到积极促进作用。

（付强）

【平谷区“十二五”时期信息化发展规划编制完成】 2010 年 11 月，由平谷区政府和工信部科技情报所共同承担的《平谷区“十二五”时期信息化发展规划》编制完成，该规划全面总结“十一五”期间平谷区的信息化工作，确定“十二五”时期信息化建设的指导思想、发展目标和实施原则，并安排五个方面的重点任务和六项重点工程。

（付强）

【服务型政府形成】 2010 年年内，绿谷网不断强化信息公开专栏建设，重点公开公益性强、公众关注度高的政府部门信息；二是抓好实事项目、折子和重点工程的信息公开；三是强化对涉及民生、专业性强的规范性文件和重大决定的政策解读。绿谷网全年公开信息 20,272 条。

（付强）

【网上服务实现多样化】 2010 年年内，整合便民服务资源，打造全新便捷的网上虚拟办事服务场景。以简明、动漫的办事场景针对公众的身份和需求，帮助客户办理相关业务；全方位提供网络平台办事服务，包括咨询、办理、查询等。截至 2010 年 11 月，全年累计办结 32,209 件、短信告知 3,000 余次、公示办结结果 31,039 次、在线申报事项 952 项，一次性告知网民办事指南类信息 286 条、供求信息 669 条。

（付强）

【政民沟通的渠道拓宽】 2010 年年内，在网站互动方面，注重公众参与度：领导信箱回复 265 件，回复率 92%；网上咨询回复 1,886 件，回复率 98%；政风行风受理投诉举报、咨询建议类信件 206 件，回复 192 件；人大、政协平台提交议案和提案 198 次；律师在线回复 526 次；医生在线回复 498 次。

（付强）

【全区工作重点专题制作】 2010 年年内，围绕区委区政府工作重点，制作“创先争优、建言献策十二五、京东绿谷 投资热土、城乡环境建设、平谷区青年创业就业、第六次全国人口普查、桃花节、农村环境监督网络平台、两会”等 15 个专题。

（付强）

【平谷政府门户网站 WAP 开通】 2010 年年内，WAP 网站结合京东绿谷网 WWW 版的信息来源，创新性的建设适合 WAP 的新栏目，拓宽政府网站服务覆盖面。WAP“京东绿谷网”共建“走进绿谷”、“招商引资”、“绿谷旅游”三个主要频道。

（付强）

【电子政务办公平台的应用推动】 2010 年年内，全区已有 203 家委办局、乡镇街道和临时机构在平台进行注册，注册人数达 4,533 人，单位在平台上开展公文流转、信息报送和采集、政务督察等 40 多项业务，有效促进各单位的协同办公。电子政务办公平台上报、整理各类政务信息 12,000 余条，形成电子刊物 526 期；传输各类文本 13,517 件，邮件 10,257 件；答复群众咨询、建议 3,448 件。

（付强）

【信息化系统完善】 2010 年年内，平谷区对软件系统进行完善。平谷区数字档案平台系统，理顺平台的档案编号；农村综合信息管理系统，在服务器上搭建农村综合信息管理系统环境，并对农村综合信息管理系统进行升级；在电子政务系统中添加决策督查和会议通知两个模块；地税系统，添加设备管理模块、目标管理考核模块下的事件提醒功能。研发团区委信息报送系统和驾校学时预约管理系统，已完成调研、分析、报告和验收，于 6 月正式投入使用；对资源共享平台、结控中心管理系统、国资委 AO 办公系统、峪口农村综合平台等系统进行信息反馈，运行良好。

（付强）

【综合服务网体系打造】 2010 年年内，平谷区打造覆盖全区的综合服务网体系。易畅网组织 6 次公益类活动。包括：招募平谷“文明交通志愿者”、平谷网友爱心捐助尿毒症男孩活动、“我环保，我骄傲”等；申请加入北京团市委“社区青年汇”组织，成为北京市 40 家“社区青年汇”联盟中的一员；通过绿谷网、北京青年团网、平谷报等媒体扩大易畅网的宣传力度，效果明显。全新改版和完善易畅网论坛。改版为功能强大的 Discuz 论坛，将资源进行整合，实现一站通登陆，同时将易畅网论坛改名为平谷论坛；采用视频和文字采访形式创建百姓访谈版块。

（付强）

【无线 800M 设备升级】 2010 年年内，平谷区共有无线政务网络设备 566 台（包括车载台、固定台、手台），成功对区内所有无线 800M 设备进行升级操作，确保无线政务网络的安全稳定。

（付强）

【安全网络环境打造】 2010 年年内，与各单位签订《平谷区网络与信息安全责任书》；检查各委办局的网络设备、政务内外网络、应用系统、2G、3G、网络光缆等；完善平谷区网络安全应急指挥部突发事件应急演练预案，消除网络隐患，提高各单位对网络安全的认识。

（付强）

【荣获信息资源整合与利用优秀单位】 2010 年年内，在北京市经济和信息化委员会和北京市信息化领导小组组织召开的北京市电子政务绩效考核大会上，平谷区荣获“2009 年度信息资源整合与利用优秀单位”。平谷区作为信息资源与利用应用试点，在市相关单位的大力支持下，逐步完善电子政务办公平台、农村无线网、光纤城域网络宽带等信息化基础设施，积极推动“电脑下乡”，农村综合信息服务平台、政府信息公开系统、档案管理系统、农地流转信息系统等应用成果，提高政府的办公效率。

（付强）

【云计算企业应用试点】 2010 年年内，为解决管理系统在中小企业难以推广应用的问题，基于云应用服务的理念，平谷区与北京恩维协同科技有限公司合作，在平谷区开展中小企业在线 ERP 云应用示范项目。通过引入国家和北京市重点支持的“云计算”提升平谷区中小企业信息化能力，提高企业管理、竞争能力。

（付强）

【物联网应用推进】 2010 年年内，区经济信息化委在镇罗营镇大庙峪村德米特有机示范园基地建立物联网应用试点，帮助大庙峪村果农实现有机大桃的科学种植和精细化管理，提高有机大桃的颜色、口感和甜度，为大庙峪村德米特有机果品转换工作提供技术支持和保障。镇罗营镇大庙峪村物联网应用试点的启动是北京市推动“信息惠民”的重要举措之一。

（付强）

【信息员和农民的培训力度加大】 2010年年内，通过开展电脑知识培训月活动，利用“信息大篷车”、“数字家园”对村级信息员、农村致富带头人、合作组织信息员进行培训，培训30余次，全年培训730余人；培训农民1,600人；完成16个乡镇信息员的轮训工作，培训16期，150人。

（付强）

【市科委相关领导调研平谷区蛋鸡养殖平台试点项目】 2010年年内，市科委相关领导到北京绿都峪口兴合养殖有限责公司，就“蛋鸡养殖平台”试点项目建设工作进行调研。“蛋鸡养殖平台”以北京绿都兴瑞养殖有限责任公司为试点，为养殖公司和养殖户提供互助互动平台，在产、供、销过程中为养殖户提供技术指导、疾病防治、市场行情等信息服务。领导们对公司的信息化建设工作给予肯定，指出，要完善溯源机制，加强食品安全管理等指导性意见，使公司向规范化、标准化方向发展。

（付强）

怀柔区

【概述】 2010年年内，在北京市经济和信息化委员会指导下，在区委区政府的正确领导下，怀柔区信息化建设成效显著。电子政务建设稳步推进，农村信息化成效显著，社会领域信息化建设进展明显，信息产业稳步发展，信息技术应用日趋广泛，信息化管理与发展环境不断优化。

【信息基础设施建设进展】 2010年年内，按照市委市政府关于《北京信息化基础设施提升计划》要求，怀柔区全力推进管道、基站和宽带网络建设工作，铺设光缆总长已达2,100公里，互联网出口总带宽达到6GB。信息化服务领域全方位拓展，惠及的公众大幅度增加，全区宽带用户超过5万户，284个行政村全部实现光纤到村，农村有线电视覆盖率达到100%，雁栖经济开发区、中影基地等重点区域实现无线覆盖，移动电话普及率98部/百人，电视普及率120台/百户，电脑城镇普及率69台/百户、农村普及率35台/百户。电子政务网络实现全覆盖。形成覆盖区政府、市直属驻区单位、委办局、乡镇、村的电子政务网络体系，独享互联网出口带宽达200Mbps，261家单位接入政务网络，各单位实现宽带网络互联，网络认证的终端用户达6,000多个。在“北京市信息化村和宽带小区试点”试点项目工作中，怀柔区申报的18个宽带小区和16个信息化试点项目全部获批，获得市级补贴资金60余万元，在建设单位北京联通怀柔分公司和各信息化村、宽带小区的共同努力下。全部项目圆满完成，大大加快怀柔城乡信息化基础设施建设进程。双进入工作稳步推进，基站宽带建设取得新进展。协调驻区的联通、移动和电信等3家通信运营单位，推进区域内管道、基站和宽带建设工作。建立区县级“双进入”体制，确保北京市信息化基础设施提升计划的区里实施。市里下达的26项协调任务已经全部协调完成，怀柔区成为北京市全部完成协调任务的3个区县之一。

（郑立勇）

【信息资源共享水平提升】 2010年年内，以怀柔信息网为核心的网站群建设初具规模。怀柔信息网形成以新闻发布、政务信息公开、在线便民服务及网络互动等版块为主的总体框架，为怀柔与世界、政府与百姓开通一条信息交互的“直达特快专列”。区内各单位共建设74个分站，形成包括人大、政协、党建、廉政、农业、法制、旅游等网站在内的网站群，为公民、企业等提供全方位的信息服务。怀柔区党政办公平台实现文件在各单位间的流转和单位内部的办理，视频会议系统覆盖全区行政单位、街道及行政村，提升政府办公效率。整合交巡支队、110指挥中心等政府部门及社会图像信息资源，建成全区统一的图像信息共享交换平台，提高城市应急管理能力。并联审批与监督管理系统实现从办事指南、表格下载、网上申报、状态查询到结果公示的一体化服务，提高政府各部门办事效率和服务水平。非紧急救助服务系统实现各单位对群众诉求办理工作的网上监督和信息双向互动，确保群众诉求得到高效、便捷、顺畅办理。初步构建市区两级政务信息资源共享交换体系。梳理完成市区两级政务信息目录并实现与市政务信息资源共享交换平台对接。完成空间地理信息库、法人库、人口库和宏观经济库建设，依托空间地理库实现环保、统计和农业资源管理等主题应用，加强区内政务信息资源的共享与交换。

（郑立勇）

【电子政务再上新台阶】 2010年年内，电子政务首次纳入政府依法行政考核体系，出台《年度区县政府依法行政考核实施细则》，电子政务绩效考核工作占百分制的10分，由区经济信息化委具体负责。工作分各单位自查、考核小组抽查、综合评议和年度总结四个阶段，在72家单位提交自查报告的基础上，重点对20家单位开展实地考核。通过考核，达到统筹全区信息化管理的工作局面，提高各级领导和单位对信息化工作的重视程度，起到激励先进、鞭策后进作用，使全区电子政务水平再上一个新台阶。怀柔区荣获北京市信息化工作领导小组颁发的“年度电子政务专项应用突出奖”。

（郑立勇）

【农村信息化建设成效显著】 2010年年内，农村信息化有力推动怀柔新农村建设。初步形成农业信息服务体系。依托首都“221农业信息平台”建立现代农业信息网，进一步整合包括商业、物价、工商等部门的涉农信息资源，实现共享利用。建设农经信息综合数据库，初步实现区内、区县与市级系统间的资源共享。建设农业资源管理决策系统，满足领导决策者和生产管理者的决策信息需求。开展农业电子商务平台（怀柔区农副产品交易网）、北京移动农网建设，拓宽农民信息获取渠道。以新农村建设试点村为重点，建成41个数字家园；以富农、助农、便农和乐农为主题，建成13个爱农信息驿站。以区全程办事代理制向村延伸为契机，建立政务公开制度，推广镇村电子政务办公应用系统，加快镇村政务公开。开通怀柔区农地流转信息网，面向农户提供农地流转信息，并提供发布农地需求信息的登记与审核，支撑农村土地流转。西洋参、板栗等21套智能专家应用系统、农村党员干部现代远程教育系统及文化信息资源共享工程等多个农村信息化项目相继开发、推广与应用，提高农村信息化水平。在“宽带村村通”基础上，怀柔区深入开展农村信息化应用工作，如农村低成本无线网络覆盖、农村党员干部现代远程教育系统和文化信息资源共享工程等多个农村信息化应用项目，使农村信息化总体应用水平明显提高。区内 14 个镇乡、26 家农民专业合作组织和 14 家农产品加工龙头企业建立自己的网站，221 农业信息平台发展本地会员 127 个，建成 40 个数字家园，以富农、助农、便农和乐农为主题，建成 13 个爱农信息驿站；采集各类数据信息 2 万余条，荣获“北京市农村信息服务先进单位”的称号。着力做好信息惠民，村级信息化建设再上新水平。年初，区政府下达 50 个低成本信息化村的折子工程建设任务。按要求，分前期准备、方案确定和全面推进三个阶段来推进，并与联通公司一起推出“怀柔区村级低成本信息化全能套餐”建设方案。截止到目前，已有 90 余个村签署协议，50 个村完成改造任务，10,000 余农户受益。方案设施后，村里的老百姓每年只需交 1,080 元就可享受 2 兆不限时上网、免固话月租、村民固话、手机之间通话免费，而且还获得 350 元的网上购物卡。此次推出的农村低成本信息化建设主要是采取政府搭台，市场化运作的方式进行推广普及的，通过低价格、高优惠的方式吸引农民参与。村民开通“低成本信息化全能套餐”业务的积极性非常高，“全能套餐”业务受到百姓的追捧。该项工作已被京郊日报、怀柔报和电视台等多家媒体争相报道。

（郑立勇）

【信息技术在信息应用产业日趋广泛】 2010 年年内，积极共建科教产业基地，寻求创新要素支撑，奠定信息产业发展良好基础。积极推动信息化与工业化融合，有效提升企业的核心竞争力，促进传统产业的升级改造。怀柔区坚持走绿色发展道路，支持利用先进技术改造传统产业，工业企业万元产值能耗和水耗逐年降低。欧曼、德芙、红牛、红星、统一等企业信息化建设已经走在北京乃至全区前列，在企业强化管理、提高产品质量、增加企业收入、提高竞争力等方面起到显著的推动作用。建设怀柔中小企业网，为中小企业提高信息服务。建成怀柔土特产电子商务交易平台，成为怀柔首个“电子集市”，提升市场开拓能力。推动物流企业开展信息化建设，降低企业物流成本。中国首个水、电、气智能管控系统怀柔出炉。物联网信息化项目应用物联网技术，实现对每个区域、每个用户水、电、气使用情况的实时监控，能够准确掌握能源的消耗数据，对加强能源管控、制定价格、出台政策都具有非常重要的意义。该项目已经获得 70 万元的市级资金支持，在“首届国际物联网博览会”上亮相，被中央电视台、中国经济网等多家媒体争相报道，并且荣获“信息北京十大应用成果入围成果”奖，进一步提升怀柔区信息产业的知名度。

（郑立勇）

【社会领域信息化建设进展明显】 2010 年年内，积极推进教育信息资源共享，促进义务教育均衡化发展。全区 59 所中小学校建设校园网，覆盖全区 4,500 名教师近 3 万名学生。建设完成新型农村合作医疗信息管理系统、农村疾病报告和监测系统、农村药品流通和管理信息系统，有力支撑卫生管理服务。建设完成劳动力市场信息系统、社会保险信息管理系统、就业服务信息系统，提高社会保障管理服务水平。建设完成育龄妇女管理与服务信息系统，有效引导基层开展计划生育和生殖保健服务，并向社会提供人口信息服务，以及辅助领导决策。深化怀柔旅游信息网建设，完成旅游网络数据库创建工作，不断丰富旅游网信息量，挖掘本区文化资源。实施民俗旅游上网工程，推动怀柔民俗旅游发展。积极推广 96156 北京市社区公共服务热线，为居民提供多种便民服务。建成“富乐北里社区”和“望怀社区居委会”网络教室，建成“泉河信息网站”。积极推进社区监控系统建设，打造安全社区。

（郑立勇）

【信息化工作领导小组成立】 2010 年年内，由区长亲任信息化工作领导小组组长，建立区到委办局、镇乡街道到村的三级信息化组织架构，建立信息化联席会议制度，协调解决重大问题。进一步加强信息化工作的标准化、制度化、规范化建设。加强信息化队伍建设，积极开展针对各级领导、镇村基层人员和专业技术人员的培训，提高全民信息能力，加强信息化人员自身业务知识和技能。

（郑立勇）

【信息化与无线电管理工作加强】 2010 年年内，召开全区信息化专题工作会议，安排部署年度信息化工作任务、总结怀柔区信息化十年发展历程，首次系统地开展电子政务依法行政绩效考核工作，并与 68 家单位各签署网络与信息安全责任书。加强无线电管理工作，全年共开展无线电设备核查 1,122 个，新增入网审批 58 个，报废业务审批 6 个。

（郑立勇）

【信息安全保障能力巩固】 2010 年年内，加强信息安全保障制度建设，提高安全防范意识，制定网络管理制度和突发事件处理流程，开展应急演练；完成系统定级备案；推广 CA 证书应用；加强网络日常管理，对网络进行实时扫描、监测、病毒防护；定期进行数据异地备份。

（郑立勇）

密云县

【概述】 2010 年年内，密云县信息化工作推进。组织全县 54 个单位开展在职公务员办公用计算机的软件正版化检查和整改，并通过北京市使用正版软件工作领导小组的检查验收。完成信息化村和宽带小区试点项目验收工作。穆家峪后栗园等 7 个村和北源里等 11 个小区光纤改造项目全部实现 20Mbps 宽带入户的接入能力。积极推广信息化应用。对 17 个镇 100 家企业和农民专业合作组织负责人开展电子商务等信息化培训。按时完成第三阶段新增 37 个项目的信息公开属性审查工作。启动密云县政务地理空间信息资源共享服务平台数据更新工作。与建设综合勘查研究院有限公司签订密云县地理信息数据采集与更新合同书，确定建设政府机关、工商税务、教育、医疗卫生、旅游、交通、商业、农业等 8 个专题图层，共计 1,000 个数据采集点。全面开展无线电管理宣传。通过网站宣传、电视台专题报道、设立宣传点、发放宣传材料等多种渠道，对无线电管理法规、无线电科普知识和面向公众的业务办理流程，进行广泛宣传。开展密云无线城市建设。加强协调，县政府与中移动北京有限公司签订“无线城市 智慧密云”合作协议，通过信息网络基础建设和业务应用，发展信息产业、现代移动媒体产业，进而在科技兴政、科技兴农、科技兴教等领域全面合作，努力推进密云县电子政务建设，并在加强城市管理，打造现代农业以及促进工业化和信息化融合等方面发挥重要作用。

【政府机关软件正版化整改工作完成】 2010年年内，密云县通过规范正版软件采购渠道、全面检查、督促整改等一系列措施，组织全县54个单位开展在职公务员办公用计算机的软件正版化检查和整改，并通过北京市使用正版软件工作领导小组的检查验收。

（齐城）

【信息化村和宽带小区试点项目验收工作完成】 2010年年内，密云县穆家峪后栗园等7个村和北源里等11个小区光纤改造项目全部实现20M宽带入户的接入能力。

（齐城）

【信息化应用推广】 2010年年内，密云县对17个镇100家企业和农民专业合作组织负责人开展电子商务等信息化培训，为促进两化融合，提升镇村企业信息化水平，促使镇村企业转变市场营销方式、拓展生存发展空间起到积极作用。

（齐城）

【工程建设领域项目信息公开属性审查工作完成】 2010年年内，密云县通过召开负责人会议、发放审查表、逐一核对等措施，按时完成第三阶段新增37个项目的信息公开属性审查工作。

（齐城）

【政务地理空间信息资源共享服务平台数据更新工作启动】 2010年年内，密云县与建设综合勘查研究院有限公司签订密云县地理信息数据采集与更新合同书，确定建设政府机关、工商税务、教育、医疗卫生、旅游、交通、商业、农业等8个专题图层，共计1,000个数据采集点，预计10月底完成数据采集任务。

（齐城）

【无线电管理宣传开展】 2010年年内，密云县通过网站宣传、电视台专题报道、设立宣传点、发放宣传材料等多种渠道，对无线电管理法规、无线电科普知识和面向公众的业务办理流程，进行广泛宣传。

（齐城）

【密云无线城市建设开展】 2010年年内，密云县加强协调，县政府与中移动北京有限公司签订“无线城市 智慧密云”合作协议，通过信息网络基础建设和业务应用，发展信息产业、现代移动媒体产业，进而在科技兴政、科技兴农、科技兴教等领域全面合作，努力推进密云县电子政务建设，并在加强城市管理，打造现代农业以及促进工业化和信息化融合等方面发挥重要作用。

（齐城）

延庆县

【概述】 2010年年内，是完成延庆“十一五”规划、为“十二五”规划奠定基础的关键之年，延庆县委十二届八次全会在深入分析延庆自身优势和当前发展形势的基础上，明确提出着力统筹城乡发展、建设北京最宜居城市和最美丽乡村，着力改善民生、促进社会和谐，推进体制机制改革、优化经济发展环境的目标。延庆县信息化工作的开展紧密围绕县委、县政府确定的工作目标，努力提升延庆县信息化服务水平，在政务信息服务、政务网络安全、信息化基础设施建设、信息化新技术的推广与应用方面都取得发展，发挥信息化对社会发展的推进作用。

（张文武）

【政务网络运行维护工作开展】 2010年年内，延庆县在政务网络运维实践中不断摸索，总结出一套符合延庆实际的规范高效网络运行维护体系。这套体系总结为“四个一”，一部24小时服务电话、一支技术过硬的运维团队、一套实用运维管理系统、一个优化明晰的服务流程。政务网络运维的应用系统包括故障处理系统、周报系统、库房管理系统等模块。通过这套高效的运维服务体系，确保全县120多家委办局、15个乡镇、3个街道、376个行政村的政务网络全年7×24小时安全稳定运行，确保电子政务应用有序开展，对提高网络运维服务水平、提高应急处理能力、提高工作人员实际问题处理能力以及人员工作管理方面都起到很好的作用。为保证网络可靠运行，及时发现潜在的问题，排除安全隐患，把机房巡检工作常规化和制度化，做到定时对县内29个分中心机房进行机房巡检。巡检内容包括机房环境、设备运行状态、存在的可处理问题等，通过巡检提高对机房安全隐患的提前发现和预防。同时对北京延庆门户网站、延庆内网办公系统、应急值守系统、应急视频会议系统等重要应用系统进行重点保障，全年7×24小时监控，出现问题在第一时间发现和处理。

（张文武）

【政务网络管理机制完善】 2010年年内，延庆县根据实际业务流程编制《延庆县电子政务外网IP地址申请表》和《延庆县有线政务专网单位入网申请表》，要求各部门在接入政务网络前要按照网管程序进行审核入网。编制《延庆县内网VPN用户申请表》、《延庆县电子政务网络公网IP地址及端口映射申请表》、《延庆县电子政务网络域名解析服务申请表》、《北京延庆分站ICP信息登记备案表》进行ICP信息备案。经县信息中心批准后备案，使政务网络的地址和域名资源得到规范化管理和使用，解决延庆县政务网络地址和域名使用的无序状态。

（张文武）

【农村综合信息服务系统“村际快线”上线运行】 2010年年内，延庆县利用信息化手段为农村百姓服务，自主开发延庆县农村综合信息服务系统“村际快线”，“村际快线”是综合服务于延庆县农村的软件应用平台，根据村民对信息和服务的需求特点，将互联网资源整合于一个平台，有针对性地为农民提供有效信息和在线服务。该系统主要包括常用服务、村村风采、热点信息、站在村头看世界、供求信息等内容。“村际快线”通过元搜索技术将农民关心和关注的信息按照不同的分类查询并呈现出来。快线平台提供基层建设、种植养殖、农村医疗、生态文明等多个信息服务频道，每个频道的信息来源依托于“村际快线”的关键字字典，可以根据社会的发展和村民的需求快速开通更多的信息服务频道，系统将实时动态更新。个性化的信息资源服务频道在帮村民找到有价值信息的同时，也将村民使用信息资源的需求和动向反馈给系统。在“村际快线”上，村民还可以通过网络收听收看电视广播，实时阅读快线提供的报纸和杂志。快线把北京新闻、北京交通、北京音乐、优酷、迅雷看看等多个板块进行整合，还可以在线阅读北京日报、健康日报、京郊日报、求是杂志等多家数字媒体。“村际快线”

立足于延庆农村的实际，通过软件和网络技术连通农村和城市、农业与商业、农民与政府，以信息化的手段反哺农业。“村际快线”体现新农村统一平台的信息化特征，为三网融合应用提供一种发展的思路。

（张文武）

【有线电视户户通工程开展】 2010年年内，延庆县有线电视“户户通”工程计划完成65个行政村和25个自然村的有线电视联网入户工作。实际完成68个行政村9,106户57个自然村2,691户。在有线电视入户工作稳步开展的同时，延庆县启动有线电视网络双向网改造工作。

（张文武）

【移动、联通3G基站全县覆盖】 2010年年内，延庆县按照市委市政府关于《北京信息化基础设施提升计划》精神，联通延庆分公司和移动延庆分公司与县政府紧密配合，加快延庆县3G基站的建设，年共完成88个3G基站建设，使全县3G基站数达到315个，建成2G基站180余个，基本实现县域的无线信号全覆盖。规划建设的其他全部基站的选址、签约、电力报装、设备安装及传输调通正在持续推进，新基站正在陆续开通中。

（张文武）

【20M宽带光纤入户推进】 2010年年内，延庆县按照《北京信息化基础设施提升计划》要求，北京将建成城乡一体化数字城市。在全国率先建成城乡一体化的数字网络，到2012年底，互联网家庭用户带宽超过20Mbps。联通延庆分公司完成县城29个小区和35个村20Mbps宽带升速改造，县城所有小区已全部覆盖。19个信息化村的试点工作也已启动。

（张文武）

【信息资源目录编制促进政务信息共享与交换加强】 2010年年内，延庆县政务信息资源目录体系与政务网络基础平台一样，都是重要的信息化基础设施。在延庆县法制办的支持下，对全县各部门核心业务事项、信息资源及共享情况进行全面梳理和目录编制。已有20家单位完成业务事项、信息资源的梳理和编目工作。共梳理业务事项457项，信息资源1,749项。年业务量超过100件的事项有100项。有8个部门对其他部门的信息资源有共享需求，需求的信息资源总数达101项。在北京市经济和信息化委员会的支持和帮助下，已通过前置机方式实现与市政务信息资源共享交换平台对接。

（张文武）

【无线电管理工作开展】 2010年年内，延庆县为贯彻落实《全国无线电管理宣传月活动方案》和北京市无线电管理委员会《关于进一步做好区县无线电管理工作的指导意见》的部署，组织各相关委办局、乡镇、街道办事处负责人及有关人员认真学习和领会文件精神，统一思想，提高认识，结合延庆县无线电工作的实际，制订《延庆县关于无线电管理宣传月活动工作方案》，对无线电管理宣传月活动开展的重点内容、宣传形式、任务要求等作具体安排，在宣传月活动的开展过程中累计发放宣传手册和宣传画报2500份。

（张文武）

2012

北京市信息化工作领导体系

北京市信息化工作领导小组

北京市通信保障和信息安全应急指挥部领导和成员

（京办字〔2008〕9号）

总指挥：

李士祥　市委常委、市委秘书长

第一副总指挥：

苟仲文　副市长

副总指挥：

崔述强　市委副秘书长、市委办公厅常务副主任

鲁　勇　市政府副秘书长

朱　炎　北京市经济和信息化委员会主任

李春良　市广播电影电视局局长

陈卫军　市通信管理局局长

杨晓毅　市公安局副局长

成　员：

严力强　市委宣传部副部长

陈　静　市国家保密局局长

许博春　市委机要局局长、市密码管理局局长

王英建　市能源与经济运行协调领导小组办 公室专职副主任

付志峰　市教委副主任

王建新　市科委委员

白　新　北京市经济和信息化委员会副主任

杨晓毅　市公安局副局长

张　峰　市国家安全局副局长

孟　钧　市民政局副局长

王　婴　市财政局副局长

张大发　市人力资源和社会保障局副巡视员

王荣武　市住房城乡建设委委员

柴文忠　市市政市容委副主任

薛江东　市交通委委员

李海平　市农委副主任

陈　铁　市水务局总工程师

许　康　市商务委副主任

王　鹏　市文化局副局长

邓小虹　市卫生局副局长

郝硕博　市地税局副局长

刘　健　市工商局副局长

何桂芝　市广播电影电视局总工程师

栗志纲　市金融工作局副局长

程拴牢　市民防局副局长

隋亚刚　市公安局公安交通管理局副局长

齐霖霖　市无线电管理局局长

张晋红　市通信管理局副巡视员

李宝林　武警北京市总队副参谋长

杜新安　经济技术开发区管委会巡视员

朴学东　东城区副区长
王　粤　西城区副区长
阎　军　朝阳区副区长
杨志强　海淀区区委常委、常务副区长
冀　岩　丰台区区委常委、常务副区长
王春杰　石景山区区委常委、常务副区长
罗　斌　门头沟区区委常委、常务副区长
高言杰　房山区区委常委、常务副区长
崔志成　通州区副区长
林向阳　顺义区副区长
绳立成　大兴区副区长
洪　波　昌平区副区长
李宝峰　平谷区副区长
吴群刚　怀柔区副区长
钱福生　密云县副县长
刘　兵　延庆县副县长

2010 年北京市无线电管理委员会委员名单

主　任： 苟仲文　北京市政府
副主任： 李建设　北京卫戍区
朱　炎　北京市经济和信息化委员会
委　员： 张燕友　市发展和改革委员会
郭广生　市教育委员会
于春全　市公安局
李心纲　市国家安全局
王　婴　市财政局
张祖德　市人力资源和社会保障局
孙　卫　市规划委员会
冀　岩　市住房和城乡建设委员会
柴文忠　市市政市容管理委员会
薛江东　市交通委员会
崔建立　市工商行政管理局
姚　娉　市质量技术监督局
姚　辉　市环境保护局
何桂芝　市广播电影电视局
王金山　市政府法制办公室
王连峰　市城管执法局
林兆波　市委 610 办公室
王　拥　市保密局
宋京雁　北京海关
辛天河　民航华北地区管理局无线电管理委员会
韩　玮　市通信管理局
王文礼　总参三部三局
刘传忠　北京卫戍区司令部通信处
齐霖霖　市无线电管理局

北京市信息化专家咨询委员会第一届委员

（京信办〔2006〕3号）

主　任：杨学山　国务院信息化工作办公室副主任

副主任：周宏仁　国家信息化专家咨询委员会常务副主任

委　员：（按姓氏笔画排序）

方滨兴　信息产业部互联网应急处理协调办公室主任、工程院院士

王安耕　中信集团公司总工程师

牛文元　中科院政策研究所研究员

曲成义　航天科技集团710所科技副主任

怀进鹏　北京航空航天大学教授

李国平　北京大学政府管理学院副院长

李　明　国务院发展研究中心信息中心副主任

吴　江　人事部人事科学研究院院长

杨开忠　北京市经济与社会发展研究所所长

汪玉凯　国家行政学院教授

金元浦　人民大学人文奥运中心主任

周汉华　社科院法学研究所教授

高新民　中国互联网协会常务副会长

薛　澜　清华大学政府管理学院副院长

中关村国家自主创新示范区领导小组

（京政办发〔2009〕29 号）

组　长： 郭金龙　市长

副组长： 赵凤桐　市委常委、市委教工委书记

苟仲文　副市长

成　员： 张志伟　市委组织部副部长

张　工　市发展改革委主任

刘利民　市教委主任

闫傲霜　市科委主任

朱　炎　北京市经济和信息化委员会主任

杨晓超　市财政局局长

张欣庆　市人力社保局局长

魏成林　市国土局局长

黄　艳　市规划委主任

隋振江　市住房城乡建设委主任

刘小明　市交通委主任

卢　彦　市商务委主任

王　东　市国资委主任

王晓明　市地税局局长

张志宽　市工商局局长

赵长山　市质监局局长

冯俊科　市版权局局长

苏　辉　市统计局局长

霍学文　市金融局副局长

刘振刚　市知识产权局局长

周继东　市政府法制办主任

戴　卫　中关村管委会主任

张伯旭　北京经济技术开发区管委会主任

杨艺文　东城区区长

张建东　西城区区长

牛青山　崇文区区长

王　刚　宣武区区长

程连元　朝阳区区长

林抚生　海淀区区长

游广斌　丰台区代区长

周茂非　石景山区区长

刘云广　门头沟区区长

祁　红　房山区区长

邓乃平　通州区区长

刘　剑　顺义区代区长

李长友　大兴区区长

金树东　昌平区区长

邱水平　平谷区区长

池维生　怀柔区区长

刘福志　密云县县长

孙文锴　延庆县县长

孔繁琪　市国税局副局长

杨国中　人民银行营业管理部主任

楼文龙　北京银监局局长

刘春旭　北京证监局局长

丁小燕　北京保监局局长

周其凤　北京大学校长

顾秉林　清华大学校长

何　岩　中科院北京分院党组书记

干　勇　钢铁研究总院院长

屠海令　北京有色金属研究总院院长

柳传志　联想控股有限公司总裁

邓中翰　中星微电子有限公司董事长

王小兰　中关村协会联席会主席

区县信息化工作领导体系

2010 年东城区信息化工作领导体系

2010 年东城区信息化工作领导小组

组　长： 王学勤　区委书记
杨艺文　区委副书记、区长

常务副组长：
冯　熙　区委副书记、政法委书记

副组长： 岳　鹏　区委常委、区政府常务副区长
边振英　区委常委、区委办公室主任

成　员： 郅海杰　区委办公室常务副主任、区保密局局长
张增耀　区委政法委常务副书记、区维稳办主任
杨五一　区委政法委副书记、区综治办主任
毛　炯　区政府办公室主任
于蓟生　区发改委党组书记
赵北亭　区发改委主任
彭　湘　区科委主任、区知识产权局局长、雍和园管委会主任
蔡福全　区教委主任
程永涛　区文委主任
乔世怀　区建设委员会主任
赵鹏锦　区城管委主任
田建军　区街道办主任
陈　虹　区财政局局长
王志亮　区人事局局长
许　汇　区劳动保障局局长
赵凌云　区民政局局长
曲　力　区体育局局长
王　健　区商务局局长
侯振刚　区旅游局局长
赵　刚　区统计局局长
陈　红　区审计局局长
马增欣　区安全生产监督局局长
李照宏　区行政服务中心主任
冯继宽　区档案局局长
武建军　王府井建管办副主任
李　强　东二环建管办主任
王小英　区房管局局长
高　琦　区城管监督中心主任

陈朝晖　规划分局局长

张　明　区卫生局副局长(主持工作)

杨发航　区委宣传部副部长、新闻中心副主任

单志强　公安分局副局长

连秉坤　区国家保密局副局长

倪　东　区信息办副主任

李　桦　东方文化资产经营公司董事长

东城区信息化工作办公室

党组书记、副主任：谢霄鹏

常务副主任：倪　东

副主任：李启青

东城区信息中心

主　任：高大志

副主任：聂凌云

东城区资源服务中心

主　任：何　震

副主任：张　洁

2010 年西城区信息化工作领导体系

（西信息办文〔2008〕30 号）

2010 年西城区信息化工作领导小组

组　长： 张建东　区委副书记、区长

副组长： 白云生　区委常委、常务副区长

李　江　区委常委、区委办公室主任

闫傲霜　副区长

成　员： 俞　强　区政府办公室主任

李占文　区委办公室副主任

李　薇　区政府办公室副主任

王效农　区委组织部副部长

田玖龙　区委宣传部副部长

吴向阳　区发改委主任

田京生　区教委主任

黄　勇　区科委主任

吴铁男　区建委主任

郭柏顺　公安局西城分局副局长

张文桦　区检察局局长

徐　斌　区民政局局长

周慧来　区财政局局长

王明山　区劳动和社会保障局局长

牛　锐　规划局西城分局局长

崔树杰　区市政管委副主任

王　新　区商务局局长

吕　丹　区文委副主任

刘劲松　卫生局副局长

皮　强　国资委副主任

颜　华　区统计局局长

王秋英　区法制办主任

郑玉冰　区信息办主任

关山红　区编办副主任

朱　伟　区保密局局长

金子成　区档案局局长

李玉庆　西城地税局局长

聂杰英　国税局西城分局局长

刘洪彬　工商局西城分局副局长

朱立谱　区质量技术监督局局长

西城区信息化工作办公室

主　任： 郑玉冰

副主任： 向功英　马　忠　高凤荣

西城区信息中心

主　任： 商　燕

副主任： 樊月辉　高　飞

2010 年朝阳区信息化工作领导体系

（朝信发〔2009〕 4 号）

说明：2010 年未发文确定领导小组，沿用 2009 年小组成员单位，个别单位领导有变化，将在 2011 年发文领导小组更名。

2010 年朝阳区信息化工作领导小组

组　长： 程连元　区长

副组长： 张　洋　区委副书记

阎　军　副区长

成　员： 苑文新　区委办主任

刘军胜　区政府办主任

王亚贵　区发展改革委主任

陈晓东　区农委主任

孙其军　区教委主任

王先勇　区科委主任

史素珍　区人口和计生委主任

汪　洋　区社会办主任

刘　勇　区法制办主任

梅诗曙　区信息办主任

邹立篙　区财政局局长

张树安　区监察局局长

刘　野　区审计局局长

郑　煌　区人事局局长

王春平　区统计局局长

师　伟　区卫生局局长

朱宝祺　区保密局调研员

王益春　公安朝阳分局政委

吕明杰　区劳动保障局局长

张　勇　区商务局局长

张凤祥　区民政局局长

申玺朝　区档案局局长

洪继元　区投资促进局局长

关　伟　区安全生产及监督管理局局长

张立新　市规划委朝阳分局局长

刘春成　北京商务中心区管委会常务副主任

王文军　中关村电子城科技园管委会常务副主任

陈　杰　奥林匹克公园管委会副主任

张永红　区城管监察大队大队长

皮定均　区城管监督中心主任

奚传斌　区新闻广电中心主任

张颖诚　区机关后勤服务中心主任

朝阳区信息化工作办公室

主　任： 王　臻

云建明信息网络中心

主　任： 黄晓辉

副主任： 熊桂梅

2010 年海淀区信息化工作领导体系

2010 年海淀区信息化工作领导小组

组　长： 林抚生　区长

副组长： 刘　鸿　区委常委、区委办主任

傅首清　副区长

成　员：

区委办	科委	旅游局
组织部	建委	卫生局
宣传部	文化委	统计局
政法委	市政管委	环保局
社工委	海淀园管委会秘书处	安监局
区政府办	文明办	国土资源海淀分局
财政局	法制办	质监局
人事局	公安海淀分局	工商海淀分局
监察局	民政局	规划海淀分局
保密局	民防局	档案局
发展改革委	劳动保障局	海淀交通支队
公共委	国税局	新闻中心
农林委	地税局	信息办
教委	商务局	

海淀区信息化工作办公室

主　任： 梁爱民

副主任： 付海涛

海淀区信息中心

主　任： 李忠志

副主任： 袁宇临

2010 年丰台区信息化工作领导体系

（丰政办发〔2010〕54 号）

2010 年丰台区信息化工作领导小组

组　长：崔　鹏　区长

副组长：冀　岩　区委常委、常务副区长

刘　宇　区委常委、区委办公室主任

孔令斌　副区长

成　员：高　峰　区政府办公室主任

何燕卿　区发展改革委主任

冯晓光　区教委主任

解明珠　区科委副主任

吴神赋　区经济信息化委主任

胡春溪　区监察局局长

李秀瑛　区民政局局长

李　华　区司法局局长

李　屹　区财政局局长

李　岚　区人力社保局长

李向林　区环保局局长

刘文洪　区住房城乡建设委主任

李春滨　区市政市容委主任

肖文燕　区农委主任

刘权来　区水务局局长

周新春　区商务委主任

王艳秋　区文化委主任

张　杨　区卫生局局长

张　玲　区人口计生委主任

周衔临　区审计局局长

王珮琦　区社会办主任

李东明　区国资委主任

沈瑞平　区安全监管局局长

李靖生　区体育局局长

牛春凤　区统计局局长

申燕民　区园林绿化局书记

于临溏　区旅游局局长

崔爱国　区民防局局长

邱　明　区金融办主任

李小月　区民宗侨办主任

梁彦梅　区政府外办主任

张　悦　区政府法制办主任

孙　萍　区信访办主任

傅学江　丰台园管委副主任

史卫民　区丽泽开发办主任

姜东升　区城管监察大队大队长

何岳飞　区城管监督指挥中心常务副主任

耿　飞　区公安分局政委

金志雄　区地税局局长

王忠新　区国税局局长

李　异　区工商分局局长

叶大华　区规划分局局长

孙连喜　区国土分局局长

杨希迁　区质监局局长

许　民　区编办主任

王京荣　区保密局局长

董化斌　区档案局局长

谷　卫　区广电中心主任

丰台区经济和信息化工作办公室

主　任： 吴神赋

副主任： 白雪筠

丰台区人民政府信息中心

副主任： 郑荣康

2010 年石景山区信息化工作领导体系

2010 石景山区信息化工作领导小组

组　长：周茂非　区长
副组长：王春杰　副区长
成　员：富大鹏　区政府办公室主任
李元涛　区经济信息化委主任
高　明　区发展改革委主任
王亚迅　区科委主任
叶向红　区教委主任
许景山　区监察局局长
刘亚泉　区财政局局长
王雪颖　区保密局局长
魏志安　区广电中心主任

石景山区经济和信息化工作办公室

主　任：李元涛
副主任：吕志刚　彭春辉　王　惠

2010 年门头沟区信息化工作领导体系

2010 门头沟区信息化领导小组

组　长： 罗　斌　区委常委、常务副区长

副组长： 张　永　区委常委、区委办主任

成　员： 李国庆　区经信委主任

张子玲　区委办副主任、区保密局局长

刘振林　区政府办副主任、区应急办主任

张慧军　区委宣传部常务副部长

刘晓雄　区委政法委副书记

董立学　区委 610 办公室副主任

侯敬志　区发展改革委副主任

杨玉柱　区教委副主任

严锡贵　区科委副主任

谷长水　区国资委党委副书记

李庆起　区公安分局副局长

任全森　区保密局副局长

刘伯卿　区财政局副局长

汪光友　区交通局副局长

炼立锋　区质量技术监督局副局长

王丂军　歌华有线门头沟分公司副经理

梁兴生　联通门头沟分公司副经理

门头沟区信息化工作办公室

主　任： 李国庆

副主任： 付永利

门头沟区信息中心

主　任： 孙京浙

副主任： 韩　峥

2010 年房山区信息化工作领导体系

（房政办发〔2007〕41 号）

2010 房山区信息化工作领导小组

组　长：祁　红　区政府区长

副组长：卢国懿　区政府副区长（常务副组长）

陈硕林　区委办主任（2010 年 7 月离职）

刘建平　区政府办主任（2010 年 7 月离职）

刘荣秀　区信息中心主任、区信息办主任（2010 年 7 月离职）

成　员：高维魁　区政协副主席、区财政局局长

崔　山　区发改委主任（2010 年 7 月离职）

赵永祥　区农委主任（2010 年 1 月离职）

段维鹏　区建委主任（2010 年 3 月离职）

苗宗启　区市政管委主任（2010 年 7 月离职）

郭志族　区教委主任

张海鹏　区科委主任

李立新　区文化委主任

张广华　区人口计生委主任（2008 年 2 月离职）

卢永春　区法制办主任

孙丽娟　区新闻办主任

杨东升　区劳动保障局局长

赵　军　区工业局局长（2010 年 7 月离职）

金守江　区人事局局长（2009 年 10 月离职）

刘胜国　区民政局局长（2011 年 2 月离职）

朱仕生　区商务局局长

周德运　区安监局局长

张建国　区卫生局局长

张福志　区统计局局长

隗功勋　区环保局局长（2009 年 7 月离职）

周文海　区交通局局长（2010 年 7 月离职）

胡文学　区国税局局长

万国喜　区地税局局长

王华鑫　房山工商分局局长

夏林茂　房山规划分局局长（2007 年 10 月离职）

任振秋　房山国土分局局长

隗有敏　区保密局局长

钱希杰　区质监局局长（2009 年 10 月离职）

李新华　区电信局局长（2010 年 2 月离职）

孙　泽　区广电中心主任（2009 年 7 月离职）

李昌俊　歌华有线房山分公司经理

房山区信息化工作办公室

主　任：刘荣秀（2010 年 7 月离职）

房山区信息中心

主　任：刘荣秀（2010 年 7 月离职）

副主任：罗　刚　郑桂敏

2010 年通州区信息化工作领导体系

2010 年通州区信息化工作领导小组

组　长：岳　鹏　区长

副组长：李玉君　区委副书记

张　勇　区委常委、常务副区长

于世疆　区委常委、副区长

张　华　副区长

崔志成　副区长

尚祖国　区委办公室主任

王岩石　区政府办公室主任

成　员：陈国庆　区经济信息化委主任

王立生　区委宣传部常务副部长

王健市　公安局通州分局政委

董维毅　区住建委主任

季志会　区科委主任

李柏松　区农委主任

宋京璋　区教委主任

杜德久　区文化委主任

刘汝林　区财政局局长

张希芳　区纪委副书记、监察局局长

杨唯市　规划委通州分局局长

徐景发　区法制办主任

王增哲　区文明办主任

田晓江　区保密局局长

王士杰　区商务局局长

白玉光　区卫生局局长

王振良　区人力资源和社会保障局局长

苏亚文　区民政局局长

崔松光　区发改委主任

张春良　区统计局局长

赵久治　区质量技术监督局局长

王志刚　区广电中心主任

高德澍　区档案局局长

李　健　中国联通通州分公司总经理

纪　涌　移动通州分公司总经理

刘存明　歌华有线通州分公司总经理

李　秩　中国电信通州分公司总经理

2010年顺义区信息化工作领导体系

（文号〔2010〕53号）

2010年顺义区信息化工作领导小组

组　长： 王　刚　区长（刘剑6月离职）

副组长： 杨宝华　区委常委、宣传部长、区委办公室主任

李友生　区委常委、区政府常务副区长

林向阳　区委常委、区政府副区长

燕　瑛　区政府副区长

成　员： 刘福海　区政府办公室主任、区政务信息化办公室主任

董建华　区发改委主任

李国新　区市政市容委主任

盛德利　区住房城乡建设委主任

吴建国　区经济信息化委主任

闫广志　区农委主任

李国震　区科委主任

冯义国　区教委委主任

王福印　区商委委主任

马万林　区财政局局长

赵殿江　区人力社保局局长

王守明　区档案局局长

杨卫东　市规划委顺义分局局长

王永宝　区政府办公室副主任、区政务信息化办公室主任、区信息中心主任

刘希成　歌华有线顺义分公司总经理

张兴华　北京联通顺义分公司总经理

贾　琦　北京移动顺义分公司总经理

娄金凤　北京电信顺义分公司总经理

顺义区信息化工作办公室

主　任： 吴建国

副主任： 宋顺杰

顺义区信息中心

主　任： 王永宝

2010 年大兴区信息化工作领导体系

2010 年大兴区信息化工作领导小组

组　长： 李长友　区长

副组长： 绳立成　副区长

成　员： 刘士忠　区经济信息化委主任

大兴区信息化工作办公室

主　任： 刘士忠

副主任： 闫立强　张秀萍　郑亚君　赵常山

大兴区信息中心

主　任： 张保华

副主任： 孔德刚

2010 年昌平区信息化工作领导体系

2010 年昌平区信息化工作领导小组

组　长：金树东　区长

副组长：朱光彤　区委常委、区政府常务副区长

孙　启　区委常委、区委办公室主任

洪　波　区政府副区长

成　员：赵亚群　区政府办主任（8 月任职）

靳增立　区委组织部常务副部长

杨春山　区委宣传部常务副部长

徐忠富　区编办主任

黄先锋　区社会办主任

裴卫东　区监察局扃长

苏贵光　区发展改革委主任（8 月任职）

李成旺　区教委主任（8 月任职）

董锦华　区农委主任（8 月任职）

奚增森　区住房城乡建设委主任

任鹏举　区市政市容委主任（8 月任职）

王志刚　区经济信息化委主任（8 月任职）

陈隽磊　区国资委主任

李万佰　区科委主任（8 月任职）

云富勇　区商务委主任（8 月任职）

陈玉起　区文化委主任

赵海英　区人力社保局局长

吴小利　区财政局局长

李春菊　区人口计生委主任

郑全智　国土昌平分局局长

段　刚　规划昌平分局局长

刘全新　区统计局局长

郭自成　区审计局局长

张　岩　区国税局局长

姚敬国　区地税局局长

余巨川　工商昌平分局局长

王建军　区质量技术监督局局长
田国瑞　区环保局局长
沈树祥　区园林绿化局局长（8月任职）
洪起国　区水务局局长（8月任职）
杨洪达　区民政局局长
叶国清　公安昌平分局局长
金东彪　区安全监管局局长
杜高潮　区卫生局局长
袁丽民　区旅游局局长
崔　明　区投促局局长（8月任职）
赵丽君　区档案局局长
刘晓梅　区广播电视中心主任
刘　毅　区人民法院院长
韩索华　区人民检察院检察长
李自明　路政昌平分局局长
汪跃明　昌平交通支队队长
徐德清　区经管站站长
张　华　区综合行政服务中心主任（8月任职）
于　泓　中关村科技园区昌平园管委会主任（8月任职）

昌平区信息化工作办公室

主　任：王志刚（8月任职）
副主任：温海宁

2010 年平谷区信息化工作领导体系

2010 年平谷区信息化工作领导小组

组　长： 张吉福　区长

副组长： 屈志奇　区委常委、区委办公室主任

　　　　李宝峰　区政府副区长

成　员： 张双全　区政府办主任

　　　　崔东辉　区经济信息化委主任

　　　　吴玉林　区信息中心主任

　　　　杨凤山　区财政局局长

平谷区信息化工作办公室

主　任： 崔东辉

副主任： 付　强

平谷区信息中心

主　任： 吴玉林

副主任： 李　云 李　强

2010年怀柔区信息化工作领导体系

（怀政办发〔2010〕12号）

2010年怀柔区信息化工作领导小组

组　长： 池维生　区长

副组长： 王仕龙　区委常委、常务副区长

田文杰　区委常委、区委办公室主任

吴群刚　副区长

成　员： 钟百利　区政府办公室主任

金庚申　区发展改革委主任

闫充印　区教委主任

魏海涛　区科委主任

周怀明　区经济信息化委主任

解金明　区农委主任

王玉山　区文委主任

张宏宇　区财政局局长

张同发　区统计局局长

谢冬升　公安分局局长

马肇鸿　规划分局局长

刘晓红　区广电中心主任

怀柔区信息化工作办公室

主　任： 周怀明

副主任： 彭兴涛

怀柔区信息中心

主　任： 赵柏清

副主任： 甘友成

2010 年密云县信息化工作领导体系

说明：2009 年密云县信息化工作领导小组成员名单变动很大，新成员名单未经政府发文，故此工作小组名单按 2010 年实际情况拟定。

（草　案）

2010 年密云县信息化工作领导小组

组　长： 王海臣　代县长

副组长： 王稳东　县委常委、常务副县长
钱福生　副县长
徐　芳　副县长

成　员：
刘名义　县委办主任
郑晓君　县政府办主任
姜　博　县经信委主任
崔春花　县发改委主任
李钟勤　县教委主任
蒋学甫　县农委主任
雷亚军　县市政市容委主任
赵　宏　县科委主任
张赤兵　县住建委主任
彭兴宝　县商委主任
张亚东　县财政局局长
田长丰　县公安局局长
王　宇　县人力社保局局长
齐立库　县国税局局长
赵增科　县地税局局长
李光辉　县国土分局局长
郭文军　县规划分局局长
赵志强　县质量技术监督局局长
许宝生　县民政局局长
曹玉冰　县工商分局局长
任向宏　县卫生局局长
王建中　县交通局局长
郭立新　县旅游局局长
赵力杰　县广电中心主任
郝家瑞　县委宣传部常务副部长
王国良　县委办副主任、县保密局局长
祁树国　县信息中心主任
郑德琪　联通密云分公司经理

密云县信息化工作办公室

主　任： 姜　博

附录

北京市经济和信息化委员会（北京市国防科学技术工业办公室）主要职责

《北京市人民政府关于机构设置的通知》（京政发〔2009〕2 号），《北京市人民政府机构改革方案》经中共中央、国务院批准，其中北京市经济和信息化委员会（挂北京市国防科学技术工业办公室牌子）为市政府组成部门。组建经济和信息化委员会，将发展改革委员会的工业管理有关职责、科学技术委员会的软件业行业管理职责、工业促进局（国防科学技术工业办公室）的职责、信息化工作办公室的职责、乡镇企业局的职责、整合划入经济和信息化委员会，不再保留工业促进局、信息化工作办公室、乡镇企业局。

一、职责调整

（一）划入的职责

1. 将原北京市工业促进局（北京市国防科学技术工业办公室）、北京市信息化工作办公室、北京市乡镇企业局的职责，整合划入北京市经济和信息化委员会。

2. 北京市发展和改革委员会（简称市发展改革委）的工业行业管理和信息化有关职责。具体包括：研究提出本市工业发展战略；根据国家工业行业规划和产业政策，研究拟订本市工业行业规划及配套措施的实施意见；指导工业行业地方标准的拟订；按照规定权限，核准、备案和上报本市规划内和年度计划规模内工业和信息化领域固定资产投资项目；车辆生产准入管理；工业生产许可工作中的产业政策确认；高技术产业中涉及生物医药、新材料等的规划、政策和标准的拟订及组织实施；组织编制重大技术装备规划，协调相关政策；工业的节能、资源综合利用、清洁生产促进和落后产能退出工作；对中小企业的指导和扶持，会同有关部门对北京市中小企业创业投资引导基金使用的决策、监督和管理；企业减负工作。

3. 北京市科学技术委员会的本市软件业行业管理职责。

（二）取消的职责

已由市政府公布取消的行政审批事项。

（三）转变的职责

1. 加快推进信息化和工业化融合、高新技术与传统工业改造结合，促进现代制造业等高端产业发展，加快推进本市信息化建设。

2. 强化对中央在京企业的服务职责。

3. 加强指导本市工业、软件和信息服务业安全生产工作的职责，组织拟订有关行业安全生产方面的规范和标准，加强对民用爆破器材生产和流通企业安全工作的监督管理。

二、主要职责

（一）贯彻执行国家关于工业、软件和信息服务业、信息化方面的法律、法规、规章和政策，起草本市相关地方性法规草案、政府规章草案，并组织实施。

（二）研究拟订并组织实施本市工业、软件和信息服务业、信息化发展规划和产业政策，推进产业布局调整和产业结构优化升级。

（三）监测分析本市工业、软件和信息服务业、信息化的运行态势，统计并发布相关信息；协调解决产业运行和发展中的重大问题，并提出政策建议。

（四）按照规定权限，核准、备案和上报本市规划内和年度计划内工业和信息化领域固定资产投资项目；会同有关部门研究提出工业、软件和信息服务业、信息化方面利用外资和境外投资的重点领域和促进政策。

（五）指导本市工业、软件和信息服务业、信息化技术创新和技术进步，推进企业技术改造；组织实施国家及本市工业、软件和信息服务业、信息化科技重大专项，推进相关科研成果产业化；指导相关行业质量管理工作。

（六）拟订本市高技术制造业、软件和信息服务业、信息化和新兴产业中重点领域的发展规划、实施方案、配套政策及行业标准，并组织实施；指导工业、软件和信息服务业、信息化领域文化创意产业的发展。

（七）承担振兴本市装备制造业组织协调的责任，组织拟订重大技术装备发展和自主创新规划、政策；依托国家及本市重点工程建设推进重大技术装备国产化，指导引进重大技术装备的消化创新。

（八）拟订并组织实施本市工业、软件和信息服务业、信息化领域的能源节约和资源综合利用、清洁生产促进政策；参与拟订能源节约和资源综合利用、清洁生产促进规划；组织协调相关重大示范工程和新产品、新技术、新设备、新材料的推广应用。

（九）指导和促进本市中小企业发展；会同有关部门拟订促进中小企业发展和非国有经济发展的相关政策和措施，协调解决有关重大问题；建立和完善中小企业服务体系。

（十）指导和协调本市工业开发区的建设与发展，促进工业产业基地建设；负责镇村产业生产集中地（农民就业产业基地）建设；指导镇村产业发展。

（十一）统筹推进本市信息化工作；组织制定相关政策并协调信息化建设中的重大问题；统筹协调电子政务、电子商务、公共服务信息化和经济领域信息化的发展；推动跨行业、跨部门的互联互通和重要信息资源的开发利用、共享；统筹协调社会信用体系建设。

（十二）统筹协调本市信息化基础设施的规划和管理；促进电信网络、广播电视网络和计算机网络融合；参与统筹规划公用通信网、互联网、广播电视网和部门专用通信网；负责与国家通信主干网、军工部门及其他部门专用通信网方面的协调工作。

（十三）承担本市网络与信息安全管理责任；负责协调维护信息安全和信息安全保障体系建设；指导监督政府部门、重点行业的重要信息系统与基础信息系统的安全保障工作；协调处理网络与信息安全的重大事件；承担北京市通信保障和信息安全应急指挥部的具体工作。

（十四）负责本市无线电管理工作；负责对无线电频率资源和无线电台（网）进行统一规划和管理；负责研制、生产、进口无线电发射设备的审核工作；协调处理电磁干扰事宜，维护空中电波秩序。

（十五）组织协调北京地区武器装备科研生产的重大事项，保障军工核心能力建设，推进军民结合；协调推进本市航空航天产业发展。

（十六）开展本市工业、软件和信息服务业、信息化领域对外合作与交流。

（十七）负责本市工业、软件和信息服务业、信息化领域人力资源的合理配置，会同有关部门拟订人才队伍建设规划和有关政策措施，组织相关人才培训。

（十八）承办市政府交办的其他事项。

北京市经济和信息化委员会（市国防科工办）机构设置

根据北京市经济和信息化委员会的主要职责，北京市经济和信息化委员会（市国防科工办）设 24 个内设机构。

（一）办公室（财务处）

负责机关政务工作；负责文电、会务、机要、档案等机关日常运转工作；承担信息、信访、议案、政府信息公开、新闻宣传、安全保卫、保密、财务和后勤保障等工作；承担重要事项的组织和督查工作。

（二）研究室（政策法规处）

承担本市工业、软件和信息服务业、信息化方面重大问题的调查研究，并提出相关政策建议；承担综合性重要文稿的起草工作；负责机关推进依法行政综合工作；起草工业、软件和信息服务业、信息化方面的地方性法规草案、政府规章草案；负责行政执法工作的监督、指导和协调；承担行政复议、应诉的有关工作；承担机关行政规范性文件的合法性审核和备案工作。

（三）规划处

组织拟订本市工业、软件和信息服务业、信息化发展规划和产业政策，并组织实施；提出工业和信息化固定资产投资规模和方向的建议；按照规定权限，核准、备案和上报规划内和年度计划规模内工业和信息化固定资产投资项目；审核电子政务和公共服务领域信息化升级改造及运行维护项目；组织重大信息化项目的技术论证、评估验收等工作。

（四）科技标准处

负责推进本市工业、软件和信息服务业、信息化创新体系建设，研究拟订推进企业技术创新、产业技术进步的政策措施；组织实施行业技术标准和规范；指导行业质量管理工作；组织协调工业科技重大专项的实施，推动技术创新和产学研相结合；参与推进相关领域文化创意产业发展工作。

（五）布局处

研究拟订本市工业、软件和信息服务业、信息化布局规划，并组织实施；指导和协调工业开发区的建设与发展，参与拟订促进开发区发展的相关政策；指导工业开发区发展规划和产业定位，推进园区基础设施配套和服务体系建设；推进工业开发区的资源节约和生态建设；组织实施污染扰民工业企业搬迁工作，指导工业资源的开发利用。

（六）经济运行处（央企服务处）

监测分析本市工业、软件和信息服务业、信息化运行态势，统计并发布相关信息，进行预测预警和信息引导；协调解决运行发展中的有关问题并提出政策建议；参与研究拟订物流业促进政策和措施；研究拟订和推进落实服务中央在京企业的有关政策；协调有关部门做好服务中央在京企业、推进重大项目建设等工作；开展相关产业国内经济协作和对外交流合作。

（七）中小企业处

指导和促进本市中小企业发展；会同有关部门拟订促进中小企业发展和非国有经济发展的相关政策和措施，指导城镇集体企业改革，协调解决有关重大问题；推动建立完善中小企业服务体系；推进中小企业信息化建设；会同有关部门负责北京市中小企业创业投资引导基金使用的决策、监督和管理；指导中小企业开展国内外合作与交流；负责组织减轻企业负担工作。

（八）节能与环保产业处

拟订并组织实施本市工业、软件和信息服务业、信息化领域能源节约和资源综合利用、清洁生产促进政策；参与拟订能源节约和资源综合利用、清洁生产促进规划和污染控制政策；组织拟定工业节能节水标准；组织协调相关重大示范工程和新产品、新技术、新设备、新材料的推广应用；推进环保领域相关制造业的发展。

（九）基础与新材料产业处（北京市履行《禁止化学武器公约》事务办公室）

研究拟订本市基础与新材料产业中长期发展规划和重点产业调整、发展方案及政策措施；监测、分析产业经济运行态势；组织推进专业化招商引资工作，引导和组织相关企业开拓国内外市场，开展国际化经营和国内外交流合作；组织协调和推进行业重大项目的实施；负责农药生产企业核准、农药产品生产审批和农药生产监督管理工作；承担履行《禁止化学武器公约》的组织协调工作。

（十）装备产业处

研究拟订本市装备产业中长期发展规划和重点产业调整、发展方案及政策措施；监测、分析产业经济运行态势；组织推进专业化招商引资工作，引导和组织相关企业开拓国内外市场，开展国际化经营和国内外交流合作；组织协调和推进行业重大项目的实施；推进重大技术装备国产化，指导引进重大技术装备的消化创新。

（十一）汽车与交通设备产业处

研究拟订本市汽车与交通运输设备制造业的行业中长期发展规划和重点产业调整、发展方案及政策措施；监测、分析产业经济运行态势；组织推进专业化招商引资工作，引导和组织相关企业开拓国内外市场，开展国际化经营和国内外交流合作；组织协调和推进行业重大项目的实施，推进重大技术装备国产化，指导引进重大技术装备的消化创新；组织产业的地区配套和产业链构建，推进汽车及零部件物流等相关生产性服务业的发展。

（十二）都市产业处（食品产业处）

研究拟订本市都市产业、食品产业中长期发展规划和重点产业调整、发展方案及政策措施；监测、分析产业经济运行态势；组织推进专业化招商引资工作，引导和组织相关企业开拓国内外市场，开展国际化经营和国内外交流合作；组织协调和推进行业重大项目的实施；指导食品产业布局及结构调整，统筹协调食品加工基地建设；指导协调食品产业的技术开发、装备更新、标准化建设等工作。

（十三）生物与医药产业处

研究拟订本市生物与医药产业中长期发展规划和重点产业调整、发展方案及政策措施；监测、分析产业经济运行态势；参与推动医药物流发展；组织推进专业化招商引资工作，引导和组织相关企业开拓国内外市场，开展国际化经营和国内外交流合作；组织协调和推进行业重大项目的实施；会同有关部门拟订中药产业促进政策。

（十四）军工综合处

负责北京地区国防科技工业的综合协调；负责武器装备研制、生产和军工特殊产品的市场准入和监督管理；指导军品科研生产单位的国防科技基础工作；负责民用爆炸物品生产、流通的监督管理；负责国防科技工业相关信息统计工作。

（十五）军工运行处（核应急处）

负责北京地区武器装备科研生产运行的协调、保障；负责军工固定资产投资管理；负责北京地区地方单位军工科研项目和国防科技成果管理；负责军工安全生产监督管理；负责核应急管理。

（十六）航空航天产业处（军民结合推进处）

研究拟订本市航空航天及配套产业中长期发展规划，参与制定相关的促进政策；协调推进航空航天产业基地和重大项目建设；负责航空航天产业分析汇总工作；参与航空航天产业、企业的调整和重组；负责指导军民两用技术开发与产业化工作。

（十七）电子信息产业处

研究拟订本市电子信息产业中长期发展规划和重点产业调整、发展方案及政策措施；监测、分析产业经济运行态势；组织推进专业化招商引资工作，引导和组织相关企业开拓国内外市场，开展国际化经营和国内外交流合作；组织协调和推进行业重大项目的实施，推进重大技术装备国产化，指导引进重大技术装备的消化创新；组织产业的地区配套和产业链构建，推进相关生产性服务业的发展。

（十八）软件与信息服务业处

指导本市软件和信息服务业发展；研究拟订并组织实施软件和信息服务业中长期发展规划；组织实施软件和信息服务业的技术规范和标准；组织推进软件和信息服务业基地、园区建设；负责软件企业认定和软件产品登记；推进软件服务外包。

（十九）电子政务与信息资源处

统筹推进本市电子政务和信息资源开发利用，推动跨部门、跨行业、跨领域的互联互通和共享；组织拟订电子政务和信息资源开发利用的发展规划、年度计划和相关政策，协调推进有关试点示范工作；负责信息资源基础设施建设；负责国家机关在互联网上注册域名的审核；负责国家机关网站管理和电子政务绩效考核工作。

（二十）社会信息化处（信用管理处）

统筹协调本市社会信息化和信息化公共服务工作，推动城乡一体化中的信息化建设；组织拟订信息化公共服务和社区、农村信息化的发展规划、年度计划和相关政策，协调推进有关试点示范工作；统筹协调社会信用体系建设工作。

（二十一）经济信息化处

统筹协调本市电子商务、企业信息化等经济领域信息化推进和智能卡推广应用工作；组织拟订电子商务、企业信息化和智能卡应用的发展规划、年度计划和相关政策，协调推进有关试点示范工作；组织拟订工业化和信息化融合的政策并组织相关试点示范工作。

（二十二）网络安全处（信息化基础设施处）

负责本市网络和信息安全建设与管理工作；参与统筹规划公用通信网、互联网、广播电视网和部门专用通信网；负责与国家通信主干网、军工部门及其他部门专用通信网方面的协调工作；促进电信网络、广播电视网络和计算机网络融合；协调本市信息安全和信息安全保障体系建设；指导监督政府部门、重点行业的重要信息系统与基础信息系统的安全保障工作；协调处理网络与信息安全的重大事件；指导协调信息安全技术开发；承担北京市通信保障和信息安全应急指挥部办公室工作。

（二十三）镇村企业运行指导处

负责本市镇村产业的监测、统计和经济运行综合分析，协调解决运行中的有关问题；指导镇村企业发展，总结推广先进经验；指导镇村企业的技术进步和技术改造，促进产业结构调整和优化升级；负责镇村产业生产集中地（农民就业产业基地）发展和“一村一品”建设；组织开展镇村企业人才培训。

（二十四）人事教育处

负责机关及所属单位的人事、机构编制、队伍建设和外事工作；负责相关领域人力资源的合理配置，会同有关部门拟订人才队伍建设规划和有关政策措施，组织相关人才培训。

离退休干部处：负责机关及所属单位离退休人员的管理与服务工作。

机关党委（工会）：负责机关及所属单位的党群工作。

纪检、监察机构按有关规定派驻。

2010 年北京软件和信息服务业发展统计数据

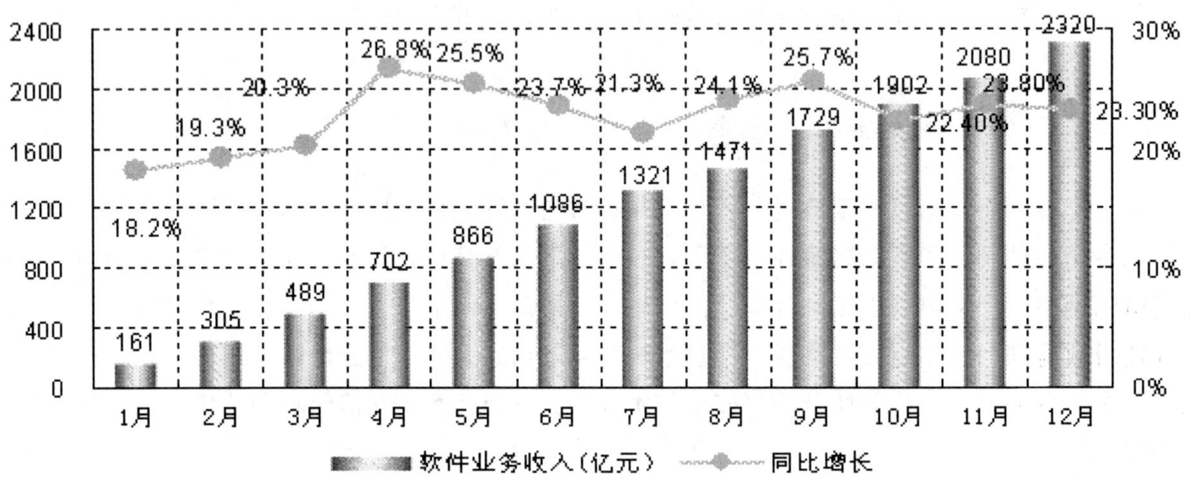

2010 年北京软件收入和增速

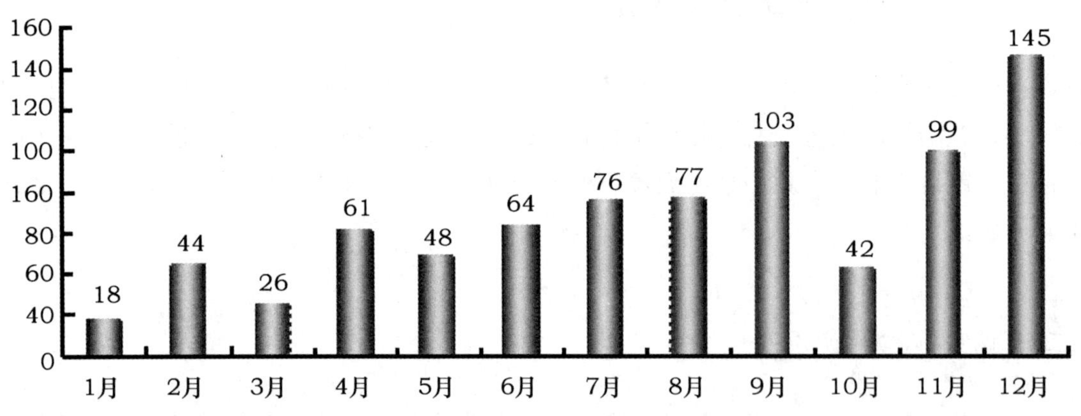

新认定企业数据（家）

2010 年新认定企业数量

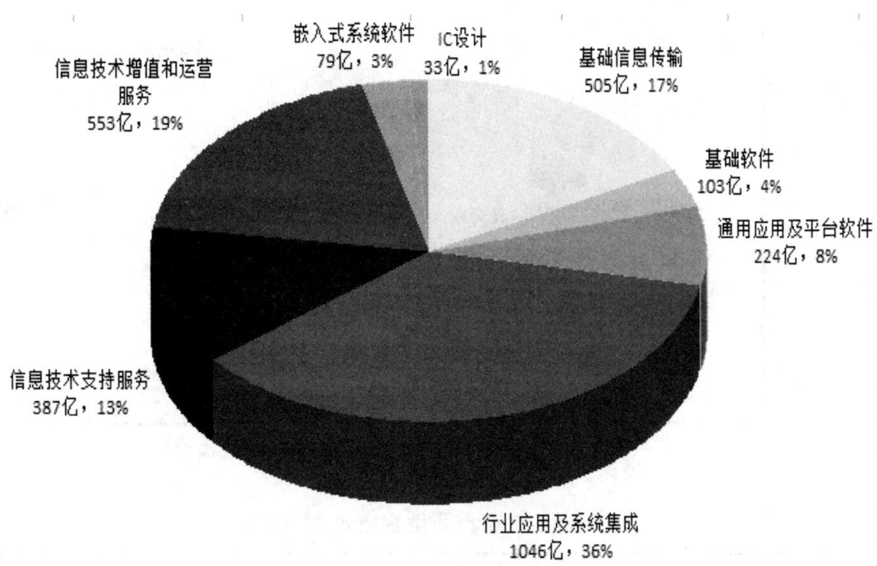

2010 年北京软件和信息服务业收入构成（单位：亿元，%）

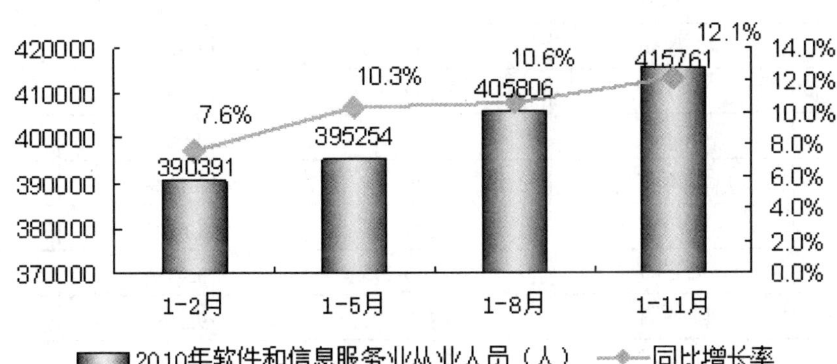

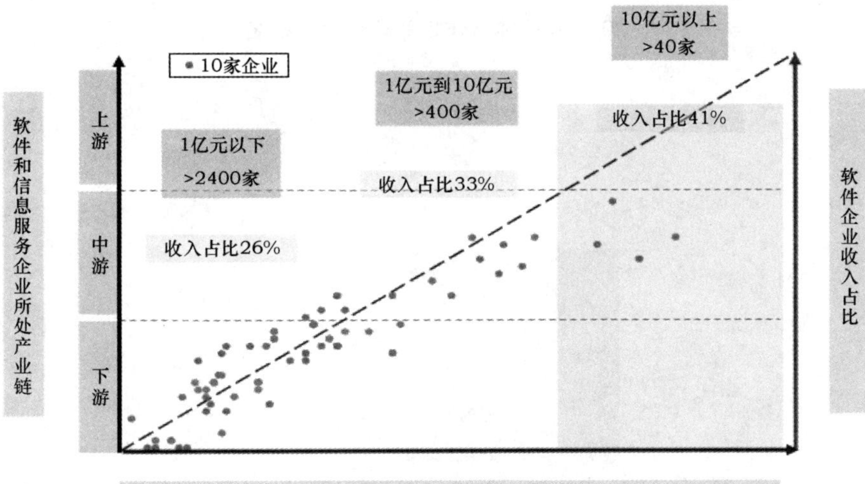

2010 年北京市软件企业业务收入分组

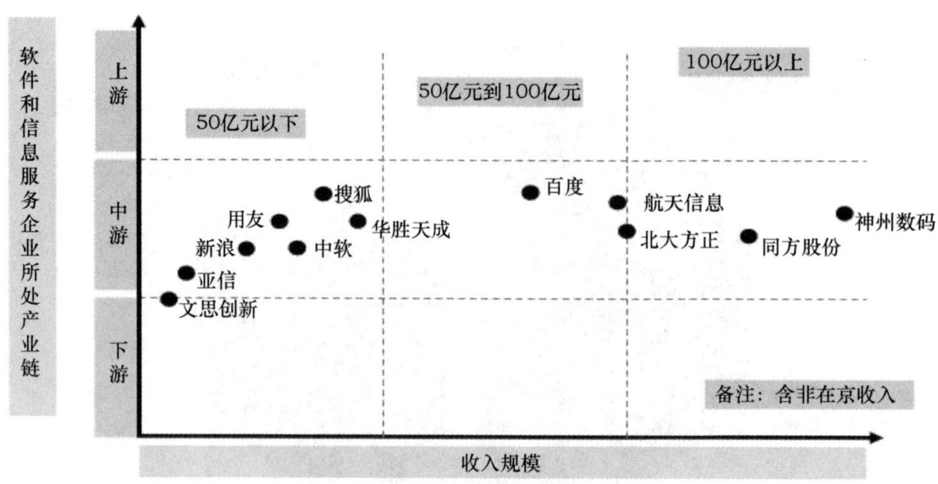

2010 年重点集团型企业收入分布

排名	省份	登记量（件）	同比增长率	占登记总量
1	北京市	24905	12.92%	30.38%
2	广东省	13534	36.34%	16.51%
3	上海市	7905	44.38%	9.64%
4	浙江省	6398	34.44%	7.81%
5	江苏省	6092	40.99%	7.43%
6	山东省	2790	52.13%	3.40%
7	四川省	2298	44.62%	2.80%
8	福建省	2149	25.97%	2.62%
9	陕西省	1847	49.55%	2.25%
10	湖北省	1846	35.94%	2.25%

2010 年软件著作权登记量地区排名

2010年北京市政务网站考核成绩

1. 有行政办事事项的委办局网站考核成绩前15位

单位名称	信息公开指标分数	在线服务指标分数	政民互动指标分数	公众评议指标分数	总成绩
市住房城乡建设委	25.29	33.26	20.18	8.52	87.25
市市政市容委	26.04	33.26	19.68	7.47	86.45
市规划委	23.95	34.83	19.16	8.43	86.37
市园林绿化局	25.18	32.04	19.44	9.03	85.69
市统计局	28.24	34.52	15.38	7.27	85.41
市地税局	22.17	33.21	21.42	8.30	85.10
市环保局	26.87	34.06	16.18	7.95	85.06
市公安局	25.68	30.10	19.48	9.32	84.58
市商务委	25.06	31.91	18.71	7.70	83.38
市质监局	24.45	30.87	19.80	7.34	82.46
市农委	22.12	35.01	16.38	8.73	82.24
市文化局	25.97	31.95	17.28	6.93	82.13
市知识产权局	23.18	34.15	14.05	6.11	77.49
市发展改革委	21.53	29.88	17.95	7.71	77.07
市财政局	24.14	32.27	13.36	7.11	76.88

2. 无行政办事事项的委办局网站考核成绩前3位

单位名称	信息公开指标分数	在线服务指标分数	政民互动指标分数	公众评议指标分数	总成绩
市政府外办	20.18	29.43	16.32	7.08	73.01
市审计局	19.65	28.53	13.90	8.27	70.35
市信访办	17.41	25.64	19.61	5.42	68.08

3. 区县网站考核成绩前 10 位

单位名称	信息公开指标分数	在线服务指标分数	政民互动指标分数	公众评议指标分数	总成绩
大兴区	29.16	29.49	21.24	8.28	88.17
东城区	27.75	29.40	22.23	8.70	88.08
西城区	26.36	29.37	21.68	8.08	85.49
朝阳区	28.27	27.11	21.78	7.89	85.05
顺义区	27.17	27.82	21.59	8.01	84.59
海淀区	26.89	26.61	22.12	8.05	83.67
丰台区	26.83	24.45	21.15	8.12	80.55
房山区	26.03	23.79	20.52	8.46	78.80
石景山区	25.65	26.26	17.64	9.08	78.63
昌平区	25.41	25.91	17.82	7.75	76.89

2010 年信息北京十大应用成果评选结果

北京市社会保障卡系统

2010 年北京市电子申报单位：北京市人力资源和社会保障局

启动时间：2008 年 10 月

完成时间：2010 年 6 月

政务绩效考核优秀单位

目标任务：发放和使用“北京市社会保障卡”，率先应用于医保领域，重点解决医疗费用结算问题，实现个人账户封闭式管理，缩短医保费用报销周期，方便百姓就医。在条件成熟时，逐步推广到其他社会保障领域。

实施效果：个人应报销的门诊医疗费用做到零垫付；持卡就医后，参保人员只需持社保卡就可在各定点医院就医；门诊医疗费用通过网络的审核系统实时报销，杜绝用假报销单据骗取社保基金的问题，降低社保基金的风险；用人单位不再收集、整理门诊医疗费用单据，减轻工作负担；推进医院的信息化建设，促进医疗行为的规范，增加医院的管理责任；改变医保经办机构人工审核的落后结算方式，提高工作效率，促进职能转变。

创新性：采用“卡网结合、脱网操作”技术，实现网络中断状态下的医疗费用即时结算。采用双密钥认证机制，确保基金安全。留出接口和空间，为社保卡拓展功能奠定基础。加快报销速度、为精细化管理奠定基础、建立多层次、全覆盖的服务保障体系。

新型首都公安扁平化勤务指挥科技系统平台

申报单位：北京市公安局勤务指挥部

启动时间：2006 年 12 月

完成时间：2009 年 11 月

目标任务：依托首都公安扁平化勤务指挥体系，建立完善三级勤务指挥系统科技平台和实战运行机制，全面提升指挥系统实时掌握警情与警力时空分布和动态指挥、动态布警、动态调控的能力，有效挖掘出公安工作新的警务效能增长点，实现信息化警务对动态社会治安的全面掌控。

实施效果：实现指挥调度扁平化，迅速提升快速反应效能；实现服务指导精确化，迅速提升监测研判效能；实现警力部署智能化，迅速提升科学用警效能；实现多警作战合成化，迅速提升整体打防控效能。

创新性：运用先进的军用 C4ISR 指挥控制系统建设理念；采用基于核密度估计的 DENCLUE 算法；建立基于数据挖掘技术的刑事警情预测预警模型，对数据进行时空统计分析。创新数字化警社情监控机制，抓牢“警情”主线、创新单元化勤务管理机制，抓牢“警力”主线、创新扁平化指挥调度机制，抓牢“指挥”主线。

北京市统计遥感业务运行系统研建

申报单位：北京市统计局

国家统计局北京调查总队

启动时间：2007 年 10 月

完成时间：2009 年 12 月

目标任务：旨在通过信息化和遥感技术手段改进统计调查手段，提高统计工作效率，最终建立“以遥感为主、地面为辅”的新型统计手段替代现有农业统计方法。研建北京市统计遥感业务运行系统；实现主要农作物播种面积（包括小麦、玉米）、设施农业占地面积等专题的遥感业务化测量；研究地表动土建设工程遥感动态监测方法；研究主要农作物遥感估产方法；研究建立生态资源遥感测量方法；建立大都市统计遥感示范区。

实施效果：提高统计数据的科学性、准确性、客观性；丰富统计数据获取手段，提高统计调查能力；拓展统计服务领域，提高服务水平；促进遥感应用水平的提高，带动产业发展。

创新性：数据存储、表达方式实现创新。在建立统计遥感业务系统后，传统的表格数据在系统中与遥感地图、各专题地块数据、历史统计数据等实现空间挂接，可以实现数据的联动查询，更加形象的展示数据结果；数据统计调查方式实现创新，形成“遥感为主，地面为辅”的自上而下的统计方式，由站得更高、看得更远的遥感数据确定最终统计数据，实现“是多少，报多少”，增强统计数据的客观性、可靠性和科学性。

数字教育公共服务支撑平台

申报单位：北京奥鹏远程教育中心有限公司

启动时间：2007 年 5 月

完成时间：2010 年 9 月

目标任务：整合海量的学历及非学历教育资源，面向全北京各类人员提供教育服务。

实施效果：集成若干关键技术的数字教育公共服务平台应用到奥鹏远程教育中心与 40 多所远程教育试点高校及相应培训机构合作的近 40 万学历教育及非学历教育学习者的支持服务过程；集成 4 大关键技术的数字教育公共服务平台实现基于宽带网络技术平台和管理、服务系统，将公共服务运营总部、资源提供方与各地的数字化学习中心联系成一个有机的整体，实现海量教育资源的注册、组织、存储与管理，能够承担 20 万用户自主选择和定制学习内容。

创新性：利用 Web Services 技术实现网络异构资源的集成，基于 SAO 面向服务的架构，构建可伸缩、可定制、开放的数字教育公共服务平台；攻克面向海量教育资源的知识挖掘与个性化服务技术；设计和实现用户权限管理模型，并实现用户行为分析服务和资源监控服务，为运营方提供运营状况挖掘分析和评估功能；研发数字教育质量公共服务监管系统。

重点营运车辆动态信息公共交换平台工程项目

申报单位：北京中交通信科技有限公司

启动时间：2009 年 6 月

完成时间：2010 年 4 月

目标任务：提高重点营运车辆监管水平，减少人民群众生命财产损失。

实施效果：系统自开通运行以来，稳定性、安全性不断增强，各项业务功能不断完善，入网车辆不断攀升，整体运行情况良好。截至 11 月 30 日，系统共接入省级平台 30 个，入网重点营运车辆达 29.6 万余辆，其中，危货车 11.8 万余辆，长途班线车 12.9 万余辆，旅游包车 4.9 万辆，日均上线车辆约 12.8 万余辆；全国平台向各省平台共计转发跨域车次数约 1,538.4 万辆次，其中，危险品车辆 695.6 万辆次，班线客运车辆 662.2 万辆次，旅游包车 180.6 万辆次；现系统共收录全国运政数据 1,850.2 万余条，其中，经营业户信息 469.4 万余条，营运车辆信息 431.9 万余条，从业人员信息 938.7 万余条，营运线路信息 9.8 万余条，运管机构信息 0.4 万余条。

创新性：充分整合现有各省级道路运输监控系统资源，完成重点营运车辆各省间信息互通，实现重点营运车辆动态信息的跨区域交换体系，使跨地区联合监管成为可能。建立数据交换通道，实现政府各部门间信息共享，为应急联动提供全方位的车辆动态信息服务，充分发挥政府部门的职能，提高救助效率。与此同时，可大幅度减少其它类似平台的重复建设，其他各业务系统，只需同联网联控实现互联，就可以获得任意重点营运车辆动态数据。

数字无线指挥调度系统

申报单位：北京市公安局公安交通管理局科技信息通信处

启动时间：2006 年 12 月

完成时间：2007 年 7 月

目标任务：提高首都交通管理快速反应和应对突发事件能力。

实施效果：局指挥中心和支大队分指挥中心可以随时解各级领导上路信息、警力到位情况，从技术上提供扁平化指挥的通道。年内，在“两会”、武博会和马拉松比赛等重要勤务期间，单兵定位显示的路线警力分布与各项勤务的实际路线精确吻合，为各级领导实时掌握路面警力数量、动态调整警力的投入提供有力的技术支持。

创新性：无线数字单兵定位系统采用开放式设计架构，功能模块化，实现与引进的 800MHz

TETRA 数字集群移动通信系统的无缝链接，并可在保持原有功能及构架不变的前提下根据用户需求灵活增加或调整调度功能；采用基于电子地图的可视化综合展示技术，实现操作的图形化、可视化和快捷化。GIS/GPS/数字集群通信综合集成技术，实现地理信息、定位、语音等多元异构数据的融合处理，实时掌握路面警力的部署情况，动态调整警力的投入，实现快速反应；基于开放互操作模型的信息共享交换技术，实现与交通管理局局域网的连接，共享交通管理局局域网的各种信息，能够完成综合指挥调度任务。

北京市顺义区安全生产综合监管动态管理系统

申报单位：北京市顺义区安全生产监督管理局

启动时间：2009 年 12 月

完成时间：2010 年 12 月

目标任务：对生产经营单位实行分类分级管理，确保监管工作有的放矢；实现安全生产基础信息的情况清、底数明；调动行业、属地力量，形成监管合力；强化“企业自查自报”，落实生产经营单位安全主体责任。

实施效果：初步形成基于“企业分类分级”和“隐患自查自报”为核心业务的安全生产网络化动态监管模式。利用信息化手段，规范安全监管流程，提高安全监管效率，取得较为显著的效果。

创新性：首次提出覆盖所有生产经营单位的分类分级评定体系。建立一套切实可行的区政府统筹决策、安全生产委员会协调、安全生产监督管理局执行、行业部门和属地监管、企业广泛参与的新型安全综合监管模式，充分发挥和调动行业和属地的监管力量。制定生产经营单位事故隐患自查标准，实现安全生产监管执法和生产经营单位隐患上报的规范化。开发的“顺义区安全生产网络化动态监管系统”实现安全生产信息的动态更新，全过程记录、管理政府监管部门与企业安全生产管理行为。

Goodwill 电子病历平台及临床信息系统

申报单位：北京嘉和美康信息技术有限公司

启动时间：2005 年 5 月

完成时间：2010 年 9 月

目标任务：建立将临床医学与计算机网络、信息管理技术有机结合的临床信息数字化管理与优化的现代化医疗信息服务系统。主要实现临床病历采集与处理、病历文书自动质控、临床信息统计管理、临床路径管理、临床科研管理等功能。

实施效果：运用电子病历平台技术为国内多家顶级医疗机构建设电子病历系统。基于 Goodwill 电子病历平台系统建设和使用经验，解放军总医院、北医三院等医疗机构参与制定卫生部《电子病历功能规范》等行业指导性文件。

创新性：Goodwill 电子病历系统的应用，加快建设数字化医院的进程；格式化编辑器及 XML 技术为未来区域医疗信息的共享提供数据来源支持；同时也改变临床科学研究的传统方式，使其步入 ECRF 和 EDC 时代。Goodwill 电子病历平台的应用从总体上实现行业技术跨越，提升医院的管理及服务水平。以电子病历为中心的信息平台为患者病历信息的共享提供多元化选择的支持，有效促进数字化医院建设及区域医疗信息共享的实施。

北京市公路路网管理与应急处置系统

申报单位：北京市交通委员会路政局

启动时间：2008 年 1 月

完成时间：2009 年 10 月

目标任务：提高全市公路网运行状态信息的获取和监测能力；全面提升公路养护管理和路政管理等核心业务的管理水平；提升公众服务能力，为公众提供安全便捷畅通的公路出行服务；整合现有资源，形成以分局管理为基础的市/区县两级公路信息系统的总体架构；形成全市公路路网管理与应急处置体系。

实施效果：完善公路路网运行状态监测、协调管理和信息服务手段，建立高效的公路路网管理与应急处置工作机制，加强公路路网管理，提升应急处置能力和公众服务水平。

创新性：应用“原型＋迭代”开发方法、应用面向服务的架构(SAO)、运用企业服务总线(ESB)。使路政局实现养护业务、路政巡查、应急处置的信息化管理，全面提升核心业务的管理水平；而且通过公路交通量、视频、气象数据的动态监测，提高全市公路网运行状态信息的获取和监测能力，在全国率先实现对市域范围内主要国市道及重要旅游公路的动态信息监测；面向公众提供更加及时、准确、便捷的人性化信息服务，实现管理和服务的创新。

全时云会议服务平台

申报单位：北京创想空间商务通信服务有限公司

启动时间：2006 年 1 月

完成时间：2010 年 10 月

目标任务：提高企业协作能力、降低企业管理成本、倡导低碳环保理念。

实施效果：可减少传统会议的时间成本以及金钱成本浪费，帮助企业大大提高工作效率、优化组织管理结构，帮助企业塑造卓越竞争优势。

创新性：基于 SaaS 模式下将数据的传输、处理等复杂技术部署在互联网上，通过云技术进行维护、更新。实现大型分布式 SaaS 构架、PSTN 与 Internet 融合、多样化会议与交互模式、一体化社会服务等技术上的领先。还实现融合会议系统、实时通讯 P2P、会议交互模式等方面的专利技术创新。采用全时云会议服务去传递更复杂的信息。使用简单的随身设备，在任何地点即可随时召开各种不同类型的会议。

2010 年北京市电子政务绩效考核优秀单位

一、绩效突出单位

市委等国家机关和群团部门：市高级人民法院

市政府部门：市住建委、市交通委、市卫生局、市工商局

区（县）：东城区、西城区、朝阳区、海淀区、大兴区

二、专项应用突出单位

市委等国家机关和群团部门：市委组织部、市人大常委会办公厅、市人民检察院、市流管办、市残联

市政府部门：市教委、市民政局、市人力社保局、市国土局、市环保局、市规划委、市市政市容委、市农委、市水务局、市商务委、市地税局、市质监局、市安全监管局、市统计局、市园林绿化局、市信访办、市城管执法局、市劳教局、市农业局

区（县）：丰台区、石景山区、顺义区、平谷区、怀柔区、延庆县

三、安全运维保障突出单位

市委等国家机关和群团部门：市高级人民法院

市政府部门：市政府办公厅、市规划委、市卫生局、市地税局

区（县）：朝阳区

2010年计算机信息系统集成资质认证企业名单

航天信息股份有限公司	一级	2010-2-6	北京市
北京国铁华晨通信信息技术有限公司	一级	2010-2-6	北京市
北京网御星云信息技术有限公司	一级	2010-2-6	北京市
北京市太极华青信息系统有限公司	一级	2010-2-6	北京市
中国电信集团系统集成有限责任公司	一级	2010-2-6	北京市
中国惠普有限公司	一级	2010-2-6	北京市
新晨科技股份有限公司	一级	2010-2-6	北京市
北京大唐高鸿数据网络技术有限公司	一级	2010-6-11	北京市
北京神州泰岳软件股份有限公司	一级	2010-6-11	北京市
北京世源希达工程技术公司	一级	2010-6-11	北京市
北京赛迪时代信息产业股份有限公司	一级	2010-6-11	北京市
赞华（北京）电子系统有限公司	一级	2010-6-11	北京市
京北方科技股份有限公司	一级	2010-6-11	北京市
石化盈科信息技术有限责任公司	一级	2010-6-11	北京市
北京中电兴发科技有限公司	一级	2010-6-11	北京市
北京汉铭信通科技有限公司	一级	2010-6-11	北京市
北京全路通信信号研究设计院有限公司	一级	2010-6-11	北京市
北京北控电信通信息技术有限公司	一级	2010-6-11	北京市
北京航天长峰科技工业集团有限公司	一级	2010-7-30	北京市
北京四方继保自动化股份有限公司	一级	2010-7-30	北京市
中国普天信息产业股份有限公司	一级	2010-7-30	北京市
新奥特（北京）视频技术有限公司	一级	2010-7-30	北京市
中国软件与技术服务股份有限公司	一级	2010-9-8	北京市
北京大恒创新技术有限公司	一级	2010-9-8	北京市
能通科技股份有限公司	一级	2010-11-11	北京市
北京中科大洋科技发展股份有限公司	一级	2010-11-11	北京市
高伟达软件股份有限公司	一级	2010-11-11	北京市
兴唐通信科技有限公司	一级	2010-11-11	北京市
北京环亚时代信息技术有限公司	一级	2010-11-11	北京市
北京联信永益信息技术有限公司	一级	2010-11-11	北京市

续表 1

北京合力金桥系统集成技术有限公司	一级	2010-11-11	北京市
中盈优创资讯科技有限公司	一级	2010-11-11	北京市
北京中讯比尼核技术股份有限公司	一级	2010-11-11	北京市
联通系统集成有限公司	一级	2010-11-11	北京市
华迪计算机集团有限公司	一级	2010-11-11	北京市
北京直真节点技术开发有限公司	一级	2010-11-11	北京市
北京太极信息系统技术有限公司	一级	2010-11-22	北京市
用友软件股份有限公司	一级	2010-11-22	北京市
北京金科润天信息技术有限公司	一级	2010-11-22	北京市
博雅软件股份有限公司	一级	2010-11-22	北京市
航天四创科技有限责任公司	二级	2010-2-6	北京市
北京中创信测科技股份有限公司	二级	2010-2-6	北京市
华泰贝通软件科技有限公司	二级	2010-2-6	北京市
中金富通信息技术服务有限公司	二级	2010-2-6	北京市
北京国安电气总公司	二级	2010-2-6	北京市
北京惠讯时代企业科技有限公司	二级	2010-2-6	北京市
北京天石科技有限责任公司	二级	2010-2-6	北京市
北京高阳圣思园信息技术有限公司	二级	2010-2-6	北京市
北京高阳金信信息技术有限公司	二级	2010-2-6	北京市
北京中企天际信息技术有限责任公司	二级	2010-6-11	北京市
北京爱迪安系统集成有限公司	二级	2010-6-11	北京市
北京市天元网络技术股份有限公司	二级	2010-6-11	北京市
北京智网科技有限公司	二级	2010-6-11	北京市
北京金山顶尖科技股份有限公司	二级	2010-6-11	北京市
北京兆维光通信技术有限公司	二级	2010-6-11	北京市
北京展华科技有限公司	二级	2010-6-11	北京市
北京博瑞巨龙电脑技术有限公司	二级	2010-6-11	北京市
金航数码科技有限责任公司	二级	2010-6-11	北京市
中国交通信息中心有限公司	二级	2010-6-11	北京市
北京宝亮网智电子信息技术有限公司	二级	2010-6-11	北京市
北京融科华创科技发展有限公司	二级	2010-7-30	北京市
北京坤腾世纪科技有限公司	二级	2010-7-30	北京市
北京中软融鑫计算机系统工程有限公司	二级	2010-7-30	北京市
北京富通东方科技有限公司	二级	2010-7-30	北京市
北京汇金科技股份有限公司	二级	2010-7-30	北京市

续表 2

北京中海纪元数字技术发展股份有限公司	二级	2010-7-30	北京市
北京联合伟世科技股份有限公司	二级	2010-7-30	北京市
北京金高科技股份有限公司	二级	2010-9-8	北京市
北京北大软件工程发展有限公司	二级	2010-9-8	北京市
北京华深慧正系统工程技术有限公司	二级	2010-9-8	北京市
中电科技电子信息系统有限公司	二级	2010-9-8	北京市
北京万里红科技股份有限公司	二级	2010-9-8	北京市
亚信联创科技（中国）有限公司	二级	2010-9-8	北京市
北京九瑞网络科技有限公司	二级	2010-9-8	北京市
北京荣之联科技股份有限公司	二级	2010-11-11	北京市
北京市华铁信息技术开发总公司	二级	2010-11-11	北京市
北京航天智通科技有限公司	二级	2010-11-11	北京市
北京天融信科技有限公司	二级	2010-11-11	北京市
北京启天同信科技有限公司	二级	2010-11-11	北京市
北京竞业达数码科技有限公司	二级	2010-11-11	北京市
中信国安信息科技有限公司	二级	2010-11-11	北京市
北京先进数通信息技术有限公司	二级	2010-11-11	北京市
北京方正蓝康信息技术有限公司	二级	2010-11-11	北京市
北京经纬信息技术公司	二级	2010-11-11	北京市
北京久其软件股份有限公司	二级	2010-11-22	北京市
北京北控电信通科技发展有限公司	二级	2010-11-22	北京市
北京神州绿盟科技有限公司	二级	2010-11-22	北京市
北京浩丰创源科技股份有限公司	二级	2010-11-22	北京市
北京锐安科技有限公司	二级	2010-11-22	北京市
北京中星世通电子科技有限公司	二级	2010-11-22	
天信达信息技术有限公司	三级	2010-1-6	北京市
北京中长石基信息技术股份有限公司	三级	2010-1-6	北京市
北京捷通瑞奇信息技术有限公司	三级	2010-2-6	北京市
北京昊天旭辉科技有限责任公司	三级	2010-2-6	北京市
北京中盛永信科技发展有限公司	三级	2010-2-6	北京市
北京北方博业科技发展有限公司	三级	2010-2-6	北京市
诺基亚西门子通信网络（北京）有限公司	三级	2010-2-6	北京市
北京中庆现代技术有限公司	三级	2010-2-6	北京市
北京海通金星科技发展有限责任公司	三级	2010-2-6	北京市
北京派得伟业科技发展有限公司	三级	2010-10-22	北京市

续表 3

NEC 飞鼎克信息技术服务（北京）有限公司	三级	2010-2-6	北京市
北京弗雷赛普科技发展有限公司	三级	2010-2-6	北京市
北京北大方正电子有限公司	三级	2010-2-6	北京市
北京鹏博士安全信息技术有限公司	三级	2010-2-6	北京市
北京安博维科技发展有限公司	三级	2010-2-6	北京市
北京思捷思电脑科技有限公司	三级	2010-2-6	北京市
北京华盛扬科技有限公司	三级	2010-2-6	北京市
北京新宇高科科技有限公司	三级	2010-2-6	北京市
北京天源科创风电技术有限责任公司	三级	2010-2-6	北京市
金舵时代（北京）科技有限公司	三级	2010-2-6	北京市
北京驷骑中天网络工程技术有限公司	三级	2010-2-6	北京市
北京润成恒信科技有限公司	三级	2010-2-6	北京市
北京教育信息网服务中心有限公司	三级	2010-2-6	北京市
北京海腾科技发展有限公司	三级	2010-2-6	北京市
北京联银通科技有限公司	三级	2010-2-6	北京市
北京市万格数码通讯科技有限公司	三级	2010-2-6	北京市
北京亿达金泰信息科技有限公司	三级	2010-2-6	北京市
北京友邦佳通电子科技有限公司	三级	2010-2-6	北京市
北京万维美思科技有限责任公司	三级	2010-2-6	北京市
北京众博达石油科技有限公司	三级	2010-2-6	北京市
通力凯顿（北京）系统集成有限公司	三级	2010-2-6	北京市
北京宇信网景信息技术有限公司	三级	2010-2-6	北京市
北京立思辰新技术有限公司	三级	2010-2-6	北京市
神州数码系统集成服务有限公司	三级	2010-2-6	北京市
北京鑫海睿杰科技有限公司	三级	2010-2-6	北京市
北京志诚泰和信息技术有限公司	三级	2010-2-6	北京市
北京诚信昊天科技发展有限公司	三级	2010-2-6	北京市
北京环宇蓝博科技有限公司	三级	2010-2-6	北京市
北京理工篮园科技发展有限责任公司	三级	2010-2-6	北京市
北京国智恒电力管理科技集团有限公司	三级	2010-2-6	北京市
北京华油信通科技有限公司	三级	2010-2-6	北京市
北京冠华尔创科技有限公司	三级	2010-2-6	北京市
联强科技发展有限公司	三级	2010-2-6	北京市
北京贝能达技术有限公司	三级	2010-2-6	北京市
北京怡华通联信息技术有限公司	三级	2010-3-12	北京市

续表 4

北京博望恒信智能系统工程有限公司	三级	2010-4-18	北京市
北京深蓝诺特科技有限公司	三级	2010-5-20	北京市
北京江南天安科技有限公司	三级	2010-5-20	北京市
北京北电科林电子有限公司	三级	2010-5-20	北京市
北京创至通达科技发展有限公司	三级	2010-5-20	北京市
大唐联诚信息系统技术有限公司	三级	2010-5-20	北京市
北京蓝海联盟科技有限公司	三级	2010-5-20	北京市
北京富通亚讯网络信息技术有限公司	三级	2010-5-20	北京市
北京环亚信通信息科技有限公司	三级	2010-5-20	北京市
北京智力普建科技有限公司	三级	2010-5-20	北京市
北京中电源丰科技有限公司	三级	2010-5-20	北京市
北京中汇天苑科技有限公司	三级	2010-5-20	北京市
北京华深中色科技发展有限公司	三级	2010-5-20	北京市
青牛（北京）技术有限公司	三级	2010-5-20	北京市
北京纵横兴业科技发展有限公司	三级	2010-5-20	北京市
北京北鹰吉成科技有限公司	三级	2010-5-20	北京市
中寰卫星导航通信有限公司	三级	2010-6-11	北京市
北京中联云达信息系统服务有限公司	三级	2010-6-11	北京市
北京东方中原数码科技有限公司	三级	2010-6-11	北京市
北京东方国信科技股份有限公司	三级	2010-8-17	北京市
中国电子系统工程总公司	三级	2010-8-17	北京市
北京数字认证股份有限公司	三级	2010-8-17	北京市
北京国富安电子商务安全认证有限公司	三级	2010-8-17	北京市
北京华云星地通科技有限公司	三级	2010-8-17	北京市
北京数字空间科技有限公司	三级	2010-8-17	北京市
北京诚信能环科技有限公司	三级	2010-8-17	北京市
北京奥特美克科技发展有限公司	三级	2010-8-17	北京市
北京龙盛世纪科技有限公司	三级	2010-8-17	北京市
北京永正信达数码科技有限公司	三级	2010-8-17	北京市
中国航空结算有限责任公司	三级	2010-8-17	北京市
北京银河金星科技发展有限公司	三级	2010-8-17	北京市
中自控自动化技术有限公司	三级	2010-8-17	北京市
北京中软冠群软件技术有限公司	三级	2010-8-17	北京市
北京颐华同盛科技有限公司	三级	2010-8-17	北京市
北京阳光金力科技发展有限公司	三级	2010-8-17	北京市

续表 5

普巴软件有限公司	三级	2010-9-8	北京市
北京国信博飞科技发展有限公司	三级	2010-9-8	北京市
北京双鑫汇在线科技有限公司	三级	2010-9-8	北京市
易建科技（北京）有限公司	三级	2010-9-8	北京市
盛云未来（北京）科技有限公司	三级	2010-9-8	北京市
北京国电联合商务网络有限公司	三级	2010-9-8	北京市
北京环天宇正技术发展有限责任公司	三级	2010-9-8	北京市
北京惠天九州科技有限公司	三级	2010-9-8	北京市
北京金水信息技术发展有限公司	三级	2010-10-22	北京市
北京长信泰康通信技术有限公司	三级	2010-10-22	北京市
北京和信日晟科技有限公司	三级	2010-10-22	北京市
北京沃泰丰通信技术有限公司	三级	2010-10-22	北京市
北京希益丰科技有限公司	三级	2010-10-22	北京市
北京华通伟业科技发展有限公司	三级	2010-10-22	北京市
北京神州同正科技有限公司	三级	2010-10-22	北京市
北京北控三兴信息技术有限公司	三级	2010-10-22	北京市
北京鸿合电子工程技术有限公司	三级	2010-10-22	北京市
北方互联（北京）网络技术有限公司	三级	2010-10-22	北京市
北京海联捷讯信息科技发展有限公司	三级	2010-11-11	北京市
北京益泰电子集团有限责任公司	三级	2010-11-11	北京市
宇博信诚（北京）信息技术有限公司	三级	2010-11-11	北京市
北京嘉运达科技开发有限公司	三级	2010-11-11	北京市
广联达软件股份有限公司	三级	2010-11-22	北京市
北京商务中心区通信科技有限公司	三级	2010-11-22	北京市
北京神讯信息科技有限公司	三级	2010-11-22	北京市
北京天川科技发展有限公司	三级	2010-11-22	北京市
北京兴硅谷电子科技有限责任公司	三级	2010-11-22	北京市
北京东联世纪科技有限公司	三级	2010-11-22	北京市
北京康拓科技有限公司	三级	2010-11-22	北京市
北京天鸿同信科技有限公司	三级	2010-11-22	北京市
北京华通信达科技发展有限公司	三级	2010-11-22	北京市
北京银星天源科技有限公司	三级	2010-11-22	北京市
北京尚洋东方环境科技股份有限公司	三级	2010-11-22	北京市
北京阳光节点计算机网络科技有限公司	三级	2010-11-22	北京市
北京中海通科技有限公司	三级	2010-11-22	北京市

续表 6

北京维泰康泓技术有限公司	三级	2010-11-22	北京市
北京旭源融合网络科技有限公司	三级	2010-11-22	北京市
北京北能信通机电设备有限公司	三级	2010-11-22	北京市
北京新媒传信科技有限公司	三级	2010-11-22	北京市
北京网新易尚科技有限公司	三级	2010-11-22	北京市
北京荣创信达科技发展有限公司	三级	2010-11-22	北京市
北京新水源景科技有限公司	三级	2010-11-22	北京市
北京康吉森交通技术有限公司	三级	2010-11-22	北京市
北京市万力佳创网络技术有限公司	三级	2010-11-22	北京市
北京同方电子科技有限公司	三级	2010-11-22	北京市
北京航天新概念软件有限公司	三级	2010-11-22	北京市
北京国遥新天地信息技术有限公司	三级	2010-11-22	北京市
北京星球数码科技有限公司	三级	2010-11-22	北京市
北京万星富视科技有限公司	三级	2010-12-28	北京市
北京东方金指科技有限公司	三级	2010-12-28	北京市
北京中科院软件中心有限公司	三级	2010-12-28	北京市
北京益航天欣科技发展有限公司	三级	2010-12-28	北京市
北京蓝卫通科技有限公司	三级	2010-12-28	北京市
北京月新时代科技有限公司	三级	2010-12-28	北京市
北京安控科技股份有限公司	三级	2010-12-28	北京市
北京中科嘉和科技发展有限公司	三级	2010-12-28	北京市
北京晟德瑞环境技术有限公司	三级	2010-12-28	北京市
北京超现代电子设备有限公司	三级	2010-12-28	北京市
北京爱特泰克技术股份公司	三级	2010-12-28	北京市
北控软件有限公司	三级	2010-12-28	北京市
北京北科光大信息技术股份有限公司	三级	2010-12-28	北京市
北京博维达科系统集成有限公司	三级	2010-12-28	北京市
北京城市网尚科技发展有限公司	四级	2010-1-6	北京市
北京市兆软信息技术有限公司	四级	2010-2-6	北京市
北京世纪安图数码科技发展有限责任公司	四级	2010-2-6	北京市
北京国信通讯系统有限公司	四级	2010-4-18	北京市
北京金石威视科技发展有限公司	四级	2010-9-8	北京市
北京意科能源技术有限公司	四级	2010-10-22	北京市
北京银都新天地科技有限公司	四级	2010-10-22	北京市
北京华电方胜技术发展有限公司	四级	2010-11-22	北京市
北京万懋电子工程有限公司	四级	2010-11-22	北京市
北京海协智康科技发展有限公司	四级	2010-11-22	北京市

2010 年国家规划布局内北京重点软件企业名单

序号	企业名称	序号	企业名称
1	北京用友政务软件有限公司	29	同方鼎欣信息技术有限公司
2	北京赛迪时代信息产业股份有限公司	30	北京数码视讯科技股份有限公司
3	高德软件有限公司	31	文思创新软件技术有限公司
4	二六三网络通信股份有限公司	32	北京三星通信技术研究有限公司
5	北京超图软件股份有限公司	33	北京恩梯梯数据系统集成有限公司
6	北京握奇数据系统有限公司	34	佳能信息技术（北京）有限公司
7	建研科技股份有限公司	35	首都信息发展股份有限公司
8	北京富士通系统工程有限公司	36	中讯计算机系统（北京）有限公司
9	北京索浪计算机有限公司	37	北京拓尔思信息技术股份有限公司
10	北京东方通科技发展有限责任公司	38	北京新媒传信科技有限公司
11	北京视博数字电视科技有限公司	39	网之易信息技术（北京）有限公司
12	日电卓越软件科技（北京）有限公司	40	北京中软国际信息技术有限公司
13	北京四维图新科技股份有限公司	41	京北方科技股份有限公司
14	北京中科大洋科技发展股份有限公司	42	大唐软件技术股份有限公司
15	北京神州泰岳软件股份有限公司	43	北京日立华胜信息系统有限公司
16	中联绿盟信息技术（北京）有限公司	44	北京慧点科技开发有限公司
17	北京中创信测科技股份有限公司	45	用友软件股份有限公司
18	中铁信弘远（北京）软件科技有限责任公司	46	亚信联创科技（中国）有限公司
19	北京久其软件股份有限公司	47	太极计算机股份有限公司
20	中国民航信息网络股份有限公司	48	中国软件与技术服务股份有限公司
21	百度在线网络技术（北京）有限公司	49	北京利达智通信息技术有限公司
22	北京联想软件有限公司	50	东华软件股份公司
23	中科软科技股份有限公司	51	广联达软件股份有限公司
24	北京北大方正电子有限公司	52	北京瑞友科技股份有限公司
25	北京紫光华宇软件股份有限公司	53	北京华胜天成科技股份有限公司
26	汉王科技股份有限公司	54	北京市天元网络技术股份有限公司
27	北京启明星辰信息安全技术有限公司	55	博彦科技（北京）有限公司
28	北京天融信网络安全技术有限公司		

软件和信息服务业"四个一批"工程首批入选企业名单

一、打造一批大集团，经过3—5年的发展，集团营业收入达到100亿元左右，首批集团型企业12家，名单如下：

1. 北京华胜天成科技股份有限公司
2. 用友软件股份有限公司
3. 北京搜狐新媒体信息技术有限公司
4. 神州数码（中国）有限公司
5. 百度在线网络技术（北京）有限公司
6. 航天信息股份有限公司
7. 中国软件与技术服务股份有限公司
8. 文思创新软件技术有限公司
9. 亚信集团股份有限公司
10. 同方股份有限公司
11. 北大方正集团有限公司
12. 北京新浪互联信息服务有限公司

二、聚集一批大总部，面向京外知名软件和信息服务大企业，发展京区企业总部和研发总部，以及大型企业集团的商务信息总部。首批总部型企业8家，名单如下：

1. 腾讯科技（北京）有限公司
2. 北京东软超越软件技术有限公司
3. 北京研祥融兴科技有限公司
4. 金蝶北京分公司
5. 摩托罗拉（中国）技术有限公司
6. 北京三星通信技术研究有限公司
7. 安捷伦科技软件有限公司
8. 北京法国电信研发中心有限公司

三、做强一批高端企业，面向在细分市场具有领先优势的企业，经过 3—5 年发展，营业收入达到 10-30 亿元。首批企业 72 家，名单如下：

1. 东华软件股份公司
2. 北京四方继保自动化股份有限公司
3. 北京北大青鸟国际软件技术有限公司
4. 北京完美时空软件有限公司
5. 北京首钢自动化信息技术有限公司
6. 瑞斯康达科技发展股份有限公司
7. 北京握奇数据系统有限公司
8. 中科软科技股份有限公司
9. 石化盈科信息技术有限责任公司
10. 软通动力信息技术（集团）有限公司
11. 北京神州泰岳软件股份有限公司
12. 北京亚邦伟业技术有限公司
13. 北京瑞华赢科技发展有限公司
14. 航天恒星科技有限公司
15. 大唐移动通信设备有限公司
16. 北京安博在线软件有限公司
17. 汉王科技股份有限公司
18. 中国网通集团系统集成有限公司
19. 北京佰能电气技术有限公司
20. 北京天融信科技有限公司
21. 北京中科大洋科技发展股份有限公司
22. 北京奥鹏远程教育中心有限公司
23. 北京和利时系统工程有限公司
24. 北京交大微联科技有限公司
25. 首都信息发展股份有限公司
26. 北京瑞星信息技术有限公司
27. 北京荣之联科技股份有限公司
28. 北京中电兴发科技有限公司
29. 北京先进数通信息技术有限公司
30. 北京水晶石数字科技有限公司
31. 北京国网富达科技发展有限责任公司
32. 北京宇信易诚科技有限公司

33. 中讯计算机系统（北京）有限公司
34. 北京紫光华宇软件股份有限公司
35. 北京朗新信息系统有限公司
36. 紫光捷通科技股份有限公司
37. 北京中电飞华通信股份有限公司
38. 北京智控美信信息技术有限公司
39. 京北方科技股份有限公司
40. 二六三网络通信股份有限公司
41. 北京高阳圣思园信息技术有限公司
42. 北京科东电力控制系统有限责任公司
43. 北京高伟达软件技术有限公司
44. 广联达软件股份有限公司
45. 长城计算机软件与系统有限公司
46. 北京华大智宝电子系统有限公司
47. 北京数码视讯科技股份有限公司
48. 北京直真视通科技有限公司
49. 中国航空结算有限责任公司
50. 北京海辉高科软件有限公司
51. 易程科技股份有限公司
52. 北京中软国际信息技术有限公司
53. 中联绿盟信息技术（北京）有限公司
54. 高德软件有限公司
55. 新晨科技股份有限公司
56. 北京北斗星通导航技术股份有限公司
57. 博彦科技（北京）有限公司
58. 北京神舟航天软件技术有限公司
59. 北京瑞友科技股份有限公司
60. 北京东方道迩信息技术有限责任公司
61. 北京千方科技集团有限公司
62. 北京中科金财科技股份有限公司
63. 北京天天宽广网络科技有限公司
64. 联想网御科技（北京）有限公司
65. 北京全路通信信号研究设计院
66. 北京世纪互联宽带数据中心有限公司
67. 北京启明星辰信息安全技术有限公司

68. 北京视博数字电视科技有限公司
69. 北京中创信测科技股份有限公司
70. 北京合众思壮科技股份有限公司
71. 中信国安信息科技有限公司
72. 同方威视技术股份有限公司

四、培育一批高成长企业，面向现年营业收入在 3000 万以上、自主创新能力强的潜力型企业，经过 3—5 年的发展，营业收入超过 1 亿元（86 家）

1. 北京金山顶尖科技股份有限公司
2. 北京精雕科技有限公司
3. 北京神州新桥科技有限公司
4. 大唐软件技术股份有限公司
5. 北京尚洋信德信息技术股份有限公司
6. 北京网梯科技发展有限公司
7. 北京康邦科技有限公司
8. 北京中科希望软件股份有限公司
9. 北京中交通信科技有限公司
10. 北京神州金信科技股份有限公司
11. 北京赛迪时代信息产业股份有限公司
12. 北京宝利信通科技有限公司
13. 建研科技股份有限公司
14. 联发博动科技（北京）有限公司
15. 北京易华录信息技术股份有限公司
16. 北京东方广视科技股份有限公司
17. 北京锐安科技有限公司
18. 北京中长石基信息技术股份有限公司
19. 北京恩梯梯数据系统集成有限公司
20. 恒泰艾普石油天然气技术服务有限公司
21. 北京超图软件股份有限公司
22. 北京恒泰实达科技发展有限公司
23. 青牛（北京）技术有限公司
24. 北京奇虎科技有限公司
25. 北京飞天诚信科技有限公司
26. 北京市天元网络技术股份有限公司

27. 北京拓尔思信息技术股份有限公司
28. 北京富基融通科技有限公司
29. 飞图科技（北京）有限公司
30. 北京世联互动网络有限公司
31. 北京无限立通通讯技术有限责任公司
32. 北京东方中讯联合认证技术有限公司
33. 北京通融通信息技术有限公司
34. 东方口岸科技有限公司
35. 北京时代凌宇科技有限公司
36. 北京达内科技有限公司
37. 网御神州科技（北京）有限公司
38. 北京久其软件股份有限公司
39. 北京数码大方科技有限公司
40. 北京经纬信息技术公司
41. 北京北大千方科技有限公司
42. 北京九五在线网络系统有限公司
43. 北京金科润天信息技术有限公司
44. 北京慧点科技开发有限公司
45. 二十一世纪空间技术应用股份有限公司
46. 北京互信互通信息技术股份有限公司
47. 华道数据处理（北京）有限公司
48. 财富智赢（北京）科技有限公司
49. 北京掌上网科技有限公司
50. 北京直真科技股份有限公司
51. 北京九恒星科技股份有限公司
52. 北京中兴通科技股份有限公司
53. 北京鼎普科技股份有限公司
54. 北京慧聪国际资讯有限公司
55. 北京东方通科技发展有限责任公司
56. 北京五岳鑫信息技术股份有限公司
57. 北京利达智通信息技术有限公司
58. 北京合力金桥软件技术有限责任公司
59. 北京金和软件股份有限公司
60. 目标软件（北京）有限公司
61. 北京邦诺存储科技有限公司

62．北京暴风网际科技有限公司
63．北京春腾网络科技股份有限公司
64．北京天地融科技有限公司
65．泛太领时科技（北京）有限公司
66．蓝港在线（北京）科技有限公司
67．北京海泰方圆科技有限公司
68．北京山海经纬信息技术有限公司
69．北京国信创新科技有限公司
70．普巴软件有限公司
71．北京汇金科技股份有限公司
72．北京人大金仓信息技术股份有限公司
73．北京中科红旗软件技术有限公司
74．北京中娱在线网络科技有限公司
75．北京开普互联科技有限公司
76．兴唐通信科技有限公司
77．北京能通万维网络科技有限公司
78．北京海兰信数据科技股份有限公司
79．北京华深慧正系统工程技术有限公司
80．中华通信系统有限责任公司
81．北京英思沃工业科技有限公司
82．北京当当网信息技术有限公司
83．北京中文在线文化发展有限公司
84．北京中油瑞飞信息技术有限责任公司
85．纬创软件（北京）有限公司
86．北京大唐高鸿数据网络技术有限公

2010年北京信息网络产业新业态创新榜榜单

序号	公司名称
1	北京奇虎科技有限公司
2	北京东土科技股份有限公司
3	优视科技有限公司
4	凡客诚品（北京）科技有限公司
5	北京暴风网际科技有限公司
6	北京富基标商流通信息科技有限公司
7	北京五八信息技术有限公司
8	北京鑫秀伟烨科技发展有限公司
9	北京展视互动科技有限公司
10	青牛（北京）技术有限公司
11	福昕软件开发有限公司
12	北京睿呈时代信息科技有限公司
13	北京神州数码在线科技有限公司
14	北京时代凌宇科技有限公司
15	北京易路联动技术有限公司
16	华道数据处理（北京）有限公司
17	北京亚细亚智业科技有限公司
18	北京麒麟网信息科技有限公司
19	浪淘金（北京）科技有限责任公司
20	北京易城蓝天数字科技有限公司
21	爱帮聚信（北京）科技有限公司
22	北京直真视通科技有限公司
23	北京廿一客食品有限公司
24	乐视网信息技术（北京）股份有限公司
25	北京天天宽广网络科技有限公司
26	北京北科光大信息技术股份有限公司
27	北京天一众合科技发展有限责任公司
28	北京万学教育科技有限公司
29	北京中文在线文化发展有限公司
30	北京网动科技有限公司

北京奇虎科技有限公司

北京奇虎科技有限公司成立于 2007 年 8 月 13 日，由现任总裁齐向东、副总裁石晓虹创立，主要从事软件开发、软件服务及互联网安全服务。

奇虎科技提供一系列免费软件，全方位保护电脑安全，包括 360 安全卫士、360 杀毒、360 安全浏览器。360 安全卫士已发展成为国内最受欢迎的杀木马、防盗号工具软件，拥有 2.5 亿用户，覆盖 75%以上的用户电脑，是中国电脑安全行业的第一品牌。

奇虎科技采用创新的云安全技术，全面超越传统安全厂商加载本地恶意程序特征库的模式。云安全模式扫描速度快，清除能力强，保护功能全面，占用资源少，得到广大网民的热烈欢迎。

奇虎科技采用创新的“基础服务免费，增值服务收费”的商业模式，打破传统安全厂商的套装软件销售模式。奇虎科技向用户提供免费的互联网安全工具，从而获得数以亿计的海量用户。基于此，通过设计个性化的、小额收费的增值服务获取可持续发展。

北京东土科技股份有限公司

北京东土科技股份有限公司，成立于 2000 年 3 月 27 日，董事长兼总经理为李平。

公司主营业务为研发、生产工业以太网交换机及其相关软件产品，该产品是国际标委会推荐用于构建工业信息化数据传输智能“神经网络”平台的主导产品，是物联网建设中有线数据传输解决方案的重要组成产品。参与起草中国第一个工业自动化国际标准 EPA/IEC61158，主导起草国际标 IEC62439，是中国国家工业以太网标准的唯一编制单位，是国家“863 计划”、北京市火炬计划的课题承担单位。公司核心技术均为自主研发，已累计申报或获得 22 项发明专利和 23 项软件著作权。产品已取得荷兰 KEMA、挪威 DNV、美国 UL508、欧洲 ROHS、CE、FCC 以及中国国军标 GJB151A/152A 等国内外高端认证和特殊行业认证，已广泛应用于电力、交通、能源、军工等工业领域。是科技部、中科院和北京市政府共同认定的中关村首批 56 家创新型企业之一，是中关村物联网产业联盟理事单位、中关村优联网产业促进会理事单位、深交所“新三板”挂牌企业、国家高新技术企业、北京市“双软”企业。

公司坚持自主创新，一直保持高速成长，近三年营业收入复合增长率达 70%，净利润复合增长率达 118%，已成为国内工业以太网交换机行业的民族工业第一品牌，被福布斯评为“2010 中国最具潜力企业榜”第 82 位。

优视科技有限公司

优视科技有限公司，成立于 2007 年 5 月 18 日。董事长为雷军、总经理为俞永福。

UC（优视科技）提供的核心产品是 UC 浏览器，能运行在 Symbian、Android 、Java、Windows Mobile、MTK、iPhone、Ophone、Brew 等主流手机平台的 100 多个著名手机品牌、近 2000 款手

机终端上，帮助用户获取互联网资讯、娱乐、电子商务等各类服务。截至 3 月，UC 在全球取得的下载量超过 3 亿次，用户超过 1 亿、用户月使用量（PV）超过 380 亿的成绩，藉此 UC 业已成为移动互联网应用软件领域的代表企业。

UC 率先引入“服务器客户端混合计算”构架，2004 年 8 月，UC 第一次发布自己的浏览器产品，就使用服务器客户端混合计算的技术，即今天的“云计算”理念，比全球其他的同行至少早 15 个月发明这个技术。这一技术已经成为全球手机浏览器事实上的标准，为腾讯、Opera mini、Mozilla 等全球行业巨头所采用。

凡客诚品（北京）科技有限公司

VANCL（凡客公司）成立于 2007 年，由卓越网创始人陈年创办。2007 年 10 月，VANCL 凡客诚品选择自有服装品牌网上销售的商业模式正式发布。目前已是根植中国互联网上，遥遥领先的第一服装品牌。据最新的艾瑞调查报告，凡客诚品已跻身中国网上 B2C 领域收入规模前四位(其他三位当当、卓越、京东商城都是平台企业，仅凡客诚品为自有品牌)。2009 年 1—6 月份 VANCL 在国内服装电子商务市场份额为 28.4%，位居第一。其所取得的成绩，不但被视为电子商务行业的一个创新，更被传统服装业称为奇迹。2009 年 5 月被认定为国家高新技术企业，同时也是丰台区重点文化创意产业企业。2009 年 12 月，VANCL 凡客诚品获得“德勤高科技、高成长企业亚太区 500 强第一名”。

凡客诚品快速崛起的原因，概括如下：技术领先，利用互联网整合先进的中国服装制造业；客户体验至上，以及高性价比的经营之道；品牌文化顺应互联网时尚消费的潮流；陈年及其团队多年合作默契，具有市场敏感度以及突出的执行力。

业务快速成长的同时，凡客诚品在运营初期短短 10 个月里，即获得 IDGVC、联创策源、软银赛富、启明创投的先后三轮投资，同时注册北京凡客诚品科技有限公司，注册资金 2,998 美元。

北京暴风网际科技有限公司

北京暴风网际科技有限公司，是国内优秀的应用软件开发商、大型综合信息服务平台运营商。公司于 2007 年 1 月 18 日成立，CEO 冯鑫，曾任金山毒霸事业部副总经理、雅虎中国个人软件事业部总经理、北京暴风网际科技有限公司创始人。是中关村国家自主创新示范区创新型试点企业，高新技术企业，北京数字娱乐产业基地明星企业、重点企业。

公司现有职员工 235 人，其中本科以上学历人员占 90%，专业技术人员占 60%。主要产品有：暴风影音、暴风盒子、暴风高清在线视频点（直）播系统、暴风视频编码转换系统等。产品核心功能包括：万能播放核心；高清即点即播；搜索最优直达；视频叠加播放。所对应的技术创新点是：MEE 媒体专家引擎，具备自我更新能力的媒体播放专家系统；“P2P 架构 PEER 优选策略”与“SHD 高清压缩算法”，提高数据分享效率、传输速度，保证播放效果；“用户播放行为参数优选排序策略”，实现清晰、传送、播放量等参数由高向低的搜索结果排序，实现最优搜索结果；“多格式视频文件同窗口并发播放技术”，实现两种不同编码格式文件的并发并独立控制播放过程的叠加效果，创新网络视频广告产品形式。暴风经营业绩保持着 135%的年度增长率，2009 年 10 月营收突破 1,000 万元。

北京富基标商流通信息科技有限公司

北京富基标商流通信息科技有限公司于 2000 年成立于北京。2008 年开始注入业务，是供应链管理解决方案和云计算服务的平台供应商和零售业供应链金融模式的创新者。

公司董事长颜艳春，纳斯达克上市公司创始人，中国 ERP 领军人物和商业领域的资深专家；总裁姜伯勇，十多年的商业零售领域的积累经验和资深专家。

公司的创新在于：通过云计算技术向零售业提供完整的全程流通随需应变的 SaaS 化的平台服务-供应链协同管理；解决不同供应商企业同时与多个零售商企业打交道的行业 ERP 瓶颈。解决供应商帐期的金融服务，实现“T+N”支付（即当天交易，第 N 天完成结算，N 可以是 1），改善零售商的现金流安排，加速流通。基于多方共赢的创新平台，推出的业务包括：供应链管理、供应链金融、增值服务（如短信）、供应商自管理产品。

北京五八信息技术有限公司

58 同城网成立于 2005 年底，总部设在北京，企业董事长姚劲波。已经在全国 321 个主要城市开通分站。作为中国最大的分类信息网站，本地化、自主且免费、真实高效是 58 同城网的三大特色。其服务覆盖生活的各个领域，提供房屋租售、招聘求职、商家黄页、二手买卖、汽车租售、宠物票务、旅游交友、餐饮娱乐等多种生活信息。

在 2010 年 5 月 Google 发布的全球 top1000 网站排名中，58 同城全球排名第 159，位居全球分类信息网站第二。在艾瑞发布的中文网站排行榜名已进入 33 位。在由互联网协会和 IDGVC 联合发布的 Web2.0 百强排名表中，58 同城网位列第 16 位；截至 2010 年 3 月，58 同城网注册用户 2,000 万，新增用户以 5 万个/日的速度迅速增加，日 PV2850 万。58 同城网流量已经跃升生活服务类网站第一名，访问人数和页面访问量遥遥领先同行业网站。

58 同城网不仅为个人用户提供分类信息平台，同时还为商家建立以网站为主体、辅以直投杂志《生活圈》、杂志展架、LED 广告屏“社区快告”等多项服务的全方位的市场营销解决方案。

北京鑫秀伟烨科技发展有限公司

赶集网（www.ganji.com）是中国最大、最活跃的本地生活信息门户。赶集网的联合创始人及首席执行官为杨浩涌。2005 年 2 月，杨浩涌回国创办赶集网（http：//www.ganji.com）。赶集网的服务领域覆盖房屋租售、二手物品、招聘求职、车辆买卖、宠物票务、教育培训、同城活动及交友、本地生活及商务服务等。截至 2009 年 12 月，赶集网已在全国 343 个主要城市开通分站。

截至 2010 年 5 月，赶集网日均有 20 万人发贴，200 万人访问，页面访问量达 2,000 万。全球知名互联网监测分析机构 comScore 公司 2009 年与 2010 年第一季度的数据显示，赶集网的用户粘性持续稳居中国分类信息网站之首。2009 年，赶集网被全球最具影响力的科技投资风向杂志《红鲱鱼》评为“2009 年亚洲科技创新公司 100 强”。2010 年 1 月，赶集网荣登《互联网周刊》“生活服务类网站实力排行榜”榜首，领跑国内生活信息类网站。

2009 年 5 月，伴随 3G 时代的到来，赶集网适时推出赶集网手机版（ganji.cn）。手机赶集网作为国内领先的无线分类信息网站，为 7 亿手机用户提供最全面、最快捷的生活信息。在 2010 年 3 月由工信部举办的首届“中国优秀手机网站 100 佳”评选中，赶集网名列百佳和生活类网站 10 强。2010 年 4 月，赶集网荣登由百度与和讯共同发起的“2010 年亿万网民心目中的十大最具创新力网站”评选之十大创新网站之首。

北京展视互动科技有限公司

北京展视互动科技有限公司成立时间为 2009 年 1 月。公司董事长为杨丹，CEO 为陈海滨。公司主营业务为网络虚拟活动，多媒体互动直播和虚拟贸易展会。其创新点在于：全球独创的混合式直播和多方异地的会议切换，架构从低层专门为网络虚拟活动而设计，兼顾视频会议强大多媒体互动功能和纯视频网页直播的简单易用和高效性。准确模拟真实超大规模网络虚拟活动的体验，并利用网页互动加以提升，视频、文档和桌面等互动内容，均在网页中清晰展示；异地多方的多媒体音视频以及数据的互动交流，实时稳定地传播到网络虚拟会场上。网络用户身临其境的现场参与感和互动能力。后台详尽的统计和互动报告，为虚拟活动主办方提供可查询、可追溯的准确互动数据。

青牛（北京）技术有限公司

青牛（北京）技术有限公司（简称青牛软件）成立于 2004 年 11 月 19 日，注册资本 2500 万美元，是一家中关村高科技园区内的高新技术企业，已通过国家双软认证和 ISO9001：2000 产品执行质量标准认证。青牛软件是中国领先的通讯软件产品和服务提供商，三网融合（通讯网、计算机网、有线电视网）技术与产品领域处国内领先地位。国内电信增值业务平台和呼叫中心平台市场占有率第一，拥有 3.76 亿个人用户的增值业务平台和全球最大的托管式呼叫中心平台。2005 年，青牛软件入选美国著名杂志《Red Herring》评出的“2005 年度亚洲高成长企业 100 强”。同时入选“2005 年度德勤中国高科技、高成长 50 强”和“2005 年度德勤亚太地区高科技、高成长 500 强”，以及国际著名财经杂志《Asia Money》评出的“2005 年度中国最具投资价值民营企业 10 强”。2005 年 4 月，软银亚洲、华登国际和中科招商等著名投资基金向青牛软件注资 3,150 万美元，成为当时中国软件行业最大金额的单笔私募融资。2007 年，短信业务荣获联通科技进步二等奖、信息产业部科技进步三等奖。2009 年荣获“全球 IP 通讯联盟 2009 中国托管呼叫中心供应商大奖”。目前公司规模达近 700 人，其中研发人员占全体员工总数的 70%以上，办公面积达 6,000 平方米，在全国拥有完善的营销运营体系；荣获多项国家技术专利，研发能力处于行业领先水平。

福昕软件开发有限公司

福昕软件开发有限公司（简称福昕软件），2001 年注册于福州软件园和北京中关村高科技园区。公司专注于电子文档技术的研究和开发，福昕公司拥有一套完全自有知识产权的 PDF 核心技术实现，提供 PDF 从生成、编辑、加工、搜索、显示、打印等一整套处理流程的解决方案，是面向全球市场的基础软件开发商之一。

福昕软件拥有全系列 PDF 技术产品，其中优秀产品 Foxit Reader 体积小、速度快，有过亿用户数，是当前全球范围最流行的 PDF 阅读器之一；企业级 PDF 电子文档处理套装软件 Foxit Phantom 产品，以及针对桌面和移动嵌入领域的开发包 Foxit PDF SDK 产品等。

福昕软件也是软件即服务（Software as a Service，即 SaaS）的倡导者，凭借其专利技术，为企业用户提供国际标准的以服务为基础的内容管理解决方案 OnDemand CM，以及在线名片印刷服务佳印网。除无纸化电子文档服务外，福昕软件还一直坚持开发绿色软件，藉此推出使用 E-ink 电子墨技术的 Foxit eSlick 电子书阅读设备产品，不仅支持阅读 PDF、TXT、EPUB 等各种文档格式，而且还有助于降低用户对传统书籍和传统纸质印刷文档的需求。

福昕软件的客户及应用涉及到多个行业和领域，包括电子出版、文档交换、内容管理、档案管理、电子政务、AO 系统、信息发布、信息采集、电子商务、移动应用、在线印刷等。

北京睿呈时代信息科技有限公司

北京睿呈时代信息科技有限公司成立于 2008 年 2 月，总经理王远功。公司是北京市高新技术企业、海淀区创新型企业，通过 ISO9001 质量管理体系认证和“双软企业”认证，具有软件著作权四十余项，并获得国家测绘资质认定。公司自主研发的全息化企业应急地理信息管理平台通过专家审定，被正式立项为科技型企业技术创新基金项目，并给予创新基金支持。

公司作为三维 GIS 领域的领导者，率先推出拥有完全自主知识产权的全息 GIS 平台——“睿-GIS”。该平台实现空间 GIS 技术、虚拟现实技术和模拟仿真技术的有机融合，为 GIS 技术发展及应用模式带来无限可能，在关注现场管理的行业具有广阔的应用前景。

基于“睿-GIS”平台强大的三维 GIS 与 VR 性能，开发的“睿-Gas Field”、“睿-Oil Field”、“睿-Pipe”、“睿-Plant”、“睿-Mine”系列产品，已广泛应用于石油、化工、煤炭、电力、冶金等行业，为企业的安全管理、应急管理、动态监控、培训演练、资产管理、规划展示提供全新的解决方案。

北京神州数码在线科技有限公司

北京神州数码在线科技有限公司（以下简称“神码在线”）系神州数码控股有限公司旗下子公司之一，成立于 2007 年 5 月，注册资本折合人民币约 1100 万元，注册地址为北京市海淀区苏州街 16 号神州数码大厦七层。公司法人代表马光，本科毕业于北京航空航天大学，后获得北京大学 EMBA 学位，曾担任神州数码集团的助理总裁、企划办主任、人力资源部总经理等高级管理职务。

公司主营 SaaS 业务，打造 SaaSBB.com 平台，主推供应链管理全程电子商务云服务，通过 3 年的努力，已成为业界知名的 SaaS 平台运营商。平台目前已有超过 200 款 SaaS 产品供企业使用，产品范围从 AO 到 CRM，从设计到建站，几乎涵盖中小企业日常经营活动所需的全部 IT 内容。平台主推的供应链管理全程电子商务云服务，则是神码在线与锐步科技合作开发的基于云计算以 SaaS 形式提供给企业的供应链全程电子商务系统，对企业不同运营地点的采购、生产、仓库、配送、分销、零售和财务及第三方物流做网络化管理，实现供应链全程电子商务化。

公司主营业务收入逐年增长，同时，毛利率也稳中有升。公司重视平台产品研发，在比例最高的时候，技术人员占员工总数的 50%以上，研发支出也占营业收入的 10%以上。

北京时代凌宇科技有限公司

北京时代凌宇科技有限公司是在中关村科技园区注册成立的高新技术企业和软件企业，2007 年 8 月份成立，注册资金 1,600 万元。公司董事长兼总裁黄孝斌，北京市第九届青联委员。公司主要针对政府及行业用户提供信息化、移动应用、智能化的物联网应用解决方案及以无线传感器网络相关产品的研发、生产和销售，目前研发成功的图像感知、身份感知、位置感知和状态感知系列产品中已申请专利 28 项、软件著作权 35 项、北京市自主创新产品 25 项，并通过 CE 认证和国家无委会认证。

公司注重内部管理，通过 IS09001 质量体系认证，并按照现代企业制度建立一整套完善的管理体系。在“和谐、开放、创新、协作”的企业文化理念指引下，公司对主要核心骨干员工实施股权激励，吸引大批的优秀人才。

公司于 2008 年创建物联网应用创新中心，系统展示物联网的技术、产品和相关的解决方案，还探索一种以用户为中心，将需求创新、解决方案创新和技术创新相融合的应用创新模式，创新中心为北京市普及和推广物联网技术与解决方案发挥重要作用，得到北京市政府相关委办局领导、用户和合作伙伴的一致好评。

北京易路联动技术有限公司

北京易路联动技术有限公司成立于 2006 年 11 月，位于中关村留学生创业园区，是由硅谷归国留学人员创办的经认定的国家高新技术企业，致力于下一代移动互联网核心技术的研究与开发，是新一代 Widget 应用解决方案核心提供商。

公司创始人 CEO 徐国洪，是美国普林斯顿大学天体物理学博士，高级工程师，入选中央组织部发起的首批“千人计划”创业带头人，移动互联网国际专家、中国国家专家网组织工作委员会专家，北京市、中关村、海淀区科技评审专家。他创办深圳茁壮网络股份有限公司，由他带头研发的 iPanel 系列产品填补国内市场空白，占国内数字电视市场 80%的市场份额。

公司在 Widget 技术领域拥有广泛的知识产权，共申请发明专利 43 项，软件著作权 13 项，拥有北京市自主创新产品 3 项，参与 CCSA widget 行标起草和制定工作。

公司自主研发的 OpenFace Widget 应用平台及自行研发的移动互联服务产品，吸纳 iPhone APP Store 的商业精髓，结合中国市场的本地优势，为用户提供一种获取有用媒体内容的手机软件支撑技术。OpenFace widget 应用平台可以将目前在高端智能手机上实现的 Widget 技术植入到普通功能手机中，并通过为开发者提供开发工具用于手机应用开发。

华道数据处理（北京）有限公司

华道数据处理（北京）有限公司成立于 1998 年，在董事长杨鹏及首席执行官王雷的带领下，发展成为中国本土规模最大、服务链条最全的金融 BPO 企业，股东包括以鼎晖投资在内的四家全球基金。公司专注于为金融机构提供“端到端”的后台流程外包服务，并与 30 多家中国和北美的信用卡发卡机构、银行和保险公司结为合作伙伴。

凭借以京沪穗三大金融中心为核心的全国性服务网络，在北京、上海、广州和昆山运营相互备份的业务交付中心，并且在信息技术领域投入巨资，自主研发核心数据处理系统 DataPower 和业务流程管理平台 ProcessPower 以及业务监控系统。华道还建立基于扫描影像的 JIT 远程处理系统，通过采用客户现场服务、远程操作和离岸交付等灵活交付模式，把客户端零散的小规模业务处理 “集约化”和“生产线化”，创造 BPO 领域里独特的中国模式。

华道的管理团队来自金融机构和专业服务公司，具有行业专长、业务流程经验以及管理大规模运营的能力。在为客户降低成本的同时，他们与其客户共同进行持续的流程改进乃至业务变革，并取得成效。

北京亚细亚智业科技有限公司

火星高科是国内专业从事存储软件研发的软件开发商和解决方案供应商。总部北京亚细亚智业科技有限公司于 2002 年 6 月成立，位于北京中关村科技园，其产业化基地坐落于滨海城市天津，代表处遍及全国 6 个省市地区。

火星高科致力于自有存储软件的研发与销售，坚持以国际水平产品满足国内企业用户的需求，为用户持续提供高性价比、高附加值的产品和服务。走出一条自主研发、勇于创新的民族软件企业发展之路。火星高科全面致力于完全自主知识产权存储软件的研发与销售，坚持以国际水平产品满足国内企业用户的需求，自 2002 年以来，陆续推出以 Mars 为品牌的海量存储管理、备份、容灾复制、云存储文件系统及虚拟磁带库等系列存储软件产品。火星高科拥有的软件技术在国内处于绝领先地位，公司正在成为国内最专业化的存储软件开发商，可以为用户提供完整、经济、先进、科学的存储解决方案。

公司拥有多项专有技术：可移动存储介质数据冗余保护方法（专利号：ZL03 1251285）、对象式存储、离线存储介质管理、异地备份、与众多国产操作系统和数据库软件完美衔接；2008 年 1 月公司申请专利“一种多主控模式的数据备份异地保护方法”，现正在公告（申请号：200710118073.0）。2008 年 12 月公司申请专利“一种基于以太网的集群式多级存储管理系统及方法”，现正在公告。（申请号：200710098948.5）

北京麒麟网信息科技有限公司

北京麒麟网信息科技有限公司（简称“麒麟游戏”），是一家以网络游戏研发和运营为核心业务的综合性互动娱乐企业。公司于 2007 年 7 月 7 日成立，总部设在北京市。

雄厚的资金基础、自主研发的游戏引擎和游戏开发平台、富有创新游戏设计理念的研发团队，加之营销经验丰富的运营团队，保证麒麟游戏，持续推出符合主流网游消费群体需求的网游产品。

2009 年，麒麟游戏自主研发运营的大型网络游戏《成吉思汗》正式投入商业运营，在国内取得年度网游新作市场份额前三的佳绩。2010 年，麒麟游戏自主研发的《梦幻聊斋》、《雪山飞狐》也将先后投入运营。

浪淘金（北京）科技有限责任公司

浪淘金（北京）科技有限责任公司成立于 2007 年底，企业 CEO 为周杰。公司主营业务是以可衡量效果标准计费的广告服务形式，为企业客户提供实时、准确、全面的用户行为预测，以最大限度地降低网上商务运营的经营成本，并打造一个可以同时分析研究亿万用户信息和网络行为的超大型数据挖掘平台，能够帮助企业通过互联网挖掘潜在的商业机会，提高企业广告投放产出比率。公司的产品包括：PPC（pay per call）；浪淘金效果广告网络；第三方广告监控系统；SEM 服务；CPA 系统。广告渠道监测；数据挖掘技术；客户行为分析技术；广告智能投放技术为公司主要技术。技术能满足各类型企业推广目的，大，中，小型客户均有需求；客户遍布全国，各主要城市均大量存在，广告投放量大的行业需求越大。公司的客户涵盖教育、房产、汽车、旅游、家居行业、贸易，服务以及加工制造等各类企业；面对终端消费者的生产或服务型企业。

北京易城蓝天数字科技有限公司

北京易城蓝天数字科技有限公司成立于 2007 年 6 月，是中国技术最领先的网页 3D 游戏开发平台开发商，旗下产品“游秀世界”是中国第一款也是最大的网页 3D 社区娱乐平台。平台由用户自己创造的 3D Avatar 形象贯穿始终。用户可以通过 Avatar 加入各种游戏和互动节目。“游秀世界”平台上正在运营由易城蓝天自主研发的两款社交游戏 《梦幻家园》和《我型我秀》。2009 年 6 月“游秀世界”登陆美国硅谷创新产品展示的舞台，一举夺得“最具潜力下一代互联网公司”殊荣。在 2009 年 11 月，获得美国著名风险投资杂志《红鲱鱼》颁发的“亚洲百强企业”称号。

宋晨枫是公司的 CEO 和创始人，美国弗吉尼亚大学计算机科学和电子工程双学士，之前是美国微软 Xbox 产品经理和游戏制作人。Keen Browne 和 Phil Harton 系美国人，也是公司的联合创始人，之前在美国微软和谷歌从事多年产品研发工作。王晓系法学学士和工商管理硕士，曾负责 AT&T 在华销售和微软娱乐硬件事业部在中国的业务拓展，是负责商务和财务的副总裁。

爱帮聚信（北京）科技有限公司

爱帮网是中国最大的本地生活搜索服务提供商，由中国互联网搜索技术的奠基人、中国著名的搜索引擎专家、百度前 CTO 刘建国和百度前首席架构师周利民于 2007 年 1 月共同创立。爱帮的使命是聚合互联网上所有的本地生活信息和经验，帮助每个中国人轻松实现更自由、更有品质的生活。爱帮创新的“位置+服务”搜索模式，为 3 亿网民和 7 亿手机用户提供最方便有效的生活搜索服务。

爱帮网自成立之日起，一直通过独创的信息搜索专利技术，以互联网和移动互联网作为载体，致力于解决网民的本地生活问题。无论身在何处，用户都可以通过网站（www.aibang.com）、移动网站（wap.aibang.com）、手机客户端爱帮爱逛、手机客户端爱帮公交等手段随时随地使用爱帮的生活搜索服务。爱帮网信息已覆盖全国 265 个主要城市，涵盖衣食住行、吃喝玩乐、教育医疗、家政便利、市政设施等 110 个类别，囊括约 1,500 万家生活服务类商户的全面信息，以及全国 200 个城市的公共交通信息。

北京直真视通科技有限公司

北京直真视通科技有限公司成立于 1997 年，注册资金 2,008 万元，是一家致力于 IT+AV 领域，营业额三亿元，拥有信息系统集成一级资质和音、视频工程特级资质的国家级高新技术企业。是以视频会议系统、会议室 AV 集成、大屏幕拼接、机房动力一体化、网络应用管理及优化、语音融合通信等系统的集成及应用软件设计、开发为主营业务的专业公司，严格贯彻 ISO9000 质量管理体系，为广大客户提供研发、生产、销售、维护全方位服务。公司曾先后服务于交通部、农业部、环保部等十余个国家部委（局），中石油、中石化、中交集团、航天科技等十余家国资委直属大型企业以及联想、国美等多家知名企业。公司总部设在北京，在上海、广州、湖北、云南、山东、陕西、四川、内蒙、辽宁、河北、新疆、广西均设有分公司和办事处。

公司成立十余年，取得五十余个全国视频会议网，五十余个大型 AV 工程的业绩。被北京市政府评为“北京市优秀民营企业”，被北京市工商局评为“守信企业”；由信息产业部颁发“计算机信息系统集成壹级资质证书”；由中国质量认证中心颁发“ISO9001 质量管理体系认证证书”；2007 年获中国录音师协会颁发的“音、视频工程企业资质特级证书”。

北京廿一客食品有限公司

廿一客食品有限公司，是一家高速发展的，专业从事高端食品研发、生产、销售的企业集团。廿一客这一品牌于 2004 年 5 月创立，已经先后进入北京、上海、杭州的高端食品市场。

廿一客”突破并改变着传统食品行业的经营模式。采取中央工厂统一生产、网络订购的电子商务以及传统大客户直销相结合的无店铺销售模式以及即时的点对点配送服务。这三大创新举措，最大程度地保证产品、服务的高品质，得到市场的肯定，同时引领着食品行业进入“品质时代”。

欧洲十五个驻华使馆与欧盟机构的一致选择。“廿一客”目前已经拥有“21cake”、“三天”、“无水”三个产品品牌，分别向消费者提供蛋糕、月饼、冰淇淋等产品。“21cake”更是先后获得大众点评网“2007 年口味第一”、“2007 最受欢迎 10 佳面包甜点店”等一系列殊荣，并由此开始长居大众点评网“口味最佳”的第一军团。

乐视网信息技术（北京）股份有限公司

乐视网信息技术（北京）股份有限公司成立于 2004 年 11 月 10 日，注册资本为 7,500 万元，贾跃亭先生担任公司董事长兼总经理。公司始终专注于互联网视频及手机电视等网络视频技术的研究、开发和应用，主要经营网络视频基础服务和视频平台增值服务业务，已经成为国内领先的互联网高清影视剧视频服务及 3G 手机电视服务商。

公司为互联网用户提供网络高清视频服务、网络标清视频服务、个人 TV 和企业 TV 服务，为手机用户提供手机电视服务，为广告主提供视频平台广告发布服务，为合作方提供网络版权分销服务，为具有相关用户群体的网站提供视频平台用户分流服务。

公司创新点体现在商业模式和视频技术方面。独特的“三位一体”商业模式。所谓“三位一体”指“合法版权+用户培育+平台增值”三位一体化。该模式体现出经营合法性、盈利稳定性和增长持续性等重要特点。互联网视频技术创新，公司研发应用的“流媒体平台与管理系统 V2.0”系统，体现融合 P2P 技术和 CDN 技术的重大创新型应用，是目前网络视频服务行业中具有独特优势的应用型技术。

北京天天宽广网络科技有限公司（悠视网）

北京天天宽广网络科技有限公司（悠视网）成立于 2005 年，企业董事长为李竹。公司依托自主开发的具有国际领先水平的 P2P 传输、视频编解码技术以及分布式服务器部署，建立全球最大的视音频内容聚合和分发平台，为华语用户提供高质量的网络电视服务。悠视网从成立以来至2010 年 UUSee 网络电视软件下载量已超过 3 亿。悠视网凭借旗下三大平台：互联网视频播放平台、全网海量视频搜索平台、视频社区体验平台，实现跨媒体、多终端传播，成为宽带互动新媒体的领先者。

悠视网的主营产品——UUSee 网络电视，目前已经成为国内三大网络电视之一，拥有业内最丰富的合作资源，悠视网和中央电视台、北京电视台、上海文广等国内主流电视媒体签约，与 70 多家电视台达成直播合作，向全球华语用户提供上千个精彩的正版点播、直播频道。

2008 年 8 月 UUSee 成功直播、点播 2008 北京奥运会全程赛事。2010 年 1 月推出全球首款 3D 电影网络播放软件，同时还自主研发“时移”的播放技术，化直播为点播，该技术目前已经应用于 2010 年春晚直播，并获得网民的高度评价。

北京北科光大信息技术股份有限公司

北京北科光大信息技术股份有限公司 2002 年 7 月成立，董事长兼总经理侯鲁民。公司为国家级高新技术企业、北京市软件企业，中关村科技园区百家创新企业。2007 年 9 月，公司顺利完成股份制改造，并在中关村代办股份转让系统（新三板）挂牌，股份代码：430027，股份简称“北科光大”。

公司成立以来，在政务信息化管理、社区信息化建设、智能手机移动应用领域积累丰富的行业经验。除此之外，公司目前与北京大学信息技术学院正在联合研发“基于图像的物体三维重建系统”，旨在通过该技术探索新的商业模式，尽快实现该技术的产业化，全面打造“立起来”古玩艺术品网上立体商城，实现公司新的发展。

北京天一众合科技发展有限责任公司

北京天一众合科技发展有限责任公司成立于 2003 年 7 月 17 日，注册资金 1400 万元人民币，经营场所面积 2500 平米，付屹东为公司董事长兼总经理，公司是隶属于中关村科技园海淀园区内的高新技术企业。

公司主要致力于有源射频识别（RFID）与短距离无线通讯、无线传感器网络技术、无线监控技术、计算机与通讯等技术的研究与应用。公司将有源射频识别（RFID）与短距离无线通讯技术产品的研发与应用作为公司的主要发展方向，并结合其它技术的综合开发，为各行业提供基于射频识别、无线传感器网络与无线智能通讯监控技术的产品与服务。

公司主营产品 KJ133 矿用人员定位安全管理系统、煤矿井下无线移动瓦斯监测系统已成功并广泛应用于神华集团、铁法煤业集团、龙煤集团、鹤壁煤业集团、阳煤集团等全国各大国有大型煤矿企业，并得到用户一致高度认同。该系统的 “全覆盖”、“全程实时精确定位跟踪”、“实时无线寻呼” 等多项技术均为国内外首创且公司具有发明专利权，可极大提高矿山企业安全生产管理水平，为企业及各部门日常管理、生产调度、安全监管与应急救援提供重要的有效手段。

北京万学教育科技有限公司

万学教育创建于 2006 年 8 月，是一家定位于教育价值链的高端，致力于向大学以上及同等学力群体提供高端非学历教育的科技集团。万学教育将市场定位在大学及以上学历群体的 300 亿细分教育市场上，发展五年多来，凭借着超强实力目前已在全国 23 个省、自治区、直辖市构建直营分校，教育培训渠道网络覆盖全国 80%以上的高等院校，二百余万大学以上学历人群。全国在编员工 2,000 余人，兼职员工 3,700 余人。万学教育为广大学生提供的深度教育技术和矩阵辅导系统针对大学学历及以上的顾客，在学历提升、知识增长和职业能力拓展等方面提供行业最先进的高端培训和咨询服务。它不仅对提升大学生教育培训的实际效果有着革命性的意义，更代表教育高端精细化科学发展的方向。

2008 年 2 月，万学教育获得来自全球顶级风险投资——红杉资本和联想投资 2000 万美金的联合投资，在两个顶级 VC 完美组合的支持下，万学教育即将在行业开创具有里程碑意义的教育事业发展规模及更为高端的价值体系。

北京中文在线文化发展有限公司

中文在线（www.ChineseAll.com）由董事长兼总裁童之磊先生 2000 年发起，成立于清华大学，是中国数字出版的开创者之一，中文数字出版服务领跑者。中文在线以“数字传承文明”为企业使命，定位为中文数字出版的服务平台，以出版社、知名作家、网络原创作者为正版数字内容来源，进行内容的聚合和管理，以互联网、手机、手持阅读器、数字图书馆等终端数字设备进行全媒体出版，构筑数字出版的新业态，全力助力全民阅读和国民素质的提升。

秉承“先授权，后传播”宗旨，通过与国内 400 余家出版机构、逾 2,000 名知名作家、4 万余名网络作者的正式签约授权，中文在线每年可提供 7 万～10 万种电子图书，占每年出版图书（纸制）市场的 30%-50%，大众图书（纸制）市场的 70%。

中文在线在国内率先提出“全媒体出版”的概念，满足任何人在任何时间、任何地点，以任何方式获得任何内容的需求，实现“一种内容、多种渠道、同时发布”。其产品与服务涉及教育机构、政府机关、大众消费领域，在多个市场发展都处于领先的地位，为逾千万的读者提供数字阅读服务。

北京网动科技有限公司

北京网动科技有限公司成立于 2001 年，是全球领先的多媒体视讯产品及解决方案提供商。公司总部位于北京信息产业基地，并在全国以及海外各地设有多家办事机构。在研发、生产与销售等领域，网动与联想、神州数码、方正、用友、英特尔、NEC、台湾年代等优秀伙伴保持着密切的合作关系。

公司主营业务包括：线下产品销售；统一通信系列：视频会议、企业即时通信、视频监控；远程教育系列：学习管理系统、交互式培训系统、课件录播系统、课件录播一体机；在线运营服务（SaaS 云计算）；协作通信系列：视频会议、远程培训、企业即时通信；网络营销系列：在线客服、在线直播、企业电视台。